Das Unity-Buch

 **Jashan Chittesh** ist Diplom-Informatiker und arbeitet freiberuflich als Softwareentwickler. Seit 2007 entwickelt er mit Unity Computerspiele und gründete 2011 dazu die Firma narayana games. Seine Kenntnisse gibt er in Form von Unity-Workshops unter anderem an der Filmakademie Ludwigsburg weiter.

 Zu diesem Buch – sowie zu vielen weiteren dpunkt.büchern – können Sie auch das entsprechende E-Book im PDF-Format herunterladen. Werden Sie dazu einfach Mitglied bei dpunkt.plus[+]:

www.dpunkt.de/plus

Jashan Chittesh

Das Unity-Buch

2D- und 3D-Spiele entwickeln mit Unity 5

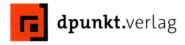

Jashan Chittesh
jashan@narayana-games.net

Lektorat: René Schönfeldt
Copy-Editing: Friederike Daenecke, Zülpich
Satz: Petra Strauch, Bonn
Herstellung: Frank Heidt
Umschlaggestaltung: Helmut Kraus, www.exclam.de
Druck und Bindung: Stürtz GmbH, Würzburg

Bibliografische Information der Deutschen Nationalbibliothek
Die Deutsche Nationalbibliothek verzeichnet diese Publikation in der Deutschen Nationalbibliografie; detaillierte bibliografische Daten sind im Internet über http://dnb.d-nb.de abrufbar.

ISBN:
Buch 978-3-86490-232-1
PDF 978-3-86491-679-3
ePub 978-3-86491-680-9

1. Auflage 2015
Copyright © 2015 dpunkt.verlag GmbH
Wieblinger Weg 17
69123 Heidelberg

Die vorliegende Publikation ist urheberrechtlich geschützt. Alle Rechte vorbehalten. Die Verwendung der Texte und Abbildungen, auch auszugsweise, ist ohne die schriftliche Zustimmung des Verlags urheberrechtswidrig und daher strafbar. Dies gilt insbesondere für die Vervielfältigung, Übersetzung oder die Verwendung in elektronischen Systemen.
Es wird darauf hingewiesen, dass die im Buch verwendeten Soft- und Hardware-Bezeichnungen sowie Markennamen und Produktbezeichnungen der jeweiligen Firmen im Allgemeinen warenzeichen-, marken- oder patentrechtlichem Schutz unterliegen.
Alle Angaben und Programme in diesem Buch wurden mit größter Sorgfalt kontrolliert. Weder Autor noch Verlag können jedoch für Schäden haftbar gemacht werden, die im Zusammenhang mit der Verwendung dieses Buches stehen.

Vorwort

Unity ist eine Entwicklungsumgebung für Spiele und interaktive 3D-Anwendungen sowohl für Einsteiger als auch für Profis. Durch eine außergewöhnlich intuitive und einfache Benutzeroberfläche ist diese Game-Engine sehr gut zum Einstieg in die Spielentwicklung geeignet. Darüber hinaus bietet Unity auch dem fortgeschrittenen Spielentwickler beeindruckende und fast unbegrenzte kreative Möglichkeiten. Natürlich darf auch mit einem so komfortablen und doch mächtigen Werkzeug der Aufwand bei der Spielentwicklung nicht unterschätzt werden. Mit dem richtigen Know-how, etwas Talent und vor allem Beständigkeit kann mit Unity jedoch auch ein Einsteiger eine auf seine jeweiligen Fähigkeiten abgestimmte Spielidee in absehbarer Zeit in ein spielbares Produkt verwandeln. Sie werden nicht schon übermorgen das nächste große MMO auf dem Markt haben (der große grüne Button dazu fehlt Unity noch ;-)). Aber wenn Sie sich mit Unity intensiver befassen, haben Sie sicher in wenigen Monaten das eine oder andere kleine Spiel, das Ihnen, Ihren Freunden und Bekannten Freude bereitet. Und wer weiß: Manchmal haben auch kleine, einfache Spiele großen Erfolg. Dann erfreuen Ihre Spiele vielleicht sogar die ganze Welt! Und wenn Sie dranbleiben, haben Sie vielleicht eines Tages Ihr eigenes Spielentwicklungsstudio und produzieren richtig große Titel. Dieses Buch ist dazu vielleicht der Anfang.

Über dieses Buch

Das Unity-Buch hat vor allem die Absicht, das entsprechende Know-how auf allen relevanten Ebenen zu vermitteln und interessierten Anwendern mit grundsätzlichen Programmierkenntnissen einen möglichst mühelosen Einstieg in die Spielentwicklung mit Unity zu bieten.

Ich möchte Sie also auf eine Reise einladen, bei der wir gemeinsam auf spielerische Weise ein Spiel mit mehreren Variationen entwickeln. Dabei begegnen wir verschiedenen Bereichen von Unity, meistern Herausforderungen und entdecken in kleinen und größeren Schritten die unbegrenzten Möglichkeiten der Spielentwicklung. Gemeinsam betreten wir hier eine Welt, deren Horizont so weit reicht wie unsere Fantasie. Alles, was wir dann noch brauchen, ist die Bereitschaft, unsere Zeit der Verwirklichung der Ideen zu schenken, die aus dieser Fantasie geboren wurden.

Voraussetzungen

Spielentwicklung ist ein weites Feld, bei dem man eine Vielzahl von Talenten und Fähigkeiten einbringen kann. Im Umkehrschluss bedeutet das auch, dass man mit einem einzigen Buch nicht alles lernen kann, was man für die Entwicklung aller möglichen Spiele braucht. Speziell im Bereich 3D-Modelling und Programmierung verweise ich daher auf weiterführende Literatur, falls Sie Ihre Fähigkeiten dazu auffrischen wollen. Die Programmierbeispiele in C# sind vor allem am Anfang so erklärt, dass minimale Programmierkenntnisse in beliebigen Programmiersprachen zum Verständnis ausreichen sollten. Wenn Sie C# oder eine ähnliche Programmiersprache wie Java bereits können ist das natürlich von Vorteil. Kenntnisse in anderen Sprachen wie JavaScript oder Python können Sie in Unity ebenfalls gut einsetzen.

Wie Sie dieses Buch am besten lesen

Dieses Buch soll bewusst nicht als Referenz oder Nachschlagewerk dienen. Dazu gibt es das *Unity Manual*, das automatisch immer auf dem aktuellsten Stand von Unity ist und somit natürlich viel besser mit der schnellen Entwicklung der Game-Engine Schritt halten kann als jedes gedruckte Werk. Vielmehr ist dieses Buch als Reiseführer zu verstehen, der Sie Schritt für Schritt durch die Höhen und Tiefen des Entwicklungsprozesses verschiedener Variationen einer Spielidee führt. Dieser Reiseführer gibt Ihnen an vielen Stellen auch Vorschläge für eigene Entdeckungsreisen bis in die tiefsten Tiefen des Kaninchenbaus: teilweise in Form von Stichworten und Links, die Ihnen gute Einstiegspunkte für eigenen Recherchen bieten …

Übung macht den Meister

… teilweise auch durch anspruchsvollere Übungen, zu deren Umsetzung Sie meistens die im Buch beschriebenen Features und Workflows nutzen können, sich manchmal aber auch selbstständig zusätzliches Wissen aneignen müssen. Sie erkennen die Übungen leicht an der Marginalie *Übung macht den Meister*.

Von Anfang bis Ende

Insofern empfiehlt es sich natürlich auch, das Buch von Anfang bis Ende durchzuarbeiten und lediglich die Abschnitte, deren Inhalt Ihnen bereits vertraut ist, nur kurz zu überfliegen, um zu sehen, ob es da nicht doch noch ein Detail gibt, das Ihnen unbekannt ist.

Nachschlagen

Vielleicht werden Sie manchmal Ihr Wissen zu einem bestimmten Thema schnell mithilfe dieses Buches auffrischen oder einen bestimmten Trick nachlesen wollen. Dazu dient das ausführliche Stichwortverzeichnis. Mein Anliegen beim Schreiben des Buches war es, jeden Begriff und dazu passende Synonyme zu erfassen, die für so eine Suche infrage kommen könnten. Ich hoffe, dass mir dies gelungen ist und dass das Stichwortverzeichnis für Sie genau diesen Zweck erfüllt! Falls Sie einmal etwas nicht finden sollten: Lassen Sie mich das bitte wissen!

Die Website zum Buch: unity-buch.de

Die beste Möglichkeit, um sowohl mit Ihren Reisegefährten während der Spielentwicklung als auch mit mir in Kontakt zu treten, ist die Website zum Buch: *unity-buch.de*. Website und Buch gehören zusammen und ergänzen sich: Wenn *Das Unity-Buch* Ihr Reiseführer ist, dann ist *unity-buch.de* Ihr Portal in die Welt, die wir jetzt gemeinsam bereisen. Gleichzeitig spannt die Website ein soziales Netz aller Leser dieses Buches auf, die sich auf diese Weise beteiligen und ihre Reise mit anderen teilen wollen.

Grundsätzlich orientieren sich die verschiedenen Bereiche der Website am Inhaltsverzeichnis des Buches: Sie können also nach der Lektüre eines Kapitels im Buch auf die Website gehen und finden dort leicht alle Ressourcen, die zu diesem Kapitel passen. Zusätzlich bietet die Website aber auch Ansichten anhand verschiedener thematischer Kriterien und erlaubt Ihnen so auch eine ganz individuelle Reiseroute.

Im Bereich *Downloads* auf *unity-buch.de* finden Sie nicht nur jeden Entwicklungsschritt unserer Beispielprojekte[1], sondern auch Pakete mit rohen Beispielcodes, Bildern, Sounds und 3D-Modellen. Diese können Sie auch zur selbstständigen Umsetzung der Beispielprojekte oder neuen Varianten davon nutzen, falls Sie mangels Zeit oder entsprechend kultivierten Talents diese Dateien nicht selbst erstellen können oder wollen.

Downloads von unity-buch.de

Beachten Sie bitte, dass diese Dateien lediglich Ihrem Lernen oder auch als Vorlage für eigene Dateien dienen und in Ihren eigenen Projekten nur nach schriftlicher Genehmigung verwendet werden dürfen.[2] Natürlich können Sie auch für unsere gemeinsamen Beispielprojekte Ihre eigenen Kreationen verwenden. Alle Stellen im Buch, die auf einen Download verweisen, erkennen Sie leicht an dem Text *Download von unity-buch.de* neben dem Haupttext.

Falls Sie eine langsame Internet-Verbindung haben oder viel unterwegs sind: Es gibt auch ein Komplettpaket zum Download mit allen Einzel-Downloads und sämtlichen Screencasts (s. u.). Das können Sie über eine schnelle Internet-Verbindung herunterladen und dann auf Ihren Rechner übertragen.

Manche Dinge lassen sich mit Worten und selbst mit Bildern nur sehr schwer beschreiben. In diesen Fällen habe ich Screencasts erstellt, also kleine Tutorial-Videos, um den Sachverhalt für Sie leicht verständlich zu veranschaulichen. Auch auf diese Screencasts verweise ich an entsprechenden Stellen im Buch, jeweils mit dem Text *Screencast auf unity-buch.de*. Auf

Screencasts auf unity-buch.de

---

1 Eine nützliche Orientierung, wenn Sie sich mal in Unity verlaufen haben
2 Zumindest, falls Sie vorhaben, diese Projekte auch zu veröffentlichen, und die Dateien nicht so stark verfremden, dass der Ursprung nicht mehr erkennbar ist

unity-buch.de finden Sie im Bereich *Screencasts* alle Videos, die im Buch erwähnt werden, sowie ergänzende Tutorials.

Links auf unity-buch.de

Neben den Dateien und Videos bietet die Website zum Buch auf *unity-buch.de* noch eine Vielzahl weiterführender Links, auf die häufig auch im Buchtext verwiesen wird. Das erkennen Sie auch am Text *Link auf unity-buch.de*. Natürlich müssen Sie nicht sofort alle von der Website aus verlinkten Artikel lesen, und die Artikel, die wiederum von dort aus verlinkt sind, und so weiter – bis Sie das gesamte Internet bereist und verspeist haben. Aber schrittweise können Sie über diese Links Ihren Horizont erweitern, tolle Gegenden im World Wide Web kennenlernen und Ihre Kenntnisse in allen für die Spielentwicklung relevanten Bereichen immer weiter vertiefen. Im Bereich *Links* auf *unity-buch.de* finden Sie alle Links zum Buch: sowohl nach Abschnitten sortiert, sodass Sie nach der Lektüre eines Abschnitts im Buch dessen Inhalte komfortabel auf der Website vertiefen können, als auch nach thematischen Kriterien. Außerdem merkt die Seite sich, welchen Links Sie bereits gefolgt sind[3] – so haben Sie jederzeit den Überblick über Ihren Fortschritt.

Das Fragen-Forum auf unity-buch.de

Link auf unity-buch.de

Im Bereich *Fragen-Forum* finden Sie ein deutsches Forum für Fragen im Stil von *StackOverflow* oder *Unity Answers* (siehe auch die Links auf der Website zum Buch). Bitte zögern Sie nicht, mich über dieses Forum zum Buch zu fragen. Gerne auch, falls Ihnen mal ein Stichwort im Stichwortverzeichnis fehlt: Zum einen kann ich Ihnen wahrscheinlich leicht helfen, die entsprechende Stelle im Buch zu finden; zum anderen gibt mir das auch die Möglichkeit, das Stichwortverzeichnis in der nächsten Auflage entsprechend zu erweitern und auch auf der Website zum Buch für andere Studienreisende in Sachen Spielentwicklung einen entsprechenden Vermerk im Bereich *Errata* zu hinterlassen.

Das Fragen-Forum arbeitet mit sogenannten Tags, wie *2D*, *3D*, *C#*, *Physik*, *Unity UI*, *Asset Store*, *Stichwortverzeichnis* oder auch *Errata*. Jeder Frage können Sie ein bis fünf solcher Tags zuordnen, und natürlich können Sie über die Tags auch zu diesem Tag passende Fragen suchen und damit vielleicht sehr schnell eine Antwort finden.

Was Sie in diesem Buch lernen: more than just facts

Nach der Lektüre von *Das Unity-Buch* sollten Sie genügend über wesentliche Bereiche der aktuellsten Version von Unity wissen, um Ihre eigenen Spielideen erfolgreich umsetzen zu können. Es wird zwar nicht jedes Feature beschrieben, und vor allem nicht bis ins letzte Detail. Dafür werden Sie aber am Ende dieses Buches einen sehr guten Orientierungssinn entwickelt

---

3 Vorausgesetzt natürlich, Sie haben sich registriert und eingeloggt

haben: einerseits, um bei Bedarf mühelos bis ans letzte Detail aller Unity-Features zu gelangen, um sie bestmöglich zur Umsetzung Ihrer Spielidee zu nutzen; andererseits, um sich in dem manchmal sehr herausfordernden Prozess der Entwicklung von Spielen zurechtzufinden.

Das ist ein weiterer Grund, aus dem ich Ihnen mit dem *Fragen-Forum* auf der Website zum Buch anbiete, sich mit anderen Entwicklern zu vernetzen: Gerade in den schwierigen Phasen und vor allem am Anfang kann ein Austausch mit Reisegefährten den notwendigen Schub verleihen, um in den Hyperspace durchzubrechen, anstatt in Stagnation zu geraten und am Ende aufzugeben!

Spielentwicklung ist nicht nur ein enorm weites und gleichzeitig sehr tiefes, komplexes und herausforderndes Feld, sondern auch eines, in dem eine unglaublich schnelle Weiterentwicklung geschieht: Unity kenne ich persönlich seit Version 2.0 – das war Ende 2007. Inzwischen sind wir bei Version 5.0, und ganze Bereiche sind neu dazugekommen. Andere sind praktisch nicht mehr wiederzuerkennen, und manche Features sind auch weggefallen. Es macht großen Spaß, über immer modernere und mächtigere Werkzeuge zu verfügen und immer elegantere Workflows zu nutzen, die mit geringerem Aufwand hochwertige Ergebnisse ermöglichen. Das bedeutet aber auch, dass man praktisch die ganze Zeit über Neues lernen muss, ohne sich dabei mit der technischen Entwicklung zu verzetteln. Genau dazu soll dieses Buch motivieren. Deswegen schreibe ich über einige Themen bzw. Features nur so viel, dass Sie das Feature gut in den Gesamtprozess der Spielentwicklung einordnen und sich die Details dann selbstständig aneignen können. Die Website *unity-buch.de* mit den weiterführenden Links dient als Einstiegspunkt für diese Vertiefung.

Leider sind viele für die Spielentwicklung relevante Artikel nur auf Englisch verfügbar. Das gilt auch für die Dokumentation von Unity. Dieses Buch ist in deutscher Sprache verfasst, daher gebe ich – wo möglich – Verweise auf deutsche Artikel. Es gibt auch bereits seit April 2010 *Unity Insider*, ein aktives deutsches Unity-Netzwerk mit Diskussionsforum.[4] Dort finden Sie auch eine Initiative für ein deutsches Dokumentations-Wiki.[5] Möglicherweise wird es hier später auch von Unity Technologies selbst etwas geben.[6] Microsoft hat praktisch das komplette Microsoft Developer Network (MSDN) und damit auch die Dokumentation von C# und vom .NET Framework auf Deutsch übersetzt[7] – und wie wir noch sehen werden, nutzt das auch uns als Unity-Entwickler.

Link auf unity-buch.de

---

4 Siehe auch den Link *Unity Insider – Deutschlands führendes Unity Netzwerk* auf der Website zum Buch.
5 Siehe auch den Link *Unity Insider Forum: Deutsche Doku-Wiki* [sic!]
6 Eine Initiative für Spanisch, Portugiesisch und Russisch wurde am 01.12.2014 gestartet, siehe die Link: *Translating Documentation, We Need You!*
7 Daher verlinke ich hier jeweils zuerst auf die deutsche Version, beispielsweise der *C#-Sprachspezifikation*. Für diejenigen, die lieber das englische Original lesen, ist natürlich auch immer der entsprechende Link dabei.

Dennoch lohnt es sich für jeden Spielentwickler, sich auch mit der englischen Sprache anzufreunden. Denn bei der Spielentwicklung machen gute Englischkenntnisse einem das Leben deutlich einfacher. Viele für uns Spielentwickler relevante Ressourcen sind in dieser Sprache verfasst, und je mehr Sie auf Englisch lesen, desto leichter wird es mit der Zeit. Auch hier gilt: *Übung macht den Meister!* Vielleicht reisen Sie ja auch mal in ein englischsprachiges Land.

Wir reisen jetzt erst mal gemeinsam in die wundervolle Welt der Spielentwicklung. Das Fahrzeug, mit dem wir diese Reise antreten, ist Unity – und das nächste Kapitel habe ich einer ersten Vorstellung dieses Fahrzeugs gewidmet. **Let the game begin!**

Jashan Chittesh, 3. März 2015

Danksagungen

Zunächst ein riesiges Dankeschön an Joachim Ante, Nicholas Francis und David Helgason dafür, dass sie Unity zu einem Produkt entwickelt und der Welt zur Verfügung gestellt haben. Ohne diese drei Gründer von *Unity Technologies* (ursprünglich *OTEE – Over The Edge Entertainment*) würde es Unity und damit dieses Buch gar nicht geben. Dieses Dankeschön erstreckt sich natürlich auch weiter auf alle inzwischen über 500 Mitarbeiter von Unity Technologies – you girls and guys rock!

Dieses Buch würde es auch nicht geben ohne meinen Lektor René Schönfeldt, der den gesamten Prozess von Anfang bis Ende mit tollen Anregungen, geduldig und wohlwollend unterstützt hat. Dafür ein ganz herzliches Dankeschön!

Wertvolles Feedback habe ich auch von den Fachgutachtern erhalten, namentlich seien hier Martin Schulz, Marcus Ross und Julia Schmidt genannt.

Weiterhin möchte ich Friederike Daenecke für die wertvolle Rechtschreibkorrektur und Petra Strauch für den Satz dieses inzwischen doch recht umfangreichen Werkes danken!

Gestalterische Unterstützung erhielt ich von Nicole Delong und Sebastian Weidner. Hervorzuheben ist hier vor allem die neue 2D-Art für Snake sowie das GUI-Design von Nicole und die Profi-Tipps zum Postprocessing des Buchcovers von Sebastian. Danke auch für Eure Freundschaft!

Dankbarkeit aus tiefstem Herzen fühle ich natürlich auch für meine Lebensgefährtin Mirimah, die vor allem in den heißen Schreibphasen geduldig, verständnisvoll und liebevoll unterstützend die Erschaffung dieses Buches begleitet hat.

Inhaltsverzeichnis

Vorwort v

1 Über Unity 1
1.1 Unbegrenzte Möglichkeiten: ganz einfach! 1
1.2 Zielplattformen: viele!. 4
1.3 Entwicklungsplattformen: Mac und Windows 5
1.4 Unter der Motorhaube: Bekannte Technologien. 6
1.5 Lizenzkosten: Es geht auch ohne. 7
1.6 Wer Unity verwendet: ein großes Spektrum 8

2 Ein erstes einfaches 2D-Mini-Spiel 9
2.1 Die Unity-Game-Engine installieren 10
2.2 Erste Schritte mit Unity gehen: der Editor. 13
    2.2.1 Unser gesamtes Projekt: Project Browser 13
    2.2.2 Die Hierarchie einer Szene: Hierarchy 16
    2.2.3 Objekte der Szene im Raum: Scene View................ 18
    2.2.4 Eigenschaften von Objekten: Inspector 27
    2.2.5 Game View: Endlich spielen! 33
    2.2.6 Was zeigt die Game View eigentlich? Kameras in Unity 36
    2.2.7 Mit Layern und der Culling Mask arbeiten 38
    2.2.8 In Project, Hierarchy und Scene View suchen.............. 39
    2.2.9 Weitere Views. 45
    2.2.10 Layouts 45
2.3 2D-Features in Unity verstehen........................... 46
    2.3.1 Sprites importieren und mit dem Sprite Editor bearbeiten ... 47
    2.3.2 Den Sprite Renderer zur Darstellung von Sprites verwenden. 53
    2.3.3 Sortierung von Ebenen mit Sorting Layers einrichten....... 54
    2.3.4 Einfache 2D-Animationen mit Mecanim und Dope Sheet erstellen. 55
    2.3.5 2D-Physik zum Erkennen von Kollisionen und Aufsammeln von Äpfeln einsetzen. 59

		2.3.6	Parallax Scrolling hinzufügen	62
		2.3.7	Was mit ein wenig Editor-Scripting möglich ist	66
	2.4	Erforschen und verändern	66
	2.5	Mehr über die Entwicklung von 2D-Spielen mit Unity lernen	68

3 Unser Projekt: Traces of Illumination — 69
3.1 Vorteile als Beispielprojekt 70
3.2 Spielmechanik und Begriffswelt 70

4 Der erste Prototyp — 75
4.1 Ein neues Projekt anlegen 75
4.2 Level 01: Das Quadrat – Modeling in Unity 77
4.3 Das erste Fahrzeug – mehr Modelling in Unity 86
4.4 Bewegen und steuern – Scripting in Unity 96
4.5 Die Kamera führen 108

5 Die Spielentwicklung vorbereiten — 113
5.1 Regeln: Spielmechanik und Programmierung 114
5.2 Spiel an Augen: Bildschirmdarstellung 118
    5.2.1 Virtuelle Benutzerschnittstelle: Pixel- und Vektorgrafik 118
    5.2.2 Spielwelt: 2D, 3D, Modelling, Texturing und Animation 119
5.3 Spiel an Ohren: Musik und Soundeffekte 123
5.4 Teamwork für Einzelspieler: Unity Asset Store 125
5.5 Klassisches Teamwork oder Backup: Versionsverwaltung 126

6 Den Prototyp fertigstellen — 129
6.1 Eigene Materialien erstellen und verwenden 129
    6.1.1 Material anlegen und einem GameObject zuweisen 130
    6.1.2 Texturen zuweisen 133
    6.1.3 Mip-Mapping und Qualitätseinstellungen 137
    6.1.4 Shader programmieren … äh … ausprobieren 141
    6.1.5 Prozedurale Materialien: Substances 149
    6.1.6 Physikbasiertes Shading mit den Standard-Shadern 157
6.2 Die Wände hinter dem Fahrzeug erstellen 179
    6.2.1 Lösungsmöglichkeiten zum Erzeugen der TraceWalls 180
    6.2.2 Implementierung von Lösung B: Skalierung 186
    6.2.3 Coroutines für zeitgesteuerte Ereignisse verwenden 194
    6.2.4 Die Implementierung des Wandwuchses vollenden 196
    6.2.5 Eigenheiten von Unity: Klassen und Structs, Variablen und Properties 197
    6.2.6 Das Problem mit den Drehungen 198
    6.2.7 Saubere Drehungen implementieren 199
    6.2.8 Testing und kleine Fehler korrigieren 207
    6.2.9 Erweiterung zu Lösung C: Vektortransformation 215

	6.2.10	Das Modell für die Wand in Unity importieren	216
	6.2.11	Ein neues Prefab für die Wände erstellen	217
	6.2.12	Änderungen an Prefabs von der Szene ins Projekt zurückschreiben	218
	6.2.13	Prozedural das Modell-Mesh verändern	219
	6.2.14	Den Fehler finden	222
	6.2.15	Beschränkung der Prefab-Ebenen im Project Browser	224
	6.2.16	Wenn sichtbare Flächen unsichtbar werden	224
	6.2.17	UV-Map kontinuierlich anpassen	225
6.3	Von Äpfeln und Explosionen, Triggern und Kollisionen		228
	6.3.1	Explosionen aus dem Unity Asset Store einsetzen	230
	6.3.2	Äpfel verteilen und sammeln	236
	6.3.3	Von Collidern und Triggern	236
	6.3.4	Die Debug-Ansicht im Inspector nutzen	239

7   Projekt-Polishing – Iteration 1   241

7.1	Die Projektstruktur optimieren		242
7.2	Die Szenenhierarchie übersichtlicher gestalten		244
7.3	Den Code für Erweiterungen vorbereiten		248
	7.3.1	TracerController-Varianten über Vererbung umsetzen	249
	7.3.2	Den InputHandler zur Behandlung von Tastaturabfragen erstellen	250
7.4	Die Reihenfolge der Scriptaufrufe bestimmen		252

8   Veröffentlichung vorbereiten   255

8.1	Ein Startmenü hinzufügen		255
	8.1.1	Eine neue Szene anlegen	256
	8.1.2	Über Internationalisierung und Lokalisierung	256
8.2	Das Startmenü mit Unity UI umsetzen		262
	8.2.1	Das Unity-UI-Layout verstehen und anwenden	268
	8.2.2	Unity Events: den MenuController implementieren	277
8.3	Den Spieler gewinnen oder verlieren lassen		282
	8.3.1	Einen GameStateManager implementieren	282
	8.3.2	Den Spielzustand sichtbar machen	288
8.4	Unity Audio: Stimmung! Soundeffekte! Musik!		299
	8.4.1	Hintergrundmusik für Startmenü und Level auswählen	301
	8.4.2	Soundeffekte für das Spiel hinzufügen	302
	8.4.3	Dem Tracer ein Motorengeräusch geben	302
	8.4.4	Dramatischere Drehungen entwickeln	304
	8.4.5	Das Einsammeln von Äpfeln und das Gewinnen akustisch untermalen	305
	8.4.6	Audio-Engineering: Musik und Effekte aufeinander abstimmen	308

9 Aus dem Editor zu den Spielern — 313

- 9.1 Einen Webplayer veröffentlichen — 313
- 9.2 Das Spiel mittels WebGL veröffentlichen — 316
- 9.3 Standalones für Windows, Mac OS X und Linux — 319
- 9.4 Mobile Zielplattformen: Tablets und Handys — 322
  - 9.4.1 Unity Remote — 323
  - 9.4.2 Steuerungsmöglichkeit für mobile Geräte einführen — 325
  - 9.4.3 Builds für Android-Handys und -Tablets veröffentlichen — 327
  - 9.4.4 Builds für iOS-Geräte veröffentlichen — 331
  - 9.4.5 Builds für Windows Store/Phone veröffentlichen — 337
- 9.5 Builds für Oculus Rift veröffentlichen — 342
- 9.6 Builds für weitere Zielplattformen veröffentlichen — 343

10 Project Polishing – Iteration 2 — 345

- 10.1 Die Level-Geometrie durch ein 3D-Modell ersetzen — 345
- 10.2 Neues Modell für das Fahrzeug mit verschiedenen LODs einbinden — 346
  - 10.2.1 Materialien und Texturen einstellen — 348
  - 10.2.2 Performance über Game View Stats analysieren — 351
  - 10.2.3 Einen optimierten Tracer mit LODs erstellen — 354
  - 10.2.4 Qualitätseinstellungen verstehen und LODs optimieren — 357
  - 10.2.5 Texturgröße bei LODs anpassen — 360
- 10.3 Benutzerfarben für Tracer und Wand — 361
  - 10.3.1 Den Tracer einfärben — 361
  - 10.3.2 Die Wände einfärben — 364
  - 10.3.3 Die Wände dynamisch einfärben — 364
  - 10.3.4 Den Startscreen um eine Farbauswahl erweitern — 366
  - 10.3.5 Die Spielerfarbe über Szenenwechsel hinweg speichern — 370
- 10.4 Mehr Action: Spielen auf Zeit mit Punkte-Bonus — 372
  - 10.4.1 Einen Timer einführen — 373
  - 10.4.2 Punktekategorien erstellen und im Level verteilen — 378
  - 10.4.3 Zeitmultiplikator und Punktedarstellung hinzufügen — 384

11 Unsere GUI aufhübschen — 389

- 11.1 Die wesentlichen Darstellungselemente von Unity UI — 389
- 11.2 Das Startmenü aufhübschen — 392
  - 11.2.1 Echte 3D-Objekte als Pseudo-Hintergrundgrafik einsetzen — 393
  - 11.2.2 Masking verwenden, um einen scrollbaren Text umzusetzen — 394
  - 11.2.3 Bilder und Farben aus der Designer-Vorlage übernehmen — 397
  - 11.2.4 Den Titel mit mehreren Farben formatieren — 403
  - 11.2.5 Button-Animationen mit Mecanim umsetzen — 405
  - 11.2.6 Einen Einstellungsscreen erstellen — 409
  - 11.2.7 Zwischen Hauptmenü und Einstellungsscreen wechseln — 414
  - 11.2.8 Die GUI auf 3D umstellen — 415
  - 11.2.9 Wechsel zwischen den Screens animieren — 417

11.3	Die InGameGUI aufhübschen..............................	428
	11.3.1 Runde Buttons als Prefabs verwenden	429
	11.3.2 Steuerungsbuttons nur bei Touch-Devices einblenden	429
	11.3.3 Eine Fortschrittsanzeige für die Äpfel implementieren	430
11.4	Anpassungen für hochauflösende Displays......................	434

12 Beleuchtung mit Erleuchtung: Enlighten 437

12.1	Umgebungslicht einstellen....................................	438
12.2	Lichtquellen setzen	438
	12.2.1 Licht ausrichten mit Directional Light	439
	12.2.2 Strahlende Lichtpunkte setzen.......................	439
	12.2.3 Mit einem Spot anstrahlen	439
	12.2.4 Virtuelle Lichtschirme: Area Lights	439
12.3	Still halten oder sich bewegen	439
	12.3.1 Lightbaking für statische Objekte aktivieren	440
	12.3.2 Lightprobes für bewegliche Objekte einrichten...........	440
12.4	Renderpfade: Forward oder Deferred wählen.....................	441
12.5	Licht mit Layern einschränken	441

13 Project Polishing – Iteration 3 442

13.1	Scripts ordnen	442
	13.1.1 Verzeichnisstruktur verbessern	443
	13.1.2 Eigene Klassen in Namespaces zusammenfassen	443
13.2	InputHandler auf Events umstellen	444

14 Ein minimales Multiplayer-Spiel 448

14.1	Die Spieler vervielfältigen.....................................	449
14.2	Kameras aufräumen und Splitscreen einführen	449
14.3	Die Tastatur gerecht aufteilen	450
14.4	Das Punktekonto zusammenführen............................	451
14.5	Spaß haben!..	452
14.6	Übung: PowerUps hinzufügen................................	453

15 Terrain Engine: Eine Landschaft bauen 455

15.1	Was ist eigentlich ein Terrain in Unity?	456
15.2	Vorbereitungen treffen	457
	15.2.1 Die Grundeinstellungen konfigurieren.................	457
	15.2.2 Terrain Assets importieren und registrieren	457
15.3	Die Landschaft formen.......................................	458

16 Durch die Landschaft laufen 460

16.1	Third Person Controller studieren	461
16.2	Den Charakter an unser Spiel anpassen..........................	462

| 17 | **Durch die Landschaft fahren** | **465** |

18	**Eine neue Dimension: Virtual Reality**	**468**
18.1	Die VR-Brillen-Seh-Krankheit: Motion Sickness	469
18.2	Eine entspannte VR-Erfahrung gestalten	470
18.3	Interaktion mit Objekten im virtuellen Raum	471
18.4	VR-Anpassungen für unser Spiel umsetzen	472
	18.4.1 First-Person-Variante unseres Landschaftsspiels	472
	18.4.2 VR-Racing Apple Collection Games	473
	18.4.3 Back to the roots: Im Tracer sitzen!	474

| 19 | **Enter the Endgame** | **476** |

20	**Glossar**	**479**
20.1	Begriffe	479
20.2	Icons und Buttons	488

Stichwortverzeichnis **491**

1 Über Unity

Unity wird üblicherweise als *Game-Engine* (deutsch *Spiel-Engine*) bezeichnet, und das ist auch korrekt. Beschreibender wäre aber *Entwicklungswerkzeug zur Erstellung von 2D- und 3D-Spielen und -Anwendungen für eine Vielzahl unterschiedlicher Zielplattformen einschließlich Virtual-Reality-Umgebungen*. Streng genommen umfasst die *Game-Engine* an sich vor allem die einzelnen für Spiele notwendigen Systeme (wie Grafik, Physik, Audio, Steuerung und Skripting) sowie teilweise auch weiterführende Systeme, beispielsweise Netzwerkunterstützung oder auch das Speichern von Spielständen. Bis auf Letzteres (das Speichern von Spielständen) hat Unity das auch alles mit dabei. Wenn Sie mit Unity arbeiten, sehen Sie aber meistens den Unity Editor, also ein Autorensystem, das es erlaubt, alle für ein Spiel notwendigen Teile in Szenen zusammenzusetzen und damit ein komplettes Spiel zu erschaffen oder eben auch eine interaktive Anwendung. Denn Unity wird keineswegs nur zum Entwickeln von Spielen verwendet.

1.1 Unbegrenzte Möglichkeiten: ganz einfach!

Auch wenn Unity selbst inzwischen sowohl unter Windows als auch unter Mac OS X verwendet werden kann, merkt man ihm seine Mac-Ursprünge noch deutlich an:[1] Die Benutzeroberfläche ist sehr einfach gehalten und zeigt dem Anwender meistens genau das, was er braucht. So findet man auch als neuer Anwender schnell den Einstieg. Die Komplexität der zugrunde liegenden Technologien bleibt dezent im Hintergrund verborgen. Fortgeschrittene Anwender haben dennoch Zugriff auf vieles, was »unter der Motorhaube« verborgen ist.

---

[1] Das bedeutet natürlich nicht, dass es nicht auch Windows-Entwickler gibt, die hier eine bemerkenswerte Balance zwischen einfacher Benutzung und verfügbaren Features schaffen.

Surface Shader erleichtern die Shader-Programmierung

Ein schönes Beispiel hierfür sind die sogenannten *Shader:* kleine Programme, die auf der Grafikkarte ablaufen und dafür verantwortlich sind, dass die 3D-Modelle so auf dem Bildschirm erscheinen, wie der Spieler sie zu sehen bekommt. Unity bietet seit jeher eine große Auswahl vorgefertiger, spezialisierter Shader an, mit denen bereits eine Vielzahl von typischen Fällen abgedeckt ist. In vielen Fällen reicht das.

Man kann in Unity aber auch eigene Shader verwenden: Sämtliche Shader stehen auch im Quellcode zur Verfügung, können also als Grundlage für eigene Entdeckungsreisen und Experimente dienen. Fortgeschrittene Anwender können diese Shader also anpassen oder ihre ganz eigenen Shader programmieren.

Doch damit nicht genug: In Unity 3 wurden sogenannte *Surface-Shader* eingeführt. Somit muss der Shader-Programmierer sich in den meisten Fällen nur noch um die Besonderheiten in der Darstellung kümmern, während beispielsweise der Shader-Code für verschiedene Arten von Lichtquellen und Renderpfade[2] automatisch von Unity generiert wird. Natürlich steht es dem Anwender auch frei, seine ganz eigenen Algorithmen zu entwerfen – wenn er das möchte.

Seit Unity 5 bietet die Game-Engine auch zwei universelle, physikbasierte Shader[3], die auf intuitive Art und Weise für unterschiedlichste Materialien verwendet werden können – egal ob das nun Metall, Plastik, Holz oder Stoff ist. Im Hintergrund erzeugt Unity dafür automatisch unterschiedlichste Shader, die nur genau das können, was für das konkrete Material benötigt wird. Mit dieser Komplexität muss sich der Anwender aber nicht beschäftigen, wenn er das nicht möchte.

Man hat also zwei universell einsetzbare Shader, die in vielen Fällen ausreichen. Wenn nicht, hat man eine Vielzahl spezifischer Shader zur Auswahl. Reicht auch das nicht, kann man Surface Shader programmieren, bei denen man sich auf das Wesentliche konzentrieren kann und nicht selbst dafür sorgen muss, dass der Shader auch mit allen Beleuchtungsmodi und Renderpfaden klarkommt. Aber wenn man sich auch darum selbst kümmern möchte, kann man seine Shader auch komplett selbst schreiben und hat damit die volle Freiheit, die volle Kontrolle, aber auch die volle Verantwortung.

---

2 Unity unterstützt die Renderpfade Forward und Deferred. Vertex Lit wird ebenfalls noch unterstützt, aber nicht mehr weiterentwickelt und wird irgendwann wegfallen.

3 Auf Englisch: Physically Based Shading, auch oft mit PBS abgekürzt. Zwei sind es, weil sowohl der Metallic- als auch der Specular-Workflow unterstützt werden. Mehr dazu lesen Sie in *Abschnitt 6.1.6, Physikbasiertes Shading mit den Standard-Shader*.

Unitys flüssige Asset Pipeline ist Gold wert

Besonderes Augenmerk verdient die sogenannte *Asset Pipeline* in Unity: Bei der Spielentwicklung hat man es mit einer Vielzahl unterschiedlicher sogenannter *Assets* zu tun. Assets sind im Prinzip einfach alle Dateien, die in einem Spiel oder einer interaktiven 3D-Anwendung verwendet werden: 3D-Modelle, Texturen, Audiodateien und nicht zuletzt Scripts (also Programmcode). Häufig müssen diese Assets speziell für die jeweilige Game-Engine aufbereitet werden. Teilweise müssen Programmierer erst entsprechende Routinen entwickeln, um Dateien – beispielsweise aus Blender[4] – in ein Spiel einzubinden. Jedes Mal, wenn eine eingebundene Datei verändert wird, muss die Datei zuerst wieder in das entsprechende Format übertragen und das Spiel neu kompiliert werden, um schließlich nach längerer Wartezeit die Änderung im Spiel zu sehen und prüfen zu können. Aufgrund des komplexen, mehrstufigen Prozesses spricht man auch heute noch von einer *(Asset) Pipeline*.

Bei Unity funktioniert das anders: Wir ziehen unsere Assets einfach in das Projekt und klicken auf *Play*. Fertig. Ändern wir die Datei mit der jeweiligen Anwendung, in der diese Datei erstellt wurde, erkennt Unity diese Änderungen, sobald das Fenster wieder den Fokus hat – sogar während das Spiel im Editor läuft.[5] Das nimmt im wahrsten Sinne des Wortes den »Schmerz aus der Spielentwicklung«.[6] Ebenso können wir in Unity während des Spielens im Editor sämtliche Spielparameter ändern – sodass man sein Spiel in weiten Teilen buchstäblich »spielend« entwickelt.

Einfach, aber unbeschränkt

Trotz dieser Einfachheit ist Unity ausgesprochen flexibel: So gab es beispielsweise auch schon früher viele Anwender, die Unity zur Entwicklung von 2D-Spielen verwendet haben, auch wenn das Werkzeug ursprünglich zur Entwicklung von 3D-Spielen gedacht war. Seit Unity 4.3 bietet die Game-Engine auch explizite 2D-Unterstützung mit Sprites und 2D-Physik. Vor allem legt Unity aber kein spezifisches Spielgenre fest: Ob man nun beispielsweise ein Rennspiel, eine Flugsimulation, ein Knobel-Puzzle, ein Rollenspiel oder einen First-Person-Shooter (FPS) entwickeln möchte – die Entwicklungsumgebung unterstützt die Kreativität des Anwenders, ohne

---

4 Blender ist ein kostenfreies 3D-Modelling-Programm.
5 Das funktioniert tatsächlich bei einer Vielzahl von Dateitypen. Ein wesentlicher Bereich, in dem es normalerweise nicht funktioniert, ist Audio. Das liegt daran, dass Audio-Dateien normalerweise das Ergebnis eines komplexeren Produktionsprozesses sind. Für Videos gilt dasselbe.
6 Link auf *unity-buch.de:* »We do the hard work so you don't have to, and take the pain so you don't have to.« – Es ist wirklich erfreulich, wenn die Marketing-Sprüche einer Firma auch mal wirklich so umgesetzt sind, wie sie sich anhören.

ihn durch eine Spezialisierung auf einzelne Genres in den Möglichkeiten einzuschränken. Das zeigt sich auch darin, dass mit Unity nicht nur Spiele entwickelt werden.

1.2 Zielplattformen: viele!

Eine weitere Besonderheit von Unity ist, dass eine Vielzahl von *Zielplattformen* unterstützt wird. So ist es möglich, aus einem einzigen Spielprojekt heraus Versionen für Linux, Apples Mac OS X und Microsoft-Windows-Betriebssysteme zu erzeugen, einschließlich *Windows Store Apps*. Ebenso ist es mit dem gleichen Projekt möglich, sogenannte *Web Player* zu erstellen, die mit einem Plug-in für alle gängigen Webbrowser ebenfalls unter *Mac OS X* und *Windows* lauffähig sind. Für moderne Browser kann Unity *WebGL*-Versionen Ihres Spiels erstellen, die dann auch ohne Plug-in-Installation funktionieren, auch unter Linux. Somit können Sie Unity-Spiele direkt in Webseiten einbinden und sehr einfach einer riesigen Anzahl potenzieller Spieler zur Verfügung stellen.

Mobile Geräte

Mit *Unity iOS*, *Unity Android*, *Unity Windows Phone 8* und *Unity Blackberry 10* kann auch praktisch der komplette mobile Spielemarkt angesprochen werden. Die Entwicklung für mobile Plattformen ist ein komplexes Thema, und es würde den Rahmen des vorliegenden Buches sprengen, es im Detail zu beschreiben. Dennoch werde ich Ihnen an einigen Stellen Tipps geben, um mögliche Hindernisse aus dem Weg zu räumen, falls Ihr eigenes Spiel auch auf mobilen Endgeräten laufen soll. Durch die rasante Entwicklung immer leistungsfähigerer mobiler Hardware wird auch der Aufwand, ein Spiel für Smartphones anzupassen, immer geringer und reduziert sich mehr und mehr auf die elegante Nutzung alternativer Eingabe- und Steuerungsmöglichkeiten.

Eine Plattform für sich: Virtual Reality

Ein alter Traum vieler Spielentwickler, der nun nach Jahrzehnten der Wartezeit endlich wahr zu werden scheint, ist *Virtual Reality*. Mit dem *Oculus Rift* gibt es zumindest ein *Head-Mounted Display*, das nicht nur finanziell erschwinglich ist, sondern bereits mit den heute verfügbaren Prototypen ein beeindruckendes Maß an sogenannter *Immersion* (etwa: Eintauchen in virtuelle Realität) ermöglicht. Zudem wird es bereits von Unity als Zielplattform voll unterstützt. Auch das Thema Virtual Reality könnte für sich ein ganzes Buch füllen. Sie werden aber zumindest in Abschnitt 9.5 lernen, wie man Builds für die Oculus Rift erstellt und Spiele für diese Plattform einer entsprechenden Spielerschaft zugänglich machen kann. In Kapitel 18 wagen wir einen kleinen Einstieg in diese ganz neue Dimension von Spielerfahrung.

Auch Sony hat bereits ein Virtual-Reality-System unter dem Arbeitstitel *Project Morpheus* in der Entwicklung, das neben Oculus Rift eine sehr interessante Zielplattform für Virtual-Reality-Anwendungen werden dürfte. Unity Technologies hat auch dafür bereits Unterstützung angekündigt[7], was uns direkt zur gewissermaßen *klassischen* Plattform für Spiele führt: den Konsolen.

Totgesagte leben länger: Konsolen

Schließlich kann Unity auch Builds für Konsolen wie *Nintendo Wii* und *Wii U*, *Microsoft Xbox360* und *Xbox One* sowie *Sony PlayStation 3, 4* und *Vita* erstellen. Somit können Sie Ihre Unity-Projekte also auch für Konsolen anbieten. Dabei ist allerdings zu beachten, dass hierzu oft die Teilnahme an entsprechenden *Entwicklerprogrammen* notwendig ist, die teilweise sowohl finanziell als auch mit ihren Teilnahmebedingungen selektive Anforderungen an die Entwickler stellen.[8] Dafür sind die entsprechenden Unity-Lizenzen bei manchen Entwicklerprogrammen bereits enthalten. Es entstehen dann also keine weiteren Kosten. Auf Besonderheiten bei der Entwicklung für Konsolen wird im vorliegenden Buch jedoch nicht näher eingegangen.

1.3 Entwicklungsplattformen: Mac und Windows

Auch bei den Plattformen, auf denen die Entwicklungsumgebung selbst läuft, ist Unity flexibel: Seit der Version 2.5 gibt es auch eine Version für Windows. Somit kommen sowohl Mac- als auch Windows-User gleichermaßen in den Genuss, mit Unity zu arbeiten. Eine Einschränkung aufgrund von Apple-Bestimmungen gibt es bei der iOS-Entwicklung: Da nur mit Xcode entwickelte Programme im AppStore zugelassen sind, war für die Entwicklung von Spielen für iPod, iPad und iPhone ein Mac notwendig. Diese Einschränkung ist mit *Unity Cloud Build*[9] bereits Geschichte.

Ebenso erfordert die Entwicklung von Windows Store Apps und für Windows Phone 8, dass auf dem Rechner Visual Studio installiert ist – hier

Link auf unity-buch.de

---

[7] Link auf unity-buch.de: Siehe auch Unity Blog, *Unity for PlayStation 4 is here* vom 16.06.2014, sowie den Erfahrungsbericht *Sony Morpheus Development – ›Vanugard V‹ Dev Shares perspective*.

[8] Um hier Missverständnisse zu vermeiden: Auch bei den mobilen Plattformen ist die Teilnahme an entsprechenden, teilweise kostenpflichtigen Entwicklerprogrammen notwendig. Die Gebühren und Teilnahmebedingungen sind hier aber normalerweise keine ernsthafte Hürde.

[9] Siehe auch den Link *Unity Cloud Build* auf unity-buch.de

braucht man also auf jeden Fall Windows. Im Moment sind Builds für diese Zielplattform mit *Unity Cloud Build* noch nicht explizit angekündigt. Es ist aber immerhin angekündigt, dass mit der Zeit weitere Zielplattformen unterstützt werden sollen.

1.4 Unter der Motorhaube: Bekannte Technologien

Unity integriert eine Vielzahl bekannter Technologien und Bibliotheken. Dies erspart es nicht nur den Entwicklern von Unity, das »Rad neu zu erfinden«, sondern vereinfacht den Einstieg in Unity auch für Anwender, die mit diesen Technologien bereits vertraut sind.

Link auf unity-buch.de

Scripting in Unity basiert auf dem Mono-Framework. Somit steht Entwicklern neben der Unity-spezifischen *API*[10] zur Spielentwicklung eine mächtige, ausgereifte Bibliothek zur Verfügung, die weitgehend dem .NET-Framework von Microsoft entspricht. Als Programmiersprachen werden bei Unity C#, JavaScript (eigentlich handelt es sich um eine Sprache namens UnityScript) sowie Boo[11] (eine auf Python basierende Programmiersprache) unterstützt.

Im Folgenden erwähne ich einige weitere Technologien beispielhaft, die Unity intern verwendet. Angenehmerweise ist zum Arbeiten mit Unity ein tieferes Verständnis dieser Technologien oft nicht erforderlich, da sie weitgehend hinter einer einfachen, leicht zu erlernenden Benutzerschnittstelle versteckt sind.

Als Physik-Engine für 3D kommt bei Unity *NVIDIA PhysX3* zum Einsatz. Somit können beispielsweise Gravitation und das Verhalten bei Kollisionen umgesetzt werden, ohne dass man sich hier mit den Implementierungsdetails auseinandersetzen muss. Für 2D-Physik verwendet Unity *Box 2D*. Für die Vertonung arbeitet im Hintergrund FMOD, das nicht nur 3D-Audio mit einer Vielzahl von Effekten unterstützt (z. B. Hall/Reverb, Echo, Filter oder Verzerrungen), sondern auch das Abspielen von *Tracker-Dateien* (siehe Glossar). Und wer Netzwerkspiele direkt mit den Bordmitteln von Unity implementiert, der verwendet im Hintergrund (noch[12]) RAKNET. Diese hochperformante Netzwerkbibliothek sorgt beispielsweise dafür, dass wir mit einem einfachen Schalter die Netzwerkkommunikation verschlüsseln

---

10 Application Programming Interface oder zu Deutsch: Programmierschnittstelle
11 Am 03.09.2014 wurde im offiziellen Unity Blog angekündigt, dass die Unterstützung von Boo eingeschränkt wird: *Documentation, Unity scripting languages and you* (siehe unity-buch.de). Boo wird zwar weiterhin unterstützt, aber nicht mehr ganz so offiziell, was bei nur 0,44 % Nutzung (gegenüber 80,4 % C# und 18,9 % UnityScript) nicht verwunderlich ist.
12 Link auf *unity-buch.de:* In einer der kommenden 5.x-Versionen wird es die neue Technologie UNET geben, die inzwischen *Unity Networking* heißt. Sie wird derzeit von einigen alten Hasen aus dem MMO-Umfeld innerhalb von Unity Technologies selbst entwickelt. Siehe auch den Link *Announcing UNET – New Unity Multiplayer Technology* auf der Website zum Buch (*http://unity-buch.de*).

können und dass in den meisten Fällen auch Spieler ohne öffentliche IP-Adressen Server starten können (Stichwort: *NAT Punchthrough*).

Seit Version 3 von Unity ist es auch möglich, komplexe Szenenbeleuchtungen unter Verwendung des *Beast*-Lightmappers innerhalb von Unity direkt in die Texturen zu *baken* (siehe Glossar). Die Technologie wurde in Unity 5 allerdings durch *Enlighten* ersetzt, was nicht nur ein sympathischerer Name ist und unter anderem auch Global Illumination in Echtzeit unterstützt, sondern auch die Abhängigkeit zur Firma Autodesk auflöst. Schließlich hat Unity Technologies gemeinsam mit der Firma *Umbra Software* eine sehr fortgeschrittene Lösung entwickelt, um jeweils nur die Objekte der Grafikkarte zum Rendern zu geben, die auch tatsächlich sichtbar sind (*Occlusion Culling*). Während für diese Technologie üblicherweise pro veröffentlichtem Titel Lizenzkosten im fünfstelligen Bereich anfallen, ist sie bei Unity direkt enthalten.

1.5 Lizenzkosten: Es geht auch ohne

Bereits seit der Version 2.6 ist die Standardversion von Unity kostenfrei, d. h., man kann Unity einfach herunterladen, installieren und damit ohne weitere Kosten seine ersten Spiele entwickeln und – wenn man möchte – auch verkaufen. Inzwischen gilt das auch für die meisten Zielplattformen, also insbesondere Mobile (seit Mai 2013[13]), WebGL[14] und sogar für einige Konsolen[15]. Seit Unity 5 gibt es die kostenfreie Personal Edition, die praktisch alle Engine-Features enthält (früher »Pro-Features«).

Links auf unity-buch.de

Die *Unity Professional Edition* (kurz *Unity Pro*) müssen Sie lizenzieren, wenn Ihr Jahresumsatz bzw. der Ihrer Firma einen bestimmten Betrag übersteigt (derzeit 100.000 US-Dollar). Diese Version bietet Zugriff auf zusätzliche Dienste, die eher für professionelle Anwender gedacht sind und beispielsweise mit der darin enthaltenen Team License einen besseren Workflow in Teams ermöglichen. Details dazu finden Sie auf der offiziellen Unity-Website.

---

13 Ankündigung im offiziellen Unity Blog vom 21.05.2013: *Putting the power of Unity in the hands of every mobile developer* (siehe auch *unity-buch.de*)
14 Ankündigung im offiziellen Unity Blog vom 14.08.2014: *Building and Maintaining Value for Developers* (siehe auch *unity-buch.de*)
15 Zum Beispiel *Xbox One*, Unity Blog vom 05.11.2013: *Big Xbox One News for Unity Developers* oder vom 16.06.2014: *Unity for PlayStation4 is here!*

1.6 Wer Unity verwendet: ein großes Spektrum

Unity wird sowohl von unabhängigen Spielentwicklern verwendet, die teilweise sogar als Einzelpersonen arbeiten, als auch von großen AAA-Spielentwicklungsstudios. Obwohl Unity vor allem zur Spielentwicklung konzipiert ist, gibt es auch ganz andere Anwendungen mit Unity, die mit Spielen gar nichts zu tun haben – beispielsweise Simulationen, Visualisierungen (zum Beispiel im Bereich Architektur), Kunstinstallationen oder auch verschiedenste Arten von Lernsoftware.

Link auf unity-buch.de

> Auf der Website zum Buch finden Sie unter *Unity – Showcase – Gallery* den Link auf eine von Unity Technologies gut sortierte und immer aktuell gehaltene Übersicht von Spielen und Anwendungen, die mit Unity umgesetzt wurden. Sie können hier nach Plattformen auswählen, ob es sich um 2D- oder 3D-Spiele handeln soll sowie welchem Genre (bei Spielen) bzw. im Falle von sonstigen Anwendungen welcher Kategorie die gelisteten Programme angehören sollen. Zu jedem Projekt gibt es neben einem Screenshot eine Kurzinfo sowie Links auf Beschreibungen der Entwickler und Details zum Projekt selbst. In diesem Bereich finden Sie außerdem eine Fülle von *Case Stories* sowie einige *Trailer*. Schmökern Sie hier ruhig, und lassen Sie sich von der Vielfalt inspirieren!

2 Ein erstes einfaches 2D-Mini-Spiel

Es ist viel einfacher, ein Spiel zu spielen, als selbst ein Spiel zu entwickeln. Das mag offensichtlich klingen – und dennoch trifft man in den entsprechenden Entwicklerforen sehr häufig auf Menschen, die den Aufwand der Spielentwicklung völlig unterschätzen. Die Folge davon sind zahlreiche ehrgeizige Projekte, die voller Enthusiasmus auf den einschlägigen Foren angekündigt werden, aber nur selten bedeutend über die Konzeptionsphase herauskommen. Das ist dann natürlich für alle Beteiligten eine frustrierende Angelegenheit. Gehen Sie dort besser nicht hin, das ist wirklich keine schöne Gegend!

Erfüllender ist, sich zunächst kleine, einfache Projekte vorzunehmen, die man mit überschaubarem Aufwand zum Abschluss bringen kann. Auf diese Weise sammelt man nützliche Erfahrungen und kann sich stufenweise an größere Projekte herantasten – getragen vom Erfolgserlebnis des jeweils vorausgegangen abgeschlossenen Projektes.

Abb. 2.1
Das Mini-Spiel: 2D Snake

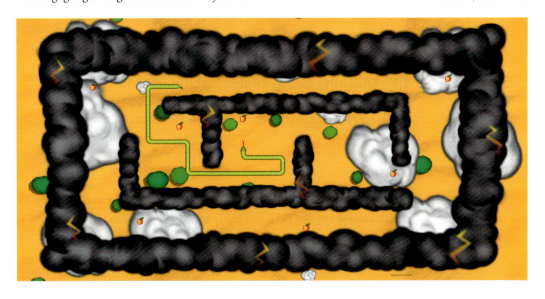

Noch einfacher ist es, sich zuerst bestehende Projekte anzuschauen, jeden Aspekt eines solchen Projektes zu hinterfragen, um ihn zu verstehen, und schließlich eigene Anpassungen vorzunehmen, um das so gewonnene Verständnis zu vertiefen. Im nächsten Schritt können Sie dann sogar versuchen, ein solches Projekt selbstständig nachzubauen. So schaffen wir auch einen fließenden Übergang vom Lernprozess zum kreativen Prozess.

Für unseren ersten Einstieg in Unity verwenden wir einen Videospielklassiker, der vor einiger Zeit eine Renaissance als einfaches Handyspiel erlebt hat: *Snake*. Bei diesem einfachen 2D-Spiel steuert der Spieler eine Schlange, die sich in vier Richtungen bewegen kann (oben, unten, rechts, links). Das Ziel des Spiels ist es, alle Äpfel in einem Level zu verspeisen – was dadurch erschwert wird, dass die Schlange mit jedem Apfel wächst und sich nicht selbst in den Schwanz beißen darf.

Snake ist ein Beispiel für eine Spielidee, die sich mit sehr geringem Aufwand gut umsetzen lässt und daher als erster Einstieg in die Spielentwicklung gut geeignet ist. Snake wird also unser erstes einfaches Mini-Spiel, das wir verwenden, um uns ein wenig mit Unity vertraut zu machen – gleich legen wir los!

Übung macht den Meister

> Einige weitere Beispiele, die Sie später als Übung implementieren könnten, wären *Pong*, *Breakout*, *Asteroids* oder auch *Pac Man* – wobei Letzteres aufgrund der nicht trivialen Gegner-AI schon eher zu den fortgeschritteneren Einstiegsspielen zu zählen ist.

Link auf unity-buch.de

> Auf *unity-buch.de* finden Sie über den Link *Asset Store – Complete Projects/Tutorials* eine Vielzahl weiterer Projekte, die Sie später verwenden können, um sich mit anderen Projekten vertraut zu machen. Eine Auswahl habe ich dort auch direkt verlinkt, unter anderem auch eine umfangreichere Version von Snake2D.

2.1 Die Unity-Game-Engine installieren

Für den Fall, dass Unity noch nicht auf Ihrem Mac oder Windows PC installiert ist, gehen wir im Folgenden kurz den Download und die Installation durch, bevor wir am Ende dieses Abschnitts das Beispielprojekt herunterladen und in Unity öffnen:

1. Rufen Sie in einem Webbrowser die Adresse `unity3d.com` auf.
2. Klicken Sie auf den Link *Get Unity* rechts oben auf der Seite.
3. Klicken Sie auf *Free Download* und auf der nächsten Seite auf *Download Installer*.

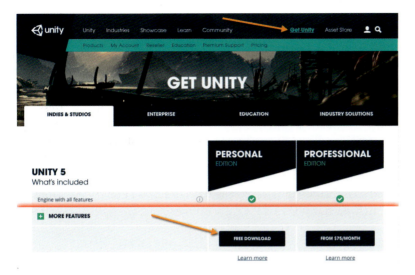

Abb. 2.2
Unity-Download

4. Speichern Sie die Installationsdatei, und führen Sie sie aus. Unity verwendet seit Version 5 einen Download-Assistenten, und Sie können die einzelnen Komponenten auswählen, die Sie herunterladen und installieren wollen. Nehmen Sie ruhig alles!

5. Nach erfolgreicher Installation finden Sie Unity wie üblich auf dem Mac unter *Applications* und unter Windows im Startmenü[1]. Beim ersten Aufruf müssen Sie Unity noch registrieren und dazu auch einen Entwickler-Account eröffnen. Diesen Entwickler-Account brauchen Sie auch, um beispielsweise das Unity-Forum zu benutzen. Es empfiehlt sich, die Internet-Aktivierung zu verwenden. Die manuelle Aktivierung ist vor allem für Computer gedacht, die nicht am Internet angeschlossen sind.

6. Nach dem Start von Unity sehen Sie zuerst den Startbildschirm von Unity (siehe Abb. 2.3). Hier sehen Sie eine Liste aller zuletzt geöffneten Projekte – einschließlich der Unity-Version, mit der sie zuletzt bearbeitet wurden, sofern sie sich von der aktuellen Unity-Version unterscheidet.[2] Bei Ihnen dürfte dort – im Gegensatz zu Abb. 2.3 – nur das Projekt *Standard Assets Example Project* stehen. Das ist das Beispielprojekt von Unity, das Sie sich später, wenn Sie bereits etwas mit dem Editor und den Grundprinzipien der Spielentwicklung vertraut sind, auch mal ansehen sollten. Hier können Sie auch neue Projekte erstellen.

---

1 An der Diskussion »Startmenü vs. Startbildschirm« in Windows 8 beteilige ich mich nicht. Für mich ist das einfach alles das Startmenü.
2 Das ist praktisch, wenn Sie mehrere Versionen von Unity installiert haben, z. B. um ältere Projekte noch in der entsprechenden Version in Unity abzuschließen, während Sie neue Projekte bereits in der aktuellsten Version von Unity bearbeiten.

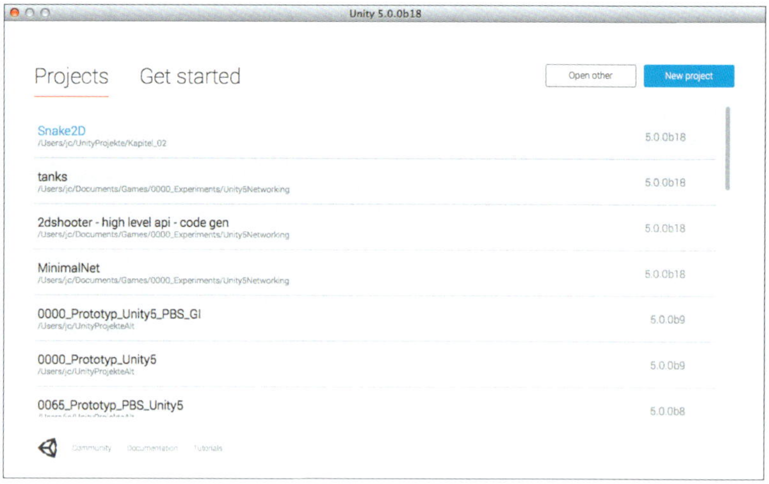

Abb. 2.3
Der Startbildschirm von Unity

7. Mit dem Button Open other können Sie auch ein beliebiges anderes Projekt aus dem Dateisystem öffnen, auch wenn es nicht in der Liste der letzten Projekte steht. Das brauchen wir jetzt gleich.

Nun können wir uns nämlich anhand unseres einfachen 2D-Snake-Projekts mit dem *Unity Editor* vertraut machen.

Download von unity-buch.de

> Laden Sie dazu das Beispielprojekt Snake2D.zip von der Website zum Buch herunter (*http://unity-buch.de*).

Im Folgenden gehe ich davon aus, dass Sie das Projekt unter Windows im Pfad C:\UnityProjekte\Snake2D bzw. unter Mac OS X im Pfad <user>/UnityProjekte/Snake2D entpacken.

1. Klicken Sie im Startbildschirm von Unity auf den Button *Open other*. Sollte Unity bei Ihnen bereits mit einem Projekt laufen, kommen Sie auf den Startbildschirm zum Öffnen eines Projekts auch wieder über das Menü: *Edit/Open Project*.

2. Öffnen Sie C:\UnityProjekte\Snake2D (Windows) bzw. <user>/Unity-Projekte/Snake2D (Mac OS X). Beachten Sie, dass Sie einfach das Verzeichnis Snake2D selektieren und dann auf *Open* (bzw. unter Windows: *Select Folder*) klicken können. Da Unity keine klassische Projektdatei hat, sondern ein Projektverzeichnis, wählt man hier nicht wie sonst üblich eine Datei aus, sondern ein Verzeichnis.

Screencast auf unity-buch.de

> Zu Download und Installation von Unity sowie zum Download, Entpacken und ersten Öffnen des Beispielprojekts gibt es einen Screencast mit dem Titel *Die ersten Schritte* auf der Website zum Buch. Diesen Screencast finden Sie unter *Screencasts* im Bereich *2.1, Die Unity-Game-Engine installieren*.

Feiern Sie diesen Moment: Soeben haben wir das Fahrzeug betreten, mit dem wir uns auf die Reise in die Spielentwicklung begeben. Bevor wir gleich losfahren, sehen wir es uns erst mal ganz genau an.

2.2 Erste Schritte mit Unity gehen: der Editor

Der Unity Editor besteht aus mehreren sogenannten *Views*[3], die wir beliebig ein- und ausblenden und innerhalb oder außerhalb des Unity-Fensters anordnen können. Abb. 2.4 zeigt die Standardansicht beim ersten Öffnen von Unity.

Abb. 2.4
Der Unity Editor

2.2.1 Unser gesamtes Projekt: Project Browser

Der *Project Browser* gibt – wie der Name schon sagt – einen Überblick über das gesamte Projekt. Hier werden alle *Assets* aufgelistet, die im aktuellen Projekt verwendet werden können. Die hier dargestellte Dateistruktur entspricht dem Inhalt des Ordners Assets im Projektordner. Es gibt dazu passend auch eine nützliche Funktion im Kontextmenü (Rechtsklick auf beliebiges Objekt im *Project Browser*): *Reveal in Finder* (Mac) bzw. *Reveal in*

---

3 Deutsch: »Ansichten«. In Unity gebräuchliche englische Begriffe führe ich in der ursprünglichen Sprache ein, verwende aber, wenn es dem besseren Textfluss dient, im Folgenden teilweise auch die entsprechenden deutschen Begriffe.

Explorer (Windows). Damit wird die Datei direkt im Finder bzw. Explorer angesprungen. Änderungen an den Dateien (Umbenennen, Verschieben) sollten dennoch niemals auf der Betriebssystemebene (also im *Finder* bzw. *Explorer*) durchgeführt werden, sondern ausschließlich über den *Project Browser* im Unity Editor. Andernfalls gehen die projektinternen Verknüpfungen und Metadaten verloren. Durch einen Doppelklick können alle Assets in der Anwendung geöffnet und bearbeitet werden, in der sie erstellt wurden (sofern diese installiert ist). Änderungen werden nach dem Speichern in der externen Anwendung direkt in Unity übernommen.

Abb. 2.5
Der Project Browser im Two Column Layout

Der *Project Browser* bietet umfangreiche Suchmöglichkeiten. Sie sind so umfangreich, dass der Suche – die auch in einigen anderen Views funktioniert – ein eigener Abschnitt gewidmet ist (Abschnitt *2.2.8, In Project, Hierarchy und Scene View suchen*).

In Abb. 2.5 sind noch drei kleine, aber feine Elemente des *Project Browser* grün hinterlegt, um Sie darauf aufmerksam zu machen:

- Rechts unten finden Sie einen Slider, mit dem Sie die Größe der Vorschau der Assets im aktuell ausgewählten Verzeichnis einstellen können. Wenn Sie den Slider ganz nach links ziehen, verwandelt sich die Ansicht in eine kompakte Liste.

- Rechts oben finden Sie ein kleines, geöffnetes Schloss (*Schloss-Icon*). Wenn Sie dieses Schloss anklicken, und den *Project Browser* damit »sperren« (*lock*), reagiert er nicht mehr auf Ereignisse in den anderen Views, die normalerweise dazu führen, dass ein bestimmtes Asset im *Project Browser* ausgewählt wird und damit z. B. auch die vorher getätigte Verzeichnisauswahl verloren ist. So können Sie sogar mehrere *Project Browser* gleichzeitig mit verschiedenen Kontexten anlegen, was manchmal sehr praktisch ist.

- Rechts neben dem Schloss finden Sie ein kleines in Worten kaum zu beschreibendes Icon, das ich im Folgenden mit *Kontextmenü-Icon* bezeichnen werde, weil es ein Kontextmenü öffnet. Dort können Sie die aktuelle Ansicht schließen, neue Ansichten öffnen und auch die aktuelle Ansicht auf das gesamte Unity-Fenster vergrößern (`Maximize`). In diesem Kontextmenü verbirgt sich beim *Project Browser* noch ein kleines Juwel aus der langjährigen Geschichte von Unity: *One Column Layout*.

Das One Column Layout des Project Browser

Diese alternative Darstellungsmöglichkeit des *Project Browser* war früher die eine *Project View,* die es in Unity gab (damals hieß das noch *View,* nicht *Browser*). Sie ist aber als Möglichkeit nicht nur für nostalgische Unity-User erhalten geblieben, sondern bietet auch eine sehr kompakte Ansicht, die es insbesondere ermöglicht, den Inhalt mehrerer Verzeichnisse gleichzeitig darzustellen. Damit können Sie bis zu einer gewissen Projektgröße sogar alle Dateien des Projektes gleichzeitig in einer der *Hierarchy View* ähnlichen Übersicht sehen. Während das *Two Column Layout* sich eher für breite Bereiche im Editor eignet, können Sie einen Project Browser mit *One Column Layout* auch gut in einem schmalen Streifen seitlich anbringen.

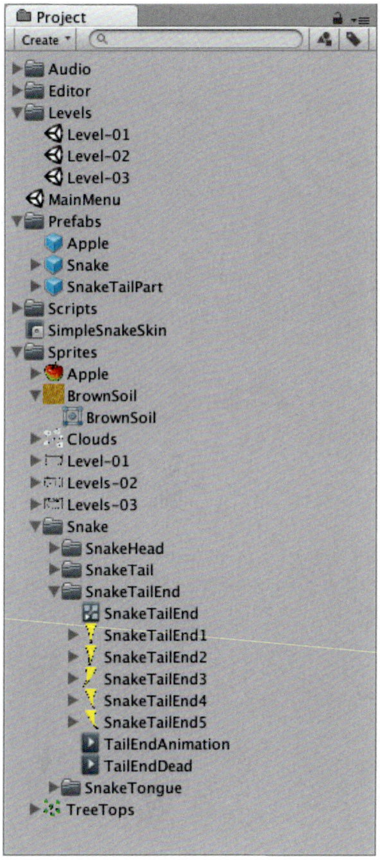

Ein besonderes Asset: Szenen

Neben in Ordnern strukturierten 3D-Modellen, Texturen, Audiodateien, Materialien, Scripts und sogenannten *Prefabs*[4] werden hier auch die Szenen des Projekts angezeigt.

Szenen sind ein zentrales Element in Unity. Man kann sie als einzelne Levels verstehen, und üblicherweise werden Levels tatsächlich als Szenen implementiert. Aber es könnte durchaus auch ein Level aus mehreren Szenen bestehen, ebenso wie eine Szene mehrere Levels beinhalten kann. In jedem Fall ist eine Szene in Unity eine Menge von Objekten, die im Editor in ihrer Gesamtheit geladen, bearbeitet und gespeichert werden können.[5]

Stellen Sie sicher, dass der Ordner `Levels` selektiert ist[6], und klicken Sie doppelt auf die Szene `Level-01`, um sie zu öffnen. Falls es Ihnen jetzt in den Fingern juckt und Sie den Play-Button drücken und ein paar Runden spielen wollen: ***Go for it!*** Wir sind ja hier nicht in einer Schule von gestern![7]

Abb. 2.6
Der Project Browser im One Column Layout

---

4 Deutsch: »Fertighaus«. Prefabs werden in Abschnitt *6.2.2, Implementierung von Lösung B: Skalierung,* noch genau definiert und im Kontext erklärt. Hier vorab nur so viel: Prefabs sind Unity-Objekte, die im gesamten Projekt verwendet werden können. Ändert man ein Prefab, so ändern sich automatisch alle Objekte in allen Szenen, die aus diesem Prefab erzeugt wurden.

5 Allerdings gibt es auch die Idee, eine Möglichkeit zu schaffen, mehrere Szenen gleichzeitig zu bearbeiten. In Unity 5.0 haben wir das noch nicht, aber vielleicht kommt das bald.

6 Oder *geöffnet,* falls Sie auf das *One Column Layout* umgestellt haben.

7 Es ist schon arg bizarr, dass an Orten, die dazu gedacht sind, etwas zu lernen, das Spielen so wenig Platz hat. (In »Schulen von heute« sieht das glücklicherweise anders aus.) Dabei muss man doch nur mit offenen Augen in die Welt schauen, um zu sehen, dass jedes halbwegs intelligente Lebewesen spielend lernt. Spielend!

Kommen Sie dann aber bitte irgendwann wieder – unsere Reise mit Unity hat ja gerade erst begonnen.

Wir sehen nun den Inhalt der Szene in zwei weiteren wesentlichen Views: in der *Scene View* sowie in der *Hierarchy View*. Diese beiden Views stellen die gleichen Daten dar – jedoch auf ganz unterschiedliche Arten.

2.2.2 Die Hierarchie einer Szene: Hierarchy

Abb. 2.7 Hierarchy

Die *Hierarchy* dient dazu, die hierarchische Struktur der Szene zu bearbeiten bzw. über die hierarchische Struktur der Szene zu navigieren und Objekte zu selektieren. Durch Klick auf die Pfeile nach rechts können die *Kinder* von Objekten angezeigt werden. Wenn man hier in einer tiefen Struktur arbeitet, ist [Alt]+🖱[8] zum Öffnen bzw. Schließen von Teilbäumen ein nützlicher Trick: Damit werden automatisch auch alle offenen Unterbäume geöffnet bzw. geschlossen. So muss man nicht jeden Unterbaum einzeln anklicken.

In Abb. 2.7 sehen Sie die Szenenhierarchie der Szene Level-01, wobei bei Snake und Background die Kinder sichtbar sind, bei SnakeHead, Ground, Trees und Clouds jedoch nicht. Die in der Farbe Blau dargestellten Objekte sind Prefabs oder 3D-Modelle aus dem Projekt. Was man hier nicht sieht, sind rot dargestellte Objekte: Diese Farbe verwendet Unity, wenn bei Prefabs oder 3D-Modellen, die ja direkt aus dem Projekt kommen, die ursprüngliche Datei aus dem Projekt nicht mehr vorhanden ist.

Die Hierarchie ändern: Parenting

Neben dem Umbenennen der Objekte mit ⏎ (Mac) bzw. [F2] (Windows) oder durch einen Klick auf ein bereits selektiertes Objekt können wir in der *Hierarchy* durch *Drag & Drop* Objekte zu Kindern von anderen Objekten machen sowie die Reihenfolge der Objekte ändern. Ziehen Sie beispielsweise Apples auf Background. Diese Aktion, bei der wir ein Objekt einem anderen als Kind hinzufügen, bezeichnen wir auch als *Parenting*.

Kindobjekte werden automatisch mit ihren Elternobjekten bewegt: Würde man beispielsweise jetzt Background in der *Scene View* anders im Raum platzieren, so würden Ground, Trees, Clouds und Apples ebenfalls verschoben, rotiert oder skaliert.

Die hierarchische Gliederung der Objekte in der Szene[9] ist in Unity von sehr großer Bedeutung, und wir werden sie auch für Tricks verwenden, beispielsweise um Objekte elegant zu positionieren. Bei solchen Tricks ändern wir die Hierarchie nur vorübergehend zum Editieren der Szene. Ebenso sollten Sie jetzt übrigens auch Apples wieder auf die Wurzel-Ebene ziehen, falls Sie den Ursprungszustand der Szene nicht sowieso schon wieder hergestellt haben.

---

8   Klick mit der linken Maustaste bei gleichzeitig gedrückter Alt-Taste.
9   Also die Beziehung *Eltern-Kind*

Die Reihenfolge der Objekte in der *Hierarchy* hat auf das eigentliche Spiel derzeit nur im Bereich *Unity UI* einen Einfluss, also dem in Unity 4.6 neu eingeführten System zur Erstellung von grafischen Benutzerschnittstellen (GUI-System). Früher war *Unity UI* auch unter dem Namen *uGUI* bekannt, und dieser Name hat sich in vielen Foren eingebürgert – aber das war an sich nur ein Projektname, der seit Unity 4.6 zumindest offiziell nicht mehr verwendet wird.

Dort werden auf jeden Fall Objekte, die in der Hierarchie weiter unten stehen, vor Objekten gezeichnet, die in der Hierarchie weiter oben angesiedelt sind. Dies mag Photoshop-Usern (und Benutzern vergleichbarer Programme) zunächst ungewohnt erscheinen. Es macht aber Sinn, weil auf diese Weise einfach die komplett aufgeklappte Baumstruktur von oben nach unten gezählt werden kann. Es spielt also keine Rolle, ob ein Objekt ein Kind von einem anderen Objekt ist oder einfach auf gleicher Hierarchiestufe in der Liste darunter steht.

Pro-Tipp

Die Reihenfolge der Sortierung in der Hierarchy lässt sich auch umstellen: In den *Preferences*[10] gibt es unter General eine Option Enable Alphanumeric Sorting. Ist diese aktiv, so erscheint das in Abb. 2.8 grün markierte Icon, über das Sie jetzt auch *Sortierung nach Alphabet* auswählen können (AlphabeticalSort). Sie können gleichzeitig mehrere Hierarchy-Ansichten mit verschiedenen Sortierreihenfolgen offen haben.

Abb. 2.8
Verschiedene Sortierreihenfolgen in der Hierarchy

Es ist sogar möglich, eigene Sortierreihenfolgen zu programmieren: Implementieren Sie dazu einfach eine eigene Klasse, die von BaseHierarchySort aus der *Unity-Editor-API* erbt, und legen Sie die Scriptdatei im speziellen Projektverzeichnis Editor ab. (Dieses Verzeichnis müssen Sie zu diesem Zweck natürlich eigens im Projekt anlegen.) Einen Link auf die Dokumentation dieser Klasse mit Beispielen finden Sie auf *unity-buch.de*.

Link auf unity-buch.de

Die einfache Erweiterbarkeit verschiedenster Bereiche des Unity Editors ist ein äußerst nützliches Feature, auf das ich im Rahmen dieses Buches leider nur gelegentlich hinweisen kann. Aber nehmen Sie sich spätestens nach der Lektüre dieses Buches ruhig einmal Zeit, um dieses Thema eigenständig zu vertiefen. *Editor Scripting* kann Ihnen bei der Spielentwicklung nämlich enorm viel Zeit und Mühe sparen, indem Sie Ihr Fahrzeug für das jeweilige Territorium tunen, in dem Sie gerade unterwegs sind. Einen Einstieg finden Sie über den Link *Extending the Editor*.

---

10 Menüpunkt auf dem Mac: *Unity/Preferences;* unter Windows: *Edit/Preferences*

Screencast auf unity-buch.de

> Auf der Website zum Buch finden Sie unter dem Namen *Unity Basics: Die Hierarchy View verwenden* ein ausführliches Video zur *Hierarchy View*. In diesem Screencast gehe ich auch anschaulich auf den Effekt der Sortierreihenfolge der Hierarchy für Unity UI, das neue GUI-System in Unity, ein.

2.2.3 Objekte der Szene im Raum: Scene View

Im Gegensatz zur *Hierarchy* dient die *Scene View* dazu, die in der Szene enthaltenen Objekte im dreidimensionalen Raum anzuordnen. Seit Unity 4.3 ist dieser Satz nicht mehr ganz korrekt: Jetzt dient die *Scene View* auch zum Anordnen von Objekten auf einer zweidimensionalen Fläche. Seit Unity 4.6 ist auch das nicht mehr ganz korrekt: Jetzt dient die *Scene View* auch zum Design von Benutzerschnittstellen mit *Unity UI*. Es gibt aber eine absolute, unumstößliche und immerwährende Wahrheit: Die *Scene View* ist für die Spielentwicklung mit Unity äußerst wichtig!

Ein wesentlicher Teil des *Level-Designs* wird über diese Ansicht erledigt: Wir positionieren hier den Spieler, eine oder mehrere Kameras sowie die Umgebung.

2D- vs. 3D-Modus in der Scene View

Während in *Project Browser*, *Hierarchy* und vielen anderen Bereichen kaum ein Unterschied zwischen der Entwicklung eines 2D- oder 3D-Spiels in Unity erkennbar ist, unterscheidet die *Scene View* naturgemäß zwischen *2D-* und *3D-Modus*.

Sie können direkt beim Erstellen eines neuen Projekts oder auch nachträglich in den *Editor Project Settings* (Menü *Edit/Project Settings/Editor*) im Bereich `Default Behavior Mode` einstellen, ob Ihr Projekt Voreinstellungen für 2D- oder 3D-Spiele nutzen soll. Dies hat vor allem einen Einfluss auf den Standardmodus für die *Scene View* und das Importverhalten bei Texturen. Da wir hier gerade ein 2D-Spiel bearbeiten, beschäftigen wir uns zuerst kurz mit dem 2D-Modus.

Im 2D-Modus in der Scene View navigieren

Der *2D-Modus* der *Scene View* wird durch den kleinen, in Abb. 2.9 grün markierten Button mit der Aufschrift 2D aktiviert.

Die Navigation im 2D-Modus ist schnell erklärt: Mit gedrückter rechter oder mittlerer Maustaste (🖱 bzw. 🖱) können Sie die Ansicht nach links, rechts, oben und unten verschieben, mit dem Scrollrad in die Ansicht hinein- und hinauszoomen. Falls Sie eine Maus ohne rechte Maustaste oder Scrollwheel haben: Kaufen Sie sich eine – sonst ärgern Sie sich bei der Spielentwicklung nur!

Abb. 2.9
Scene View im 2D-Modus

Bis dahin können Sie sich auch mit [Alt]+🖱 oder den Cursortasten ([←][↑][→][↓]) zum Verschieben und [Strg]+[Alt]+🖱 (am Mac sieht das eher so aus: [Ctrl]+[⌥]+🖱) zum Zoomen behelfen. Mit der [⇧]-Taste können Sie alle Bewegungen beschleunigen (was bei mir mit dem Scrollrad nicht funktioniert – das wäre dann also Maus- und Tastaturakrobatik mit [Strg]+[⇧]+[Alt]+🖱).

Selektierte Objekte in der Scene View fokussieren

Schließlich können wir mit der Taste [F] (oder dem Menü *Edit/Frame Selected*) ein Objekt fokussieren, also mit passender Größe in die Mitte der *Scene View* holen. Mit [⇧]+[F] (oder [F]+[F][11] oder *Edit/Lock View to Selected*) können wir einen Modus aktivieren, in dem Unity die *Scene View* jederzeit automatisch so verschiebt, dass das Objekt nach dem Verschieben immer wieder in der Mitte ist. Dieser *Lock View Modus* wird durch einfaches Drücken der Taste [F] wieder beendet.

Objekte im 2D-Modus bearbeiten: Rect Tool

Sie können 2D-Objekte (Sprites und alle *Unity-UI-Elemente*[12]) in Unity mit den gleichen Werkzeugen bearbeiten wie 3D-Objekte. Die Werkzeuge für 3D-Objekte werden im nächsten Abschnitt vorgestellt. Besonders gut

---

11 Also zweimal kurz hintereinander die [F]-Taste drücken. Diesen Modus können Sie auch versehentlich oder absichtlich aktivieren, indem Sie die [F]-Taste längere Zeit gedrückt halten.
12 siehe auch Abschnitt 8.2 Das Startmenü mit Unity UI umsetzen

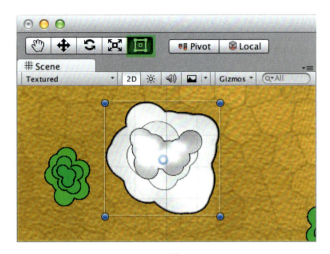

Abb. 2.10
Das Rect Tool in der Scene View

Abb. 2.11
Gizmo Display Toggle mit Pivot und Local

Abb. 2.12
Gizmo Display Toggle mit Center und Global

geeignet zur Bearbeitung von 2D-Objekten in der *Scene View* ist aber das *Rect Tool*. Sie können das *Rect Tool* mit der Taste [T] aktivieren oder durch Klick auf den in Abb. 2.10 grün markierten Button in der Werkzeugleiste. Damit können Sie Sprites und Elemente von *Unity UI* sehr einfach verschieben, skalieren und rotieren, ohne dazu das Werkzeug wechseln zu müssen. Und das funktioniert sogar mit 3D-Objekten. Das erste Werkzeug für 3D-Objekte haben Sie also gerade schon kennengelernt.

Je nach Position des Mauszeigers relativ zum Rahmen bzw. den Handles des Objekts ändert sich der Mauszeiger, und damit welche Art von Transformationen wir durch Klicken und Ziehen mit der linken Maustaste am Objekt durchführen.

Wenn Sie zusätzlich zum Klicken und Ziehen die [⇧]-Taste gedrückt halten, schränkt Unity hier den Bewegungsgrad je nach Transformation ein:

- beim Verschieben auf die X- bzw. Y-Achse ([⇧] erst drücken, wenn Sie mit dem Verschieben angefangen haben)
- beim Skalieren so, dass die Seitenverhältnisse beibehalten werden ([⇧] erst drücken, wenn Sie mit dem Skalieren angefangen haben)
- beim Rotieren auf 15°-Schritte, entweder um den im *Sprite Editor* eingestellten `Pivot`-Punkt des zuletzt selektierten Objektes oder um die Mitte des Objekts bzw. aller aktuell selektierten Objekte (je nach der Einstellung `Pivot` oder `Center` in den *Gizmo Display Toggles*, siehe auch Abb. 2.11 und Abb. 2.12). Hier müssen Sie [⇧] drücken, **bevor** Sie mit dem Rotieren beginnen!

Beim Skalieren, das normalerweise den jeweils gegenüberliegenden Punkt bzw. die gegenüberliegende Seite fix hält und von dort aus skaliert, gibt es außerdem die Möglichkeit, mit der Taste [Alt] den Pivot-Punkt als Zentrum der Skalierung zu verwenden.

Durch Gedrückthalten der Taste [V] wird das *Vertex Snapping* aktiviert (was hier vielleicht eher *Pivot-Point Snapping* heißen müsste). Falls Sie es umständlich finden, dauerhaft V gedrückt halten zu müssen, können Sie auch mit [⇧]+[V] den *Vertex Snapping Modus* aktivieren und ihn, wenn Sie fertig sind, mit [⇧]+[V] wieder deaktivieren. Damit stellt Unity sicher, dass der Pivot-Punkt oder das Zentrum des Sprites exakt auf einem der Eckpunkte eines anderen Sprites liegt. Dabei wählen wir zuerst – noch ohne die Maustaste zu drücken – den Punkt, an dem wir das Objekt greifen wollen, und ziehen diesen dann mit gedrückter Maustaste auf einen Punkt in einem anderen Objekt, an dem wir unser bearbeitetes Objekt ausrichten wollen.

> Am besten machen Sie sich mit diesem Werkzeug direkt in Unity vertraut – Probieren geht hier im wahrsten Sinne des Wortes über Studieren. Sie finden aber auf *unity-buch.de* auch den Screencast *Das Rect Tool für 2D, Unity UI und 3D verwenden,* in dem die verschiedenen Möglichkeiten zur Nutzung des *Rect Tool* vorgestellt werden.

Screencast auf unity-buch.de

Die Scene View im 3D-Modus benutzen

Grundsätzlich ist natürlich das Arbeiten im dreidimensionalen Raum an einem zweidimensionalen Monitor eine größere Herausforderung für unser räumliches Vorstellungsvermögen als der 2D-Modus. Das ist aber letztlich auch einfach nur Übungssache. Wer schon einmal mit einer 3D-Modelling-Anwendung gearbeitet hat, dürfte sich auch in Unity recht zügig zurechtfinden. Für alle anderen kommt jetzt der erste Schritt aus der flachen Ebene in den Raum – eine sehr besondere Station auf unserer Reise.

Zunächst brauchen wir natürlich Möglichkeiten, um im dreidimensionalen Raum zu navigieren und die Perspektive zu wechseln. Dazu gibt es in Unity verschiedene Vorgehensweisen, die je nach Situation eingesetzt werden können. Dabei muss selbstverständlich der 2D-Modus der Scene View ausgeschaltet sein, und am besten probieren Sie das mit einer echten 3D-Szene[13] aus:

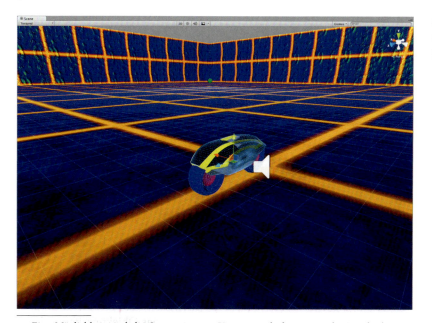

Abb. 2.13
Scene View im 3D-Modus –
Vorschau auf unser 3D-Projekt

---

13 Eine Möglichkeit sind die Szenen im mit Unity mitgelieferten Projekt *Standard Assets Example Project*. Sollte das Projekt nicht in der Liste aktueller Projekte im Startbildschirm erscheinen, dann finden Sie es unter Windows im Verzeichnis `C:\Users\Public\Documents\Unity Projects\Standard Assets Example Project` und unter Mac OS im Verzeichnis `/Users/Shard/Unity/Standard Assets Example Project`. Alternativ können Sie sich auch unter *Downloads* auf *unity-buch.de* einen fortgeschrittenen Projektstand von *Traces of Illumination* herunterladen und mit Unity öffnen.

In der Scene View im dreidimensionalen Raum navigieren

Unity bietet uns einige Möglichkeiten, um möglichst komfortabel über die *Scene View* im virtuellen, dreidimensionalen Raum unseres Spiels zu navigieren:

- **Rotieren um das aktuelle Zentrum:** Durch Alt+🖱+*Ziehen* können wir die Kamera um das aktuelle Zentrum herum rotieren. Diesen Modus erkennen Sie daran, dass der Mauscursor zu einem Auge wird, sobald Sie Alt drücken. Die Verwendung dieser Art der Navigation lernt man am besten durch Ausprobieren. Generell besteht die beste Vorgehensweise darin, die jeweilige Taste auf der Tastatur zu drücken und zu halten, dann zusätzlich die Maustaste zu drücken und dann mit dem Ziehen zu beginnen. Wenn man mit dem Ziehen fertig ist, lässt man zuerst die Maustaste los und dann die Taste auf der Tastatur.

- **Bewegen der Kamera:** Je nachdem, wie viele Tasten Ihre Maus hat, gibt es hier verschiedene Möglichkeiten: Mit einer 3-Tasten-Maus (üblicherweise ist auch das Mausrad als Taste ausgelegt) ist es einfach Alt+🖱+*Ziehen*. Falls man keine dritte Maustaste hat, behilft man sich mit einer alternativen Tastenkombination: Strg+Alt+🖱+*Ziehen* bzw. ⌘+⌥+🖱+*Ziehen*.[14] In diesem Modus wird der Mauscursor zu einer Hand. Bei gedrückter ⇧-Taste wird die Bewegung beschleunigt, sodass man auch weitere Strecken sehr schnell zurücklegen kann.

- **Zoomen:** Das Ein- und Herauszoomen funktioniert durch Betätigen des Mausrades (sofern vorhanden) sowie alternativ mit Alt+🖱+*Ziehen*. Am Mac ist hier zu beachten, dass bei Mäusen mit nur einer Taste die Standardkombination zur Simulation der rechten Maustaste zum Einsatz kommt: Ctrl+🖱, d. h., das Zoomen funktioniert auf dem Mac mit Ein-tasten-Mäusen über die Kombination Ctrl+⌥+🖱+*Ziehen*. Aktiviert man diesen Modus über eine Tastenkombination, wird der Mauscursor zu einer Lupe. Auch das Zoomen kann durch Drücken der ⇧-Taste beschleunigt werden.

- **Navigation mit den Cursortasten:** Ähnlich wie in manchen älteren Spielen kann man sich mit den Cursortasten (↑ ↓ ← →) vor und zurück sowie nach rechts und links bewegen. Zusätzliches Drücken der ⇧-Taste beschleunigt auch hier.

- **Flugmodus (First Person Control):** Unity unterstützt auch eine Navigation über eine Kombination aus Tastatur und Maus, wie sie in vielen modernen Spielen mit Egoperspektive üblich ist. Dieser Modus wird durch Drücken und Halten der *rechten Maustaste* (🖱) aktiviert. Wir können nun die Tasten W, A, S und D in der üblichen Weise verwenden,

---

14 Unter Windows verwendet man hier die Strg-(bzw. Ctrl)-Taste, unter Mac OS X die ⌘-Taste (auch Apfel-, Kommando-Taste oder cmd-Taste genannt).

um uns vorwärts, rückwärts bzw. nach rechts oder links zu bewegen. Zusätzlich können wir mit den Tasten Q und E aufsteigen bzw. sinken. Bewegungen mit der Maus ändern in diesem Modus einfach die Blickrichtung. Diesen Modus erkennen Sie daran, dass der Mauscursor zu einem Auge mit drei Tasten wird, sobald Sie in der Scene View die rechte Maustaste drücken. Schließlich können wir auch hier durch Drücken der ⇧-Taste die Bewegung beschleunigen. Das geht tatsächlich fast immer, außer wenn es nicht geht, nämlich beim Rotieren um das Zentrum, was man sich leicht merken kann, weil es logisch ist: Nach 360° sind wir bei jeder Rotation wieder am Ursprung – dort gibt es also keine weiten Strecken zurückzulegen. Die Beschleunigung über die ⇧-Taste wäre also unnütz.

- **Objekt in den Fokus nehmen:** Durch Drücken der F-Taste wird das aktuell selektierte Objekt wie im 2D-Modus fokussiert, also ins Zentrum der Scene View genommen. Auch im 3D-Modus funktioniert *Lock View* (⇧+F).

> *Pro-Tipp*
>
> Eine etwas trickreiche Sache mit der Tastenkombination für Frame Selected (speziell wenn man auch in *Hierarchy* und *Inspector* arbeitet) ist, dass die Taste F nur funktioniert, wenn die *Scene View* auch aktiv ist. Meistens funktioniert das einfach, indem man mit dem Mauszeiger darüber fährt. Aber nicht immer: Wahrscheinlich hat jeder mittelmäßig erfahrene Unity-User mindestens einmal den Buchstaben F in irgendeinem gar nicht dafür vorgesehenen Feld im Inspector eingetragen. Merken Sie sich daher, dass wir den gleichen Effekt auch durch Doppelklick auf ein Objekt in der Hierarchy erzielen. Wenn man dann Lock View aktivieren möchte, kann man das immer noch im nächsten Schritt tun.

Mit dem 3D-Kreuz (Scene Gizmo) arbeiten

Ein weiteres, sehr nützliches Hilfsmittel – sowohl zur Orientierung als auch zum schnellen Ändern der Perspektive – ist das 3D-Kreuz, das es logischerweise auch nur im 3D-Modus der *Scene View* gibt. Im Englischen heißt es schlicht *Scene Gizmo*, was übersetzt ungefähr *Szenen-Ding* entspräche. Wir bleiben etwas trockener und sprechen im Weiteren vom *3D-Kreuz*.

Anhand von Abb. 2.14 erkennen Sie, dass Unity ein Koordinatensystem verwendet, bei dem die X-Achse nach rechts zeigt, die Y-Achse nach oben und die Z-Achse nach hinten. Diese Wahl hat sich für Unity spätestens seit Einführung der 2D-Features bewährt, weil dieses Achsensystem auch den 2D-Bildschirmkoordinaten direkt entspricht. Es gibt auch Anwendungen (und mathematische Theorien), bei denen X- und Y-Achse in der Ebene liegen, und die Z-Achse nach oben zeigt. Falls Sie so eine Art von Koordinatensystem gewohnt sind, müssen Sie sich für Unity umgewöhnen.

Abb. 2.14
Das 3D-Kreuz

Außerdem hat man mit dem 3D-Kreuz jederzeit eine Erinnerung, welche Farben für welche Achsen stehen: X ist rot, Y ist grün und Z ist blau.

Auch mit diesem vielseitig einsetzbaren Werkzeug machen wir uns am besten durch Experimentieren und Spielen vertraut. Zunächst können wir mit den oben beschriebenen Mitteln die Perspektive der Scene View ändern und uns dabei jetzt über das 3D-Kreuz orientieren, da es seine Rotation automatisch anpasst.

Wenn wir mit dem Mauszeiger über die verschiedenen Achsen bzw. den Würfel in der Mitte fahren, wird jeweils das Element gelb markiert, das auf einen Mausklick reagieren würde. Mit einem solchen Mausklick (🖱) auf eine der Achsen können wir jederzeit einfach und präzise in *Draufsicht*, *Seitenansicht* oder *Vorderansicht* wechseln (jeweils aus beiden Richtungen).

Mit einem Klick auf den Würfel in der Mitte oder auf den Text `Persp` (bzw. `Iso`) können wir einfach zwischen *isometrischer bzw. orthografischer Darstellung* und *perspektivischer Darstellung* wechseln (`Iso` bzw. `Persp`). Die isometrische Darstellung eignet sich vor allem, wenn wir sehr präzise Entfernungen und Größenverhältnisse modellieren wollen, wobei dazu meistens auch gleichzeitig *Draufsicht, Seitenansicht* oder *Vorderansicht* (oder die Ansichten aus der jeweils anderen Richtung) genutzt werden.

Mit einem Rechtsklick (🖱) auf das 3D-Kreuz bekommen wir ein Kontextmenü, in dem wir alle möglichen Ansichten und die Projektionsart der Szenenkamera (`Iso`/`Persp`) direkt textuell auswählen können.

Das Hand-Werkzeug verwenden

Abb. 2.15
Scene View Werkzeug-Leiste mit aktiviertem Hand-Werkzeug

Vor allem dann, wenn man mit einer Eintasten-Maus arbeitet, ist das sogenannte Hand-Werkzeug sehr nützlich.[15] Wir können es mit der Taste `Q` oder einem Klick auf das entsprechende Icon aktivieren. Nun können wir mit der linken Maustaste (ohne Tasten auf der Tastatur drücken zu müssen) die Kamera bewegen und mit gedrückter `Alt`-Taste um das Zentrum rotieren. Ob das Hand-Werkzeug aktiviert ist, sehen Sie an der Button-Leiste oben links am Bildschirm (siehe Abb. 2.15).

Objekte in der Scene View selektieren

Genau wie in der *Hierarchy* können auch in der *Scene View* Objekte selektiert werden. Objekte, die in der *Hierarchy* selektiert sind, werden automatisch in der *Scene View* selektiert – und das Selektieren von Objekten in der *Scene View* erfasst nicht nur die Objekte in der *Hierarchy,* sondern springt diese auch automatisch an, d. h., die Objekte werden sofort in der *Hierarchy*

---

15 Das meine ich tatsächlich so, wie es im Zusammenhang mit der Bemerkung über Eintasten-Mäuse in der Spielentwicklung klingt. Selbst verwendet habe ich das noch nie, wollte es aber der Vollständigkeit halber erwähnt haben.

sichtbar, wenn sie in einer tief verschachtelten Struktur oder am Ende einer sehr langen Liste von Objekten liegen.

> Meistens »trifft« Unity das Objekt, das wir über die Scene View selektieren wollen, recht gut: Bei Prefabs, die aus mehreren Einzel-Objekten in einer verschachtelten hierarchischen Struktur bestehen, wird zuerst das Elternobjekt selektiert und erst beim zweiten Klick das Kindobjekt, das am ehesten unter dem Mauszeiger liegt. Passen Sie aber dennoch etwas auf: Es passiert nicht selten – vor allem bei solchen zusammengesetzten Objekten, die (noch) keine Prefabs sind, dass man versehentlich ein Kind verschiebt und dann erst wieder mit Undo (⌘+Z bzw. Strg+Z) die Änderungen rückgängig machen muss, um nach erneuter Selektion (dieses Mal meistens über die Hierarchy und das korrekte Objekt) die eigentliche Transformation durchzuführen. Daher empfiehlt sich vor allem bei zusammengesetzten Objekten, die Selektion eher über die Hierarchy vorzunehmen: Sie können auch zuerst »grob« über die Scene View selektieren und dann die Selektion über die Hierarchy View kontrollieren und bei Bedarf korrigieren.

Pro-Tipp

Moment ... *Transformation*? Ach ja, das geht so, wie im folgenden Abschnitt beschrieben.

Objekte im dreidimensionalen Raum positionieren

Objekte können in der *Scene View* komfortabel mit mehreren auf die jeweilige Transformation spezialisierten Werkzeugen in alle Richtungen verschoben, rotiert und skaliert werden. Das *Rect Tool* als Multitalent wurde ja bereits oben erklärt.

Zunächst muss dazu das Objekt selektiert werden. Zwischen den verschiedenen Modi können wir sowohl über die Buttonleiste (siehe Abb. 2.15 weiter oben) als auch mit den Tasten W (Verschieben), E (Rotieren) und R (Skalieren) umschalten.

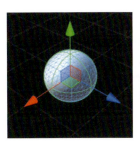 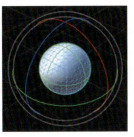 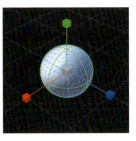

Abb. 2.16

Die verschiedenen Positionierungsmodi

Am einfachsten und präzisesten lassen sich Objekte *verschieben*, indem wir die roten (X), blauen (Z) und grünen (Y) Pfeile verwenden (siehe Abb. 2.16). Damit wird das Objekt jeweils nur auf der gewählten Achse verschoben, die sich dann auch gelb färbt. Sie können Objekte auch auf einer Ebene frei verschieben, indem Sie sie an einer der Flächen des inneren, farbigen Würfels greifen.

Möchten Sie ein Objekt *rotieren,* können Sie ebenfalls entweder einen der farbigen Rotationskreise verwenden, um nur um die jeweilige Achse zu rotieren – oder das Objekt für eine freie Rotation zwischen den Achsen greifen.

Während man beim Verschieben und Rotieren normalerweise auf einer, maximal zwei Achsen arbeitet, *skalieren* wir Objekte häufig gleichmäßig in alle drei Richtungen, und das geht, indem wir das Objekt am grauen Würfel in der Mitte greifen. Auch hier ist aber natürlich über die farbigen Achsen die Skalierung nur auf eben der gewählten Achse möglich.

Sie können das Positionieren und Rotieren jeweils anhand des `Pivot`-Punktes des 3D-Objekts (das ist der Nullpunkt des Objekts in dem 3D-Modelling-Programm, in dem das Objekt erstellt wurde) oder anhand des visuellen Zentrums des Objekts ausrichten (`Center`). Außerdem können Sie die Handles zur Positionierung am globalen Koordinatensystem ausrichten (`Global`) oder am lokalen Koordinatensystem (`Local`). Dazu dienen die beiden Buttons, die Sie bereits weiter oben kennengelernt haben:

Abb. 2.17
Gizmo Display Toggle mit Pivot und Local

Abb. 2.18
Gizmo Display Toggle mit Center und Global

Mit Snapping und Vertex Snapping präzise positionieren

Eine Möglichkeit, Objekte präzise zu positionieren, besteht natürlich darin, die exakten Werte über den Inspector einzutragen. Den Inspector lernen Sie aber erst im nächsten Abschnitt kennen. Außerdem ist das manchmal etwas mühsam und weniger intuitiv als die Arbeit in der *Scene View*.

Dafür hat Unity Snapping-Tools eingeführt: Speziell das *Vertex Snapping* ermöglicht auch eine Präzision, die der Inspector nicht bietet. Das funktioniert wie beim *Rect Tool* mit [V] bzw. [⇧]+[V]. Damit kann man ein Objekt an jedem beliebigen Punkt greifen und an jedem beliebigen Punkt eines anderen Objekts positionieren. Ein praktisches Beispiel dazu finden Sie in Abschnitt *4.2, Level 01: Das Quadrat – Modeling in Unity.*

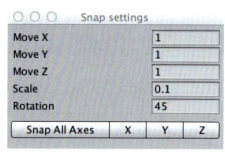

Abb. 2.19
Einstellungen für das Snapping

Einfaches *Grid Snapping,* also die Ausrichtung an einem Raster, aktivieren Sie während der verschiedenen Transformationen (Verschieben, Rotieren, Skalieren), indem Sie die Taste [Strg] (Windows) bzw. [⌘] (Mac) gedrückt halten. Hier können Sie über das Menü *Edit/Snap Settings* auch genau einstellen, auf welchem Raster das Snapping liegen soll.

Weitere Informationen zur Scene View

> Die *Scene View* hat noch einige weitere nützliche Features, die detailliert im Unity Manual erklärt sind. Folgen Sie dazu einfach dem Link *Scene View Control Bar* auf *unity-buch.de*.

Link auf unity-buch.de

Über die Suche in der Scene View lesen Sie mehr in *Abschnitt 2.2.8, In Project, Hierarchy und Scene View suchen*.

Falls Sie das Buch am Rechner lesen und für diesen ersten Exkurs in die 3D-Welt ein anderes Projekt in Unity geöffnet haben, dann ist jetzt ein guter Zeitpunkt, Snake2D zu öffnen. Wir wollen es mit der dritten Dimension am Anfang ja nicht übertreiben – sonst wird uns am Ende wegen dem Dimensionssprung noch schwindelig.

2.2.4 Eigenschaften von Objekten: Inspector

Um den Inspector zu verstehen, muss man zuerst die beiden wahrscheinlich wichtigsten Elemente in Unity verstehen: GameObjects und Komponenten.

GameObjects und Komponenten

> Jedes Objekt in einer Unity-Szene ist letztlich ein sogenanntes **GameObject**[16], das aus mehreren Komponenten besteht. **Komponenten** sind dabei nicht zu verwechseln mit Kindern von GameObjects: GameObjects können in der Hierarchie beliebig tief ineinander verschachtelt werden – sie werden jedoch abgesehen von der Positionierung unabhängig voneinander gehandhabt. (Ausnahme: Das Löschen von Objekten löscht auch alle Kindobjekte.) Komponenten hängen im Gegensatz dazu direkt an einem GameObject und definieren Eigenschaften und Verhalten dieses konkreten GameObject.

---

16 Die deutsche Übersetzung wäre »*Spielobjekt*«. Den Begriff finden Sie aber nicht in der Scripting API, daher verwende ich im Folgenden weiterhin den englischen Begriff bzw. einfach »Objekt«, wenn ich nicht besonders betonen oder daran erinnern möchte, dass es um die Klasse »GameObject« geht.

Der Inspector: dem GameObject in die Komponenten schauen

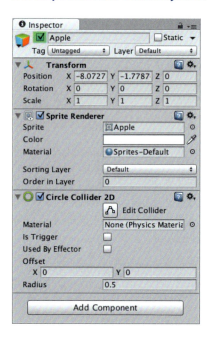

Abb. 2.20
Der Inspector

Der *Inspector* dient dazu, die Komponenten der *GameObjects* anzuzeigen und zu bearbeiten. Es gibt eine Vielzahl unterschiedlicher Komponententypen, die allen Objekten des Spiels ihre Eigenschaften (*Properties*) und Funktionalitäten verleihen. Auch vom Anwender entwickelte Scripts erscheinen als solche Komponenten, und ihre Eigenschaften lassen sich über den *Inspector* bearbeiten.[17] Die einzelnen Komponenten können analog der *Project/Hierarchy View* mittels der Pfeile auf- und zugeklappt werden, um auch bei komplexeren Objekten mit vielen Komponenten den Überblick zu behalten.

Pro-Tipp

Numerische Werte können Sie auch elegant mit der Maus ändern, indem Sie über den Namen der jeweiligen Eigenschaft fahren (dabei erscheinen beim Mauscursor zwei kleine Pfeile nach links und rechts) und dann mit gedrückter linker Maustaste nach links oder rechts fahren. Wenn Sie dabei ⇧ gedrückt halten, ändern die Werte sich wieder deutlich schneller. Bei Eigenschaften, die mit Objekten aus der Szene oder dem Projekt gefüllt sind, können Sie durch einen einfachen Linksklick auf das Feld, in dem der Name des Objekts steht, das Objekt im Hierarchy bzw. Project Browser anpingen. (Es leuchtet dann kurz gelb auf.) Mit einem Doppelklick können Sie Szenenobjekte direkt selektieren und Assets aus dem Projekt direkt in der jeweiligen Anwendung bearbeiten.

Screencast auf unity-buch.de

Zu diesem Pro-Tipp habe ich Ihnen auch einen kleinen Screencast erstellt, den Sie auf der Website zum Buch unter dem Namen *Den Unity Inspector nutzen wie ein Pro* finden.

---

17 Falls Sie in C# fit sind und es nicht erwarten können: Sie sehen hier jede als `public` deklarierte Member-Variable Ihres Scripts, sofern der Typ der Variable serialisierbar ist. Sie können mit dem Attribut `SerializeField` aber auch private Member-Variablen im Inspector verfügbar machen. Anders als die Scripting API es mit »You will almost never need this« behauptet, brauchen Softwareentwickler, denen eine saubere Kapselung am Herzen liegt, dieses Attribut recht häufig.

GameObjects deaktivieren und aktivieren

Die grün hinterlegte Checkbox oben links in Abb. 2.20 dient dazu, das gerade im Inspector angezeigte GameObject zu aktivieren oder zu deaktivieren. Deaktivierte GameObjects können zwar jederzeit aktiviert werden, sind aber ansonsten praktisch nicht in der Szene vorhanden. (Sie werden beispielsweise auch nicht von den Methoden zum Auffinden von Objekten in der Szene gefunden.) Alle Kinder eines deaktivierten GameObject gelten automatisch auch als deaktiviert, merken sich aber ihren Zustand. Wenn also ein Kind vor der Deaktivierung seines Elternobjekts aktiv war, ist es auch nach der Aktivierung des Elternobjekts wieder aktiv. War es vorher deaktiviert, bleibt es auch bei der Aktivierung des Elternobjekts inaktiv.

GameObjects als unbeweglich markieren

Oben rechts im Inspector sehen Sie eine kleine Checkbox mit der Beschriftung Static. Damit können Sie Objekte, die sich nie bewegen, als statisch markieren. Wenn Sie auf den kleinen Pfeil nach unten klicken, können Sie diese Einstellung auch für die verschiedenen Systeme von Unity einzeln aktivieren bzw. deaktivieren.

Eigene Icons für GameObjects definieren

Wenn Sie auf das Würfel-Icon ganz links oben im Inspector klicken, können Sie auch eigene Icons für Objekte auswählen bzw. farbige Labels, die dann auch in der Scene View den Namen des jeweiligen Objekts anzeigen. Damit können Sie die Übersichtlichkeit Ihrer Szene deutlich erhöhen.

Zuweisen von Tag und Layer

Oben im *Inspector* können Sie jedem Objekt auch genau ein *Tag* zuweisen, und es in einen *Layer* legen. *Tags* sind eine Art Etiketten, mit denen Sie Objekte zu Zwecken des Scriptings ausstatten können. So ist es möglich, über GameObject.FindWithTag(string tag) ein aktives Objekt in der Szene mit dem *Tag* tag zu finden oder mit GameObject.FindGameObjectsWithTag(string tag) alle aktiven Objekte mit dem Tag tag. Außerdem können Sie die Eigenschaft tag der Klasse GameObject beispielsweise in Kollisionsbehandlungen nutzen, um für verschiedene Arten von Objekten verschiedene Reaktionen zu implementieren.

Für diese Anwendungsfälle gibt es jeweils auch andere Lösungsmöglichkeiten, beispielsweise anhand der Komponenten, die dem Objekt zugewiesen sind: Mit Object.FindObject(s)OfType(Type type) finden Sie alle aktiven Komponenten des Typs type. Und mit der Methode GetComponent<T>() der Klassen GameObject und Component können Sie sich die Komponente vom Typ T holen, falls sie an dem Objekt hängt – und auf diese Weise auch herausfinden, ob das Objekt eine Komponente vom Typ T hat oder nicht.

Tags sollten Sie gegenüber diesen anderen Lösungsmöglichkeiten vorziehen, wenn Sie eine möglichst leichtgewichtige, abstrakte und im Projekt globale Kategorisierung von Objekten in der Szene brauchen. Dazu können Sie selbstverständlich zusätzlich zu den in Unity vordefinierten Tags (die Ihnen schon eine Orientierung geben, wie man Tags verwendet) eigene Tags definieren (mit Add Tag am Ende der Auswahlliste).

Layer behandeln wir ausführlich in *Abschnitt 2.2.7, Mit Layern und der Culling Mask arbeiten*, dem wir uns in schnellen Schritten nähern.

Debug-Modus: Wenn wir es ganz genau wissen wollen

Normalerweise werden im *Inspector* nur die für die Spielentwicklung relevanten Eigenschaften von Komponenten angezeigt. Manchmal möchte man aber weitere Details sehen, beispielsweise um einen Fehler zu finden. Dazu bietet der *Inspector* den sogenannten *Debug-Modus*, mit dem man wirklich alle Eigenschaften aller Komponenten sehen kann – auch solche, die lediglich intern verwendet werden und von uns normalerweise im Editor auch nicht bearbeitet werden können. Den *Debug-Modus* aktivieren Sie über das kleine Kontextmenü-Icon ganz oben rechts, das Sie auch schon vom *Project Browser* kennen.

Inspector-Lock: »He, Objekt, du bleibst jetzt hier!«

Direkt neben dem Kontextmenü-Icon befindet sich auch beim Inspector das *Schloss-Icon*. Die Logik ist hier eine ähnliche wie beim *Project Browser*: Ist das Schloss geschlossen, reagiert der *Inspector* nicht mehr auf Selektionen. Das gerade im *Inspector* angezeigte Objekt wird also weiterhin angezeigt, auch wenn an anderer Stelle in Unity (z. B. *Scene View, Hierarchy* oder *Project Browser*) andere Objekte ausgewählt werden. So können Sie gleichzeitig mehrere *Inspectors* mit unterschiedlichen Objekten öffnen oder einfach dafür sorgen, dass ein mühsam selektiertes Objekt nicht versehentlich durch einen Klick in der *Scene View* abgewählt wird.

Das Kontextmenü-Rädchen an Komponenten: nützliche Helferlein

Rechts oben in jeder Komponente sehen Sie ein kleines *Kontextmenü-Rädchen* (siehe Abb. 2.22, rechts). In dem Kontextmenü, das sich durch einen Klick auf dieses Rädchen öffnet, finden Sie mit *Remove Component* eine Möglichkeit, die Komponente wieder vom GameObject zu entfernen. Der Menüpunkt *Reset* setzt die Komponente auf die Defaultwerte. Das ist vor allem praktisch, um die Position neuer Objekte auf den Ursprung zu setzen (also um Position auf (0, 0, 0) zu setzen). Wir können *Reset* aber

Abb. 2.21
Der Inspector im Debug-Modus

beispielsweise auch bei der Komponente PolygonCollider2D nach einem Austausch des Sprite verwenden, um die Collider-Geometrie an das neue Sprite anzupassen.

Weiterhin können wir dort mit *Move Up* und *Move Down* die Reihenfolge der Komponenten am GameObject ändern und mit *Copy Component*, *Paste Component Values* und *Paste Component as New* eine Komponente bzw. deren Werte auf andere Objekte übertragen. *Paste Component Values* kann nur auf einer Komponente gleichen Typs angewendet werden. Bei *Paste Component as New* ist egal, welches Kontextmenü-Rädchen man benutzt – da wird ja sowieso immer eine neue Komponente erzeugt.

Abb. 2.22
Die Komponente »Sprite Renderer« im Inspector

Hilfe zu Komponenten finden

Gleich neben dem Kontextmenü-Rädchen finden Sie ein kleines Buch-Symbol mit einem Fragezeichen (*Hilfe-Icon,* siehe Abb. 2.22, links neben dem *Kontextmenü-Rädchen*). Wie Sie wahrscheinlich schon vermuten, bringt ein Klick auf dieses Icon uns direkt in die Online-Hilfe zu der jeweiligen Komponente. Daher beschreibe ich im Folgenden nicht jede Komponente, die es in Unity gibt, bis ins letzte Detail (das wäre ein ziemlich dickes und langweiliges Buch), sondern jeweils nur diejenigen Komponenten und deren Eigenschaften, die im gegebenen Zusammenhang am wichtigsten sind.

Eine Ausnahme mache ich, weil es eine ganz besondere Komponente in Unity gibt, die in (fast) jedem Zusammenhang eine sehr wichtige Bedeutung und gleichzeitig eine sehr überschaubare Anzahl von Eigenschaften hat: die Transform-Komponente.

Die Transform-Komponente

Diese spezielle Komponente, über die ausnahmslos jedes *GameObject* verfügt,[18] ist die sogenannte *Transform*-Komponente. Sie speichert neben den Positionsdaten (Position, Skalierung, Rotation) auch die hierarchischen Zusammenhänge zwischen den Objekten. Die hierarchische Struktur wird in der *Hierarchy View* dargestellt und bearbeitet. Die Positionsdaten sind natürlich in der *Scene View* zu erkennen, aber auch als numerische Werte im *Inspector* dargestellt, und zwar jeweils in die Achsenkomponenten X, Y und Z aufgeteilt. Hier können die Positionsdaten präzise durch Eingabe oder Änderung dieser numerischen Werte bearbeitet werden. Beachten Sie dabei, dass hier alle Werte lokal sind, also relativ zum Elternobjekt, unter dem das bearbeitete Objekt hängt (sofern es nicht auf der höchsten Ebene liegt, also kein Elternobjekt hat).

---

18 Seit Unity 4.6 ist das zumindest aus Perspektive des Inspector nicht mehr ganz korrekt: Unity-UI-Objekte haben nämlich statt dem Transform die speziell für GUI-Layouts entwickelte Komponente RectTransform. Diese Komponente erbt aber von Transform, ist also eigentlich auch ein Transform, aber halt ein besonderes.

Falls Sie den Debug-Modus mal ausprobiert haben, ist Ihnen wahrscheinlich aufgefallen, dass die Rotation hier statt drei Komponenten wie im normalen Inspector auf einmal vier Komponenten hat: X, Y, Z und W. Das ist darauf zurückzuführen, dass sogenannte Eulerwinkel (mit den drei Komponenten X, Y und Z für die Rotation um die jeweilige Achse) zwar auch für den Laien leicht zu verstehen sind, in der angewandten Mathematik (wie sie in 3D-Anwendungen zur Verwendung kommt) aber zur sogenannten kardanischen Blockade (Gimbal Lock) führen können.

> Die dahinterliegende Mathematik würde den Rahmen dieses Buches sprengen und muss zur Arbeit mit Unity nicht unbedingt voll verstanden werden – Sie sollten sich aber merken, dass Sie mit `Quaternion.Euler(float x, float y, float z)` leicht aus einem Eulerwinkel ein `Quaternion` erhalten und dass Sie jedes Objekt q der Klasse `Quaternion` mit q.eulerAngles nach dem entsprechenden Eulerwinkel fragen können.
>
> Und: Verwenden Sie für Animationen von Rotationen in Scripten nach Möglichkeit `Quaternion`, oder erinnern Sie sich zumindest an diesen Merksatz, falls Sie es doch mit Eulerwinkeln versucht haben und dann seltsame Effekte (wie die kardanische Blockade) auftreten.

Um uns mit der Transform-Komponente vertraut zu machen, folgt hier die Vorgehensweise zur präzisen Positionierung eines Apfels in unserem Mini-Spiel:

1. Wählen Sie in der *Hierarchy View* `Apple.5` (in der Hierarchie `Apples / Apple.5`)

2. Prüfen Sie, ob die *Scene View* sich im 2D-Modus befindet, und aktivieren Sie diesen, falls nicht.

3. Stellen Sie sicher, dass Unity sich im Positionierungsmodus *Verschieben* befindet. Andernfalls aktivieren Sie diesen Modus mit der Taste W.

Abb. 2.23
Der Positionierungsmodus »Verschieben« ist aktiv.

4. Ziehen Sie nun in der *Scene View* unter Verwendung der roten und grünen Verschiebe-Achse oder des blauen Verschiebe-Quadrats den Apfel in die rechte untere Ecke des Spielfeldes. Beobachten Sie dabei im *Inspector* die X- und Y-Werte unter *Transform/Position*. Verschieben Sie den Apfel so, dass der X-Wert ungefähr auf *18* steht und der Y-Wert ungefähr auf *–8*.

5. Fahren Sie nun mit der Maus über das *X* neben *Position* im *Inspector*. Links und rechts neben dem Mauszeiger erscheinen zwei kleine Pfeile. Klicken Sie auf das X, halten Sie die Maustaste gedrückt, und ziehen Sie die Maus nach links/rechts oder oben/unten: Auch das ist eine Möglichkeit, die Werte im *Inspector* mit der Maus zu verändern. Probieren Sie dabei auch den Effekt der ⇧ -Taste aus.

6. Letztlich wollen wir ganz präzise Werte – tragen Sie also jetzt manuell über die Tastatur bei X den Wert *18* ein, und verwenden Sie einmal die ⇥-Taste, um zum Y-Wert zu gelangen. Dort tragen Sie *-8* ein. Falls Sie im *Inspector* nur mit ⇥ navigieren, wird es hilfreich sein zu wissen, dass Sie mit ↵ bei den einzelnen Eingabefeldern den Eingabemodus aktivieren und deaktivieren können, wenn das Feld mal den Fokus hat.

Üblicherweise kennt man natürlich die konkreten Werte nicht vorher – sonst wäre es schneller, sie direkt nach der Auswahl des Objekts in der *Hierarchy View* im *Inspector* einzugeben. Die gerade vorgestellte Vorgehensweise bewährt sich aber, wenn man die Objekte zunächst ungefähr in der *Scene View* positioniert (was dort meistens einfacher ist, als direkt mit den numerischen Werten zu arbeiten) und erst am Ende den nächsten »runden Wert« von Hand eingibt. Haben Sie bereits runde Werte, ist natürlich *Grid Snapping* (Strg bzw. ⌘ während des Verschiebens) am schnellsten.

> Es gibt leider eine trickreiche Sache, die einem hier den Spaß an den »runden Zahlen« verderben kann: Da Unity mit Fließkomma-Arithmetik arbeitet, werden die runden Zahlen oft um ein Tausendstel oder Zehntausendstel verschoben, was dann doch wieder zu ungeraden Zahlen führt. Verwendet man jedoch durchgängig überschaubar gerundete Zahlen, lässt sich das bei Bedarf normalerweise leicht korrigieren. Allerdings nicht immer. In solchen Fällen hilft dann die Ruhe der Akzeptanz.

Pro-Tipp

> Auch wenn die konkreten Positionswerte in Unity theoretisch einer beliebigen Skala zugeordnet sein könnten, empfiehlt es sich, sie als metrische Werte zu verstehen. Die Zahl 1 entspricht dann also »einem Meter«. Sofern man die Physik-Engine verwendet, kann dies auch konkrete Auswirkungen auf das Verhalten haben, da hier z. B. die Gravitation mit 9,81 m/s² eingetragen ist.

Pro-Tipp

2.2.5 Game View: Endlich spielen!

Game View und *Scene View* sind sich auf den ersten Blick recht ähnlich. In den Standard-Layouts[19] *Tall* und *Wide* liegen die beiden auch in zwei Tabs im gleichen Fensterbereich direkt nebeneinander. Wenn wir auf den Play-Button klicken (oder Strg+P bzw. ⌘+P drücken) und das Spiel startet, wird hier automatisch die *Game View* in den Vordergrund geholt (natürlich können wir auch durch Klick auf die Tabs *Scene* bzw. *Game* jederzeit eine *View* in den Vordergrund holen). Mit den beiden anderen Buttons in dieser Leiste können wir das Spiel auch anhalten sowie einzelne Frames weiterschalten (siehe Abb. 2.24).

Abb. 2.24
Der wichtigste Button in Unity: Play

---

19 Mehr zu Layouts folgt in Abschnitt 2.2.10.

Abb. 2.25
Game View: Eine Schlange im Himmel

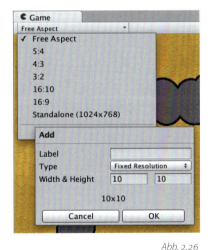

Abb. 2.26
Auswahl der Auflösung für die Game View

Die Steuerung im Spiel funktioniert über die Cursortasten. Ziel ist es, möglichst schnell die roten Äpfel einzusammeln … äh … zu verspeisen. **Viel Spaß!**

Sobald der Spieltrieb befriedigt ist, können wir uns die *Game View* etwas genauer ansehen: Ganz links oben kann das *Seitenverhältnis* bzw. die spezifische Auflösung für die Anzeige ausgewählt werden (siehe Abb. 2.26).

Das ist nützlich, um sicherzustellen, dass wir beim Testen des Spiels genau den Bildschirmausschnitt sehen, den auch unser Spieler nach der Veröffentlichung sieht. Zur Auswahl stehen hier einige typische Seitenverhältnisse und Auflösungen sowie Free Aspect. Damit wird die zur Verfügung stehende Fläche vollständig ausgenutzt. Indem man die Größe dieses Fensterabschnitts ändert, kann man in diesem Modus auch komfortabel ausprobieren, wie sich das Spiel in verschiedenen Bildschirmauflösungen darstellt. Je nach Zielplattform[20] können hier noch weitere Möglichkeiten aufgelistet sein, z. B. die eingestellte Auflösung des *Web Players* oder die Auflösungen von *iPhone* und *iPad*. Mit dem *Plus-Button* ganz unten in der Liste können wir unsere eigenen Auflösungen und Seitenverhältnisse defi-

---

20 Siehe Kapitel 9

nieren (in Abb. 2.26 wurde er bereits betätigt). In diesem Bereich wird sich in einer der nächsten Versionen von Unity (5.x) wahrscheinlich etwas tun, behalten Sie ihn also im Auge.

Auf der rechten Seite des *Game View* finden sich vier Buttons, die aktiviert und deaktiviert werden können:

- **Maximize on Play** führt dazu, dass beim Betätigen des Play-Buttons die *Game View* auf die gesamte Größe des Unity-Fensters aufgezogen wird. Der Vorteil ist, dass automatisch beim Starten des Spiels die Fläche zum Spielen größer ist. Der Nachteil ist allerdings, dass man keinen Zugriff mehr auf die anderen Views hat. Man kann durch Betätigen von ⇧+▭ [21] jederzeit beliebige Views auf die gesamte Fenstergröße aufziehen bzw. durch erneutes Drücken von ⇧+▭ wieder das ursprüngliche Fensterlayout herstellen. Ich persönlich bevorzuge diese Vorgehensweise, da sie mir mehr Kontrolle bietet als das automatische Großziehen bei Play.

- **Stats** öffnet ein kleines Overlay in der *Game View*, das eine Vielzahl sehr nützlicher statistischer Daten aus der Game-Engine anzeigt, deren genaue Erklärung hier den Rahmen sprengen würde. Aber in Abschnitt *10.2.2, Performance über Game View Stats analysieren,* nutzen wir diese *Stats,* um die Performance-Eigenschaften verschiedener 3D-Modelle zu analysieren.

- **Gizmos** dient zum Ein- bzw. Ausblenden der aus der *Scene View* bekannten Piktogramme, z. B. für Kameras und Lichter. Dies kann nützlich sein, wenn man beim Testen des Spiels die entsprechenden Objekte besser erkennen möchte.

- **Mute Audio** tut das, was der Name sagt. So wichtig Audio für Spiele ist, so lästig kann es irgendwann beim Entwickeln sein, immer wieder das gleiche Gedudel hören zu müssen.

> *Mute Audio* ist eines dieser kleinen Features, die in Unity 5 eingeführt wurden und denen wahrscheinlich kaum jemand Beachtung schenkt, die aber wirklich ein wesentlicher Fortschritt sind. Ohne diesen einfachen kleinen Button mussten Sie entweder Audio an Ihrem Computer abschalten oder Audio in Ihrer Szene deaktivieren (möglicherweise an verschiedenen Stellen – und man vergisst leicht, die dann auch alle wieder einzuschalten), oder Sie mussten einen Audio-Manager implementieren, der sich die Einstellung merkt, und das dann im Spiel entsprechend einstellen. Das war alles arg umständlich, nur weil so ein kleiner Button gefehlt hat! Nehmen Sie sich bei Unity-Updates die Zeit, die Release-Notes in Ruhe zu lesen, und achten Sie gerade auf solche Features, die Ihren Workflow vereinfachen. Manchmal erfordern die Änderungen bei

Pro-Tipp

---

21 Früher ging das mit nur der Leertaste. Es passiert nicht so oft, dass Tastenbelegungen bzw. Tastenkombinationen in Unity geändert werden, aber auch das kommt vor.

> neuen Versionen eine gewisse bewusste Umgewöhnungszeit, in der man sich immer wieder aktiv daran erinnern muss: »Ah, das geht ja jetzt viel einfacher auch so«. Das (spielerische) Lernen hört in der Spielentwicklung genau so wenig auf wie im restlichen Leben. Aber hier ist die Reisegeschwindigkeit halt besonders hoch.

2.2.6 Was zeigt die Game View eigentlich? Kameras in Unity

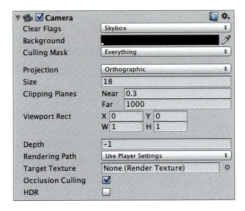

Abb. 2.27
Die Komponente Camera im Inspector

Camera ist eine Komponente, die zum Verständnis der Game View in Unity absolut essenziell ist und deswegen einen eigenen Abschnitt verdient. Kameras sind in Unity also zunächst mal nichts weiter als ein beliebiges GameObject, an dem eine Komponente Camera hängt. Das veranschaulicht auch ganz schön das Grundprinzip von Unity, nach dem alle Objekte der Szene, also alle GameObjects, ihre wesentlichen Eigenschaften durch die Ihnen angehängten Komponenten erhalten: Natürlich braucht jede Kamera eine Position und Rotation im Raum. Dafür sorgt die Transform-Komponente. Die Eigenschaft Scale von Transform ist für Kameras allerdings irrelevant.

Link auf unity-buch.de

> Alle für Kameras spezifischen Eigenschaften werden dem Objekt dann durch die Camera-Komponente gegeben. Das sind einige (siehe auch Abb. 2.27), und wir gehen hier nicht auf alle ein – das tut in gründlicher Ausführlichkeit das Unity Manual, das auch immer aktuell ist. Einen Link an die entsprechenden Stellen finden Sie wie üblich auf *unity-buch.de*. Sie können aber natürlich auch das *Hilfe-Icon* im *Inspector* an der Camera-Komponente verwenden, Sie verpassen dann aber möglicherweise die *Camera Tricks*, die von *unity-buch.de* aus verlinkt sind.

Auf einige besonders wichtige Eigenschaften möchte ich Sie allerdings hier aufmerksam machen und Ihnen ein tieferes Verständnis vermitteln, als dies das Unity Manual tut:

Bei Projection können Sie Orthographic oder Perspective auswählen. Dies entspricht den beiden Einstellungen, die wir schon aus der Scene View kennen. Für 2D-Spiele verwenden wir üblicherweise Orthographic, für 3D-Spiele normalerweise Perspective. Je nach Einstellung von Projection sehen Sie direkt darunter entweder die Eigenschaft Size (siehe Abb. 2.27) oder die Eigenschaft Field of View (siehe Abb. 2.28).

Abb. 2.28
Camera: Field of View bei Projection Perspective

Die Eigenschaft »Size« der orthografischen Camera verstehen

Bei *orthografischen Kameras* wird über `Size` bestimmt, wie groß der Bildausschnitt der Kamera sein soll. Dieser Wert ist die Hälfte der Einheiten in der Höhe, die die Kamera anzeigt. **What!?**

> Ein Beispiel: Wenn die Kamera auf dem Nullpunkt liegt und nicht rotiert ist und Sie hier 10 eintragen, sieht die Kamera alle Objekte, deren `Position` in der Welt einen Y-Wert zwischen -10 und +10 hat. Von -10 bis +10 sind es 20 Einheiten. `Size` 10 ermöglicht also, in Y-Richtung 20 Einheiten zu sehen. Das ist also »die Hälfte der Einheiten in der Höhe«. Würde die Kamera auf Y = 10 liegen, würde sie Objekte mit Y-Werten zwischen 0 und 20 sehen. Hätten wir `Size` 25 können wir Objekte von -25 bis +25 sehen, oder von 0 bis 50 (also 50 Einheiten). Das funktioniert natürlich nur, wenn die `Position` in X- und Z-Richtung ebenfalls so gewählt ist, dass das Objekt innerhalb des sogenannten *View Frustrum*, also des Sichtbereichs der Kamera liegt. Den *View Frustrum* der Kamera sehen Sie übrigens in der *Scene View* als Drahtgitter repräsentiert, wenn die Kamera selektiert ist.

Die andere Eigenschaft, die einen Einfluss auf den sichtbaren Bereich hat, ist `Clipping Planes`. Sie sollte ansonsten selbsterklärend sein. Falls nicht: Spielen Sie mit den Werten `Near` und `Far` im *Inspector*, und begutachten Sie den Effekt in der *Scene View*. Achten Sie dabei einerseits darauf, dass das gesamte Drahtgitter der Kamera in der *Scene View* sichtbar ist, andererseits auch auf die *Camera Preview* in der *Scene View*, die erscheint, sobald eine Kamera selektiert ist. `Clipping Planes` gilt für orthografische und perspektivische Kameras gleichermaßen, aber bei perspektivischen Kameras gab es ja auch noch `Field of View`.

Field of View bei perspektivischen Kameras

Bei perspektivischen Kameras ist `Field of View` einfach der Blickwinkel bzw. das Sichtfeld bzw. Zoom bzw. der vertikale Öffnungswinkel der Kamera. Fertig. Verstanden? Wie so oft in Unity machen wir uns am besten durch Ausprobieren mit dem Feature vertraut. Hier ist die *Scene View* am besten geeignet, da Sie bei selektierter Kamera rechts unten auch die eben erwähnte kleine Kamera-Vorschau sehen (*Camera Preview*). Dort sieht man genau das, was man ansonsten auch in der *Game View* sehen würde – wenn auch in klein. Außerdem zeigt die *Scene View* dann auch gleich den *View Frustrum* als Drahtgitter an. Damit kann man übrigens `Size` bzw. `Field of View` auch direkt in der *Scene View* editieren, was natürlich oft viel intuitiver ist.

Screencast auf unity-buch.de

> Sie können sich auch gerne durch Size, Field of View und die Clipping Plane führen lassen und dabei auch den View Frustrum visuell verstehen, indem Sie sich den Screencast *Kamera: Size, Field of View und Clipping Plane verstehen* ansehen.

Zu den Eigenschaften von Camera gibt es gleich noch etwas mehr zu sagen, nachdem ich Ihnen meine Freunde *Layer* und *Culling Mask* kurz vorgestellt habe, die dafür sorgen, dass jeder Reisende nur das sieht, das für seine Augen bestimmt ist.

2.2.7 Mit Layern und der Culling Mask arbeiten

Bestimmt haben Sie sich schon gefragt, wozu rechts oben im Unity-Editor-Fenster das Dropdown mit der Beschriftung Layers gut ist und welche Bedeutung die Layer-Eigenschaft rechts oben im *Inspector* hat. Hier ist ein Teil der Antwort:

> **Layer** sind in Unity Ebenen, denen Objekte zugewiesen werden können. Es gibt einige von Unity vordefinierte Layer, Sie können aber auch eigene erstellen. Dabei kann jedes Objekt nur genau einem Layer zugewiesen werden. Layer können von Kameras verwendet werden, um von einer bestimmten Kamera nur bestimmte Objekte rendern zu lassen. Ebenso werden sie von Lichtquellen verwendet, um diese Lichtquellen nur bestimmte Objekte beleuchten zu lassen. Schließlich kann über die *Collision Matrix* in Unity definiert werden, dass nur Kollisionen zwischen Objekten auf bestimmten Layern ausgewertet werden sollen.

Alle Details über Layer, einschließlich Code-Beispielen zum Verwenden von Layern im Kontext der Physik-Engine, finden Sie im Unity Manual. Die entsprechenden Stellen sind von *unity-buch.de* aus über *Layers* und *Layer-Based Collision Detection* verlinkt. Zu Layern im Kontext von Beleuchtung finden Sie mehr in Abschnitt 12.5, *Licht mit Layern einschränken*.

Damit Sie nicht weiter rätseln müssen: Im Dropdown rechts oben im Unity Editor (siehe Abb. 2.29) können Sie einstellen, welche Layer in der *Scene View* angezeigt werden. Das ist beispielsweise dann sehr praktisch, wenn Sie in einer Szene sowohl GUI-Elemente als auch 3D-Elemente haben und nur in der GUI bzw. nur am Level-Design arbeiten. Dabei stören die jeweils anderen Objekte oft. Also ist es praktisch, dass man sie so einfach ausblenden kann. Mit dem *Auge-Icon* können Sie hier jede Ebene einzeln ein- und ausschalten. Mit Everything können Sie auch alle einschalten oder mit Nothing alle abschalten. Außerdem können Sie hier mit dem *Schloss-Icon* Ebenen für die Bearbeitung sperren, um nicht versehentlich Objekte zu selektieren oder zu bearbeiten. So können Sie in unserem 2D-Snake-Projekt beispielsweise die Layer Level und Background zur Bearbeitung sperren.

Abb. 2.29
Layer in der Szene verstecken oder sperren

Dadurch kann es Ihnen nicht passieren, dass Sie beim Positionieren der Äpfel versehentlich den Hintergrund selektieren oder gar verschieben.

Noch mal zurück zur *Game View* bzw. zu dem, was die Kameras in der Szene in der *Game View* anzeigt: In der Camera-Komponente wird über die Eigenschaft Culling Mask festgelegt, welche Layer von dieser Kamera gerendert werden sollen. Die Funktionsweise ist praktisch die gleiche wie bei der Einstellung der in der Szene angezeigten Layer. Ein Standardbeispiel für die Verwendung der Culling Mask ist der Fall, dass eine Kamera den *Level* rendert und eine andere die Benutzerschnittstelle – weil man natürlich nicht möchte, dass dann versehentlich aufgrund eines unerwarteten Blickwinkels die Benutzerschnittstelle in der Level-Kamera sichtbar wird. Es können aber durchaus auch mehrere Kameras unterschiedliche Level-Objekte in der Szene rendern, womit sehr abgefahrene Effekte umgesetzt werden können. Für diesen Anwendungsfall dient dann auch das Depth-Property von Camera, mit dem festgelegt werden kann, in welcher Reihenfolge mehrere Kameras jeweils ihren Szenenausschnitt rendern: Die Objekte, die mit einer Kamera mit höherem Wert in Depth gerendert werden, übermalen Objekte, die mit einer Kamera mit niedrigeren Werten in Depth gerendert werden. In dem Fall muss bei Clear Flags außer bei der Kamera mit niedrigstem Depth-Wert dann Don't Clear ausgewählt sein.

Theoretisch können Sie das Layer-Konzept in Unity auch verwenden, um in der Szene zu suchen. Für die Suche bietet Unity aber deutlich besser geeignete Werkzeuge an.

2.2.8 In Project, Hierarchy und Scene View suchen

Vor allem bei größeren Projekten mit vielen *Assets* bzw. großen Szenen mit vielen Objekten wird es – trotz achtsam gepflegter Projektstruktur – oft mühsam, bestimmte Objekte schnell zu finden. Und Projekte in Unity wachsen schneller, als man denkt.

Seit Unity 3 gibt es in *Project Browser*, *Hierarchy* und *Scene View* dazu eine Suchfunktion, die das Auffinden von Assets bzw. Objekten deutlich vereinfacht. Hier können wir jederzeit einen Namen, Objekt-Typ oder – zumindest im *Project Browser* – auch ein *Label*[22] als Suchtext eingeben.

Die Suchfelder in *Hierarchy* und *Scene View* liefern Objekte aus der Szene und funktionieren praktisch identisch (siehe Abb. 2.30). Tatsächlich handelt es sich sogar praktisch um ein und dieselbe Suche: Wenn Sie in der Hierarchy suchen, wird die gleiche Suche automatisch auch in der Scene View durchgeführt, und ebenso anders herum.

Abb. 2.30
Suchfelder in Hierarchy und Scene View

---

22 Label können allen Assets des Projektes zugewiesen werden und werden gleich ausführlicher erklärt.

Das Suchfeld im *Project Browser* liefert Assets aus dem Projekt oder auf Wunsch sogar aus dem *Unity Asset Store*[23] und funktioniert daher etwas anders (siehe Abb. 2.31).

Abb. 2.31
Das Suchfeld des Project Browser

Die Ergebnisdarstellung in Project Browser und Hierarchy

Die Darstellung der Ergebnisse wiederum ist bei *Project Browser* und *Hierarchy* ähnlich: In diesen hierarchischen Ansichten wird einfach statt der hierarchischen Liste aller Einträge eine flache Liste der Objekte angezeigt, die den Suchkriterien entsprechen. Selektiert man ein Ergebnis, wird unten in der jeweiligen View der Pfad zu diesem Objekt angezeigt. Löscht man dann die Suche (mit mindestens einem selektierten Objekt aus dem Suchergebnis) durch einen Klick auf das *X-Icon* (siehe Abb. 2.32, rechts oben, grün markiert), das bei Eingabe eines Textes rechts im Suchfeld erscheint, so wird bei Bedarf die Ansicht so gescrollt, dass der Eintrag bzw. die Einträge weiterhin sichtbar bleiben (außerdem werden natürlich bei Bedarf die entsprechenden Eltern-Einträge aufgeklappt). Hier verhalten sich *Hierarchy* und *Project Browser* im One Column Mode identisch. Der Two Column Mode des *Project Browser* kann aber immer nur ein Verzeichnis anzeigen. Daher wird hier bei Selektion mehrerer Assets aus verschiedenen Verzeichnissen ein Verzeichnis ausgewählt.

Im *Project Browser* können Sie auch auswählen, ob Ergebnisse aus dem gesamten Projekt angezeigt werden sollen (Assets), aus dem zuletzt selektierten Projektverzeichnis oder aus dem Asset Store. Bei den Ergebnissen aus dem Asset Store wird gleich angezeigt, wie viele Treffer kostenlos sind (Free Assets) und wie viele gekauft werden müssen (Paid Assets).

Die Ergebnisdarstellung in der Scene View

Wie aber soll jetzt die Suche in der Scene View funktionieren? Vom Prinzip her so ähnlich wie in den Listen: Die Objekte, die dem Suchkriterium nicht entsprechen, werden ausgeblendet. In der *Scene View* funktioniert das durch Ausgrauen: Die gefundenen Objekte erscheinen also in voller Farbpracht – wohingegen alle anderen Objekte verblassen und durchscheinend werden.

Hier sagen Bilder mehr als tausend Worte: Abb. 2.32 zeigt das Ergebnis der Suche nach dem Stichwort Tree in einer 2D-Szene, Abb. 2.33 zeigt das Ergebnis der Suche nach dem Stichwort Apple in einer 3D-Szene. Was derzeit noch nicht funktioniert, ist die Suche in der Szene mit dem neuen Unity UI – die GUI-Elemente bleiben einfach immer in der Szene, sehen also wie ein Suchergebnis aus. Dazu gibt es aber schon einen entsprechenden Bug-Eintrag.

---

23 Den Unity Asset Store beschreibe ich ausführlich in Abschnitt *5.4, Teamwork für Einzelspieler: Unity Asset Store,* ab Seite 125.

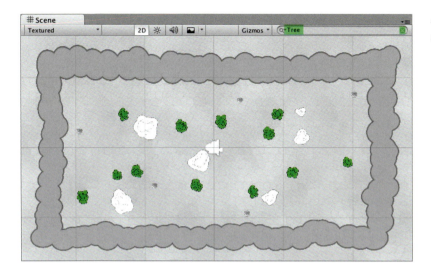

Abb. 2.32
Auf der Suche nach Bäumen (Tree) in 2D

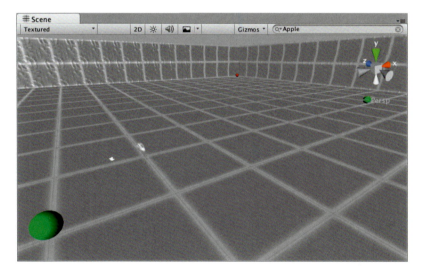

Abb. 2.33
Auf der Suche nach Äpfeln (Apple) in 3D

Die Suche in Hierarchy und Scene View konkretisieren

Solange kein Text im Suchfeld eingegeben ist, steht dort *All*, und es werden sowohl Objekte gefunden, deren Name den Suchtext enthält, als auch solche, deren Komponententyp exakt dem Suchtext entspricht (bis auf die Groß-/Kleinschreibung, d. h., `GameObj` liefert in dem Fall kein Ergebnis, während `gameobject` eine Liste aller Szenenobjekte liefert, da diese ja immer `GameObjects` sind). Durch einen Klick auf das kleine Vergößerungsglas können wir auch festlegen, dass wir nur nach `Name` oder nur nach `Type` suchen wollen.

Die Suche im Project Browser konkretisieren

*Abb. 2.34
Such-Icons*

Bei der Suche im *Project Browser* können Sie über das *Objekttyp-Icon* (das Icon mit Dreieck, Kreis und Quadrat) auch nach Objekten mit verschiedenen Asset-Typen suchen oder eine Suche nach Name damit verfeinern. Das entspricht im Prinzip der Suche nach Type in der Szene. Im Projekt gibt es aber viele Typen, die es in der Szene in dieser Form nicht gibt. So können Sie beispielsweise über die Auswahl von Texture nach allen Texturen suchen. Dabei wird automatisch t:Texture in das Suchfeld geschrieben (»t:« steht für Type), und wenn Sie zusätzlich z. B. Circle eingeben, wird nach allen Texturen gesucht, deren Namen die Zeichenkette Circle enthalten. Das funktioniert analog übrigens auch in der Szene – nur müssten Sie dort statt t:Texture beispielsweise t:MeshFilter angeben, um alle Objekte mit einer Komponente MeshFilter und Circle im Namen zu finden. Das wären die Objekte, die irgendein 3D-Modell in der Szene rendern. In 2D-Projekten liefert so eine Suche normalerweise kein Ergebnis, hier würde man es eher mit t:SpriteRenderer versuchen.

Mit dem *Etikett-Icon* gleich rechts neben dem *Objekttyp-Icon* können Sie nach *Labels* suchen oder die Suche auf Assets mit einem bestimmten Label einschränken. (Hier hätten wir das Präfix »l:«, also z. B. l:Architecture, wobei das l ein kleines L ist.)

Jetzt müssen Sie aber erst mal verstehen, was *Labels* sind und wie Sie sie vergeben können. Eine Sache noch: Weil es sehr viele Labels in einem Projekt geben kann, gibt es hier noch mal eine Suche, um bestimmte Labels direkt nach Namen zu finden. Passen Sie auf, dass Sie bei so einer Suche in der Suche nicht in eine endlose Rekursion stürzen und am Ende keine Assets finden, sondern sich selbst und dabei auch gleich das ganze Universum.

Die Assets des Projekts mit Labels organisieren

Jedem *Asset* im Projekt können über den *Inspector* ein oder mehrere *Labels* zugewiesen werden. Auf diese Weise können *Assets* neben der hierarchischen Projektstruktur durch Ordner zusätzlich auch auf andere Arten gruppiert werden. Beispielsweise könnten alle *Assets*, die in einem bestimmten Level verwendet werden, ein *Label* mit dem Namen dieses Levels erhalten (obwohl die Projektstruktur die *Assets* vielleicht nach Typen gruppiert oder nach Quellen[24] oder ganz anders).

*Abb. 2.35
Hinzufügen von Labels im Inspector*

Durch einen Klick auf das blaue *Etiketten-Icon* unten im Inspector, das erscheint, wenn ein Asset im Projekt selektiert ist, fügen Sie dem Asset *Labels* hinzu (siehe Abb. 2.35).

---

24 Beispielsweise könnten externe Assets aus dem Asset Store oder von anderen Entwicklern in einem eigenen Verzeichnis gruppiert werden, um sie nicht versehentlich mit den eigenen Assets zu vermischen.

In Unity sind bereits eine Vielzahl von sinnvollen *Labels* voreingestellt, die auch bei der Vergabe neuer Labels vorgeschlagen werden. Zuerst sehen Sie hier die üblichsten Labels. Wenn Sie den bzw. die ersten Buchstaben eingeben, sehen Sie zusätzlich solche Labels, die mit der von Ihnen bereits eingegebenen Buchstabenkombination beginnen, auch wenn sie ansonsten seltener verwendet werden.

Falls es das von Ihnen gewünschte Label schon gibt, können Sie es direkt anklicken und damit dem Asset zuweisen. Natürlich könnten Sie Ihre eigenen, deutschen Labels verwenden – das führt aber schnell zu einem Mischmasch aus mehreren Sprachen, und es kann Ihnen dann leicht passieren, dass Sie irgendwann bei jeder Suche überlegen müssen, ob dieses konkrete Label jetzt eher auf Deutsch oder eher auf Englisch ist. Dazu ist es wichtig zu wissen, dass auch Pakete aus dem *Asset Store* üblicherweise Labels haben. Und die sind natürlich auch auf Englisch.

Sie können Labels auch zuweisen, wenn mehrere Assets selektiert sind, was vor allem bei größeren Labeling-Aktionen viel Zeit spart!

Alle einem Asset bereits zugewiesenen Labels erscheinen auch in der Liste (die übrigens auch geöffnet wird, wenn Sie ein bereits vergebenes Label anklicken). Damit können Sie auch bereits zugewiesene Labels wieder abwählen.

Labels in unserem 2D-Beispielprojekt

In unserem kleinen Beispielprojekt verwenden wir folgende Labels:

- **Hero und Snake:** Hero ist einfach eine allgemeine Bezeichnung für die Hauptperson im Spiel, den Helden eben. In unserem Fall ist das die Schlange, also Snake. Hier werden beide Begriffe als Labels vergeben: einer, der spezifisch für das Spiel ist, und einer, der allgemein ist. Jemand, der unser Spiel noch gar nicht kennt, würde wahrscheinlich eher über Hero suchen. Man findet damit Animationen, Sprites und die Scripts zur Steuerung der Schlange.

- **Level:** Für alle Assets, die in unseren Levels verwendet werden, also im eigentlichen Spiel. Das umfasst die Szenen, die die Levels umsetzen, sowie Sprites und Prefabs, aus denen die Levels aufgebaut sind.

- **Pickup:** Assets, die mit dem Aufsammeln zu tun haben, also das Apfel-Sprite, Apfel-Prefab und der Sound, der beim Aufsammeln eines Apfels abgespielt wird.

- **DifficultyEasy, DifficultyMedium, DifficultyHard:** Für die Schwierigkeitsstufen der Levels.

- **Animation:** Klassische Animationen, die bei 2D-Spielen oft »Daumenkinoanimationen« sind, also eine gezeichnete Abfolge von Bildern. Hier habe ich den Inhalt des Verzeichnisses *Sprites/Snake/SnakeHead* bewusst ausgelassen. Als Übung können Sie spätestens nach der Lektüre des Abschnitts *2.3, 2D-Features in Unity verstehen,* sicher leicht herausfinden, warum.

- **StateEvent:** Assets, die bei Zustandsänderungsereignissen verwendet werden. Das sind hier Audiodateien, Animationen und Sprites, die verwendet werden, wenn der Spieler gewinnt oder verliert.
- **Generic2D:** Assets, die allgemein in 2D-Spielen verwendet werden können. Das ist hier die Implementierung eines Parallax-Scrolling-Effekts.
- **UnityGUI:** Assets, die mit dem alten GUI-System von Unity, UnityGUI, zu tun haben.
- **Source:** Assets, die gar nicht direkt im Projekt verwendet werden, sondern lediglich Quelldateien sind, aus denen Dateien für das Projekt generiert werden. Das ist in diesem Projekt eine von Unity nicht direkt lesbare Audiodatei, aus der die WAV-Dateien erzeugt werden.

Abb. 2.36
Asset mit zwei Labels

Übung macht den Meister

> Eine gute Übung wäre jetzt, anhand dieser Informationen das Spiel zu sezieren. Sie können Unity ruhig auch auf eigene Faust erforschen. Sie werden, wenn Sie sich durch das Projekt klicken und doppelklicken, bestimmt einige interessante Features von Unity entdecken, die Sie möglicherweise sogar intuitiv verstehen und bedienen können. Haben Sie keine Angst: Sie können nichts kaputt machen, denn Sie haben das Projekt ja als Archiv, das Sie immer wieder im Ursprungszustand wiederherstellen können. Wenn Sie so vorgehen, werden Ihnen in Abschnitt *2.3, 2D-Features in Unity verstehen,* sicher einige Dinge bekannt vorkommen. Wahrscheinlich beantwortet Ihnen dieser Abschnitt dann aber auch Fragen, die Ihnen während dieser Übung kommen. Und falls Sie etwas auch danach nicht verstehen: *Auf unity-buch.de werden Sie geholfen (wenn Sie fragen)!*

Die Suche im Project Browser favorisieren, also abspeichern

Das dritte Icon im Project Browser (*Favoriten-Icon*), das allerdings nur im *Two Column Layout* vorhanden ist, dient dazu, eine Suche als Favorit abzuspeichern. Links oben im *Two Column Layout* ist Ihnen sicher auch schon die Liste mit voreingestellten Favoriten aufgefallen: All Materials, All Models, All Prefabs und All Scripts sind Voreinstellungen von Unity. Snake Hero, Snake Sprites und Snake Animations habe ich im Projekt selbst angelegt. Dabei dient das Präfix eher dazu, dass Sie sofort sehen, was ich angelegt habe. In einem normalen Projekt würde man sich so eine redundante Information im Namen wahrscheinlich eher sparen. Ein Klick auf diese Favoriten zeigt Ihnen dann direkt das jeweilige Suchergebnis.

Vor allem bei größeren Projekten können Sie Suchfavoriten sehr gut nutzen, um je nachdem, was Sie gerade tun möchten und welche Assets Sie dazu brauchen, die bestmögliche Ansicht auf diese Assets zu wählen. Auf diese Weise können Sie die Projekt-Hierarchie etwas freier gestalten, wobei Unity Ihnen dabei in gewissem Rahmen auch Vorgaben macht: Es gibt einige spezielle Ordner, wie `Plug-ins`, `Editor`, `Resources` oder `WebPlayerTemplates`, die von Unity vorgegeben sind, um einen bestimmten Effekt zu erzielen.

> Sehen Sie sich ruhig mal den Bereich *Special Folder Names* im Unity Manual an, der wie üblich von *unity-buch.de* aus verlinkt ist.

Link auf unity-buch.de

In den Favoriten können Sie selbstverständlich auch Verzeichnisse aus dem Projekt ablegen, um jederzeit schnell auf sie zugreifen zu können.

2.2.9 Weitere Views

Es gibt noch einige weitere Views, auf die hier im Moment noch nicht genau eingegangen werden soll, beispielsweise die *Animation View* zum Erstellen von Animationen[25] oder die *Console*, in der u. a. Fehlermeldungen angezeigt werden. Einige besonders häufig genutzte Views finden Sie im Kontextmenü-Icon jeder View (siehe Abb. 2.37). Die gesamte Liste finden Sie im Menü unter *Window*.

Abb. 2.37
Hinzufügen von Views über das Kontextmenü-Icon

2.2.10 Layouts

Für verschiedene Aufgaben können unterschiedliche Anordnungen der Views zweckmäßig sein. Man kann Views jederzeit aus ihrem Bereich »abziehen« und dann auf drei Arten neu anordnen:

1. als ein eigenes Fenster
2. als neues Tab in einem bestehenden Bereich
3. als neuer Bereich innerhalb des Unity-Fensters

Außerdem können wir nicht mehr benötigte Views über das Kontextmenü auf dem Tab mit der Bezeichnung des View (z. B. Hierarchy, Scene oder Inspector) jederzeit ausblenden. Dazu dient der Menüeintrag *Close Tab*.

So lässt sich der Unity Editor jederzeit optimal an die eigenen Bedürfnisse und Möglichkeiten anpassen.

Die so erzeugten Layouts können abgespeichert und später wieder aufgerufen werden. Dazu dient das *Layouts*-Menü rechts oben im Unity-Fenster (siehe Abb. 2.38).

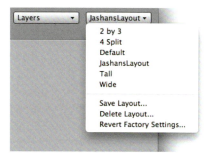

Abb. 2.38
Layouts wechseln

---

25 Siehe auch Abschnitt 2.3.4, *Einfache 2D-Animationen mit Mecanim und Dope Sheet erstellen*, ab Seite 55, Abschnitt 11.2.5, *Button-Animationen mit Mecanim umsetzen*, ab Seite 405 und Abschnitt 11.2.9, *Wechsel zwischen den Screens animieren*, ab Seite 417.

Screencast auf unity-buch.de

> Das Einrichten des Editors finden Sie auch mit einem Screencast veranschaulicht auf der Website zum Buch (*http://unity-buch.de*). Das ist der Screencast: *Unity Editor Layouts*.

Damit kennen Sie jetzt auch das letzte Steuerelement aus der Werkzeugleiste am oberen Rand des Unity-Editor-Fensters. Außerdem kennen Sie die wichtigsten Views in Unity und wissen, wozu Sie sie nutzen können und wie Sie sie bedienen. Sie haben auch schon GameObjects kennengelernt sowie die zwei wahrscheinlich wichtigsten Komponenten, die Sie an GameObjects hängen können: Transform und Camera. Damit können wir jetzt unser 2D-Beispielprojekt genauer unter die Lupe nehmen und die wesentlichsten 2D-Features von Unity verstehen.

2.3 2D-Features in Unity verstehen

Im vorigen Abschnitt haben wir gesehen, dass Unity für 2D und 3D dieselbe *Scene View* verwendet, dafür aber zwei unterschiedliche Modi nutzt: einen *2D-Modus* und einen *3D-Modus*. Diese Modi kann man jederzeit leicht wechseln, und prinzipiell kann man den 3D-Modus auch für 2D-Spiele verwenden.[26] Anders herum, also »2D-Modus der Scene View für 3D-Spiele verwenden«, ist aber nur im Kontext von *Unity UI* sinnvoll. So ähnlich verhält es sich mit den Kameras: Dort ist es aber so, dass *orthografische Kameras* in 3D-Spielen beispielsweise auch zum Anzeigen einer Minimap verwendet werden können[27] und dass es durchaus 2D-Spiele gibt, die *perspektivische Kameras* für das gesamte Rendering nutzen.

Alles andere, was Sie bisher in Unity kennengelernt haben, wird für 2D und 3D auf die gleiche Art und Weise verwendet. Tatsächlich ist die Arbeit in Unity an einem 2D-Spiel in weiten Bereichen praktisch identisch mit der Arbeit an einem 3D-Spiel.

Es gibt aber auch einige Features, die man nur für 2D braucht. Dabei zählt das Entwickeln von Benutzerschnittstellen in 3D-Spielen hier auch zu 2D, wie wir gerade schon gesehen haben. Und das gilt – wie wir später noch sehen werden – auch für Benutzerschnittstellen in 3D. Es gibt da natürlicherweise einige Überschneidungen. Sie sollten also diesen Abschnitt auch dann nicht überspringen, wenn Sie nur 3D-Spiele entwickeln wollen.

---

26 Sonst hätte es bis Unity 4.3 keine 2D-Spiele geben können, die mit Unity entwickelt wurden. Gab es aber. Und zwar viele.

27 Sie könnten natürlich sagen, dass eine Minimap ja Teil der GUI ist. Aus der logischen Perspektive ist das auch korrekt! In der technischen Umsetzung – und um die geht es hier – hat das Rendern des Levels von oben mit einer orthografischen Kamera aber zunächst mal nichts mit Unity UI zu tun (zumindest solange man die Kamera nicht in eine Textur rendern lässt, die man dann auf einem Unity-UI-Element anzeigt).

Außerdem gibt es Komponenten, die tatsächlich nur für echte 2D-Spiele gebraucht werden bzw. von denen es eine 2D-Version gibt, die nicht ohne Weiteres mit der 3D-Version der gleichen Komponente vertauscht werden kann. Das betrifft in erster Linie die 2D-Physik-Engine. Solche Komponenten bzw. die dazugehörigen Methoden für das Scripting in Unity erkennt man an dem Postfix 2D. Falls es eine 3D-Variante gibt, hat die einfach kein Postfix. Es gibt also die Klasse Physics (für 3D) und Physics2D (für 2D).

Um ein weiteres Beispiel zu nennen, zu dem Sie gleich noch etwas mehr lesen werden: Es gibt in Unity eine Komponente BoxCollider, die dafür sorgt, dass ein Objekt der Physik-Engine (*PhysX* in diesem Fall) als mögliches Hindernis bekannt ist. Diese Komponente definiert auch einen Quader im Raum, der den Bereich festlegt, in dem Kollisionen mit dem Objekt erkannt werden, an dem die BoxCollider-Komponente hängt. Zu dieser Komponente gibt es eine Methode[28] OnCollisionEnter(Collision), die in diesem Fall aufgerufen wird (also wenn eine Kollision stattfindet). Analog dazu gibt es für 2D eine Komponente BoxCollider2D, die das Objekt ebenfalls der Physik-Engine bekannt macht – in diesem Fall aber *Box 2D* und nicht *PhysX*. Und wenn hier eine Kollision stattfindet, wird auch nicht OnCollisionEnter(Collision) aufgerufen, sondern OnCollisionEnter2D(Collision2D). Außerdem definiert BoxCollider2D keinen Quader im Raum, sondern nur ein Rechteck in der Ebene. **2D eben.**

Aber Vorsicht: In 3D gibt es auch einen SphereCollider, dessen Entsprechung in 2D aber keineswegs SphereCollider2D heißt, sondern CircleCollider2D. Wenn man es aus dieser Detailtiefe betrachtet, sind 2D und 3D dann doch wieder zwei völlig unterschiedliche Welten. Beschäftigen wir uns jetzt, wo wir diesen Zusammenhang ergründet haben, eine kurze Weile nur mit 2D in Unity.

2.3.1 Sprites importieren und mit dem Sprite Editor bearbeiten

Sprite ist ein Begriff aus einer Zeit, in der es noch eine technische Herausforderung war, Bitmap-Grafiken am Bildschirm darzustellen. Damals hat sich der Begriff in erster Linie auf die technischen Besonderheiten von beweglichen Objekten im Vordergrund bezogen, die schnell und speichersparend über einen Hintergrund gezeichnet wurden.

Im allgemeinen Sprachgebrauch sind Sprites aber heutzutage einfach Grafikobjekte, die sich frei am Bildschirm bewegen können und die häufig auch animiert sind, was dann als *Sprite-Animation* bezeichnet wird. Dabei

---

[28] In der Scripting API zur Klasse MonoBehaviour wird diese Methode unter Messages (Nachrichten) gruppiert. Das liegt daran, dass die Klasse MonoBehaviour die entsprechenden Methoden nicht direkt implementiert, sondern die Engine sie bei bestimmten Ereignissen aufruft – wenn sie von Ihnen in einer Kind-Klasse von MonoBehaviour implementiert worden sind. Mehr dazu finden Sie unter den Links zu diesem Kapitel auf *unity-buch.de,* und zwar unter dem Link *Event Functions*.

werden wie bei einem Film einfach mehrere Bilder gespeichert und dann in schneller Folge abgespielt.

In Unity ist jede Grafik in einem 2D-Spiel ein Sprite – also durchaus auch unbewegliche Hintergründe. Unity selbst bietet keine Möglichkeit, die Grafiken zu erstellen, die dann als Sprites verwendet werden. Dazu finden Sie mehr in Abschnitt 5.2.2, *Spielwelt: 2D, 3D, Modelling, Texturing und Animation*.

Hier geht es vielmehr darum, wie aus den in externen Programmen erstellten Grafikdateien Sprites in Unity werden.

In unserem Beispielprojekt (Snake2D) sind bereits alle Sprites importiert und korrekt konfiguriert. Hier können Sie sich also am fertigen Projekt orientieren. Zur Vertiefung gibt es am Ende dieses Abschnitts noch eine Übung und passende Download-Archive.

Wenn Sie im *Project Browser* im Verzeichnis Sprites die Datei Apple selektieren, sehen Sie im *Inspector* die sogenannten *Import Settings* – also die Einstellungen, die beschreiben, wie diese Datei in Unity importiert werden soll (siehe Abb. 2.39). Bis auf den Wert 256 bei Pixels To Unity sind das alles die Standardeinstellungen.

Insbesondere wurde für Texture Type von Unity automatisch Sprite (2D and UI) ausgewählt. Das liegt an der Einstellung Default Behavior Mode, die Sie in Abschnitt 2.2.3, *Objekte der Szene im Raum: Scene View*, kennengelernt haben. Sie steht in diesem Projekt auf 2D, und daher werden Grafiken automatisch als Sprite (2D and UI) importiert – statt als Texture wie im 3D-Modus.

Hier können Sie jetzt auch die Eigenschaft Pivot einstellen, die Sie bereits beim Rotieren mit dem *Rect Tool* kennengelernt haben. Eine der Möglichkeiten für Pivot ist Custom – damit können Sie den Pivot-Punkt beliebig setzen. Eleganter geht das allerdings im *Sprite Editor*, den Sie gleich kennenlernen werden.

Abb. 2.39
Import Settings des Sprite Apple

Vorher will ich Ihnen zeigen, was es mit *Pixels To Units* auf sich hat.

Pixels to Units nutzen, um dem Sprite die richtige Größe zu geben

Sprites sind pixelbasiert. Es handelt sich also letztlich um eine Grafik aus einzelnen Bildpunkten. Diese Bildpunkte haben – je nach *Punktdichte*[29] – eine bestimmte Größe auf dem Bildschirm oder Display. Daraus resultiert je nach Anzahl der Bildpunkte einer Grafik in horizontaler und vertikaler Richtung eine physische Größe der Grafik auf dem Bildschirm, wenn ein Pixel in der Grafik genau einem Pixel auf dem Bildschirm entspricht.

Unity arbeitet aber beim Aufbau von Szenen nicht mit Pixeln, sondern mit Einheiten im dreidimensionalen Raum bzw. bei 2D auf der X- und

---

29 Gängige Einheiten dafür sind DPI, also *Dots per Inch*, bzw. PPI, also *Pixels per Inch*.

Y-Achse. Da entspricht eine Einheit in Unity normalerweise einem Meter in der physischen Welt.

Die Einstellung `Pixels To Units` gibt uns die Möglichkeit, festzulegen, wie viele Pixel in unserem Sprite einer Einheit in Unity entsprechen, also streng genommen einem Meter. Wenn unser Spiel Gravitation verwendet, die sich als Beschleunigung auf Distanzen bezieht (Erdanziehungskraft: 9,81 m/s²), dann sollten wir hier also einen realistischen Wert einstellen. Der Apfel, der als Vorbild für diese Grafik diente, ist ca. 6 cm hoch, damit wäre ein aus dieser Perspektive korrekter Wert ca. 4200.

Da wir in diesem Spiel die Physik-Engine nur zum Ermitteln von Kollisionen nutzen, nicht aber zum Beschleunigen oder Abbremsen von Objekten, müssen wir uns darüber keine Sorgen machen.[30]

Eine andere Orientierungsmöglichkeit wäre dann, ein möglichst einfaches Koordinatensystem zu haben. Wenn für unser Spiel die pixelgenaue Positionierung der Objekte eine hohe Wichtigkeit hat, würde sich ein Wert von 1 anbieten: So entspricht eine Einheit in Unity genau einem Pixel. `Y=10` bedeutet dann 10 Pixel über dem Nullpunkt. So müssen wir bei der Positionierung in Unity nicht im Kopf umrechnen. In diesem Fall könnten wir auch die *Snap Settings* in allen Richtungen (X, Y, Z) auf 1 einstellen.

Wir würden dann wahrscheinlich auch die `Size`-Eigenschaft der Kamera präzise an die Pixelhöhe unseres Spielfensters anpassen: immer die Hälfte der Pixel in der Höhe, also z. B. `Camera.main.orthographicSize = Screen.height / 2`, sodass ein Pixel in unserem Spiel auch exakt einem Pixel am Bildschirm entspricht.

Das funktioniert natürlich auch mit anderen Werten für `Pixels To Units`, die aber natürlich auf allen Sprites identisch sein müssen. Die Formel lautet dann `orthographicSize = (Screen.height / 2) / pixelsToUnits`. Eine komplette Implementierung finden Sie auf *unity-buch.de* unter den *Downloads* zu diesem Abschnitt (2.3.1) unter `PixelPerfectCamera.cs`.

Download von unity-buch.de

Wieso haben wir in unserem Beispielprojekt jetzt also bei `Apple` für `Pixels to Units` den Wert 256? Bei diesem Spiel bewegt sich die Schlange intern auf einem 1x1-Raster, d. h., jedes Segment der Schlange soll genau eine Einheit breit und eine Einheit hoch sein. Die Äpfel folgen dem gleichen Raster. Der Wert 256 sorgt jetzt also dafür, dass ein Apfel genau eine Einheit breit und eine Einheit hoch ist. Auf diese Weise können wir alle Äpfel optimal mit ganzzahligen Werten positionieren, was für dieses konkrete Spiel am elegantesten ist. Somit haben `Apple` und alle Snake-Sprites hier also den Wert 256.

Die anderen Sprites haben Werte, die so gewählt sind, dass die Größenverhältnisse im Spiel stimmig sind: `BrownSoil: 32`, `Clouds: 32`, `Levels: 32`, `TreeTops: 128`. Natürlich könnte man dazu ebenso gut die `Scale`-Eigenschaft der Transform-Komponente der jeweiligen Szeneobjekte verwenden, aber

---

30 Und wenn, dann könnten wir unter *Edit/Project Settings/Physics2D* auch einfach die Werte für `Gravity` ändern.

es ist in Unity eine übliche Vorgehensweise (*Best Practice*), die Größe von Objekten gleich beim Import korrekt festzulegen.[31] Ein Nachteil dieser Vorgehensweise ist, dass insbesondere `Clouds` und `TreeTops` nicht in einem *Sprite-Atlas* zusammengefasst werden können, obwohl sie dazu eigentlich gut geeignet wären. Dazu folgt gleich mehr.

> Was Sie aus diesem Abschnitt vor allem mitnehmen sollten, ist die Information, dass es zwar in Unity durchaus Vorgehensweisen gibt, die meistens am besten geeignet sind, dass es aber durchaus immer wieder für eine bestimmte Situation oder ein bestimmtes Spiel besser ist, vom Standard abzuweichen. Bei `Pixels To Units` ist meistens am besten, es an der Größe in Metern in der physischen Welt zu orientieren. Es sei denn, es gibt gute Gründe, es anders zu machen, und die daraus resultierenden Nachteile sind für das konkrete Projekt nicht relevant oder man kann sie elegant umgehen.

Volle Kontrolle mit eigenen Packing Tags bekommen

So ähnlich verhält es sich mit dem automatischen Erzeugen von Atlases, wobei hier eher die Frage im Vordergrund steht: Kümmern wir uns oder kümmert sich Unity?

> Ein **Atlas** oder **Sprite-Atlas** ist eine große Grafik, in der mehrere kleinere Grafiken so zusammengefasst sind, dass die gesamte Grafik möglichst wenig Speicher auf der Grafikkarte verbraucht. Auf diese Weise können viele kleine Sprites auf wenigen größeren Texturen gespeichert werden (oder sogar nur auf einer), wodurch sich der ungenutzte Raum in den Texturen minimieren lässt.[32]

Wenn wir die Eigenschaft `Packing Tag` der *Import Settings* unserer Sprites leer lassen, kümmert sich Unity hier um alles. Und normalerweise funktioniert das so gut, dass wir uns um dieses gesamte Thema gar nicht weiter zu kümmern brauchen. Anders gesagt: Sie könnten durchaus 2D-Spiele in Unity entwickeln, ohne das für 2D-Spiele an sich sehr wichtige Konzept des *Sprite-Atlassing* überhaupt nur zu kennen.

Wollen wir aber die volle Kontrolle, können wir für ausgewählte oder auch für alle Sprites über die Vergabe von Namen in `Packing Tag` festlegen, in welchem Sprite-Atlas das Sprite untergebracht werden soll. Über den *Sprite Packer* (Menü *Window/Sprite Packer*) können wir das Ergebnis dann

---

31 Früher war dies auch aus Performance-Gründen ratsam. Hier gibt es aber inzwischen Optimierungen, die dazu führen, dass Skalierungen der Objekte in der Szene die Performance weniger beeinträchtigen.

32 Falls Sie mit der Webentwicklung vertraut sind, erinnert Sie das bestimmt an CSS-Sprites, die praktisch das gleiche Konzept verfolgen und ihren Namen dem Sprite-Atlas-Konzept entliehen haben.

begutachten und beispielsweise durch andere Zusammenstellungen der verschiedenen Sprites sowie durch Verwendung anderer sogenannter `Packer Policies` optimieren.

> Wenn Ihnen die volle Kontrolle über die Erzeugung von Sprite-Atlases wichtig ist, finden Sie auf *unity-buch.de* die vollständige Dokumentation des *Sprite Packer* verlinkt, in der sogar die Implementierung eigener *Packer Policies* erklärt ist. (Dabei handelt es sich allerdings um ein sehr fortgeschrittenes Thema, das ich erst viel später auf meiner Reise durch die Spielentwicklung besuchen würde – wenn überhaupt jemals.) ;-)

Link auf unity-buch.de

Den Sprite Editor verwenden

Eine für Sprites sehr wichtige Eigenschaft, die wir bisher noch nicht besprochen haben, ist `Sprite Mode`. Der Standardwert ist hier `Single`, und für unseren Apfel war das auch die korrekte Einstellung: Damit entspricht die importierte Grafikdatei genau einem `Sprite` in Unity.

Bei den Dateien `Clouds` und `TreeTops` haben wir es im Prinzip mit einem Sprite-Atlas zu tun, auch wenn die Motivation hier eher war, möglichst schnell und einfach verschiedene Varianten von Wolken bzw. Bäumen zu erstellen: Hier sind in einer Datei mehrere Sprites gespeichert. Dort brauchen wir deswegen die Einstellung `Multiple`. Und wenn wir die Einstellung `Multiple` verwenden, müssen wir den `Sprite Editor` verwenden, um die Grafikdatei korrekt in mehrere Sprites aufzuteilen.

Den *Sprite Editor* öffnen wir naheliegenderweise durch einen Klick auf den Button `Sprite Editor`. Wenn `Sprite Mode` auf `Multiple` eingestellt ist, können Sie hier einfach mit der Maus Rechtecke aufziehen und modifizieren, deren Pivot-Punkt präzise setzen, sie umbenennen – und damit die einzelnen Sprites aus der Datei als solche für Unity verfügbar machen. Sie können hier auch einen Rand setzen (mit den grünen Handles), was aber nur für *Unity UI* relevant ist. Dazu folgt mehr in Abschnitt *11.2.3, Bilder und Farben aus der Designer-Vorlage übernehmen*. Mit dem Button `Trim` können Sie das Rechteck um das Sprite so verkleinern, dass es kleinstmöglich alle Pixel des Sprites umfasst (was natürlich nicht funktioniert, wenn es Überschneidungen mit anderen Sprites gibt). Das aktuell selektierte Sprite können Sie hier auch mit [Entf] (Windows) bzw. ⌘+⌫ (Mac) löschen.

Schneller, weil automatisch, geht es mit dem Button `Slice`: Hier können Sie zwischen `Automatic` und `Grid` auswählen. Bei `Automatic` können Sie über `Method` auswählen, ob bestehende Sprites gelöscht werden sollen (`Delete Existing`), ob an bestehenden Sprites keinerlei Änderungen durchgeführt werden sollen (`Safe`) oder ob neue Rechtecke erzeugt und bestehende Rechtecke gegebenenfalls korrigiert werden sollen (`Smart`).

Falls Sie Fehler machen, können Sie diese mit dem Button Revert rückgängig machen. Vergessen Sie aber vor allem nicht, die gewünschten Änderungen mit Apply zu sichern.

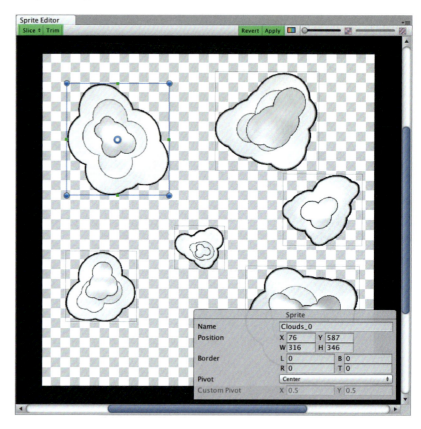

*Abb. 2.40
Der Sprite Editor*

Screencast auf unity-buch.de

Die Verwendung des Sprite Editor finden Sie auch mit einem Screencast illustriert auf der Website zum Buch, und zwar unter dem Titel: *Unity 2D/Unity UI: Den Sprite Editor nutzen.*

Übung macht den Meister

Als Übung können Sie sich im Projekt ein neues Verzeichnis SpritesNew anlegen (im *Project Browser* mit dem Button Create und der Auswahl *Folder*; oder mit dem Kontextmenü *Create/Folder*). In dieses Projektverzeichnis ziehen Sie dann aus dem Ordner Sprites im Archiv SpritesAsInUnity (siehe Download weiter unten) eine Datei nach der anderen aus dem Finder bzw. Explorer und nehmen die entsprechenden Einstellungen selbst vor. Verwenden Sie hierzu auch das *Inspector-Lock*-Feature, um in einem Inspector die Originalversion eines Sprite mühelos mit der neuen Version in einem anderen Inspector vergleichen zu können.

Auf der Website zum Buch finden Sie im Bereich *Downloads* zu diesem Abschnitt die Archive Snake2DSourceAssets.zip und SpritesAsInUnity.zip. In Snake2DSourceAssets sind die ursprünglichen Photoshop-Dateien abgelegt, die teilweise eine Vielzahl von Ebenen haben, die jeweils zu eigenen Sprites zusammengestellt werden. Dieses Archiv stelle ich für Photoshop-Nutzer zur Verfügung, die einen Schritt früher anfangen möchten als wir hier im Buch: Aus diesen Dateien müssen diejenigen Dateien, die dann in Unity importiert werden, erst noch erzeugt werden. Für alle anderen oder für den Fall, dass Sie eine Orientierung wünschen, ist das Archiv SpritesAsInUnity gedacht, in dem die Dateien bereits so aufbereitet sind, dass jede Datei genau ein Sprite wird.

Download von unity-buch.de

2.3.2 Den Sprite Renderer zur Darstellung von Sprites verwenden

Unity verwendet die Komponente Sprite Renderer zur Darstellung von Sprites im Spiel (siehe Abb. 2.41). Analog dazu gibt es beispielsweise Mesh Renderer zur Darstellung von 3D-Objekten.

Die Eigenschaften von Sprite Renderer sind schnell aufgezählt:

Abb. 2.41
Die Komponente Sprite Renderer

- Sprite ist – Überraschung – das Sprite, das von dieser Komponente gezeichnet wird.

- Color ist die Farbe, mit der Sprite gezeichnet werden soll. Farben in Unity haben immer auch eine Alpha-Komponente, werden also als RGBA gespeichert (Rot, Grün, Blau, Alpha). Damit können sie leicht jedes Objekt beliebig transparent machen. Ein technisches Detail von Sprites in Unity ist, dass sie wie die Elemente von *Unity UI* sogenannte *Vertex-Colors* verwenden, um die Farben darzustellen. Dazu erfahren Sie mehr in Abschnitt *11.1, Die wesentlichen Darstellungselemente von Unity UI,* nachdem Sie in Abschnitt *10.2.2, Performance über Game View Stats analysieren,* etwas über *Draw Calls* gelernt haben.

- Material können Sie auf Sprites-Default lassen, sofern Sie sich nicht selbst um die Beleuchtung der Sprites kümmern oder Shader für Spezialeffekte einsetzen wollen. Erinnern Sie sich, wie ich in Abschnitt *1.1, Unbegrenzte Möglichkeiten: ganz einfach!,* davon geschwärmt habe, dass Unity sehr einfach zu bedienen ist, ohne dabei die Flexibilität zu opfern? Das hier ist wieder so ein Beispiel: Sie können 2D-Spiele fertigstellen, ohne jemals etwas über Materialien oder gar Shader in Unity gelernt zu haben. Aber wenn Sie sich mit Materialien und speziell mit Shadern auskennen, können Sie dieses Wissen auch für die trickreichsten Shader-basierten Spezialeffekte verwenden, die Sie sich nur ausdenken (und dann hoffentlich auch implementieren) können!

- Sorting Layer und Order in Layer legen die Reihenfolge fest, in der die Sprites gezeichnet werden, und bestimmen damit, welche Sprites welche anderen Sprites überdecken, sofern Sie in der Fläche übereinander liegen. Dazu erfahren Sie gleich mehr.

2.3.3 Sortierung von Ebenen mit Sorting Layers einrichten

In den allermeisten, wenn nicht allen 2D-Spielen gibt es mehrere Ebenen, die hintereinander gezeichnet werden. Im einfachsten Fall sind das ein Hintergrund und ein Sprite im Vordergrund. Da Unity an sich ja eine 3D-Engine ist, könnte man die Z-Achse verwenden, um diese Ebenen anzuordnen. Als Möglichkeit steht Ihnen das auch offen – einfacher und übersichtlicher ist aber meistens die Verwendung der Eigenschaften Sorting Layer und Order in Layer der Komponente Sprite Renderer. Falls Sie genauer wissen wollen, warum die (alleinige) Verwendung der Z-Achse problematisch sein kann, recherchieren Sie mit dem Stichwort *Z-Fighting*.

Sorting Layers funktionieren so ähnlich wie die Layer, die Sie in Abschnitt 2.2.5, *Game View: Endlich spielen!*, kennengelernt haben: Sie können selbst eigene Sorting Layers anlegen und benennen und jedem Sprite Renderer (im Gegensatz zu »jedem Objekt«) genau einen Sorting Layer zuweisen. Bei Sorting Layers können Sie zusätzlich die Reihenfolge ändern, da diese ja – im Gegensatz zur Layer-Reihenfolge – einen erheblichen Einfluss auf die Darstellung hat. Das Verschieben der Reihenfolge funktioniert mit dem *Sort-Icon*, das in Abb. 2.42 grün hinterlegt ist.

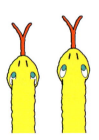

Abb. 2.42
Sorting Layers bearbeiten und ihre Reihenfolge verschieben

Zusätzlich können Sie pro Sprite Renderer auch einen Integer-Wert für Order in Layer eintragen.

> Sprites mit höherem Wert in Order in Layer werden über Sprites mit niedrigerem Wert in Order in Layer gezeichnet, sofern sie auf dem gleichen Sorting Layer liegen. Andernfalls werden sie unabhängig von Order in Layer über Sprites gezeichnet, deren Sorting Layer in der Liste höher steht.

Mit dieser zweistufigen Sortierung ist es sehr einfach, beispielsweise bei einem Charakter, der aus mehreren Elementen besteht, diese alle auf einen Sorting Layer zu legen (z. B. Hero), aber mit Order in Layer dafür zu sorgen, dass die einzelnen Elemente sich immer korrekt überdecken. Wenn jetzt die Reihenfolge der Sorting Layer geändert wird, müssen wir uns nicht mehr weiter um die Reihenfolge innerhalb der einzelnen Elemente des Charakters kümmern.

Ein einfaches Beispiel ist die Schlange in unserem 2D-Spiel: Hier ist es wichtig, dass der Kopf (Order in Layer = 0) immer über den Segmenten des Schwanzes (Order in Layer = -1) gerendert wird, weil das jeweils neueste Segment an einer fixen Position komplett unter dem Kopf liegt, der seine Position dynamisch ändert und so das darunter liegende Schwanzsegment immer mehr freigibt. Wäre die Zeichenreihenfolge hier nicht korrekt (z. B. Schwanz mit Order in Layer = 1), würde das so aussehen wie in Abb. 2.43.

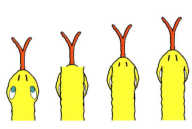

Abb. 2.43
Schlangenkopf mit falscher Sortierung

Screencast auf unity-buch.de

> Wenn Sie sich die Probleme mit der Verwendung der Z-Achse und die Lösung über Sorting Layer live ansehen wollen (na ja, es ist eine Aufzeichnung), schauen Sie auf *unity-buch.de* unter *Screencasts* auf *Unity 2D: Sortierung von Ebenen mit Sorting Layer einrichten*.

2.3.4 Einfache 2D-Animationen mit Mecanim und Dope Sheet erstellen

Link auf unity-buch.de

> **Mecanim** ist der Name des neuen Animationssystems, das in Unity 4 eingeführt wurde. Das Besondere an Mecanim war ursprünglich, dass über Zustandsgraphen sehr elegant 3D-Charakteranimationen umgesetzt werden können. Dabei kann man es sich durch das *Retargeting von Animationen* ersparen, die gleichen Animationen und Animationsübergänge für unterschiedliche Charaktere immer wieder neu erstellen zu müssen (siehe hierzu auch *Retargeting of Humanoid animations* im Bereich auf der Website zum Buch).

Die Zustandsgraphen, die *Mecanim* anbietet, sind aber auch für *2D-* und *Unity-UI*-Animationen sehr nützlich. Daher möchte ich sie bereits hier kurz und erst mal eher oberflächlich vorstellen. Ein vertiefendes Beispiel für eine GUI-Animation finden Sie in Abschnitt 11.2.9, *Wechsel zwischen den Screens animieren*, ab Seite 417. In Abschnitt 16.1, *Third Person Controller studieren*, kommen wir auch noch mal auf das Thema Mecanim zu sprechen.

Die Modi »Dope Sheet« und »Curves« der Animation View

Die *Animation View* wurde ja bereits kurz erwähnt – damit können wir direkt innerhalb von Unity *Keyframe-Animationen* erstellen.

> **Keyframe-Animation:** Eine übliche Vorgehensweise, um 3D-Animationen zu erstellen, ist die Erzeugung von Keyframes – also Schlüsselbildern –, die Momentaufnahmen einer Bewegung definieren. Das Animationstool interpoliert dann anhand von Animationskurven sämtliche Positionsänderungen, Rotationen usw. zwischen diesen Keyframes, sodass eine flüssige Bewegung entsteht. Ursprünglich kommt der Begriff »Keyframe« jedoch aus der Zeichentrick-Welt, in der die Keyframes tatsächlich Bilder waren und eine Horde Animationszeichner dann Bild für Bild die Übergänge von einem Bild zum nächsten gezeichnet hat. So funktionieren auch Daumenkinos.

2D-Animationen in Unity liegen irgendwo dazwischen: Sie können Ihre 2D-Objekte aus mehreren einzelnen Sprites zusammenbauen und diese dann, wie heutzutage üblich, mit Keyframe-Interpolation animieren. In diesem Fall verwenden Sie den Modus Dope Sheet der *Animation View*, um das Timing durch Verschieben von Keyframes auf der Timeline zu feinzutunen, und den Modus Curves, um die Interpolation der Werte zwischen den Keyframes genau kontrollieren zu können. Der gerade erwähnte Abschnitt *11.2.9, Wechsel zwischen den Screens animieren,* illustriert auch ausführlich die verschiedenen Anwendungsfälle der Modi Dope Sheet und Curves.

Sie können aber für jedes Bild der Animation auch ein eigenes Sprite angeben und damit praktisch die klassische Zeichentrickmethode einsetzen – nur dass hier niemand Zwischenbilder für Sie zeichnet, sondern Sie pro Bild in der Animation einen echten Keyframe brauchen. Dazu verwenden wir wie im folgenden Beispiel ausschließlich den Modus Dope Sheet.

Die Schwanzwedel-Animation mit dem Dope Sheet erstellen

1. Öffnen Sie die *Animation View,* und richten Sie den Editor so ein, dass Sie gleichzeitig *Hierarchy, Animation View* und *Project Browser* sehen können.[33]

2. Wählen Sie jetzt im *Project Browser* den Favoriten Snake Animations.[34] Jetzt sehen Sie alle Assets vom Typ Sprite, die das Label Animation haben.[35] Ziehen Sie SnakeTailEnd1 in die Szene.

3. Klicken Sie im *Animation View* auf die noch leere Auswahl der Animation (in Abb. 2.44 mit dem orangen Pfeil markiert), wählen Sie Create New Clip, und speichern Sie die Animation unter dem Namen TailWiggle.

4. Stellen Sie Samples von 60 auf 10. Damit nutzt unsere Animation 10 Bilder pro Sekunde, was für das Schwanzwedeln ausreichend ist.

5. Ziehen Sie nun SnakeTailEnd1 bis SnakeTailEnd5 nacheinander in die *Timeline,* wie es in Abb. 2.45 mit den orangen Pfeilen veranschaulicht ist.

Abb. 2.44
Eine neue Animation erzeugen

Pro-Tipp

> Beachten Sie dabei, dass SnakeTailEnd1, SnakeTailEnd2 und SnakeTailEnd4 jeweils zweimal verwendet werden. Wir haben hier also mit 5 Sprites eine Animation mit 8 Frames erzeugt. Bei zeitlich symmetrischen Animationen wie dem Schwanzwedeln der Schlange können Sie diese Methode anwenden, um sich selbst Arbeit und in Unity Speicherplatz zu sparen.[36]

---

[33] Wie das geht, wurde ja in Abschnitt *2.2.10, Layouts,* ab Seite 45 beschrieben.
[34] Dazu muss er natürlich auf *Two Column Layout* eingestellt sein.
[35] Falls Sie diese Schritte in Ihrem eigenen Projekt nachvollziehen wollen, können Sie natürlich auch das Projektverzeichnis auswählen, in dem die entsprechenden Sprites liegen. Sofern Sie pro Datei nur ein Sprite haben, ist es auch egal, ob Sie in den folgenden Schritten direkt das Sprite in die Animation View ziehen oder die Datei, die das Sprite definiert.
[36] Durch Spiegeln des Schwanzes (Scale.x = −1) könnten Sie theoretisch sogar mit drei Frames auskommen. Dann müssten Sie aber sicherstellen, dass der Anschluss an die anderen Segmente oben absolut symmetrisch ist, und außerdem mit einer Animationskurve für Scale.x arbeiten (und für die Keyframes beim Umschalten des X-Wertes mit Rechtsklick Left Tangent / Constant wählen).

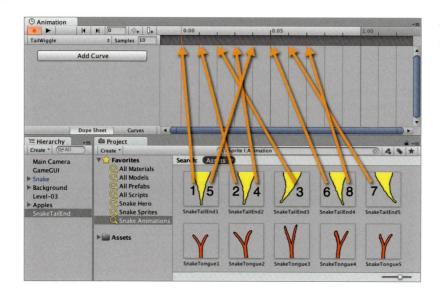

Abb. 2.45
Der Animation die Einzelbilder hinzufügen

Eine zweite Animation, die eigentlich keine ist

Im Spiel soll es so sein, dass die Schlange aufhört, mit dem Schwanz zu wedeln, wenn sie gegen eine Wand fährt. Um dafür Mecanim verwenden zu können, brauchen wir eine zweite Animation mit lediglich einem einzigen Frame. Natürlich könnte man das auch anders umsetzen – die Verwendung von Mecanim hat hier aber den Vorteil, dass es übersichtlicher ist. Außerdem können wir so bei Bedarf später ohne Codeänderungen oder Änderungen in unserer Szene ganz mühelos auch eine echte Animation einsetzen – wir sind also auf diese Weise auch flexibler. Erzeugen Sie diese zweite Animation mit dem Namen TailWiggleNoMore, und nehmen Sie als einzigen Keyframe SnakeTailEnd3 oder SnakeTailEnd5.

Wenn Sie das Spiel weniger nett gestalten wollen, können Sie die Animation auch TailDeathAgony nennen und die Schlange damit an ihrem Ende jämmerlich zucken lassen, indem Sie beliebige Keyframes an beliebigen Stellen in der Timeline setzen. Erzählen Sie aber niemandem, dass ich Sie auf diese Idee gebracht habe. Das war einfach zu naheliegend, um der Versuchung zu widerstehen und damit das Moralapostel-Image, das ich mir möglicherweise mit dem Wort zum Sonntag am Ende dieses Buches zuziehe, zumindest ein wenig abzumildern <frechgrins>.

Mit dem Animator zum Controller und damit Animationen wechseln

Wenn Sie aufmerksam mit dem *Inspector* die Eigenschaften von Snake-TailEnd1 in der Szene beobachtet haben, wird Ihnen aufgefallen sein, dass dort beim Hinzufügen der ersten Animation eine Komponente Animator von Unity hinzugefügt wurde. Das hat uns eine Menge Zeit gespart: Wir müssten sonst Animator an das GameObject hängen, Animator Controller im Projekt anlegen, die Zustände im Animator Controller anlegen und die richtigen Animationen einsetzen.

Stattdessen können wir jetzt einfach mit einem Doppelklick auf den Slot mit SnakeTailEnd1 bei Controller die *Animator View* öffnen und uns über die Zustandsmaschine freuen, die automatisch für uns in Mecanim angelegt wurde. Was hier noch fehlt, ist ein Parameter SnakeDied vom Typ Trigger sowie ein Zustandsübergang, der durch diesen Trigger ausgelöst wird.

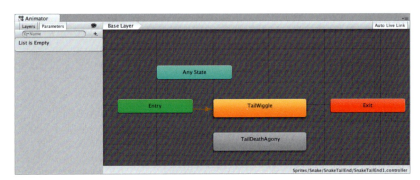

Abb. 2.46
Die von Unity für uns erzeugte Zustandsmaschine

Übung macht den Meister

> Probieren Sie das ruhig selbstständig. Es ist nicht besonders schwer, wenn Sie Unity mit der Animator View vor sich haben. Falls Sie nicht klarkommen oder gerade ohne Computer im Zug sitzen, blättern Sie kurz zu Abb. 11.23 UITransitionController nach dem Anlegen der ersten beiden Animationen auf Seite 420 vor, und lesen Sie die schrittweise Anleitung dort.

Programmcode für den Wechsel der Animationen

Den Code, der diesen Animationswechsel initiiert, finden Sie am Ende der Klasse SnakeTailSpriteSelector (SnakeTailSpriteSelector.cs im Verzeichnis Scripts des Projektes) in der Methode DisableOnDeath(). Hier ist snakeTailEndSprite eine Variable vom Typ GameObject, die wir mit GetComponent<Animator>() nach einer Komponente vom Typ Animator fragen können (diese sehen wir ja auch im Editor). Die Referenz auf diese Komponente speichern wir in der Variable mit dem Namen animator vom Typ Animator zwischen und rufen dann in der zweiten Zeile die Methode SetTrigger() mit dem Zeichenkettenparameter "SnakeDied" auf. So einfach ist das, siehe Listing 2.1!

Listing 2.1
Einen Trigger für Mecanim setzen

```
Animator animator = snakeTailEndSprite.GetComponent<Animator>();
animator.SetTrigger("SnakeDied");
```

2.3.5 2D-Physik zum Erkennen von Kollisionen und Aufsammeln von Äpfeln einsetzen

Die wichtigste Komponente in Unity für die Physik-Engine ist die Komponente Rigidbody bzw. Rigidbody2D. Dadurch, dass einem GameObject diese Komponente hinzugefügt wird, wird es der Physik-Engine (egal ob *PhysX* oder *Box 2D*) als aktives Objekt bekannt gemacht. Meistens werden Objekte mit dieser Komponente auch von der Physik-Engine bewegt, stehen dann also auch unter der Kontrolle der Physik-Engine. So können Kräfte (beispielsweise die Erdanziehungskraft) auf das Objekt einwirken und es in Bewegung versetzen. Kollisionen mit anderen Objekten können die Bewegung stoppen, und Reibung kann das Objekt abbremsen und in Rotation versetzen.

Abb. 2.47
Die Komponente Rigidbody 2D

Manchmal, beispielsweise beim Abspielen von Animationen, möchten wir aber vorübergehend oder auch dauerhaft selbst das Objekt steuern. Bei der vorliegenden Implementierung von Snake ist dies dauerhaft der Fall: Hier wird der Kopf der Schlange ausschließlich durch das Script SnakeHeadMover bewegt. Die Physik-Engine dient in so einem Fall lediglich dem Erkennen von Kollisionen und hat keinen Einfluss auf die Bewegungen des Objekts. Dazu ist bei unserem 2D-Spiel die Eigenschaft Is Kinematic an der Rigidbody2D-Komponente aktiviert.

Ein Beispiel, in dem wir das Bewegen eines Lightcycle-artigen Fahrzeugs teilweise der Physik-Engine überlassen, finden Sie in Abschnitt *4.4, Bewegen und steuern – Scripting in Unity,* ab Seite 96. In Kapitel 17, *Durch die Landschaft fahren* ab Seite 465 sehen wir, wie ein Auto komplett von der Physik-Engine gesteuert werden kann.

Selbst wenn Sie die Physik-Engine nur zum Erkennen von Kollisionen verwenden, wie bei unserer Snake-Variante, darf die Rigidbody2D-Komponente am vom Spieler gesteuerten Objekt nicht fehlen. Kollisionen werden nämlich nur dann von der Physik-Engine erkannt, wenn mindestens eines der beiden Objekte auch über eine Rigidbody2D-Komponente verfügt. Außerdem brauchen beide Objekte mindestens einen *Collider*:

Collider in Unity 2D

Auch Collider sind in Unity natürlich Komponenten, die man an GameObjects hängt. In der 2D-Physik-Engine gibt es davon derzeit nur vier Varianten:

- CircleCollider2D definiert, wie der Name vermuten lässt, einen Kreis mit Mittelpunkt und Radius. Dabei ist der Mittelpunkt natürlich die über die Transform-Komponente definierte Position, kann aber mittels Offset auch verschoben werden. Sobald ein anderer Collider2D sich mit diesem Kreis überschneidet, wird von der Physik-Engine eine Kollision erkannt. Mit dem Button Edit Collider können Sie den Radius des Krei-

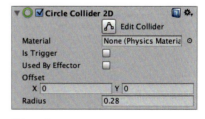

Abb. 2.48
Die Komponente CircleCollider2D

ses direkt in der Scene View bearbeiten. `CircleCollider2D` sind extrem effizient. Verwenden Sie sie daher, wann immer möglich – vor allem, wenn Sie viele Objekte haben.

- `BoxCollider2D` definiert ein Rechteck mit Zentrum, Höhe und Breite. Überschneidet sich ein anderer `Collider2D` mit diesem Rechteck, wird eine Kollision erkannt. Mit dem Button `Edit Collider` können Sie Breite und Höhe des Rechtecks in der Scene View bearbeiten.

- `PolygonCollider2D` definiert ein beliebig komplexes Polygon, das Sie über den Button `Edit Collider` auch editieren können. Neue Punkte erzeugen Sie, indem Sie einfach auf einer bestehenden Kante klicken und ziehen (🖱). Punkte löschen geht über ⌘+🖱 bzw. Strg+🖱, der betroffene Punkt wird dann auch rot. Wenn wir einem Sprite eine `PolygonCollider2D`-Komponente hinzufügen, ermittelt Unity automatisch anhand der Form der Grafik ein Polygon, das den sichtbaren Bereich umhüllt. Sie können auch nachträglich Sprites auf die Komponente ziehen, um deren sichtbaren Bereich von einem neuen Polygon umhüllen zu lassen. (Gegebenenfalls müssen Sie über das Kontextmenü-Rädchen an der Komponente *Reset* aufrufen, damit Unity das Polygon anpasst.) Im Gegensatz zum `MeshCollider` (aus der 3D-Physik) gilt auch beim `PolygonCollider2D`, dass eine Kollision erkannt wird, sobald ein beliebiger anderer `Collider2D`, also inbesondere auch ein anderer `PolygonCollider2D`, sich mit dem Polygon dieses Colliders überschneidet. Natürlich ist die Berechnung von Kollisionen zwischen zwei Objekten mit komplexen `PolygonCollider2D` deutlich aufwendiger als zwischen primitiven Collidern. (Das gilt nur für `Circle`; `Box` ist intern auch ein einfaches Polygon.) Wegen der Performance muss man sich bei der Verwendung von 2D-Physik aber normalerweise keine Sorgen machen.[37]

- `EdgeCollider2D` definieren lediglich eine Kante, haben also keinen Inhalt wie alle anderen `Collider2D`. Kollisionen werden hier erkannt, wenn diese Kante in die Fläche eines anderen `Collider2D` schneidet. Daraus resultiert auch, dass Kollisionen zwischen zwei Objekten mit `EdgeCollider2D` nicht erkannt werden können (ähnlich wie bei `Mesh Collider`, wenn auch aus anderen Gründen). Ansonsten verhalten sie sich ähnlich und werden auf die gleiche Art und Weise editiert wie `PolygonCollider2D`. `EdgeCollider2D` sind besonders geeignet für die Grenzen eines Levels, beispielsweise wenn der Spieler mit einer zackigen Gebirgskette kollidieren könnte.

---

[37] Das hängt natürlich immer von der Anzahl der Objekte ab, die Sie in Ihrem Spiel haben, sowie von der Performance auf der jeweiligen Zielplattform. Generell würde ich `PolygonCollider2D` nur dann verwenden, wenn ich nicht mit `CircleCollider2D` oder `BoxCollider2D` schnell das gewünschte Ergebnis erziele. `PolygonCollider2D` können aber gerade bei komplexen Level-Sprites eine gute Optimierung der Entwicklungszeit sein.

Unser Snake-Spiel verwendet für die Levelgeometrie von Hand erstellte `EdgeCollider2D`, hat aber zusätzlich an jedem Level-Sprite auch automatisch erstellte `PolygonCollider2D`. Da die Level so erstellt sind, dass wir nur eine Art von Collider brauchen, sind die `PolygonCollider2D` deaktiviert und nur dazu gedacht, von Ihnen erforscht zu werden.

> Das Bearbeiten von `PolygonCollider2D` und `EdgeCollider2D` lässt sich natürlich am besten durch einen Screencast veranschaulichen. Diesen finden Sie auf der Website zum Buch unter dem Namen *Unity 2D: PolygonCollider2D und EdgeCollider2D bearbeiten.*

Screencast auf unity-buch.de

Über `PhysicsMaterial2D` können Sie allen `Collider2D`-Komponenten auch die Eigenschaften `Friction` und `Bounciness` zuweisen und damit physikalische Oberflächen mit unterschiedlicher Reibung und Rücksprungstärke simulieren, was natürlich wieder nur mit aktiven Rigidbodies funktioniert (also darf `Is Kinematic` nicht aktiv sein).

Collider oder Trigger? Das ist hier die Frage

Alle Collider-Komponenten, ob 2D oder 3D, haben die Eigenschaft `Is Trigger`. Wenn diese Eigenschaft aktiv ist, blockiert der `Collider` nicht mehr die Bewegung von Objekten, deren Bewegung durch einen `Rigidbody` gesteuert ist. Man spricht dann auch von einem *Trigger*, obwohl die Komponente an sich ja nach wie vor `Collider` heißt.

Trigger werden beispielsweise dazu verwendet, Türen zu öffnen, wenn der Spieler sich ihnen nähert, oder für Objekte, die der Spieler aufsammeln kann. Ebenso können Trigger für Spawn-Punkte verwendet werden: Wenn der Spieler einen bestimmten Bereich betritt (der durch einen großen Trigger definiert ist), kann das Spiel sich das merken und den Spieler das nächste Mal an einem Punkt innerhalb oder in der Nähe dieses Triggers erscheinen lassen. Teleporter wären ein weiteres Anwendungsbeispiel.

In unserem 2D-Snake verwenden wir auch für die Level-Grenzen Trigger, weil Kollisionen nicht erkannt werden, wenn beim `Rigidbody` die Eigenschaft `Is Kinematic` aktiviert ist.

Die gesamte Kollisionsbehandlung unseres Spiels (die streng genommen eigentlich nur Trigger behandelt) finden Sie in der Klasse `SnakeCollisions`. Deutlich ausführlicher behandeln wir das Thema in Abschnitt *6.3, Von Äpfeln und Explosionen, Triggern und Kollisionen,* ab Seite 228.

Weitere Features der 2D-Physik in Unity

Die Physik-Engine in Unity kann noch einiges mehr: Beispielsweise können Sie über Joints (`SpringJoint2D`, `DistanceJoint2D` usw.) verschiedene Objekte mit `Rigidbody2D` verknüpfen, die sich dann beispielsweise so ver-

Link auf unity-buch.de

halten, als wären sie mit einer Feder verbunden. Und seit Unity 5 können Sie über Effectors (AreaEffector2D, PointEffector2D usw.) verschiedene Kräfte simulieren und damit neben interessanten visuellen Effekten auch spannende physikbasierte Spielmechaniken in 2D umsetzen. Die Dokumentation finden Sie in der *2D Physics Reference* im Unity Manual, die wie üblich von der Website zum Buch aus verlinkt ist.

2.3.6 Parallax Scrolling hinzufügen

Das sogenannte *Parallax Scrolling* ist ein Effekt, der in vielen 2D-Spielen eingesetzt wird, um einen räumlichen Eindruck speziell des Hintergrunds zu erwecken. Dieser Effekt basiert auf der Wahrnehmung, dass statische Objekte sich bewegen, wenn man sich selbst bewegt – und zwar umso langsamer, je weiter sie entfernt sind.

In 2D-Spielen setzt man zur Simulation dieses Effekts aus der physischen Welt mehrere Ebenen ein, die dann bei Bewegungen der Kamera gegenläufig zur Kamerabewegung verschoben werden. Da Unity eine echte 3D-Engine ist, könnte man auch eine *perspektivische Kamera* und die Z-Achse verwenden, um die Entfernung der Objekte zur Kamera einzustellen. Das könnte aber auch andere Effekte haben, die nicht unbedingt erwünscht sind.[38]

Daher soll hier das Script kurz vorgestellt werden, das diesen Effekt in unserem 2D-Snake-Spiel umsetzt – Sie können es, so wie es ist, auch in Ihren eigenen 2D-Spielen verwenden. Falls Ihnen der folgende Abschnitt im Moment noch etwas schwer verständlich ist, müssen Sie sich keine Sorgen machen – wir gehen es später etwas ruhiger an, und Sie können dann später wieder hierher zurückkommen.

Das C#-Script »ParallaxScroller«

Download auf unity-buch.de

> Sie können sich ParallaxScroller.cs komplett mit ausführlichen Kommentaren auch auf der Website zum Buch ansehen. Sie finden die Klasse unter den Downloads zu diesem Abschnitt (2.3.6) mit dem Namen ParallaxScroller.cs.

Zunächst importieren wir mit using einige *Namespaces,* auf deren Klassen wir in unserem Script zugreifen. System und System.Collections.Generic kommen aus der .NET- bzw. Mono-API und bieten uns Zugriff auf das Attribut [Serializable()] und die generische Liste List<T>, die wir als List<ScrollLayer> verwenden. UnityEngine kommt – wie der Name schon vermuten lässt – von Unity und enthält die meisten Klassen, die wir zur Laufzeit verwenden können, also beispielsweise Transform, MonoBehaviour, Camera und Vector2.

---

[38] Erinnern Sie sich? Z-Fighting … buhuhuhaaaa! Das ist aber auch nur einer dieser Effekte.

```
using System;
using System.Collections.Generic;
using UnityEngine;
```

Listing 2.2
Importieren der von uns benötigten Namespaces

Als Nächstes definieren wir eine Hilfsklasse `ScrollLayer`, in der wir die Geschwindigkeit für das Scrolling einer Ebene definieren und eine Referenz auf die `Transform`-Komponente dieser Ebene speichern können. Diese Klasse ist mit dem Attribut `[Serializable()]` markiert, damit sie im Unity-Editor im *Inspector* angezeigt werden kann, wenn sie in einem `MonoBehaviour` als öffentliche Membervariable verwendet wird.

```
[Serializable()]
public class ScrollLayer {

    // Geschwindigkeit des Scrolling für diese Ebene
    public float scrollFactor = 1F;

    // Referenz auf die Ebene
    public Transform layerRoot = null;
}
```

Listing 2.3
Die Hilfsklasse ScrollLayer

Im nächsten Schritt tun wir genau das. Vorher schauen wir uns aber noch kurz die Klassendeklaration von `ParallaxScroller` an:

```
public class ParallaxScroller : MonoBehaviour {

    // Alles Weitere steht dann hier drinnen

}
```

Listing 2.4
Die Klassendeklaration von ParallaxScroller

Wichtig ist hier, dass `ParallaxScroller` von `MonoBehaviour` erbt. Damit steht uns in unserer eigenen Komponente alles zur Verfügung, was die Unity-Klasse `MonoBehaviour` kann. Insbesondere sorgt das Erben von `MonoBehaviour` dafür, dass wir `ParallaxScroller` als Komponente an jedes beliebige `GameObject` hängen können. Wie der Kommentar in Listing 2.4 schon sagt: Alles Weitere steht zwischen den beiden geschweiften Klammern.

Das sind zum Beispiel die öffentlichen Membervariablen `scrollLayers` und `movingCam`, die wir dann auch im Editor zuweisen können:

```
public List<ScrollLayer> scrollLayers = new List<ScrollLayer>();
public Camera movingCam;
```

Listing 2.5
Diese Variablen erscheinen wegen public im Inspector.

Werden Sie nun Zeuge eines kleinen Wunders der Technik:

Allein mit dem, was wir bisher haben, können Sie das Script `ParallaxScroller` als Komponente einem beliebigen `GameObject` in der Szene hinzufügen (einfach vom *Project Browser* auf das Objekt ziehen), und Sie könnten dann im Inspector das Attribut Scroll Layers (unsere Variable `scrollLayers`) öffnen, bei Size den Wert 3 eintragen, die drei Element-Eigenschaften öffnen und die entsprechenden `Transforms` aus der Szenenhierarchie auf Layer Root (die Variable `layerRoot` aus unserer Klasse

ScrollLayer) ziehen und jeweils den Scroll Factor eintragen (die Variable scrollFactor aus ScrollLayer).

Wenn Menschen sehr aufgeregt sind, schreiben sie manchmal lange, verschachtelte Sätze, die einen ganzen Absatz füllen. Aber schauen Sie nur Abb. 2.49 an, und staunen Sie mit mir![39] Wir sind Götter der Spielentwicklung!

Na ja. Fast. Bald. Noch etwas Geduld! Die Reise geht weiter!

Denn leider würde allein damit noch nichts passieren. Daher brauchen wir mehr Code:

Listing 2.6
Vorbereitungen treffen für Action!

```
private Vector2 lastCameraPosition;

public void Awake() {
    if (movingCam == null) {
        movingCam = GetComponent<Camera>();
    }
    if (movingCam == null) {
        movingCam = Camera.main;
    }
}

public void Start() {
    lastCameraPosition = movingCam.transform.position;
}
```

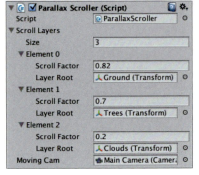

Abb. 2.49
Unser Script ParallaxScroller im Inspector

Die komplette Methode Awake() in Listing 2.6 könnten wir uns auch sparen. Es ist aber stilvoll, sie zu haben. Diese Methode wird von Unity bei allen Komponenten aufgerufen, bevor das Spiel losgeht. Damit können wir Initialisierungen vornehmen. Wenn im Editor alles sauber eingerichtet ist, also im *Inspector* Moving Cam mit einer Kamera befüllt wurde, passiert hier nichts, weil movingCam nicht null[40] ist. Mit dieser Implementierung von Awake() können wir aber das Script auch an eine Kamera hängen,[41] und müssen dann nichts zuweisen, weil sich das Script die Camera-Komponente dann selbstständig mit movingCam = GetComponent<Camera>() holt. Schlägt das fehl, weil das Objekt, an dem ParallaxScroller hängt, keine Camera-Komponente hat (es also gar keine Kamera ist), dann holt sich das Script einfach Camera.main, und das funktioniert (fast[42]) immer.

Die Methode Start() wird von Unity aufgerufen, wenn Awake() bei allen Komponenten aufgerufen wurde und bevor das erste Mal Update() aufgerufen wird (dazu gleich mehr). Hier holen wir uns die aktuelle position der

---

39 Mehr über diesen äußerst machtvollen Mechanismus finden Sie in Abschnitt *4.4, Bewegen und steuern – Scripting in Unity*.
40 Der Wert »null« hat nichts mit der Zahl 0 zu tun, sondern bedeutet, dass einer Variablen kein Wert zugewiesen ist. Die gefürchteten NullReferenceExceptions treten dann auf, wenn man trotzdem versucht, lesend auf die Variable zuzugreifen.
41 Sie erinnern sich: Eine »Kamera« ist nichts weiter als ein GameObject, an dem eine Camera-Komponente hängt.
42 Es sei denn, es gibt keine Kamera in der Szene, die das Tag MainCamera hat.

Transform-Komponente von movingCam, die über das öffentliche Property transform verfügbar ist. Dafür haben wir ganz am Anfang von Listing 2.6 die private Membervariable lastCameraPosition mit dem Typ Vector2 deklariert.

Und jetzt kommt die Methode, die unserem Script wirklich Leben einhaucht: Update(). Die Update()-Methode wird von Unity in jedem Frame aufgerufen, und zwar immer, bevor das nächste Bild gezeichnet wird – also je nach Framerate so 30- bis 120-mal pro Sekunde (wenn's langsamer wird, haben wir ein Problem). Hier kommt nun Bewegung ins Spiel:

```
public void Update() {
 Vector2 diff
  = lastCameraPosition - (Vector2) movingCam.transform.position;

 foreach (ScrollLayer scrollLayer in scrollLayers) {
   scrollLayer.layerRoot.position
     -= scrollLayer.scrollFactor * (Vector3) diff;
 }

 lastCameraPosition = movingCam.transform.position;
}
```

Listing 2.7
Und Action: Alle Ebenen bewegen sich gleichzeitig!

Zunächst wollen wir wissen, wie weit sich die Kamera seit dem letzten Aufruf bewegt hat. Da Positionen in Unity normalerweise Vector3 sind (X, Y, Z), wir aber auf die Z-Position verzichten können, wandeln wir mit (Vector2) das Ergebnis von movingCam.transform.position in Vector2 um, bevor wir es von der letzten Kameraposition abziehen.

Dann verschieben wir jeden ScrollLayer aus unserer Liste um die gerade ermittelte Differenz, multipliziert mit der Geschwindigkeit (scrollFactor) des jeweiligen ScrollLayer. Schließlich speichern wir die aktuelle Kameraposition als lastCameraPosition, um im nächsten Frame das Spiel zu wiederholen.

Und schon haben wir in unserem Spiel *Parallax Scrolling!*

Bevor wir jetzt einen kurzen Abstecher in die tieferen Tiefen des Kaninchenbaus machen: Holen Sie kurz Luft, atmen Sie tief durch ... und falls Sie bisher nur wenig Programmiererfahrung haben, schauen Sie sich den Code noch mal in Ruhe auf der Website zum Buch an (ParallaxScroller.cs im Bereich *Downloads,* Abschnitt 2.3.6). Der ist da schön farbig. Dann lesen Sie diesen Abschnitt noch einmal, schauen wieder auf den Code auf der Website zum Buch und versuchen wirklich jedes einzelne Zeichen zu verstehen, also jedes; und jeden. und auch die {} und [], (und). Warum sind da wohl manche Wörter blau, andere rot und wieder andere schwarz oder grün? Dieses Buch ersetzt keinen Programmierkurs – aber falls Sie Fragen haben, auch echte Anfänger-Fragen: Auf der Website zum Buch gibt es auch ein *Fragen-Forum* für genau diesen Zweck. Verwenden Sie das Tag C# – das ist die Sprache, die wir sprechen. Herzlich willkommen!

Falls Sie bereits Programmierprofi sind und den letzten Absatz oder gar den ganzen Abschnitt völlig überflüssig fanden: Wir waren alle mal Anfänger! Und ganz speziell für Sie habe ich den nächsten Abschnitt – kurz und bündig.

2.3.7 Was mit ein wenig Editor-Scripting möglich ist

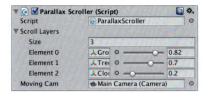

Abb. 2.50
Verbesserte Darstellung von ScrollLayer im Inspector

Auch wenn Abb. 2.49 uns für einen Moment beeindruckt hat, ist es nicht gerade die schönste Art, die Variablen unserer Hilfsklasse `ScrollLayer` darzustellen. Unity bietet dafür mit `CustomPropertyDrawer` eine einfache Möglichkeit, selbst zu bestimmen, wie Variablen so einer Klasse im *Inspector* angezeigt werden. So kommen wir mit wenigen Zeilen Code von Abb. 2.49 zu Abb. 2.50. Die Klasse, die das macht, finden Sie im Projekt[43] im Verzeichnis `Editor`.[44] Sie trägt den Namen `ScrollLayerDrawer`.

2.4 Erforschen und verändern

Sie kennen jetzt die Grundlagen des Unity Editors und die wichtigsten Tools für die Entwicklung von 2D-Spielen.

Übung macht den Meister

Um diese Kenntnisse zu vertiefen, lohnt es sich, das kleine Mini-Spiel *Snake* mit dem Editor zu untersuchen und anhand eigener Ideen anzupassen. Sehen Sie sich die verschiedenen *Assets* an, insbesondere die verschiedenen Szenen (nicht vergessen: Szenen werden durch einen Doppelklick im Editor geöffnet). Untersuchen Sie dann die Struktur der Szenen bis hinunter zu den Komponenten der einzelnen *GameObjects*. Ein paar Fragen und Anregungen:

- Was passiert in der Szenenstruktur (Hierarchy View), während das Spiel läuft?
- Wo ist die Geschwindigkeit der Schlange festgelegt? Ändern Sie die Geschwindigkeit für alle Levels (ohne jeden Level einzeln zu ändern[45]), und stellen Sie danach die Geschwindigkeit in jedem einzelnen Level so ein, dass die Schlange mit jedem Level schneller wird.
- Ersetzen Sie die Äpfel durch ein anderes Sprite.
- Verändern Sie die Geometrie der bestehenden Levels (z. B. weniger oder mehr Äpfel, Hinzufügen neuer Hindernisse, oder vergrößern Sie die Level, sodass die Schlange mehr zu entdecken hat!

---

[43] Oder auch im Downloads-Bereich zu Abschnitt 2.3.7
[44] Sie muss auch genau in diesem Verzeichnis mit genau diesem Namen beheimatet sein, damit es funktioniert.
[45] Ein kleiner Tipp, weil das bisher nur ansatzweise behandelt wurde: Das Stichwort heißt hier Prefabs! (Siehe auch die Links auf *unity-buch.de* zu diesem Abschnitt.)

- Erstellen Sie neue Levels! Diese können Sie einfach in einem beliebigen Grafikprogramm entwerfen.[46] Achten Sie hier auch darauf, dass die neuen Levels sauber in das Spiel eingebunden werden. Das heißt, die neuen Levels sollen automatisch aufgerufen werden, wenn der jeweils letzte vorherige Level erfolgreich beendet ist!

- Falls Sie sich schon mit Gimp, Photoshop oder einem anderen Bildbearbeitungsprogramm auskennen: Erstellen Sie Sprites, mit denen Sie oder jemand anderes einfach innerhalb von Unity neue Levels entwerfen kann, ohne dazu einen Grafiker zu brauchen. Als Orientierung, wie das funktionieren könnte, können Sie den Schwanz der Schlange verwenden. Welche Segmente braucht man, um beliebige Level bauen zu können? Wie müssen diese aussehen? Um sicherzustellen, dass an den Schnittstellen zwischen zwei Segmenten keine hässlichen Ränder entstehen, verwenden Sie am besten den Filter *Other/Offset* in Photoshop. Falls Sie *Gimp* verwenden, können Sie *Verschieben einer Ebene (Versatz)* verwenden (Menü: *Ebene/Transformation/Versatz*). Auf Englisch heißt das auch auch in Gimp *Offset* (Menü: *Layer/Transform/Offset*). Mit dieser etwas aufwendigeren Übung können Sie auch relativ leicht das Problem lösen, dass die Levels derzeit ggf. etwas unscharf wirken.

Sie können sich ruhig auch die Scripts ansehen – sie sind sehr ausführlich dokumentiert. Dort finden Sie auch einige weitere Ideen für Veränderungen in der Spiel-Logik.

Außerdem können Sie die Audiodateien überarbeiten. Sie sind mit einem kleinen Open-Source-Tool erstellt, das Sie sich für Windows und Mac unter dem Link *SFXR auf DrPetters Homepage* auf der Website zum Buch herunterladen können. Haben Sie diese Anwendung installiert, können Sie im Projekt unter `Audio / 8BitStyleSoundFX` die Definition der Audiodateien öffnen, verändern und die bestehenden Dateien überschreiben.

Link auf unity-buch.de

Schließlich können Sie das Spiel auch auf anderen Zielplattformen testen (iOS, Android usw.) – dazu sollten Sie dann allerdings zunächst Kapitel 9, *Aus dem Editor zu den Spielern,* ab Seite 313 lesen.

---

[46] Beispiele für Grafikprogramme finden Sie in Abschnitt 5.2, *Spiel an Augen: Bildschirmdarstellung,* ab Seite 118.

2.5 Mehr über die Entwicklung von 2D-Spielen mit Unity lernen

Links auf unity-buch.de

Die Entwicklung von 2D-Spielen im Allgemeinen und mit Unity im Speziellen ist ein weites Thema und könnte für sich ein eigenes Buch füllen – oder auch mehrere. Einige Einstiegspunkte finden Sie auf der Website zum Buch im Bereich zu diesem Abschnitt (2.5). Besonders empfehlen möchte ich hier das Video *Unite 2014 – 2D Best Practices in Unity*, in dem einige geniale Tipps und Tricks für die Entwicklung von 2D-Spielen mit Unity vorgestellt werden.

3 Unser Projekt: Traces of Illumination

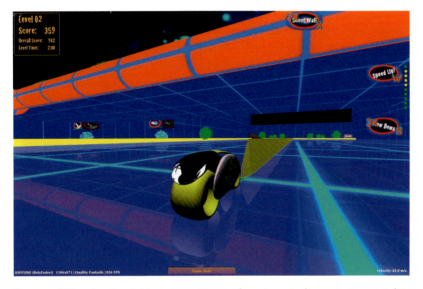

Abb. 3.1
Traces of Illumination – die Originalversion

Traces of Illumination ist in seiner Originalversion ein kooperatives Multiplayer-Spiel, das im Wesentlichen auf der Spielmechanik von *Snake* bzw. dessen 3D-Variante *Lightcycles* aufsetzt, diese aber durch einige innovative Ideen erheblich erweitert. Für das Buch verwenden wir eine deutlich abgespeckte Variante. Über 200 Personentage Entwicklungszeit passen einfach nicht in ein Buch mit rund 500 Seiten – selbst wenn man alle Sackgassen, Polishings und Änderungen aufgrund von Unity-Versionswechseln weglassen würde. Und gerade das *Polishing*[1] wegzulassen wäre in der Spielentwicklung ein großer Fehler, den wir hier nicht machen wollen! Da ist es besser, auf Features zu verzichten.

---

1 Mehr über das Thema *Polishing* finden Sie ab Seite 241 in Kapitel 7, *Projekt-Polishing – Iteration 1*.

3.1 Vorteile als Beispielprojekt

Es gibt bereits eine Vielzahl von Umsetzungen dieser Spielmechanik,[2] was gerade für ein erstes Spielprojekt durchaus vorteilhaft ist, unter anderem aus folgendem Grund: Man kann sich verschiedene Möglichkeiten der Umsetzung ansehen, bevor man seine Zeit in eine Spielidee investiert, die sich möglicherweise im fertigen Produkt als gar nicht so spaßig herausstellt.

Ein weiterer Vorteil dieses konkreten Spiels ist, dass die wesentlichen Aspekte der Spielmechanik von der Umsetzung her einfach und dennoch interessant sind und sich somit gut als »Einstiegsprojekt« für Unity oder auch in die Spielentwicklung allgemein eignen. Dies gilt auch, wenn einige Features von Unity (insbesondere die Terrain-Engine und die Charakter-Animation) nicht direkt für das Spiel benötigt werden oder in anderen Fällen zwar praktisch wären, aber in der von Unity angebotenen Form nicht genutzt werden können (z. B. *Navigation and Pathfinding*, was wir z. B. zur Implementierung einer Gegner-AI durchaus brauchen könnten).

Als Einstiegsprojekt ist Traces of Illumination bzw. ein beliebiger Lightcycle-Clone auch deswegen geeignet, weil das Spiel sich grafisch mit recht einfachen 3D-Modellen und Texturen umsetzen lässt. Mit anderen Worten: Auch wenn man kein professioneller 3D-Modeller ist, bestehen gute Chancen, dass das fertige Spiel gut aussieht und man den Spieler nicht mit unbeholfen gruseligen Charakteren verschreckt.

Und schließlich wird sich aufgrund der verschiedenen Varianten dieses Spielkonzeptes, die wir im Verlauf des Buches kennenlernen, zeigen, dass sich eine grundsätzliche Spielidee oder Spielmechanik auf völlig unterschiedliche Arten umsetzen lässt. Allein die Tatsache, dass wir schon jetzt eine 2D- und eine 3D-Variante kennen, zeigt, dass sich in Computerspielen viel mehr verbirgt, als man am Bildschirm sieht.

3.2 Spielmechanik und Begriffswelt

Im Folgenden wird nicht nur die Spielmechanik von Traces of Illumination erklärt, sondern auch eine Begriffswelt für das Spiel definiert, auf die wir uns im späteren Verlauf beziehen können. Eine solche klar definierte Begriffswelt ist nützlich, um während der Spielentwicklung beispielsweise mit dem restlichen Team kommunizieren zu können. Ab sofort sind wir also ein Team, und was folgt, ist ein sehr einfach gehaltenes Design-Dokument.

---

2   Link auf unity-buch.de: Einen guten Überblick gibt der Link *Tron-Sector: Games*.

Das Spiel

Die Spielmechanik an sich ist interessanterweise verbal gar nicht so einfach zu erklären[3] – glücklicherweise haben wir bereits gemeinsam eine 2D-Variante von Snake gespielt, und auf diese gemeinsame Erfahrung können wir uns jetzt beziehen.

Tracer

Bei Traces of Illumination haben wir keine Schlange, sondern ein Fahrzeug (*Tracer*), das eine Spieler-Wand *(TraceWall)* hinterlässt. Durch diese TraceWall kann man nicht hindurchfahren. Nach einer gewissen Zeit verschwindet sie aber. Das Fahrzeug kann sich jeweils nur in 90°-Kurven drehen (Varianten hiervon sind prinzipiell auch möglich). Da Traces of Illumination im dreidimensionalen Raum gespielt wird, sind auch Kurven »nach oben« und »nach unten« möglich, sofern eine Wand einen entsprechenden Übergang bietet. Das Spiel bietet unterschiedliche Tracer mit verschiedenen Fähigkeiten.

Level

Der Spieler fährt mit dem Tracer durch mehrere Level, die durch rechtwinklige Geometrie gekennzeichnet sind, also insbesondere gerade Flächen und Übergänge bieten, auf denen das Fahrzeug leicht fahren kann. Die Begrenzungen der Level werden *LevelWall* genannt.

Punkte

Wie bei Snake oder auch Pac Man sammelt man Punkte, die in Anlehnung an das Vorbild Snake auch tatsächlich *Apples* heißen und über die Level verteilt sind. Davon gibt es drei Arten: grüne, gelbe und rote Äpfel – die jeweils schwieriger zu erreichen sind, dafür aber auch mehr Wissenspunkte (*KnowledgePoints*) geben. Die Summe der KnowledgePoints bezeichnen wir als *KnowledgeScore*.

Ende einer Runde (GameSession)

Der Spieler verliert eine Runde, wenn er entweder gegen eine eigene Wand, die Wand eines Mitspielers oder gegen eine Level-Wand (*LevelWall*) fährt. Außerdem darf eine maximale Fallgeschwindigkeit nicht überschritten werden (s. u.).

---

[3] Zumindest, wenn man versucht, es jemandem zu erklären, der den Film Tron nicht gesehen hat ;-)

Der Spieler gewinnt eine Runde, indem er alle Äpfel dieser Runde einsammelt. Im Mehrspieler-Modus müssen insgesamt alle Äpfel eingesammelt werden.

- **Variante 1:** Nur alle grünen und gelben Äpfel müssen eingesammelt werden, rote Äpfel sind freiwillig. Diese Variante ist wichtig, da rote Äpfel möglicherweise nur unter bestimmten Umständen erreichbar sind (beispielsweise nur, wenn man ein Jump PowerUp nutzt oder einen Tracer mit besonderen Fähigkeiten steuert).
- **Variante 2:** Höhere Level haben pro Level individuelle Aufgaben, die kooperativ erfüllt werden müssen, um den Level erfolgreich zu beenden.

Multiplayer/Teams

Bei den meisten Spielen mit dieser Spielmechanik geht es primär darum, die Gegner in die Ecke zu treiben und gegen die eigene Wand fahren zu lassen. Das macht durchaus Spaß, vermittelt aber eine Botschaft, die die Welt wirklich nicht braucht – daher ist Traces of Illumination nicht primär kompetitiv angelegt, sondern kooperativ: Anstatt seine ganze Zeit damit zu verbringen, die »Gegner« auflaufen zu lassen, versucht man bei Traces of Illumination gemeinsam in einem *Team* mit den anderen Spielern in den nächsten Level zu kommen. Wie das funktioniert, hängt vom jeweiligen Level ab (s. o., Variante 2), und je höher die Level sind, desto mehr Kooperation ist erforderlich.

Ein Team besteht aus bis zu sechs Spielern, und es können bis zu vier Teams gleichzeitig spielen. Alle Teams, die gleichzeitig in einem Level spielen, nennen wir *GameGroup*. In den ersten Levels spielen die Teams gegeneinander, in fortgeschrittenen Levels müssen aber auch die Teams kooperieren.

PowerUps

Es gibt acht verschiedene Arten von *PowerUps,* die der Spieler einsammeln und dann jeweils einmal verwenden kann. Er kann jedoch auch mehrere PowerUps vom gleichen Typ (*PowerUpType*) sammeln, um sie dementsprechend mehrfach hintereinander einsetzen zu können. Die verschiedenen *PowerUpTypes* sind:

- **DropWall:** Lässt die eigene TraceWall verschwinden, was sowohl die eigene Haut retten kann – als auch die eines Mitspielers, dem unsere Wand vielleicht gerade den Weg versperrt.
- **Jump:** Erlaubt es nicht nur, über *TraceWalls* zu springen, sondern in einigen Fällen auch über *LevelWalls*. Außerdem bietet Traces of Illumination während der Flugphase je nach Tracer eine eigene Steuerungsme-

chanik. In der Fallphase gibt es eine maximale Fallgeschwindigkeit, die nicht überschritten werden darf, da der Tracer sonst explodiert. Diese Einschränkung wurde eingeführt, um zwei Probleme zu lösen: Erstens sind die Level so gestaltet, dass ein Spieler durchaus ins Bodenlose fallen könnte – und da brauchen wir ein Abbruchkriterium, d. h. irgendeinen Zustand, den wir leicht prüfen können und anhand dessen wir die *GameSession* für diesen Spieler fair beenden können. Zweitens schlägt je nach Performance des Gerätes des Spielers bei zu hohen Geschwindigkeiten die Kollisionserkennung fehl. Mit anderen Worten: Bewegt sich der Tracer des Spielers zu schnell, so könnte er durch Wände hindurch fallen. Und das wäre ein Bug[4], kein Feature.

- **Map:** Zeigt dem Spieler für die aktuelle *GameSession* eine Karte seiner direkten Umgebung.
- **ShootWall:** Erlaubt es dem Spieler, auf eine Wand zu schießen, die in der Richtung liegt, in die er gerade fährt. Er könnte natürlich auch auf andere Spieler schießen – das ist aber nicht der Sinn des Spiels. Daher wird das Projektil in diesem Fall reflektiert und könnte den Spieler, von dem es stammt, aus der aktuellen GameSession befördern.
- **DreamTime:** Verlangsamt die Zeit deutlich, und zwar für alle an der GameSession beteiligten Spieler.
- **SlowDown:** Verlangsamt lediglich den eigenen Spieler. Mehrere SlowDown PowerUps können direkt nacheinander verwendet werden, um eine stärkere Verlangsamung zu erreichen. Jeder Tracer hat aber eine Mindestgeschwindigkeit, die nicht unterschritten werden kann.
- **SpeedUp:** Beschleunigt den eigenen Spieler und funktioniert ansonsten genauso wie SlowDown. Insbesondere gibt es für jeden Tracer eine Maximalgeschwindigkeit, was ähnliche Gründe hat wie die maximale Fallgeschwindigkeit beim Jump-PowerUp.
- **DropApples:** Mit diesem PowerUp ist es möglich, die Apples, die man selbst eingesammelt hat, wieder an ihrem ursprünglichen Ort erscheinen zu lassen. Dabei verliert man nicht die gewonnenen KnowledgePoints – im Gegenteil: Wenn ein anderer Spieler diese Apples einsammelt, bekommt man selbst zusätzliche KnowledgePoints. Man selbst kann diese Apples nicht erneut einsammeln, und wenn ein anderer Spieler sie eingesammelt hat, sind sie auch endgültig aus dem Level verschwunden.

---

4 In diesem konkreten Fall wäre das ein Bug, der von den Spielern als Cheat genutzt werden könnte, also als Trick, der dem Spieler Dinge ermöglicht, die so nicht vorgesehen sind, und der ggf. auch besonders im Mehrspielerbetrieb für andere Spieler störend sein könnte.

Einschränkung

Übung macht den Meister

So weit also die Beschreibung des Spiels, das wir – mit erheblichen Einschränkungen – im Verlauf dieses Buches gemeinsam umsetzen werden. Die Einschränkungen beziehen sich vor allem auf die PowerUps. Diese sollten Sie nach Abschluss der Lektüre dieses Buches selbstständig als Übung implementieren können. Falls Sie Fragen zur Umsetzung haben, nutzen Sie das *Fragen-Forum* auf *unity-buch.de*.

Auch die Mehrspieler-Aspekte kann ich hier nur eingeschränkt behandeln. Zu ihnen wird es voraussichtlich ein eigenes Buch geben. Das liegt vor allem daran, dass sich die Komplexität der Spielentwicklung durch den Mehrspieler-Aspekt vervielfacht. Einen kleinen Vorgeschmack dazu erhalten Sie in *Kapitel 14, Ein minimales Multiplayer-Spiel,* ab Seite 448.

Anstatt komplex zu beginnen, machen wir es uns im nächsten Kapitel erst mal ganz einfach, bevor wir in Kapitel 5, *Die Spielentwicklung vorbereiten,* eine komplette Spielentwicklungsumgebung einrichten und dann mit der eigentlichen Entwicklung anfangen: Wir bauen einen ganz einfachen Prototyp, um das Spielprinzip testen zu können.

4 Der erste Prototyp

Ein Prototyp dient normalerweise dazu, mit möglichst geringem Aufwand wesentliche Prinzipien einer Spielidee zu testen. Prototypen sehen zwar meistens nicht besonders gut aus und erfordern ein gewisses Maß an Fantasie, um sich das eigentliche Spiel vorstellen zu können. Sie sind aber schnell umgesetzt und bieten uns die Gelegenheit, sehr früh in einem Projekt festzustellen, ob eine Idee auch in der Praxis Spaß macht, ohne zunächst Monate in die Entwicklung investieren zu müssen.

Im Rahmen dieses Buches bietet der Prototyp Ihnen zudem die Möglichkeit, sich auf einfache Weise weiter mit Unity vertraut zu machen, bevor wir im nächsten Kapitel weitere Tools hinzuziehen.

Ein weiteres Einsatzgebiet für Prototypen ist, um die technische Machbarkeit eines Spiels zu testen – beispielsweise auf verschiedenen Zielplattformen. Auch diese Art von Prototyp werden Sie kennenlernen, jedoch erst etwas später. Jetzt fangen wir erst mal mit unserem Projekt an.

4.1 Ein neues Projekt anlegen

Das ist wieder ein ganz besonderer Moment auf dieser Reise: Wir beginnen unser erstes Projekt in Unity. Natürlich muss Unity dazu geöffnet sein. Dabei gehe ich davon aus, dass unser Projekt aus Kapitel 2 noch geladen ist.

Früher war die Standardeinstellung von Unity nach der Installation, dass beim Starten sofort das zuletzt bearbeitete Projekt geöffnet wurde. Seit Version 5 mit dem neuen Startbildschirm ist das anders: Hier erscheint standardmäßig der Startbildschirm. Das lässt sich über *Unity/Preferences …* am Mac bzw. über *Edit/Preferences …* unter Windows aber ändern, und zwar über die Einstellung *Load Previous Project at Startup* direkt unter General. Falls diese Einstellung aktiviert ist, lässt sich Unity dennoch mit dem Startbildschirm starten: Halten Sie dazu beim Starten von Unity die Taste Alt gedrückt.

Wir klicken im Menü auf *File/New Project …* und erhalten den *Project Wizard* aus Abb. 4.1. Wir nennen das Projekt Traces_Prototype (siehe das Textfeld über *Project name*). Der Speicherort (*Location*) ist Geschmackssache – da hat jeder seine eigenen Vorstellungen. Dennoch würde ich empfehlen, den bereits angelegten Ordner `C:\UnityProjekte\` (Windows) bzw. `<user>/UnityProjekte/` (Mac) weiterzuführen, damit alle unsere Projekte übersichtlich an einer Stelle zusammengefasst sind. Mit einem Klick auf die drei blauen Punkte können Sie einen Ordner auf dem für das jeweilige Betriebssystem üblichen Weg auswählen.

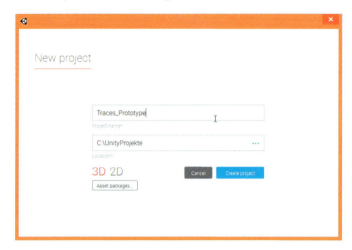

Abb. 4.1 Project Wizard

3D und 2D sind die bereits beschriebenen Voreinstellungen für das Projekt, die Sie später auch jederzeit wieder über *Edit/Project Settings/Editor* und dann im *Inspector* unter *Default Behavior Mode* ändern können.

Mit dem Button *Asset packages* könnten wir einige Standardpakete auswählen, die dem Projekt gleich beim Erzeugen hinzugefügt werden. Bei diesen *Packages* handelt es sich um von Unity Technologies mitgelieferte Assets: beispielsweise um vorgefertigte Partikelsysteme, Scripts oder auch *Character Controller,* mit denen einfach die Steuerung von Charakteren umgesetzt werden kann. Für unseren Prototyp würden zusätzliche Assets gleich zu Beginn nur die Projektstruktur unübersichtlich machen, daher installieren wir sie zu einem späteren Zeitpunkt, wenn wir sie wirklich brauchen (über das Menü *Assets/Import Package*).

Ein Klick auf den Button *Create Project* legt dann das neue Projekt an. Dabei »verschwindet« Unity kurz, während das neue Projekt geladen wird. Aber keine Sorge: Das ist normal, wenn man ein neues Projekt lädt, und kein Zeichen dafür, dass Unity abgestürzt ist.

Screencast auf unity-buch.de

> Das Anlegen eines neuen Projekts wird durch den Screencast *Ein neues Projekt anlegen* auf der Website zum Buch veranschaulicht.

Das neue Projekt ist natürlich leer – füllen wir es also mit einer einfachen Geometrie für den ersten Level. Sie lernen dabei einfaches Modeling in Unity.

4.2 Level 01: Das Quadrat – Modeling in Unity

Normalerweise würde man die Geometrie eines Levels in einem Modeling Tool designen und dann in Unity importieren – das machen wir auch, und zwar später in Abschnitt *10.1, Die Level-Geometrie durch ein 3D-Modell ersetzen*. Da wir uns aber erst mit Unity vertraut machen wollen und unser erster Level eine sehr einfache Geometrie hat, bauen wir unseren Level stattdessen aus einigen Standardobjekten zusammen, die Unity zur Verfügung stellt. Diese finden Sie im Menü *GameObject/3D Object*. Wir wählen den Würfel (Cube), wie in Abb. 4.2 dargestellt.

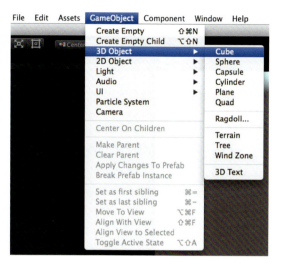

Abb. 4.2
Einfache GameObjects erzeugen

Die Bodenplatte anlegen

Das neu erzeugte Objekt *Cube* wird automatisch selektiert, was wir auch leicht über die *Hierarchy View* prüfen können. Dort sollten jetzt `Main Camera` und `Directional Light` angezeigt werden, die Unity automatisch in jeder Szene anlegt, sowie unser selbst erzeugter Würfel.

Da der Name `Cube` nicht viel sagt, benennen wir das Objekt in `BottomPlate` (*Bodenplatte*) um. Dazu stellen wir durch einen Klick auf `Cube` in der *Hierarchy View* sicher, dass es den Fokus hat, und verwenden am Mac ⏎ bzw. unter Windows F2, um in den Umbenennungsmodus zu kommen.[1] Anschließend geben wir den neuen Namen `BottomPlate` ein. In der *Hierarchy View* haben wir nun die Einträge, wie in Abb. 4.3 dargestellt. Eine andere Möglichkeit, den Namen zu bearbeiten, besteht darin, das bereits selektierte Objekt nochmals mit der Maus anzuklicken – das dauert aber etwas länger.

Abb. 4.3
Hierarchy View mit neuem Namen

Um spätere Überraschungen zu vermeiden, legen wir zuerst die Position der `BottomPlate` auf den Nullpunkt.

> Unity merkt sich die Position des Objekts, das wir zuletzt mit F in den Fokus genommen haben, und benutzt sie als Ausgangsposition für neu angelegte Objekte. Daher könnte die Position der neu erstellten `BottomPlate` bei Ihnen bereits auf dem Nullpunkt liegen oder an einer anderen Stelle – je nachdem, was Sie zuletzt in den Fokus genommen haben.[2]

Pro-Tipp

---

[1] Unity orientiert sich hier an den üblichen Tasten des Betriebssystems – im Finder bzw. Explorer benennt man Dateien mit den gleichen Tasten um.
[2] Unity merkt sich diese Position auch zwischen Sessions. Das heißt, wenn Sie Unity schließen und erneut öffnen, hat es immer noch die zuletzt fokussierte Position im Speicher.

Abb. 4.4
Die X-Koordinate wurde nach dem Einfachklick ausgewählt.

Abb. 4.5
Transform-Komponente von BottomPlate auf Nullpunkt

Pro-Tipp

Abb. 4.6
Ein Würfel! Ein Würfel!

Um sicherzustellen, dass die `BottomPlate` exakt auf dem Nullpunkt liegt, benutzen wir erst mal den *Inspector*. Am einfachsten ist es hier, zuerst einfach auf die Textbox rechts neben dem X bei `Position` zu klicken, wie in Abb. 4.4 illustriert ist.

Beachten Sie, dass Unity den Text bei einem Einfachklick direkt selektiert. Also müssen wir nach dem Klick nur noch ⓪ drücken und sind mit der X-Koordinate fertig. Mit ⇥ (Tab) wechseln wir auf die Y-Koordinate, die dann auch sofort selektiert ist, also wieder einfach ⓪ drücken, noch mal ⇥, noch mal ⓪ – fertig. Unity ist sehr auf die effiziente Bedienung mit der Tastatur optimiert, und es lohnt sich, das auch zu nutzen. Nach unserer manuellen Positionierung sollte die `Transform`-Komponente unserer `BottomPlate` so aussehen, wie es in Abb. 4.5 dargestellt ist. Damit der Text dieses Buches ähnlich effizient wird, schreibe ich ab jetzt für eine solche Koordinateneingabe nur noch `Position = (0, 0, 0)`.

> Noch effizienter für das Setzen eines Transform auf den Nullpunkt ist übrigens die Verwendung des Menüpunktes `Reset`, der über das *Kontextmenü-Rädchen* der `Transform`-Komponente verfügbar ist.

Nun können wir in der *Scene View* unsere `BottomPlate` mit F in den Fokus holen. Aber Vorsicht: Wenn wir den Cursor noch in der Textbox der Z-Koordinate haben, geben wir damit einfach ein f ein und haben dann `0f` – was natürlich nicht das ist, was wir wollen. Bevor wir also mit F fokussieren, müssen wir mit ↵ den Eingabemodus beenden. Alternativ können wir das Objekt mit einem Doppelklick in der *Hierarchy View* in den Fokus holen.

Wir sehen jetzt also … einen Würfel mit dem Namen `BottomPlate`. Abb. 4.6 illustriert unser Meisterwerk der Täuschung.

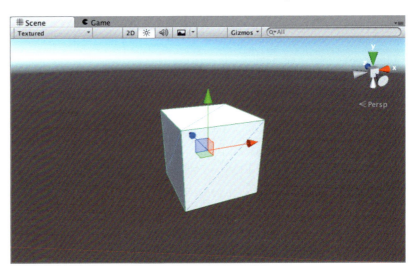

Damit die `BottomPlate` ihrem Namen gerecht wird, setzen wir `Scale = (200, 1, 200)`. Das bedeutet, die `BottomPlate` ist 200 Meter breit, 1 Meter hoch und 200 Meter tief. Theoretisch könnten das natürlich auch 200 cm sein oder irgendeine Fantasie-Einheit. Die Physik-Engine geht aber davon aus, dass es Meter sind – daher sollte man diese Skalierung wirklich verwenden, sofern man nicht möchte, dass die Physik sich verhält wie in einem Miniatur- oder Riesenmodell.

Um die Sache mit dem Fokus zu üben (und in der *Scene View* eine sinnvolle Perspektive zu haben), holen wir wieder mit einem Klick auf `Bottom-Plate` in der *Hierarchy View* und F (mit der Maus über der *Scene View*) die gesamte Bodenplatte in den Fokus. Sie sieht jetzt so aus wie in Abb. 4.7 – und wir können sie uns mit den in Abschnitt 2.2.3, *Objekte der Szene im Raum: Scene View,* beschriebenen Methoden von allen Seiten ansehen.

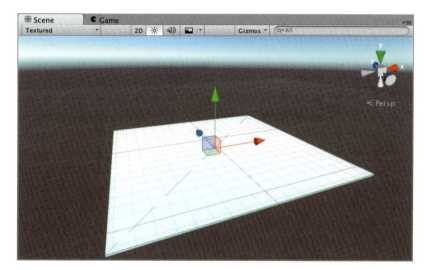

Abb. 4.7
Eine Bodenplatte

Vielleicht ist Ihnen schon das grüne Drahtgitter-Modell aufgefallen. Das ist ein *Collider,* der bei den einfachen `GameObjects` von Unity automatisch als Komponente mit erzeugt wird – in diesem Fall ist es ein `BoxCollider`, also die 3D-Variante von `BoxCollider2D`.

Nehmen wir uns mal einen Moment Zeit, um die Komponenten unserer Bodenplatte zu inspizieren, damit wir verstehen, was wir hier eigentlich gerade sehen.

Komponenten primitiver Unity-Objekte: Transform

Die `Transform`-Komponente hatten wir uns ja bereits in Abschnitt 2.2.4, *Eigenschaften von Objekten: Inspector,* angesehen. Zur Wiederholung: Neben Position, Rotation und Skalierung bestimmt diese Komponente auch die Position in der Szenenhierarchie, ohne dass wir das im *Inspector* sehen. Diese Information sehen wir aber direkt in der *Hierarchy View,* die damit letztlich genau eine Ansicht auf die Eltern/Kind-Beziehung aller `Transform`-Komponenten der `GameObjects` in einer Szene ist und – sofern wir keine andere Sortierung ausgewählt haben – auch die tatsächliche Reihenfolge der Objekte in der Szene anzeigt.

Komponenten primitiver Unity-Objekte: Mesh Filter

Abb. 4.8
Die Form des GameObject: der Mesh Filter

Als nächste Komponente finden wir in unserer Bodenplatte einen `Mesh Filter` (siehe Abb. 4.8). Dieser hat eine einzige Eigenschaft, und zwar `Mesh`. Das ist letztlich die geometrische Information eines 3D-Modells, also die Punkte, Kanten und Flächen: das, was unserer Bodenplatte ihre Form gibt. Somit ist `Mesh Filter` praktisch die Entsprechung von `Sprite` aus der 2D-Welt in 3D.

Abb. 4.9
Das Kreis-Icon

Die Form kann man einfach austauschen – mit dem kleinen Kreis mit Punkt in der Mitte ganz rechts (*Kreis-Icon*). Auf diese Weise könnten wir aus unserer quadratischen Bodenplatte beispielsweise durch Auswahl der Zylinder-Geometrie auch ganz leicht eine kreisförmige Bodenplatte erstellen, wie Abb. 4.10 zeigt. Was wir dort auch sehen: Eine große Auswahl an Objekten haben wir hier nicht. Unity ist kein Modelling-Tool, auch wenn man sich mal eben etwas aus diesen primitiven 3D-Körpern zusammenbasteln kann. Das dürfen wir nicht vergessen!

Abb. 4.10
Eine kreisförmige Bodenplatte

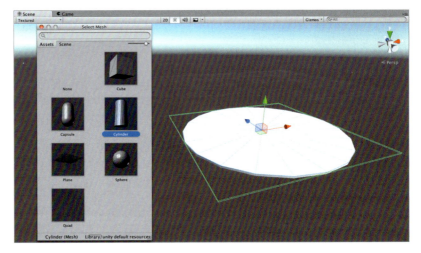

Wir bleiben natürlich bei unserer quadratischen Bodenplatte, wählen also auf jeden Fall wieder die Würfel-Form: `Cube`.

Komponenten primitiver Unity-Objekte: Mesh Renderer

Die Meshes werden vom `MeshRenderer` am Bildschirm dargestellt, dem 3D-Pendant zum `SpriteRenderer`. Die wichtigste Eigenschaft des `MeshRenderer` ist `Material` bzw. die Materialien, die bestimmen, wie die Objekte konkret dargestellt werden – also beispielsweise, welche Oberflächentexturen verwendet werden oder ob ein Objekt transparent sein soll. Materialien verwenden Shader, und da man diese auch selbst programmieren kann, lässt Unity an dieser Stelle kaum Wünsche offen. Allerdings ist das ein größeres Thema. Daher behandeln wir es nicht hier, sondern betrachten Materialien und Texturen in Abschnitt *6.1, Eigene Materialien erstellen und verwenden,* ab Seite 129. Das sehr fortgeschrittene Thema der Shader-Programmierung behandele ich hier gar nicht.

Über den MeshRenderer kann man auch pro Objekt einstellen, ob das Objekt Schatten werfen oder empfangen soll (Cast Shadows bzw. Receive Shadows). Diese Einstellung wirkt jedoch im Zusammenspiel mit der Beleuchtung und wird daher in Kapitel *12, Beleuchtung mit Erleuchtung: Enlighten,* ab Seite 437 behandelt, ebenso wie Use Light Probes. Reflection Probes gibt es erst seit Unity 5. Sie sind Teil der Features, die für *physikbasiertes Shading* notwendig sind. Mehr dazu folgt in Abschnitt 6.1.6, *Physikbasiertes Shading mit den Standard-Shadern,* ab Seite 157.

Abb. 4.11
Die Form sichtbar machen: Mesh Renderer

Komponenten primitiver Unity-Objekte: Collider

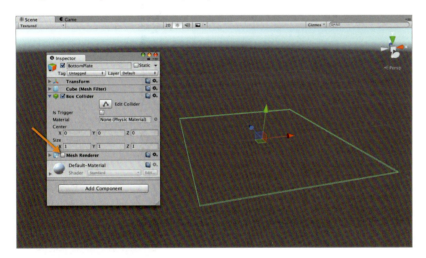

Abb. 4.12
BottomPlate mit abgeschaltetem Mesh Renderer

Man kann die Komponente MeshRender auch einfach ausschalten. Wie zu erwarten, verschwindet dann unsere Bodenplatte vom Bildschirm. Was übrig bleibt, ist die Komponente, die diesen kleinen Exkurs inspiriert hat: der BoxCollider (Abb. 4.12). Später werden wir nur noch die Collider der in Unity erstellten Geometrie nutzen und statt der MeshRenderer unserer Standardobjekte ein richtiges 3D-Modell für den Level verwenden. Was wir hier für unseren Prototyp bauen, können wir also später als Kollisionsobjekte weiterverwenden. Bei komplexeren Levels, die zuerst in einem Modelling-Tool erstellt werden, geht man natürlich genau anders herum vor: Zuerst importiert und positioniert man das komplette Level-Model in

Unity, und im nächsten Schritt bildet man dann mit einfachen Kollisionsobjekten die Level-Geometrie nach.

Wenn wir dabei Standardobjekte mit Meshes anstatt einfach nur die Collider verwenden (was natürlich auch möglich wäre), hat das den Vorteil, dass wir die `MeshRenderer` jederzeit wieder einschalten können. Das vereinfacht die Positionierung in der Szene deutlich.[3]

Schaltet man die Komponente `BoxCollider` ab, verschwindet der Box-Collider nicht nur aus der Scene-View-Darstellung, sondern nimmt auch keine Kollisionen mit anderen Objekten mehr wahr. In der *Game View* sieht man den Collider gar nicht, außer `Gizmos` ist aktiv und das Objekt in der Hierarchy selektiert. Letztlich ist das ja auch eine Komponente, deren Funktionalität nicht visuell ist. In der *Scene View* wird sie nur deswegen visuell dargestellt, weil das das Modellieren der Szene vereinfacht.

Die `BoxCollider`-Komponente hat noch einige Eigenschaften, die jedoch im Moment für uns nicht wichtig sind und daher erst später erklärt werden. Lediglich `Center` und `Size` möchte ich hier kurz erwähnen: Damit könnte, wie der Name schon sagt, die Position und Skalierung angepasst werden. Da unser BoxCollider genau der Geometrie entspricht und automatisch durch die Transform-Komponente bezüglich der Position, Rotation und Skalierung angepasst wird, müssen wir hier nichts ändern.[4]

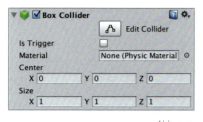

Abb. 4.13
Kollisionen erkennen: Box Collider

Die Wände anlegen

Wir schalten unseren `MeshRenderer` jetzt auf jeden Fall wieder ein, versichern uns auch, dass der `BoxCollider` aktiv ist – und stellen dann in Windeseile die Geometrie unseres einfachen Levels fertig, indem wir ihm vier Wände spendieren.

1. Erzeugen Sie einen weiteren Würfel mit *GameObject/Create Other/Cube*, und nennen Sie ihn `WallNorth`.

2. Setzen Sie `Scale = (200, 20, 1)`.

3. Nutzen Sie den blauen Pfeil, um unsere `WallNorth` in Richtung des Pfeils »nach Norden« zu ziehen,[5] sodass sie ungefähr am Ende der Bodenplatte steht (siehe Abb. 4.14).

---

3   Versuchen Sie es ruhig selbst: Schalten Sie den Mesh Renderer ab, und versuchen Sie, beispielsweise die Wand präzise zu positionieren – aufgrund der einfachen Wireframe-Darstellung des Collider ist es recht schwierig, sich dabei im dreidimensionalen Raum zu orientieren.

4   Probieren geht aber natürlich auch hier über Studieren: Probieren Sie es ruhig mal aus, setzen Sie danach aber bitte wieder `Center = (0, 0, 0)` und `Size = (1, 1, 1)`.

5   Technisch gesprochen »vorwärts auf der Z-Achse«; es macht uns das Leben aber einfacher, uns den Raum in uns vertrauten Begriffen vorzustellen.

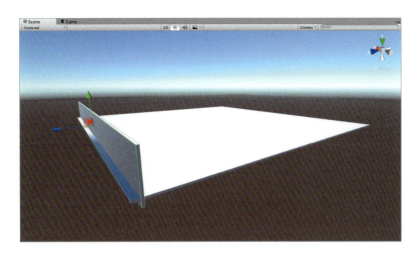

Abb. 4.14
WallNorth am Ende von BottomPlate

4. Wir verwenden jetzt das *Vertex Snapping Tool*, um die Wand präzise auf der Bodenplatte zu positionieren: Halten Sie [V] gedrückt,⁶ und fahren Sie mit der Maus an die linke untere Ecke von `WallNorth`. Dabei springt das Transform-Werkzeug jeweils an die Ecke, die dem Mauszeiger am nächsten liegt (siehe Abb. 4.15).

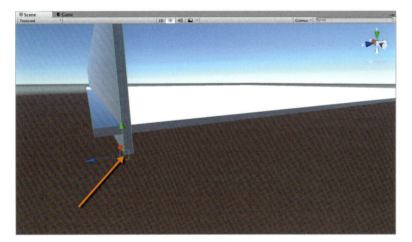

Abb. 4.15
Vertex Snapping 1: Wir nehmen die linke untere Ecke der Wand ...

5. Mit weiterhin gedrückter [V]-Taste klicken Sie diese Ecke jetzt an und ziehen sie auf die linke obere Ecke von `BottomPlate` (siehe Abb. 4.16).

---

6 Oder drücken Sie zu Beginn der Operation [⇧]+[V], um dauerhaft in den Vertex-Snapping-Modus zu kommen. Am Ende der Operation drücken Sie dann wieder [⇧]+[V], um den Modus zu verlassen.

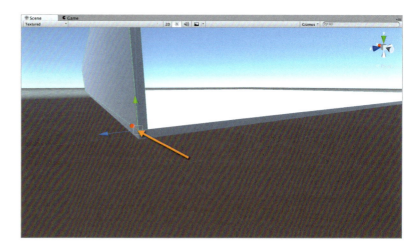

Abb. 4.16
Vertex Snapping 2: ... und ziehen sie auf die linke obere Ecke der Bodenplatte.

6. Prüfen Sie, ob die Position der WallNorth stimmt – sie müsste sich jetzt auf (0, 10.5, 99.5) befinden.

7. Duplizieren Sie WallNorth, indem Sie sie in der *Hierarchy View* selektieren und ⌘-D (Mac) bzw. Strg-D (Windows) drücken, und benennen Sie die neue Wand in WallSouth um.

8. WallSouth ziehen wir jetzt über den *Inspector* nach Süden, indem wir einfach Position = (0, 10.5, -99.5) setzen, also bei der Z-Koordinate ein Minus davor setzen. Hier noch ein kleiner Trick: Klicken Sie auf die Z-Koordinate – damit ist 99.5 selektiert. Jetzt einmal ←[7], –, fertig. (→ würde ans Ende springen, was beispielsweise zum Löschen von Nachkommastellen nützlich sein kann.)

9. Jetzt kommen WallEast und WallWest. Da wir die Koordinaten schon kennen,[8] ist es am schnellsten, diese direkt über den *Inspector* einzugeben: Wir erzeugen also einen neuen Würfel, nennen ihn WallEast und setzen Position = (99.5, 10.5, 0) sowie Scale = (1, 20, 200).

10. Schließlich der Würfel WallWest mit Position = (-99.5, 10.5, 0) und Scale = (1, 20, 200). Hier ist natürlich am schnellsten, WallEast zu kopieren und wieder nur der X-Koordinate ein – (Minus) voranzustellen.

Ordnung muss sein: Die Szenenhierarchie aufräumen

Das könnte man an sich jetzt schon so stehen lassen. Allerdings ist unsere Szene aus Perspektive der *Hierarchy View* jetzt eine relativ chaotische Liste. Daher erzeugen wir noch ein leeres Elternobjekt, das unsere vollständige Level-Geometrie als Kindobjekte enthält.

---

7 Gemeint ist »Cursor nach links« – nicht Backspace bzw. Delete!
8 Wir vertauschen einfach die Achsen X und Z.

Das Objekt erzeugen wir entweder über das Menü, mit *GameObject/ Create Empty* – oder, was etwas schneller geht, mit ⌘-⇧-N (Mac) bzw. Strg-⇧-N (Windows), und wir nennen es Level-01.

Jetzt ist es sehr wichtig, dass wir zuerst sicherstellen, dass Level-01 wieder auf dem Nullpunkt liegt. Verwenden Sie dazu *Reset* auf der Transform-Komponente.

Erst dann selektieren wir BottomPlate, WallNorth, WallSouth, WallEast und WallWest gleichzeitig, was am Mac mit gedrückter Taste ⌘ geht und unter Windows mit gedrückter Taste Strg.⁹ Jetzt können wir einfach eines der selektierten Objekte anklicken und auf Level-01 ziehen. Dann noch BottomPlate nach oben ziehen und danach in dieser Reihenfolge: WallNorth, WallEast, WallSouth, WallWest. Fertig!

Schließlich holen wir Level-01 in den Fokus. Ihr erster eigener Level sollte dann in etwa wie auf dem Screenshot in Abb. 4.17 aussehen. Herzlichen Glückwunsch!

Abb. 4.17
Unser erster selbst erstellter Level ist fertig.

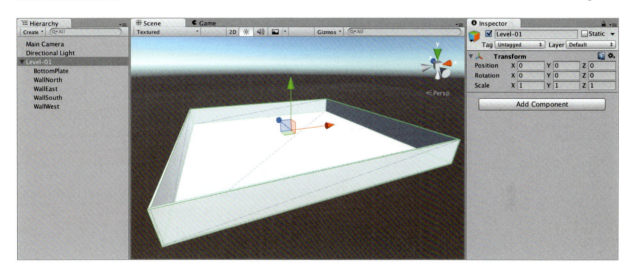

Koordinaten von Vater- und Kindobjekten

Und warum war es jetzt wichtig, dass wir das leere Objekt Level-01 zuerst auf den Nullpunkt setzen? Erinnern Sie sich? Probieren Sie Folgendes aus: Ziehen Sie die Objekte wieder aus Level-01 heraus, und setzen Sie bei Level-01 die Position = (5, 8, 10) (oder beliebige andere zufällige Werte). Ziehen Sie dann die Objekte wieder unter Level-01, und sehen Sie sich die Positionen der Objekte an. Das sind jetzt recht schräge Werte, weil Kindobjekte immer relativ zu ihren Elternobjekten positioniert sind. Da

---

9 Also: Taste drücken, und zuerst das erste Objekt anklicken, dann das zweite, usw. – wenn alle Objekte selektiert sind, Taste loslassen. Oder, wenn die Objekte direkt nacheinander liegen das erste Objekt anklicken, und dann bei gedrückter Taste ⇧ das letzte Objekt anklicken.

sich die Position aber natürlich nicht ändert, ändern sich stattdessen die Koordinaten.

Wenn man Objekte unachtsam unter andere Objekte zieht und dann damit weiterarbeitet, bekommt man deswegen recht schnell ein unschönes Koordinaten-Durcheinander. Merkt man es rechtzeitig, ist es aber einfach: Ziehen Sie die Objekte wieder aus `Level-01` auf die höchste Ebene, setzen Sie bei `Level-01` die `Position = (0, 0, 0)`, ziehen Sie die Objekte wieder unter `Level-01` – und alles ist gut.[10]

Und … abspeichern!

Wirklich alles? Was ist, wenn jetzt der Strom ausfällt? Also schnell *File/Save Scene* oder ⌘-S bzw. Strg-S. Da wir der Szene noch keinen Namen gegeben haben, wird Unity danach fragen. Wir nennen die Szene einfach `Level-01`. Das vorgegebene Verzeichnis *Assets* passt perfekt. Und jetzt erscheint die Szene auch als erstes Objekt in unserer *Project View*.

Jetzt sind wir wirklich fertig mit dem ersten Level. Das ist eine gute Zeit für einen kurzen Spaziergang, um den Körper wieder ein wenig zu entspannen und den Kreislauf anzuregen. Im nächsten Abschnitt lernen Sie dann, ein Fahrzeug zu erstellen und zu bewegen.

Download von unity-buch.de

> Den aktuellen Projektstatus nach diesem Abschnitt können Sie sich von der Website zum Buch (http://unity-buch.de) herunterladen. Das ist die Datei: `Traces_Prototype_010.zip`.

Screencast auf unity-buch.de

> Falls Sie lieber auf visuelle Weise diesen Anweisungen folgen wollen, sehen Sie sich den Screencast *Unity Basics: Einen einfachen Level bauen* an.

4.3 Das erste Fahrzeug – mehr Modelling in Unity

Als Nächstes brauchen wir ein Fahrzeug, mit dem wir in unserem Level fahren können. Wir bauen also unseren ersten, sehr rudimentären Tracer[11], den wir dann im nächsten Schritt mit unserem ersten eigenen Script zum Leben erwecken werden. Unser Projekt sollte mit der Szene `Level-01` geöffnet sein, die wir ja im vorigen Kapitel abgespeichert haben.

Da wir gerade einen Prototypen bauen, gestalten wir unseren Tracer so einfach wie möglich: ein großer Zylinder als Vorderrad, ein etwas kleinerer Zylinder als Hinterrad und ein Quader als Rumpf. Theoretisch könnte man natürlich auch nur einen einfachen Quader verwenden, dann könnte man aber nicht mehr unterscheiden, was vorne ist und was hinten.

---

10 Eine weitere Möglichkeit ist natürlich Undo (Edit / Undo oder ⌘+Z bzw. Strg+Z).
11 Tracer sind unsere Fahrzeuge, siehe auch Kapitel 3.

Objekte anlegen und benennen

Erzeugen wir also zunächst vier Objekte: ein leeres Objekt, das wir `Tracer-00` nennen,[12] zwei Zylinder, die wir `WheelFront` und `WheelBack` nennen, sowie einen Würfel (`Body`). Wenn Sie zum Erzeugen von `WheelFront`, `WheelBack` und `Body` das Kontextmenü verwenden, das mit Rechtsklick 🖱 auf `Tracer-00` erscheint, so werden diese Objekte direkt unter `Tracer-00` gehängt. Genau das wollen wir. Andernfalls ziehen Sie die drei Objekte `Body`, `WheelFront` und `WheelBack` nach dem Erzeugen unter `Tracer-00`. Auf jeden Fall sollten wir am Ende die in Abb. 4.18 gezeigte Hierarchie haben. In der Abbildung ist die Hierarchie unter `Level-01` eingeklappt, da uns die Einzelteile, aus denen die Level-Geometrie besteht, im Augenblick nicht interessieren.

Abb. 4.18
Hierarchie des ersten Tracers

Stellen Sie sicher, dass bei allen vier Objekten `Position` und `Rotation` auf (0, 0, 0) stehen und `Scale` auf (1, 1, 1). Nun können wir durch Doppelklick auf `Tracer-00` in der *Hierarchy View* das gesamte Objekt in den Fokus holen. Im Moment ist das natürlich ein ziemliches Objekt-Durcheinander, wie Abb. 4.19 veranschaulicht.

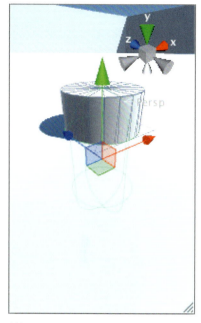

Abb. 4.19
Objekt-Durcheinander

Übersicht verschaffen

Also deaktivieren wir erst mal die `MeshRenderer` der Objekte `WheelBack` und `WheelFront`. Wir verwenden für den gesamten *Tracer* lediglich einen einzigen `BoxCollider`, den wir später als Komponente hinzufügen. Daher können wir auch sämtliche `Collider` der Einzelobjekte löschen.

Dazu klicken wir jeweils auf das *Kontextmenü-Rädchen* rechts oben in der `CapsuleCollider`- bzw. `BoxCollider`-Komponente (also im *Inspector*) und wählen in dem Kontextmenü den Eintrag *Remove Component* (Abb. 4.21).

Abb. 4.20
Das Kontextmenü-Rädchen

Sie können dabei sogar `WheelFront` und `WheelBack` gleichzeitig selektieren. In diesem Fall geht das sowohl mit ⇧+🖱 als auch mit ⌘+🖱 bzw. Strg+🖱, da die Objekte nacheinander stehen. Müssten wir einzelne Objekte mehrfach selektieren, wäre natürlich nur ⌘+🖱 bzw. Strg+🖱 möglich. Auf diese Weise können Sie die beiden `CapsuleCollider`-Komponenten der beiden Objekte in einem einzigen Schritt löschen. Da an `Body` ein `BoxCollider` hängt, also ein anderer Komponententyp, brauchen wir hier in jedem Fall einen separaten Schritt.

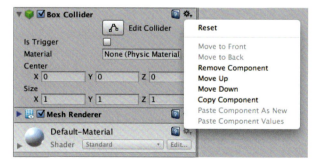

Abb. 4.21
Komponenten entfernen

---

12 Erzeugen mit ⌘-⇧-N bzw. Strg-⇧-N. Umbenennen mit Selektieren und dann ↵ bzw. F2 oder mit einem zweiten, etwas verzögerten Klick auf das selektierte Objekt.

Aber … jetzt sehen wir, wenn unser `Tracer-00` selektiert ist, nur noch unsere Bodenplatte. Das hat zwei Gründe.

Der erste Grund ist, dass der Würfel einen Meter mal einen Meter mal einen Meter groß ist und sein Zentrum genau auf dem Nullpunkt liegt. Und da liegt mit der gleichen Höhe auch die Bodenplatte. Diese verdeckt also den Würfel. Oder der Würfel die Bodenplatte. Oder auch nicht. Oder nur halb. In solchen Fällen, also wenn zwei Flächen im dreidimensionalen Raum exakt aufeinander liegen, tritt *Z-Fighting* auf, also das Phänomen, dass die beiden Flächen flackern oder Teile der einen Fläche durchscheinen und damit Teile der anderen Fläche überdecken.

Davon bekommen wir aber gar nichts mit, weil – und das ist der zweite Grund – ein kleiner weißer Würfel auf einem großen weißen Würfel einfach nur eine große weiße Fläche ist. Das ist natürlich ein sehr ernstes Problem, wenn wir einen Rendering-Bug erzeugt haben, davon aber gar nichts merken.

Wir müssen unseren Tracer also einfärben. In 2D war das ja ganz einfach: Da hat der `SpriteRenderer` ein `color`-Property, über das man die Farbe einstellen kann. Materialien konnte man dort zwar auch einstellen, aber das braucht man dort nur unter besonderen Umständen. In 3D ist das anders: Hier ist die Farbe eine Eigenschaft des Materials, und ohne eigenes Material gibt es keine eigene Farbe.[13] Ausführlich beschäftigen wir uns mit Materialien später, in Abschnitt *6.1, Eigene Materialien erstellen und verwenden*. Im Folgenden erläutere ich nur das Wichtigste, damit Sie sehen, was wir tun.

Material mit anderer Farbe erstellen und dem Tracer zuweisen

Abb. 4.22
Das Material TracerMaterial

Es gibt mehrere Möglichkeiten, Materialien zu erzeugen – wir nehmen einfach das Menü *Assets/Create/Material*. Das neue Material erscheint im *Project Browser* und erwartet von uns, dass wir ihm einen Namen geben. Wir nennen es `TracerMaterial`. Da es selektiert ist, erscheinen auch gleich alle Eigenschaften im *Inspector*. Hier sehen Sie eines der großen neuen Features in Unity 5: den physikbasierten Shader. Aber haben Sie noch etwas Geduld! Mehr dazu lesen Sie in Abschnitt *6.1.6, Physikbasiertes Shading mit den Standard-Shadern*. Wir wollen jetzt nur die Farbe ändern. Das ist die Eigenschaft `Albedo`, gleich oben unter `Main Maps`. Klicken Sie auf das Farbfeld (siehe den orangen Pfeil in Abb. 4.22), und stellen Sie einen hellen Blauton ein (`RGB = (50, 50, 255)`).

Weisen Sie das Material jetzt den Objekten `Body`, `WheelFront` und `WheelBack` zu, indem Sie diese Objekte selektieren und dann das Material `TracerMaterial` aus dem *Project Browser* auf den *Inspector* ziehen. Dabei brauchen

---

13 Außer man gibt dem 3D-Modell Vertex-Colors, was gar nicht so ungewöhnlich ist (so funktioniert das in 2D ja auch), aber den Rahmen meiner Erläuterungen an dieser Stelle deutlich mehr sprengen würde als das Einführen eines farbigen Materials.

Sie im *Inspector* entweder einen leeren Bereich, oder Sie ziehen das Material auf die Eigenschaft `Materials` der Komponente `MeshRenderer`.

Wenn Sie jetzt in der *Scene View* um das Zentrum rotieren, sehen Sie das Problem mit dem Z-Fighting. Abb. 4.23 veranschaulicht das Problem – so wissen Sie, was los ist, wenn Ihnen solche Grafikfehler mal auf Ihren eigenen Reisen begegnen.

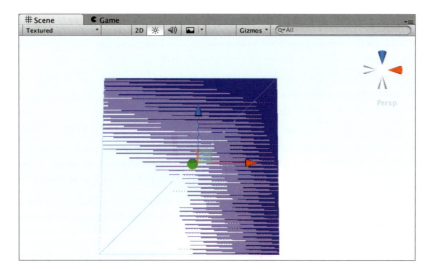

Abb. 4.23
Echtes Z-Fighting: aufeinanderliegende Flächen

> Eine kleine Anekdote zu diesem Screenshot (Abb. 4.23): Wahrscheinlich handelt es sich um den »wertvollsten« Screenshot in diesem ganzen Buch. Dieses Phänomen tritt nämlich nur unter ganz spezifischen Bedingungen auf, und ich habe eine halbe Ewigkeit herumrotiert, bis es endlich halbwegs anschaulich sichtbar wurde. Normalerweise ist die Fläche des Würfels entweder weiß oder blau, was dann ein eher nichtssagender Screenshot gewesen wäre. Auf der Website zum Buch finden Sie diesen Blog-Eintrag verlinkt, wie üblich aus dem Bereich für diesen Abschnitt heraus. Er heißt *Die Jagd auf den perfekten Z-Fighting-Screenshot* und zeigt auch einige weitere Versuche, die es nicht ins Buch geschafft haben.

Link auf unity-buch.de

Z-Fighting kann lästig sein – aber in diesem Fall ist die Lösung ganz einfach: Der Referenzpunkt des `Tracer-00` soll genau »unter« dem Tracer liegen, sodass der Tracer, wenn er auf der Y-Koordinate (also auf der »Höhen-Koordinate«) auf 0 liegt, genau auf der Oberfläche der Bodenplatte steht. Also stimmt die Position einfach nicht – korrigieren wir sie also.

Die Positionierungen korrigieren

Dazu brauchen wir zwei Veränderungen: Zuerst müssen wir den Level so nach unten verschieben, dass die Oberfläche der Bodenplatte genau auf Y = 0 liegt, und zwar wenn `Level-01` auf (0, 0, 0) positioniert ist. Um diese Verschiebung möglichst einfach umzusetzen, verwenden wir einen kleinen Trick.

Selektieren Sie Level-01, und setzen Sie Position = (0, -0.5, 0).[14] Nun ragt die obere Hälfte des Würfels aus der Bodenplatte heraus. Da das Zentrum des Würfels genau auf (0, 0, 0) liegt, wissen wir, dass die Oberfläche der Bodenplatte jetzt auf der Höhe Y = 0 liegt. Die erste Anforderung haben wir also umgesetzt. Aber wie setzen wir die zweite Anforderung um? Wenn wir bei Level-01 wieder Position = (0, 0, 0) setzen würden, hätten wir ja wieder den Ausgangszustand (und da ist Level-01 um 0.5 Einheiten zu hoch).

Die Lösung: Wir nutzen einfach die Tatsache, dass die Positionen von Kindobjekten immer relativ zu den Elternobjekten sind und Objekte auf der höchsten Ebene relativ zum Nullpunkt stehen.

Ziehen Sie BottomPlate, WallNorth, WallEast, WallSouth und WallWest aus Level-01 heraus. Prüfen Sie die Werte auf der Y-Position dieser Objekte. Dabei stellen Sie fest, dass jedes Objekt um 0.5 Einheiten nach unten »verschoben« ist. Tatsächlich hat sich die Position im Raum nicht geändert – aber die Objekte haben jetzt nicht mehr die Bodenplatte als Elternobjekt und müssen daher die Verschiebung um 0.5 Einheiten in ihren eigenen Koordinaten tragen.

Im nächsten Schritt setzen Sie Level-01 wieder auf Position = (0, 0, 0). Dann ziehen Sie BottomPlate, WallNorth, WallEast, WallSouth und WallWest wieder unter Level-01. Jetzt ist sind beide Anforderungen erfüllt: Unser »Referenzwürfel« ragt genau zur Hälfte aus der Bodenplatte hervor, also liegt die Oberfläche der Bodenplatte auf Y = 0. Und Level-01 liegt präzise auf dem Nullpunkt.

> Jetzt ist ein guter Zeitpunkt, um kurz abzuspeichern – drücken Sie ⌘-S bzw. Strg-S.

Nun kommt die zweite Veränderung: Der Würfel soll auf der Bodenplatte stehen. Hier sollten wir keine Veränderung an Tracer-00 vornehmen – denn dieses Objekt liegt schon wie gewünscht auf dem Nullpunkt. Stattdessen setzen wir bei Body Position = (0, 0.5, 0). Unser Tracer soll drei Meter lang sein und einen halben Meter breit – also setzen wir als Nächstes Scale = (0.5, 1, 3).

---

14 Unity verwendet den im angloamerikanischen Raum üblichen Dezimalpunkt (statt das bei uns übliche Dezimalkomma). Angenehmerweise wandelt Unity aber ein versehentlich eingegebenes Dezimalkomma automatisch in den Dezimalpunkt um. So können Sie also -0,5 eingeben, oder -0.5. Beides funktioniert, und am Ende steht da immer -0.5. Ich übernehme die angloamerikanische Schreibweise mit Dezimalpunkt.

Die Räder anpassen

Nun machen wir uns an das Vorderrad: Selektieren Sie WheelFront, schalten Sie den MeshRenderer wieder ein, und setzen Sie Position = (0, 0, 1). Wir haben die Z-Koordinate also auf 1 gesetzt, d. h., das Vorderrad um einen Meter nach vorne verschoben. Aber die Rotation ist natürlich völlig verkehrt. Da wir nicht unbedingt aus dem Kopf wissen, um welche Achse wir den Zylinder jetzt drehen müssen, verwenden wir das grafische Tool: Drücken Sie E, um in den Rotationsmodus zu wechseln. Richten Sie die Perspektive in der *Scene View* so aus, wie in Abb. 4.24 dargestellt.[15]

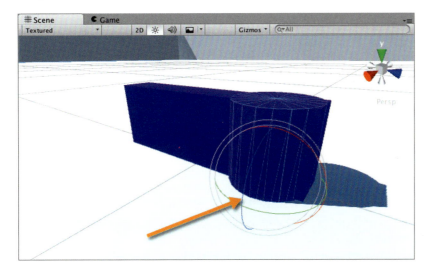

Abb. 4.24
Bereit zur Rotation des Vorderrades

Nun können wir entweder über die blaue Achse manuell rotieren. Wenn Sie während der Rotation die Alt-Taste drücken, nutzt Unity 15°-Sprünge bzw. den unter *Edit/Snap Settings* eingestellten Winkel. Oder wir wissen, dass die blaue Achse die Z-Achse ist (was wir auch an unserem 3D-Kreuz erkennen können, dessen Z-Achse blau eingefärbt ist), und setzen direkt Rotation = (0, 0, 90). Der Zylinder ist noch in der Bodenplatte versunken – also setzen wir Position = (0, 0.5, 1). Langsam bekommt unser Objekt gewisse Ähnlichkeiten mit einem Fahrzeug. Zumindest in der Fantasie des Programmierers. Ein guter Zeitpunkt, um kurz abzuspeichern – drücken Sie ⌘-S bzw. Strg-S.

Unser Tracer soll keine Breitreifen haben – zumindest keine so breiten Reifen! Also ändern wir auch hier die Skalierung: Scale = (1, 0.3, 1). Hier müssen wir ein wenig unser räumliches Vorstellungsvermögen bemühen: Eigentlich ist die Y-Achse ja die »Höhenachse«. Da wir den Zylinder aber um 90° nach links »gekippt« haben, ist die ursprüngliche Höhenachse

---

15 Die Perspektive können wir, wie in Abschnitt 2.2.3 unter *Maus-Navigation* beschrieben, wechseln: Rotieren um das aktuelle Zentrum mit Alt-🖱-Ziehen.

jetzt die Breitenachse. Würden wir Scale = (0.3, 1, 1) setzen, also auf der X-Achse skalieren, so hätten wir ein in der Höhe gestauchtes Vorderrad.[16]

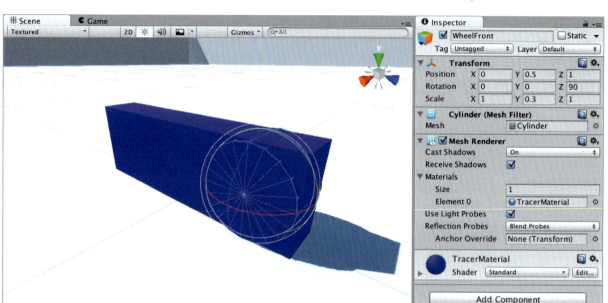

Abb. 4.25
Das Vorderrad ist fertig.

Wundern Sie sich nicht: Unseren Body werden wir später noch in die richtige Form bringen – im Moment dient er uns als Referenzobjekt für die Ausmaße des Tracers.

Also kümmern wir uns um das Hinterrad, das vom Radius her etwas kleiner sein soll als das Vorderrad. Selektieren Sie WheelBack, und vergessen Sie nicht, den MeshRenderer wieder einzuschalten. Die Rotation ist klar – also setzen wir sie zuerst: Rotation = (0, 0, 90). Da das Hinterrad kleiner sein soll (aber immer noch kreisrund), müssen wir auf zwei Achsen skalieren. Da wir normalerweise nicht wissen, welche das sind (außer wird sind echte 3D-Genies), nutzen wir wieder das grafische Tool. Drücken Sie R, um den Skalierungsmodus zu aktivieren. Am Skalierungstool sehen wir, dass es die blaue und rote Achse ist, und über das 3D-Kreuz können wir – ohne es uns gemerkt haben zu müssen – sehen, dass das X und Z sind (siehe auch Abb. 4.26).[17] Also setzen wir Scale = (0.8, 1, 0.8).

---

16 Hier kann man auch erkennen, dass die Reihenfolge der Transformationen von Position, Rotation und Skalierung der Reihenfolge im Property Inspector entspricht: Zuerst wird die Position verändert, dann relativ zur neuen Position rotiert und schließlich relativ zur neuen Position und Rotation skaliert. Durch entsprechendes Parenting von Objekten kann man die einzelnen Transformationen auf verschiedene Objekte verteilen und somit beispielsweise zuerst rotieren und dann relativ zur Rotation die Position verändern. Wir werden das später für unsere fortgeschrittene Kamerasteuerung verwenden.

17 Wir sehen hier auch, dass unser Zylinder gedreht ist und daher die Achsen des Zylinders nicht mehr den ursprünglichen Raumachsen entsprechen – im Raum geht X bei der gewählten Perspektive »nach hinten«, bei unserem Objekt aber »nach oben«.

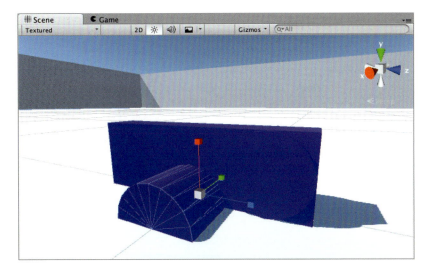

Abb. 4.26
Unsere Skalierungsachsen X und Z

Jetzt können wir das Hinterrad an die gewünschte Position verschieben. Dazu nutzen wir wieder das grafische Tool. Natürlich könnten wir die Position auch berechnen, damit das Hinterrad genau auf der Bodenplatte aufliegt und hinten mit dem Body abschließt. Aber das macht keinen Spaß. Also drücken wir W, um den Positionierungsmodus zu aktivieren. Wir sollten die Perspektive nun so wechseln, dass wir den Tracer von rechts und etwas von hinten sehen, wie in Abb. 4.27 dargestellt. Mit dieser Perspektive ist es dann relativ einfach, das Hinterrad mit dem blauen Pfeil ungefähr an das hintere Ende unseres Referenz-Würfels zu ziehen, und mit dem roten Pfeil ungefähr auf die Oberfläche der Bodenplatte. Alternativ können Sie auch beide Richtungen gleichzeitig anpassen, indem Sie an dem kleinen grünen Quadrat ziehen.

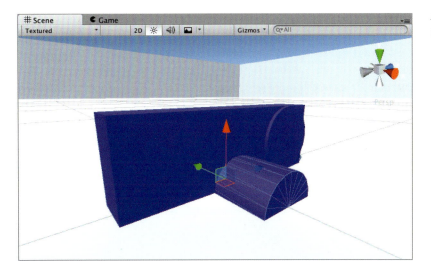

Abb. 4.27
Perspektive zum Positionieren des Hinterrads

Das ist so ungefähr Position = (0, 0.4, -1.1) – und das setzen wir dann auch manuell auf genau diese Werte. Die Vorgehensweise ist hier, wenn wir nicht *Vertex Snapping* mit der Taste [V] verwenden können, immer dieselbe: Zuerst ermitteln wir die ungefähre Position/Rotation/Skalierung mit dem grafischen Tool und setzen dann die Werte über den *Inspector* präzise.

Schließlich brauchen wir für das Hinterrad noch die Reifenbreite: Das Hinterrad machen wir etwas breiter als das Vorderrad, also setzen wir Scale = (0.8, 0.5, 0.8). Das sollte dann in etwa so aussehen wie in Abb. 4.28.

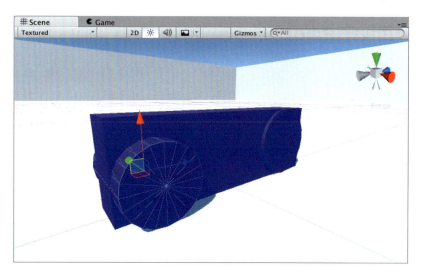

Abb. 4.28
Die Räder sind jetzt am richtigen Platz.

Den Rumpf richten

Nun hat Body seinen Daseinszweck als Referenz-Quader erfüllt, und wir können ihn in Form bringen. Um die Richtung aus jeder Perspektive erkennen zu können, fügen wir durch Rotation um die X-Achse mehr Asymmetrie hinzu. Wir setzen also Rotation = (-8, 0, 0). Im Moment sieht der Body aufgrund seiner Höhe ziemlich plump aus – also reduzieren wir die Skalierung auf der Y-Achse: Scale = (0.5, 0.5, 3). Er soll oben ungefähr mit dem Vorderrad bündig sein, also Position = (0, 0.6, 0). Schließlich soll vorne nichts überstehen – also Scale = (0.5, 0.5, 2.1). Das Ergebnis zeigt Abb. 4.29.

Einen Design-Preis gewinnen wir mit dem Gefährt gewiss nicht. Aber für unseren Prototyp erfüllt es seinen Zweck. Fast. Es fehlt noch der versprochene BoxCollider.

> Trotzdem ist auch jetzt ein guter Zeitpunkt, um zu speichern: Drücken Sie ⌘-[S] bzw. [Strg]-[S].

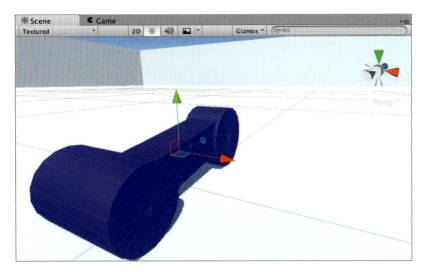

Abb. 4.29
Prototyp-Tracer: Schönheit liegt im Auge des Betrachters.

One Box Collider to rule them all

Den Box Collider fügen wir direkt unserem Wurzelobjekt Tracer-00 hinzu. Dazu selektieren wir Tracer-00 und wählen im Menü *Component/Physics/Box Collider*. Der Collider muss nur so ungefähr das Fahrzeug abbilden. Am wichtigsten ist die Länge und Breite sowie der Umstand, dass er auf jeden Fall über dem Boden »schwebt«. Dazu setzen wir in der BoxCollider-Komponente von Tracer-00 Center = (0, 0.5, 0) und Size = (0.7, 0.7, 2.8). Von oben können wir recht gut prüfen, dass unser Box Collider wirklich zu unserem Tracer passt. Den vollständigen Tracer zeigt Abb. 4.30.

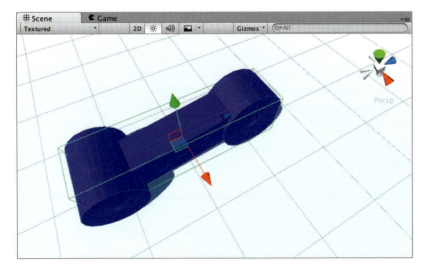

Abb. 4.30
Ein vollständiger Prototyp-Tracer

Download von unity-buch.de

> Das Projekt, wie es nach diesem Abschnitt aussehen sollte, finden Sie auf der Website zum Buch. Das ist jetzt die Datei `Traces_Prototype_020.zip`.

Screencast auf unity-buch.de

> Falls Sie lieber auf visuelle Weise diesen Anweisungen folgen wollen, sehen Sie sich den Screencast *Unity Basics: Ein einfaches Fahrzeug bauen* an.

4.4 Bewegen und steuern – Scripting in Unity

Um unserem *Tracer* Leben einzuhauchen, brauchen wir ein Script – also letztlich eine *Klasse*, die wir als *Komponente* an das GameObject Tracer-00 hängen können. Diese soll dafür sorgen, dass unser Fahrzeug sich immer geradeaus in eine Richtung bewegt, bis wir mit den Cursortasten ← bzw. → nach links bzw. rechts drehen, und zwar um genau 90°. Die Bewegung an sich lassen wir einen am Tracer-00-Elternobjekt angehängten Rigidbody umsetzen. Wir verwenden also die in Unity integrierte Physik-Engine zum Bewegen des Fahrzeugs.[18]

> Die **Rigidbody**-Komponente dient dazu, ein *GameObject* von der in Unity integrierten Physik-Engine steuern zu lassen. Dazu bietet die Komponente einige Eigenschaften, wie Masse, Luftwiderstand (Drag) und Einfluss der Gravitation. Außerdem können per Script Werte wie Geschwindigkeit und Rotation gesteuert werden. Die Rigidbody-Komponente spielt auch eine wesentliche Rolle in der Kollisionserkennung, da Kollisionen nur zwischen Objekten erkannt werden, von denen mindestens eines auch über eine Rigidbody-Komponente verfügt. (Natürlich muss dieses Objekt selbst oder eines seiner Kinder zusätzlich auch über einen Collider verfügen.) Dabei werden die entsprechenden Nachrichten, wie beispielsweise `OnCollisionEnter(Collision)` und `OnTriggerEnter(Collider)` sowohl dem Objekt mit Rigidbody (und Collider) als auch dem Objekt nur mit Collider geschickt. Ob Sie diese Ereignisse also in Scripts am Objekt mit dem Rigidbody oder dem anderen Objekt behandeln, liegt ganz bei Ihnen.

Die Physik-Engine aktivieren: eine Rigidbody-Komponente hinzufügen

Zuerst fügen wir dem Objekt Tracer-00 über das Menü *Component/Physics/Rigidbody* die Rigidbody-Komponente hinzu. Dazu muss Tracer-00 natürlich selektiert sein. Wenn wir den Namen der Komponente, die wir hin-

---

18 Die Originalversion von Traces of Illumination verwendet hier den gleichen Ansatz wie unsere Snake-Variante: Dort wird das Fahrzeug über eine selbst implementierte Update-Methode bewegt. Im Kontext dieses Buches ist es mir aber wichtig, beide Möglichkeiten zu zeigen. Vor allem für ein netzwerkbasiertes Multiplayer-Spiel ist die Variante über die Update-Methode einfacher, weil sie mehr Kontrolle bietet. Praktischerweise brauchen wir dieses Maß an Kontrolle hier nicht.

zufügen wollen, bereits kennen (oder so ungefähr kennen), ist jedoch die Verwendung des Add Component-Buttons im *Inspector* meistens schneller. Probieren Sie ruhig beides aus, um sich mit diesen Möglichkeiten vertraut zu machen. Sie können dazu beispielsweise auch nur body in das Suchfeld eingeben oder auch hier über den Navigationspunkt *Physics* alle Komponenten aus dem Bereich der Physik-Engine zur Auswahl anzeigen lassen (siehe Abb. 4.31).

Wir möchten keine Gravitation, schalten also *Use Gravity* ab. Durch das Aktivieren aller Achsen unter Constraints / Freeze Rotation stellen wir sicher, dass unser Tracer nicht aufgrund der Physik anfängt, sich wild zu drehen. Ähnlich gehen wir bei Freeze Position vor: Hier müssen wir jedoch lediglich die Y-Achse aktivieren, da unser Tracer sich ja auf der X- und Z-Achse bewegen soll und diese Werte für das globale Koordinatensystem gelten, nicht für das lokale. (Sonst würden wir auch X deaktivieren, weil wir uns lokal betrachtet ja immer nur auf Z vorwärtsbewegen.)

Abb. 4.31
Physics bei Add Component

Unser erstes eigenes Script: TracerController

Für alle Scripts legen wir im *Project Browser* ein eigenes Verzeichnis Scripts an. Das geht entweder mit dem Button Create und der Auswahl des Punktes *Folder*, über das Kontextmenü (rechte Maustaste drücken und dann *Create/Folder* auswählen) oder auch über das Menü *Assets/Create/Folder*. Auf die gleiche Weise legen wir nun unser erstes eigenes C#-Script[19] an (*Create/C# Script*). Das Script nennen wir TracerController.

Ein Doppelklick auf das Script öffnet den Code-Editor. Die Voreinstellung ist MonoDevelop. Falls Sie bereits Visual Studio verwenden, ist das genauso gut … oder besser. Doch dazu sage ich im nächsten Kapitel mehr. Sobald das Script in der Entwicklungsumgebung geöffnet ist, müssen wir möglicherweise auch den Klassennamen in TracerController ändern. Unity fordert, dass bei Scripts der Klassenname dem Dateinamen entspricht. Den Dateinamen hatten wir ja bereits im *Project Browser* geändert. Normalerweise passt Unity den Klassennamen automatisch an – zumindest, wenn wir sofort einen Namen vergeben. Ist das bei Ihnen nicht der Fall, müssen Sie in der Zeile mit der Klassendeklaration NewBehaviourScript in TracerController ändern. Das sollte dann am Ende bei Ihnen so aussehen, wie in Listing 4.1, wobei die zu ändernde Zeile hier zur Veranschaulichung fett markiert ist. Beachten Sie, dass ich die Kommentare gelöscht habe, da wir die nicht brauchen – die genaue Bedeutung der beiden Methoden Start() und Update() wird gleich erklärt.

Fortgeschrittene Leser können gern nur kurz die Codebeispiele überfliegen und den ausführlicheren Text dazu nur bei Bedarf konsultieren; sie werden dabei aber vielleicht das eine oder andere Unity-spezifische Detail

---

[19] Warum wir in diesem Buch C# verwenden, können Sie in Abschnitt *5.1, Regeln: Spielmechanik und Programmierung*, ab Seite 114 lesen.

verpassen. Programmieranfängern und C#-Neulingen empfehle ich, diese Beschreibungen und auch die Codebeispiele an sich sehr genau zu studieren und mit dem einfachen Beispiel ausführlich zu experimentieren, da ich in den folgenden Kapiteln entsprechende Kenntnisse voraussetze.

Listing 4.1
Die Klasse TracerController – unser erstes Unity-Script

```
using UnityEngine;
using System.Collections;

public class TracerController : MonoBehaviour {

    void Start() {

    }

    void Update() {

    }
}
```

In diesem Script-Skelett gibt es bereits einige interessante Dinge zu verstehen – und dass diese Dinge in C# auch explizit im Code stehen, ist einer der Gründe, warum wir in diesem Buch C# als Implementierungssprache verwenden.

Die using-Anweisungen hatten Sie ja bereits in Abschnitt 2.3.6, *Parallax Scrolling hinzufügen,* kennengelernt. Hier eine vertiefende Wiederholung: Mit ihnen wird dem Compiler mitgeteilt, dass wir die beiden Namespaces UnityEngine und System.Collections verwenden. Wer Mono oder .NET (oder auch Java oder andere objektorientierte Plattformen) kennt, kennt sicher auch System.Collections[20] – wundert sich aber vielleicht, warum die hier automatisch importiert werden. Der Grund ist, dass Unity zur Umsetzung von *Coroutines* Iteratoren verwendet, wie sie auch häufig implizit beim Iterieren durch foreach-Schleifen zum Einsatz kommen[21].

Link auf unity-buch.de

Der Namespace UnityEngine enthält – wie der Name schon sagt – alle Klassen der Unity Engine.[22] Dokumentiert sind sie in der Scripting-Referenz von Unity im Bereich UnityEngine. Diese können Sie jederzeit über das Menü *Help/Scripting Reference* aufrufen. Ich würde Ihnen empfehlen, sich die Dokumentation von Unity-Klassen jeweils anzusehen, wenn ich sie hier

---

20 Für alle anderen: Bei Collections handelt es sich um Klassen zum Speichern von Sammlungen von Objekten, beispielsweise Listen, Mengen und Schlüssel-Wert-Mengen (Dictionaries, meistens als Hashtables implementiert).
21 Siehe auch Abschnitt 6.2.3, *Coroutines für zeitgesteuerte Ereignisse verwenden,* ab Seite 194.
22 Mit »alle« meine ich »fast alle«. Leider scheinen die Unity-Entwickler von einer für APIs üblichen Aufteilung in überschaubare Namespaces zumindest früher nicht viel gehalten zu haben und haben daher alle Runtime-Klassen in einen einzigen Namespace gepackt und alle Editor-Klassen in einen einzigen anderen Namespace (UnityEditor). Das macht die API-Referenz nicht gerade übersichtlicher, aber irgendwann gewöhnt man sich daran. Immerhin: Die in Unity 3.5 hinzugefügten Social-Klassen haben ihren eigenen Namespace UnityEngine.SocialPlatforms, und ein Großteil des UI-Systems, das in Unity 4.6 eingeführt wurde, lebt in UnityEngine.UI, d. h., es besteht Hoffnung, dass die Unity API in Zukunft etwas besser strukturiert wird. Im Moment (Stand: Unity 5.0) ist es aber Chaos.

im Buch einführe, da die Dokumentation oft zusätzliche Informationen und Beispiele enthält, die hier den Rahmen sprengen würden. Da die Struktur über Namespaces in Unity derzeit noch etwas chaotisch ist, geht das am schnellsten über die Suche oder über die Website zum Buch: Dort sind die jeweils relevanten Klassen direkt vom Bereich für den jeweiligen Abschnitt (hier beispielsweise *4.4, Bewegen und steuern – Scripting in Unity*) aus verlinkt.

Eine der Klassen aus der Scripting API ist `MonoBehaviour`, von der jedes Script erbt, das wir für Unity schreiben. `MonoBehavior` erbt von `Behaviour`, das wiederum von `Component` erbt – und so haben wir jetzt über die Vererbungshierarchie der Klassen herausgefunden, was Scripts in Unity eigentlich sind.

> Ein **Script** ist eine selbst geschriebene *Komponente*, die man wie jede andere *Komponente* an `GameObjects` in der Szene hängen kann und die für das *GameObject* ein bestimmtes Verhalten definiert.

Den TracerController an Tracer-00 hängen

Jetzt, wo Sie das wissen, können wir guten Gewissens das Script aus dem *Project Browser* in die *Hierarchy View* ziehen, und zwar auf das *GameObject* `Tracer-00`. In diesem Objekt sollte das neue Script jetzt unter der `Rigidbody`-Komponente erscheinen, wie in Abb. 4.32 dargestellt. Sie können Scripts auch vom *Project Browser* aus direkt in den *Inspector* ziehen oder den Button `Add Component` verwenden – dort finden Sie alle eigenen Scripts im Bereich *Scripts*. Mit diesem Button können Sie übrigens auch direkt ein neues Script erzeugen, das Sie dem Objekt dann auch gleich hinzufügen (*New Script*).

Wenn wir das Spiel jetzt durch einen Klick auf `Play` starten, passiert erst mal nichts. Das ist allerdings auch kein Wunder, weil unser Script ja noch nichts tut und der `Rigidbody` ohne Gravitation – die wir ja abgeschaltet hatten – ebenfalls nichts zu tun hat.

Abb. 4.32
Tracer-00 mit TracerController

TracerController an Rigidbody! TracerController an Rigidbody!

Teilen wir dem Rigidbody also mit, was er zu tun hat, indem wir das Script um die in Listing 4.2 fett gedruckten Zeilen erweitern.

```
using UnityEngine;
using System.Collections;

public class TracerController : MonoBehaviour {

    public float baseVelocity = 5F;
    private Rigidbody myRigidbody = null;
```

Listing 4.2
TracerController setzt den Tracer in Bewegung.

```
void Start() {
    myRigidbody = GetComponent<Rigidbody>();
    myRigidbody.velocity = transform.forward * baseVelocity;
}

void Update() {

}
}
```

Wichtige Änderung in Unity 5

Falls Sie Unity bereits aus einer Version vor Unity 5 kennen, fragen Sie sich wahrscheinlich, warum wir `GetComponent<Rigidbody>()` verwenden, anstatt einfach auf die Variable `rigidbody` zuzugreifen. Das liegt daran, dass fast alle dieser Pseudovariablen in Unity 5 entfernt wurden. Zunächst hat es sich nie wirklich um Variablen gehandelt, sondern um Properties, die im Hintergrund nativen Code verwendeten und daher relativ langsam waren – was man natürlich beim einfachen Zugriff auf eine Variable niemals erwarten würde. Durch den Zugriff auf die Methode `GetComponent()` ist dieses Verhalten für den Programmierer deutlich offensichtlicher.

Der tatsächliche Grund, warum diese Properties in Unity 5 entfernt wurden, ist aber, dass man die API der Engine insgesamt einfacher und modularer gestalten wollte. Dadurch, dass diese Zugriffs-Properties nicht mehr als Properties direkt in der API vorhanden sind, reduzieren sich die Abhängigkeiten, und es ist beispielsweise in Spielen, die komplett auf Physik verzichten, möglich, die entsprechenden Komponenten komplett aus dem Build zu nehmen. Das geht natürlich nicht, wenn es Properties gibt, die die entsprechenden Typen brauchen.

Öffentliche Variablen als Properties im Editor

Abb. 4.33
Base Velocity im Property Inspector

Sobald wir nach dem Abspeichern der Codeänderungen wieder zu Unity zurück wechseln, fällt auf, dass im *Inspector* die öffentliche Variable *Base Velocity* erscheint, wie in Abb. 4.33 abgebildet. Wenn Sie die Klasse im Editor (Visual Studio oder MonoDevelop) abgespeichert haben und wieder zu Unity wechseln, dauert es eventuell einen Moment, da Unity die Klasse erst kompiliert.

Das ist ein ziemlich geniales Feature von Unity, da Sie auf diese Art und Weise sehr einfach bestimmte Parameter Ihrer selbst entwickelten Komponenten über den Unity Editor für jedes Objekt individuell konfigurieren können. Ob das nun die Geschwindigkeit eines Fahrzeugs ist oder die Lebenspunkte eines Charakters oder auch die Anzahl von Punkten, die man beim Einsammeln eines Objektes erhält: Machen Sie daraus öffentliche Variablen, die Sie im *Inspector* einstellen können. Und sollen alle Objekte einer Klasse[23] (beispielsweise alle grünen Äpfel) den gleichen Wert haben, verwenden Sie dazu einfach *Prefabs*. Mehr über *Prefabs* finden Sie in Abschnitt 6.2.2, *Implementierung von Lösung B: Skalierung*, ab Seite 186.

Fehler über die Konsole finden

Falls die neue Eigenschaft auch nach einem Moment des Wartens nicht so erscheinen sollte, wie in Abb. 4.33 gezeigt, hat sich höchstwahrscheinlich ein Fehler in Ihren Code eingeschlichen. Öffnen Sie in diesem Fall am besten die Konsole über das Menü *Window/Console*, und prüfen Sie dort die Einträge. Falls Sie beim Abtippen einen Fehler gemacht haben, müsste dort ein roter Eintrag mit entsprechender Beschreibung erscheinen. Diese Einträge können Sie auch doppelt anklicken, um an die entsprechende Stelle im Code zu springen.

Selbst wenn bei Ihnen im Moment alles bestens funktioniert, würde ich Ihnen empfehlen, bewusst einen oder mehrere Fehler in das Script einzubauen, um sich mit diesem Hilfsmittel ein wenig vertraut zu machen.

Typische Fehler sind vergessene Semikolons am Ende der Zeile, fehlende öffnende oder schließende Klammern oder auch Tippfehler bei den Namen (z. B. `rigidbody` oder `RigidBody` statt `Rigidbody`). Normalerweise werden solche Fehler direkt von der Entwicklungsumgebung angezeigt, z. B. durch rote Unterringelung.[24] Durch die Verwendung von *Autocomplete* bzw. *Intellisense* lassen sich auch die meisten Tippfehler verhindern. Es macht also Sinn, beim Tippen von Namen wie `transform` oder `rigidbody` jeweils einen Moment zu warten und in die dann von der Entwicklungsumgebung angebotene Liste zu schauen. Haben Sie die richtige Wahl getroffen, erledigt die Entwicklungsumgebung die Tipparbeit – Sie brauchen nur noch die ⇆-Taste zu drücken.

> Falls Sie mal bei einem Script gar nicht weiterkommen sollten, zögern Sie nicht, Ihr Script so, wie es ist, und ggf. die komplette Fehlermeldung in eine entsprechende Frage mit dem Tag C# zu kopieren und sie im Fragen-Forum auf der Website zum Buch zu präsentieren.

Fragen-Forum auf unity-buch.de

Am Ende sollten Sie auf jeden Fall im *Inspector* die neue Eigenschaft *Base Velocity* sehen. Hier können wir nun statt dem Wert 5 auch beliebige andere Fließkommazahlen eintragen und so einfach über den Editor das Verhalten unseres Tracers für maximalen Spielspaß optimieren. Derzeit haben Ände-

---

23 In diesem Zusammenhang meine ich nicht »Klasse« im technischen Sinne der objektorientierten Programmierung, sondern die abstraktere Bedeutung, also mehrere Objekte, die aufgrund gleicher Eigenschaften zu einer Klasse zusammengefasst sind.
24 Wobei MonoDevelop bei einem vergessenen Semikolon die nächste Zeile unterringelt, was eher verwirrend sein kann, während Visual Studio die Unterringelung dort macht, wo etwas vergessen wurde: am Ende der Zeile.

rungen hier natürlich nur eine Auswirkung, wenn wir sie vor dem Spielstart durchführen.

Öffentliche Variablen im Property Inspector

> Öffentliche Variablen in Scripts werden im Editor als Properties (Eigenschaften) dargestellt und können über den Editor geändert werden. Der Standardwert ist der im Script angegebene Wert. Dieser kann jederzeit mit *Reset* wiederhergestellt werden. Geänderte Werte werden mit der Szene gespeichert bzw. im Projekt, wenn es sich um Prefabs handelt. Wichtig ist, dass der Typ der Variable serialisierbar ist und auch von Unity unterstützt wird. Bei `string`, `float`, `int` und sämtlichen Unity-Komponenten bzw. eigenen Scripts, die von `MonoBehaviour` erben, klappt das immer. Auch Arrays und generische Listen (z. B. `List<float>`) werden unterstützt, nicht aber beispielsweise Dictionary<TKey,TValue>.[25]

Den bisherigen Programmcode verstehen

Wenn wir das Spiel starten, bewegt sich der *Tracer* geradeaus auf die Wand zu – bis er an die Wand stößt und abrupt zum Stehen kommt. Das ist schon ein guter Anfang, und der Code sollte bisher relativ leicht verständlich sein:

Die Methode `Start()` wird von Unity aufgerufen, wenn das Spiel startet.[26] Zunächst holen wir uns die Komponente `Rigidbody`, die am gleichen `GameObject` hängt wie unser Script,[27] in unsere Variable `myRigidbody`. Diese hat ein Property[28] `velocity`, das die aktuelle Geschwindigkeit enthält. Sie ist als `Vector3` repräsentiert, d. h. als Vektor, der aus den drei Komponenten für X, Y und Z besteht. Dieses Property setzen wir jetzt auf einen neuen Wert, und zwar auf `transform.forward * baseVelocity`. Dabei ist baseVelocity unsere vorher deklarierte öffentliche Variable, die – sofern wir das nicht im Editor geändert haben – den Wert 5 hat. Dabei dient das Postfix F dazu, den

---

25 Diese Einschränkung wird hoffentlich in einer der folgenden Versionen von Unity aufgehoben. Leider ist das technisch aber nicht so einfach, daher kann das noch dauern oder passiert vielleicht auch nie. Sie müssen sich hier mit Tricks behelfen, wenn Sie das brauchen.

26 Um genau zu sein, wird die Methode `Start()` von Unity aufgerufen, nachdem das GameObject, an dem das Script hängt, zuerst instanziiert wurde und dann bei allen Komponenten des GameObjects zuerst `Awake()` aufgerufen wurde. Beim Starten des Spiels oder auch beim Laden von Szenen gilt dies für alle Objekte, d. h., `Start()` wird erst aufgerufen, nachdem bei allen Objekten `Awake()` aufgerufen worden ist und bevor bei dem ersten Objekt `Update()` aufgerufen wird.

27 Falls an unserem Objekt gar kein Rigidbody hängt, liefert `GetComponent()` dann auch null zurück – aber den Fall schließen wir später in diesem Kapitel noch aus.

28 Leider folgt Unity hier nicht der in C# üblichen Konvention, dass Properties in Pascal-Case geschrieben werden (also mit Großbuchstaben am Anfang) und Membervariablen in camelCase (also mit einem kleinen Buchstaben am Anfang). Tatsächlich ist auch transform ein Property sowie praktisch alle in der Dokumentation als »Variables« bezeichneten … nun ja … Properties. Besonders unangenehm fällt das auf, wenn man z. B. über `transform.position.x` die X-Komponente des Vector3-Structs zu überschreiben versucht, was nicht geht. Aber dazu erkläre ich später im Haupttext mehr.

Wert als `float` zu kennzeichnen. Bei ganzzahligen Werten wäre das nicht unbedingt notwendig; bei Zahlen mit Nachkommastellen ist es aber notwendig, um klarzustellen, dass es sich nicht um einen `double`-Wert handelt. Unity verwendet `float` statt `double` aus Gründen der höheren Effizienz und weil das in Realtime-3D so üblich ist (bis auf die Ebene der Hardware von Grafikkarten).

Der interessantere Teil dieses Produkts ist allerdings `transform.forward`. Hier greifen wir – wie anhand des Namens leicht zu erkennen – auf die `Transform`-Komponente des Objekts zurück, an dem das Script hängt, also auf die `Transform`-Komponente von `Tracer-00`. Und `forward` ist wie zu erwarten der Vektor, der »nach vorne« zeigt. Solange unser `Tracer-00` nicht rotiert wurde, ist das die Z-Achse. Wenn wir das Objekt rotieren, zeigt `transform.forward` immer noch bezogen auf das Objekt selbst »nach vorne«. Welche Richtung das nun bezogen auf die Welt ist, hängt von der Rotation des Objekts ab.

Eine einfache Tastatur-Steuerung implementieren

Das eben erwähnte Problem wird schnell anschaulich, wenn wir die Steuerung des Tracers implementieren, indem wir die Update-Methode wie in Listing 4.3 angegeben erweitern.

```
void Update() {
    float rotation = 0F;

    if (Input.GetKeyDown(KeyCode.LeftArrow)) {
      rotation = -90F;
    } else if (Input.GetKeyDown(KeyCode.RightArrow)) {
      rotation = 90F;
    }

    if (rotation != 0F) {
      transform.Rotate(0F, rotation, 0F);
      myRigidbody.velocity = transform.forward * baseVelocity;
    }
}
```

Listing 4.3
Steuerung für den Tracer.

Wenn wir jetzt das Spiel starten, können wir mit den Cursortasten links ← und rechts → unseren Tracer steuern. Wie genau funktioniert das?

Die Methode `Update()` wird von Unity einmal pro *Frame* aufgerufen, also jedes Mal, bevor Unity ein Bild berechnet und dann dem Spieler anzeigt. Der wesentliche Teil des Verhaltens von `GameObjects` wird häufig in der `Update()`-Methode implementiert. Daher schreibt Unity diese Methode neben der Initialisierungsmethode `Start()` gleich automatisch beim Anlegen in die Script-Klasse.

Es wird also jeweils, bevor das nächste Bild dargestellt wird, zunächst eine lokale Variable `rotation` vom Typ `float` deklariert und auf den Wert 0 gesetzt. Als Nächstes wird über die statische Methode `GetKeyDown(...)` der Unity-Klasse `Input` geprüft, ob entweder ⬅ oder ➡ gedrückt wurde, und `rotation` wird auf 90° nach links (-90F) bzw. 90° nach rechts (90F) gesetzt. Wir könnten alternativ auch `GetKeyUp(...)` verwenden; damit würden wir statt auf das Drücken der Taste auf das Loslassen der Taste reagieren. Es ist naheliegend, dass für unseren Anwendungsfall `GetKeyDown(...)` die bessere Wahl ist, da wir so schnell wie möglich auf die Spieler-Eingabe reagieren wollen. Es gibt noch eine dritte Möglichkeit: `GetKey(...)` würde in jedem Frame `true` liefern, in dem der Spieler die Taste gedrückt hält. Das wäre z. B. dann nützlich, wenn der Spieler durch das Drücken einer Taste kontinuierlich immer weiter beschleunigen soll.

Bei `KeyCode` handelt es sich um eine *Enumeration* aus der Unity API, die alle Tastaturcodes enthält, die Unity kennt. Wir könnten alternativ statt der Enumeration auch textuelle Beschreibungen der Tasten geben, also Strings, z. B. `Input.GetKeyDown("left")` und `Input.GetKeyDown("right")`. Der Nachteil dieser Vorgehensweise ist, dass man wissen muss, dass die Cursortaste links eben »left« heißt[29] – und man sich damit täuschen oder vertippen kann, was dann zu einer äußerst lästigen Fehlersuche führt.

Im nächsten Block wird schließlich geprüft, ob sich der Wert von `rotation` geändert hat, was nur dann der Fall ist, wenn im aktuellen Frame[30] entweder ⬅ oder ➡ gedrückt und daher der Code im entsprechenden `if (Bedingung) { ... }`-Block ausgeführt wurde. In diesem Fall rotieren wir unser Fahrzeug um die Y-Achse, und zwar um den in `rotation` gespeicherten Wert.

Die nächste Zeile setzt die Geschwindigkeit wieder auf den Vorwärtsvektor unserer `Transform`-Komponente, also mit der neuen Richtung. Wenn Sie diese Zeile testweise auskommentieren, sehen Sie schnell, warum das notwendig ist: Die Physik-Engine, die über den `Rigidbody` unsere Bewegung steuert, geht natürlich von der in unserer Welt realistischen Trägheit aus. Das heißt, wenn sich ein Objekt mal in eine Richtung bewegt, kann man es beliebig drehen; die Bewegungsrichtung oder -geschwindigkeit wird sich aber nur durch Einsatz von Kräften ändern. Unser Spiel spielt aber in einer Welt ohne Trägheit, Gravitation oder Reibung. Daher überschreiben wir die Geschwindigkeit mit dem Wert, der nach der Rotation in unserer Spielwelt der »korrekte« Wert ist.

---

29 Falls Sie jetzt denken, »Aber ich muss doch auch wissen, dass es `KeyCode.LeftArrow` heißt«, dann haben Sie möglicherweise noch nicht mit einer Entwicklungsumgebung mit *Autocompletion* bzw. *IntelliSense* gearbeitet. Dazu folgt mehr im nächsten Kapitel. Was man natürlich auch in dem Fall noch wissen muss, ist, dass die KeyCodes in der Enumeration KeyCode stehen – aber das wissen Sie ja jetzt! ;-)

30 Etwas präziser wäre: Wenn in der Zeit vom letzten Aufruf von `Update()` bis zu diesem Aufruf von `Update()` die jeweilige Taste nach unten gedrückt wurde.

Das würde man in Spielen mit einer natürlichen Physik normalerweise nicht machen! Hier kommen eher Methoden wie beispielsweise `Rigidbody.AddForce()` zum Einsatz. Die entsprechende API-Dokumentation ist wie üblich von der Website zum Buch aus verlinkt. Das Setzen von `Rigidbody.velocity` wird normalerweise allenfalls verwendet, wenn man einen Charakter springen lassen möchte.

Link auf unity-buch.de

Finetuning beim laufenden Spiel im Unity Editor

Wir können jetzt, während wir in Unity spielen, über den *Inspector* den Wert von `Base Velocity` in unserer `TracerController`-Komponente ändern, die am GameObject `Tracer-00` hängt. Einen Effekt hat das allerdings immer erst dann, wenn wir eine Drehung nach links oder rechts machen. Beachten Sie dabei auch, dass Sie, um das Spiel zu steuern, zuerst durch einen Klick in den Game View diesem wieder den Fokus geben müssen.

Durch eine kleine Änderung in unserer `Update()`-Methode können Sie jetzt auch dafür sorgen, dass die Geschwindigkeitsänderungen im Editor eine sofortige Auswirkung haben, also nicht erst, wenn man das nächste Mal eine Drehung macht. Versuchen Sie das am besten jetzt gleich selbstständig!

Übung macht den Meister

Denken Sie aber daran: Normalerweise setzt man nicht einfach bei jedem Frame die `velocity` eines `Rigidbody`. Aber die meisten Regeln dürfen unter bestimmten Umständen auch mal gebrochen werden.

Änderungen im Playmode gehen verloren!

Wenn Sie das Spiel starten, den Wert von `Base Velocity` ändern und das Spiel wieder stoppen, fällt Ihnen wahrscheinlich auf, dass Ihre Änderung verloren geht. Ebenso ist unser Tracer automatisch wieder an der Stelle, an der er sich vor dem Spielstart befand. Dieses Verhalten ist einerseits sinnvoll und logisch: Wir wollen schließlich nicht, dass unsere schön designte Szene durch einen Spieltest verändert wird. Andererseits passiert es aber den meisten Unity-Benutzern (einschließlich mir) gelegentlich, dass wir uns im Spiel völlig vergessen (oder vergessen, dass wir gerade spielen), eine perfekte Einstellung finden, dann den Playmode verlassen – und damit die perfekte Einstellung verlieren.

Das kann sehr ärgerlich sein!

Im *Asset Store* gibt es Lösungen, die es ermöglichen, die Änderungen aus dem Playmode zu speichern.[31] Eine einfache Möglichkeit ist, einen Screenshot mit den geänderten Werten zu erstellen und diese dann manuell zu übertragen.

---

31 Zum Beispiel *PlayModePersist* von AlmostLogical Software

Pro-Tipp

> Der entscheidende Punkt ist aber, nicht zu vergessen, dass man gerade im *Playmode* ist. Und dafür gibt es eine Einstellung unter *Unity/Preferences* (am Mac) bzw. *Edit/Preferences* (unter Windows): *Playmode tint*. Damit können Sie bestimmen, wie der Editor während des Spielens eingefärbt wird. Wenn Sie hier eine grelle Farbe nehmen, wie z. B. den Rot-Ton in Abb. 4.34, ist es sehr unwahrscheinlich, dass Sie übersehen, dass der Editor noch im Playmode ist.

Abb. 4.34
Playmode tint einstellen

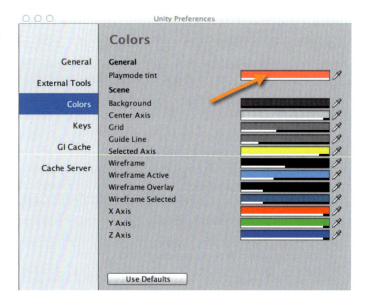

Fehler im Editor vermeiden

Unser Script `TracerController` können wir jetzt wie jede andere Komponente auch an jedes beliebige `GameObject` hängen. Wir erwarten aber, dass das `GameObject`, an dem unser `TracerController` hängt, auch eine `Transform`-Komponente sowie eine `Rigidbody`-Komponente hat. Bei der `Transform`-Komponente wissen wir, dass jedes `GameObject` über eine solche verfügt. Hier sind also keine Probleme zu erwarten. Was aber passiert, wenn es keine `Rigidbody`-Komponente gibt?

Probieren Sie es aus – hängen Sie den `TracerController` beispielsweise an unser Level-Elternobjekt `Level-01`, und starten Sie das Spiel. In der Statuszeile erscheint jetzt folgende Fehlermeldung in Rot:

```
MissingComponentException: There is no 'Rigidbody' attached to
the "Level-01" game object, but a script is trying to access it.
You probably need to add a Rigidbody to the game object
"Level-01". Or your script needs to check if the component is
attached before using it.
```

Was diese Fehlermeldung vor allem zeigt: Unity sagt uns (meistens) ziemlich genau, was wir tun müssen, um einen Fehler zu korrigieren. Unser `Level-01`-GameObject hat also keinen `Rigidbody`, wir versuchen aber, darauf zuzugreifen. Wahrscheinlich müssen wir also entweder die `Rigidbody`-Komponente hinzufügen oder im Script prüfen, ob die Komponente an dem Objekt hängt.

Eine solche Prüfung wäre einfach umzusetzen, wie Listing 4.4 beispielhaft zeigt:

```
if (myRigidbody != null) {
    myRigidbody.velocity = transform.forward * baseVelocity;
}
```

Listing 4.4
Test, ob Rigidbody zugewiesen ist

Es gibt aber noch eine weitere Möglichkeit, auf die uns diese Fehlermeldung nur indirekt hinweist: das Attribut[32] `RequireComponent`. Damit können wir Unity mitteilen, dass unser Script unbedingt eine Komponente eines bestimmten Typs benötigt. Falls die Komponente an dem GameObject fehlt, fügt Unity sie automatisch beim Zuweisen des Scripts der Komponte hinzu. Es handelt sich um ein Attribut für Klassen, wir müssen es also vor die Klassendeklaration stellen. Das würde dann für unser Script so aussehen wie in Listing 4.5.

```
using UnityEngine;
using System.Collections;

[RequireComponent(typeof(Rigidbody))]
public class TracerController : MonoBehaviour {
```

Listing 4.5
Beispiel für RequireComponent

Mit `typeof(Klassenname)` kann man in C# direkt über den Klassennamen auf Typen zugreifen.

Wenn wir nun den `TracerController` testweise unserem Level-Objekt `Level-01` hinzufügen, wird automatisch auch zusätzlich ein `Rigidbody` an das GameObject gehängt. Wenn wir dann allerdings das Spiel starten, sehen wir, dass das wohl keine so gute Idee war: Der `Rigidbody` nutzt standardmäßig Erdanziehungskraft – und somit stürzt unser Level gleich zu Spielbeginn ins Bodenlose. Wissen Sie noch, wie man Komponenten von Spielobjekten entfernt? Klicken Sie auf das *Kontextmenü-Rädchen* rechts neben dem Buch mit dem Fragezeichen[33] und dort auf *Remove Component*. Wir müssen hier zuerst den `TracerController` entfernen, da er die `Rigidbody`-Komponente benötigt. Danach entfernen wir die `Rigidbody`-Komponente (die brauchen wir an unserem Level wirklich nicht).

> Das Projekt, wie es nach diesem Abschnitt aussehen sollte, finden Sie auf der Website zum Buch, und zwar unter dem Namen `Traces_Prototype_030.zip`.

Download von unity-buch.de

---

[32] Die Dokumentation zu Attributen finden Sie in der Scripting Reference (Menü: *Help/Scripting Reference*) unter *Attributes* unter *UnityEngine* (bzw. unter dem jeweiligen Namespace).

[33] Es verweist bei Unity-Standardkomponenten auf die Hilfe. Klicken Sie hier, um Erklärungen zu allen Eigenschaften aller Komponenten nachzulesen

4.5 Die Kamera führen

Das größte Problem in unserem Prototyp ist im Moment, dass unser Tracer ziemlich leicht aus dem Sichtfeld der Kamera herausfährt. In der *Scene View* können wir zwar dem Tracer folgen (vor allem, wenn Sie *Edit/Lock View to Selected* für diese konkrete Scene View aktiviert und den Tracer selektiert haben) – aber Spaß macht das nicht wirklich. Ein weiteres Problem in unserem derzeitigen Prototyp ist, dass man bei der Steuerung je nach aktueller Fahrtrichtung des Tracers umdenken muss, um zu wissen, wohin wir nach einer Drehung nach »links« oder »rechts« denn eigentlich fahren werden. Anders gesagt: Fährt der Tracer gerade auf die Kamera zu, führt eine Drehung nach links nämlich aus Kameraperspektive zu einer Drehung nach rechts und umgekehrt. Wir müssen also dafür sorgen, dass die Kamera automatisch unserem Fahrzeug folgt.

Wie könnten wir das umsetzen? Eine sehr einfache und naheliegende Möglichkeit wäre, Parenting zu verwenden und die Kamera praktisch am Tracer zu befestigen. Und das probieren wir auch gleich aus.

Kamera mit Parenting steuern

Ziehen Sie das Objekt `Main Camera` mittels Drag & Drop auf das Objekt `Tracer-00`, sodass es auf einer Ebene mit `Body`, `WheelFront` und `WheelBack` liegt, und starten Sie das Spiel.

Ja, manchmal ist es wirklich so einfach. ;-)

Das Problem, dass der Tracer aus dem Sichtbereich der Kamera fährt, ist auf jeden Fall gelöst, ebenso wie das Problem mit dem Umdenken beim Richtungswechsel. Und wahrscheinlich fällt Ihnen auf, dass das Fahrzeug jetzt deutlich langsamer wirkt als vorher. Während mit der festen Kamera-Einstellung unser ursprünglicher Wert `Base Velocity = 5` am Tracer-Controller durchaus zügig gewirkt hat und ein Wert `Base Velocity = 40` den Tracer scheinbar rasen ließ, wirkt 5 nun ziemlich zäh und 40 gerade recht.

Wie so oft im Leben ist auch hier alles eine Frage der Perspektive – und für unser Spiel wollen wir eine klassische Perspektive der dritten Person. Also setzen wir `Base Velocity = 40` und vergessen dabei auch nicht, dass diese Änderung nur dann gespeichert wird, wenn wir sie durchführen und dabei nicht im Playmode sind.

Dies ist hoffentlich ein anschauliches Beispiel dafür, wie nützlich es in der Spielentwicklung ist, Dinge einfach auszuprobieren und auf diese Art und Weise schnell herauszufinden, wie die Erfahrung sich ändert, wenn man bestimmte Änderungen am Spiel vornimmt.

So lässt sich mit der Parenting-Lösung auch sehr schnell herausfinden, wie verschiedene Entfernungen und Rotationen der Kamera relativ zum

Tracer wirken. Da die entsprechenden Parameter der Transform-Komponente immer relativ zur aktuellen Position, Rotation und Skalierung des Elternobjekts dargestellt und editiert werden, können wir also sehr leicht ausprobieren, wie es wirkt, wenn wir die Kamera höher positionieren oder weiter hinter dem Tracer oder auch sehr nah am Tracer.

Probieren Sie das ruhig aus, um ein Gefühl für die verschiedenen möglichen Kameraperspektiven zu bekommen, und machen Sie sich dabei vielleicht auch ein paar Notizen, welche Werte hier sinnvoll erscheinen. Hilfreich ist hier auch die Pause-Taste, um das Spiel kurz anzuhalten, die Kameraperspektive zu ändern und dann weiterzuspielen.

Abb. 4.35
Die Pause-Taste

> Alternativ können Sie übrigens den Playmode auch mit ⌘+P bzw. Strg+P starten und stoppen sowie mit ⇧+⌘+P bzw. ⇧+Strg+P pausieren, was im Eifer des Gefechtes oft deutlich geeigneter ist, als erst umständlich über das Menü gehen zu müssen.

Pro-Tipp

Die Y- und Z-Werte der Position sowie der X-Wert der Rotation sind hier die naheliegenden Kandidaten für Veränderungen – aber es spricht auch nichts dagegen, die Kamera durch Änderung des X-Wertes der Position und entsprechende Anpassungen am Y-Wert der Rotation so zu verschieben, dass sie den Tracer von der Seite sieht. Auch ein Test der Perspektive aus der ersten Person ist hier leicht umzusetzen. Setzen Sie dazu einfach `Position = (0, 1.15, 0)` und `Rotation = (0, 0, 0)`.

Was an dieser einfachen Lösung aber auch sehr schnell auffällt: Wenn wir unser Fahrzeug drehen, wirkt das ziemlich desorientierend, weil der Blickwinkel sich von einem Frame zum anderen anderen schlagartig um 90° ändert.

> Falls Sie das in einer *Virtual-Reality*-Anwendung machen, also beispielsweise in einem Spiel, das auf *Oculus Rift* und/oder *Sony Project Morpheus* laufen soll, können Sie sich sicher sein, dass den Spielern sehr schnell übel wird. In solchen Umgebungen geht das überhaupt gar nicht. Dort müssen Sie besonders darauf achten, dass Kamerabewegungen nicht zu plötzlich passieren. Tatsächlich sollten Sie auf Kamerabewegungen in solchen Umgebungen sogar komplett verzichten – es sei denn, die Kamerabewegung kommt dadurch zustande, dass der Spieler den Kopf bewegt. Falls man in einem Fahrzeug sitzt, das sich dreht, ist es für solche Umgebungen ratsam, das Fahrzeug von innen zu sehen, sodass unser Gehirn eine Referenz hat. Das Stichwort für weitergehende Recherchen hierzu ist »Motion Sickness«.

Virtual-Reality-Tipp

Da wir hier erst mal keine Virtual-Reality-Version entwickeln, könnte man bei einem Prototyp theoretisch mit dieser »krassen Kamera« leben. Aber vielleicht finden wir noch eine bessere Lösung, die ebenfalls einfach umzusetzen ist. Die Entwicklung eines gut funktionierenden 3rd-Person-Kamera-Controllers ist alles andere als trivial.

Praktischerweise wird aber ein solcher Controller bei Unity fertig mitgeliefert, und zwar in den *Standard Assets*.

Standard Assets für die Kameraführung nutzen

In Abschnitt 4.1, Ein neues Projekt anlegen, hatte ich ja erwähnt, dass es nicht notwendig ist, die *Standard Assets* gleich beim Anlegen eines Projekts hinzuzufügen, weil man das bei Bedarf auch später machen kann. Und genau das tun wir jetzt, weil es da nämlich ein Paket namens Cameras gibt, das genau das enthält, was wir jetzt brauchen:

Abb. 4.36
Dateien im Paket Cameras

1. Wählen Sie das Menü *Assets/Import Package/Cameras*.

2. Unity zeigt uns jetzt den kompletten Paketinhalt (siehe Abb. 4.36), und wir könnten einzelne Dateien abwählen oder auch ganze Verzeichnisse. Naheliegend wäre hier beispielsweise, CrossPlatformInput abzuwählen. Das geht aber nicht, weil die Scripts unter Cameras davon abhängig sind, und genau die brauchen wir. Also lassen wir das lieber und merken uns: Wir importieren Pakete nur dann teilweise, wenn wir wissen, was wir tun, und testen das am besten zuerst in einem leeren Projekt.

3. Klicken Sie also, ohne etwas abzuwählen, auf den Button Import unten rechts in diesem Fenster, um die Dateien in unser Projekt zu importieren. Falls Sie unsicher sind, ob Sie etwas abgewählt haben, klicken Sie vorher auf den Button All, um auf jeden Fall alle Dateien selektiert zu haben.

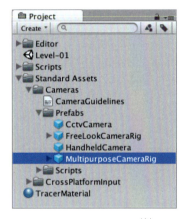

Abb. 4.37
Die neue Projektstruktur

4. Im *Project Browser* sehen Sie jetzt zwei neue Verzeichnisse: Editor und Standard Assets. Unter Standard Assets gibt es Cameras, und darunter wiederum Prefabs. Und dort finden wir ein Prefab MultipurposeCameraRig (siehe Abb. 4.37). Wie cool![34]

Abb. 4.38
Main Camera abschalten

5. Ziehen Sie das Prefab MultipurposeCameraRig einfach in die *Hierarchy*, und schalten Sie die alte Main Camera ab, indem Sie sie selektieren und dann die Checkbox ganz oben im *Inspector* links neben dem Namen abschalten, wie in Abb. 4.38 dargestellt.

---

34 Autoren-Anekdote in der Fußnote: Dieses Prefab gibt es erst seit Unity 5, und in der ursprünglichen Version dieses Kapitels hatte ich das mit SmoothFollow gemacht, was eine eher mittelmäßige Lösung ist (die es in Unity 5 nicht mehr gibt). Vor einer halben Stunde erst hatte ich mir eine Notiz gemacht, noch ein Kapitel über meinen eigenen, ziemlich komplexen, aber auch vielseitigen 3rd-Person-Camera-Controller zu schreiben – der allerdings nicht nur wegen seiner Komplexität, sondern auch aufgrund der Abhängigkeiten zu anderen Systemen aus der Originalversion von Traces of Illumination nicht so wirklich für das Buch geeignet ist. Das kann ich Ihnen und mir jetzt glücklicherweise ersparen, und wir haben schon gleich in diesem Abschnitt eine richtig gute Kameraführung. Da nehme ich gern in Kauf, dass ich die alte Version des Kapitels komplett neu schreiben »durfte« ;-)

6. Lesen Sie ruhig auch mal die `CameraGuidelines`. Wenn Sie diese Datei anklicken, sehen Sie den Inhalt direkt im *Inspector*. Gleich im dritten Absatz steht, dass die Kamera ihr Ziel (`target`), dem sie folgen soll, automatisch erkennt, wenn der Spieler mit `Player` »getaggt« wurde. Erinnern Sie sich an Tags? Das war in Abschnitt *2.2.4, Eigenschaften von Objekten: Inspector*, ab Seite 27 (Überschrift *Zuweisen von Tag und Layer*).

7. Weisen Sie `Tracer-00` das Tag `Player` zu (selektieren, und dann im *Inspector* wieder ganz oben das `Tag` auswählen).

Wenn Sie jetzt unser Spiel spielen, funktioniert das mit der Kamera schon ganz gut. Allerdings fährt sie bei Drehungen oft aus dem Bildschirm, und auch die Perspektive lässt zu wünschen übrig.

> Probieren Sie, selbstständig anhand der Anleitung `CameraGuide` und durch Experimentieren sinnvolle Einstellungen für die Komponente `AutoCam` auf `MultipurposeCameraRig` zu finden. Vergessen Sie dabei nicht, dass Sie auch die Position über die Objekte `Pivot` (Y und ggf. X) und `MainCamera` (Z) einstellen sollten. Dabei können Sie bei `MainCamera` auch mit verschiedenen Winkeln experimentieren.
>
> Sicher fällt Ihnen auf, dass `MultipurposeCameraRig` noch eine Komponente `ProtectCameraFromWallClip` hat. Aktivieren Sie diese testweise, auch wenn es im Moment noch relativ schwierig ist, so an eine Wand zu fahren, dass diese Komponente einen Einfluss hätte.
>
> Wenn Ihnen eine Einstellung gefällt, machen Sie ein Duplikat von `MultipurposeCameraRig` (⌘+D bzw. Strg+D), deaktivieren es und arbeiten auf dem aktiven Objekt – so können Sie eine Vielzahl von Einstellungen in der Szene speichern und dann später jederzeit verschiedene Einstellungen aktivieren. Dazu sollten Sie natürlich auch erklärende Namen vergeben.
>
> Probieren Sie ruhig auch die anderen Prefabs unter `Cameras` aus. Schauen Sie sich auch die Implementierungen, also die Scripts der verschiedenen Kameravarianten an, und probieren Sie auch, kleine Anpassungen im Code vorzunehmen.
>
> Und schließlich, wenn Sie schon ein erstes kleines eigenes Script erstellen wollen: Implementieren Sie einen `CameraManager`, der alle Kameras kennt (in dem Fall die Wurzel-`GameObjects` der einzelnen Kameras) und der es ermöglicht, während des Spiels mit den Zahlentasten (1, 2, 3 usw.) verschieden Kameras zu aktivieren (und natürlich die jeweils anderen Kameras gleichzeitig zu deaktivieren). So ein Script hat in Teilen gewisse Ähnlichkeit mit unserem `TracerController`. Zusätzlich brauchen Sie noch die Methode `SetActive(bool)` der Klasse `GameObject`. Diese schnelle und einfache Möglichkeit, verschiedene Varianten auszuprobieren (in diesem Fall: Kameraeinstellungen), ist gerade bei einem Prototyp nützlich, um schnell herausfinden zu können, was am besten funktioniert.

Übung macht den Meister

Pro-Tipp

> Verwenden Sie die Pause-Taste, um in Ruhe Änderungen im Inspector durchführen zu können und dann weiterzuspielen. Und vergessen Sie nicht, dass die *Game View* den Fokus braucht, um Tastaturkommandos, also insbesondere unsere Cursortasten zur Steuerung zu empfangen. Falls Sie also Komponenten im laufenden Spiel ändern, müssen Sie in die *Game View* klicken, bevor Sie die nächste Drehung durchführen können. Und Sie müssen sich Notizen über Ihre Änderungen machen, falls Sie sie beim Beenden des Playmodes nicht verlieren möchten. (Die einfachste Notiz sind Screenshots, die Sie beispielsweise in einem Textdokument speichern können.)

Download von unity-buch.de

> Das Projekt, wie es nach diesem Abschnitt aussehen könnte, finden Sie unter dem Namen `Tracer_Prototype_040.zip`. In dieser Version finden Sie auch einige sinnvolle Einstellungen für die verschiedenen Kamera-Prefabs, falls Sie mit der Übung nicht gut klargekommen sind oder einfach noch andere Varianten kennenlernen wollen. Auch eine mögliche Implementierung für den `CameraManager` finden Sie hier.

Einen vollständigen Prototyp haben wir jetzt leider noch nicht. Allerdings stoßen wir gerade an die Grenzen dessen, was mit Unity allein umsetzbar ist. Ein Prototyp muss zwar nicht großartig aussehen, aber wir haben hier gerade das Problem, dass man auf der weißen Bodenplatte wenig räumliche Orientierung hat und die Geschwindigkeit nur über die meistens recht weit entfernten Wände einschätzen kann. Was wir also jetzt brauchen, sind Texturen, zumindest für den Boden. Außerdem steht als Nächstes eine etwas komplexere Programmieraufgabe an: Unser Tracer soll ja schließlich eine Wand hinter sich erzeugen.

Daher richten wir uns jetzt erst mal eine Entwicklungsumgebung zur Spielentwicklung ein. Mit Unity allein ist es nämlich keineswegs getan, und wir haben jetzt auch einfach C# verwendet, ohne uns darüber Gedanken zu machen, warum nicht Boo oder UnityScript die bessere Wahl wäre.

5 Die Spielentwicklung vorbereiten

Bevor wir unseren Prototyp weiter ausbauen und ihn dann zu einem richtigen Spiel weiterentwickeln können, gehen wir also einen Schritt zur Seite und verschaffen uns einen Überblick, was »Spielentwicklung« eigentlich genau umfasst. Tatsächlich umfasst diese Tätigkeit nämlich eine Vielzahl teilweise völlig unterschiedlicher Disziplinen: Game-Design, Programmierung, Grafikdesign, 3D-Modelling und -Animation, Musikkomposition und -produktion sowie Sounddesign, um nur die offensichtlichsten zu erwähnen.

Einerseits macht das die Spielentwicklung sehr interessant. Andererseits stellt es uns als Spielentwickler aber auch vor besondere Herausforderungen – vor allem, wenn wir versuchen, ein komplettes Spiel allein zu entwickeln. Neben den Talenten in den verschiedenen Disziplinen brauchen wir auch eine Vielzahl unterschiedlicher Werkzeuge, mit denen wir diese Talente auf eine Weise zum Ausdruck bringen können, die dann auch in Spielen verwendbar ist.

Der Auswahl der Werkzeuge sollten wir in jedem Fall ausreichend Zeit widmen, da die Entscheidung für ein bestimmtes Werkzeug neben den meistens anfallenden Lizenzkosten vor allem oft einen erheblichen Einarbeitungsaufwand mit sich bringt, der je nach Wert der eigenen Zeit die Lizenzkosten häufig um ein Vielfaches übersteigt. Hinzu kommt, dass Werkzeuge in der gleichen Gattung oft nur teilweise zueinander kompatibel sind, was den Wechsel zu einem späteren Zeitpunkt weiter erschwert. Daher ist es auch empfehlenswert, schon bei der Auswahl der Werkzeuge auf die Kompatibilität mit konkurrierenden Werkzeugen zu achten.

Dieses Kapitel soll Ihnen zunächst einen oberflächlichen, aber umfassenden Eindruck von den verschiedenen Aufgaben in der Spielentwicklung vermitteln. Zu jedem Bereich werden dann die Klassen von Werkzeugen sowie konkrete Beispiele kurz vorgestellt. Damit erhalten Sie auch Einstiegspunkte für eigene tiefergehende Recherchen.

Link auf unity-buch.de

Da es zu jedem Abschnitt in diesem Buch gleich eine Vielzahl von Links auf der Website zum Buch gibt, verwende ich hier nur Fußnoten mit entsprechendem Vermerk, ohne zusätzlich am Seitenrand auf die Links aufmerksam zu machen.

5.1 Regeln: Spielmechanik und Programmierung

Zunächst hat jedes Spiel eine *Spielmechanik*, also eine Menge von Regeln, die bestimmen, welche Aktionen des Spielers welche Konsequenzen innerhalb der Spielwelt haben, die aber durchaus auch die Eigendynamik einer Spielwelt beschreiben können. Dazu gehört selbstverständlich auch, wie das Spiel beginnt und endet sowie unter welchen Umständen der Spieler das Spiel gewinnt oder verliert. Zunächst müssen diese Spielmechaniken definiert werden, was einen wesentlichen Teil des Design-Dokuments ausmacht. Zur Erstellung des Design-Dokuments gibt es verschiedenste Vorlagen und sogar einige spezielle Tools. Man kann aber auch einfach eine beliebige Textverarbeitung verwenden.

Zur konkreten Umsetzung der Spielmechaniken verwenden wir immer irgendeine Art von Programmierung, und dazu brauchen wir eine Programmiersprache. Idealerweise kann man die gleiche Sprache dann auch für alle anderen Programmieraufgaben verwenden, die bei der Spielentwicklung anfallen, egal ob man nun die Logik der Benutzerschnittstelle umsetzt, die Kommunikation mit einem Webserver implementiert, um Highscores abzuspeichern und für alle Spieler verfügbar zu machen, oder ob man gar eine Netzwerkschicht für Multiplayer-Spiele entwickelt.

Auch wenn man bei dem Stichwort »Programmierung« meistens an textuellen Programmcode denkt, gibt es durchaus visuelle Programmiersprachen – auch im Unity-Umfeld.[1] Wir beschränken uns hier aber auf die Sprachen, die Unity direkt mitliefert, also *C#*, *JavaScript* bzw. *UnityScript* und *Boo*.

Auswahl der Programmiersprache

Die Sprache *Boo* ist eine Programmiersprache mit Python-ähnlicher Syntax und daher sicherlich für all diejenigen besonders interessant, die bereits Erfahrung mit Python haben. Inzwischen kann Boo auch für Android- und iOS-Spiele eingesetzt werden (das war am Anfang nicht so), führt aber dennoch eher ein Schattendasein.[2]

---

[1] Im Unity Asset Store gibt es dazu eine eigene Kategorie: *Editor Extensions/Visual Scripting*.
[2] Link auf *unity-buch.de*: Falls Sie Boo lernen möchten, hilft Ihnen vielleicht das Thema *Official Boo Scripting Resource Thread* im Unity-Forum, das ich von der Website zum Buch aus verlinkt habe.

JavaScript in Unity sollte eigentlich eher *UnityScript* heißen, und tatsächlich heißt die Sprache auch so,[3] wurde aber lange Zeit von Unity Technologies offiziell als JavaScript bezeichnet. Es handelt sich auch um eine zumindest von der Syntax her an JavaScript angelehnte Sprache, die vor allem Programmierern aus dem Webbereich einen einfachen Zugang in die Programmierung in Unity ermöglichen soll. Da hat die durchaus vorhandene Ähnlichkeit mit dem bekannten JavaScript aus der Webentwicklung und ActionScript aus der Flash-Entwicklung natürlich Vorteile. Ein weiterer Vorteil von JavaScript in Unity ist eine im Vergleich zu C# kompaktere Schreibweise, da beispielsweise auf die Klassendeklaration und Angabe der Vererbung von `MonoBehaviour` verzichtet werden kann. Auch einige Namespaces stehen hier automatisch zur Verfügung und müssen nicht explizit angegeben werden. Genau diese kompaktere Schreibweise ist jedoch aus meiner Perspektive auch der größte Nachteil.

Wenn man nämlich in Unity einsteigt und noch nicht mit Unity vertraut ist, gibt JavaScript-Code dem Einsteiger meistens relativ wenige Anhaltspunkte, um zu verstehen, welche Klassen genau verwendet werden. Mit dieser Information könnte man deutlich leichter in der *Scripting API* nachschlagen, um seine Kenntnisse zu vertiefen.

Ein weiteres Problem für den Programmieranfänger ist, dass JavaScript in Unity eben nicht wirklich JavaScript ist. Daraus resultiert, dass die meisten JavaScript-Tutorials eher Verwirrung stiften, weil sie sich auf die üblicherweise auf Webseiten verwendete Version von JavaScript beziehen, die zwar ähnlich ist, aber doch verschieden. Ist man aber bereits mit JavaScript aus dem Webbereich (oder ActionScript) und mit Unity vertraut, ist JavaScript eine gute Wahl.[4] Früher war ein großer Teil der Standard Assets in JavaScript implementiert, und auch viele Beispiele in der Dokumentation gab es nur in JavaScript. Das hat sich in den letzten Jahren aber zugunsten von C# verändert.[5]

Bei *C#* steht in Unity im Gegensatz zu JavaScript/UnityScript nicht nur C# drauf, sondern es ist auch wirklich C# drin, und zwar genau so, wie man es aus der .NET- und Mono-Welt kennt. Somit kann man sich auch für Unity auf die offizielle Sprachspezifikation beziehen und findet auch ein entsprechendes Programmierhandbuch.[6] Außerdem gibt es eine Vielzahl

---

[3] Der Name »UnityScript« wird für die Projekte auf GitHub und *code.google.com* verwendet, und man findet auch innerhalb des mit Unity installierten Mono-Frameworks die Dateien *UnityScript.dll* und *UnityScript.Lang.dll*.

[4] Link auf *unity-buch.de*: Im *Unify Community Wiki* gibt es einen Artikel, der die beiden Dialekte UnityScript (also JavaScript in Unity) und JavaScript (also den Web-Dialekt) direkt gegenüberstellt und vergleicht. Für den Einstieg dürfte dieser Artikel sehr hilfreich sein. Er ist unter dem Titel *UnityScript versus JavaScript* verlinkt.

[5] Link auf *unity-buch.de*: Dazu gab es am 03.09.2014 auch ein offizielles Statement von Unity Technologies: *Documentation, Unity scripting languages and you*

[6] Link auf *unity-buch.de*: Siehe auch den Link *C#-Sprachspezifikation*. Von dort aus sind das Programmierhandbuch und die Referenz verlinkt.

von Tutorials und anderen Möglichkeiten, die Sprache zu lernen; teilweise auch im Unity-Umfeld.[7]

Obwohl man früher teilweise den Eindruck gewinnen konnte, dass JavaScript die »Unity-Sprache« ist, hat schon 2012 eine informelle Umfrage im Unity-Forum ergeben, dass C# bei den Forumsteilnehmern tatsächlich etwas populärer ist als JavaScript. Von den 482 Teilnehmern an der Umfrage[8] haben 34,4 % angegeben, dass sie ausschließlich C# verwenden, 29,8 %, dass sie ausschließlich JavaScript verwenden, und 28,4 %, dass sie sowohl JavaScript als auch C# verwenden. Es ist zwar möglich, beide Sprachen in einem Projekt zu verwenden, dabei muss man aber aufgrund der Kompilierung in mehreren Schritten aufpassen, welche Klassen von C# aus auf JavaScript-Klassen zugreifen können und anders herum.[9]

Die Popularität der Sprache ist insofern relevant, als man bei einer populäreren Sprache Fragen leichter beantwortet bekommt und man auch leichter Team-Kollegen findet, wenn man die Programmierung nicht komplett allein erledigen möchte. Falls Sie die Programmiersprache Java kennen, ist der Umstieg auf C# auch sehr einfach, da die Sprachen sich sehr ähnlich sind.[10]

Diese Vorteile und das bei JavaScript höhere Risiko, Code zu produzieren, der zwar problemlos kompiliert, aber zur Laufzeit Probleme bereitet, haben mich dazu bewogen, selbst ausschließlich C# zu verwenden und auch als Implementierungssprache in diesem Buch durchgängig C# zu nutzen.

Auswahl der Programmierumgebung

Theoretisch könnte man auch heute noch mit einem einfachen Texteditor den Programmcode schreiben. Puristen mögen mir verzeihen, aber das halte ich für keine gute Idee: Moderne Entwicklungsumgebungen vereinfachen und beschleunigen den Prozess unter anderem durch Hilfsmittel, wie die automatische Vervollständigung des Codes[11], die sofortige Markierung von Syntax-Fehlern und die elegante Einbindung der API-Dokumentation. Eine solche Entwicklungsumgebung, die bei Unity mitgeliefert wird, haben wir bereits kennengelernt. Sie ist jedoch eine eigenständige und von Unity unabhängige Anwendung: *MonoDevelop*.[12]

---

7 Link auf *unity-buch.de*: Zum Beispiel das *CSharp Unity Tutorial* im Unify Community Wiki.
8 Link auf *unity-buch.de*: Siehe auch *Boo, C# and JavaScript in Unity – Experiences and Opinions*. Abgerufen am 21.01.2012.
9 Link auf *unity-buch.de*: Siehe *Special Folders and Script Compilation Order*.
10 Interessanterweise sind C# und Java sich viel ähnlicher als JavaScript und Java.
11 »Code completion« wäre hier auch in einem deutschen Umfeld der gängigere Begriff; IntelliSense ist Microsofts Variante davon.
12 Allerdings ist die mit Unity ausgelieferte Version von MonoDevelop speziell für Unity angepasst.

MonoDevelop hat einige Vorteile. Es unterstützt alle von Unity unterstützten Programmiersprachen und Plattformen. Man kann mit MonoDevelop also Scripts in C#, JavaScript und Boo bearbeiten, und zwar sowohl unter Mac OS X als auch unter Windows.[13]

Ich persönlich bevorzuge – obwohl ich selbst an einem Mac arbeite[14] – *Microsoft Visual Studio*. Die wesentlichen Nachteile sind hier, dass die Verwendung auf *Mac OS* etwas umständlich ist und Visual Studio zwar JavaScript unterstützt, aber nicht den in Unity verwendeten Dialekt; von Boo ganz zu schweigen. Das spielt aber natürlich nur dann eine Rolle, wenn man auch mit diesem Betriebssystem oder diesen Sprachen arbeiten möchte. Mit Visual Studio Express gibt es zwar eine kostenfreie Lizenz, diese ist aber im Vergleich zu den kostenpflichtigen Versionen deutlich eingeschränkt.

Der wesentliche Vorteil von Visual Studio besteht darin, dass dieses Werkzeug schon seit vielen Jahren entwickelt und konsequent verbessert wird und auch durch Plug-ins von Drittherstellern erweiterbar ist. Bei MonoDevelop hat man demgegenüber oft das Gefühl, noch mit Kinderkrankheiten konfrontiert zu werden – was aber natürlich mit der Zeit ein immer kleineres Problem wird. Praktischerweise erzeugt Unity für MonoDevelop auch mit Visual Studio kompatible *Solutions*.[15] Das heißt, zumindest technisch spricht nichts dagegen, beide Entwicklungsumgebungen parallel zu verwenden.

Falls Sie doch lieber einen reinen Texteditor verwenden, wäre *Sublime Text* vielleicht eine interessante Alternative. Da gibt es noch viele Editoren mehr, und Sie können natürlich auch Ihren Lieblingseditor weiterverwenden. Letztlich müssen wir nur einen Code-Editor bzw. eine Entwicklungsumgebung installieren und verwenden.

So ausgerüstet, können wir dann schon die meisten Herausforderungen bei der Programmierung angehen.[16] Würden Computerspiele allerdings nur aus der programmierbaren Logik ihrer Spielmechaniken bestehen, wären sie wohl kaum so populär, wie sie es tatsächlich sind. Tatsächlich sprechen

---

13 Außerdem läuft MonoDevelop unter Linux – tatsächlich lief es dort sogar zuerst und wird dort am besten unterstützt. Da aber Unity nicht unter Linux läuft, ist das in diesem Kontext nur eine Fußnote wert.

14 Ich verwende VMware Fusion, um Visual Studio als Windows-Anwendung neben meinen Mac-Anwendungen laufen zu lassen. Wie man das einrichtet, ist im Unify Community Wiki beschrieben: *Setting up Visual Studio for Unity on Mac*, verlinkt von *http://unity-buch.de*.

15 Eine Solution in Visual Studio oder auch in MonoDevelop sind mehrere Projekte, die in einer übergreifenden Datei zusammengefasst sind. Sie wird von Unity erzeugt, wenn Sie auf eine Scriptdatei doppelklicken oder auch auf eine Konsolenmeldung, die sich auf ein Script bezieht – dabei wird dann normalerweise auch MonoDevelop gestartet, außer Sie haben eine andere Entwicklungsumgebung in den Preferences eingestellt. Sie können aber auch über das Menü *Assets/Synchronize MonoDevelop Project* die Solution erzeugen. Sie wird dann auch bei jeder Änderung automatisch synchronisiert.

16 Für Softwaredesign bzw. Softwarearchitektur gibt es außerdem noch UML-Tools, und bei größeren Spielprojekten würde ich so etwas auch verwenden.

Computerspiele auf direkte Art und Weise die Sinne Hören und Sehen an, auf indirekte Weise über die Erfahrung auch das Fühlen (üblicherweise natürlich nicht im Sinne von haptischer Wahrnehmung, sondern im Sinne von Gefühlen und Emotionen wie Freude oder Trauer).

5.2 Spiel an Augen: Bildschirmdarstellung

Was wir am Bildschirm sehen, lässt sich zunächst in Spielwelt und virtuelle Benutzerschnittstelle unterteilen.[17]

5.2.1 Virtuelle Benutzerschnittstelle: Pixel- und Vektorgrafik

Die virtuelle Benutzerschnittstelle umfasst Bedienelemente (wie beispielsweise Buttons, die der Spieler anklicken kann) sowie die Darstellung von Aspekten des Spielzustands (wie z. B. die Punktezahl oder Lebensenergie des Spielers). Üblicherweise bieten Spiele auch ein *Hauptmenü*, aus dem heraus das Spiel gestartet werden kann und über das ggf. auch Einstellungen vorgenommen werden können. Um die virtuelle Benutzerschnittstelle umzusetzen, benötigen wir Grafiken und meistens auch Texte, die über die Verwendung von Schriftarten letztlich auch in Grafiken umgewandelt werden. Generell sind grafische Darstellungen, z. B. Icons und Fortschrittsbalken, nach Möglichkeit gegenüber Texten zu bevorzugen, weil sie weniger Aufmerksamkeit zum Verständnis erfordern und somit weniger vom eigentlichen Spielgeschehen ablenken. Außerdem sind Symbole meistens international verständlich und müssen nicht internationalisiert werden. (Mehr zu diesem Thema folgt in Abschnitt *8.1.2, Über Internationalisierung und Lokalisierung.*)

Bei der Gestaltung von Benutzerschnittstellen ist es oft vorteilhaft, zunächst die Anordnung der verschiedenen Bedienelemente abstrakt vorzunehmen. Diesen Prozess bezeichnet man als *Screendesign*. Zu diesem Zweck gibt es verschiedene Werkzeuge. Ich habe sehr gute Erfahrungen mit *Balsamiq Mockups* gemacht.

Grafiken können prinzipiell pixelbasiert oder vektorbasiert sein. Vektorgrafik hat den Vorteil beliebiger Skalierbarkeit und ist dabei meistens auch speichereffizienter – wird aber von Unity derzeit zumindest direkt noch nicht unterstützt.[18] Zur Erstellung von Pixelgrafiken verwendet man Bildbearbeitungsprogramme.[19] Kostenfrei und auf allen Plattformen verfügbar ist

---

17 Vgl. Schell, Jesse: The Art of Game Design, 2008. S. 223 ff.
18 Link auf *unity-buch.de:* Eine erwähnenswerte Erweiterung, die über den Unity Asset Store verfügbar ist, ist *RageSpline* von Juhakiili Oy. Eine komplett vektorbasierte GUI-Lösung wäre *NoesisGUI*.
19 Link auf *unity-buch.de:* Eine Auswahl von Vektorgrafik-Programmen finden Sie auf der Website zum Buch.

Gimp. Pixelmator – eine echte Mac-Anwendung – ist zwar nicht kostenfrei, aber auch recht erschwinglich. Der große (und teure) Platzhirsch ist in diesem Bereich nach wie vor *Adobe Photoshop,* und bei der Verwendung mit Unity hat Photoshop vor allem den Vorteil, dass das Dateiformat PSD direkt in Unity unterstützt wird.[20] Photoshop gibt es für Windows und Mac OS X.

5.2.2 Spielwelt: 2D, 3D, Modelling, Texturing und Animation

Während die virtuelle Benutzerschnittstelle zumindest im Prinzip bei allen Spielen ähnlich ist, gibt es völlig unterschiedliche Spielwelten: Vergleichen Sie nur beispielsweise 2D-Spiele mit einer eher abstrakten Welt, die auf einen Bildschirm passt (z. B. Pac Man, Tetris oder auch Schach), mit 2D-Spielen mit größeren Spielwelten, die Scrolling benötigen (z. B. Super Mario Bros), und diese wiederum mit 3D-Spielen, bei denen die Spielwelten zumindest vom räumlichen Empfinden her unserer physischen Umgebung entsprechen. Je nach Art der Spielwelt kommen auch völlig unterschiedliche Technologien zum Einsatz, um die jeweilige Spielwelt zu erschaffen.

2D-Spielwelten – Bitmaps oder Vektorgrafiken

Wie wir bereits gesehen haben, unterstützt Unity auch die Entwicklung von 2D-Spielen. Dazu brauchen wir Bitmap-Grafiken, die wir in Unity als Sprites verwenden können. Im Hinblick auf die Wiederverwendbarkeit dieser Assets kann es sinnvoll sein, vektorbasierte Tools zu verwenden und die entsprechenden Grafiken dann lediglich für Unity zu rastern (also aus der Vektorgrafik eine Bitmap mit einer spezifischen Auflösung zu erstellen).

Neben den bereits behandelten Bildbearbeitungsprogrammen gibt es auch spezielle Werkzeuge, mit denen Sprites und Sprite-Animationen komfortabel erstellt werden können.[21]

3D-Spielwelten – Modelling, Texturing und Animation

Ursprünglich war Unity ja eine 3D-Game-Engine, und von daher werden wir mit Unity auch oft Spiele entwickeln, die über 3D-Spielwelten verfügen. Eine sehr einfache und kleine 3D-Spielwelt haben wir ja sogar schon direkt in Unity erschaffen – und sind dabei aber recht schnell an die Grenzen dessen gestoßen, was mit Unity möglich ist. Hierzu ist es wichtig zu verstehen, dass Unity in keiner Weise als Modelling-Tool gedacht ist. Die *Scene View* und *Hierarchy View* sind eher als Level-Editor zu verstehen, mit dem

---

20 Prinzipiell unterstützen auch andere Bildbearbeitungsprogramme (wie Gimp oder Pixelmator) das PSD-Format. Da es sich aber um ein proprietäres Format von Adobe handelt, ist die Unterstützung hier nie optimal.
21 Link auf *unity-buch.de:* Einen kurzen Einstieg in diese Thematik sowie Beispiele für Tools finden Sie in dem Artikel *2D Game Sprite and Animation Software*.

man in anderen Tools erstellte Assets platzieren kann. Eine nennenswerte Ausnahme ist die in Unity integrierte Terrain Engine, mit der man Landschaften modellieren kann. Sie wird in Kapitel 15, *Terrain Engine: Eine Landschaft bauen*, behandelt. Um herauszufinden, welche Werkzeuge wir für die Erstellung von 3D-Spielwelten brauchen, sollten wir uns erst einmal klar machen, was eine Spielwelt in einem 3D-Spiel eigentlich ausmacht.

Begriffe aus der Welt der 3D-Spiele

Grundsätzlich besteht eine 3D-Welt aus dreidimensionalen Formen, die wir als *3D-Modelle* bzw. verkürzt einfach nur als *Modelle* bezeichnen. Auch die Bezeichnung *Mesh* haben Sie dafür schon kennengelernt. Diese Modelle haben Oberflächen, deren Eigenschaften über *Materialien* definiert sind, die in den allermeisten Fällen über farbige Oberflächenstrukturen verfügen, die wir als *Texturen* bezeichnen.

Wie diese Texturen – bei denen es sich letztlich um einfache Pixelgrafiken handelt – auf die Oberfläche der Modelle gelegt werden, bestimmt die sogenannte *UV-Map*, die einfach gesagt die 2D-Koordinaten in der Textur-Grafik auf die 3D-Koordinaten des Modells abbildet. Neben den Farben für die Oberfläche gibt es auch verschiedene andere Eigenschaften der Oberflächen, die über Texturen definiert werden können. Beispielsweise gibt es *Specular Maps,* bei denen jeder Pixel in der Textur bestimmt, wie stark das Licht an dieser Stelle auf dem Modell reflektiert wird, oder *Bump Maps,* mit denen über die Textur feine Erhöhungen und Vertiefungen auf das eigentliche Modell gelegt werden können, um beispielsweise eine Riffelung darzustellen, ohne die einzelnen Riffeln modellieren zu müssen. Im Kontext von *physikbasierten Shadern* gibt es auch Texturen, die bestimmen, wie sehr die Oberfläche an bestimmten Stellen eher einem Metall oder einem Nichtleiter ähnelt oder wie glatt oder rau die Oberfläche ist – oder auch, wie sehr die Oberfläche selbst Licht abgibt.

Wie die verschiedenen Texturen eingesetzt werden können, bestimmen die schon oben erwähnten *Materialien*[22], die Sie ja auch schon als Eigenschaft der MeshRenderer-Komponente in Unity kennengelernt haben und die ihrerseits wiederum durch Shader ihre Eigenschaften erhalten. Über Materialien bzw. Shader wird auch bestimmt, wie sich Licht auf die Modelle auswirkt: Die Modelle können damit transparent gemacht werden, und sogar beliebige Deformationen sind möglich. *Bump Maps* sind hier ein einfaches Beispiel. Häufiger kommen *Normal-Maps* zum Einsatz, bei denen die Farbwerte R, G, B als Richtungsvektoren für die *Normale*[23] an dieser Stelle der Oberfläche interpretiert werden.

---

22 Siehe Abschnitt *6.1, Eigene Materialien erstellen und verwenden*, ab Seite 129.
23 Die Normale bzw. der Normalenvektor ist der Vektor, der von einer Fläche (wenn wir im dreidimensionalen Raum sind) orthogonal »nach außen« zeigt.

Eine spezielle Art von Texturen sind sogenannte *Skyboxes*. In Unity handelt es sich dabei üblicherweise um sechs Texturen für die verschiedenen Richtungen (vorne, hinten, rechts, links, oben und unten), die praktisch von innen auf einen immer maximal weit entfernten Würfel projiziert werden. Seit Unity 5.0 können Skyboxes auch in verschiedenen für Skyboxes üblichen Formaten (Cubic, Cylindrical, Spheremap) direkt in Unity importiert werden. Damit kann ressourcensparend der Himmel oder auch ein Gebirge am Horizont dargestellt werden, ohne dass man diese tatsächlich als 3D-Modelle in die Spielwelt einfügen müsste. Seit Unity 5 können Skyboxes auch im Kontext von *Global Illumination* dazu verwendet werden, die Szene realistisch auszuleuchten.

Mit den soeben im Schnelldurchlauf zusammengefassten Konzepten könnten wir eine statische Spielwelt erstellen, in der sich nichts bewegt. Das wäre für ein Spiel aber ziemlich langweilig. Bewegung kommt durch *Animation* ins Spiel – und das ist ein weiteres weites Feld, das hier nur kurz angerissen werden kann: Bereits gesehen haben Sie, dass sich Objekte als solche in der Spielwelt bewegen können – wie der Tracer in unserem Prototyp. Diese Art von Animation kann also durch ein wenig Scripting und die Verwendung der Physik-Engine bereits leicht in Unity umgesetzt werden. Sie haben in Abschnitt *2.3.4, Einfache 2D-Animationen mit Mecanim und Dope Sheet erstellen,* auch schon den in Unity eingebauten Animationseditor kennengelernt, mit dem einfache Animationen direkt in Unity umgesetzt werden können. Sie können damit sogar Animationen aus externen Tools bearbeiten. Später, in Abschnitt *11.2, Das Startmenü aufhübschen,* werden Sie dieses Unity-Tool noch besser kennenlernen.

Möchten wir aber menschen- oder tierähnliche Charaktere in unserer Spielwelt auftreten lassen, so brauchen wir *Character Animation*, also die Möglichkeit, diese Gestalten mit Persönlichkeit auf realistische Art und Weise zu bewegen. Ein wesentlicher Arbeitsschritt hierzu ist das *Rigging*, bei dem ein bestehendes Modell, beispielsweise von einem Menschen, um ein Skelett erweitert wird, das bestimmt, wie die verschiedenen Gliedmaßen sich zueinander bewegen können. Damit können zu dem Modell *Animationen* erzeugt werden, also Bewegungsabläufe wie Gehen, Springen oder Tanzen. Häufig werden solche Bewegungsabläufe über *Keyframe Animation* (zu Deutsch: Schlüsselbildanimation) erfasst, d. h., verschiedene Schlüsselstellungen werden nacheinander gespeichert und die Bewegung dazwischen wird dann interpoliert. Eine andere Möglichkeit, die Bewegungsabläufe direkt aus der realen Welt zu erfassen, ist *Motion Capture*. Dabei werden je nach Verfahren die Bewegungen entweder mit mehreren Kameras erfasst und durch die Verwendung von Markern die Berechnung der Bewegung im Raum ermöglicht, aus der dann wiederum eine Animation erstellt werden kann; oder die Bewegungen werden durch Verwendung spezieller Anzüge direkt erfasst. Mit *Mecanim* können dann wiederum in Unity verschiedene solche Animationen in komplexen Zustandsgraphen organisiert und anhand beliebiger Parameter ineinander überblendet werden.

Character Animation geht schließlich bis hin zur *Gesichtsanimation* (Facial Animation), die die Darstellung von Mimik und lippensynchronisierter Sprache ermöglicht. Zur Gesichtsanimation kann einerseits ebenfalls eine Art Skelett verwendet werden, ein sogenanntes *Facial Rig,* häufig werden aber auch sogenannte *Morph Targets* oder *Blend Shapes* verwendet. Dabei werden direkt im Modell verschiedene Versionen gespeichert, beispielsweise das Gesicht mit einer hochgezogenen Augenbraue oder der Mund in der Stellung bei dem Phonem »O«. Diese werden seit Unity 4.3 sogar nativ unterstützt, also ohne dass dazu zusätzliche Add-ons notwendig wären.[24]

Werkzeuge zur Erstellung von 3D-Spielwelten

Es gibt eine Vielzahl von Modelling-Tools, die zur Erstellung von Modellen und Animationen für Unity verwendet werden können. Ein kostenfreies und dennoch sehr mächtiges Werkzeug ist *Blender,* zu dem es auch ein empfehlenswertes Buch im dpunkt.verlag gibt.[25] Am anderen Ende der Preisskala befinden sich Tools wie *Maya* und *3D Studio Max,* die auch in vielen großen Spielproduktionen zum Einsatz kommen. Für Mac-User, die in die Welt des Modelling einsteigen, ist *Cheetah 3D* zu empfehlen, da es gleichzeitig einen günstigen Preis hat und relativ einfach zu erlernen ist. Ein Werkzeug, das speziell auf das Erstellen von Character-Animationen zugeschnitten ist, wäre *MotionBuilder*. Eine relativ erschwingliche Möglichkeit, unter Verwendung von zwei Microsoft-Kinects Animationen mittels Motion Capturing zu erstellen, ist *iPi Desktop Motion Capture*. Gesichtsanimation mit Lippensynchronisation zu Audiodateien ist beispielsweise mit *FaceFX* möglich.

Einige Modelling-Tools (z. B. auch *modo*) ermöglichen es, Texturen direkt auf das 3D-Modell zu »malen«. Texturen können aber natürlich auch in Bildbearbeitungsprogrammen erstellt werden, und häufig werden Bildbearbeitungsprogramme verwendet, um Texturen aus verschiedenen Quellen zu optimieren oder Fehler darin zu korrigieren. Als Grundlage für Texturen kann man – je nach visuellem Stil der 3D-Spielwelt – auch Fotos verwenden. Wenn sich die Textur wiederholen soll, z. B. für Kacheln oder eine Wand aus Ziegeln, ist es wichtig, dass die Ränder sich nahtlos aneinanderfügen (Stichwort: *Seamless Textures*). Dazu gibt es unter anderem eine prozedurale Textur (*Substance*) von Allegorithmic: *Bitmap2material*. Unity unterstützt Substances, und wenn Sie diese selbst erstellen wollen, können Sie dazu *Substance Designer* verwenden. So ist es prinzipiell möglich, auch ohne Bildbearbeitungsprogramm an hochwertige Texturen zu kommen, die perfekt an die jeweilige Spielwelt angepasst werden können und zusätzlich

---

24 Link auf *unity-buch.de: Animation Blend Shapes* im Unity Manual.
25 Wartmann, Carsten: Das Blender-Buch, 5. Auflage, 2014.

auch noch deutlich weniger Speicherplatz verbrauchen. Ein relativ neues Tool ist der *Substance Painter,* mit dem Substances und andere Materialien direkt auf ein 3D-Modell aufgetragen werden können. Hier können mit einer Partikel-Engine auch Abnutzungseffekte sehr einfach simuliert werden. Außerdem unterstützt Substance Painter die verschiedenen Workflows für physikbasiertes Shading sehr gut.

Skyboxes kann man theoretisch auch mit einem Fotoapparat erstellen. Einfacher ist aber auch hier die Verwendung von Software. Zwei Werkzeuge, die sehr gut zum Berechnen von Skyboxes für typische Himmel geeignet sind, wären *Terragen 2* und *Vue*. Wer Skyboxes für Weltraumspiele selbst erzeugen möchte, findet in *Spacescape* einen verlässlichen Verbündeten.

5.3 Spiel an Ohren: Musik und Soundeffekte

Die Atmosphäre in einem Spiel wird vor allem durch musikalische Untermalung und Soundeffekte erzeugt. Daher ist der Audiobereich keinesfalls weniger wichtig als der visuelle Bereich oder die Programmierung. Jesse Schell, ein bekannter Game-Designer und Buchautor, berichtet sogar von einer Studie, in der Spieler zwei Versionen des gleichen Spiels bezüglich der visuellen Qualität beurteilen sollten. Der einzige Unterschied zwischen den beiden Versionen war, dass die eine über bessere Audioqualität verfügte als die andere. Interessanterweise bewerteten die Spieler die visuelle Qualität entsprechend der Audioqualität. Das heißt, das Spiel mit dem schlechteren Ton »sah« für die Spieler schlechter aus. Daher empfiehlt Jesse Schell sogar, die Musik für das Spiel so früh wie möglich im Entwicklungsprozess auszuwählen, idealerweise sogar ganz am Anfang.[26] Dieser Empfehlung schließe ich mich voll und ganz an.

Im Prinzip ist Audio in Computerspielen vergleichbar mit Audio in Film und Fernsehen, und Sie können den Effekt von Audio leicht selbst erfahren, indem Sie sich verschiedene herausragende Filmszenen einmal ohne Ton ansehen und danach mit Ton. Am besten geeignet für solch ein Experiment sind natürlich Action-Szenen sowie Szenen, in denen Spannung aufgebaut wird – aber auch eine romantische Szene wird ohne Ton in den allermeisten Fällen deutlich flacher wirken als mit Ton. Über den Hörsinn erreichen wir mit Spielen also auch das Fühlen – zumindest bezogen auf Gefühle und Emotionen. Den Tastsinn erreicht man nur, wenn der Spieler Musik und Effekte extrem laut aufdreht. ;-)

Ein wesentlicher Unterschied zwischen Audio in Film und Fernsehen gegenüber Audio in Computerspielen ist, dass Spiele interaktiv sind und daher die Ereignisse nicht oder nur in gewissem Rahmen vorhersehbar sind. Wenn beispielsweise in einer Spielszene durch musikalische Untermalung

---

26 Vgl. Schell, Jesse: The Art of Game Design, 2008. S. 351 f.

Spannung aufgebaut werden soll, hängt es meistens von Spieler-Aktionen ab, zu welchem Zeitpunkt diese Szene losgeht und wann sie endet.[27] Daher ist es bei Spielen wünschenswert, dass die Musik sich flexibel an die Spielsituation anpassen kann, was Komponisten und Musikproduzenten natürlich vor interessante Herausforderungen stellt.

Soundeffekte gibt es in Spielen überall dort, wo sie auch in Film und Fernsehen vorkommen: Ob es Schritte sind (die sich je nach Untergrund, Schuhwerk und Gangart anders anhören können), Explosionen und Schüsse, die Umgebungsgeräusche in einem Wald oder in einer Stadt – alles, was man am Bildschirm sieht und wovon der Spieler erwarten würde, dass es ein Geräusch macht, sollte auch ein Geräusch machen.

In Computerspielen gibt es aber noch weitere Ereignisse, die durch Soundeffekte wirkungsvoller dargestellt werden können: Ob das das Klicken auf einen Button ist, das Tippen eines Textes auf der Tastatur oder das Scrollen eines User-Interface-Elements – alles wirkt mit Ton dramatischer und wird den Spieler eher in die Spielwelt einbinden, wenn es auch entsprechend vertont ist.

Technisch kann man Audioeffekte unterteilen in andauernde Geräusche, wie z. B. ein Meeresrauschen, und solche, die einmal abgespielt werden, z. B. ein Schuss. Für andauernde Geräusche ist wichtig, dass diese ohne Knackser oder sonstige Unregelmäßigkeiten wiederholt werden können (Stichworte: *Loop* bzw. *Looping*).

Werkzeuge zur Musikproduktion für Spiele

Zur Produktion von Musik für Spiele können typische *DAWs* (*Digital Audio Workstations*) verwendet werden. Das sind Programme, die den vollständigen Produktionsprozess von Komposition bis Mastering unterstützen und somit auch als virtuelles Musikstudio bezeichnet werden könnten. Zwei Beispiele hierfür sind *Cubase* und *Logic Pro*. Beide unterstützen auch sogenannte *VST-*(*Virtual Studio Technology-*)Instrumente und -Effekte. Also vereinfacht gesagt Synthesizer, Sampler und Effektgeräte, die als Plug-ins auf dem Rechner laufen. Natürlich kann man auch Hardware-Synthesizer, -Sampler und -Effektgeräte verwenden. Dann benötigt man aber zusätzlich ein Mischpult, um die Audiosignale der verschiedenen Geräte wieder zusammenzumischen, und ein entsprechendes Audio-Interface, um die Musik wieder zurück in den Computer zu bekommen.

Unity bietet seit der Version 3.0 auch die Unterstützung von sogenannten *Tracker-Formaten*. Dabei handelt es sich um eine Kombination aus Audiosamples, die als Instrumente dienen, und aus der Sequenz, also der Abfolge, in der diese Samples in verschiedenen Tonhöhen abgespielt werden. Auf

---

27 Ein kleiner Trick, der in manchen Spielen funktioniert und dieses Problem elegant löst, besteht darin, die spannende Situation zeitlich zu beschränken: Wenn die Zeit abläuft, ist die Situation zu Ende. Dann kennen wir den Zeitpunkt im Voraus.

diese Art und Weise lassen sich ebenfalls Musikstücke in hoher Qualität produzieren, die aber nicht nur einen deutlich geringeren Speicherplatzverbrauch haben, was z. B. für Webspiele und auf mobilen Geräten eine Rolle spielt, sondern die prinzipiell auch zur Laufzeit, also während der Spieler spielt, geändert werden können. Somit können sich Musikstücke in Tracker-Formaten dynamisch der Spielsituation anpassen. Unity bietet dazu leider noch keine entsprechende API an. Musikstücke in Tracker-Formaten können Sie beispielsweise mit *MilkyTracker* (Mac OS X und Windows) oder *OpenMPT* (nur Windows) erstellen.

Seit Unity 5 gibt es in Unity einen mächtigen Audiomixer, der auch Effekte unterstützt. Den lernen Sie in Abschitt 8.4.6, *Audio-Engineering: Musik und Effekte aufeinander abstimmen* kennen.

Werkzeuge zum Erstellen von Audioeffekten

Eine naheliegende Möglichkeit, Audioeffekte zu erzeugen, besteht darin, die Geräusche mit einem Mikrofon aufzunehmen und über ein entsprechendes Audio-Interface in den Computer zu übertragen. Die so erzeugten Audiodateien können Sie dann mit einem beliebigen Audioeditor bearbeiten, z. B. mit *Audacity* (kostenfrei, Mac OS X und Windows) oder *WaveLab* (kommerziell, ebenfalls Mac OS X und Windows).

Alternativ können Sie auch die verschiedensten elektronischen Klangerzeuger (wie Synthesizer und VST-Instrumente) verwenden, um die Klänge ganz nach Ihren Vorstellungen zu designen. Zwei nennenswerte Hersteller von VST-Instrumenten und Effekten sind *Steinberg* und *Native Instruments*. Falls Sie Retro-Spiele mit dem typischen »8-Bit-Sound« entwickeln wollen, ist hierzu auch das bereits erwähnte *SFXR* verwendbar.

Falls Ihnen die Komposition von Musik oder das Sounddesign nicht liegt oder Sie nicht die entsprechenden Fähigkeiten mitbringen, können Sie natürlich auch bestehende Musik- oder Effektbibliotheken verwenden. Und diese Möglichkeit gibt es natürlich auch für 2D- und 3D-Assets und sogar – zumindest in einem gewissen Rahmen – für Scripts. Auf eine sehr einfache Möglichkeit, sich der Talente anderer zu bedienen, oder auch die eigenen Talente anderen anzubieten gehe ich im nächsten Abschnitt ein.

5.4 Teamwork für Einzelspieler: Unity Asset Store

Es liegt nahe, dass ein einzelner Entwickler kaum in allen Disziplinen der Spielentwicklung die entsprechenden Talente mitbringt. Und selbst in einem kleinen Team kann möglicherweise nicht jeder Bereich abgedeckt werden. Diese Problematik hat Unity Technologies erkannt und daher den *Unity Asset Store* eingeführt, den ich bereits mehrfach erwähnt habe. Die Idee ist dabei einerseits, jedem Unity-Spielentwickler eine Vielzahl von Assets aus allen Bereichen zur Verfügung zu stellen, sodass man nicht jedes einzelne Asset selbst erstellen muss, das man zur Umsetzung seiner Spielidee braucht. Andererseits bietet der Asset Store natürlich denjenigen, die ihre Assets anderen anbieten möchten, einen lukrativen Marktplatz.

Auch bei über 20.000 Paketen im Januar 2015 ist es zwar nicht unbedingt so, dass man für jeden Bedarf etwas findet, aber zumindest findet man für praktisch alle Bereiche zumindest eine Arbeitsgrundlage: Ob das nun Texturen sind, Modelle, um einen Raum zu füllen, animierte Charaktere, verschiedenste Musikstücke zur stimmungsvollen Untermalung oder Soundeffekte. Außerdem gibt es eine Vielzahl von Erweiterungen des Unity Editors, die nicht nur die tägliche Arbeit mit Unity erleichtern, sondern teilweise Dinge ermöglichen, die man sonst erst mit hohem Aufwand selbst entwickeln müsste.

Natürlich ist der Asset Store nicht die einzige Quelle für Game Assets. Aber da die Pakete erst nach einer Prüfung durch Mitarbeiter von Unity Technologies veröffentlicht werden, entsprechen die Assets einem gewissen Standard. Und da es der Unity Asset Store ist, sind sie speziell für die Unity Engine optimiert und funktionieren dort auch reibungslos.

Gleiches gilt natürlich auch für die Assets, die wir im Folgenden zur Entwicklung unseres Buch-Spiels verwenden. Es würde den Rahmen sprengen, hier die konkrete Bedienung der vielfältigen Werkzeuge zu beschreiben oder gar die Künste lehren zu wollen, denen diese Werkzeuge dienen. Auf dieser Reise kann ich Sie leider nicht begleiten.

Daher biete ich im Folgenden die jeweils benötigten Assets zum Download an und beschränke mich auf deren Anwendung in Unity. Dies soll den geneigten und entsprechend talentierten und mit den richtigen Werkzeugen ausgestatteten Leser natürlich nicht davon abhalten, seine ganz eigene Version des Spiels mit komplett eigenen Assets umzusetzen.

5.5 Klassisches Teamwork oder Backup: Versionsverwaltung

Sind Sie in der glücklichen Situation, in einem kleinen Team arbeiten zu können, in dem die verschiedenen zur Spielentwicklung notwendigen Talente vereint sind? Dann stellt sich natürlich die Frage, wie mehrere Leute möglichst reibungslos und am besten gleichzeitig an einem Projekt arbeiten können. Die Standardantwort darauf kommt aus der Softwareentwicklung und heißt *Versionsverwaltung*. Und das ist gleichzeitig durchaus auch für Einzelentwickler eine sehr nützliche Sache, wenn auch aus anderen Gründen:

Die von einer Versionsverwaltung gehaltene Versionshistorie ermöglicht es nämlich, jede wesentliche Veränderung auch im Nachhinein zu überprüfen und rückgängig zu machen, wenn das mal notwendig wird – beispielsweise, wenn man feststellt, dass eine Funktionalität, die früher einwandfrei gearbeitet hat, nach verschiedenen Änderungen plötzlich nicht mehr das tut, was man von ihr erwartet.

Vereinfacht gesagt bestehen Systeme zur Versionsverwaltung aus einem zentralen Repository, in dem der aktuelle Projektstand sowie die gesamte Versionshistorie abgelegt sind, so wie einer Software, die den Zugriff auf dieses Repository ermöglicht. Dabei arbeitet man mit einer lokalen *Arbeitskopie* des Projekts, die sich vom aktuellen Stand des Repository unterscheidet, aber mit verschiedenen Aktionen synchronisiert werden kann: Jederzeit können Änderungen von anderen Entwicklern im Repository auf die aktuelle Arbeitskopie übertragen werden. Dieser Vorgang wird meistens mit *Checkout, Aktualisieren* oder *Get Latest Version* bezeichnet. Und Änderungen in der lokalen Arbeitskopie können – wenn sie fertig sind – jederzeit in das Repository eingespielt werden, was meist mit *Checkin* bezeichnet wird.

Beispiele für konkrete Lösungen zur Versionsverwaltung mit direkter Integration in Unity wären der *Unity Asset Server, Perforce* und *Plastic SCM*. Weitere Lösungen wären z. B. *Microsoft Team Foundation Server, Subversion, Bazaar* oder *Git*.[28]

Eine wichtige Besonderheit für die Versionsverwaltung im Zusammenhang mit Unity ist, dass wir es hier häufig mit vielen, teilweise sehr großen Binärdateien zu tun haben, was im Softwareentwicklungsalltag, für den die meisten Versionsverwaltungen ursprünglich entwickelt wurden, eher untypisch ist.[29] Mit den direkt in Unity integrierten oder spezifisch für die Spielentwicklung entworfenen Lösungen sollte es damit aber keine Schwierigkeiten geben.

Prinzipiell würde ich die Verwendung einer geeigneten Versionsverwaltung auf jeden Fall empfehlen, und falls Sie im Team arbeiten und ihr Spiel dennoch ohne Versionsverwaltung entwickeln wollen, müssen Sie sich sehr eng koordinieren und die Arbeitsabläufe entsprechend koordinieren. Leider würden alle dazugehörigen Details aber hier den Rahmen sprengen. Daher belasse ich es bei dieser Empfehlung. Denn: Ein unvollständiger Prototyp wartet darauf, zu einem vollwertigen Spiel zu werden – gehen wir es an!

---

28 Link auf *unity-buch.de:* Details zum Einrichten der verschiedenen Versionsverwaltungen würden hier den Rahmen sprengen, sind aber von *http://unity-buch.de* aus verlinkt: *Version Control Integration* und *Using External Version Control Systems with Unity.*

29 Link auf *unity-buch.de:* Zu diesem Thema gibt es auch Fragen mit entsprechenden Antworten im Internet, z. B. *Is there a distributed VCS that can manage large files?*

6 Den Prototyp fertigstellen

Wir hatten unsere Prototypentwicklung ja unterbrochen, weil wir festgestellt hatten, dass mangels Oberflächenstruktur (Textur) an Boden und Wänden die Orientierung fehlt, man als Spieler also die Geschwindigkeit des Fahrzeugs nicht wirklich erfahren kann. Und das stellt bei einem schnellen Spiel, wie Traces of Illumination es werden soll, einen Mangel dar, der auch bei einem Prototyp nicht akzeptabel ist. Diesen Mangel werden wir nun also beheben.

6.1 Eigene Materialien erstellen und verwenden

In Unity bestimmen – wie in den meisten 3D-Tools – Materialien, wie die Oberflächen von 3D-Modellen konkret am Bildschirm dargestellt werden. Dies umfasst natürlich die *Textur*, also welche Farbe jeder einzelne Punkt auf der Oberfläche haben soll. Bei den meisten 3D-Modellen spielt dabei das UV-Mapping eine große Rolle, über das bestimmt wird, wie die Pixel-Koordinaten der zweidimensionalen Grafik den Punkten der Oberfläche des 3D-Objekts im dreidimensionalen Raum zugewiesen werden sollen.

Weiterhin definieren Materialien auch Eigenschaften, wie Transparenz, Lichtreflexionen oder sogar kleine visuelle Verformungen[1] des 3D-Modells. Tatsächlich verweist in Unity das Material lediglich auf einen Shader, also auf ein kleines oder auch größeres Programm, das direkt auf der Grafikkarte ausgeführt wird. Der Shader kann eine Menge von Eigenschaften definieren, die wir dann als Eigenschaften des Materials über den Editor zuweisen bzw. einstellen können. Probieren wir es einfach aus – dazu benötigen wir zuerst ein Material und müssen es einem `GameObject` in unserer Szene zuweisen.

---

[1] Stichworte: Bumpmapping oder Normalmapping

6.1.1 Material anlegen und einem GameObject zuweisen

1. Öffnen Sie Unity mit dem letzten Stand des Projekts. Sie können als Startpunkt für dieses Kapitel auch `Traces_Prototype.zip` aus dem Downloads-Bereich der Website zum Buch verwenden.

2. Legen Sie einen neuen Ordner im *Project Browser* an, und nennen Sie diesen Ordner `Materials`.

3. Ziehen Sie nun erst mal unser erstes Material, `TracerMaterial`, in diesen Ordner – so viel Ordnung muss sein.

4. Erzeugen Sie ein neues Material, und zwar folgendermaßen: Mit einem Rechtsklick auf den Ordner `Materials` erhalten Sie das Kontextmenü. Wählen Sie darin *Create/Material*. Nennen Sie das neue Material `BottomPlate`.

5. Das neue Material sollte im *Project Browser* selektiert sein. Sie sehen also im Inspector die Eigenschaften.

6. Da seit Unity 5 der `Standard`-Shader als Standard für neue Materialien gilt, wir aber erst mal mit einem simplen `Diffuse`-Shader anfangen wollen, wählen wir unter `Shader` den Shader `Legacy Shaders / Diffuse`. Hier gibt es nur die Eigenschaften `Main Color`, eine Textur (`Base (RGB)`) sowie `Tiling` und `Offset` – für den Anfang genau das Richtige.

7. Klicken Sie auf das farbige Feld rechts von `Main Color` – damit öffnen Sie die Farbpalette. Wählen Sie irgendeine auffällige Farbe, beispielsweise Grün. Das Material sollte dann so aussehen wie in Abb. 6.1.

8. Weisen Sie nun das neue Material unserem `BottomPlate`-GameObject in der Szene zu. Dazu gibt es mehrere Möglichkeiten:

   a) Sie können das Material direkt auf das GameObject `BottomPlate` in der *Hierarchy View* ziehen.

   b) Sie können das neue Material in die *Scene View* auf die Bodenplatte ziehen. Das ist insofern sehr elegant, als Sie dabei schon vor der Zuweisung durch Loslassen des Mousebuttons den Effekt sehen, den das Material auf das Objekt haben wird. Einen sichtbaren Unterschied macht das natürlich nur, wenn das neue Material sich auch von dem alten Material unterscheidet. Machen Sie nur nicht den gleichen Fehler, den ich hier gerade beim Schreiben gemacht habe, und verwechseln Sie nicht *Game View* und *Scene View*. In der *Game View* funktioniert das nämlich nicht.

   c) Sie können zunächst in der *Hierarchy View* das GameObject `BottomPlate` anwählen, dann im *Inspector* die Komponente `MeshRenderer` öffnen (sofern sie nicht bereits offen ist), das Property `Materials` aufklappen (sofern es nicht schon offen ist) und dann das Material `BottomPlate` aus der Project View in den Slot `Element 0` ziehen. Diese Methode ist vor allem dann nützlich, wenn ein 3D-Objekt mehrere

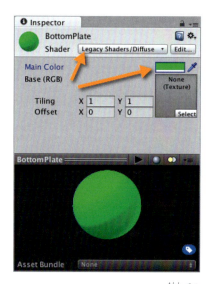

Abb. 6.1
Material BottomPlate grün

Materialien erfordert. Außerdem funktioniert diese Variante seit Unity 3.5 auch mit Mehrfachauswahl von GameObjects. Das heißt, Sie könnten beispielsweise alle vier Wände auswählen und dann in einem Schritt das gewünschte Material zuweisen.

d) Oder Sie können, wenn Sie Materials im *Inspector* in der Mesh-Renderer-Komponente offen haben, auf das kleine *Kreis-Icon* rechts neben dem Material-Namen in dem Slot von `Element 0` klicken (siehe auch Abb. 6.2). Das öffnet eine Auswahl aller Materialien mit einer Vorschau, aus der Sie ein Material auswählen können. Auch das funktioniert mit Mehrfachauswahl. Klicken Sie übrigens auf den Property-Wert selbst (jetzt sollte dort `BottomPlate` stehen), so wird im Project Browser zu dem entsprechenden Asset navigiert. Das ist sehr praktisch, um herauszufinden, wo in einer komplexeren Projektstruktur irgendein Asset (in dem Fall ein Material) versteckt ist.

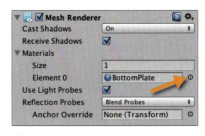

Abb. 6.2
Material im Mesh Renderer

> Das Zuweisen von Materialien in Unity veranschaulicht auch der Screencast:
> *Unity Basics: Einem Objekt ein Material zuweisen*.

Screencast auf unity-buch.de

Jetzt haben wir also unserem GameObject `BottomPlate` das dazugehörige Material `BottomPlate` zugewiesen und können mit den Materialeigenschaften experimentieren. Wir sehen dabei auch sofort die Auswirkungen unserer Veränderungen.

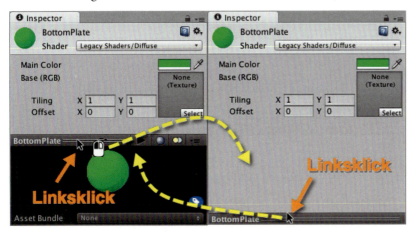

Abb. 6.3
Material-Preview ein-/ausblenden

> Die Materialvorschau in Abb. 6.1 unten können wir mit 🖱 (Linksklick) auf den Header aus- und wieder einblenden (siehe Abb. 6.3). Mit 🖱 (Rechtsklick) auf den Header können Sie diese Vorschau auch zu einer eigenen *View* (*Preview View*) machen, die wir dann z. B. neben der Game View ablegen können, um jederzeit »große Vorschauen« zu haben (siehe Abb. 6.4). Durch Schließen der *Preview View* stellen Sie den Ursprungszustand wieder her (Vorschau im Material-Inspector).

Pro-Tipp

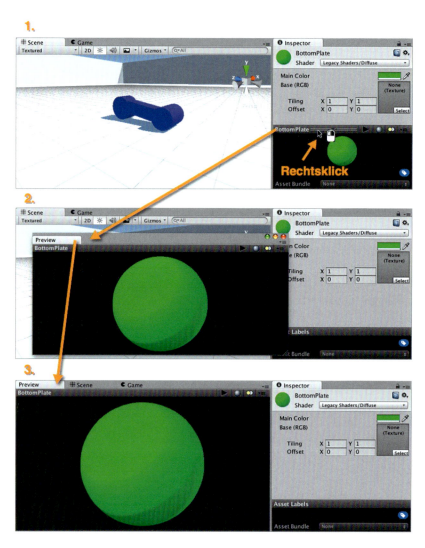

Abb. 6.4
Material-Preview in eigene View auslagern

Beim Verändern von Materialeigenschaften müssen Sie noch eine Sache immer im Hinterkopf behalten, die ich im folgenden Abschnitt vorstelle.

Eine Besonderheit von Materialeigenschaften im Inspector

Auch wenn Sie die Veränderungen sowohl durch Anklicken des Materials im *Project Browser* als auch direkt in der entsprechenden Komponente im *Inspector* zu dem GameObject aus der *Hierarchy View* (also der Szene) vornehmen können, handelt es sich in beiden Fällen um ein Projektmaterial, das vielleicht auch von anderen Objekten verwendet wird. Das heißt, Veränderungen betreffen möglicherweise auch Objekte, die Sie gerade nicht sehen.

Um diesen Punkt zu veranschaulichen, weisen Sie das Material `BottomPlate` auch den Objekten `WallEast`, `WallNorth`, `WallSouth` und `WallWest` zu. (Das ist nebenbei auch eine gute Möglichkeit, die vier oben beschriebenen Zuweisungsmethoden praktisch zu üben.)

Selektieren Sie nun in der *Hierarchy View* wieder das GameObject `BottomPlate`, und ändern Sie im *Inspector* die Farbe, z. B. auf Rot. Obwohl Sie dem Anschein nach nur das GameObject `BottomPlate` geändert haben, sind jetzt auch alle Wände rot, weil die `Material`-Komponente tatsächlich nur eine Ansicht auf das eine Material `BottomPlate` im Projekt ist. Das bedeutet: In Wirklichkeit haben Sie gar nicht das GameObject `BottomPlate` in der Szene verändert, sondern das Material `BottomPlate` im Projekt. Meistens ist das sehr praktisch – manchmal aber auch ein Fluch (das wird uns später noch beschäftigen).

Da Sie hier ein Asset aus dem Projekt ändern und nicht ein Objekt aus der Szene, bedeutet das auch, dass Änderungen an Materialien im Playmode persistent sind. Das heißt, wenn Sie ein Material verändern, während Sie das Spiel testen, dann bleibt diese Veränderung auch nach Beendigung des Playmode erhalten. Hilfreich ist, dass Unity seit einiger Zeit auch Undo unterstützt.[2] Damit können wir unerwünschte Änderungen dann doch rückgängig machen. Noch sicherer ist die Verwendung einer Versionsverwaltung.[3]

Wahrscheinlich vermuten Sie schon, dass wir später ein Material für die vier Wände verwenden werden und ein anderes Material für den Boden. Damit haben wir dann auch gleich ein Beispiel, in dem das soeben beschriebene Verhalten sehr praktisch ist: Man muss nämlich so nicht immer die Materialien von jedem einzelnen Objekt ändern. Später werden wir noch sehen, dass die Verwendung einiger weniger Materialien für mehrere Objekte auch unter Performancegesichtspunkten vorteilhaft ist, was vor allem für mobile Geräte (iOS, Android, Blackberry, Windows Phone) eine größere Bedeutung hat. Jetzt spielen wir aber erst mit verschiedenen Shadern und Texturen.

6.1.2 Texturen zuweisen

> Laden Sie dazu die Beispieltexturen in dem Paket `Materials_Package.zip` aus dem Download-Bereich der Website zum Buch.

Download von unity-buch.de

Nach dem Entpacken haben Sie eine Datei vom Typ `.unitypackage`, die Sie entweder direkt über einen Doppelklick auf die Datei oder mittels des Unity-Menüs *Assets/Import Package/Custom Package* importieren können.

---

[2] ⌘-Z bzw. Strg-Z oder über das *Edit*-Menü. Hier wird auch die genaue Aktion angezeigt, die rückgängig gemacht wird.
[3] Siehe Abschnitt 5.5, *Klassisches Teamwork oder Backup: Versionsverwaltung*.

Wie Sie sehen, können wir zusätzlich zu den von Unity mitgelieferten Paketen auch eigene definieren.[4]

Nach dem Import haben wir in unserem Projekt unter Materials ein weiteres Verzeichnis Textures mit fünf verschiedenen Texturen für unser Raster. Die Zuweisung der Texturen zu GameObjects funktioniert auf ähnlich vielfältige Weise wie das Zuweisen von Materialien zu GameObjects: Es geht über die *Scene View* (hier allerdings ohne die von Materials gewohnte Vorschau), die *Hierarchy View* oder die beiden bekannten Methoden im *Inspector*, wobei wir natürlich jetzt die Textur auf die dafür vorgesehene Fläche unter Main Color des Materials ziehen bzw. statt dem kleinen Kreis auf »Select« klicken, um in die Auswahlliste zu kommen.

Moment! Haben Sie es schon ausprobiert?

Ist Ihnen aufgefallen, dass ich »Zuweisung der Texturen zu GameObjects« geschrieben habe? Müsste es nicht »Texturen zu Materialien« heißen? Falls Sie es ausprobiert haben, ist Ihnen bestimmt aufgefallen, dass Unity unter dem Verzeichnis Materials ein weiteres Verzeichnis Materials angelegt hat, und in diesem Verzeichnis einige neue Materialien mit den Namen der Texturen. Damit hätten wir also eine Methode, um sehr schnell Objekten Texturen zuzuweisen und dabei die entsprechenden Materialien automatisch anzulegen.

Für uns ist das allerdings weniger sinnvoll, also löschen wir das Verzeichnis mit den neu angelegten Materialien (falls es dieses Verzeichnis bei Ihnen jetzt gibt). Dabei sehen Sie auch, wie es aussieht, wenn ein Objekt in Unity gar kein Material hat (grell Magenta). Und stellen Sie dann sicher, dass unsere Objekte BottomPlate, WallEast, WallNorth, WallSouth und WallWest wieder alle das Material BottomPlate zugewiesen haben. Schließlich weisen wir unserem Material BottomPlate die Textur Raster_01 zu, direkt im Inspector – hier erzeugen wir kein neues Material, sondern ändern ein bestehendes.

Ich hoffe, Ihre Enttäuschung ist jetzt nicht zu groß, wenn das Ergebnis erst mal gar nicht toll aussieht: Wir hatten ja vorhin die Farbe des Materials auf Rot gesetzt, und mit der blauen Textur ergibt das fast Schwarz. Dabei sehen wir aber, dass wir mit Main Color die Möglichkeit haben, Texturen in einem gewissen Rahmen einzufärben – dazu erfahren wir gleich noch etwas mehr. Setzen Sie aber fürs Erste Main Color von BottomPlate am besten auf Weiß, damit die Farben der Textur ungefiltert auf das Objekt übernommen werden.

Spätestens jetzt wird das zweite Problem deutlich: Statt eines schönen Rasters sehen wir lediglich ein riesengroßes Kreuz (siehe Abb. 6.5). Das bringt uns natürlich für unseren Prototyp gar nichts, weil wir ja ein Gefühl für die Geschwindigkeit bekommen wollen, und dafür brauchen wir ein feineres Raster.

---

4 Dies ist, nebenbei bemerkt, auch eine Möglichkeit, in Teams ohne Versionsverwaltung gemeinsam an einem Projekt zu arbeiten – wenn auch keine besonders komfortable.

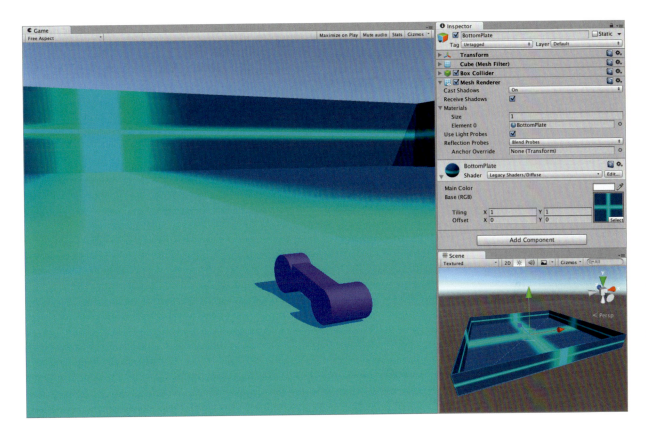

Abb. 6.5
Das Raster ist zu groß!

Normalerweise löst man diese Problematik in einem 3D-Modelling-Tool durch Anpassung der UV-Map. Praktischerweise bietet unser Diffuse-Shader aber die zwei Parameter *Tiling* und *Offset*. Mit denen können wir das Problem auch direkt in Unity lösen. Ändern Sie zunächst die x- und y-Werte von Offset auf 0.5. Damit verschieben wir unser Raster so, dass die Linien nicht mehr mitten durch das Spielfeld verlaufen, sondern außen am Rand. Als Nächstes müssen wir uns überlegen, wie groß ein Quadrat unseres Rasters in der Spielwelt sein soll – sagen wir 10 m auf 10 m. Sehen wir uns die Skalierung des GameObject BottomPlate an: (200, 1, 200). Das sind 200 m auf 200 m. Also müssen wir unsere Textur 20-mal in beide Richtungen wiederholen. Tragen Sie in Tiling bei x und y also jeweils 20 ein, und wir haben den gewünschten Effekt (zumindest bei der Bodenplatte, für die dieses Material ja eigentlich gedacht ist). Alle wesentlichen Einstellungen für das GameObject BottomPlate sehen Sie auch in Abb. 6.6.

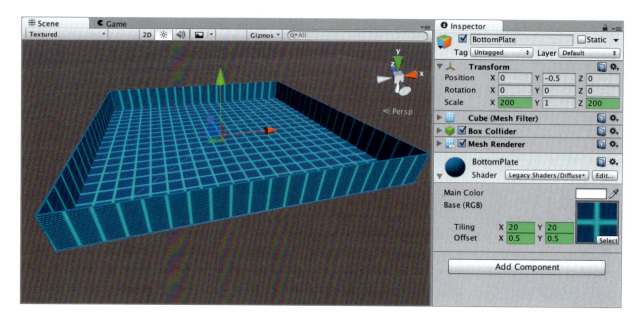

Abb. 6.6
Alle für das Material relevanten Einstellungen bei BottomPlate

Probieren wir es sofort aus: PLAY!
Wenn Sie ähnlich empfinden wie ich, fühlen Sie jetzt die Geschwindigkeit unseres Tracers schon sehr deutlich, und damit wäre dieser Aspekt unseres Prototyps sauber gelöst. Allerdings sehen die Wände ziemlich komisch aus. Und außerdem wollen Sie ja nicht nur einen Prototyp entwickeln, sondern auch etwas über Unity lernen – und da wir uns gerade mit den Materialien beschäftigen, ist dies ein guter Zeitpunkt für einige Experimente, die zwar für den Prototyp irrelevant sind, aber Ihnen hoffentlich Spaß machen und Sie zu eigenen Experimenten inspirieren.

Übung macht den Meister

Die Wände schön machen

1. Duplizieren wir also erst mal das Material BottomPlate im *Project Browser* und benennen das aus dieser Operation resultierende Bottom-Plate 1 in Walls um.
2. Damit sich unser neues Material von BottomPlate auch visuell unterscheidet, weisen wir über den *Inspector* die Textur Raster_02 dem neuen Material Walls zu.
3. Dann weisen wir das Material Walls den Objekten WallEast, WallNorth, WallSouth und WallWest in unserer Szene zu. Versuchen Sie dies mit Multiselect in einem Schritt.
4. Jetzt wählen wir in der *Scene View* eine unserer vier Wände aus und korrigieren im *Inspector* den Wert von Tiling. Finden Sie den Wert selbst heraus? Falls nicht, hilft ein Blick in die Fußnote.[5]

---

5 Da die Wände die Skalierung (1, 20, 200) haben, brauchen wir also (20, 2). Das Offset lassen wir auf (0.5, 0.5).

5. Und jetzt spielen wir wieder unser Spiel, weil's einfach Spaß macht und auch schon ganz nett aussieht (siehe Abb. 6.7). Ob dieser Raster-Level mit den gewählten Farben natürlich jetzt wirklich schön ist oder nicht, liegt auch ein wenig im Auge des Betrachters.

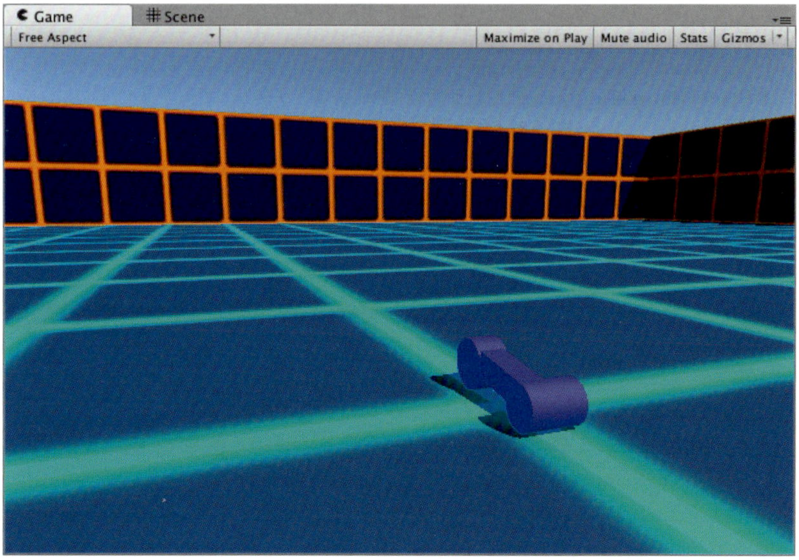

Abb. 6.7
Raster-Fahri

6.1.3 Mip-Mapping und Qualitätseinstellungen

Ein Aspekt, der nicht im Auge des Betrachters liegt, ist die Qualität der Texturen. Vielleicht fällt Ihnen auf, dass unser Raster am Boden schon bei einer relativ geringen Distanz sehr verschwommen wirkt und wir außerdem einen plötzlichen Übergang von scharf zu unscharf haben, der fast wie eine Kante aussieht. Falls das bei Ihnen nicht auftreten sollte, haben Sie möglicherweise andere *Qualitätseinstellungen* definiert (*Edit/Project Settings/Quality* – klicken Sie ggf. auf Good). Sie können den Effekt aber recht deutlich in Abb. 6.8 sehen.

Abb. 6.8
Mip-Map Artefakte

Dabei handelt es sich um ein Artefakt des Mip-Mapping, einer Technik, die eigentlich dazu gedacht ist, Bildqualität und Geschwindigkeit zu verbessern. Die Idee dabei ist, dass von einer Textur mehrere Versionen in jeweils halbierter Auflösung[6] gespeichert werden. Die daraus resultierenden unschärferen und speicherplatzsparenderen Texturen werden dann für Objekte verwendet, die weiter entfernt sind und damit natürlich am Bildschirm kleiner erscheinen, also auch tatsächlich weniger Details in der Textur brauchen. Dies vermeidet unter anderem hässliche Moiré-Effekte.

---

6 Gemeint ist hier, dass z. B. 128×128 zu 64×64 »halbiert« wird. Orientiert man sich an den daraus resultierenden Bildpunkten, wäre das natürlich nur ein Viertel der Bildpunkte.

Das Problem bei uns ist, dass wir eine große Fläche mit einer Textur mit relativ scharfen Kanten haben, die fast in Blickrichtung der Kamera verläuft und dabei recht offensichtlich zwischen den Versionen der Textur für nah und fern umschaltet. Zu Lösung dieses Problems gibt es mehrere Möglichkeiten.

Zunächst sollten wir uns die Textur genauer im *Inspector* ansehen und uns etwas näher mit den Import-Einstellungen vertraut machen. Wählen Sie also bitte in der Project View die Textur *Raster_01* aus. Interessant sind für uns im Moment die Einstellungen *Filter Mode* und *Aniso Level*. Außerdem können wir mit dem Schieberegler oben rechts im *Preview*-Bereich komfortabel die verschiedenen Mip-Map-Versionen auswählen und ansehen (siehe auch Abb. 6.9).

Abb. 6.9
Import-Einstellungen für Texturen

Filter Mode bestimmt, wie die Textur gefiltert werden soll, wenn sie aufgrund von 3D-Transformationen verzerrt wird, und bietet die Auswahl `Point`, `Bilinear`, `Trilinear`.[7] Dabei sorgt `Point` dafür, dass die maximal mögliche Schärfe erhalten wird – was dafür zur offensichtlichen Verpixelung führt. `Bilinear` wirkt diesem Effekt entgegen, indem es die Pixel unscharf macht. Für unseren Fall interessant ist `Trilinear`, da hier dafür gesorgt wird, dass der Übergang zwischen verschiedenen Mip-Levels fließend ist. Vergessen Sie beim Ausprobieren dieser Varianten nicht, jeweils den Button `Apply` zu klicken, um die Änderungen in der *Game View* visuell überprüfen zu können.

Durch die Auswahl von `Trilinear` können wir also das Problem der scheinbaren Kante beim Übergang zwischen zwei Mip-Levels lösen. Die Textur ist in der Ferne aber immer noch unangenehm unscharf. Dieses Problem können wir mit *Aniso Level* angehen: *Anisotropes Filtern* ist ein Verfahren, bei dem der Neigungswinkel des Polygons in die Berechnung der Pixelfarben einbezogen wird. Es ist damit perfekt für unseren Problemfall mit der Bodentextur geeignet. Mit dem entsprechenden Slider können wir das Maß anisotroper Filterung einstellen. Bei einem Wert von 5 ist visuell auch kein Unterschied mehr zwischen Bilinear und Trilinear erkennbar. Leider hat die hohe Qualität ihren Preis – und zwar kosten die besseren Filter mehr Zeit. Die Kunst des Spielentwicklers besteht an dieser Stelle darin, die richtige Balance zwischen Qualität und Performance zu finden. Ich würde für die Textur `Raster_01` den `Filter Mode` = `Bilinear` mit `Aniso Level` = 8 empfehlen (siehe Abb. 6.10), da das Raster auf der Bodenplatte bei diesem Spiel sehr viel Aufmerksamkeit des Spielers auf sich ziehen wird und daher eine schlechte Qualität an dieser Stelle deutlich auffällt. Falls wir später beispielsweise bei der Portierung für mobile Geräte Performanceprobleme feststellen, könnten wir uns immer noch für einen qualitativ weniger hübschen Kompromiss entscheiden.

---

7 Link auf *unity-buch.de:* An dieser Stelle sollen diese Begriffe nur sehr oberflächlich eingeführt werden. Einen Artikel mit etwas vertiefter Erklärung habe ich verlinkt. Sie finden ihn unter dem Titel *Grafik-Filter: Bilinear bis Anisotrop im Detail.*

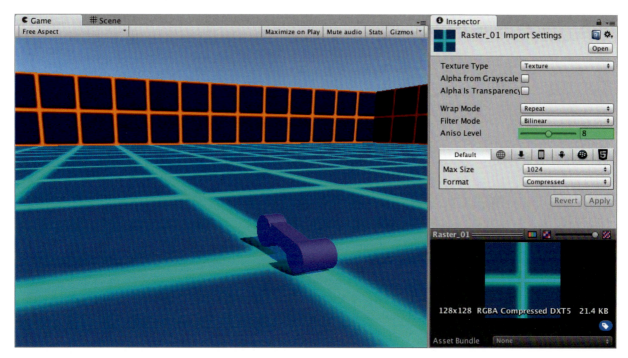

Abb. 6.10
Jetzt ist das Raster glasklar: Rastafari

Die Empfehlung gilt allerdings nur für die Bodenplatte – bei den Wänden, für die wir ja die Textur `Raster_02` verwenden, reichen geringere Werte. Achten Sie aber – wenn Ihnen die optimale Bildqualität am Herzen liegt – auch hier auf den Fall, dass der Tracer direkt an der Wand entlang fährt. In diesem Fall treten nämlich ähnliche Probleme auf wie auf dem Boden. Ich würde hier den `Filter Mode` auf `Trilinear` stellen und `Aniso Level` auf 1 belassen.

Wenn Sie die volle Kontrolle über die Textur-Import-Einstellungen wünschen, so können Sie ganz oben in den *Import Settings* `Texture Type` auf `Advanced` stellen. Da sind Sie dann allerdings von meiner Seite aus auf sich allein gestellt.

> **Natürlich nicht ganz!** Auf der Website zum Buch finden Sie wie üblich weiterführende Ressourcen verlinkt – sehen Sie sich beispielsweise den Link *2D Textures* an.

Link auf unity-buch.de

Was ich Ihnen an dieser Stelle jedoch noch auf den Weg geben möchte, ist ein erster Blick auf die projektweiten *Qualitätseinstellungen,* da es auch dort einige Einstellung zur Texturqualität gibt. Öffnen Sie dazu das Menü *Edit/Project Settings/Quality*. Damit erscheinen im Inspector die *Quality Settings,* die Sie auch in Abb. 6.11 sehen können.

Für uns sind an dieser Stelle die beiden Eigenschaften Texture Quality und Anisotropic Textures relevant. Beachten Sie, dass diese Einstellungen jeweils für die oben ausgewählte Qualitätsstufe gelten, in der Abbildung also für Good. Die verschiedenen Einstellungen pro Qualitätsstufe sollten natürlich entsprechend den Bedürfnissen des jeweiligen Spiels aufeinander abgestimmt sein. Für uns ist im Augenblick nur wichtig, dass die Einstellung Anisotropic Textures mit den Werten Disabled und Forced On unsere Einstellungen pro Textur überschreiben kann. Das heißt, die Einstellungen an der Textur kommen nur zum Einsatz, wenn hier Per Texture ausgewählt ist (und die entsprechende Qualitätsstufe auch tatsächlich aktiv ist). Über Texture Quality kann die Auflösung sämtlicher Texturen bis auf ein Achtel reduziert werden. Falls Sie also eines Tages verzweifelt versuchen herauszufinden, warum die kristallklare Textur in Unity nur als unscharfer Brei dargestellt wird: Erinnern Sie sich an diese Zeilen, und alles wird gut werden!

Natürlich hat auch eine falsche Einstellung bei Max Size in den Textur-Import-Einstellungen einen ähnlichen Effekt, wie Sie in Abb. 6.12 sehen. (Dort ist, um den Effekt offensichtlicher zu machen, auch bei Texture Quality der Wert Eighth Res eingestellt, also ein Achtel der Auflösung.) Der Unterschied ist, dass das die Stelle ist, an der Sie wahrscheinlich als Erstes nach der Ursache eines solchen Problems suchen werden. Merken Sie sich aber auch hier, dass es vielleicht nur eine der plattformspezifischen Einstellungen ist, die nicht stimmt. (In der Abbildung könnte es eines der fünf Icons rechts neben Default sein, die für Web, Standalone, iOS, Android und Flash stehen.)

Abb. 6.11
Qualitätseinstellungen

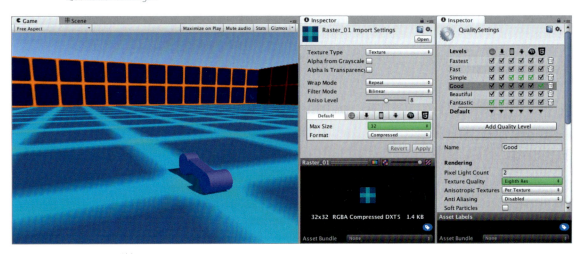

Abb. 6.12
Max Size auf 32, mit Texture Quality Eighth Res

6.1.4 Shader programmieren … äh … ausprobieren

Shader-Programmierung ist ein fortgeschrittenes Thema, das diesen kleinen Exkurs sprengen würde. Einige unterschiedliche Shader ausprobieren, um ein Gefühl für die Möglichkeiten zu bekommen, ist aber genau das, was wir jetzt tun werden.

Zunächst duplizieren wir das Material `BottomPlate` und benennen das Duplikat in `ATestMaterial` um. Dieses neue Material weisen wir dem GameObject `BottomPlate` zu. Dann können wir das GameObject `BottomPlate` in der *Hierarchy View* selektieren und mit dem Material im *Inspector* experimentieren. Wenn wir mit unseren Shader-Experimenten fertig sind, löschen wir das Material, weisen dem GameObject `BottomPlate` wieder das Material mit gleichem Namen zu und arbeiten an unserem Prototyp weiter.

Materialien einfärben

> Erinnern Sie sich daran, dass Sie mit dem kleinen *Schloss-Icon* rechts oben im Inspector mittels *Inspector-Lock* sicherstellen können, dass das Material `ATestMaterial` immer im *Inspector* angezeigt wird, auch wenn Sie in der Zwischenzeit andere Objekte aus Projekt oder Szene selektieren. Sie können auch zwei *Inspector Views* öffnen: eine, in der immer `ATestMaterial` angezeigt wird, und eine für das jeweils selektierte Objekt.

Probieren wir zunächst das Einfärben des Materials mit einer grauen Textur aus: Weisen Sie dem Material `ATestMaterial` die Textur `Raster_Grey` zu, und stellen Sie verschiedene Farben bei `Main Color` ein. Auf diese Weise können wir sehr einfach mit einer einzigen Textur verschiedene Farbvarianten von Objekten erzeugen, wie in Abb. 6.13 illustriert ist. (Die Materialvorschau können Sie übrigens mit den zwei Icons oben rechts anpassen, und so beispielsweise den im Screenshot verwendeten Torus auswählen oder auch eine Lichtquelle statt zweien aktivieren.)

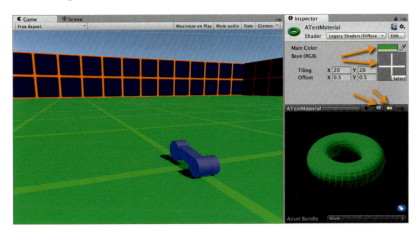

Abb. 6.13

Texturen einfärben

Transparente Shader anwenden

Wählen wir nun einen transparenten Shader für `ATestMaterial`, z. B. `Legacy Shaders/Transparent/Diffuse`. Das hat zunächst nur einen recht subtilen Effekt, da die Textur selbst zwar auf ihrem Alpha-Kanal ein leichtes Durchscheinen definiert, dieses aber zu subtil ist, um deutlich aufzufallen. Vielleicht ist Ihnen schon der weiße Streifen unten im Farbfeld aufgefallen. Er repräsentiert den Alpha-Wert der Farbe. Damit können wir also bestimmen, wie stark unsere Bodenplatte durchscheint (siehe Abb. 6.14).

*Abb. 6.14
Alpha-Wert für die Farbe einstellen*

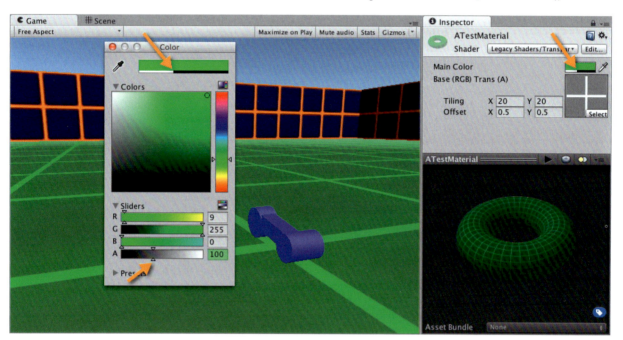

Pro-Tipp

> Unter Windows gibt es nur den Unity Color Picker – unter Mac OS X können Sie aber in den Einstellungen von Unity auswählen, ob der Mac OS X Color Picker verwendet werden soll oder der von Unity. Der Mac OS X Color Picker hat den Vorteil, dass Sie hier eine anwendungsübergreifende Farbpalette speichern können, die dann auch für andere Programme, beispielsweise Photoshop gilt (sofern Sie dort auch den Mac OS X Color Picker gewählt haben). Das heißt, Sie können z. B. in Ihrem Grafikprogramm und Unity die gleichen selbst definierten Farben verwenden. Dafür unterstützt der Unity Color Picker projektweite bzw. Unity-weite Farbpaletten. Der Mac OS X Color Picker verwendet Prozentwerte, der Unity Color Picker Werte zwischen 0 und 255. Daher gebe ich im Folgenden jeweils beide Werte an. Mehr dazu finden Sie in Abschnitt *11.2.3, Bilder und Farben aus der Designer-Vorlage übernehmen*.

Wenn wir einen Wert von 100 bzw. 39 % einstellen, so scheint der graue Hintergrund schon recht deutlich durch. Das ist zwar nett, aber für den gleichen Effekt hätten wir auch einfach Main Color entsprechend ändern können. Um den Effekt eines transparenten Shaders wirklich sehen zu können, brauchen wir natürlich etwas, das durch das transparente Objekt hindurchscheint und etwas interessanter ist als einfach nur die blaue Hintergrundfarbe unserer Kamera.

Duplizieren Sie also das GameObject BottomPlate, benennen Sie das neue Objekt in BeyondBottom um, und setzen Sie Position = (0, -2, 0). Weisen Sie schließlich dem neuen GameObject BeyondBottom noch unser altes Material BottomPlate zu. Nun sollte bei Ihnen, ähnlich wie in Abb. 6.15 das blau-türkise Raster von BeyondBottom unter dem grünen, transparenten Raster von BottomPlate hindurchscheinen. Das sieht schon interessanter aus!

Richtig zur Geltung kommt dieser Effekt aber erst, wenn Sie unseren Prototyp spielen. Mit dem durchscheinenden Untergrund fällt dann auch auf, dass der Wert 100 bzw. 39 % für den Alpha-Wert der Farbe möglicherweise doch etwas stark durchscheinend ist. Wenn wir den Wert auf 204 bzw. 80 % setzen, gefällt es mir persönlich besser. Aber das ist natürlich Geschmackssache.

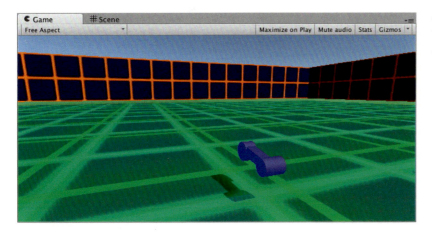

Abb. 6.15
Transparentes Material über solidem Untergrund

Parallax Specular Shader – die Wände deformieren und glänzen lassen

Als letzte Legacy Shader[8] wollen wir uns zwei *Parallax Shader* ansehen. Diese verwenden zusätzlich zur Textur eine *Normal-Map* und eine *Height-Map*. Er ermöglicht damit, unsere einfachen Quader, die wir als Wände verwenden, visuell zu deformieren.

---

8 Legacy, zu Deutsch »Vermächtnis«, bezieht sich auf alte Sachen in Unity. Bis Unity 5 waren die hier vorgestellten Shader der aktuelle Stand der Technik. Seit Version 5.0 ist es der Standard-Shader, und diese Shader gehören gewissermaßen zum alten Eisen.

Eine kleine Wiederholung zu *Normal-Maps,* da sie in Realtime-3D sehr wichtig sind:

> Während eine normale Textur pro Punkt die Farbe auf der Oberfläche des 3D-Modells bestimmt, kann über eine **Normal-Map** – wie der Name schon sagt – die Normale manipuliert werden. Die **Normale** ist dabei der Vektor, der orthogonal aus der Oberflächenebene heraus zeigt. Normalerweise ergibt sich dieser Vektor natürlich aus der Geometrie des Modells. Mit einer Normal-Map kann er aber pro Punkt auf der Oberfläche des Modells verbogen werden, was es uns ermöglicht, ohne zusätzliche Polygone feine Oberflächenstrukturen auf ein Modell zu projizieren.
>
> Ein typischer Anwendungsfall ist, dass von einem Modell mit einer hohen Anzahl von Polygonen (*High-Poly-Modell*) eine Version mit weniger Polygonen modelliert wird (*Low-Poly-Modell*), das aber grob der Form des High-Poly-Modells entspricht. Dabei gehen natürlich Details verloren, die dann wiederum mit einer vom 3D-Modelling-Tool generierten Normal-Map dem Low-Poly-Modell hinzugefügt werden können. Dieser Prozess wird auch als **Texture Baking** bezeichnet und dient letztlich dazu, mit einfachen und daher performancefreundlichen Modellen detailreiche Objekte darzustellen.

Link auf unity-buch.de

> Auf der Website zum Buch finden Sie auch Tutorials verlinkt, die erklären, wie man vorgeht, um in verschiedenen 3D-Modelling-Tools eine Normal-Map zu erzeugen.

Wir haben es in unserem Level mit sehr simplen 3D-Modellen zu tun, daher handelt es sich hier um den anderen typischen Anwendungsfall für Normal-Mapping: Anstatt Details einer Oberflächenstruktur in einem 3D-Programm zu modellieren, verwenden wir direkt eine Normal-Map. Der Effekt wird Sie schwer beeindrucken, und dabei ist es ganz einfach.

Da wir die `Parallax Shader` für die Wände verwenden wollen, machen wir zunächst eine Kopie des Materials `Walls` und nennen es `AnotherTestMaterial`. Das ist zwar nicht besonders kreativ oder aussagekräftig, für einen kleinen Test aber ausreichend – vorausgesetzt, es kommt nicht jemand auf die Idee, dieses Material später weiterzuverwenden. Aber in dem Fall benennt man es einfach um.

Dann weisen wir – am besten in einem Schritt (Sie erinnern sich?) – allen vier Wänden auf einmal das neue Material `AnotherTestMaterial` zu. So weit, so gut. Bisher hat sich noch nichts verändert.

Wählen wir nun als Shader für `AnotherTestMaterial` den Shader `Legacy/Parallax Diffuse`. Noch immer passiert hier nichts Spektakuläres, außer dass Unity uns freundlich darauf aufmerksam macht, dass wir einen *Normal mapped Shader* ohne *Normal-Map* verwenden, was unter Performancegesichtspunkten nicht so schlau ist. Nein, das ist es wirklich nicht. Geduld, Unity, Geduld!

Nun ziehen wir die Textur SpookyNormals[9] aus dem *Project Browser* (Materials / Textures) bei ausgewähltem Material AnotherTestMaterial in dessen *Inspector* auf den Textur-Slot bei Normalmap. In der *Game View* ist das immer noch unspektakulär – aber nutzen Sie mal die *Scene View,* um ganz nah an die Wand zu gehen.[10] Dann sehen Sie zumindest, dass sich irgendetwas getan hat. Damit Sie mir das auch glauben, habe ich mit Abb. 6.16 ein Beweisfoto erstellt und in diesem Buch abdrucken lassen. Dort sehen Sie auch mit dem Pfeil markiert, an welche Stelle Sie die Textur SpookyNormal gezogen haben sollten, für den Fall, dass Sie denken, irgendetwas falsch gemacht zu haben.

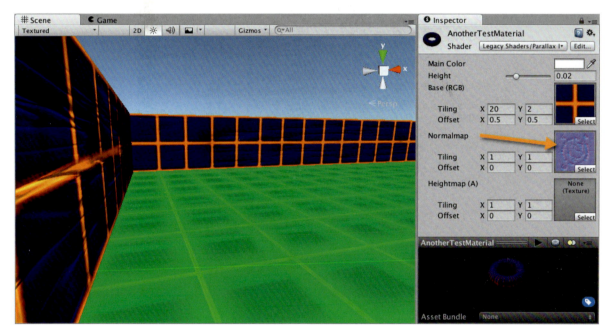

Abb. 6.16
Nicht wirklich Spooky ... noch nicht.

Erraten Sie, was hier fehlt? Ist hier vielleicht irgendetwas verzerrt? Jedenfalls erkennt man an der Wand erst mal nichts, was »spooky« ausschaut, sondern lediglich irgendwelche seltsamen Streifen.

Die Lösung: Die Eigenschaft Normalmap des Shaders Parallax Diffuse hat ihr eigenes Tiling und Offset. Wenn wir dort Tiling = (20, 2) und Offset = (0.5, 0.5) eintragen, dann sieht das schon ein Stück besser aus. Der Effekt ist aber immer noch so subtil, dass sich der Performanceverlust, auf den Unity vorhin hingewiesen hat, bestimmt nicht lohnt. Spielen Sie

---

9   Zum Erstellen dieser Normal-Map habe ich das Tool *Genetica* verwendet. Tatsächlich ist das sogar eine Preset-Textur, und zwar *Vampiric Warning* aus der Kategorie *Design*.
10 Sie erinnern sich bestimmt daran, dass wir in Unity in der Scene View mit einem First Person Controller navigieren können: Einfach die rechte Maustaste gedrückt halten und mit W A S D bewegen (bzw. mit Q E Aufzug fahren, also nach oben oder unten bewegen). Mit ⇧ können Sie sich schneller bewegen.

das Spiel ruhig mal, und beurteilen Sie das selbst. Dazu haben wir ja den Prototyp!

Wenn Sie an der Wand entlang fahren, nehmen Sie vielleicht wahr, dass da irgendeine Struktur auf der Wand ist. Das ist schon ganz nett, aber wir wollen wirklich ein wenig dicker auftragen. Dazu wechseln wir noch mal den Shader: Wählen Sie statt `Parallax Diffuse` bitte den Shader `Legacy Shaders/Parallax Specular`. Jetzt sieht man die Struktur schon recht deutlich, wie Abb. 6.17 zeigt, und zwar auch aus der Ferne – was ist passiert?

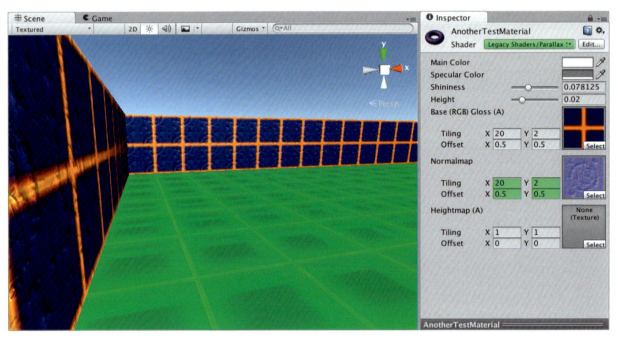

Abb. 6.17
Einfache, glänzende Oberflächenstrukturen

Specular (auf Deutsch: »spiegelnd«) steht in der Shaderwelt für Lichtreflexionen, also für Licht, das reflektiert wird, anstatt nur diffus die Farbe eines Materials sichtbar zu machen. Ein typisches Beispiel aus unserer Welt wäre glänzendes Plastik, in dem man zwar nicht unbedingt sein Spiegelbild sieht, in dem aber Lampen als helle Lichtpunkte reflektiert werden. Wenn Sie also in Unity etwas glänzen lassen wollen, kommt dazu üblicherweise ein Shader mit `Specular` im Namen infrage (außer wir verwenden physikbasiertes Shading; dazu später mehr).

Damit unsere Wände aber wirklich »spooky« werden, brauchen wir noch ein wenig mehr Effekt: Ziehen Sie `SpookyHeightmap` in den Slot `Heightmap` von `AnotherTestMaterial`. Beachten Sie dabei, dass hier zwar ebenfalls `Tiling` und `Offset` angegeben werden könnten, diese aber vom Shader nicht ausgewertet werden. Stattdessen übernimmt er die Werte von `Normalmap`. Ziehen Sie dann den Slider von `Height` ganz nach rechts, und wählen Sie für `Specular Color` ein giftiges Grün. Schließlich ziehen Sie `Shininess` ungefähr auf 0.07. Ein voll krasses Action-Foto direkt aus dem Playmode finden Sie in Abb. 6.18.

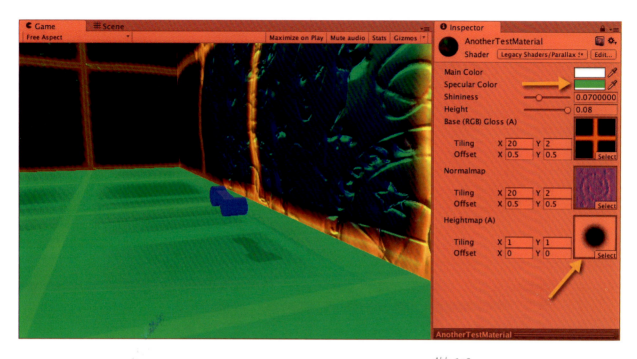

Abb. 6.18
Spooky Walls

Eine Textur für mehrere Aufgaben

Der Shader `Parallax Specular` kann noch ein wenig mehr: Vielleicht ist Ihnen aufgefallen, dass der Slot für die Textur hier nicht einfach `Base (RGB)` heißt wie beim Shader `Diffuse`, sondern `Base (RGB) Gloss (A)`. Das bedeutet, dass der Alpha-Kanal der Textur als *Specular Map* ausgewertet wird (bzw. »Gloss Map«). Sie könnten also mit dem Alpha-Kanal bestimmen, an welchen Stellen die Fläche wie stark glänzen soll. Dieses `(A)` finden Sie auch hinter `Heightmap`, und das sollte Ihnen sagen, dass Sie auch hier die Höheninformationen im Alpha-Kanal der Textur ablegen müssen. Diese Zweckentfremdung des Alpha-Kanals ist durchaus üblich. Lediglich bei den transparenten Shadern finden Sie `Base (RGB) Trans (A)`. Das heißt, hier wird der Alpha-Kanal wirklich zur Bestimmung der Transparenz verwendet.

> Falls Sie noch wenig oder keine Erfahrung mit der Bildbearbeitung haben, wissen Sie wahrscheinlich nicht, wie man einer Textur einen Alpha-Kanal hinzufügen oder diesen bearbeiten kann. Leider würde die Erklärung hier den Rahmen sprengen, und da ich nicht wissen kann, welches der vielen Bildbearbeitungsprogramme Sie verwenden (und in welcher Version), müsste ich es für alle erklären … was den Rahmen erst recht sprengen würde. Ich verwende aber bewusst Schlüsselwörter, die es Ihnen recht leicht machen sollten, entsprechende Tutorials zu finden. Versuchen Sie es Sie beispielsweise mit den Begriffen *Alpha Kanal Photoshop Tutorial* oder *Alpha Kanal Gimp Tutorial* in einer Suchmaschine Ihrer Wahl.

Aufräumen und Fehler korrigieren

Falls Ihnen unsere neuen Materialien gefallen, vergessen Sie nicht, ihnen sinnvolle Namen zu geben: `ATestMaterial` nenne ich jetzt `BottomPlate-Transparent`, und `AnotherTestMaterial` wird zu `Walls-Spooky`.

Schauen Sie sich schließlich `WallNorth` einmal ganz genau an: Unsere Grusel-Normal-Map `SpookyNormals` bildet auch so eine Art Gesicht ab, das bei allen anderen Wänden korrekt erscheint, aber bei `WallNorth` auf dem Kopf steht (siehe Abb. 6.19). Hier handelt es sich wieder um ein UV-Mapping-Problem, da bei dem Standardwürfel von Unity, den wir als Grundbaustein für die Wände verwendet haben, die eine Seite die Koordinaten von unten nach oben abbildet. Für unseren Prototyp ist die einfachste Lösung, `Rotation = (0, 180, 0)` zu setzen. Damit zeigt die gleiche Seite nach innen wie bei WallSouth – und der Kopf erscheint wieder richtig herum.

Abb. 6.19
Der Grusel-Kopf steht auf dem Kopf.

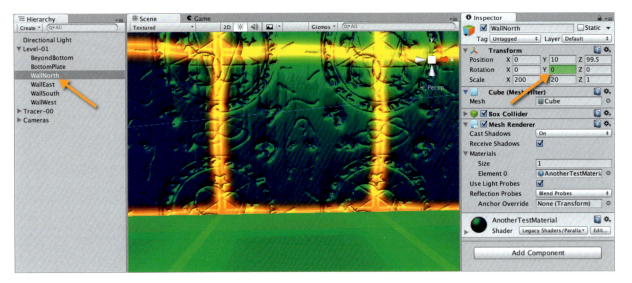

Download von unity-buch.de

> Das Projekt, wie es nach diesem Abschnitt aussehen sollte, finden Sie auf der Website zum Buch. Das ist die Datei Traces_Prototype_050.zip.

Ein weiteres Problem sehen Sie, wenn Sie sich die Wände von oben ansehen: Auf der Fläche der Quader, die nach oben zeigt, sind die Texturen nämlich gestaucht. Dieser Darstellungsfehler ist allerdings mit den Bordmitteln von Unity nicht mit erträglichem Aufwand zu beheben. Die einzig sinnvolle Lösung ist, den Level in einem 3D-Tool zu modellieren und mit sauberen UV-Maps zu versehen. Bei der Gelegenheit werden wir dann in Abschnitt *10.1, Die Level-Geometrie durch ein 3D-Modell ersetzen,* auch die Wände etwas dicker machen (10 m), damit unser Raster bei den Wänden nicht durcheinanderkommt. Falls Sie über entsprechende Tools und das nötige Know-how verfügen, können Sie das auch gleich jetzt erledigen (und natürlich in Abschnitt 10.1 schauen, was man dazu in Unity machen muss). Ich warte hier so lange. Wir haben Zeit! Aber warten Sie vielleicht noch, bis wir dieses Kapitel abgeschlossen haben. Jetzt wird es nämlich gleich noch mal interessant, wenn Sie erst Substances und dann die physikbasierten Shader kennenlernen.

6.1.5 Prozedurale Materialien: Substances

Wir hatten oben mit einer grauen Rastertextur durch Einfärben ein Material geschaffen, das hellgrüne Streifen auf einem dunklen Hintergrund hat. Das ist zwar ganz nett und durchaus eine Vorgehensweise, die man sich merken sollte, aber sicher ist Ihnen aufgefallen, dass wir damit sehr in unseren Möglichkeiten begrenzt sind. Rote Streifen auf gelbem Hintergrund werden wir auf diese Art und Weise nie hinbekommen.

Aber das wäre doch praktisch, oder? Wenn wir in jedem Level unseres Spiels ein anderes Farbschema verwenden wollen, macht es wenig Spaß, jedes Mal ein Bildbearbeitungsprogramm starten zu müssen, die Farben einzustellen, eine neue Textur abzuspeichern, entsprechende Materialien zu erstellen und zuzuweisen. Außerdem ist das Speicherplatzverschwendung. Und vielleicht wollen wir ja sogar, dass der Spieler das Farbschema für sein Spiel selbst konfigurieren kann. Das geht auf dem konventionellen Weg gar nicht.[11]

All das und viel mehr können prozedurale Materialien, die in Unity mit der Version 3.5 eingeführt wurden. Dazu verwendet Unity die Technologie der Firma *Allegorithmic,* und die prozeduralen Materialien heißen *Substances*. Es gibt eine Vielzahl von fertigen Substances im Asset Store in der Kategorie *Textures & Materials,* darunter auch einige kostenfreie. Für die meisten Anwendungsfälle reicht diese große Auswahl, da jede Substance aufgrund der Parametrisierung eine Vielzahl unterschiedlicher Materialien darstellen kann. Wenn Sie dennoch Ihre eigenen Substances erstellen wollen, benötigen Sie dafür den *Substance Designer,* den es inzwischen auch in einer Indie-Version gibt.[12]

Link auf unity-buch.de

Für unseren Prototyp werden wir einige von mir für Sie vorbereitete Substances für das Bodenmaterial verwenden. Im nächsten Abschnitt stelle ich dann eine weitere Substance vor, die speziell für den physikbasierten Shader mit dem Metall-Workflow konzipiert ist.

---

[11] Engine-Programmierer argumentieren an dieser Stelle vielleicht, dass man doch die Texturen per Code verändern könnte – und das wäre in der Tat eine Möglichkeit. Aber das wäre genau eine prozedurale Textur. Und die Arbeit haben andere vor uns für uns erledigt.

[12] Die allerdings – das möchte ich nicht verschweigen – immer noch mit $ 99 zu Buche schlägt.

Download von unity-buch.de

> Laden Sie dazu zunächst `Substances_Package.zip` von der Website zum Buch, und importieren Sie das Paket nach dem Entpacken in Unity, wie oben beschrieben.

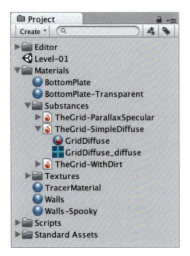

Abb. 6.20
Das Projekt nach dem Import von Substances_Package

Nach dem Import sollte Ihr Projekt so aussehen, wie in Abb. 6.20 dargestellt. Die erste und einfachste Substance ist dort bereits geöffnet, und Sie sehen unter dem eigentlichen *Substance-Archiv* (`TheGrid-SimpleDiffuse`) das *prozedurale Material* `GridDiffuse` sowie eine von diesem prozeduralen Material erzeugte *Textur* mit dem Namen `GridDiffuse_diffuse`.

Für uns am interessantesten ist das prozedurale Material, also `GridDiffuse`, weil wir hier die Parameter einstellen können. Auch die prozedural erzeugten Texturen müssen wir uns gleich noch etwas genauer ansehen. Texturen verwende ich hier im Plural, weil üblicherweise nicht nur die Textur für die Farbe erzeugt wird, sondern z. B. auch *Normal-Maps*, *Specular-Maps* usw. In unserem ersten Beispiel beschränken wir uns aber auf die Farbtextur.

Das prozedurale Material `GridDiffuse` ist im *Substance Designer* ein Graph, bei dem jeder Knoten die Farbwerte von einem oder mehreren Eingängen in einen Ausgang transformiert. Bei diesem Beispiel ist das auch schnell erklärt (siehe Abb. 6.21): Zunächst gibt es zwei `FX-Map`-Knoten, die eine waagrechte und eine horizontale Linie erzeugen. Diese werden mit einem `Blend`-Knoten zu einem Kreuz zusammengeführt, was unsere Rasterform ergibt. Der so erzeugte Raster wird mit dem Knoten `Glow Grayscale` mit einem *Glow-Effekt* (»glühen«) versehen. Und der Raster mit Glow wird zusätzlich mit `Blur HQ Grayscale` noch etwas unscharf gemacht. Das Ergebnis verwenden wir als Maske wieder in einem `Blend`-Knoten. Dieser mischt das Ergebnis von zwei `Uniform Color`-Knoten, einem für die Flächenfarbe (grau-blau) und einem für die Farbe des Rasters (Türkis), und zwar anhand der besagten Maske. Das Ergebnis geht in einen `Output`-Knoten, der dann in Unity unsere Textur `GridDiffuse_diffuse` wird.

Was Sie in Abb. 6.21 noch sehen, sind die Parameter `Plane Color`, `Grid Color`, `Grid Width`, `Glow Amount`, `Glow Size` und `Blur Intensity`, und Sie sehen, welche Knoten im *Substance-Graph* diese Parameter beeinflussen. Wir können also die *Hinter-* und *Vordergrundfarbe* einstellen sowie die *Breite des Rasters,* für den *Glow Effekt* die *Intensität* und *Größe* sowie das *Maß an Unschärfe*.

Das probieren wir gleich mal aus – gelber Hintergrund und rote Streifen wird zwar schrecklich aussehen, aber wir machen das jetzt, weil wir es können.

Wenn wir in einem Substance-Archiv ein neues prozedurales Material mit anderen Parametern erstellen wollen, müssen wir zunächst das Substance-Archiv im *Project Browser* selektieren. Im *Inspector* haben wir dann die Möglichkeit, entweder ein bestehendes Material zu duplizieren (Icon mit

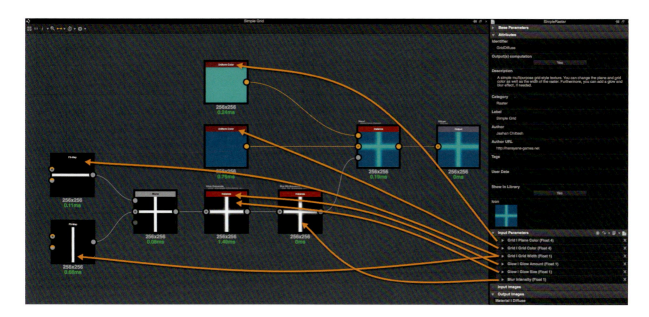

zwei Blättern) oder ein neues Material aus einem der in dem Archiv gespeicherten Prototypen zu erstellen (Plus-Button). Wir duplizieren einfach das Material `GridDiffuse`, indem wir auf den Button klicken, der in Abb. 6.22 mit einem Pfeil markiert ist.

Benennen Sie das neu erzeugte prozedurale Material in `BottomPlate-YellowRed` um. Dazu müssen Sie das Textfeld im *Inspector* verwenden, das in Abb. 6.23 grün markiert ist.

Nun können wir das prozedurale Material `BottomPlate-YellowRed` im *Project Browser* selektieren und – wie jedes andere Material auch – unserem GameObject *BottomPlate* zuweisen. Normalerweise hätten wir jetzt wieder das große Kreuz. Aber das habe ich bereits für Sie korrigiert. Sie erinnern sich noch, wie das ging?[13]

Wenn Sie die entsprechenden Qualitätseinstellungen haben und genau hinschauen, fällt Ihnen wahrscheinlich auf, dass wir wieder das Mip-Mapping-Problem haben: Ab einer gewissen Distanz wird die Bodentextur wieder hartkantig unscharf. Auch hier müssen wir also `Filter Mode` und `Aniso Level` korrekt einstellen. Die Frage ist: Wo geht das? Wir haben ja bei prozeduralen Materialien an sich keine Textur.

Doch, haben wir: `BottomPlate-YellowRed_diffuse`, das im *Project Browser* unter `TheGrid-SimpleDiffuse` zu finden ist![14] Die konkreten Einstellungen überlasse ich wieder Ihrem technisch-kreativen Gespür und wähle selbst `Filter Mode = Trilinear` und `Aniso Level = 8`. Damit sind

Abb. 6.21
Substance Designer: TheGrid-SimpleDiffuse

Abb. 6.22
Ein bestehendes Material duplizieren

Abb. 6.23
Ein prozedurales Material umbenennen

---
13 Sie wissen es nicht? Hier werden Sie geholfen: Tiling = (20, 20), Offset = (0.5, 0.5).
14 Hier finde ich persönlich das *One Column Layout* des Project Browser übersichtlicher. Oder stellen Sie im *Two Column Layout* die Größe mit dem Slider rechts unten auf den minimalen Wert. Aber das ist wohl eine Frage des Geschmacks.

dann auch alle notwendigen Einstellungen erledigt, und wir können uns der Kür zuwenden und die Textur ganz nach unserem Geschmack konfigurieren.

Wählen Sie dazu im *Project Browser* das prozedurale Material `BottomPlate-YellowRed` aus, und probieren Sie ruhig alle Einstellungen im *Inspector* aus. Viele sind noch nicht vorhanden, aber es reicht, um den armen Menschen zu schocken, der dieses Buch layoutet. Wie versprochen sehen Sie in Abb. 6.24 eine gelbe Fläche und ein rotes Raster: **böse!**

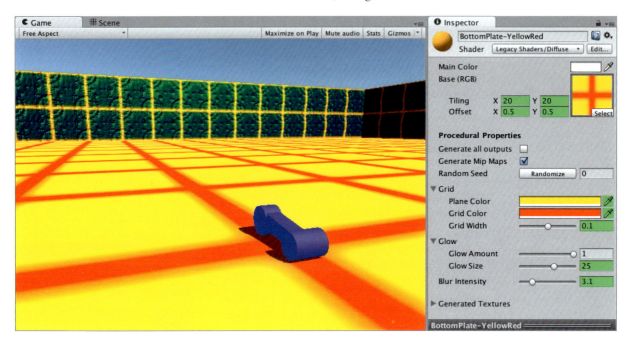

Abb. 6.24
Prozedurale Materialien einstellen

So wollen wir das natürlich nicht lassen – aber wir können uns dabei gleich eine etwas interessantere Substance anschauen: `TheGrid-ParallaxSpecular`. Anhand des Namens erraten Sie wahrscheinlich schon, dass diese Substance etwas kann, das `TheGrid-SimpleDiffuse` nicht konnte. Wie der Name schon sagt, verwenden wir hier in Unity den `Parallax Specular`-Shader, den Sie bereits kennengelernt haben (wobei Sie natürlich für jede Substance prinzipiell jeden Shader verwenden könnten).

In Abb. 6.25 sehen Sie, dass hier zwei Parameter hinzugekommen sind (`Glossiness` und `Height Softness`), die einmal einen zweiten `Blur HQ Grayscale`-Knoten steuern (`Height Softness`) und einmal einen `Blend`-Knoten (`Glossiness`). Die entsprechenden Daten gehen einmal in einen eigenen `Specular`-Output und einmal mit `Channel Shuffle` als *Alpha-Kanal* in den `Diffuse`-Output.

Sie erinnern sich: Bei `Parallax Specular` steht `Base (RBG) Gloss (A)` bei der Diffuse-Textur. Den Alpha-Kanal der Haupttextur kann der Shader also als *Glossiness* (Glanz) interpretieren. Mit `Channel Shuffle` kann man im

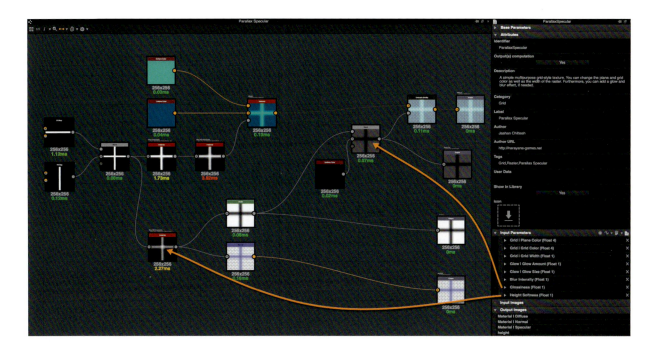

Abb. 6.25
Substance Designer: TheGrid-ParallaxSpecular

Substance Designer die Kanäle (Rot, Grün, Blau, Alpha) von zwei Eingangsbildern beliebig vertauschen. In diesem Fall nehmen wir RGB von unserem farbigen Raster und A aus dem invertierten grau-schwarzen Raster. Etwas verwirrend ist, dass der Substance Designer die Transparenz auch als solche darstellt, in Unity daraus aber der Glanzwert des Materials wird. Aber es ist sehr praktisch, dass man mit dem Substance-Designer so einfach solche kombinierten Texturen erzeugen kann, wie einige Shader sie eben brauchen.

Erwähnenswert wären noch das Invertieren eines Bildes mit dem `Levels`-Knoten sowie das Umwandeln eines Grauwert-Bildes mit dem `Normal`-Knoten in eine *Normal-Map*. Aber wenn Sie mehr über Substance Designer lernen wollen, finden Sie auch entsprechende Links auf der Website zum Buch.

Link auf unity-buch.de

> Bauen Sie mit dieser Substance so wie gerade eben ein eigenes, neues Material für den Boden, das gut und interessant aussieht. Ein mögliches Ergebnis, bei dem man sowohl den Specular-Effekt als auch den Effekt von *Normal-Map* und *Height-Map* gut sieht, finden Sie in Abb. 6.26.

Übung macht den Meister

Die dritte Substance, `TheGrid-WithDirt`, habe ich für Sie gebaut, damit Sie noch etwas mehr mit prozeduralen Materialien spielen können. Hier kommen noch einige »Schmutzmuster« dazu sowie etwas andere Konfigurationsmöglichkeiten (viele Parameter). In Abb. 6.27 sehen Sie vor allem, dass man auch recht komplexe Substances bauen kann (und es geht natürlich noch viel komplexer).

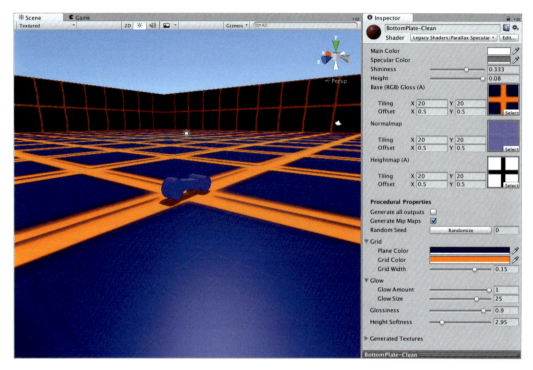

Abb. 6.26 BottomPlate-Clean

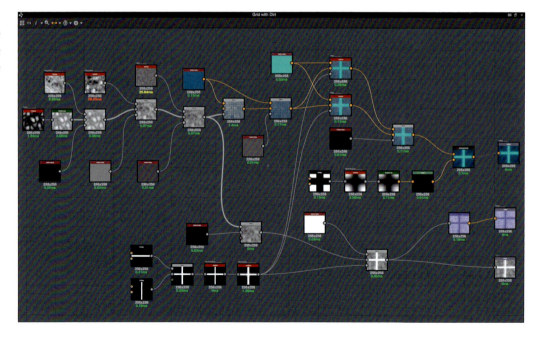

Abb. 6.27 Substance Designer: TheGrid-WithDirt

Was man mit so einer Substance dann in Unity anstellen kann, sehen Sie in Abb. 6.28.

Abb. 6.28
BottomPlate-LikeWater

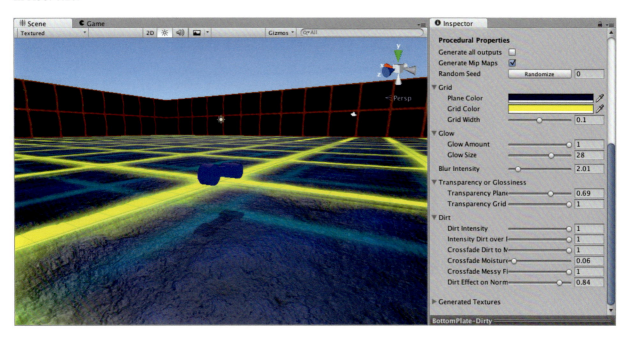

> Mit diesen drei Substances haben Sie schon einige Möglichkeiten, das Spielfeld sehr kreativ und ganz nach Ihrem eigenen Geschmack zu gestalten. Unsere Szene Level-01 können Sie auch duplizieren, um verschiedene Varianten festzuhalten. Beachten Sie dabei aber, was wir gelernt haben: Materialien sind Projektobjekte, nicht Szenenobjekte! Wenn Sie also mehrere Varianten erstellen wollen und dabei in einer neuen Szene das Material aus der alten Szene bearbeiten, erwartet Sie eine unangenehme Überraschung, wenn Sie wieder in die alte Szene wechseln.
>
> Im Fragen-Forum auf der Website zum Buch gibt es auch ein Tag Showcase. Es ist dazu gedacht, dass Sie auch Screenshots Ihrer Werke mit anderen Lesern dieses Buches teilen können.

Übung macht den Meister

Es gibt noch einige weitere Einstellungen für jede Substance, die Sie kennen sollten: Unter Generated Textures können Sie bei Texturen, die das unterstützen, einstellen, welcher Output den Alpha-Kanal für diese Textur bereitstellen soll (siehe Abb. 6.29).

Außerdem können Sie bei den Plattformeinstellungen (siehe Abb. 6.30) für jede Zielplattform die Breite und Höhe der generierten Texturen einstellen (Target Width/Target Height), was insbesondere bei zur Laufzeit dynamisch geänderten prozeduralen Materialien natürlich einen erheblichen Einfluss auf die Performance haben kann. Auch hier gilt es wieder, ein gesundes Augenmaß für die visuell empfundene Qualität mit dem kühl

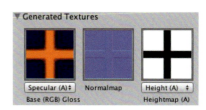

Abb. 6.29
Einstellungen bei prozedural erzeugten Texturen

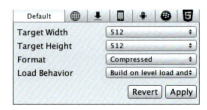

*Abb. 6.30
Substance-Plattformeinstellungen*

rechnenden Kopf in Balance zu bringen, der hoffentlich auch nicht vergisst, dass uns im Speicher der Grafikkarte nur ein begrenztes Budget für Texturen zur Verfügung steht.

Hier ist auch `Load Behavior` eine wichtige Einstellung: Dort können Sie einstellen, zu welchem Zeitpunkt die Texturen aus dem prozeduralen Material automatisch erstellt werden. `Do Nothing` tut nichts – hier müssen Sie selbst in einem Script für das Material `RebuildTextures()` oder `RebuildTexturesImmediately()` aufrufen. `Build on Level Load` tut das für Sie. Beides gibt es auch mit `Cache`, was bedeutet, dass das Ergebnis gespeichert wird und beim nächsten Start des Spiels verfügbar ist. Diese Einstellungen verkleinern die Größe des Builds.

Anders ist `Bake`: Da werden die fertigen Texturen komplett in den Build gepackt. Mit `Keep Substance` wird zusätzlich auch das prozedurale Material im Build gespeichert, sodass Sie zur Laufzeit Änderungen durchführen können. `Discard Substance` hat die Auswirkung, dass das prozedurale Material im Build nicht enthalten ist, und so können Sie dann zur Laufzeit auch nichts mehr ändern.

Wichtig für WebGL, Mobile und Konsolen

Die wichtigsten Plattformen unterstützen inzwischen die Berechnung von prozeduralen Materialien zur Laufzeit – erwähnenswerte Ausnahmen sind WebGL, Windows Store Apps, Windows Phone 8 und Konsolen.[15]

Pro-Tipp

> Auf jeden Fall empfehle ich Ihnen, zunächst einen kleinen Test mit den von Ihnen gewünschen Zielplattformen in der aktuellsten verfügbaren Unity-Version durchzuführen. Dazu können Sie auch den aktuellen Projektstand aus dem Buch verwenden (siehe Download). Schließlich sollten Sie für dieses Feature auch während der Entwicklung die Performance bei den konkreten, von Ihnen genutzten Substances auf den jeweils schwächsten Geräten, die Sie unterstützen wollen, sehr genau im Blick behalten, da prozedurale Materialien je nach Komplexität natürlich unterschiedlich lange zur Berechnung brauchen.

Download von unity-buch.de

> Das Projekt, wie es nach diesem Kapitel aussehen sollte, finden Sie auf der Website zum Buch unter dem Namen `Traces_Prototype_060.zip`. Bei diesem Projektstand gibt es mehrere Szenen: `Level-01` ist die Szene, mit der wir erst mal weiterarbeiten. `Level-01_YellowRed` verwendet für den Boden das entsprechende Material, ebenso `Level-01_ParallaxSpecular`. Die Szene `Level-01_DynamicMaterial` verwendet ein zusätzliches Script, `DynamicMaterial`, das als Komponente am GameObject `BottomPlate` je nach Position des Tracers zur Laufzeit, also während Sie spielen, das prozedurale Material verändert. Das Script können Sie auch direkt über den Download-Bereich zu

---

15 Das kann sich aber natürlich geändert haben, bis Sie dieses Buch lesen. Als dieser Text geschrieben wurde, war die offizielle Dokumentation noch fehlerhaft: Dort stand von iOS und Android noch nichts, obwohl beide Plattformen diese Berechnung schon eine ganze Zeit lang beherrschten. Das dürfte korrigiert sein, bis Sie dieses Buch lesen.

> diesem Kapitel aufrufen und im Browser ansehen – es ist so ausführlich dokumentiert wie die direkt im Buch vorgestellten Scripts und zeigt auch unabhängig von Substances einige für Unity sehr sinnvolle Programmiertechniken. Dieses Script funktioniert mit allen TheGrid-Substances im Projekt – probieren Sie also ruhig auch mal andere aus!

6.1.6 Physikbasiertes Shading mit den Standard-Shadern

Seit Unity 5 gibt es zwei Shader, die anders sind als die anderen: Während man in den früheren Versionen von Unity je nach gewünschten Materialeigenschaften verschiedene Shader verwenden musste, gibt es jetzt zwei universelle Shader, die für unterschiedlichste Materialien eingesetzt werden können. Dabei kommt das sogenannte *physikbasierte Shading*[16] zum Einsatz, und der Grund, dass es zwei Shader sind, besteht darin, dass es dabei zwei übliche Workflows gibt (Metallic und Specular), die Unity beide unterstützt. Wenn Sie ein neues Material anlegen, wird automatisch der Shader Standard verwendet, der den sogenannten Metall-Workflow verwendet. Unser Tracer nutzt also bereits physikbasiertes Shading, und vielleicht haben Sie sogar schon ein wenig damit experimentiert. Dieser Abschnitt soll Ihnen einen möglichst leichten Einstieg in dieses spannende Thema geben und zumindest die wichtigsten Grundlagen vermitteln.

> Physikbasiertes Shading ist ein sehr komplexes Thema. Daher habe ich auch eine Menge Einstiegsartikel und weiterführender Artikel von der Website zum Buch aus verlinkt, mit denen Sie sich weit über die hier vermittelten Grundlagen hinaus mit dieser Thematik vertraut machen können.

Link auf unity-buch.de

Eine Besonderheit am *physikbasierten Shading* (kurz *PBS*) ist, dass die Materialeigenschaften anhand der tatsächlichen physikalischen Eigenschaften definiert werden, anstatt wie sonst üblich zunächst vordefinierte Shader für bestimmte Materialtypen auszuwählen und diese dann mit Texturen und Parametern zu füttern, die sich eher an der technischen Implementierung auf der Grafikkarte orientieren als an dem, was wir von der physischen Welt kennen. Außerdem orientiert sich auch die eigentliche Berechnung (das Shading) an Modellen, die sich dem tatsächlichen physikalischen Verhalten zumindest annähern. Wir betreten hier für Realtime-3D eine neue Welt, in der Licht und Materie auf deutlich realistischere Art und Weise miteinander interagieren.

Ein wesentliches Stichwort dazu ist *Energieerhaltung* (*Energy Conservation*): Während übliche Shader sich nicht weiter darum kümmern, wie die über die Beleuchtung auf das Objekt gerichtete Energie sich verhält, ist dies

---

16 Die beiden Stichwörter für Recherchen sind »Physically-based Shading« bzw. »Physically-based Rendering« (PBR), wobei damit letztlich genau dasselbe gemeint ist.

genau eines der Kernfeatures von PBS: Hier wird sichergestellt, dass die Oberfläche nicht mehr Licht zurückgibt, als sie empfängt (außer natürlich, sie strahlt selbst Licht aus, Stichwort: *Emissive*). Außerdem kennt das Material in diesem Ansatz (wenn er korrekt genutzt wird) immer nur seine eigenen Eigenschaften und muss nicht nur nichts über seine Umgebung wissen, sondern darf das auch nicht.

Objekte mit alten Shadern und entsprechend gestalteten Texturen sehen vielleicht in einer Beleuchtungsumgebung perfekt aus (an die sie spezifisch angepasst wurden) – ändert sich aber die Beleuchtung oder die Umgebung, muss man oft auch das Material bzw. die Texturen korrigieren. Bei PBS ist das nicht so: Ist das Material einmal sauber mit allen Texturen eingerichtet, kann man die gesamte Umgebung einschließlich Beleuchtung beliebig ändern, und das Objekt behält dabei seine über das Material definierten Eigenschaften.

Man kann also sowohl eine in Realtime-3D vorher nicht dagewesene Qualität und – wenn man das möchte – Realitätsnähe erzielen und sich dabei an den Materialien der wirklichen Welt orientieren als auch die Technologie für eher stilisierte, realitätsfremde Ergebnisse verwenden, sich dabei aber auf konsistentes Verhalten der Materialien in verschiedenen Umgebungen verlassen. Kurz: Man hat eine hohe Flexibilität und Vorhersagbarkeit.

Diese Vorteile haben natürlich auch einen Preis: Damit physikbasiertes Shading richtig funktioniert, muss eine Umgebung geschaffen werden, in der die notwendigen Informationen tatsächlich zur Laufzeit zur Verfügung stehen. Anders gesagt: Wenn man eine realitätsnahe Darstellung wünscht, muss man auch einige Aspekte der Realität in Unity nachbilden. Dies betrifft insbesondere die Beleuchtung und Informationen für die Berechnung von Reflexionen sowie eine »saubere Rendering-Pipeline«. Zu diesen Themen lesen Sie weiter unten in diesem Abschnitt noch mehr.

Wichtig für Mobile und Virtual Reality

Ein weiterer Nachteil ist natürlich, dass die Berechnungen für PBS deutlich komplexer und daher performanceintensiver sind. Das bedeutet, wir brauchen auf dieser Ebene reichlich »Luft«, wenn wir PBS verwenden wollen. Die Performance ist für allem im mobilen Bereich und aufgrund der hohen Framerate-Anforderungen in Virtual-Reality-Umgebungen ein Thema.

Ein schönes Feature der physikbasierten Shader in Unity ist in diesem Zusammenhang, dass anhand der belegten Texturen automatisch ein für das jeweilige Material spezialisierter Shader erzeugt wird. Wenn Sie beispielsweise keine *Normal-Map* zuweisen, so wird ein Shader ohne den entsprechenden Code erzeugt, der dementsprechend auch performanter ist.

Physikalische Eigenschaften:
Diffus/nichtleitend oder spiegelnd/metallisch?

Grundsätzlich können wir bei Materialien unterscheiden, ob sie Licht eher reflektieren (siehe Abb. 6.31 unten) oder ob das Licht eher in das Material eindringt und diffus die Farbe des Materials leuchten lässt (siehe Abb. 6.31 oben). Bei Reflexionen dringt das Licht nicht in das Material ein, sondern wird in der entgegengesetzten Richtung zurückgeworfen. Hier spielt die *Richtung* also eine wesentliche Rolle, auch deswegen, weil flach eintreffendes Licht eher reflektiert wird als Licht, das sehr steil auf das Material trifft, was auch als *Fresnel-Effekt*[17] bekannt ist. Tatsächlich gibt es bei sehr flachen Einfallswinkeln des Lichtes immer auch Reflexionen – zumindest, wenn die Oberfläche glatt ist.

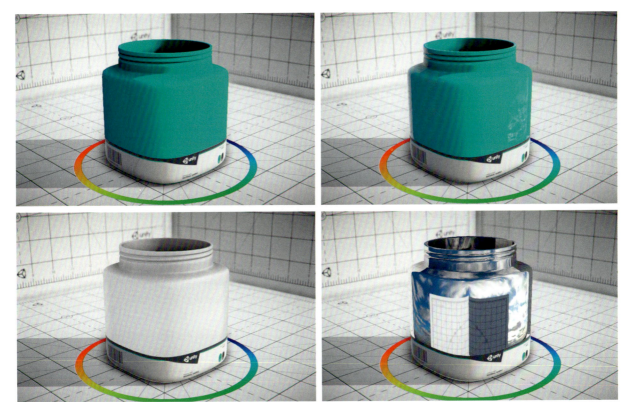

Abb. 6.31
Links oben: diffus, rau;
rechts oben: diffus, glatt;
links unten: reflektiv, rau;
rechts unten: reflektiv, glatt

Diffuses Licht wird deswegen so genannt, weil die Richtung hier kaum eine Rolle spielt: Licht, das in ein Material eingedrungen ist und teilweise wieder aus dem Material herausscheint, tut das in fast alle Richtungen – es wird gestreut. Und je nach Frequenz der Lichtwelle, also deren Farbe, hat sie

---

17 Die sogenannten Fresnelschen Formeln beschreiben noch deutlich mehr, nämlich auch Lichtbrechung bzw. Brechung beliebiger elektromagnetischer Wellen. Für uns ist aber nur die Reflexion relevant.

eher eine Chance, dem Material wieder zu entkommen oder als Partikel eingesperrt und in Wärme umgewandelt zu werden. So entsteht bei weniger reflektiven Materialien also die Farbe. Bezeichnet wird dieser Prozess auch mit *Subsurface Scattering*.

So haben wir also eine diffuse Farbe (*Diffuse Color*), die aus dem Material kommt und bei der die Richtung kaum eine Rolle spielt, sowie eine »reflektive Farbe«, die hauptsächlich aus der Umgebung kommt und bei der die Richtung eine wesentliche Rolle spielt. *Specular Color* bezeichnet hier den (normalerweise geringen) einfärbenden Einfluss des Materials auf reflektiertes Licht aus der Umgebung.

Die *Energieerhaltung* bedeutet jetzt konkret, dass reflektiertes und diffuses bzw. gestreutes Licht gesamt nicht heller sein kann als das Licht, das auf das Material getroffen ist: Wenn das Licht komplett reflektiert wird, also gar nicht in das Material eindringt – woher sollte dann zusätzliches diffuses Licht kommen (außer natürlich, das Material leuchtet von selbst)?

Typischerweise sind elektrisch leitende Materialien, also insbesondere Metalle, eher reflektiv und Nichtleiter (Isolatoren) eher diffus. Außerdem können Metalle die Reflexionen etwas einfärben, was Nichtleiter normalerweise nicht können – dafür geben sie das wenige Licht, das in sie eindringt, normalerweise auch nicht mehr zurück. Hier haben wir also entweder wenig, ungefärbte Reflexion, aber deutliche diffuse Farbe bei Nichtleitern oder starke, ggf. leicht eingefärbte Reflexion, aber kaum diffuse Farbe bei Metallen.

> Daraus resultieren zwei Möglichkeiten, diese für physikbasiertes Shading wesentlichen Eigenschaften eines Materials auszudrücken: Man kann einerseits »*Wie metallisch ist das Material?*« fragen und nutzt die Materialfarbe dann eher als *Diffuse Color* (bei Nichtleitern) oder eher als *Specular Color* (bei Metallen) – das ist letztlich der **Metallic-Workflow**. Oder man fragt: »Welche diffuse Farbe hat das Material (*Diffuse Color*), und wie stark spiegelt es in welcher Farbe (*Specular Color*)?« So ergibt sich ein **Specular-Workflow**.

Wie das konkret in Unity umgesetzt wurde, lesen Sie gleich, nachdem Sie noch eine weitere wesentliche Eigenschaft von Materialien kennengelernt haben, die vor allem auf Reflexionen einen erheblichen Einfluss hat.

Physikalische Eigenschaften: glatt oder rau?

Wenn das Licht kaum reflektiert wird, spielt die feine Oberflächenstruktur eines Materials eine eher geringe Rolle (siehe Abb. 6.31 oben links rau, oben rechts glatt). Bei sehr glatten Materialien fällt auf, dass bei sehr flachen Blickwinkeln immer ein wenig Reflexion auftritt, was dem Verhalten in der Realität entspricht. Raue Materialien haben diese Eigenschaft nicht.

Bei eher spiegelnden oder metallischen Materialien ist der Unterschied zwischen rau und glatt sehr deutlich (siehe Abb. 6.31 auf Seite 159 unten links maximal rau, unten rechts total glatt). Das liegt daran, dass spiegelnde raue Oberflächen die Reflexion sehr diffus oder unscharf machen – was man als *matte Oberfläche* bezeichnen würde.

Auf Abb. 6.32 sehen Sie das spiegelnde Material von Abb. 6.31 in unterschiedlichen Smoothness-Abstufungen: 0.2, 0.4, 0.7 und 0.9. In Unity verwenden wir *Smoothness* (Glattheit), was das Gleiche ist wie *Glossiness* (Glanz) – in anderen Ansätzen gibt es auch *Roughness* (Rauheit). Letztlich ist das immer das Gleiche, nur dass natürlich bei *Roughness* die Skala invertiert ist, also 0 ist glatt und 1 ist rau.

Abb. 6.32
Smoothness –
links oben: 0.2;
rechts oben: 0.4;
links unten: 0.7;
rechts unten: 0.9

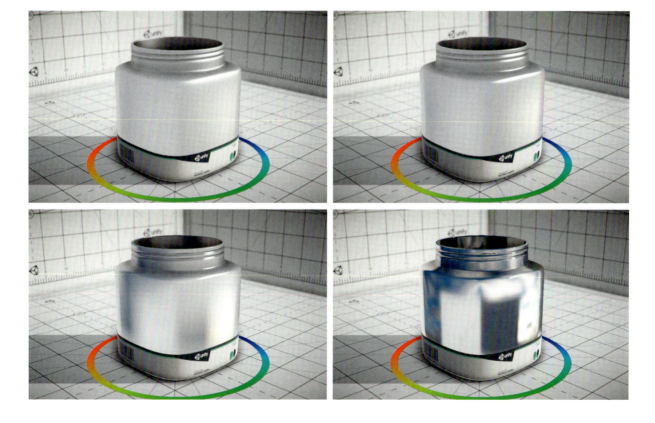

Die Workflows »Metallic« und »Specular« in Unity

Unity unterstützt, wie ich bereits weiter oben erwähnt habe, die beiden Workflows *Metallic* und *Specular,* jeweils mit einem eigenen Shader. Der Unterschied ist im *Inspector* in Unity lediglich an einer Eigenschaft zu sehen (siehe Abb. 6.33):

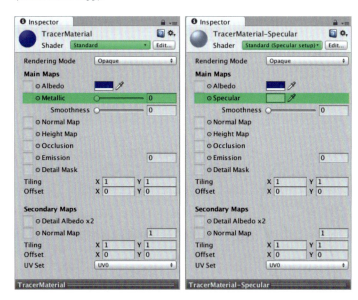

Abb. 6.33
Metallic vs. Specular

Der Shader Standard (= *Metallic-Workflow*) hat einen Slot Metallic, der mit einem Slider ausgestattet ist und bei dessen Textur (wenn man eine angibt) vom Farbteil (RGB)[18] nur der R-Kanal (also Rot) ausgewertet und als »Metallheit« interpretiert wird. 0 (schwarz) bedeutet hier: Nichtleiter, also kein Metall, überhaupt nicht. 1 (rot bzw. weiß) bedeutet: Total Metall.

Der Shader Standard (Specular setup) bietet im Gegensatz dazu in Specular eine Farbe und wertet von der entsprechenden Textur auch alle drei Kanäle des Farbanteils aus, also Rot, Grün und Blau. Die Wirkung ist im Prinzip die gleiche: 0 (schwarz) reflektiert nicht, 1 (weiß) reflektiert maximal, wie ein Metall. Aber hier können Sie beliebig und unabhängig von der diffusen Materialfarbe bestimmen, wie das Material die Reflexion einfärbt – beispielsweise voll fies grün. Und das machen echte Metalle nur minimal. Und nicht fies grün.

Somit bietet der *Specular-Workflow* (also der Shader Standard (Specular setup)) mehr Möglichkeiten. Sie haben somit auch mehr Möglichkeiten, »seltsame« (oder fiese) Materialien zu erzeugen. Haben Sie sich auch schon an dem grünlichen Schimmern unserer blau-orangen Wände gestört? (Dort hatten wir Specular auf Grün gesetzt.) Genau so etwas ist mit dem *Metallic-Workflow* gar nicht möglich.

---

18 Sowohl Metallic als auch Specular speichern im Alpha-Kanal die Smoothness, also die Glattheit des Materials; dazu weiter unten mehr.

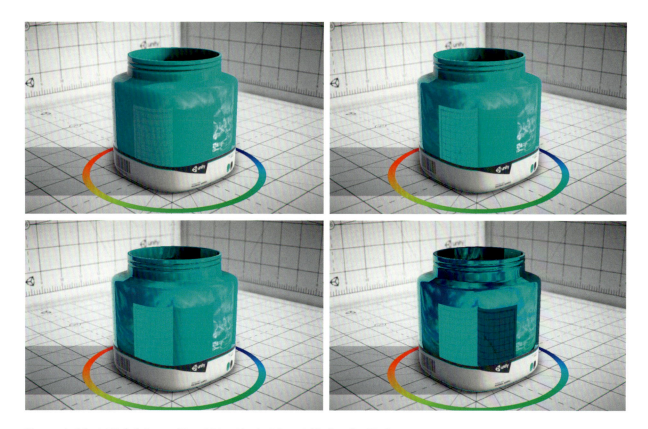

Abb. 6.34
Metallic –
links oben: 0.2;
rechts oben: 0.6;
links unten: 0.8;
rechts unten: 1.0

Dort wird bei Nichtleitern (Metallic=0) als Materialfarbe die Farbe aus Albedo[19] genutzt und als Reflexionsfarbe (*Specular Color*) 4 % Grau, also fast Schwarz. Bei reinen Metallen (Metallic=1) gilt dann die Materialfarbe als Schwarz und die Reflexionsfarbe (*Specular*) kommt voll aus Albedo. Natürlich ist auch jeder Wert zwischen 0 und 1 möglich, da wird dann entsprechend überblendet (siehe Abb. 6.34).

Je nachdem, was Sie brauchen, kann das ein Vorteil sein oder ein Nachteil: Es gibt durchaus Materialien, wie beispielsweise bestimmte Edelsteine, die Licht bei der Reflexion deutlich und vor allem unabhängig von der diffusen Farbe einfärben. Solche Materialien sind mit dem Metallic-Workflow nicht umzusetzen. Praktischerweise kann Unity beides! Sie können diese Entscheidung also pro Material treffen und müssen im Falle eines Falles nicht gleich die Engine wechseln.

Mit dieser Information müssten Sie jetzt auch erraten können, mit welchem Workflow die bisherigen Screenshots erstellt wurden – zumindest wenn Sie außerdem noch wissen, dass Albedo bei allen Screenshots (Abb. 6.31 und Abb. 6.32) gleich war.

Zum Vergleich: Abb. 6.34 zeigt mit Metallic-Workflow für Metallic die Werte 0.2 (oben links), 0.6 (oben rechts), 0.8 (unten links), 1.0 (unten

---

19 Albedo, auf Deutsch »*Rückstrahlvermögen*«, ist die Farbe des Materials.

rechts). Hier sieht man schön, wie Albedo zuerst als diffuse Farbe verwendet wird und dann immer mehr als *Specular Color*[20].

Download von unity-buch.de

> Die Szenen, die ich für die drei Screenshots in Abb. 6.31, Abb. 6.32 und Abb. 6.34 verwendet habe, finden Sie im Paket PBS-Screenshots_Package.zip unter Downloads auf der Website zum Buch. Beachten Sie, dass Sie zuerst die *Shader Calibration Scene* aus dem Asset Store in Ihrem Paket importieren müssen (die vom im Links-Bereich zu diesem Abschnitt verlinkt) und dann dieses Paket. Sie finden dann in Ihrem Projekt das Verzeichnis DasUnityBuch-Screenshots mit jeweils einem Unterverzeichnis für die vier Bilder jedes Screenhots. Jeder Screenshot ist eine Szene, und das dazugehörige Material liegt unter dem gleichen Namen direkt daneben.

Die Eigenschaften des Standard-Shaders

Mit Rendering Mode stellen Sie ein, ob das Material lichtdicht (Opaque) oder durchscheinend (Transparent bzw. Fade) sein soll. Der Unterschied zwischen Transparent und Fade ist, dass bei Fade nur der Alpha-Kanal ausgewertet wird und direkt die Transparenz bestimmt. Bei Transparent werden zusätzlich zum Alpha-Kanal auch die Reflexionen ausgewertet: Ein komplett spiegelndes Material mit hohem Alpha-Wert (also voll durchscheinend) ist bei Fade praktisch unsichtbar, bei Transparent aber spiegelnd, also gar nicht transparent. Hier wird auch der *Fresnel-Effekt* bei flachen Winkeln beachtet – so kann selbst ein nicht spiegelndes, aber glattes Material intransparent wirken, wie dies beispielsweise auch bei Glas oder Wasser der Fall ist. Das ist die physikalisch plausible Variante, aber Fade ist beispielsweise zum Ausblenden eines spiegelnden Objekts geeigneter (mit Transparent würde das nicht gehen). Was der Standard-Shader – zumindest auf seinem heutigen Stand – nicht beherrscht, sind Lichtbrechungen, wie sie insbesondere bei Wasser auftreten.

Ein Beispiel für Transparent sehen Sie in Abb. 6.35 Da der Alpha-Wert hier auf 0 steht, wäre das Fahrzeug mit Fade komplett unsichtbar. Da wir aber Transparent gewählt haben, 0.5 bei Metallic und 1 bei Smoothness, ist das Fahrzeug vor allen an Stellen mit flachem Blickwinkel (z. B. die Räder) deutlich erkennbar.

Außerdem haben Sie mit Cutout die Möglichkeit, Bereiche der Oberfläche komplett durchscheinend und andere komplett lichtdicht rendern zu lassen, was beispielsweise für Zäune oder Ketten verwendet werden kann, die dann mit einer einfachen Geometrie (Quader, Zylinder) auskommen. Hier können Sie dann mit Alpha Cutoff auch einstellen, unter welchem Alpha-Wert die Oberfläche nicht mehr gerendert werden soll.

---

20 Den Begriff »Spiegelfarbe« erspare ich uns. ;-)

Eigene Materialien erstellen und verwenden

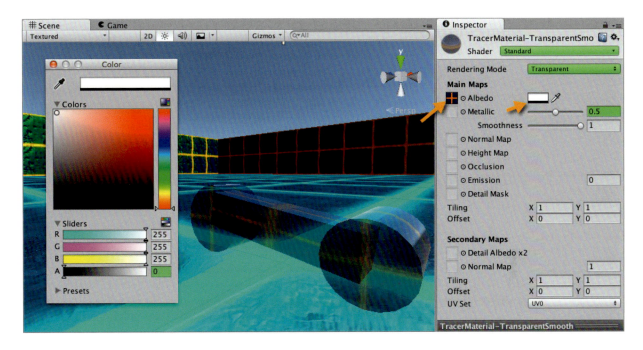

Bei allen Modi außer `Opaque` wird der Alpha-Kanal von `Albedo` genutzt. Der Farbanteil (RGB) von `Albedo` ist die reine Farbe des Materials – also die Farbe ohne Einfluss von Licht. Hier muss man insbesondere bei Texturen aus Fotos aufpassen, da dort natürlich sämtliche Schatten und auch die Einfärbung beispielsweise durch das Tageslicht herausgerechnet werden müssen, bevor man sie als `Albedo`-Textur in einem physikbasierten Shader verwendet. Auch bei Texturen, die für herkömmliche Shader erstellt wurden, sind manchmal Schatten bzw. Ambient Occlusion (s. u.), Gradienten und manchmal sogar Reflexionen hineingebacken, was für physikbasiertes Shading ungeeignet und deswegen streng verboten ist.

Wenn Sie die Maus über die Eigenschaften bewegen, erhalten Sie auch Tooltips, die die Verwendung der Kanäle erklären. Bei `Albedo` wäre das `Albedo (RGB) and Transparency (A).`, wie Sie auch in Abb. 6.36 sehen.

Abb. 6.35
Geister-Tracer

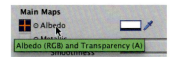

Abb. 6.36
Tooltip von Albedo

Pro-Tipp

> Die kleinen Textur-Thumbnails können Sie auch mit ⌘+🖱 bzw. Strg+🖱 anklicken, um eine große Vorschau der Textur anzeigen zu lassen.

`Metallic` bzw. `Specular` haben wir bereits recht ausführlich besprochen, ich ich habe erwähnt, dass im Metallic-Workflow bei sehr metallen Materialien Albedo als Specular interpretiert wird. `Smoothness` kennen Sie ebenfalls. Der Tooltip über `Metallic` bzw. `Specular` verrät uns auch, dass der Alpha-Kanal der hier zugewiesenen Textur die Smoothness bestimmt. Ist eine Textur zugewiesen, verschwinden auch die entsprechenden Farbfehler und Slider, da die Textur `Metallic/Specular` und `Smoothness` für jeden Punkt auf der Oberfläche des Objekts bestimmt. Falls Sie Texturen für andere Systeme verwenden, die beispielsweise statt *Smoothness* eine *Roughness-Map* definieren, müssen Sie diese entsprechend konvertieren.

Link auf unity-buch.de

> `Albedo`, `Specular/Metallic` und `Smoothness` definieren die wesentlichen Materialeigenschaften. Dazu gibt es auch entsprechende Tabellen für die beiden Workflows, die Sie verwenden können, um Basiswerte für typische Materialien (wie Gold, Kupfer, Lehm oder Holz) zu erhalten. Diese sind – ebenso wie konkrete korrekt voreingestellte Materialien einschließlich dazugehöriger Texturen – in der *Shader Calibration Scene* im Unity Asset Store enthalten. Dieses Beispielprojekt von Unity Technologies habe ich auch zur Erstellung der Beispielscreenshots verwendet, und Sie finden dort eine Vielzahl nützlicher Basismaterialien (beispielsweise auch Leder und Seide). Den direkten Link darauf finden Sie wie üblich direkt im Bereich `Links` zu diesem Abschnitt auf der Website zum Buch.

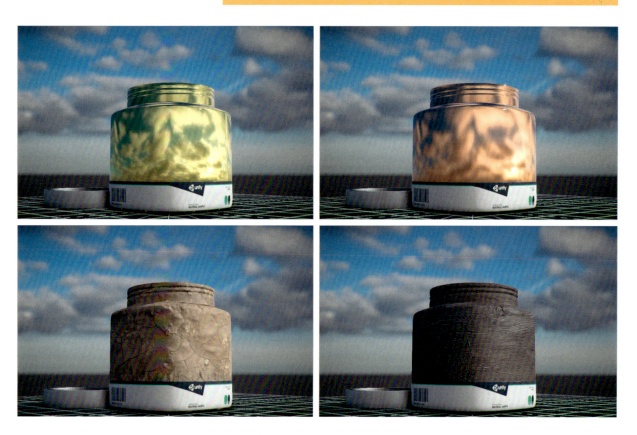

Abb. 6.37
Gold, Kupfer, Lehm und Holz

Besonders dann, wenn Sie schon mal mit herkömmlichen Shadern versucht haben, ein Material wie Gold realistisch umzusetzen, dürfte Ihnen die leichte und qualitativ hochwertige Umsetzung mit physikbasiertem Shading gefallen.

Die Eigenschaften `Normal Map` und `Height Map` haben Sie ja bereits kennengelernt. Diese funktionieren im `Standard`-Shader so, wie wir das bereits bei den `Parallax`-Shadern gesehen haben. Interessant ist in diesem Zusammenhang, dass es durchaus möglich ist, einem Material mit diesen Texturen eine gewisse Rauheit hinzuzufügen, die aber normalerweise deutlich gröber ist, als der über `Smoothness` pro Pixel definierte Wert.

Mit `Occlusion` können Sie Verdeckungen, beispielsweise an Ecken, hinzufügen, bei denen das Objekt weniger Umgebungslicht erhält.

> **Ambient Occlusion** ist eine Technik, bei der für jeden Punkt auf einem Objekt berechnet wird, wie stark er von Umgebungslicht aufgehellt wird. Auf diese Weise können Objekte deutlich plastischer dargestellt werden. Hier sagt Abb. 6.38 mehr als tausend Worte.

Link auf unity-buch.de

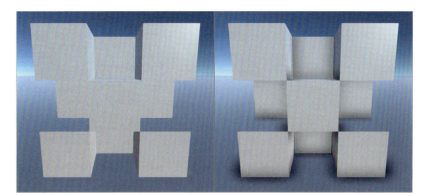

Abb. 6.38
Links ohne, rechts mit Ambient Occlusion

Der Screenshot in Abb. 6.38 wurde zwar mit dem *Image Effect* `Screen Space Ambient Occlusion` erstellt, aber mit einer echten *Occlusion-Map* erzielt man praktisch denselben Effekt für das jeweilige Objekt. Da die Occlusion direkt mit der Form des jeweiligen Objekts zu tun hat, ist es am einfachsten, diese Map direkt von einem 3D-Modelling-Tool ausgeben zu lassen. Links auf entsprechende Tutorials finden Sie auf der Website zum Buch (Ambient Occlusion Maps erzeugen). Bei herkömmlichen Shadern ist diese Information oft in der `Diffuse/Albedo`-Textur enthalten, was aber den Nachteil hat, dass der Shader dann nicht zwischen Occlusion und der eigentlichen Objektfarbe unterscheiden kann. Deswegen gibt es beim Standard-Shader hier einen eigenen Slot.

Mit `Emission` (*Ausstrahlung*) kann das Objekt selbst leuchten und damit sogar zu einer Lichtquelle für andere Objekte werden. Vor allem wird es dadurch aber von anderen Lichtquellen unabhängig. Das Thema Beleuchtung behandeln wir einschließlich der Voraussetzungen und Beschränkungen ausführlicher in Kapitel 12, *Beleuchtung mit Erleuchtung: Enlighten*. Abb. 6.39 zeigt aber, wie so etwas aussehen kann.

Abb. 6.39
Kugeln mit Emission

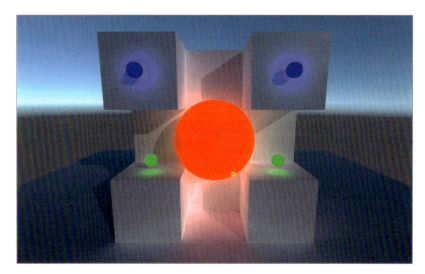

`Detail Mask` wird im Zusammenhang mit den `Secondary Maps` verwendet, die auch eine eigene UV-Map verwenden können (`UV Set`) und mit einem eigenen `Tiling` und `Offset` versehen werden können. Hier können Sie zusätzlich `Detail Albedo x2` und eine zweite `Normal Map` zuweisen, um dem Material zusätzliche Details zu geben. Diese werden dann mit `Detail Mask` maskiert.

Machen Sie sich das PBS-Leben mit Substances einfach

Viele Substances sind inzwischen für die PBS-Workflows konzipiert und bieten die dazu notwendigen Outputs. Ein Vorteil der Verwendung von Substances in diesem Kontext ist, dass die Texturen prozedural erst dann berechnet werden, wenn wir sie auch tatsächlich brauchen. Da man für physikbasiertes Shading pro Material recht viele Texturen braucht, kann das die Projektgröße ansonsten recht schnell aufblasen. Mit Substances können wir stattdessen unsere physikbasierten Materialien für jedes Objekt direkt im Editor anpassen. Natürlich funktioniert das nicht für alle Materialien, aber gerade für unseren Level haben Sie den Nutzen von Substances ja bereits gesehen, und wir gehen hier nur einen kleinen Schritt weiter.

Download auf unity-buch.de

> Auf der Website zum Buch finden Sie die Datei `Substances-PBS_Package.zip` mit der Substance `TheGrid-WithDirt-PBS`, die Sie im Folgenden für Boden und Wände verwenden können. Gehen Sie dabei einfach so vor, wie Sie es bereits kennengelernt haben, und weisen Sie die Materialien `NiceMetallicFloor` und `NiceMetallicWalls` den entsprechenden Objekten zu.

Skyboxes für die Umgebung einsetzen

Sicher ist Ihnen aufgefallen, dass wir in den Screenshots aus der *Shader Calibration Scene* einen schönen weiß-blauen Himmel haben. Den wollen Sie für Ihr Spiel bestimmt auch haben, und eine Skybox ist tatsächlich eine der wesentlichen Komponenten, die notwendig sind, um physikbasiertes Shading wirklich gut aussehen zu lassen.

> Technisch gesehen ist eine **Skybox** nichts weiter als eine unendlich große Kugel bzw. ein unendlich großer Würfel, die bzw. den man von innen sieht und die bzw. der mit einer Cubemap texturiert ist. Eine **Cubemap** wiederum ist eine spezielle Textur, die als *Skybox* oder *Reflection-Map* verwendet werden kann und häufig statt aus nur einer Textur aus sechs Texturen besteht – einer Textur für jede (Innen-)Seite des Würfels. Während die *Skybox* direkt mit der Kamera »gesehen« wird, werden **Reflection Maps** beispielsweise Materialien mit den Shadern aus Legacy / Reflective als Cubemaps übergeben und spiegeln sich dann auf der Oberfläche des Materials. Physikbasierte Shader nutzen Skyboxes gleichzeitig als *Reflection-Map*.

> Im Download-Bereich zu diesem Abschnitt gibt es einige fertige Skyboxen unter dem Namen Skyboxes_Package.zip, die Sie nach dem Import in das Projekt unter Materials / Skyboxes finden und zum Experimentieren mit diesem Feature nutzen können.

Download auf unity-buch.de

In Unity 5 wurde der Workflow für Skyboxes erheblich verbessert: Unter Skybox gibt es jetzt mehrere Shader für Skyboxen. Der Erste ist Skybox / 6 Sided, mit dem man manuell die sechs Texturen zuweisen muss. Diese sechs Texturen müssen einfach als Texture importiert werden, wobei Sie unbedingt darauf achten müssen, dass die Eigenschaft Wrap Mode auf Clamp gesetzt ist, da es sonst unschöne Kanten an den Texturrändern gibt!

Das Material SpaceSkybox ist ein Beispiel hierfür. Die entsprechenden Texturen sind im gleichnamigen Unterordner abgelegt (siehe auch Abb. 6.40). Bei beiden texturbasierten Skybox-Shadern haben Sie die Möglichkeit, die Skybox einzufärben (Tint Color), sie aufzuhellen oder abzudunkeln (Exposure) und sie in der Y-Achse zu rotieren (Rotation), was sehr praktisch ist, wenn beispielsweise die Sonne in der Skybox im Norden aufgeht und man das korrigieren möchte.

Neu ist, dass es beim Textur-Importer einen Texture Type namens Cubemap gibt und damit Texturen in den Formaten 6 Frames Layout (Cubic Environment), Latitude-Longitude Layout (Cylindrical) und Mirrored Ball (Spheremap) meistens sogar automatisch als solche erkannt werden. (Daher gibt es bei Mapping zusätzlich auch die Option Auto.) Als Dateiformate werden hier jetzt auch *OpenEXR* und *HDR* unterstützt, womit sich sehr hochwertige Skyboxes in Unity einlesen lassen. Auf diese Weise importierte Texturen könnten dann in einem Material mit dem Shader Skybox/Cubemap direkt als Skybox verwendet werden.

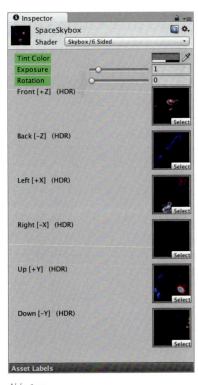

Abb. 6.40

Skybox/6 Sided

Abb. 6.41
Szenenweite Beleuchtungseinstellungen

Schließlich gibt es einen prozeduralen Skybox-Shader, Skybox/Procedural, der komplett ohne Texturen auskommt und Einstellungen wie die Größe der Sonne (Sun size) und die Dichte der Atmosphäre (Atmosphere Thickness) anbietet.

All diese Skyboxen lassen sich entweder pro Kamera als Komponente Skybox (*Component/Rendering/Skybox*) hinzufügen, der dann das jeweilige Material als Custom Skybox zugewiesen wird. Das hat den Vorteil, dass man sehr flexibel ist und theoretisch jeder Kamera eine eigene Skybox zuweisen kann, wenn man das braucht.

Normalerweise hat man aber eine Skybox pro Szene, und dann ist es – gerade wenn man wie wir eine Vielzahl von Kameras in der Szene hat – am einfachsten, die Skybox über das Menü *Windows/Lighting* und dort im Bereich Scene unter Environment Lighting in der Eigenschaft Skybox zuzuweisen (siehe Abb. 6.41). Auf diese Skybox können Sie vom Scripting aus mit RenderSettings.skybox zugreifen. Die Einstellungen in Lighting behandeln wir etwas ausführlicher in Kapitel *12, Beleuchtung mit Erleuchtung: Enlighten,* ab Seite 437.

Wenn wir in unserer Szene Skyboxen verwenden, ist es vorteilhaft, die Wände etwas nach unten zu verschieben (z. B. Y=0, also 10 Meter nach unten), damit wir etwas mehr vom Himmel oder den Sternen sehen. So können wir jetzt die verschiedenen Skyboxen ausprobieren und ihre Wirkung auf die Darstellung des Levels prüfen.

Abb. 6.42
Verschiedene Skyboxen

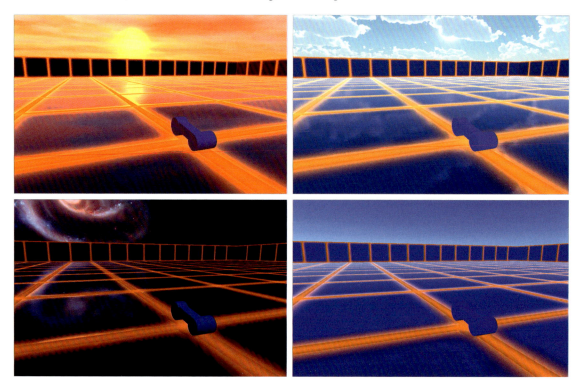

In Abb. 6.42 sehen Sie die gleiche Szene mit vier sehr unterschiedlichen Skyboxen: Links oben haben Sie einen sehr farbintensiven Sonnenuntergang (DesertSkySunset), rechts daneben einen eher klaren Himmel mit einigen Wolken (NiceBlueSky2). Links unten sehen Sie eine Weltraum-Skybox mit Spiralnebel (SpaceSkybox) und rechts davon eine einfache prozedurale Skybox mit recht intensivem blauen Himmel (ProceduralBlueSky). Sie können hier auch gut sehen, dass Unity 5 die Skyboxen zur Ausleuchtung der Szene verwendet und gleichzeitig auch als *Reflection Map* – daher sieht man die Reflexionen des Himmels direkt auf entsprechend spiegelnden Materialien.

Reflection Probes für Reflexionen aus der Szene

Während Skyboxes natürlich auf freiem Feld einen tollen Eindruck machen können, sieht man in geschlossenen Räumen von ihnen nichts. Damit das physikbasierte Shading darauf nicht beschränkt ist, gibt es seit Unity 5 auch sogenannte *Reflection Probes*. Diese erfassen mit einem Quader die Umgebung als *Cubemap* und stellen sie dann den Materialien der Objekte zur Verfügung, die sich im Bereich der ReflectionProbe befinden.

Wir können dieses Feature verwenden, um es dem Tracer zu ermöglichen, den Raster zu reflektieren. Normalerweise würde man eine ReflectionProbe für einen ganzen Raum verwenden, oder zumindest für ein Objekt – allein schon aus Performancegründen! Dabei tritt aber bei unserem Tracer ein etwas unschöner Effekt auf, wie Sie in Abb. 6.43 deutlich erkennen können.

Links haben wir für jedes Einzelelement eine eigene Reflection Probe, und man sieht, dass das Vorderrad korrekt den Bereich reflektiert, über dem es sich gerade befindet. In dem Fall ist da nur blau. Das Hinterrad ist direkt vor dem Raster und reflektiert diesen – auch das ist korrekt.

Abb. 6.43
Ungewöhnliche Reflection Probes

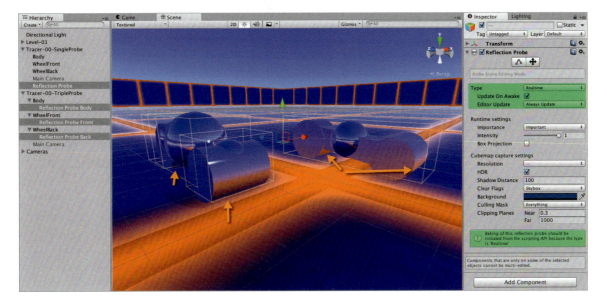

Rechts haben wir die Version mit nur einer `Reflection Probe`. Dort wird zwar beim Vorderrad richtig der Streifen reflektiert, aber beim Hinterrad sieht man die exakt gleiche Reflexion. Und das ist natürlich falsch, weil da aus der gewählten Perspektive kein oranger Streifen ist. Das ist gewissermaßen die Grenze dieser Technik.

Im Spiel würde das kaum auffallen, da sich die Fahrzeuge ja recht schnell bewegen. Dort spürt man dafür die Berechnung der drei `ReflectionProbes` pro Frame sehr deutlich. Auch das würde man normalerweise nicht machen, sondern die Reflexionen nur gelegentlich neu berechnen, und zwar wenn sich etwas geändert hat. Aber in diesem speziellen Spiel macht es nur so Sinn, weil sonst der Effekt beim Überfahren einer Linie schlicht und einfach nicht auftritt. Und um genau den geht es hier ja!

In Abb. 6.43 sehen Sie außerdem noch, dass bei `Type` der Wert `Realtime` eingestellt ist und bei `Editor Update` der Wert `Always Update`. Zum Einrichten von `ReflectionProbes` und für unsere Fahrzeuge ist das korrekt. Nach Möglichkeit sollten Sie aber bei `Type` immer den Wert `Baked` einsetzen und bei allen Objekten, die sich nicht bewegen, rechts oben im *Inspector* die Option `Static` aktivieren (zumindest `Reflection Probe Static`). Auf diese Art berechnet Unity alles vor und muss dann zur Laufzeit nur noch die vorberechneten Werte ausgeben.

Download auf unity-buch.de

> In unserem Fall verwenden wir ein kleines Script mit dem Namen `UpdateProbe`, das pro Frame die Methode `RenderProbe()` der Klasse `ReflectionProbe` aufruft. Dieses Script ist sehr ähnlich aufgebaut wie `DynamicMaterial` und wie üblich im Bereich `Downloads` auf der Website zum Buch zu finden. Es ist in der aktuellen Projektversion (Download weiter unten in diesem Abschnitt) auch im Projekt enthalten.

Eine naheliegende Idee wäre auch, den Tracer vom Boden reflektieren zu lassen (also dass er sich im Boden spiegelt). Dazu sind Reflection Probes allerdings ungeeignet, da sie für direkte Spiegelungen auf planen Ebenen viel zu unpräzise sind. Sie funktionieren sehr gut für entfernte oder unscharfe Reflexionen.

Link auf unity-buch.de

> Spiegel simuliert man üblicherweise mit einer unsichtbaren Kamera, die aus der entgegengesetzten Perspektive in eine `RenderTexture`[21] rendert, die dann auf der Spiegelfläche angezeigt wird. Das ist auch eine Komponente, um optisch realistisches Wasser zu simulieren. Ein Beispielscript finden Sie auf der Website zum Buch unter *MirrorReflection3* verlinkt. In Unity 5.x (also nicht 5.0, aber z. B. 5.1 oder 5.2) wird es voraussichtlich auch einen Screen Space Reflections (SSR) Image Effect für solche Spiegelungen geben. Auch dazu finden Sie natürlich entsprechende Links auf der Webseite zum Buch.

---

21 `RenderTexture` ist eine Textur, die in jedem Frame das von einer Kamera gerenderte Bild enthält. Offensichtlichstes Beispiel wäre ein Bildschirm im Spiel, der das Bild einer Überwachungskamera anzeigt, die sich ebenfalls im Spiel befindet. Die Textur dieses Bildschirms wäre eine `RenderTexture`.

Optimale Umgebung für die Verwendung von PBS

Es gibt noch weitere Features, die man beim Einsatz von PBS verwenden kann, um optimale Ergebnisse zu erzielen. Einige davon stehen jedoch nicht für alle Plattformen zur Verfügung. Durch modernere Hardware und die Weiterentwicklung von Unity selbst sind hier Veränderungen zu erwarten. Daher sollten Sie auf jeden Fall auch die von der Webseite zum Buch aus verlinkten Einträge im *Unity Manual* prüfen.

Links auf unity-buch.de

Die gute Nachricht: PBS funktioniert, wie wir ja schon gesehen haben, durchaus auch ohne diese Features. Aber vielleicht wollen Sie auch das Letzte aus diesem Ansatz herausholen und unterstützen nur die entsprechenden Zielplattformen. Daher möchte ich Ihnen im Folgenden einen groben Überblick über diese Features geben und zeigen, wie Sie sie in Unity einsetzen bzw. aktivieren.

High-Dynamic-Range-Rendering (HDR-Rendering)

Normalerweise verwendet man in der Computergrafik Farben in *Low Dynamic Range* (LDR), bei denen jeder Farbwert durch eine begrenzte Skala von 0 bis 1 bzw. 0 bis 255 für die Farbkomponenten (Rot, Grün, Blau) repräsentiert wird. Das sind die Werte, die die Hardware (Bildschirme, Displays) darstellen können, daher macht das so auch Sinn. Das Problem ist, dass die Realität Licht keineswegs auf diese Weise beschränkt. Hier haben wir ein viel größeres Spektrum: Weiß kann einfach nur weiß sein oder so hell, dass man davon nach kurzer Zeit erblindet. Und in der Dunkelheit passen sich unsere Augen recht schnell an, sodass wir oft nach einem Moment, in dem uns alles schwarz erscheint, wieder viele Konstraste erkennen können. Daher ist ein Rendering-Modell, das sich auf LDR beschränkt, letztlich nicht korrekt.

Da bei PBS häufig mit höheren, weil realistischeren Lichtenergien gearbeitet wird (es geht auch immer weniger Licht aus einem Material heraus als hinein – Energieerhaltung eben), ist hier ein andere Ansatz vonnöten: *High Dynamic Range* (HDR) bedeutet letztlich nichts weiter, als dass auch Werte über 1 bzw. über 255 erlaubt sind. Hier gibt es also »weißer als weiß«, und es können auch mit sehr hohen Lichtintensitäten noch Berechnungen durchgeführt werden, ohne dass wir Überläufe produzieren.

Natürlich ändert sich deswegen nicht schlagartig die Bildschirmtechnologie. Bevor wir die berechneten Bilder also am Bildschirm darstellen können, müssen wir wieder in die begrenzte digitale Welt zwischen 0 und 1 bzw. 0 und 255 zurück. Darauf komme ich gleich noch zurück.

Nach dieser langen (und wohlgemerkt immer noch oberflächlichen) Erklärung mutet es vielleicht seltsam an, dass Sie HDR in Unity mit einer kleinen Checkbox an der Kamera aktivieren können.

Mühsam ist dann allenfalls, dass wir so viele Kameras in der Szene haben und diese teilweise auch in hierarchischen Strukturen versteckt sind. Aber mit einer Szenensuche nach dem Typ Camera bekommen Sie ganz leicht alle auf einmal, können sie selektieren und dank *Multiselect* mit einem Klick HDR für alle Kameras in unserer Szene aktivieren (siehe Abb. 6.44).

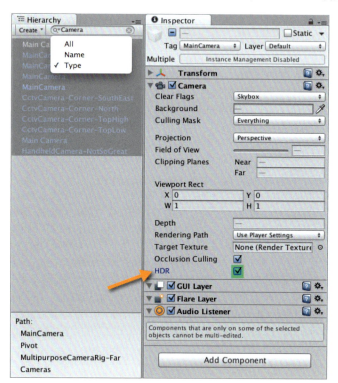

Abb. 6.44
HDR bei allen Kameras in einer Szene aktivieren

Übung macht den Meister

> Alternativ könnte man für so etwas auch relativ einfach ein Editorscript schreiben, das mit Object.FindObjectsOfType(typeof(Camera)) alle Kamerakomponenten der Szene findet und dann in einer foreach-Schleife für alle hdr = true setzt. Mit dem Attribut MenuItem können Sie das als Menüeintrag im Editor erscheinen lassen, wenn Sie es als statische Methode in einem Script im Projektverzeichnis Editor ablegen. Probieren Sie das ruhig mal aus!

Linearer Farbraum statt Gamma-Farbraum

Ein auf den ersten Blick ähnliches und tatsächlich damit in Zusammenhang stehendes, aber doch etwas anderes Thema ist der *lineare Farbraum*. Wieder ist der Hintergrund die Bildschirmtechnologie – dieses Mal aber eher geschichtlich: Fernseher und alte Monitore (Kathodenstrahlmonitore) verzerren den Farbraum aus technologischen Gründen mit einer sogenannten *Gammakorrekturfunktion*, die Werte zwischen 0 und 1 auf andere Werte zwischen 0 und 1 abbildet. Dabei bestimmt Gamma (γ) als Exponent dieser

Potenzfunktion ihre konkrete Form, insbesondere ob sie unterhalb einer linearen Geraden liegt (γ > 1) oder oberhalb davon (γ < 1). Gibt man dieser Funktion einen Gamma von 1, ist sie genau linear. Den Effekt dieser Funktion sehen Sie ganz nüchtern in Abb. 6.45 und von der visuellen Wirkung her deutlich anschaulicher in Abb. 6.46.

Kathodenstrahlmonitore verzerren den Farbraum durch eine Gammakorrektur mit einem Gamma von 2.2. Das bedeutet: Schwarz ist Schwarz, und Weiß ist Weiß; fast Schwarz ist immer noch Schwarz, und fast Weiß ist ein etwas dunkleres Weiß, aber ein mittleres Grau wird deutlich dunkler dargestellt.

Damit dann ein beispielweise mit einer Fernsehkamera aufgenommenes mittleres Grau auch auf dem Fernseher wieder ein mittleres Grau ist, muss sichergestellt werden, dass die Farbraumverzerrungen der Kamera und zusätzliche Tonwertkorrekturen insgesamt das aufgenommene Material mit einer Gammakorrektur mit dem Kehrwert von 2.2 korrigieren, also 1/2.2, was ungefähr 0.45 entspricht. Einfacher wäre es natürlich gewesen, wenn Fernseher diese Korrektur selbst vorgenommen hätten: So hätte alles Bildmaterial einfach immer nur linear sein müssen. Die Fernseher wären dann aber teurer gewesen. Das wollte man nicht. Und jetzt haben wir den Salat:

Abb. 6.45
Gammakorrektur nüchtern: 0.45, 1 und 2.2

Sämtliches Bild- und Videomaterial – und damit natürlich auch Texturen – werden jetzt nämlich normalerweise nicht mit einem linearen Farbraum abgespeichert (wie in Abb. 6.46 Mitte), sondern mit einer Gammakorrektur (wie in Abb. 6.46 links), die durch das Ausgabegerät bzw. heutzutage auch durch Grafikkartentreiber bzw. Betriebssystemfunktionen wieder aufgehoben wird. Das nennt man dann auch *Gamma-Farbraum*.

Abb. 6.46
Gammakorrektur anschaulich: 0.45, 1 und 2.2

Das Problem damit ist, dass die Beleuchtungsfunktionen in 3D-Anwendungen normalerweise lineare Eingabewerte erwarten, von den Texturen aber Werte mit Gamma erhalten. Die »Lösung« ist dann, einfach am Ende keine erneute Gammakorrektur durchzuführen und zu hoffen, dass es schon passen wird. Was es mehr oder weniger meistens auch tut – zumindest, wenn man keine realistischen Ergebnisse der Beleuchtungsfunktionen erwartet.

Aber genau das tun wir bei physikbasiertem Shading!

Unity bietet – zumindest in der Pro-Version und für die Plattformen Windows, Mac OS X, Xbox 360 und PlayStation 3 – in den *Player Settings*

(*Edit/Project Settings/Player*) unter Other Settings / Rendering / Color Space die Möglichkeit, zwischen Gamma und Linear auszuwählen. Wenn Sie Linear aktivieren, konvertiert Unity die Texturen in den linearen Farbraum. Somit sind alle Licht-Berechnungen korrekt, und wenn wir zusätzlich bei den Kameras HDR aktiviert haben, bleiben wir dann beispielsweise auch zur Berechnung von Image-Effekten im linearen Farbraum. Erst ganz am Ende wird wieder die Gammakorrektur durchgeführt. Ist HDR nicht aktiviert, wird ein spezieller Framebuffer verwendet und beim Schreiben und Lesen zwischen den Farbräumen hin und her konvertiert.

Ein Problem – speziell im Hinblick darauf, dass weder alle Plattformen unterstützt werden noch auf einer bestimmten Plattform jede Hardware – ist, dass man sein Projekt optisch entweder auf Gamma oder Linear optimieren muss. Schaltet man ein fertiges Projekt einfach um, ohne alles anzupassen, wird das eher nicht gut aussehen. Es gibt aber bei Unity Technologies Bestrebungen, die Modi Gamma und Linear in Unity so gut wie möglich aneinander anzugleichen, sodass dieser Unterschied mit der Zeit abnehmen sollte. Dennoch empfehle ich Ihnen, Linear nur dann einzusetzen, wenn Sie es wirklich brauchen und es auch tatsächlich auf allen Geräten unterstützt wird, für die Sie Ihr Spiel veröffentlichen möchten. Im Moment bedeutet das: Verwenden Sie Linear nur für den Desktop bzw. die unterstützten Konsolen. Auf der sicheren Seite sind Sie aber mit Gamma, was ja auch die Standardeinstellung ist.

Image-Effekte zum Aufhübschen der gerenderten Szene

> **Image-Effekte** sind Effekte, die als Komponente einem Kameraobjekt hinzugefügt werden und nach dem eigentlichen Rendering der Szene auf das gesamte Bild angewendet werden. In Unity stehen den Image-Effekten auch Informationen zur Szenengeometrie zur Verfügung, sodass sehr präzise jeder Aspekt des Bildes modifiziert werden kann.

Sie können über das Menü *Assets/Import Packages/Effects* das Paket mit den Image-Effekten Ihrem Projekt hinzufügen. Im Menü *Component* erscheint dann ein neuer Bereich *Image Effects,* und die Effekte sind dort nochmals in verschiedene Bereiche unterteilt. Dort finden Sie beispielsweise unter *Rendering* den bereits für einen Screenshot genutzten Effekt *Screen Space Ambient Occlusion (SSAO)*.

Um von HDR zurück nach LDR zu kommen, nutzen Sie am besten *Color Adjustments/Tonemapping*. Dort können Sie unter Technique verschiedene Techniken einstellen und teilweise mit Exposure die Belichtung festlegen. Manche Techniken erlauben aber noch mehr Kontrolle über die Einstellungen. Eine Besonderheit gibt es bei den Techniken Adaptive Reinhard und Adaptive Reinhard Auto White: Hier werden Anpassungen aufgrund der Intensität erst nach einer gewissen Verzögerung vorgenommen, so ähnlich wie das unsere Augen machen, wenn wir beispielsweise von einem hellen Raum in einen dunklen wechseln.

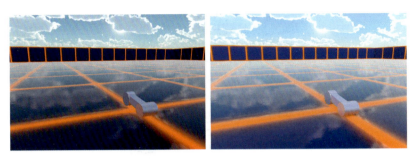

Abb. 6.47
Wolken – links ohne, rechts mit SSAO, Bloom und Tonmapping

Dieser Effekt eignet sich auch sehr gut im Zusammenhang mit *Bloom* (unter *Bloom and Glow*), der den Effekt simuliert, dass sehr helle Quellen (beispielsweise wenn die Sonne sich in einem Stück Metall spiegelt) auf andere Objekte überstrahlen. Hier finden Sie eine Vielzahl von Einstellungen, um den Effekt genau an Ihre Bedürfnisse anzupassen.

Ein weiterer Effekt, der so gern genutzt wird, dass sich einige Leute sicher schon daran sattgesehen haben, ist die Tiefenunschärfe (*Camera/Depth of Field*). Dieser Effekt lässt sich aber sehr gut einsetzen, um das Objekt im Fokus (beispielsweise den Spieler) deutlich in den Vordergrund zu heben, während entferntere bzw. nähere Objekte etwas unscharf dargestellt werden.

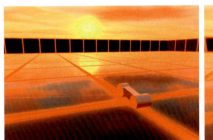 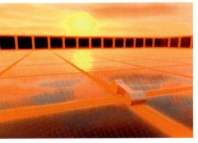

Abb. 6.48
Sonnenuntergang – links ohne, rechts mit SSAO, Bloom, Depth of Field und Tonmapping

Achten Sie darauf, dass die Reihenfolge der Komponenten an der Kamera hier eine wichtige Rolle spielt: Nach *Tonemapping* sind wir wieder im LDR-Farbraum. Daher sollte dieser Effekt immer zuletzt in der Liste stehen und niemals vor Effekten wie *Bloom* oder *Depth of Field*, da diese mit HDR deutlich besser funktionieren als ohne.

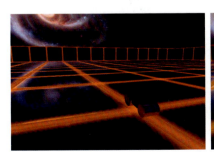 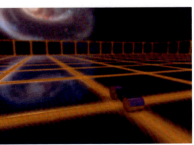

Abb. 6.49
Weltall – links ohne, rechts mit SSAO, Bloom, Depth of Field und Tonmapping

Wichtig für Mobile, Virtual Reality und Konsolen

Auch sehr wichtig ist zu wissen, dass Image-Effekte natürlich erhebliche Anforderungen an die Leistung der Zielplattform stellen. Gerade bei hochauflösenden Displays (Retina bei iOS) hat die Grafikkarte hier einiges zu tun. Teilweise benötigen diese Effekte auch Hardware-Features, die gar nicht überall zur Verfügung stehen. Bei Virtual-Reality-Anwendungen ist zwar üblicherweise die Hardware nicht das Problem (sofern es nicht eine mobile VR-Anwendung ist), aber hier darf keine zu hohe Latenz entstehen. Das heißt, die Zeit zwischen einer Kopfbewegung und der Darstellung des Bildes aus der neuen Perspektive darf nicht zu lang werden. Auch einfaches Ruckeln aufgrund niedriger Framerates ist hier nicht akzeptabel. Testen Sie daher Ihr Spiel auf all diesen Zielplattformen sehr gut, und verzichten Sie im Zweifelsfall lieber auf diesen oder jenen tollen Effekt. Ihre Spieler werden es Ihnen danken! Apropos testen – was testen wir hier eigentlich gerade?

Ist das jetzt wirklich noch ein Prototyp?

Natürlich sind physikbasiertes Shading und Image-Effekte für einen Prototyp, der lediglich die Spielmechanik veranschaulichen soll, völlig überflüssig. Dazu hätte in unserem Spiel eine einfache Rastertextur völlig ausgereicht, da wir allein damit ein ausreichend gutes Gefühl für die Geschwindigkeit bekommen. In unserem Fall haben wir jetzt also zwei Sachen gemischt, die man normalerweise besser getrennt hält.

Da wäre zum einen der Prototyp für die Spielmechanik, der nicht durch visuelle Spielereien von der Spielmechanik ablenken sollte. Zum anderen haben wir einen eher technischen Prototyp, den wir später verwenden können, um zu prüfen, ob unsere Zielplattformen dynamische Substances und physikbasiertes Shading noch mit Framerates darstellen können, die für unsere auf Geschwindigkeit ausgerichtete Spielmechanik ausreichen.

Da beide Arten von Prototypen die gleiche Spielmechanik und auch zumindest teilweise die gleichen Assets verwenden, wäre es unsinnig, dafür gesonderte Projekte zu erstellen.[22] Es macht aber durchaus Sinn, für die verschiedenen Testszenarios unterschiedliche Szenen anzulegen. Zwei mögliche Varianten zeigt Abb. 6.50.

*Abb. 6.50
Level-01_Fancy (links),
Level-01_Simple (rechts)*

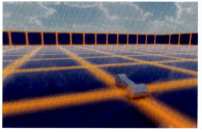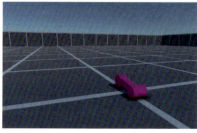

---

22 Was allerdings durchaus in anderen Fällen für technische Tests sehr sinnvoll sein kann. Das hängt davon ab, was man genau testen möchte und ob sich das separat vom eigentlichen Spiel bzw. Prototyp sinnvoll testen lässt.

> Die aktuelle Projektversion einschließlich der AmbientOcclusionDemoScene und einer einer reduzierten Testszene finden Sie wie üblich auf der Website zum Buch im Download-Bereich zu diesem Abschnitt. Sie heißt `Traces_Prototype_070.zip`. Sie finden hier eine Szene namens `Level-01_Fancy` mit allen Effekten sowie eine Szene namens `Level-01_Simple` als minimalen Prototyp.

Download von unity-buch.de

Nachdem wir uns nun ausführlich unter Verwendung der rechten Gehirnhälfte künstlerisch kreativ ausgetobt haben, können wir uns dem trickreichsten Programmierproblem dieses Spiels widmen.[23]

Es gibt nämlich gute Gründe, warum unser Prototyp bisher völlig untypisch für Snake oder Lightcycles ohne Schlangenschwanz daherkommt. Ohne diese Wände ist es aber kein aussagekräftiger Prototyp für unsere Spielidee – also gehen wir es am besten jetzt gleich an.

6.2 Die Wände hinter dem Fahrzeug erstellen

Wenn Sie sich das 2D-Snake aus Kapitel 2 genau angesehen haben, denken Sie jetzt vielleicht: »*Was hat er denn, ist doch ganz einfach – wir haben das doch schon gemacht!*« Leider habe ich schlechte Nachrichten für Sie! Im Einstiegsprojekt habe ich nämlich geschummelt, und zwar auf mehrere Arten.

Zum einen kann die Schlange nur auf einem Raster die Richtung wechseln, was das Problem deutlich vereinfacht. Versuchen Sie doch mal, in dem Einstiegsprojekt pixelgenaue Drehungen durchzuführen. Bei Snake kann man damit leben. Bei einem 3D-Action-Spiel, bei dem ein Reiz darin besteht, möglichst nah an den Wänden entlang zu fahren, kommen wir damit aber nicht durch.

Der andere Trick, mit dem ich uns in dem Einstiegsprojekt das Leben vereinfacht habe, bestand darin, dass dort die Wand einfach aus Blöcken aufgebaut ist. Auch das ist für Snake fein, schließlich gibt es Varianten, die sowieso auf Pixeln oder ASCII-Art beruhen, und da wird einfach ein Pixel (oder Zeichen) gesetzt, der entsprechende Platz in einer Matrix als »blockiert« gespeichert, und schon haben wir die perfekte Lösung.

Wenn wir das aber naiv in Unity nachbauen, sorgen wir für ein potenzielles Performanceproblem, weil wir nämlich sehr schnell eine große Menge von Objekten erzeugen: Je länger der Schwanz der Schlange wird, desto mehr Objekte haben wir.[24] Abgesehen davon sieht es auch seltsam aus, wenn ein Block nach dem anderen erscheint. Das haben wir zwar mit entspre-

---

23 Zumindest, sofern wir das Spiel nicht als Multiplayer-Spiel umsetzen wollen. Dabei stellen sich uns nämlich noch einige härtere Programmierherausforderungen in den Weg. Allerdings werden dabei auch die Erzeugung der Wände und die daran hängenden Fälle von Drehungen mehrerer Spieler ungleich schwieriger. Das heißt, wahrscheinlich könnte man diesen Satz sogar für eine Multiplayer-Variante stehen lassen.
24 Unitys Dynamic Batching relativiert dieses Problem etwas, da damit zur Laufzeit Objekte für das Rendering zusammengefasst werden, was die Anzahl der Batches bzw. Drawcalls

chenden Tricks vor dem Spieler versteckt, aber damit lösen wir nicht das Problem mit dem Objektmüll.

> Natürlich ist das Aufziehen von rechtwinkligen Wänden sehr spezifisch für Snake- bzw. Lightcycle-artige Spiele. Daher lege ich die Aufmerksamkeit hier auch bewusst auf die Vorgehensweise bei kniffligen Programmierherausforderungen in der Spielentwicklung. Während nämlich dieses konkrete Problem sehr spezifisch ist, werden Ihnen doch bei den meisten interessanten Spielen Herausforderungen begegnen, die man am besten mit einer intelligenten und gut strukturierten Vorgehensweise überwindet.

Dennoch wollen wir uns diesen Ansatz als einen möglichen Ansatz merken, ebenso wie die Vorgehensweise in diesem Kapitel: Zunächst überlegen wir uns, welche Möglichkeiten wir zur Umsetzung eines bestimmten Features haben, das für unser Spiel essenziell ist. Zu jeder dieser Möglichkeiten schreiben wir uns ihre Vor- und Nachteile auf, um schließlich die Lösung zu implementieren, die uns als am besten geeignet erscheint. Der passende Ort für diese schriftlichen Ausführungen ist natürlich das Game-Design-Dokument. Falls wir dann bei der Implementierung feststellen, dass die Lösung, die uns als die beste Lösung erschien, unerwartete Probleme mit sich bringt, dann können wir uns jederzeit die zweitbeste oder drittbeste Lösung ansehen und müssen uns die Vor- und Nachteile nicht wieder neu überlegen, wenn vielleicht seit der ursprünglichen Entscheidung Monate vergangen sind. Der folgende Abschnitt könnte also durchaus so ähnlich wie hier beschrieben in einem Game-Design-Dokument stehen.

6.2.1 Lösungsmöglichkeiten zum Erzeugen der TraceWalls

Lösung A: Steine – ein Objekt pro Wandsegment

Bei *Lösung A* werden, während das Fahrzeug sich nach vorne bewegt, in regelmäßigen Abständen einzelne Objekte erzeugt und platziert, die in ihrer Gesamtheit die Wand ergeben. Das ist in etwa so, als würde der Spieler seinen Weg mit Steinen markieren – daher der Name dieser Lösung. Die einzelnen Segmente werden in einer Queue-Collection gespeichert,[25] und das jeweils letzte Element dieser Queue wird gelöscht, wenn die Anzahl der Objekte in der Queue die Länge der Wand übersteigt. Die *Länge der Wand* ist also die maximale Anzahl von Segmenten.

---

reduziert, also wie häufig pro gerendertem Frame Daten an die Grafikkarte übermittelt und gerendert werden. Dennoch sollten wir nicht mehr Objekte erzeugen als notwendig.

25 Die Datenstruktur Queue (auf Deutsch: »Schlange«) dient dazu, Sammlungen von Objekten (Collections) so zu speichern, dass das Objekt, das der Schlange zuerst hinzugefügt wird, als Letztes aus der Schlange herausgenommen wird – so wie bei einer Warteschlange. Daher ist diese Datenstruktur für unseren Anwendungsfall natürlich ideal.

Bei einer *Variante A.1* dieser Lösung werden die regelmäßigen Abstände zeitlich definiert. Das heißt, jeweils nach Ablauf einer bestimmten Zeit wird ein neues Segment erzeugt. Die andere *Variante A.2* ist, die Objekte zu erzeugen, nachdem eine festgelegte Distanz zurückgelegt wurde. Variante A.1 führt dazu, dass der Abstand zwischen den Segmenten von der Geschwindigkeit des Fahrzeugs abhängt – was im Extremfall dazu führen könnte, dass man bei hoher Geschwindigkeit zwischen zwei Segmenten genügend Platz zum Durchfahren hätte.[26] Variante A.2 ermöglicht die präzise Kontrolle des Abstands zwischen den Segmenten.

Lösung A bietet folgende Vorteile:

- Die Implementierung ist einfach.
- Die Wände können relativ einfach wieder »abgebaut« werden, wobei der »Schlangenschwanz« eine konstante Länge hat.
- Es können beliebige Objekte als Wandsegmente verwendet werden (z. B. Kugeln, Würfel, Säulen, Kegel oder auch 2D-Sprites). Insbesondere könnten die Objekte problemlos texturiert werden, da es keinerlei Verzerrungen der UV-Map gibt.
- Es können sehr einfach Löcher in die Wände geschossen werden, da einfach einzelne Segmente entfernt werden können.
- Es könnten auch relativ einfach Kurven umgesetzt werden.

Lösung A hat folgende Nachteile:

- Sie ist nur auf einem groben Raster einsetzbar (außer, man trickst bei den Eckstücken).
- Es werden sehr schnell sehr viele Objekte erzeugt, was zu Performanceproblemen führen kann.

Lösung B: Skalierung – ein Objekt pro Wand

Lösung B erzeugt pro Wand nur ein einziges Objekt und skaliert dieses jeweils bis zur nächsten Drehung des Fahrzeugs. Unter *Wand* verstehen wir also in dieser Lösung nur das Wandstück zwischen zwei Drehungen des Fahrzeugs.

Den Skalierungsfaktor der Wandstücke müssen wir bei diesem Ansatz aus der Distanz zwischen der letzten Drehung und der aktuellen Position

---

[26] Das hört sich vielleicht seltsam an, könnte aber durchaus eine interessante Spielmechanik darstellen: Falls es sich um ein Spiel für mehrere Spieler handelt, bei dem die Spieler gegeneinander spielen, müssten die Spieler abwägen, ob sie lieber etwas schneller fahren wollen – was es anderen Spielern bei entsprechendem Geschick ermöglicht, durch eine Wand zu fahren. Alternativ könnten sie etwas langsamer fahren, was zwar ihre Wand undurchdringlich macht, anderen Spielern aber die Möglichkeit gibt, sie zu überholen. Bei einem kooperativen Spiel könnte ein Spieler beschleunigen, um für einen anderen Spieler Lücken in der eigenen Wand zu schaffen.

des Fahrzeugs berechnen. Je nachdem, wo der *Pivot-Punkt*[27] unserer Wandobjekte liegt, reicht es entweder, das Objekt am Drehpunkt zu positionieren und dann nur noch zu skalieren (der Pivot-Punkt befindet sich an einem Ende des Objekts); oder wir müssen die Position des Objekts jeweils auf die Position in der Mitte zwischen Fahrzeug und letzter Drehung setzen (der Pivot-Punkt liegt in der Mitte des Objekts).

Beim Abbau der Wände gibt es mehrere Möglichkeiten: *Variante B.1* sieht vor, dass die Wände nach einer bestimmten Zeit einfach gelöscht werden. Das gleiche Verhalten kann später auch für das *PowerUp ShootWall* verwendet werden, mit dem Spieler eine komplette Wand entfernen können. *Variante B.2* würde den Abbau der Wände entsprechend dem Aufbau realisieren. Das heißt, ein zweites Objekt würde den Weg des Fahrzeugs am Ende der Wand »nachfahren« und die Skalierung schrittweise bis auf 0 reduzieren, sobald es auf den Punkt der nächsten Drehung stößt und das jeweilige Wandobjekt löscht.

Lösung B bietet folgende Vorteile:

- Die Implementierung ist relativ einfach.
- Wir erzeugen deutlich weniger Objekte als bei Lösung A.
- Wir können Drehungen an beliebigen Positionen realisieren, da wir die Wände stufenlos skalieren.

Lösung B hat folgende Nachteile:

- Da wir beim Skalieren die UV-Map verzerren, können wir die Wände nur mit eingeschränkten Möglichkeiten texturieren. (Es sei denn, wir verwenden Shader, die die Textur ohne UV-Map auf das Objekt rendern.[28])
- Wände können nur als Ganzes entfernt werden. (Es ist also beispielsweise nicht möglich, ein Loch in eine Wand zu schießen, sondern wenn auf eine Wand geschossen wird, muss die gesamte Wand entfernt werden, was aber natürlich durchaus auch wünschenswert sein kann.)
- Das Skalieren der einzelnen Wandobjekte führt dazu, dass diese nicht mehr dynamisch gebatcht werden können. Das bedeutet, Unity kann die einzelnen Wände nicht zusammenfassen, um Batches bzw. Drawcalls[29] zu sparen.

---

27 Der Pivot-Punkt ist der Punkt eines GameObject, von dem aus es skaliert bzw. um den es rotiert wird.
28 Zum Beispiel *Triplanar Texturing* von *Broken Toy Games* im Asset Store.
29 Eine ausführliche Erklärung von Drawcalls, Batches und Batching finden Sie in Abschnitt *10.2.2, Performance über Game View Stats analysieren*.

Lösung C: Vektor-Transformation der Modelle der Wände

Mit *Lösung C* können wir den Nachteil des Skalierens umgehen, der dazu führt, dass Unity die einzelnen Wände nicht mehr per *Dynamic Batching* zusammenfasst und somit keine Batches spart, was vor allem auf mobilen Geräten zur Performanceproblemen führen könnte, wenn wir viele Spieler haben, die durch viele Drehungen eine große Anzahl an Wänden erzeugen.

Für diese Lösung benötigen wir ein technisches Feature, das ich bisher noch gar nicht angesprochen habe: Unity ermöglicht es uns, per Skript direkt auf die Daten der Meshes zuzugreifen und diese zu verändern. Wir können also einfach die Koordinaten einiger Punkte in unserem Wandmodell so modifizieren, dass die Wand hinter unserem Fahrzeug wächst. Folgendes könnte hierzu also in unserem Design-Dokument zur Implementierung stehen.

Anstatt die Wandobjekte zu skalieren, greifen wir für diese Lösung eine Ebene tiefer direkt auf die Mesh-Daten der jeweiligen Wandstücke zu und modifizieren die Punkte des einen Endes der Wand so, dass sie jeweils die volle Länge zwischen dem Punkt der letzten Drehung und der aktuellen Position unseres Fahrzeugs hat.

Hier gibt es einen Aspekt, der etwas trickreich ist: Wir könnten zwar theoretisch einen `MeshCollider` für die Wände verwenden, also einen Collider, der genau dem Mesh der Wand entspricht. Damit würden wir aber die CPU stark belasten, die sich um die Kollisionserkennung kümmert. Also verwenden wir den einfachsten Collider, der unsere Wände repräsentieren kann: den `BoxCollider`. Bei ihm können wir aber nicht wie bei dem Mesh einfach die Punkte verändern, sondern müssen ihn doch wieder skalieren. Somit brauchen wir also für Lösung C alles, was wir bereits für Lösung B gebraucht haben, und zusätzlich die Logik zur Vektor-Transformation. Hoffentlich lohnt sich dieser Aufwand!

Lösung C bietet folgende Vorteile:

- Wir erzeugen deutlich weniger Objekte als bei Lösung A, die außerdem aufgrund des Verzichts auf die Skalierung von Unity dynamisch gebatcht werden können, was die Anzahl der Batches[30] reduziert.
- Wir können Drehungen an beliebigen Positionen realisieren, da wir die Wände stufenlos skalieren.
- Wir können die UV-Map kontinuierlich anpassen, sodass wir die Wände auch sauber texturieren können.

---

30 Eine ausführliche Erklärung von Batches bzw. Drawcalls finden Sie in Abschnitt *10.2.2, Performance über Game View Stats analysieren.*

Lösung C hat folgende Nachteile:

- Relativ aufwendige Implementierung.
- Wände können nur als Ganzes entfernt werden. (Es ist also beispielsweise nicht möglich, ein Loch in eine Wand zu schießen. Sondern wenn auf eine Wand geschossen wird, dann muss die gesamte Wand entfernt werden, was aber natürlich auch durchaus wünschenswert sein kann.)

Lösung D: Wandmodelle komplett prozedural erzeugen

Wir könnten von Lösung C ausgehend noch einen Schritt weiter gehen und alle Wandstücke als ein prozedural erzeugtes Modell umsetzen. Anstatt also bei jeder Drehung ein neues Objekt zu erzeugen, würden wir dem einen Wandobjekt einfach neue Vektoren und Polygone hinzufügen. Parallel dazu müssten wir zusätzlich die entsprechenden Collider-Objekte erzeugen. Wir würden hier also letztlich Lösung B implementieren, sie aber nur zur Erzeugung der notwendigen Collider einsetzen, und zusätzlich die visuelle Darstellung der Wände komplett prozedural erzeugen.

Lösung D bietet folgende Vorteile:

- Pro Fahrzeug haben wir nur ein einziges Objekt für alle Wände, das gerendert werden muss.
- Wir können Drehungen an beliebigen Positionen realisieren, da wir die Wände stufenlos skalieren.

Lösung D hat folgende Nachteile:

- Sehr aufwendige Implementierung! Besonders trickreich ist hier das Entfernen einzelner Wände, wenn beispielsweise eine Wand »abgeschossen« wird.

Lösung E: Kombination aus A+B oder A+C

Falls die Berechnungen, die für Lösung B und C pro Frame notwendig sind, sich als zu aufwendig herausstellen sollten, als dass wir sie pro Frame durchführen könnten, so wäre auch eine Kombination aus A+B bzw. A+C denkbar. Dabei würden wir beim Aufbau der Wand Lösung A einsetzen, und sobald das Fahrzeug die nächste Drehung durchführt, die Einzelsegmente durch ein Objekt ersetzen, das entsprechend Lösung B oder C hergestellt wurde. Dabei wird natürlich Variante A.2 zum Einsatz kommen, damit der Spieler zwischen der aus Segmenten aufgebauten Wand und der Wand aus einem Objekt keinen Unterschied sehen kann, was bei Variante A.1 leicht passieren könnte.

Weiterhin könnten bei dieser Variante Löcher in Wände geschossen werden, indem eine fertige Wand wieder in ihre Einzelsegmente zerlegt wird und dann nur die betroffenen Segmente entfernt werden.

Lösung E bietet folgende Vorteile:

- Wir erzeugen weniger Objekte als bei Lösung A.
- Wir sind relativ flexibel (z. B. in der Möglichkeit, Löcher in Wände zu schießen).
- Wir können Drehungen an beliebigen Positionen realisieren, da wir die Wände stufenlos skalieren.

Lösung E hat folgende Nachteile:

- Die Implementierung ist relativ aufwendig.
- Sie ist nur auf einem groben Raster einsetzbar (außer, man trickst bei den Eckstücken).
- Bei A+B (nicht bei A+C): Da wir beim Skalieren die UV-Map verzerren, können wir die Wände nur mit eingeschränkten Möglichkeiten texturieren. (Es sei denn, wir verwenden Shader, die die Textur ohne UV-Map auf das Objekt rendern.)

Auswahl einer Lösung

Wir wir gesehen haben, hat jede Lösung ihre Vor- und Nachteile. Wie so oft in der Spielentwicklung und auch im Software-Engineering (bzw. im Engineering allgemein) gibt es keine »perfekte Lösung«, sondern wir müssen diejenige Lösung wählen, die uns im Moment als die am ehesten geeignete erscheint.

Lösung A fällt gleich am Anfang aus der Auswahl, weil wir den Nachteil, dass wir uns auf einem Raster bewegen müssen, nicht in Kauf nehmen wollen. Tricks, die dieses Problem lösen, würden letztlich den einen Vorteil von Lösung A – nämlich, dass sie sehr einfach zu implementieren ist – aufheben. Die Lösungen D und E fallen heraus, weil sie letztlich zu kompliziert zu implementieren sind. Dem geneigten Leser bzw. der geneigten Leserin würde ich diese Lösungen aber durchaus als Übungsaufgabe empfehlen.

Es bleiben also die Lösungen B und C. Für ein echtes Projekt würde ich Lösung B empfehlen, und lediglich dann auf Lösung C wechseln, wenn sich im Verlauf des Projekts herausstellt, dass wir mit Lösung B Performanceprobleme bekommen. Da Lösung C für die Collider sowieso eine vollständige Implementierung von Lösung B erfordert, haben wir dann auf keinen Fall etwas umsonst programmiert – können uns aber die Auseinandersetzung mit der Mesh-Manipulation ersparen.

An dieser Stelle wählen wir aber gerade deshalb Lösung C, weil wir damit die einfache Mesh-Manipulation lernen können und sehen, dass Unity trotz

Übung macht den Meister

der einfachen Bedienung auch Eingriffe auf sehr tiefen Ebenen ermöglicht. Dabei gehen wir so vor, dass wir zuerst Lösung B mittels primitiver Quader implementieren und dann ein spezielles, optimiertes Modell für die Wände verwenden, den Renderer der primitiven Quader abschalten und die Mesh-Manipulation für Lösung C umsetzen.

6.2.2 Implementierung von Lösung B: Skalierung

Zunächst müssen wir natürlich ein Objekt für die Wände anlegen. Verwenden Sie hierzu das Menü *GameObject/3D Object/Cube*. Wir benennen das Objekt gleich in WallCollider um, da dieses Objekt ja später nur noch den Collider stellt. Setzen Sie Position = (0, 0.5, -2) und Scale = (0.5, 1, 1). Ein Material erstellen, zuweisen und einstellen können Sie schon.

Wir wollen vermeiden, dass wir die Position der Wand in jedem Frame ändern müssen. Daher müssen wir dafür sorgen, dass der Pivot-Punkt des zu skalierenden Objekts am hinteren Ende der Wand ist.

Da wir in Unity den Pivot-Punkt primitiver Objekte nicht ändern können, müssen wir einen kleinen Trick anwenden: Erzeugen Sie ein neues, leeres GameObject (⌘+⇧+N bzw. Ctrl+⇧+N), und nennen Sie es ColliderParent. Setzen Sie hier Position = (0, 0, -2.5), und ziehen Sie dann WallCollider unter ColliderParent.

Wie Sie in Abb. 6.51 erkennen können, haben wir jetzt den Pivot-Punkt von ColliderParent am hinteren unteren Ende von WallCollider. Wenn Sie nun ColliderParent auf der Z-Achse skalieren, haben wir genau den gewünschten Effekt: Der Anfangspunkt der Wand steht fest, und die Wand wird »nach vorne« immer länger. Probieren Sie das ruhig aus, setzen Sie aber bitte am Ende bei ColliderParent wieder Scale = (1, 1, 1). Achten Sie auf, dass der im Screenshot grün markierte Button Pivot anzeigt und nicht Center, da andernfalls nicht der tatsächliche Pivot-Punkt gezeigt wird, sondern das Zentrum.

Abb. 6.51
Den Pivot-Punkt setzen wir über Parenting nach hinten unten.

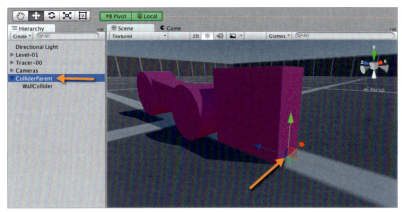

Nun müssen wir noch eine weitere Vorbereitung treffen: Schließlich benötigen wir ja mehrere Wände – eine neue bei jeder Drehung des Spielers. Das ist ein klassischer Anwendungsfall für *Prefabs*.

> **Prefabs** sind GameObjects im Projekt, die im Editor mehrfach in jede Szene gezogen werden können und dabei immer eine Referenz auf das Prefab im Projekt behalten. Wir können Prefabs auch per Script instanziieren. Eine wesentliche Eigenschaft von Prefabs ist, dass ihre Instanzen alle Änderungen des Prefabs (im Projekt) automatisch erben, sofern wir die entsprechenden Properties nicht in der Instanz explizit überschrieben haben.

Diese Eigenschaft ist äußert nützlich, da man damit beispielsweise Placeholder sehr einfach ersetzen oder auch generell die visuelle Darstellung von Objekten oder auch deren Eigenschaften zentral kontrollieren kann. Im Moment ist für uns nur wichtig, dass Prefabs als Assets im Projekt erscheinen und wir sie einfach per Script instanziieren können.

Legen Sie das Prefab an, indem Sie einfach `ColliderParent` aus der *Hierarchy View* in den *Project Browser* ziehen. Die wichtigste Veränderung, die Ihnen hierbei auffallen sollte, ist, dass `ColliderParent` in der *Hierarchy View* jetzt blau dargestellt wird. Das bedeutet »Instanz von einem Prefab«. So können Sie innerhalb der *Hierarchy View* leicht sehen, welche GameObjects nur lokal in der Szene existieren und welche als Prefabs projektübergreifend zur Verfügung stehen.

Da wir das Prefab jetzt im Projekt haben und die Instanz in der Szene nicht mehr benötigen, löschen Sie bitte `ColliderParent` in der *Hierarchy View* (entweder über das Kontextmenü, über das Menü *Edit/Delete* oder unter Windows über die Taste `Entf` bzw. am Mac über die Tastenkombination `⌘`+`⌫`).

Scripts zum Erzeugen der Wandstücke implementieren

Jetzt brauchen wir ein Script, das uns die Wände erzeugt: Legen Sie ein neues C#-Script im Verzeichnis *Scripts* an, und nennen Sie es `WallController`. Dieses Script ziehen Sie vom *Project Browser* auf `Tracer-00` in der *Hierarchy View*.

Damit das Script die Wände erzeugen kann, brauchen wir eine Referenz auf unser Prefab im Projekt. Wir brauchen also eine Möglichkeit, im Editor dem Script sagen zu können, wo es das Prefab findet. Haben Sie schon eine Idee, wie das funktionieren könnte? Im Script `TracerController` hatten wir eine ähnliche Anforderung: Dort sollte man über den Editor die Geschwindigkeit einstellen können (`baseVelocity`).

Wichtig ist hier zu wissen, dass auf Prefabs im Programmcode über die Klasse `GameObject` oder jede an dem konkreten Prefab angehängte Komponente zugegriffen werden kann. Also auf jeden Fall auch über `Transform` oder sogar über selbst definierte Scripts. Eine Möglichkeit wäre also, unser Script `WallController` so wie in Listing 6.1 zu erweitern. (Beachten Sie, dass ich die Methoden `Start()` und `Update()` gelöscht habe, da wir diese im WallController nicht brauchen.)

Listing 6.1
Prefab als GameObject

```
using UnityEngine;
using System.Collections;

public class WallController : MonoBehaviour {

    public GameObject wallPrefab;

}
```

Wenn Sie die Änderung speichern, wieder zu Unity wechseln und dann in der *Hierarchy View* Tracer-00 auswählen, erscheint im *Inspector* in der Komponente WallController ein neues Property Wall Prefab. Möglicherweise dauert es einen Moment. Falls das neue Property nicht erscheint, kann Unity wahrscheinlich Ihre Änderung aus irgendeinem Grund nicht kompilieren – entweder weil Sie die Änderungen nicht abgespeichert haben oder weil das Script einen Fehler hat, den Sie am besten über die Konsole finden und beheben.[31]

Sobald Sie das Property an der Komponente haben, können Sie unser Prefab per *Drag & Drop* aus dem *Project Browser* direkt in das Property-Feld im Inspector ziehen, wie in Abb. 6.52 dargestellt. (Natürlich sind die Views bei Ihnen im Editor wahrscheinlich anders angeordnet.)

Abb. 6.52
Prefab auf den Slot »Wall Prefab« ziehen

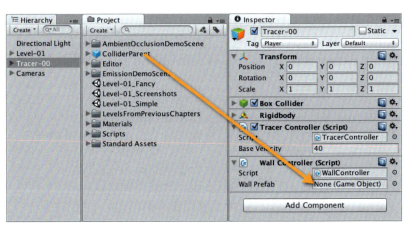

Wir wollen aber, dass der Benutzer im Editor nur ganz bestimmte Prefabs in den WallController ziehen kann – und zwar solche, die über eine Komponente WallSegment verfügen. Bisher gibt es allerdings noch gar keine Komponente WallSegment. Legen wir also ein weiteres C#-Script im Verzeichnis Scripts an, und nennen wir es WallSegment. Selektieren Sie nun

---

31 Wie Sie mit der Konsole arbeiten, können Sie in Abschnitt 4.4 unter »Fehler über die Konsole finden« nachlesen.

ColliderParent im *Project Browser*. Im *Inspector* sehen Sie zunächst nur die Transform-Komponente. Ziehen Sie das Script WallSegment aus dem Project Browser in den leeren Bereich im *Inspector*. In Abb. 6.53 sehen Sie mit dem orangefarbenen Pfeil markiert die Drag&Drop-Operation, mit der Sie WallSegment auf ColliderParent ziehen – sowie bereits das Ergebnis dieser Operation, nämlich dass ColliderParent eine Komponente WallSegment hat. Hier habe ich versucht, ein wenig Papier zu sparen, um unsere Wälder zu schonen.

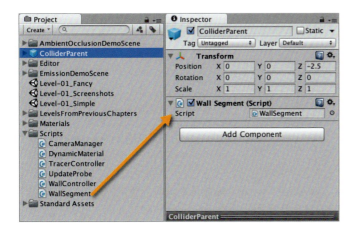

Abb. 6.53
WallSegment auf ColliderPrefab ziehen, und was dabei herauskommt

Nun können wir den Code in WallController ein wenig ändern: Ersetzen Sie einfach GameObject durch WallSegment, wie in Listing 6.2.

```
public class WallController : MonoBehaviour {

    public WallSegment wallPrefab;

}
```

Listing 6.2
Spezifisches WallSegment statt generisches GameObject

Wenn Sie nun in der *Hierarchy View* wieder Tracer-00 inspizieren, werden Sie feststellen, dass unsere Zuweisung von ColliderParent auf Wall Prefab verloren gegangen ist. Sie können ColliderParent aber einfach erneut auf den Wall Prefab Slot ziehen (wie vorher auch), um die Verbindung wiederherzustellen. Leider macht Unity das, wenn wir Typen von öffentlichen Variablen ändern.

Nun können wir bei jeder Drehung die Wandstücke erzeugen. Die Drehungen passieren im TracerController, also müssen wir von dort aus dem WallController mitteilen, dass eine Drehung passiert ist. Der WallController ist dann dafür verantwortlich, dass ein neues Wandsegment erzeugt und richtig positioniert und rotiert wird. Das Wandsegment soll sich dann selbst um die entsprechende Skalierung kümmern. Dazu braucht es eine Referenz auf das Transform des Fahrzeugs.

Wir fügen der Klasse WallController also ein neues Property tracerReferencePoint hinzu, das eine Referenz auf unser Fahrzeug speichert, sowie eine neue Methode TracerTurned(), die dann von TracerController aufgerufen wird und unser neues Wandsegment mit der von der Klasse Object geerbten Methode Instantiate() instanziiert.[32] Dazu verwenden wir unsere Referenz auf das Wand-Prefab sowie die Position und Rotation von tracerReferencePoint. Instantiate() liefert ein Object, daher müssen wir diesen Rückgabewert noch explizit auf WallSegment casten. Da wir wissen, dass wallPrefab den Typ WallSegment hat, ist das eine sichere Sache. Der WallController sollte jetzt also so aussehen wie in Listing 6.3.

Listing 6.3
Erweiterungen in WallController

```
using UnityEngine;
using System.Collections;

public class WallController : MonoBehaviour {

    public Transform tracerReferencePoint;
    public WallSegment wallPrefab;

    private WallSegment currentWall = null;

    public void TracerTurned() {
        currentWall = (WallSegment) Instantiate(
                        wallPrefab,
                        tracerReferencePoint.position,
                        tracerReferencePoint.rotation);
    }
}
```

Vergessen Sie jetzt nicht, im Editor Tracer-00 auf das neue Property Tracer Reference Point in der Komponente WallController zu ziehen. (Sonst bekommen wir später bei jeder Drehung NullReferenceExceptions, weil wir in TracerTurned() auf tracerReferencePoint zugreifen, es aber gar nicht zugewiesen ist!)

Als Nächstes können wir TracerController so erweitern, dass Tracer-Turned() in WallController bei jeder Drehung sowie beim Start aufgerufen wird. Da die beiden Scripts immer am gleichen GameObject hängen, erhalten wir einfach über die Methode GetComponent<ScriptName>() eine Referenz, die wir in der neuen Membervariable wallController speichern. Das tun wir in der Methode Awake(), die in Unity die wirkliche Initialisierungsmethode ist und bei allen Komponenten aufgerufen wird, bevor dann bei allen Komponenten Start() aufgerufen wird. Damit GetComponent<-ScriptName>() auch wirklich immer funktioniert, fügen wir ein weiteres RequireComponent-Attribut für WallController hinzu. Das sieht dann so aus wie in Listing 6.4.

---

32 Denken Sie daran, dass Sie die Details zu den im Text erwähnten Klassen und Methoden über das Menü *Help/Scripting Reference* und dort unter *UnityEngine/Classes* finden. In der Scripting API finden Sie meistens auch weitere Beispiele zur Vertiefung.

Listing 6.4
Erweiterungen in TracerController

```
using UnityEngine;
using System.Collections;

[RequireComponent(typeof(Rigidbody))]
[RequireComponent(typeof(WallController))]
public class TracerController : MonoBehaviour {

  public float baseVelocity = 5F;
  private Rigidbody myRigidbody = null;

  private WallController wallController = null;

  void Awake() {
    myRigidbody = GetComponent<Rigidbody>();
    wallController = GetComponent<WallController>();
  }

  void Start() {
    myRigidbody.velocity = transform.forward * baseVelocity;
    wallController.TracerTurned();
  }

  void Update() {
    float rotation = 0F;

    if (Input.GetKeyDown(KeyCode.LeftArrow)) {
      rotation = -90F;
    } else if (Input.GetKeyDown(KeyCode.RightArrow)) {
      rotation = 90F;
    }

    if (rotation != 0F) {
      transform.Rotate(0F, rotation, 0F);
      myRigidbody.velocity = transform.forward * baseVelocity;
      wallController.TracerTurned();
    }
  }
}
```

Wenn Sie das Spiel jetzt starten, wird wie erwartet bei jeder Drehung ein neues Wandsegment erzeugt. Aber Moment!

Nein, ich meine nicht, dass die Wandsegmente natürlich ihre ursprüngliche Größe behalten und daher etwas unmotiviert in der Landschaft herumstehen. Ich meine Folgendes: Was passiert, wenn jetzt der Strom ausfällt? Oder wenn Unity beim Starten des Spiels abstürzt (oder beim Beenden des Spiels)? Ich meine es ernst: Gewöhnen Sie sich am besten an, die Szene und das Projekt vor jedem Spielstart zu speichern. Klicken Sie auf *File/Save Scene, File/Save Project,* und Sie sind wieder vor jeglichen Weltuntergangsszenarien gefeit.

Collider-Probleme lösen

Wenn wir dann aber nach dem Abspeichern das Spiel doch testen, fällt noch eine andere Sache auf: Nach der ersten Drehung zieht das Fahrzeug ein wenig zur Seite. Besonders deutlich wird das, wenn wir die Geschwindigkeit (`baseVelocity`) reduzieren, z. B. auf 10. Es scheint so, als würde unser Fahrzeug von den neu erzeugten Wandsegmenten abprallen. Genau das passiert tatsächlich, weil das Wandsegment ja direkt über dem Fahrzeug instanziiert wird. Wir müssen also dafür sorgen, dass die neu erzeugte Wand und das Fahrzeug nicht von der Kollisionserkennung betroffen sind. Dazu gibt es die Methode `Physics.IgnoreCollisions()`. Da der Collider am Objekt `WallCollider` hängt, also nicht direkt über `ColliderParent` verfügbar ist, müssen wir zunächst die Klasse `WallSegment` erweitern (und bei der Gelegenheit gleich die nicht mehr benötigte Methode `Start()` sowie überflüssige Kommentare entfernen), sodass wir eine Klasse wie in Listing 6.5 erhalten.

Listing 6.5
Die modifizierte Klasse WallSegment

```
using UnityEngine;
using System.Collections;

public class WallSegment : MonoBehaviour {

    public Collider wallCollider;

    void Update() {

    }
}
```

Sie müssen auch `WallCollider` aus dem Prefab `ColliderParent` in den entsprechenden Slot (`Wall Collider`) in der Komponente `WallSegment` von `ColliderParent` ziehen. Dann können wir die Methode `TracerTurned()` in `WallController` so erweitern wie in Listing 6.6.

Listing 6.6
Die erweiterte Methode TracerTurned in WallController

```
public void TracerTurned() {

    currentWall = (WallSegment) Instantiate(
                wallPrefab,
                tracerReferencePoint.position,
                tracerReferencePoint.rotation);

    Physics.IgnoreCollision(GetComponent<Collider>(),
                currentWall.wallCollider);
}
```

Damit wäre dieses Problem gelöst – dafür funktionieren Kollisionen zwischen Fahrzeug und Wand grundsätzlich nicht mehr. Unser WallController muss also etwas schlauer werden und die Kollisionen wieder aktivieren, sobald die nächste Drehung stattfindet. Praktischerweise haben wir `currentWall` bereits als Membervariable und müssen daher lediglich vor der Instanziierung des neuen Wandsegments für das bis dahin aktuelle

Objekt die Kollisionen wieder aktivieren, sofern `currentWall` auch tatsächlich zugewiesen ist (`!= null`). Das sieht dann so aus wie in Listing 6.7.

```
public Transform tracerReferencePoint;
public WallSegment wallPrefab;

private WallSegment currentWall = null;

public void TracerTurned() {

    if (currentWall != null) {
        Physics.IgnoreCollision(GetComponent<Collider>(),
                        currentWall.wallCollider,
                        false);
    }

    currentWall = (WallSegment) Instantiate(
                    wallPrefab,
                    tracerReferencePoint.position,
                    tracerReferencePoint.rotation);

    Physics.IgnoreCollision(GetComponent<Collider>(),
                    currentWall.wallCollider);
}
```

Listing 6.7
Reaktivieren der Kollisionen im WallController

> Die beiden Aufrufe von `GetComponent<Collider>()` sind nicht ideal, auch wenn `GetComponent<T>()` in Unity 5 deutlich schneller ist als in früheren Unity-Versionen. Dabei ist wichtig, dass `TracerTurned()` ja nur gelegentlich aufgerufen wird. In Methoden wie `Update()`, die einmal oder sogar öfter pro Frame aufgerufen werden, würde ich `GetComponent<T>()`-Aufrufe immer noch vermeiden. Wenn Sie das auch hier möchten, können Sie am Anfang der Methode `TracerTurned()` Folgendes schreiben `Collider myCollider = GetComponent<Collider>();`. Bei `PhysicsIgnoreCollisions(...)` ersetzen Sie anschließend jeweils `GetComponent<Collider>()` durch `myCollider`. Ein weiterer Optimierungsschritt ist, `myCollider` als Membervariable zu deklarieren und direkt in `Awake()` zuzuweisen (analog dazu, wie wir es bei `TracerController` mit `myRigidbody` machen). So kommen Sie dann in `TracerTurned()` komplett ohne `GetComponent<T>()` aus.

Pro-Tipp

Das Wachsen und Verschwinden der Wände implementieren

Jetzt können wir uns also dem Wachsen und Verschwinden der Wände widmen. Dazu brauchen wir im Script `WallSegment`, das ja für das Wachsen der Wände verantwortlich ist, noch eine Referenz auf das `Transform` des Fahrzeugs. Diese können wir dann beim Erzeugen des Wandsegments setzen und nutzen, um die jeweils aktuelle Position des Fahrzeugs zu ermitteln. Wir verwenden hier eine private Membervariable mit einem öffentlichen Setter. Das bedeutet, man kann von außen das `Transform` zuweisen, es aber nur innerhalb von `WallSegment` verwenden. Die konkrete Syntax finden Sie in Listing 6.8. Hier haben wir außerdem noch eine private Variable growing hinzugefügt, die wir mit der Methode StopGrowing() vom WallController aus auf false setzen können, sobald die Wand »fertig« ist. Außerdem soll die Wand – sobald sie »fertig« ist – eine festgelegte Zeit warten und sich nach dieser Zeit selbst zerstören. Dazu haben wir die öffentliche Variable lifetimeSeconds und die Methode DestroyAfterLifetime() eingefügt.

Listing 6.8
WallSegment, erweitert um tracerReferencePoint und DestroyAfterLifetime

```
public Collider wallCollider;

public float lifetimeSeconds = 10F;

private Transform tracerReferencePoint;
public Transform TracerReferencePoint {
    set { tracerReferencePoint = value; }
}

private bool growing = true;
public void StopGrowing() {
    growing = false;
    StartCoroutine(DestroyAfterLifetime());
}

public IEnumerator DestroyAfterLifetime() {
    yield return new WaitForSeconds(lifetimeSeconds);
    Destroy(this.gameObject);
}

void Update() {
```

6.2.3 Coroutines für zeitgesteuerte Ereignisse verwenden

Wie Sie in Listing 6.8 sehen, rufen wir DestroyAfterLifetime() nicht direkt auf, sondern geschachtelt in einem Aufruf der Methode StartCoroutine(). Es handelt sich also um eine sogenannte Coroutine.

> **Coroutines** sind Methoden, die mit StartCoroutine(MethodenName()) aufgerufen werden und dann mit dem Schlüsselwort yield den Kontrollfluss jederzeit an die aufrufende Methode zurückgeben können – in unserem Fall also an StopGrowing(). Da in unserem Fall gleich die erste Anweisung von DestroyAfterLifetime() ein yield ist, passiert also zunächst gar nichts. Übrigens: Falls Sie einmal beim Aufruf einer Coroutine das umschließende StartCoroutine() vergessen sollten, dann bleibt es auch dabei, d. h., sämtlicher Programmcode nach dem ersten yield wird niemals ausgeführt. Das ist ein etwas lästiger Fehler, den man übrigens in UnityScript nicht machen kann, weil sich Unity dort implizit darum kümmert, dass Aufrufe von Coroutines immer korrekt sind: Dort brauchen Sie also das StartCoroutine() nicht explizit anzugeben.[33]

---

33 Sie sehen aber natürlich auch an der entsprechenden Stelle nicht, dass hier eine Coroutine aufgerufen wird.

Dafür ist in C# leichter zu verstehen, was hier genau passiert:[34] Das Ergebnis von `DestroyAfterLifetime()` ist nämlich ein `IEnumerator`, der `StartCoroutine()` als Parameter übergeben wird (als Rückgabewert der Methode `DestroyAfterLifetime()`). Erinnern Sie sich daran, dass jedes Script in Unity standardmäßig den Namespace `System.Collections` nutzt? Dieser Namespace enthält das Interface `IEnumerator`, das die Methode `MoveNext()` definiert. Diese gibt den Kontrollfluss wieder an unsere Coroutine zurück. Intern hält Unity Referenzen auf alle `IEnumerator`-Objekte, die wir Unity mittels `StartCoroutine()` übergeben haben, und ruft zu bestimmten Zeitpunkten `MoveNext()` auf, sodass unsere Coroutines bis zum nächsten `yield` ausgeführt werden. Wann dieser Zeitpunkt ist, können wir z. B. durch die Auswahl verschiedener `YieldInstructions` bestimmen: `WaitForSeconds` wartet beispielsweise eine bestimmte Anzahl von Sekunden, und `WaitForEndOfFrame` wartet, bis alle Kameras und die GUI fertig gerendert sind. Es wartet also auf den Moment, bevor der Frame am Bildschirm angezeigt wird. Eine weitere nennenswerte Klasse, deren Instanzen wir mittels `yield return` verwenden können, um auf etwas zu warten, ist `WWW`. Wie der Name vermuten lässt, greift man damit auf Webseiten zu, und unsere Coroutine wird in diesem Fall weiter ausgeführt, sobald die entsprechende Seite vollständig geladen wurde.

Falls Sie bereits mit nebenläufiger Programmierung zu tun hatten, erinnern Coroutines Sie bestimmt an Threads. Das Konzept ist tatsächlich ähnlich, wenn auch nur teilweise: Bei Coroutines handelt es sich nämlich *immer* um Pseudonebenläufigkeit, d. h., sie werden auch auf mehreren Prozessoren niemals wirklich parallel ausgeführt. Damit brauchen wir uns hier also nicht um die Komplexität nebenläufiger Programmierung sorgen, aber Sie sollten auch nicht dem weitverbreiteten Missverständnis erliegen, dass man mit Coroutines die Performance verbessern könnte. Das geht nämlich nicht![35]

Mit der Coroutine `DestroyAfterLifetime()` werden unsere Wand-Segmente also nach zehn Sekunden zerstört. Damit sie auch wachsen, müssen wir noch Erweiterungen in `WallController` und `WallSegment` vornehmen.

---

34 Link auf *unity-buch.de*: Lesen Sie zur Vertiefung auch den von der Buchwebsite aus verlinkten Artikel *Iteratoren (C#-Programmierhandbuch)*.
35 Es geht aber insofern, als dass Sie durch Verteilung einer Aufgabe auf mehrere Frames ggf. Ruckeln vermeiden können. Die Aufgabe an sich dauert dadurch zwar länger, der Spieler merkt davon aber nichts – zumindest, wenn Sie es geschickt anstellen.

6.2.4 Die Implementierung des Wandwuchses vollenden

Den öffentlichen Setter `WallSegment.TracerReferencePoint` verwenden wir jetzt in `WallController`, wie unten in Listing 6.8 abgebildet. Bei jeder Drehung muss natürlich das Wachstum der aktuellen Wand enden, sofern es eine aktuelle Wand gibt. Dafür sorgt der Aufruf von `StopGrowing()` oben im gleichen Listing.

Listing 6.9
Zuweisung von TracerReferencePoint in WallController

```
public void TracerTurned() {
    if (currentWall != null) {
        currentWall.StopGrowing();
        Physics.IgnoreCollision(GetComponent<Collider>(),
                currentWall.wallCollider,
                false);
    }
    currentWall = (WallSegment) Instantiate(
                    wallPrefab,
                    tracerReferencePoint.position,
                    tracerReferencePoint.rotation);

    Physics.IgnoreCollision(GetComponent<Collider>(),
                currentWall.wallCollider);

    currentWall.TracerReferencePoint = tracerReferencePoint;
}
```

Schließlich können wir die `Update()`-Methode von `WallSegment` so implementieren wie in Listing 6.10. Solange die Wand wächst, berechnen wir also in jedem Frame zuerst die Entfernung zwischen unserer Position (die ja gleichzeitig die Position ist, an der die Drehung begonnen wurde) und der aktuellen Position des Fahrzeugs, die wir über das Transform `tracerReferencePoint` ermitteln können.

Listing 6.10
Die Update()-Methode von WallSegment

```
void Update() {
    if (growing) {
        float distance = Vector3.Distance(
                transform.position,
                tracerReferencePoint.position);
        Vector3 scale = transform.localScale;
        scale.z = distance;
        transform.localScale = scale;
    }
}
```

Dann müssen wir die Skalierung auf diesen Wert setzen und dabei beachten, dass `Vector3` keine Klasse ist, sondern ein `Struct`.

6.2.5 Eigenheiten von Unity: Klassen und Structs, Variablen und Properties

Da `Vector3` keine Klasse ist, sondern eine Struktur (`Struct`)[36], wird es beim lesenden Zugriff auf `transform.localScale` als Wert übergeben (*by-value*) – und nicht wie bei Instanzen von Klassen üblich als Referenz (*by-reference*). Dazu muss man auch wissen, dass `localScale` in Wirklichkeit keine Variable ist, wie man es anhand der Camel-Case-Schreibweise (ersterBuchstabeKlein [sic!]) im C#-Umfeld erwarten würde, sondern ein Property[37]. Da steckt also letztlich eine Get-Methode dahinter. Wäre es ein Variablenzugriff statt eines Methodenaufrufs, wäre es immer *by-reference*, egal ob Struct oder Klasse. Unity verwendet Strukturen statt Klassen für Datentypen, wie `Vector3`, `Quaternion`, `Rect`, `Matrix4x4`, `Color` und ähnliche, um eine optimale Performance zu gewährleisten.[38]

Der Nachteil ist, dass wir nicht einfach die z-Variable von `localeScale` setzen können, sondern uns den `Vector3` zuerst in die lokale Variable `scale` holen müssen, dann die z-Variable unserer lokalen Kopie ändern, um schließlich `transform.localScale` mit `scale` zu überschreiben (siehe Listing 6.10: oben). UnityScript würde diese ganze Operation für uns erledigen, d. h., dort hat man etwas weniger zu schreiben. Dafür weiß man nicht, dass im Hintergrund deutlich mehr passiert.

Abspeichern! Spielen!

> Den aktuellen Projektstand finden Sie unter dem Namen `Traces_Prototype_080.zip` im Downloads-Bereich auf der Website zum Buch (unter Abschnitt *6.2.4, Die Implementierung des Wandwuchses vollenden*). Diese Version ist auch etwas aufgeräumt: In ihr sind nur noch die Szenen und Scripts enthalten, die wir für unseren Spielmechanik-Prototyp brauchen.

Download auf unity-buch.de

Das sieht jetzt doch schon ganz gut aus. Nur haben wir wieder einen Bug: Gelegentlich fährt unser Fahrzeug nach Drehungen wieder schief. Das liegt daran, dass jetzt nach der Drehung die alte Wand wieder mit unserem Fahr-

---

36 Link auf *unity-buch.de*: Für eine Erklärung von Strukturen (Structs) verweise ich auf den Artikel *Strukturen (C#-Programmierhandbuch)*.

37 Link auf *unity-buch.de*: Für eine Erklärung von Eigenschaften (Properties) verweise ich auf den Artikel *Eigenschaften (C#-Programmierhandbuch)*.

38 Unter Performancegesichtspunkten ist der wesentliche Vorteil von Strukturen gegenüber Klassen, dass Strukturen alle Werte direkt enthalten. Das heißt, es muss nicht erst einer Referenz gefolgt werden, um auf den eigentlichen Wert zu kommen. Üblicherweise werden Strukturen auf dem Stack abgelegt statt auf dem Heap, was normalerweise ebenfalls zu höherer Performance führt. Die Vorteile können jedoch auch zu Nachteilen werden, wenn z. B. viele Methoden Parameter mit Strukturen als Typ haben, da diese jeweils komplett kopiert werden müssen, anstatt wie bei Klassen nur die Referenz zu übermitteln. Wichtig ist für Sie vor allem, zu wissen, dass Strukturen ihre Vorteile am besten erhalten, wenn Sie sie in Arrays speichern und nicht in den sonstigen Collections-Klassen (List, Dictionary etc.).

zeug kollidiert. Das wiederum liegt daran, wie wir unsere Drehungen bisher implementiert haben. Wir müssen also einen besseren Weg finden.

6.2.6 Das Problem mit den Drehungen

Das Problem wird von Abb. 6.54 deutlich illustriert. Das sieht nicht bei jeder Drehung so aus – aber bei manchen. Solche sporadischen Fehler sind lästig zu debuggen, treten aber einfach manchmal auf, so wie hier:

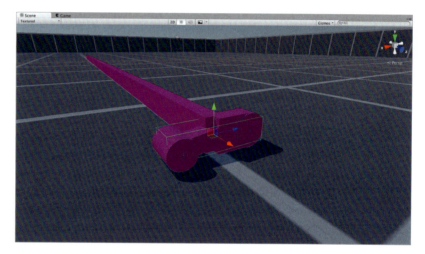

Abb. 6.54
Tracer direkt nach der Drehung

Pro-Tipp

> Um diesen Screenshot zu erstellen, habe ich ein praktisches Debugging-Feature von Unity verwendet: Man kann nämlich direkt von einem Script aus mit einem Aufruf von `Debug.Break()` den Pause-Modus aktivieren. In diesem Fall habe ich in `TracerController` in der Methode `Update()` direkt nach dem Aufruf von `wallController.TracerTurned();` die Zeile `Debug.Break();` hinzugefügt.

Hier sehen Sie, dass aufgrund des Pivot-Punktes in der Mitte des Fahrzeugs direkt nach der Drehung das Heck des Fahrzeugs um die Hälfte hinter der Wand hervorsteht. Stellen Sie sich vor, da wäre ein Objekt, mit dem der Spieler kollidieren könnte. Stellen Sie sich vor, der Spieler macht eine Drehung und explodiert, weil *hinter ihm* irgendetwas herumsteht. Das würde Ärger geben!

So langsam zeigt sich, dass eine Sache, die zuerst ganz einfach erschien, sich als erhebliche Herausforderung entpuppen kann. Wer hätte gedacht, dass uns Wände und Drehungen so aufhalten würden? Zum Glück passiert das nicht so oft. Aber es geschieht doch immer wieder. Damit müssen Sie rechnen, vor allem, wenn Sie Spielprojekte mit einem fixen Budget umsetzen müssen.

6.2.7 Saubere Drehungen implementieren

Was können wir also jetzt tun, um das Problem bei den Drehungen zu lösen?

Lösungsansatz 1: Pivot-Punkt des Tracers ändern

Eine Variante wäre, ähnlich wie bei den Wänden den Pivot-Punkt an das Heck des Fahrzeugs zu verschieben.

> Probieren Sie das ruhig als Übung aus – dafür haben wir ja den Prototyp, und wenn Sie Body, WheelBack und WheelFront in ein zusätzliches GameObject unter Tracer-00 packen, können Sie dieses leicht nach vorne bzw. hinten verschieben. Vergessen Sie nur nicht, auch den BoxCollider entsprechend anzupassen, der ja direkt auf Tracer-00 liegt.

Übung macht den Meister

Als Übung ist dieser Ansatz interessant, als Lösung hat er zwei wesentliche Nachteile: Es sieht etwas seltsam aus, wenn das Fahrzeug um das Heck herum rotiert, und – dieser zweite Nachteil ist gewichtiger – mit diesem Ansatz kommt man nur so nah an eine Wand, wie das Fahrzeug lang ist, d. h., man ist als Spieler bezüglich der Präzision der Steuerung deutlich eingeschränkt.

Lösungsansatz 2: Tracer bei Drehung nach vorne schubsen

Eine andere Möglichkeit wäre, dem Fahrzeug bei der Drehung einfach einen Schubs nach vorne zu geben, sodass der Collider des Fahrzeugs den Collider der Wand nicht mehr berührt. Das ist sehr einfach zu implementieren – Sie brauchen lediglich in TracerController nach transform.Rotate() noch ein transform.Translate(), das das Fahrzeug auf der Z-Achse um 1.5 (bzw. um die Distanz vom Pivot-Punkt bis zum Heck des Fahrzeugs) nach vorne bewegt. Von der Steuerung her haben wir auf diese Weise auch schon eine bessere Präzision als bei der vorigen Variante. Der Sprung nach vorne kostet den Spieler aber die Möglichkeit, sehr enge Kurven zu fahren (z. B. links und direkt danach wieder rechts), um das Fahrzeug minimal nach links oder rechts zu versetzen. Insbesondere könnte der Satz nach vorne einem Spieler unfair vorkommen, der in einer sehr engen Situation nicht unbedingt davon ausgehen möchte, dass das Fahrzeug bei der Drehung einen Sprung nach vorne macht. Da hätten wir also den Teufel mit dem Beelzebub ausgetrieben.

Lösungsansatz 3: Collider nur im vorderen Bereich des Tracers platzieren

Eine dritte Variante wäre, dass wir den Collider des Fahrzeugs so ändern, dass er nur noch den vorderen Bereich des Fahrzeugs überdeckt. Auf diese Weise liegt der Collider nie hinter dem Pivot-Punkt, und somit können wir die Drehung einfach so lassen, wie sie ist. Das wäre eine sehr einfache Lösung, die relativ gut funktioniert. Ein Nachteil ist, dass ein kleiner Collider bei hoher Geschwindigkeit dazu führen kann, dass Kollisionen nicht erkannt werden, da das Fahrzeug sich in einem Frame z. B. komplett vor einer Wand befindet, im nächsten aber schon komplett hinter der Wand. Für dieses Problem hat Unity eine Lösung: über das Menü *Edit/Project Settings/Time* können Sie den `Fixed Timestep` einstellen. An gleicher Stelle können Sie über `Time Scale` auch Zeitlupen-Effekte simulieren, was für die Tests der Drehungen sehr nützlich ist.

> **Fixed Timestep** bestimmt, in welchem zeitlichen Abstand die Physik-Berechnungen stattfinden – unabhängig von der tatsächlichen Framerate. In diesem Zusammenhang sollte auch die Methode `FixedUpdate()` erwähnt werden, die ähnlich wie `Update()` aufgerufen wird – aber nicht einmal pro Bild, sondern mit der über Fixed Timestep eingestellt festen Framerate. Zumindest sofern das Spiel nicht zu langsam läuft – die Zeit zwischen zwei Aufrufen von `FixedUpdate()` kann also nicht kürzer sein als Fixed Timestep, aber durchaus auch etwas länger. Das lässt sich aber mit Maximum Allowed Timestep begrenzen: Mehr Zeit vergeht in Unity niemals zwischen zwei Aufrufen von `FixedUpdate()`, und wenn Unity dafür die Zeit anhalten muss!

Die maximale Geschwindigkeit unserer Fahrzeuge hängt also ab von der minimalen Länge von zwei relevanten sich durchdringenden Collidern sowie von dem Wert von Fixed Timestep. Da ein kleinerer Wert bei Fixed Timestep zu mehr Physik-Berechnungen führt, ist es – sofern möglich – günstiger, die Collider etwas größer zu lassen; und der Collider unseres Fahrzeugs hat an sich schon die ideale Größe. Beim Rigidbody gibt es aber noch eine Einstellung, die hier hilft: `Collision Detection`, mit den Möglichkeiten `Discrete`, `Continuous` und `Continuous Dynamic`. Wenn wir beim Tracer `Continuous Dynamic` einstellen, werden Kollisionen auf jeden Fall erkannt, auch wenn er bei einem `FixedUpdate()` komplett auf der einen Seite ist und beim Nächsten schon komplett auf der anderen. Die Sicherheit geht aber auf Kosten der Performance.

Diesen Lösungsansatz könnten wir also in Betracht ziehen, aber vielleicht finden wir noch eine bessere Möglichkeit.

Vielleicht denken Sie jetzt, dass das ganz schön viele Überlegungen für kurze Momente im Spiel sind, die dem Spieler doch wahrscheinlich gar nicht auffallen werden. Vergessen Sie dabei aber nicht, dass wir ein *DreamTime*

PowerUp haben, das die Zeit verlangsamt – und mit verlangsamter Zeit fallen solche Details durchaus deutlich auf. Und wir wollen unseren Spielern auf keinen Fall das Gefühl geben, dass sie unfair behandelt werden. Also suchen wir weiter nach der bestmöglichen Lösung.

Lösungsansatz 4: Drehung mit Tracer-Rädern auf »Schienen«

Stellen Sie sich vor, das Fahrzeug fährt auf einer Art Schiene, die letztlich durch die Wand »sichtbar« wird. Eine Drehung könnten wir uns nun so vorstellen, dass das vordere Rad bereits auf der neuen Schiene bzw. Wand »fährt«, während das hintere Rad noch auf der alten Schiene fixiert ist. Bei einer Drehung nach links würde das vordere Rad also sofort anfangen, sich nach links zu bewegen, während das hintere Rad sich noch weiter nach vorne bewegt, bis es den Punkt berührt, an dem das vordere Rad seine Bewegung nach links begonnen hat (siehe Abb. 6.55).

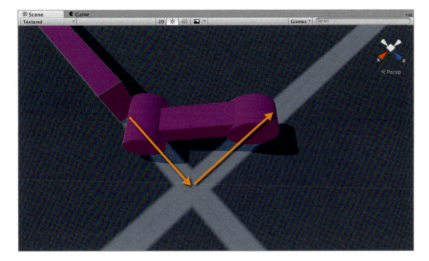

Abb. 6.55
Das Fahrzeug elegant drehen

Aus der Perspektive des Spielers ist diese Lösung optimal, denn er fährt nach der Drehung dort weiter, wo vor der Drehung der vorderste Punkt seines Fahrzeugs war. Das ermöglicht eine sehr präzise Steuerung, insbesondere wenn das Fahrzeug sehr langsam ist oder wenn wir uns in DreamTime, also in einer Art Zeitlupe, befinden.

Die neue Drehung implementieren: Vorbereitungen

Zur Umsetzung dieser Lösung brauchen wir zwei neue Punkte: einen ganz vorne am Fahrzeug und einen ganz hinten. Dazu legen wir unter Tracer-00 einfach zwei neue leere GameObjects an (Tracer-00 selektieren und dann *GameObjects/Create Empty Child* oder ⇧+⌥+N bzw. ⇧+Alt+N): PointBack und PointFront. Bei PointFront setzen wir Position = (0,

0, 1.5), bei PointBack setzen wir Position = (0, 0, -1.5). Bei dieser Gelegenheit können wir auch gleich den tracerReferencePoint im WallController auf PointBack setzen, damit die Wand beim Fahren nicht mehr in das Fahrzeug hinein reicht, sondern erst am Ende des Fahrzeugs »entsteht«. Im Moment führt das natürlich noch dazu, dass die neuen Wände jeweils ein Stück hinter dem Fahrzeug erscheinen – aber das wird durch unseren neuen Ansatz später gelöst.

Als Nächstes brauchen wir eine Möglichkeit, das Fahrzeug einschließlich seines Colliders vom Heck aus zu drehen, ohne dass sich die Fahrtrichtung ändert. Dazu gehen wir so vor, wie oben beschrieben – allerdings brauchen wir jetzt für den Collider ein eigenes Objekt, da dieser ja mit dem »Modell« rotiert werden soll. Erzeugen Sie also zunächst ein neues GameObject Cube,[39] und nennen Sie es TracerCollider. Stellen Sie sich vor, dass TracerCollider ein Kind von Tracer-00 ist, und setzen Sie dann:

- Position = (0, 0.5, 0)
- Rotation = (0, 0, 0)
- Scale = (0.7, 0.7, 2.8)

Damit entspricht TracerCollider exakt unserem alten BoxCollider, der als Komponente an Tracer-00 hängt. Also können wir den BoxCollider an Tracer-00 jetzt löschen. Außerdem brauchen wir den MeshRenderer von TracerCollider nicht. Deaktivieren Sie diesen also!

Denken Sie gerade daran, dass wir uns in WallController mit GetComponent<Collider>() den Collider am Objekt geholt haben? Das funktioniert natürlich jetzt nicht mehr, weil direkt an Tracer-00 gar kein Collider mehr hängt. Also müssen wir WallController ein wenig modifizieren, wie in Listing 6.11 zu sehen ist.[40] Ziehen Sie dann in Unity das Objekt TracerCollider auf den Slot tracerCollider des Objekts Tracer-00, das in der Hierarchie oberhalb liegt.

Listing 6.11
Eine flexiblere Version von WallController

```
public Transform tracerReferencePoint;
public Collider tracerCollider;
public WallSegment wallPrefab;

private WallSegment currentWall = null;

public void TracerTurned() {
    if (currentWall != null) {
        currentWall.StopGrowing();
```

---

39 Am besten mit einem Rechtsklick auf Tracer-00 in der Hierarchy, und dann wählen Sie im Kontextmenü *3D Object/Cube*.

40 Falls Sie oben die Performanceoptimierung durchgeführt haben, damit nicht zweimal GetComponent<T>() aufgerufen wird, sehen Sie jetzt, warum Donald Knuth mal geschrieben hat: »Premature Optimization is the root of all evil.« Manche Dinge lösen sich nämlich »von selbst«. Andererseits müssen Sie in dem Fall nur die Variable umbenennen, von private auf public setzen und die Zuweisung im Awake() entfernen.

```
        Physics.IgnoreCollision(
                tracerCollider, // NEU
                currentWall.wallCollider,
                false);
    }
    currentWall = (WallSegment)Instantiate(
            wallPrefab,
            tracerReferencePoint.position,
            tracerReferencePoint.rotation);
    Physics.IgnoreCollision(
            tracerCollider, // NEU
            currentWall.wallCollider);
    currentWall.TracerReferencePoint = tracerReferencePoint;
}
```

Jetzt erzeugen wir das Objekt zur Rotation: ein neues, leeres GameObject mit dem Namen RotateBody, direkt unter Tracer-00. Setzen wir bei RotateBody Position = (0, 0, -1.5).

Nun können Sie Body, PointBack, PointFront, TracerCollider, WheelBack und WheelFront unter das neue Objekt RotateBody ziehen. Sie erhalten so eine Hierarchie wie in Abb. 6.56 abgebildet.

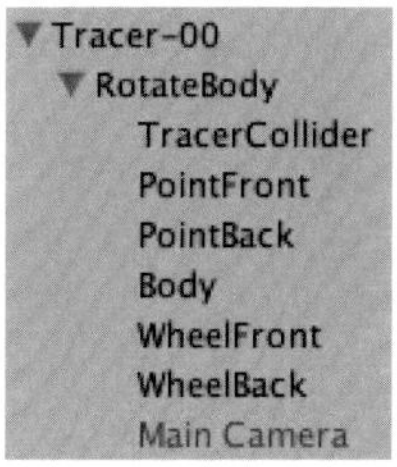

Schließlich setzen wir bei RotateBody im Inspector Position = (0, 0, 0), sodass der Ursprungspunkt unseres Tracers nicht mehr die Mitte ist, sondern das Heck. Wir haben jetzt also das gesamte Fahrzeug um 1.5 Einheiten nach vorne verschoben.

Abb. 6.56

Neue Hierarchie von Tracer-00

Die neuen Drehungen in TracerController implementieren

Die Klasse TracerController müssen wir jetzt leider erheblich umschreiben. Bisher ist die komplette Drehung ja innerhalb eines Frames passiert, und zwar direkt, wenn der Benutzer durch Druck auf die Taste ← oder → den Befehl dazu gegeben hat. Stattdessen müssen wir jetzt beim Druck auf die entsprechende Taste lediglich die Drehung starten, bewegen uns aber noch bis zu dem Punkt PointFront weiter in die ursprüngliche Richtung.

Zunächst benötigen wir Referenzen auf unsere beiden Hilfspunkte pointBack und pointFront sowie auf das Transform für die Rotation des Fahrzeugs (rotateBody). Außerdem brauchen wir die Rotationsrichtung jetzt über mehrere Frames hinweg, speichern sie also als Membervariable rotation. Diese Variable soll nur dann einen Wert zugewiesen haben, wenn wir aktuell eine Drehung durchführen. Daher verwenden wir den Nullable-Typ float?. Das heißt, rotation kann auch den Wert null haben (»nicht zugewiesen«). Und wir brauchen die Position von PointBack und PointFront zu dem Zeitpunkt, an dem die Rotation beginnt. Im oberen Bereich von TracerController erhalten wir also die Variablendeklarationen, die in Listing 6.12 abgebildet sind.

Listing 6.12
Neue Variablendeklarationen für TracerController

```
public float baseVelocity = 5F;
public Transform pointFront;
public Transform pointBack;
public Transform rotateBody;

private Rigidbody myRigidbody = null;
private WallController wallController = null;
private float? rotation = null;
private Vector3 turnStartPositionBack;
private Vector3 turnStartPositionFront;
private float distanceForTurn;

void Awake() {
    myRigidbody = GetComponent<Rigidbody>();
    wallController = GetComponent<WallController>();
}
```

Sobald Sie die Änderungen in der Klasse gespeichert haben, sollten Sie Point Back, Point Front und Rotate Body im Editor entsprechend zuweisen. In Ihren eigenen Projekten wäre es eine gute Idee, diese Zuweisung in der Awake()-Methode zu prüfen und bei Nicht-Zuweisung entsprechende Warnungen oder sogar Fehler auszugeben. Der Übersichtlichkeit halber sparen wir uns das hier in den Beispielen.

Die Logik zum Ermitteln der Drehung ziehen wir aus der Update()-Methode in eine neue Methode CheckForTurn() und nehmen dabei auch gleich die notwendigen Anpassungen vor: Statt der eigentlichen Drehung werden an dieser Stelle nämlich jetzt nur einige Werte zwischengespeichert, wie Sie Listing 6.13 entnehmen können.

Listing 6.13
Die neue Methode CheckForTurn() in TracerController

```
void Update() {
  if (rotation == null) {
    CheckForTurn();
  }
}

private void CheckForTurn() {
  if (Input.GetKeyDown(KeyCode.LeftArrow)) {
    rotation = -90F;
  } else if (Input.GetKeyDown(KeyCode.RightArrow)) {
    rotation = 90F;
  }

  if (rotation!= null) {
    turnStartPositionBack = pointBack.transform.position;
    turnStartPositionFront = pointFront.transform.position;

    distanceForTurn = Vector3.Distance(
            turnStartPositionBack,
            turnStartPositionFront);
  }
}
```

Wie Sie sehen, wird `CheckForTurn()` nur dann in jedem Frame aufgerufen, wenn wir nicht bereits eine Rotation durch einen Tastendruck ausgelöst haben. Sobald der Spieler eine Drehung initiiert, passiert dann etwas anderes, wie Sie in Listing 6.14 sehen können.

```
void Update() {
  if (rotation == null) {
    CheckForTurn();
  } else {
    HandleTurn();
  }
}

private void HandleTurn() {
  float distanceCovered = Vector3.Distance(
      turnStartPositionBack,
      pointBack.transform.position);

  if (distanceCovered >= distanceForTurn) {
    transform.Rotate(0F, rotation.Value, 0F);
    transform.position = turnStartPositionFront;
    myRigidbody.velocity = transform.forward * baseVelocity;

    wallController.TracerTurned();
    rotation = null;
  }
}
```

Listing 6.14
Die neue Methode HandleTurn in TracerController

Wir berechnen hier also für jeden Frame die Distanz zwischen der ursprünglichen Position und der aktuellen Position – und wenn wir diese Distanz zurückgelegt haben, führen wir unsere ursprüngliche Drehung durch. Dabei setzen wir außerdem die Position unseres Fahrzeugs fix auf die Front-Position zu Beginn der Drehung. Auf diese Weise stellen wir sicher, dass die Position unabhängig von der Framerate immer präzise an dem Punkt ist, an dem man sie erwarten würde. Andernfalls könnte es vor allem bei niedrigen Framerates passieren, dass die `Update()`-Methode erst aufgerufen wird, wenn das Fahrzeug »über das Ziel hinaus« geschossen ist.

Am Ende müssen wir natürlich noch unsere Membervariable `rotation` auf `null` setzen, damit wieder in jedem Frame geprüft wird, ob der Benutzer eine Drehung starten möchte.

Vergessen Sie bitte nicht, abzuspeichern! Und probieren Sie den neuen Ansatz im Spiel aus. Die Drehung passiert – wie erwartet – mit einer gewissen Verzögerung, und die Wände sind jetzt an den Drehpunkten schon bündig. Was natürlich noch fehlt, ist die Rotation des Fahrzeugs während der Drehung. Für den Spieler würde so der Eindruck entstehen, dass sein Befehl zum Drehen erst verzögert »wahrgenommen« wird. Außerdem bewegt sich das Fahrzeug noch eine Fahrzeuglänge nach vorne, würde also ggf. in eine

Wand fahren, obwohl der Spieler rechtzeitig die Kurve gekriegt hat. Implementieren wir also die Rotation des Fahrzeugs während der Drehung.

Die Rotation des Fahrzeugs während der Drehung implementieren

Hier gibt es eine einfache Lösung, und es gibt eine mathematisch korrekte Lösung. Die einfache Lösung berechnet den Winkel aus dem letztendlichen Drehwinkel, multipliziert mit dem Quotienten aus bereits zurückgelegter Distanz innerhalb der Drehung und der Gesamtdistanz der Drehung. Außerdem müssen wir natürlich die lokale Rotation zurücksetzen, sobald wir am Ende der Drehung das gesamte Fahrzeug rotieren. Diese Lösung finden Sie in Listing 6.15.

Listing 6.15
Simple Rotation während der Drehung in
TracerController.HandleTurn()

```
private void HandleTurn() {
    float distanceCovered = Vector3.Distance(
            turnStartPositionBack,
            pointBack.transform.position);

    float currentRotation
        = rotation.Value * distanceCovered / distanceForTurn;

    rotateBody.localRotation
        = Quaternion.Euler(0F, currentRotation, 0F);

    if (distanceCovered >= distanceForTurn) {
        rotateBody.localRotation = Quaternion.identity;

        transform.Rotate(0F, rotation.Value, 0F);
        transform.position = turnStartPositionFront;
        myRigidbody.velocity = transform.forward * baseVelocity;

        wallController.TracerTurned();

        rotation = null;
    }
}
```

Das sieht schon ganz gut aus. Allerdings fährt bei dieser Variante das Fahrzeug zuerst etwas über das Ziel hinaus – und genau diesen Effekt wollen wir ja vermeiden! Auch wenn man in Spielen viel tricksen kann und oft die einfache Lösung gegenüber der technisch korrekten Lösung bevorzugt, haben wir hier einen Fall, bei dem wir um die technisch korrekte Lösung nicht herum kommen, weil die Spieler es nicht witzig finden, wenn sie rechtzeitig die Drehung einleiten, das Spiel sie aber trotzdem gegen die Wand fahren lässt. Nach der Vorbereitung in kleinen Schritten ist es letztlich auch gar nicht so schwer.

Mathematisch betrachtet haben wir hier nämlich einfach ein rechtwinkliges Dreieck, dessen Ankathete (der Weg vom Heck des Fahrzeugs zum Drehpunkt) immer kürzer wird, während die Hypotenuse (Länge des Fahrzeugs) konstant bleibt. Was wir für die Rotation des Fahrzeugs brauchen, ist der Winkel zwischen Ankathete und Hypotenuse.

Die Länge der Ankathete ist distanceForTurn − distanceCovered, die Länge der Hypotenuse ist einfach distanceForTurn. Der Cosinus des Winkels α, den wir ermitteln wollen, wäre also:

$$\cos \alpha = \frac{\text{distanceForTurn} - \text{distanceCovered}}{\text{distanceForTurn}}$$

Da wir den Winkel brauchen, müssen wir die Umkehrfunktion anwenden, also:

$$\alpha = \cos^{-1} \frac{\text{distanceForTurn} - \text{distanceCovered}}{\text{distanceForTurn}}$$

Unity bietet uns in der Klasse Mathf einige nützliche Funktionen für solche Berechnungen: Unsere Formel liefert uns ja nicht die Richtung, in die wir uns drehen, sondern nur den Winkel. Mit Mathf.Sign(rotation.Value) ermitteln wir deswegen das Vorzeichen des Rotationswinkels. Mit Mathf.Acos() berechnen wir den Winkel im Bogenmaß, den wir durch Multiplikation mit der Konstante Mathf.Rad2Deg ins Winkelmaß umrechnen können. Die neue Berechnung des Winkels in HandleTurn() finden Sie in Listing 6.16.

```
float distanceCovered = Vector3.Distance(
    turnStartPositionBack,
    pointBack.transform.position);

float currentRotation =
 Mathf.Sign(rotation.Value)
  * Mathf.Rad2Deg
  * Mathf.Acos(
      (distanceForTurn - distanceCovered) / distanceForTurn
    );

rotateBody.localRotation
    = Quaternion.Euler(0F, currentRotation, 0F);
```

Listing 6.16
Die neue Berechnung des Winkels in TracerController.HandleTurn()

6.2.8 Testing und kleine Fehler korrigieren

Das sieht jetzt doch schon ganz gut aus. Spielen Sie ruhig ein wenig mit verschiedenen Geschwindigkeiten des Fahrzeugs sowie mit verschiedenen Einstellungen für Time Scale und Fixed Timestep (Sie erinnern sich? Menü *Edit/Project Settings/Time*). Bei sehr niedrigen Werten für Time Scale kommt es ggf. zu einem Ruckeln, weil Fixed Timestep relativ zu Time Scale wirkt. Das bedeutet, bei Time Scale = 0.1 und Fixed Timestep = 0.05 haben wir nur noch 5 »Schritte« pro Sekunde. Wenn wir irgendwann die

Time Scale für das *DreamTime PowerUp* festlegen, müssen wir diese Werte noch mal anpassen – für den Moment sollten Sie einfach Fixed Timestep so wählen, dass das Spiel flüssig läuft. Beim Testing fallen Ihnen wahrscheinlich mehrere Dinge auf:

- Die Ecken der Wände sind meistens bündig, aber nicht immer.
- Man kann keine Drehungen in kurzer Folge durchführen.
- Wenn wir die Drehung zu nah an der Wand starten, bleiben wir an der Wand hängen.

Diese Kleinigkeiten wollen wir noch korrigieren, bevor wir dann im letzten Schritt das Aufziehen der Wände über Transformation des Meshes implementieren.

Übung macht den Meister

> Ihnen wird möglicherweise auch noch auffallen, dass die Ecken der Wände selbst dann, wenn sie eigentlich bündig sind, aufgrund der Überschneidungen nicht wirklich bündig erscheinen. Diesen Punkt überlasse ich Ihnen als Übung. Die Lösung besteht einfach darin, an den Ecken ein zusätzliches Objekt zu erzeugen, das die hässlichen Schnittpunkte überdeckt (z. B. einen Zylinder). Die dazu notwendigen Techniken haben Sie in diesem Kapitel gelernt, daher ist dies eine sehr gute Übung zur Vertiefung des bisher Gelernten.

Die Voraussetzung ist natürlich, dass die Wände an sich erst mal immer bündig sind.

Die Wände bündig machen

Die Ursache dafür, dass die Wände an den Ecken manchmal bündig sind und manchmal nicht, ist schnell gefunden: Zwar korrigieren wir in der Methode TracerController.HandleTurn() am Ende der Rotation die Position – aber die Länge der Wand wird davon unabhängig in WallController.Update() gesetzt. Je nachdem, wie weit nun die Physik-Engine im letzten Frame vor dem Abschluss der Drehung das Fahrzeug bewegt hat, geht die letzte Wand bis zum Drehpunkt oder endet etwas früher.

Die Lösung ist einfach: Unser TracerController teilt das Ende der Drehung dem WallController über den Aufruf von TracerTurned() mit. Dieser sagt wiederum dem aktuellen WallSegment – sofern vorhanden –, dass es aufhören soll zu wachsen. Das passiert über den Aufruf von StopGrowing(). Und hier erkennen wir leicht das Problem: Ab diesem Zeitpunkt wird die Update()-Methode von WallSegment nicht mehr ausgeführt. Dabei müsste sie genau zu diesem Zeitpunkt noch ein letztes Mal ausgeführt werden, um die in diesem Moment aktuelle, vom TracerController perfekt auf den Drehpunkt gesetzte Position des Fahrzeugs zu nutzen. Fügen wir also der

Methode `StopGrowing()` einen Aufruf von `Update()` hinzu, bevor wir das Flag `growing` auf `false` setzen (siehe Listing 6.17).

```
public void StopGrowing() {
    Update();
    growing = false;
    StartCoroutine(DestroyAfterLifetime());
}
```

Listing 6.17
Ein letztes Update für WallSegment

Speichern Sie alles, und probieren Sie es aus. Egal, welche Einstellungen Sie verwenden und wie Sie es versuchen – es sollte jetzt nicht mehr möglich sein, Wände mit Löchern an den Ecken zu erzeugen. Dafür nervt uns jetzt vielleicht, dass wir bei jeder Drehung warten müssen, bis sie abgeschlossen ist, bevor wir die nächste Drehung starten können. Wunderbar: Um diesen Punkt wollten wir uns sowieso als Nächstes kümmern!

Drehungen in kurzer Abfolge ermöglichen

Da jede Drehung eine gewisse Zeit in Anspruch nimmt und während dieser Zeit theoretisch beliebig viele weitere Befehle für Drehungen vom Spieler folgen könnten, brauchen wir zwei Hilfsmittel:

1. eine Liste der noch offenen Befehle, die wir Schritt für Schritt abarbeiten können
2. ein Objekt an der Vorderseite des Fahrzeugs, aus dem wir jederzeit bei einem eingehenden Befehl die Positionen für die Drehung ablesen können

Wir kommen jetzt letztlich wieder auf die ursprüngliche Spielidee von »Snake« zurück: Die Schlange hat einen Kopf, und dieser Kopf wird gesteuert und zieht den Schlangenkörper hinter sich her. Die Steuerung unseres Spiels ist deswegen etwas komplizierter als die von Snake, weil der Kopf bei Snake durch einen einzelnen Punkt repräsentiert wird – hier haben wir aber ein Fahrzeug mit einer gewissen Länge.

Den Schlangenkopf setzen wir als vom Fahrzeug unabhängiges Objekt um, das jeweils die Position von `TracerController.turnStartPositionFront` hat. »Unabhängig« bedeutet, dass das Objekt in der Hierarchie nicht unter oder über `Tracer-00` steht, sondern daneben. Diese Unabhängigkeit zwischen den Objekten ist notwendig, damit sich die Rotationen und Bewegungen der Objekte nicht beeinflussen.

Für den »Schlangenkopf« leiten wir die Richtungsänderung wieder jeweils am Anfang jeder Drehung ein. Die Rotationspunkte und Richtungen merken wir uns in der Liste noch offener Befehle und arbeiten sie sequenziell ab. Als Datentyp dieser Liste verwenden wir `System.Collections.Generic.Queue`, also eine Schlange, bei der das jeweils zuerst hinzugefügte Objekt auch wieder als erstes herausgenommen wird. Die Rotation des Fahrzeugs während der Drehungen steuern wir jetzt einfach über `Transform.Look-`

At(), wobei wir als Parameter unseren neu eingeführten Schlangenkopf einsetzen.

Da sich der Code unserer neuen Lösung recht wesentlich von unserem alten TracerController unterscheidet, legen wir eine Kopie an. **Vorher** fügen wir aber in die alte Klasse TracerController noch eine neue Zeile ein (siehe Listing 6.18).

Listing 6.18
Neue Zeile für TracerController vor dem Kopieren

```
public float baseVelocity = 5F;

public Rigidbody snakeHead;
public Transform pointFront;
public Transform pointBack;
public Transform rotateBody;
```

Diese neue Variable dient dazu, eine Referenz auf den Schlangenkopf zu halten. Der alte TracerController verwendet diese Referenz zwar nicht, aber dadurch, dass beide TracerController exakt die gleichen öffentlichen Variablen deklarieren, können wir sie ohne Datenverlust jederzeit leicht miteinander austauschen.

Legen Sie eine neue Kugel in der Szene an (*GameObject/3D Objects/Sphere*), löschen Sie den Collider, nennen Sie das Objekt Tracer-00-SnakeHead, und setzen Sie Position = (0, 0, 3). Fügen Sie dem neuen Objekt außerdem einen neuen Rigidbody hinzu, und deaktivieren Sie dort Use Gravity. Den MeshRenderer können Sie auch später deaktivieren. Es ist ganz praktisch, den Kopf erst mal zu sehen. Ziehen Sie auf jeden Fall Tracer-00-SnakeHead in den entsprechenden neuen Slot von Tracer-00.

Nun legen wir eine Kopie von TracerController an, nennen sie TracerControllerV2 und passen den Code in kleinen Schritten an (den Kompilierfehler, der direkt nach dem Duplizieren erscheint, können Sie guten Gewissens ignorieren, da wird die Klasse im folgenden Script ja in TracerControllerV2 umbenennen):

Listing 6.19
Die neue Klasse TracerControllerV2, Teil 1

```
using UnityEngine;
using System.Collections;
using System.Collections.Generic;

[RequireComponent(typeof(Rigidbody))]
[RequireComponent(typeof(WallController))]
public class TracerControllerV2 : MonoBehaviour {

    private struct Turn {
        public Vector3 turnStartPositionBack;
        public Vector3 turnStartPositionFront;
        public float distanceForTurn;
        public float rotation;
    }
```

```
    public float baseVelocity = 5F;

    public Transform pointBack;
    public Transform pointFront;
    public Rigidbody snakeHead;
    public Transform rotateBody;

    private Rigidbody myRigidbody = null;
    private WallController wallController = null;
    private Queue<Turn> turns = new Queue<Turn>();

    void Awake() {
        myRigidbody = GetComponent<Rigidbody>();
        wallController = GetComponent<WallController>();
    }
```

In Listing 6.19 haben wir die Klasse lediglich umbenannt und die Datenstruktur Turn für die Befehle eingeführt. Zunächst brauchen wir die generischen Collections[41] (also Sammlungen von Objekten, denen wir den gewünschten Typ mitgeben können, in unserem Falle Turn). Durch das using System.Collections.Generic steht uns unten die Queue<T> zur Verfügung, also eine Schlange (Queue) für einen spezifischen Datentyp T. Den Datentyp definieren wir selbst, und zwar als Struct mit dem Namen Turn. Dort speichern wir dann pro Befehl für eine Drehung die Daten, die wir vorher direkt im Objekt gespeichert haben. Daher fehlen die Zeilen private float? rotation usw.

In der Start()-Methode müssen wir dafür sorgen, dass unser Schlangenkopf die Position »vorne am Fahrzeug« übernimmt und sich genau wie das Fahrzeug selbst bewegt (siehe Listing 6.20).

```
void Start() {
    myRigidbody.velocity = transform.forward * baseVelocity;
    wallController.TracerTurned();

    snakeHead.transform.position = pointFront.position;
    snakeHead.transform.rotation = pointFront.rotation;
    snakeHead.velocity = transform.forward * baseVelocity;
}
```

Listing 6.20
Neue Start()-Methode für TracerControllerV2

Auch die Update()-Methode ändern wir nur geringfügig. Vorher haben wir hier geprüft, ob aktuell eine Drehung durchgeführt wird, und in diesem Fall CheckForTurn() ignoriert und stattdessen HandleTurn() ausgeführt. Jetzt prüfen wir immer, ob eine neue Drehung gestartet wird, und als Kriterium, ob wir HandleTurn() ausführen müssen, dient, ob wir Befehle für Drehungen in der Schlange haben (siehe Listing 6.21).

---

41 Vielleicht erinnern Sie sich, dass zum Speichern von Listen von Strukturen Arrays bezüglich der Performance optimal sind (das stand in einer langen Fußnote). Wir verwenden hier trotzdem eine Collection, weil der Gewinn an Lesbarkeit und Wartbarkeit des Codes an dieser Stelle den Verlust an Performance ganz klar aufwiegt.

Listing 6.21
Neue Update()-Methode für TracerControllerV2

```
void Update() {
    CheckForTurn();
    if (turns.Count > 0) {
        HandleTurn();
    }
}
```

Die Methode `HandleTurn()` macht im Prinzip noch das Gleiche wie vorher – allerdings mit einer fast komplett anderen Implementierung. Das liegt in erster Linie daran, dass wir jetzt immer mit dem ersten (also »nächsten«) Element aus unserer Schlange arbeiten (`turns.Peek()`), das wir dann am Ende jeder Drehung aus der Schlange herausnehmen (`turns.Dequeue()`). Da wir jetzt mit dem Schlangenkopf ein Objekt haben, auf das wir unser Fahrzeug während der Drehung ausrichten können, verwenden wir statt der Berechnung mit dem Arkuscosinus die Methode `Transform.LookAt()`, und zwar auf rotateBody mit `snakeHead.transform` als Parameter. Am Ende stellen wir noch sicher, dass die Rotation erhalten bleibt, falls am Ende einer Drehung weitere Drehungen anliegen oder unser Schlangenkopf wieder in die Idealposition gebracht wird. Mit Letzterem vermeiden wir, dass die Physiksimulation unseres Schlangenkopfes und die Physiksimulation des Fahrzeugs auseinanderlaufen (siehe Listing 6.22).

Listing 6.22
Die neue Methode HandleTurn()

```
private void HandleTurn() {

    Turn currentTurn = turns.Peek();

    float distanceCovered = Vector3.Distance(
        currentTurn.turnStartPositionBack,
        pointBack.transform.position);

    rotateBody.LookAt(snakeHead.transform);

    if (distanceCovered >= currentTurn.distanceForTurn) {
        rotateBody.localRotation = Quaternion.identity;

        transform.Rotate(0F, currentTurn.rotation, 0F);
        transform.position = currentTurn.turnStartPositionFront;
        myRigidbody.velocity = transform.forward * baseVelocity;

        wallController.TracerTurned();

        turns.Dequeue();

        if (turns.Count == 0) {
            snakeHead.transform.position = pointFront.position;
        } else {
            rotateBody.LookAt(snakeHead.transform);
        }

    }
}
```

Die neue Version von `CheckForTurn()` legt im Falle eines Befehls für eine Drehung einen neuen Turn an und legt diesen in die Schlange. Eine Besonderheit ist hier, dass wir für turnStartPositionBack nur dann die Position von pointBack verwenden, wenn die Schlange leer ist. Ansonsten brauchen wir das zuletzt hinzugefügte Element aus der Schlange – was leider bei der Queue-Implementierung im .NET-Framework nur etwas umständlich ermittelt werden kann, daher der Umweg über das Array. Ganz am Ende steht dann die Rotation des Schlangenkopfes, die wir ja direkt zum Zeitpunkt des Befehls für die Drehung durchführen müssen. Das wären also die in Listing 6.23 fett markierten Änderungen.

```
private void CheckForTurn() {
 float? testRotation = null;
 if (Input.GetKeyDown(KeyCode.LeftArrow)) {
   testRotation = -90F;
 } else if (Input.GetKeyDown(KeyCode.RightArrow)) {
   testRotation = 90F;
 }

 if (testRotation != null) {
   Turn nextTurn = new Turn();
   nextTurn.rotation = testRotation.Value;
   nextTurn.turnStartPositionFront
     = snakeHead.transform.position;

   if (turns.Count == 0) {
     nextTurn.turnStartPositionBack
       = pointBack.transform.position;
   } else {
     Turn[] turnsArray = turns.ToArray();
     Turn previousTurn = turnsArray[turns.Count - 1];
     nextTurn.turnStartPositionBack
       = previousTurn.turnStartPositionFront;
   }

   nextTurn.distanceForTurn = Vector3.Distance(
       nextTurn.turnStartPositionBack,
       nextTurn.turnStartPositionFront);

   turns.Enqueue(nextTurn);

   snakeHead.transform.Rotate(0F, nextTurn.rotation, 0F);
   snakeHead.velocity
     = snakeHead.transform.forward * baseVelocity;
 }
}
```

Listing 6.23
Die neue Version von CheckForTurn()

Nachdem wir diese Änderungen gespeichert haben, können wir jederzeit die Implementierungen von `TracerController` und `TracerControllerV2` austauschen, indem wir einfach eines der beiden Scripte aus dem *Project Browser* auf den Script-Slot der Komponente `TracerController` ziehen, wie in Abb. 6.57 gezeigt. Dieses Feature ist sehr praktisch, wenn Sie verschiedene Implementierungsansätze testen wollen. Denken Sie dabei nur immer daran, die gleichen Properties im Editor zur Verfügung zu stellen, da Sie sonst beim Wechsel Einstellungen verlieren.

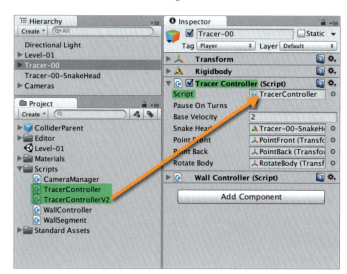

Abb. 6.57
Per Drag & Drop die Implementierung ändern

Etwas mehr Toleranz bitte: den Collider etwas verkleinern

Auf ein Problem waren wir oben noch gestoßen, und das gehen wir als Nächstes an: Wenn man sehr nah an eine Wand fährt, bevor man die Drehung startet, bleibt das Fahrzeug manchmal hängen. Das liegt daran, dass der `BoxCollider` während der Rotation an den Ecken etwas ausschwenkt. Hier machen wir es uns einfach und verkürzen dezent den Collider. Setzen Sie im `Transform`[42] von `TracerCollider` einfach `Scale = (0.7, 0.7, 2.4)`. **Fertig!**

Wir speichern wieder und testen mit verschiedenen Einstellungen von `Base Velocity`, `Time Scale` und `Fixed Timestep`. Verwenden Sie dabei ruhig auch die *Scene View*, z. B. mit einer isometrischen Top-Down-Ansicht. Erinnern Sie sich auch daran, dass Sie mit *Edit/Lock View to Selected* (oder ⇧+F) bei selektiertem `Tracer-00` die aktive *Scene View* immer der aktuellen Position des Fahrzeugs folgen lassen können.

---

42 Achtung: Transform, nicht BoxCollider! Da der Collider ein ganz eigenes Objekt ist, können wir Änderungen am Transform durchführen und lassen Center und Size bei der BoxCollider-Komponente auf den Standardwerten.

6.2.9 Erweiterung zu Lösung C: Vektortransformation

Für die Collider brauchen wir ja auch bei Lösung C alles, was wir für Lösung B benötigt hatten. Die visuelle Darstellung der Wand soll jetzt aber über ein eigenes Modell erfolgen, dessen einzelne Punkte wir prozedural verändern. Damit gehen wir gewissermaßen »unter die Motorhaube« und eröffnen uns ganz neue Möglichkeiten: Sie könnten sogar so weit gehen, basierend auf Unity ein Modelling-Tool zu entwickeln. Oder Spiele, bei denen die Spieler ihre Avatare komplett selbst gestalten können. Oder Spiele mit von Grund auf prozedural erzeugter Geometrie. Oder ... Bevor wir uns im *Feature Creep*[43] verlieren, kommen wir wieder zurück zum Thema: Für unsere Lösung C verwenden wir das simple Modell `TraceWall.fbx`, das aus zwei quadratischen Flächen besteht, die über jeweils vier Punkte definiert sind.

> Sie können sich dieses Modell von *unity-buch.de* herunterladen. Dort finden Sie es unter dem Namen `TraceWall_Model.zip`.

Download von unity-buch.de

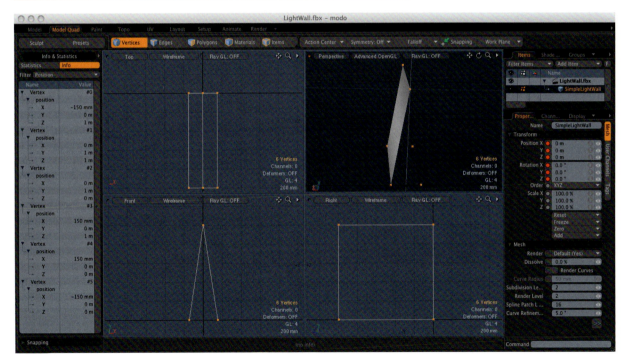

Abb. 6.58
Ein einfaches Modell für die Wände in modo

Oder Sie legen sich mit einem Modelling-Tool Ihrer Wahl ein eigenes Modell an. Achten Sie dabei bitte auf die präzisen Koordinaten der 6 bzw. 8 Punkte (die oberen beiden Punkte der Quadrate liegen aufeinander, daher kommt man auch mit 6 Punkten aus). Die unteren Punkte liegen auf X = -0.15

---

43 Link auf *unity-buch.de:* Feature Creep ist, wenn man mitten im Projekt ein Feature nach dem anderen neu dazuerfindet und auf diese Weise nie fertig wird. Einige Artikel dazu finden Sie von der Website zum Buch aus verlinkt.

bzw. X = 0.15, Y = 0 und Z = 0 bzw. Z = 1. Die oberen Punkte liegen auf X = 0, Y = 1 und Z = 0 bzw. Z = 1. Etwas anschaulicher ist das in Abb. 6.58. Die beiden Quadrate ergeben sich letztlich aus einem extrudierten Dreieck, und entscheidend ist dabei, dass das erste Dreieck auf Z = 0 liegt und nach Z = 1 extrudiert wird.

6.2.10 Das Modell für die Wand in Unity importieren

Für die 3D-Modelle legen wir in unserem Unity-Projekt das neue Verzeichnis Models an und ziehen die Datei TraceWall.fbx einfach in dieses Verzeichnis. Unity legt dabei automatisch ein Unterverzeichnis Materials an, in dem es das automatisch importierte Material TraceWallMaterial ablegt. Wenn Sie das Modell TraceWall im *Project Browser* selektieren, sehen Sie im *Inspector* die Import-Einstellungen (siehe Abb. 6.59). Für uns sind im Moment im Bereich Model nur Scale Factor, Generate Colliders und Import Materials wichtig. Außerdem deaktivieren wir in Animations und Rig gleich noch alles, was mit Animationen zu tun hat. Die Erklärungen zu den anderen Eigenschaften können Sie nachlesen, wenn Sie das Hilfe-Icon anklicken.

Scale Factor sollte so eingestellt sein, dass die Einheiten in Ihrem Modelling-Programm den Einheiten von Unity entsprechen. Bei Dateien im FBX-Format steht hier inzwischen normalerweise 1. Das war vor Unity 5 anders: Da musste bei FBX-Dateien 0.01 stehen, um die korrekte Skalierung zu erhalten (das passiert jetzt mit File Scale).

Abb. 6.59 Import-Einstellungen für 3D-Modelle

Pro-Tipp

> Ein kleiner Trick, um die korrekte Skalierung zu überprüfen, besteht darin, das Modell in die Szene zu ziehen und neben einen Einheitswürfel zu positionieren. Wenn Sie beispielsweise das Modell eines Menschen in Unity importieren, der 1,70m groß sein soll, können Sie bei dem Einheitswürfel Scale = (1, 1.7, 1) setzen. Der importierte Mensch sollte dann ungefähr so hoch sein wie der Würfel.

Mit Generate Colliders können Sie automatisch sogenannte MeshCollider erzeugen. Diese sind praktisch, weil sie automatisch exakt der Form des Modells entsprechen, haben aber gravierende Einschränkungen, wie z. B. dass Kollisionen zwischen zwei MeshCollidern nicht erkannt werden, sondern nur zwischen primitiven Collidern (Box, Sphere usw.) und MeshCollidern. Außerdem kann die Verwendung von MeshCollidern zu Performanceproblemen führen, vor allem auf mobilen Geräten. Da wir uns um den Collider unserer Wand schon gekümmert haben, können wir hier sowieso ohne Bedenken auf das automatische Erzeugen eines MeshColliders verzichten.

Import Materials bestimmt – wie der Name schon sagt –, ob Unity automatisch Materialien erzeugen soll oder nicht. Das ist meistens sehr praktisch, daher lassen wir das auch aktiv. Manchmal möchte man aber für mehrere Modelle ein einziges Material verwenden, und dann stören die von Unity automatisch erzeugten Materialien meistens.

> Wenn Sie sich bereits beim Modellieren Ihrer 3D-Assets an entsprechende Namenskonventionen für Texturen bzw. Materialien halten, können Sie mit den Einstellungen unter Material Naming (sichtbar wenn Import Materials aktiv ist) dafür sorgen, dass Unity Ihren Modellen immer die richtigen Materialien zuweist. Bei entsprechenden Einstellungen unter Material Search klappt das sogar, wenn die Materialien an ganz anderer Stelle im Projekt abgelegt sind als die Modelle. Durch Implementierung eines eigenen Asset-Postprocessor können Sie hier nach dem Import sogar beliebig komplexe Logiken für die Zuweisung Ihrer Materialien (und anderer Import-Einstellungen) vornehmen. Den Einstieg dazu finden Sie auf der Website zum Buch unter *AssetPostprocessor* verlinkt.

Pro-Tipp, Link auf unity-buch.de

Das Importieren von Animationen können wir uns bei unserem Modell sparen, weil es gar keine Animationen hat. Unity erzeugt aber eine Animationskomponente, wenn wir das nicht abschalten. Gehen Sie dazu am besten folgendermaßen vor:

1. Wählen Sie zuerst Animations, und deaktivieren Sie die Checkbox Import Animation.
2. Wechseln Sie dann zu Rig, und wählen Sie bei Animation Type den Wert None.

An sich könnten Sie auch einfach nur bei Rig den Animation Type setzen. So können Sie aber unter Animations die Checkbox nicht mehr deaktivieren und erhalten einen Text *No animation data available in this model,* was zwar nicht wirklich stört, aber einfach überflüssig ist.

6.2.11 Ein neues Prefab für die Wände erstellen

Ähnlich wie bei unseren beiden Varianten zur Steuerung des Fahrzeugs (TracerController und TracerControllerV2) wollen wir bei den Wänden auch die Möglichkeit haben, Lösung B und Lösung C jederzeit auszutauschen. Daher legen wir dieses Mal von dem kompletten Prefab ColliderParent ein Duplikat an (⌘+D bzw. Strg+D) und nennen es ColliderParentVectors.

An dem neuen Prefab müssen wir einige strukturelle Änderungen durchführen. Das geht am einfachsten, wenn wir es vom Projekt in die Szene ziehen und dann in der Szene bearbeiten. Ziehen Sie also ColliderParentVectors aus dem *Project Browser* in die *Hierarchy View* (1). Ziehen Sie als Nächstes TraceWall aus dem *Project Browser* direkt auf ColliderParentVectors in der *Hierarchy View* (2). Die beiden Drag&Drop-Vorgänge sind in Abb. 6.60 veranschaulicht, wobei Sie ColliderParentVectors in einen leeren Bereich in der *Hierarchy View* ziehen sollten, um ihn nicht versehentlich zu einem Kind eines anderen Objekts zu machen (was wir beim Ziehen von TraceWall auf ColliderParentVectors ja wollen).

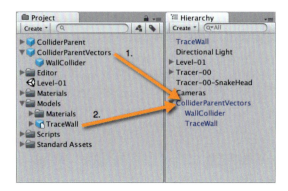

Abb. 6.60
Prefab in die Szene und TraceWall auf Prefab ziehen

Den MeshRenderer des GameObjects WallCollider unter ColliderParentVectors müssen wir natürlich deaktivieren, damit unser neues, höchst elegantes Wandmodell zum Vorschein kommt.

6.2.12 Änderungen an Prefabs von der Szene ins Projekt zurückschreiben

Wahrscheinlich fällt Ihnen auf, dass sich an unserem Prefab im *Project Browser* noch nichts geändert hat. Änderungen an Prefabs innerhalb der Szene betreffen generell zunächst nur die Instanz des Prefabs in der Szene. Wenn wir wollen, dass die Änderungen für das Prefab selbst gelten, müssen wir diese Unity explizit mitteilen, indem wir im *Inspector* den Apply-Button drücken.

Normalerweise muss dazu bei hierarchischen Prefabs nur irgendein GameObject in der Hierarchie des Prefabs selektiert sein. Mit Selektion auf WallCollider würde das auch jetzt funktionieren. Wenn Sie aber zufällig TraceWall selektiert hätten, würde es nicht funktionieren, weil TraceWall ja noch nicht offiziell ein Teil unseres Prefabs ist. Erkennen können Menschen mit Adleraugen den Unterschied daran, dass bei TraceWall im Moment statt »Prefab« noch »Model« steht und statt dem Apply-Button ein Open-Button erscheint. Die richtige Selektion mit dem richtigen Button zeigt Abb. 6.61. *Neo, ich kann dir nur die Tür, äh, den Button zeigen. Klicken musst du ihn selbst!*

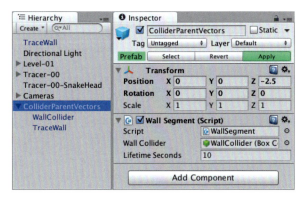

Abb. 6.61
Ein Prefab an der Schwelle, aus der Szene in das Projekt zu transzendieren

Sobald Sie auf den Button geklickt haben und damit die TraceWall hochoffiziell in ColliderParentVectors assimiliert wurde, ist ihre Natur als Model vergessen und Sie könnten auch bei selektierter TraceWall die Änderungen am Prefab zurück in das Projekt teleportieren. Sobald die Änderungen in das Projekt gesichert sind, können wir die Prefab-Instanz wieder aus der Szene löschen.

Wenden wir uns nun also wieder den Freuden der oldschool Spieleprogrammierung zu:

6.2.13 Prozedural das Modell-Mesh verändern

Für das Ändern des Meshes erstellen wir ein eigenes Script mit dem Namen WallSegmentMeshHandler. Den Code dazu finden Sie in Listing 6.24.

Listing 6.24
Das neue Script WallSegmentMeshHandler

```
using UnityEngine;
using System.Collections;
using System.Collections.Generic;

[RequireComponent(typeof(WallSegment))]
public class WallSegmentMeshHandler : MonoBehaviour {

  public Transform meshFilter;

  private WallSegment wallSegment;
  private Mesh wallMesh;
  private Vector3[] vertices;
  private List<int> verticesToMoveIndexes = new List<int>();

  void Awake() {
    wallSegment = GetComponent<WallSegment>();
    wallMesh = meshFilter.GetComponent<MeshFilter>().mesh;
    vertices = wallMesh.vertices;
    for (int i=0; i < vertices.Length; i++) {
      if (vertices[i].z > 0) {
        verticesToMoveIndexes.Add(i);
      }
    }
  }
  void LateUpdate() {
    foreach (int vertexToMoveIndex in verticesToMoveIndexes) {
      vertices[vertexToMoveIndex].z = wallSegment.Distance;
    }
    wallMesh.vertices = vertices;
  }
}
```

Lassen Sie sich nicht davon verwirren, dass WallSegment im Moment noch kein öffentliches Property Distance hat und Unity dementsprechend mit einem Kompilierfehler meckert, falls wir ihm den Fokus geben. Darum kümmern wir uns gleich.

Das Erste, was Ihnen wahrscheinlich auffällt, ist, dass wir hier statt der Methode Update() die Methode LateUpdate() verwenden:

> Die Methode `LateUpdate()` wird aufgerufen, nachdem alle `Update()`-Methoden aufgerufen wurden und bevor der Frame gerendert wird. Damit ist sichergestellt, dass alle Änderungen an der Szene bereits durchgeführt sind (zumindest wenn diese Änderungen in `Update()` und `FixedUpdate()` implementiert sind). `LateUpdate()` wird beispielsweise häufig für Kamerascripts verwendet, die Objekten in der Szene folgen.

Wir verwenden das hier deswegen, weil die Distanz in der Update()-Methode von WallSegment berechnet wird und diese Berechnung auf jeden Fall für den aktuellen Frame stattgefunden haben muss, bevor wir die Wand entsprechend anpassen. Weitere Möglichkeiten, die Reihenfolge von Scriptaufrufen zu beeinflussen, lernen Sie in Abschnitt 7.4, *Die Reihenfolge der Scriptaufrufe bestimmen,* kennen.

Interessant ist in unserem neuen Script außerdem die Verwendung der Unity-Komponente MeshFilter, über die wir ja schon in Abschnitt 4.2, *Level 01: Das Quadrat – Modeling in Unity,* ausführlich gesprochen haben. Diese bietet Zugriff auf eine Instanz der Klasse Mesh, die uns unter anderem ermöglicht, jeden einzelnen Punkt des Modells vom Programmcode aus zu modifizieren. Da Vector3 wie oben erwähnt ein *Struct* ist, können wir die für uns relevanten Punkte nicht einfach in einer Liste speichern und davon ausgehen, dass Änderungen an den Punkten in der Liste eine Auswirkung auf das Modell haben (*by-value*). Stattdessen halten wir das komplette Array der Punkte vor und speichern die Indizes der relevanten Punkte in einer Liste. Relevant sind für uns die Punkte, deren Z-Wert größer als 0 ist.

Daher habe ich bei dem Modell auf die exakte Einhaltung der Koordinaten bestanden. Falls an dieser Stelle (oder an einer gleichartigen Stelle in einem zukünftigen Projekt) bei Ihnen etwas nicht funktionieren sollte, können Sie unter Verwendung von Debug.Log() die Koordinaten der Punkte in die Konsole ausgeben.

Nach der Änderung der Z-Koordinate der relevanten Punkte müssen wir natürlich das komplette Array wieder an das Mesh übergeben. Wie gesagt: Structs werden *by-value* gespeichert, nicht *by-reference*.

Erweitern wir nun die Klasse WallSegment wie in Listing 6.25 beschrieben.

Listing 6.25
Die Entfernung in WallSegment verfügbar machen

```
public IEnumerator DestroyAfterLifetime() {
   yield return new WaitForSeconds(lifetimeSeconds);
   Destroy(this.gameObject);
}

private float distance = 0;
public float Distance {
   get { return distance; }
}
```

```
void Update() {
    if (growing) {
        distance = Vector3.Distance(
            transform.position,
            tracerReferencePoint.position);
        Vector3 scale = transform.localScale;
        scale.z = distance;
        transform.localScale = scale;
    }
}
```

Ist Ihnen aufgefallen, dass vor `distance` in der `Update()`-Methode nicht mehr der Typ `(float)` steht? Falls Sie das übersehen, hätten wir eine lokale Variablendeklaration, die unsere neue private Membervariable `distance` verschattet, und dann würde unser neues Property `Distance` immer den initialen Wert 0 liefern. **Solche Fehler können eine Menge Zeit kosten – also Vorsicht!**

Unity sollte nun die neue Klasse problemlos kompilieren, und Sie können das neue Script `WallSegmentMeshHandler` entweder auf das Prefab `ColliderParentVectors` im Projekt ziehen (Project Browser) oder auf die Instanz des Prefabs in der Szene (Hierarchy View), sofern Sie diese nicht oben gelöscht haben. Falls Sie Letzteres bevorzugen, dürfen Sie nur nicht vergessen, die Änderung mit `Apply` zurück ins Projekt zu speichern.

Auf den Slot `Mesh Filter` der Komponente `WallSegmentMeshHandler` ziehen Sie bitte das GameObject `TraceWall`. Das tun Sie wieder entweder direkt im Projekt oder in der Szene, und danach klicken Sie auf `Apply`. Und bei der Gelegenheit können wir auch mal wieder Szene und Projekt speichern.

Schließlich müssen wir unserem `Tracer-00` in der Szene das neue `Wall Prefab` aus dem Projekt zuweisen. Ziehen Sie dazu `ColliderParentVectors` aus dem Projekt in den Slot `Wall Prefab` von `Tracer-00`.

Jetzt können wir mal wieder ein wenig spielen und unser Meisterwerk bewundern. Immerhin: Die neue Wand verlängert sich. Nur sieht das nicht ganz so aus, wie wir uns das gedacht hatten, sondern so wie in Abb. 6.62.

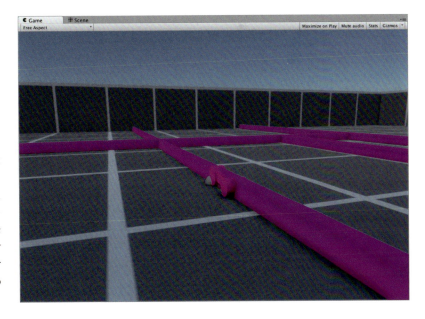

Abb. 6.62
Mit den Wänden ist etwas schiefgelaufen.

6.2.14 Den Fehler finden

Es gibt mehrere Kandidaten für solche Fehler. Ein Problem könnte sein, dass die Änderungen an den Punkten unseres Modells nicht korrekt sind. Beispielsweise wäre es theoretisch denkbar, dass Unity die Koordinaten intern anders handhabt. Das ist aber nicht der Fall, und wir können auch leicht prüfen, dass TraceWall immer noch Scale = (1, 1, 1) hat, also nicht eine Skalierung von TraceWall das Problem verursacht.

Da wir zum Skalieren unseres Colliders den exakt gleichen Faktor verwenden wie für unser Modell, ist es offenbar auch kein Fehler in der Berechnung der zurückgelegten Distanz. Aber was skalieren wir da eigentlich genau? Sehen wir uns doch noch mal den Code von WallSegment an (siehe Listing 6.26):

Listing 6.26
Welches Transform hätten Sie gern?

```
void Update() {
    if (growing) {
        distance = Vector3.Distance(
            transform.position,
            tracerReferencePoint.position);
        Vector3 scale = transform.localScale;
        scale.z = distance;
        transform.localScale = scale;
    }
}
```

Die Komponente WallSegment haben wir auf dem GameObject ColliderParentVectors. Das heißt, wir skalieren ColliderParentVectors. TraceWall hängt unter ColliderParentVectors, also erbt es auch die Skalierung. So war das natürlich nicht gedacht.

Testen wir kurz die Hypothese: Kommentieren Sie die letzte Zeile aus, mit der die Skalierung in die Transform-Komponente geschrieben wird (Listing 6.27).

Listing 6.27
Ursachen-Hypothese in WallSegment testen

```
Vector3 scale = transform.localScale;
scale.z = distance;
//transform.localScale = scale;
```

Jetzt funktioniert zumindest dieser Teil wie gewünscht. Natürlich haben wir jetzt auch die Skalierung unseres Colliders deaktiviert, d. h., wir müssen die Zeile natürlich wieder einkommentieren. Aber wir wissen jetzt, dass hier der Fehler liegt.

Die Lösung ist dann recht einfach: Wir führen in WallSegment direkt unter der Zeile public Collider wallCollider; eine zusätzliche öffentliche Variable public Transform colliderScale; ein und schreiben die Update-Methode einfach um, wie in Listing 6.28.

Listing 6.28
Den Fehler korrigieren

```
Vector3 scale = colliderScale.localScale;
scale.z = distance;
colliderScale.localScale = scale;
```

In unserem alten Prefab `ColliderParent` können wir jetzt einfach `Collider-Parent` auf den neuen Slot `Collider Scale` ziehen. Damit entspricht das Verhalten des alten Prefab auch mit der neuen Implementierung dem, das wir bereits getestet haben. Natürlich sollten Sie das verifizieren, indem wir das Prefab `ColliderParent` aus dem Projekt auf den Slot `Wall Prefab` im `WallController` von `Tracer-00` ziehen und das Spiel kurz testen. Danach ziehen wir wieder `ColliderParentVectors` auf den Slot `Wall Prefab`, da wir jetzt wieder mit unserem neuen Prefab arbeiten.

In unserem neuen Prefab brauchen wir jetzt ein neues, leeres Game-Object als Zwischenebene für die Skalierung. Diese Änderung müssen wir wieder in der Szene vornehmen. Ziehen Sie also `ColliderParentVectors` aus dem Projekt in die Szene. Erzeugen Sie ein neues, leeres GameObject `ColliderScale` unter `ColliderParentVectors`, und setzen Sie `Position = (0, 0, 0)`. Jetzt können wir `WallCollider` unter `ColliderScale` ziehen. Allerdings beschwert sich Unity mit der Meldung »*Losing Prefab. This action will lose the prefab connection. Are you sure you wish to continue?*« (siehe Abb. 6.63). Ja, wir sind sicher. Also klicken wir auf `Continue`.

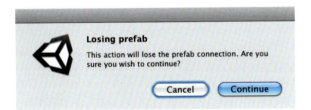

Abb. 6.63
Losing Prefab – das macht aber nichts.

Losing Prefab – nicht wirklich ...

Diese Meldung erscheint immer dann, wenn wir die Struktur eines Prefabs grundsätzlich verändern. Praktischerweise ist die Fehlermeldung nicht ganz korrekt: Unity behält nämlich die Referenz auf das Prefab durchaus. Die Meldung bedeutet lediglich, dass ab diesem Zeitpunkt Änderungen im Prefab nicht mehr automatisch auf die Prefab-Instanz übertragen werden. Das erkennen Sie auch daran, dass die Instanz nicht mehr blau ist. Wir können aber immer noch den `Apply`-Button nutzen, um die Änderungen von der Instanz in das Prefab zurückzuschreiben. Damit stellen wir auch die vollständige Verbindung wieder her. Das bedeutet, die Prefab-Instanz erscheint in der Szene wieder blau und übernimmt automatisch alle Änderungen am Prefab selbst. Nur sollten Sie niemals vergessen, möglichst bald diese Verbindung wiederherzustellen – sonst bekommen Sie möglicherweise später ein Durcheinander in Ihrem Projekt. Klicken Sie also jetzt `Apply`!

Wir müssen jetzt noch unser neues Zwischenobjekt `ColliderScale` auf den dafür vorgesehenen Slot *Collider Scale* im Wallsegment ziehen. Sobald Sie alle Änderungen an der Prefab-Instanz mit dem `Apply`-Button in das Prefab im Projekt zurückgesichert haben, können wir dann auch die Prefab-Instanz in der Szene wieder löschen.

6.2.15 Beschränkung der Prefab-Ebenen im Project Browser

Vielleicht fällt Ihnen auf, dass im *Project Browser* nur die ersten beiden Hierarchie-Ebenen eines Prefabs angezeigt werden. `WallCollider` liegt jetzt bei `ColliderParentVectors` auf der dritten Ebene und ist damit im *Project Browser* nicht sichtbar oder änderbar. Abb. 6.64 veranschaulicht diesen Sachverhalt.

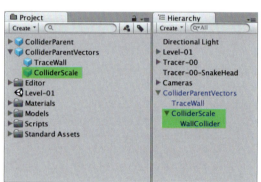

Abb. 6.64
Prefabs im Projekt und ihre Instanzen in der Szene

Aufgrund dieses Umstands sollten Sie tiefe hierarchische Strukturen in Prefabs nach Möglichkeit vermeiden und Komponenten, an denen Sie häufig Änderungen vornehmen, nur an GameObjects auf den ersten beiden Ebenen hängen. Am übersichtlichsten ist an sich, die relevanten Komponenten nur an das GameObject in der ersten Ebene zu hängen. In unserem Fall ist das aber schwer umsetzbar. Wollen wir also den `MeshRenderer` von `WallCollider` ein- oder ausschalten oder Veränderungen an der `BoxCollider`-Komponente vornehmen, kommen wir nicht daran vorbei, das Objekt in die Szene zu ziehen, die Änderungen dort vorzunehmen, die Änderungen mittels `Apply` zu speichern und das Objekt wieder aus der Szene zu löschen. Prefabs sind ein Bereich in Unity, an dem es in zukünftigen Versionen sicher noch einige Änderungen geben wird.

Anstatt das Zwischenobjekt `ColliderScale` zu verwenden, könnten wir auch den `BoxCollider` mithilfe der `Center`-Eigenschaft verschieben. Das hat aber den Nachteil, dass dann das `Cube`-Mesh nicht mehr identisch mit dem `BoxCollider` ist. Eine Möglichkeit, dieses Problem zu lösen, wäre das Erstellen eines eigenen Modells, das entsprechend im Raum positioniert ist. Diesen Aufwand wollen wir aber nicht betreiben, sondern nehmen stattdessen dieses Beispiel einfach als Ausnahme von der Regel. Solche Ausnahmen werden Ihnen noch öfter begegnen! Daher ist es gut, sich an die Vorgehensweise zu gewöhnen: Prefab in Szene ziehen, bearbeiten, Änderungen mit `Apply` speichern, Prefab-Instanz aus Szene löschen.

6.2.16 Wenn sichtbare Flächen unsichtbar werden

Sobald Sie das Spiel wieder testen,[44] werden Sie recht schnell feststellen, dass mit unserer aktuellen Lösung etwas nicht stimmt: Die Wand erscheint zwar und vergrößert sich auch wie gewünscht – aber sie verschwindet auf mysteriöse Weise auch immer wieder. Und je nach Perspektive erscheinen dann Wände, wo wir vorher keine gesehen hatten. **Woran könnte so etwas liegen?**

---

44 Natürlich erst, nachdem Sie alle Änderungen sauber abgespeichert haben!

Unity verwendet eine Technik namens *View Frustum Culling*[45], die dazu dient, dass nur diejenigen Objekte gezeichnet werden, die auch für die Kamera sichtbar sind. Dazu muss Unity aber die Ausmaße aller Objekte kennen. Normalerweise werden diese automatisch von Unity berechnet, und wir müssen uns um solche Feinheiten nicht kümmern. Aber so, wie es aussieht, benutzt Unity in unserem Fall noch die ursprünglichen Ausmaße unserer Wandsegmente. Unsere Wände sind nämlich genau dann sichtbar, wenn der Anfangspunkt der Wand sichtbar ist, und sie verschwinden, wenn dieser Anfangspunkt nicht sichtbar ist.

Wenn Sie sich die Methoden der Klasse Mesh in der Unity-Dokumentation ansehen, kommen Sie wahrscheinlich sehr schnell auf die Lösung: Es gibt nämlich eine Methode Mesh.RecalculateBounds(). Und da steht auch, dass wir diese Methode aufrufen müssen, nachdem wir Vektoren geändert haben. Also tun wir das auch, wie in Listing 6.29 beschrieben.

```
void LateUpdate() {
    foreach (int vertexToMoveIndex in verticesToMoveIndexes) {
        vertices[vertexToMoveIndex].z = wallSegment.Distance;
    }
    wallMesh.vertices = vertices;
    wallMesh.RecalculateBounds();
}
```

Listing 6.29
Erweiterung von Update in WallSegmentMeshHandler

Nach dieser Änderung tritt der Fehler nicht mehr auf, und wir sehen die Wände die ganze Zeit über.

6.2.17 UV-Map kontinuierlich anpassen

Einen Vorteil unserer Lösung C hatte ich wie folgt beschrieben: »Wir können die UV-Map kontinuierlich anpassen, sodass wir die Wände auch sauber texturieren können.« Natürlich brauchen wir für unseren Prototyp nicht wirklich Texturen auf den Wänden. Aber wenn wir diesen Schritt noch umsetzen, ist unsere Lösung C komplett.

> Zuerst brauchen wir natürlich eine geeignete Textur: Verwenden Sie dazu einfach einen Pfeil nach rechts. Eine Beispieltextur können Sie von der Website zum Buch herunterladen. Sie finden sie unter dem Namen TraceWall_ArrowTexture.zip.

Download von unity-buch.de

Importieren Sie die Textur Arrow.psd in das Verzeichnis Materials / Textures in unserem Projekt, und legen Sie die Textur als Albedo auf das automatisch angelegte Material: Models / Materials / BoxMat.

---

45 »Frustum«: Pyramidenstumpf, »to cull«: herausfiltern. Gemeint ist also das Herausfiltern von Objekten, die außerhalb des View-Frustums liegen, also außerhalb des Pyramidenstumpfes, der durch den Sichtbereich der Kamera definiert ist.

Wenn Sie das Spiel nun testen, sehen Sie zwei Probleme: Zum einen wird die Textur mit der Wand skaliert, was sehr unschön aussieht. Zum anderen zeigt der Pfeil auf der rechten Seite der Wand in Fahrtrichtung und auf der linken Seite der Wand in die entgegengesetzte Richtung. Das zweite Problem würde man normalerweise einfach durch Korrektur der UV-Map im Modelling-Tool lösen. Wir können aber auch beide Probleme elegant im Code lösen:

> Die **UV-Map** ist nichts weiter als ein Array von Vector2, also zweidimensionale Vektoren, die genau so angeordnet sind wie die Punkte im Raum (vertices). Dabei sind die Koordinaten normalisiert zwischen 0 und 1. Das heißt, (0, 0) ist der Punkt links unten in der Textur und (1, 1) der Punkt ganz rechts oben. Wir können also für jeden Punkt unseres 3D-Modells bestimmen, von welchen Koordinaten der Textur dieser Punkt seine Farbe erhält. Die Werte auf den Flächen zwischen den Punkten werden entsprechend interpoliert.

Also speichern wir die UV-Map analog unserer Punkte als neue Membervariablen in WallSegmentMeshHandler (siehe Listing 6.30).

Listing 6.30
Die neue Membervariable uvs in WallSegmentMeshHandler

```
private WallSegment wallSegment;
private Mesh wallMesh;
private Vector2[] uvs;
private Vector3[] vertices;
private List<int> verticesToMoveIndexes = new List<int>();
```

Die Awake()-Methode erweitern wir nun so, dass zunächst das Array der UV-Map aus wallMesh in unsere Membervariable übernommen wird und dann die X-Werte der UV-Punkte entsprechend der Z-Werte unserer Punkte im Raum gesetzt werden. Wir möchten, dass die Punkte, an denen die Wand startet, den Punkten ganz links in unserer Textur entsprechen. Daher setzen wir den X-Wert auf 0 (siehe Listing 6.31).

Listing 6.31
Erweiterung von WallSegmentMeshHandler.Awake()

```
void Awake() {
    wallSegment = GetComponent<WallSegment>();
    wallMesh = meshFilter.GetComponent<MeshFilter>().mesh;
    vertices = wallMesh.vertices;
    uvs = wallMesh.uv;
    for (int i=0; i < vertices.Length; i++) {
        if (vertices[i].z > 0) {
            verticesToMoveIndexes.Add(i);
        } else {
            uvs[i].x = 0;
        }
    }
}
```

Schließlich müssen wir den X-Wert derjenigen Punkte, die in jedem Frame neu positioniert werden, einfach auf die Distanz setzen, die sie tatsächlich vom Ursprungspunkt haben. Damit bekommen wir natürlich auf der X-Achse UV-Werte jenseits von 1 – aber genau das wollen wir auch, weil sich die Textur ja wiederholen soll. Im Code sieht das dann aus wie in Listing 6.32.

```
void LateUpdate() {
   foreach (int vertexToMoveIndex in verticesToMoveIndexes) {
      vertices[vertexToMoveIndex].z = wallSegment.Distance;
      uvs[vertexToMoveIndex].x = vertices[vertexToMoveIndex].z;
   }
   wallMesh.vertices = vertices;
   wallMesh.uv = uvs;
   wallMesh.RecalculateBounds();
}
```

Listing 6.32
Erweiterung von
WallSegmentMeshHandler.LateUpdate()

Wenn Sie das Spiel jetzt starten, sehen Sie eine vollständige Implementierung von Lösung C und haben im Verlauf dieses Kapitels die größte Herausforderung gemeistert, die es bei der Implementierung dieses Spiels gibt – und dabei auch einiges über die Möglichkeiten des Scripting in Unity gelernt. **Herzlichen Glückwunsch!**

Übrigens ist die Pfeil-Textur auf der Wand mehr als nur ein grafischer Effekt, mit dem wir die Korrektur der UV-Map per Script motivieren: In einem Multiplayer-Modus können Spieler so erkennen, in welche Richtung ein anderer Spieler gefahren ist – was normalerweise anhand der Wände nicht sichtbar ist.

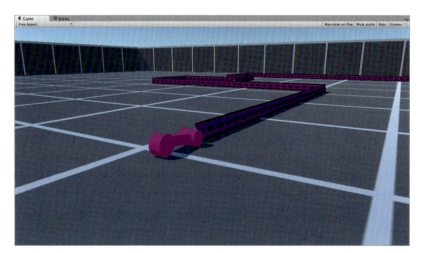

Abb. 6.65
Ganz schön was geschafft!

Wir sind jetzt mit unserem Prototyp ein entscheidendes Stück weiter gekommen. Vor allem haben wir ein gutes Stück Risiko bewältigt: Stellen Sie sich vor, Sie hätten schon 10 Level fertig modelliert und 15 verschiedene

Tracer, hätten Online-Highscore-Listen und verschiedenste PowerUps ... kurz gesagt: Stellen Sie sich vor, Sie hätten schon enorm viel Zeit in das Projekt investiert und würden dann feststellen, dass das mit den Wänden und Drehungen nicht so funktioniert, wie Sie es sich gedacht hatten – im schlimmsten Fall würden Sie es dann erst merken, wenn die Spieler bereits genervte Reviews in den jeweiligen App Stores eingetragen haben.

Natürlich ist das unwahrscheinlich, da es von diesem Spielkonzept schon zig Varianten gibt, die das auch irgendwie hinbekommen haben. Aber ich hoffe natürlich, dass Sie sich an völlig unerforschte Spielkonzepte heranwagen und wirklich innovative Spielideen entwickeln. Und dafür sollten Sie aus diesem Abschnitt Folgendes mitnehmen:

Pro-Tipp

> Implementieren Sie problematische Spielmechaniken möglichst früh in einem Prototyp, und finden Sie dabei heraus, ob Sie sie auch so implementieren können, dass sie wirklich Spaß machen.

Download von unity-buch.de, erste spielbare Version

> Das Projekt, wie es nach diesem Kapitel aussehen sollte, finden Sie auf der Website zum Buch. Das ist die Datei `Traces_Prototype_090.zip`. Diesen Stand können Sie übrigens auch direkt vom Download-Bereich aus spielen! Folgen Sie einfach dem Link *Traces Prototype Walls!* Sie müssen allerdings hier noch einen Browser-Refresh durchführen, um das Spiel neu zu starten. Es ist also ein sehr rudimentärer Prototyp.

Für unseren Prototyp brauchen wir jetzt nur noch zwei Funktionalitäten, die dank der in Unity eingebauten Physik-Engine sehr einfach umzusetzen sind: Unser Tracer muss natürlich explodieren, wenn er gegen eine Wand fährt, und wir brauchen unsere »Äpfel«, also Items zum Einsammeln. So ähnlich wie das Einsammeln der Äpfel könnten Sie auch das Einsammeln von PowerUps implementieren.

6.3 Von Äpfeln und Explosionen, Triggern und Kollisionen

Vielleicht ist Ihnen beim Testen schon aufgefallen, dass unser Tracer sich nach der Kollision mit einer Wand etwas seltsam in irgendeiner Richtung bewegt. Das liegt daran, dass die Physik-Engine von Unity aufgrund der Kollision die Richtung und Geschwindigkeit des Rigidbody ändert.

Über Physik-Materialien (`PhysicMaterial`), die man den Collidern zuweisen kann, könnte man hier die konkreten Eigenschaften wie Reibung (`Dynamic Friction`/`Static Friction`) und Rückprallstärke (`Bounciness`) einstellen und auch festlegen, wie diese Werte von zwei an einer Kollision beteiligten Collidern kombiniert werden. An dieser Stelle brauchen wir das aber nicht. Ganz im Gegenteil sieht das derzeitige Verhalten eher wie ein

Bug aus. Beheben müssen wir den aber angenehmerweise nicht, weil das Fahrzeug ja sowieso explodiert, wenn es gegen eine Wand fährt. Damit löst sich das Problem buchstäblich in Luft auf.

Dazu erstellen wir eine neue Komponente[46] `TracerCollisionHandler` im Verzeichnis `Scripts`. Diese Komponente soll sich – wie der Name schon sagt – um die Behandlung von Kollisionen der Tracer kümmern. Die automatisch von Unity erstellten Methoden `Update()` und `Start()` brauchen wir dazu nicht. Stattdessen implementieren wir die Methode `OnCollisionEntered()`. Wenn wir genauere Informationen über die Kollision brauchen, können wir die Methode auch als `OnCollisionEntered(Collision collisionInfo)` schreiben. Solange wir diese Information aber nicht brauchen, ist es besser, den Parameter wegzulassen, da Unity dann auch nicht die entsprechenden Berechnungen durchführt, d. h., die Version ohne den Parameter ist etwas effizienter.

Zunächst wollen wir nichts weiter als eine Ausgabe in der Konsole und dass der Tracer verschwindet – dazu reicht die in Listing 6.33 abgedruckte Version von `TracerCollisionHandler`.

```
using UnityEngine;
using System.Collections;

public class TracerCollisionHandler : MonoBehaviour {

    public void OnCollisionEnter() {
        Debug.Log("Collision detected - Tracer explodes!");
        gameObject.SetActive(false);
    }
}
```

Listing 6.33
Einfachste Version von TracerCollisionHandler

Für den Prototyp könnten wir es sogar bei dieser einfachen Version ohne Explosion lassen – probieren Sie es ruhig auch aus[47] Aber etwas mehr Spaß soll sein, und im Asset Store gibt es praktischerweise direkt von Unity Technologies eine kostenfreie Erweiterung, die uns mit minimalem Aufwand große Explosionen in unseren Prototyp einbauen lässt. Wir könnten auch die Partikelsysteme aus den Standard Assets nehmen (*Assets/Import Package/ParticleSystems*), aber jetzt ist ein guter Zeitpunkt, sich mit dem Asset Store vertraut zu machen, und da gibt es einfach spektakulärere Explosionen. Wenn schon, denn schon.

---

46 *Komponente* können wir in den meisten Fällen synonym verwenden mit *Script, Klasse* oder *MonoBehaviour*. Technisch sind es immer Klassen, die von MonoBehaviour erben; in der Unity-Welt spricht man meistens von Scripts, die man aber ebenso an GameObjects hängt, wie die direkt in Unity eingebauten Komponenten.

47 Und vergessen Sie nicht, dass Sie die Komponente natürlich auch auf das Fahrzeug, Tracer-00, ziehen müssen. Schritt für Schritt kann ich solche Anweisungen hoffentlich guten Gewissens weglassen, bis ich am Ende des Buches nur noch sage: »Und jetzt, liebe Leserin, lieber Leser, entwickeln Sie ein Spiel, das die Welt von Ihnen braucht!«

6.3.1 Explosionen aus dem Unity Asset Store einsetzen

Gerade für Prototypen bietet der Unity Asset Store eine Vielzahl von Paketen, die wir je nach Bedarf als Platzhalter einsetzen können, die wir später durch eigene Versionen ersetzen – oder auch als endgültige Lösung, da fast alle Pakete aus dem Unity Asset Store zur Verwendung in Spielprojekten lizenziert sind.[48] Durch die Verwendung solcher Pakete können Sie bei der Entwicklung eine Menge Zeit sparen, weil Sie Funktionalitäten, die nicht spezifisch für Ihr Spiel sind, nicht von Grund auf selbst implementieren, sondern lediglich einbinden. So bleibt mehr Zeit für die spielspezifischen Features.

Explosionen sind hierfür ein Paradebeispiel, weil sie für viele unterschiedliche Spieltypen notwendig sind und weil es gar nicht so einfach ist, wirklich überzeugende Explosionen selbst umzusetzen. Man braucht dazu meistens mehrere Partikelsysteme mit speziellen Texturen für die Partikel sowie entsprechende Sounds. Außerdem dürfte es den meisten Spielern nicht mal auffallen, wenn die Explosionen in Ihrem Spiel so ähnlich aussehen wie in irgendeinem anderen Spiel. Bei einer Figur, die der Spieler steuert, oder bei den Levels wäre das wesentlich problematischer.

Den Unity Asset Store öffnen Sie über *Window/Asset Store*. Falls Sie noch keinen Account angelegt haben, können Sie dies durch Klick auf `Create Account` tun (siehe Abb. 6.66). An sich sollte aber der Account von der Aktivierung hier funktionieren; so können Sie sich direkt mit `Log In` einloggen.

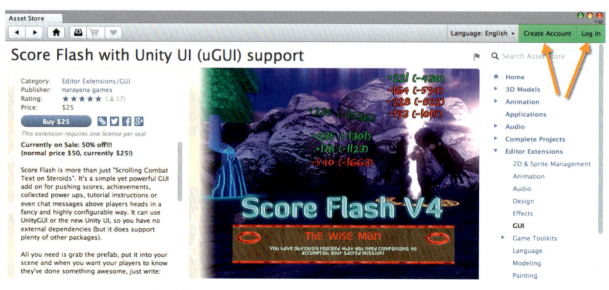

Abb. 6.66
Account im Asset Store anlegen

---

48 Bei Paketen, die nicht für eigene Projekte verwendet werden dürfen bzw. die Assets enthalten, die nicht in eigenen Projekten verwendet werden dürfen, steht diese Einschränkung explizit dabei.

Über die Suche (rechts oben im Fenster, unter `Create Account`) können wir nun nach den Stichworten `Explosion Unity Technologies` suchen. Wenn Sie nur `Explosion` eingeben, erhalten Sie über 100 Ergebnisse, von denen natürlich viele auch für uns interessant sind. In der Zeile unter dem Namen des Pakets steht die Kategorie – beispielsweise `Audio/Sound FX` oder `Audio/Sound FX/Weapons` –, so können wir recht schnell herausfiltern, was für uns relevant ist, denn wir suchen nach Partikelsystemen (`Particle Systems`) von Explosionen.

Aber wir wollen die Explosionen von Unity Technologies, weil die nichts kosten. Und wenn wir die Suche so einschränken, ist das Ergebnis sehr überschaubar, wie Abb. 6.67 zeigt. `Simple Particle Pack` hört sich doch super an, oder?[49]

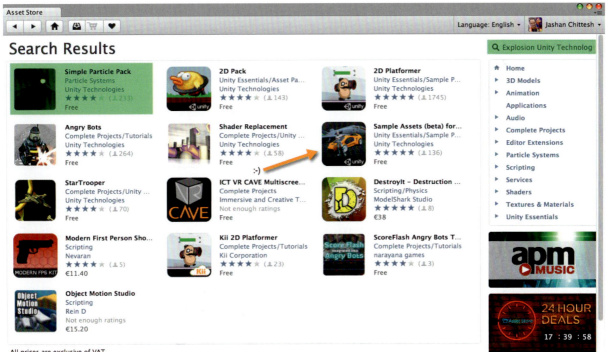

Sie können das Paket anklicken und erhalten so eine Detailansicht, auf der Sie bei kostenlosen Paketen wie diesem auch einen `Download`-Button finden. Bei Paketen, die Sie bereits heruntergeladen haben, steht auf diesem Button `Import`. Wenn es von einem Paket, das Sie bereits heruntergeladen haben, eine neue Version gibt, können Sie diese ebenfalls mit diesem Button aktualisieren – der Text ist dann `Update`. Eine Übersicht aller von Ihnen heruntergeladenen Pakete erhalten Sie über den in Abb. 6.68 grün markierten

Abb. 6.67
Suchergebnis zu
Explosion Unity Technologies

---

[49] Hier sehen Sie übrigens auch die Standard Assets (noch unter dem alten Namen »Sample Assets«), die ich für das Buchcover verwendet habe. Die werden wir später auch noch einsetzen.

Button. Diese Übersicht können Sie u. a. nach dem jeweiligen Status sortieren, um schnell herauszufinden, für welche Ihrer Pakete eine neue Version vorliegt. Die Übersicht können Sie mit dem Close-Button schließen, der in dieser Ansicht rechts oben unter Ihrem Benutzernamen zu finden ist.

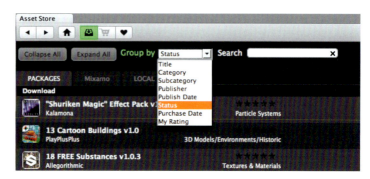

Abb. 6.68
Übersicht unserer Pakete, nach Status gruppiert

Laden Sie das Paket Simple Particle Pack. Es wird nach dem erfolgreichen Download automatisch in Ihr Projekt importiert, genauso wie das Standardpaket *Cameras* in Abschnitt *4.5, Die Kamera führen*. In Ihrem *Project Browser* sollten Sie dann ein neues Verzeichnis namens SimpleParticlePack finden.

In dem Paket gibt es auch eine Testszene, in der Sie alle mitgelieferten Partikelsysteme komfortabel testen können (SimpleParticlePack / _Scenes / SimpleParticlePack). Mein Favorit ist das zweite von unten: ShockFlash – aber wie Sie gleich sehen werden, können wir die Partikelsysteme für die Explosionen genauso einfach austauschen wie unsere Wand-Prefabs.

Wir sorgen jetzt mit einer kleinen Erweiterung unserer Komponente TracerCollisionHandler und einem kleinen Konfigurationsschritt für ordentlich **Wumms,** wenn der Tracer gegen eine Wand fährt. Erweitern Sie dazu einfach TracerCollisionHandler so, wie in Listing 6.34 angegeben.

Listing 6.34
TracerCollisionHandler mit Wumms

```
public class TracerCollisionHandler : MonoBehaviour {

    public Object explosionPrefab;

    public void Awake() {
        if (explosionPrefab == null) {
            Debug.LogWarning("explosionPrefab was not assigned, "
                    +"there will be no fancy explosions!",
                    this);
        }
    }

    public void OnCollisionEnter() {
        Debug.Log("Collision detected - Tracer explodes!");
        if (explosionPrefab != null) {
            Instantiate(explosionPrefab,
                    transform.position,
                    transform.rotation);
        }
```

```
        gameObject.SetActive(false);
    }
}
```

Am wichtigsten ist die neue öffentliche Membervariable `explosionPrefab`. Hier ziehen wir gleich ein entsprechendes Prefab rein, sobald Sie unsere Erweiterungen verstanden haben.

Die neue `Awake()`-Methode wäre an sich nicht unbedingt notwendig, sorgt aber dafür, dass wir im Editor sofort eine Warnung bekommen, falls jemand die Zuweisung für `explosionPrefab` vergessen hat. Dadurch, dass wir `Debug.LogWarning(...)` am Ende noch `this` mitgeben, also diese Instanz von `TracerCollisionHandler`, können Sie die Meldung in der Konsole anklicken und bekommen dann `Tracer-00` hervorgehoben angezeigt. Das ist praktisch, um schnell die Objekte zu finden, die ein Problem verursachen.

Solche Kleinigkeiten unterscheiden den Hacker, der möglichst schnell eine Sache zum Laufen bekommen möchte, vom Softwareentwickler, dessen Anliegen es ist, möglichst robusten, wartbaren und im Fehlerfall selbsterklärenden Programmcode zu entwerfen. Beide Herangehensweisen können angemessen sein – das hängt einfach von der jeweiligen Situation ab (weiter oben hatte ich auf so etwas ja bewusst verzichtet). Natürlich können Sie den Text in Debug.LogWarning auch in eine Zeile schreiben. Im Buch reicht dazu nur die Zeilenbreite nicht.

Die Erweiterung in `OnCollisionEnter()` wird nur dann ausgeführt, wenn unser `explosionPrefab` auch wirklich zugewiesen wurde, also nicht `null` ist. Auch das ist die Softwareentwickler-Variante; die Hacker-Variante würde hier mit zwei zusätzlichen Zeilen auskommen: Deklaration der Membervariable `explosionPrefab` und das `Instantiate(...)`. Und falls dann jemand vergisst, das Prefab im Editor zuzuweisen, ist das Geschrei groß, wenn böse `NullReferenceExceptions` in der Konsole stehen. Na ja, solche Probleme könnten wir inzwischen auch leicht lösen, denn wir haben schon einiges an Weg auf unserer Reise in die Spielentwicklung zurückgelegt.

Auf jeden Fall können Sie jetzt im *Project Browser* im Verzeichnis *SimpleParticlePack/Resources* eine Explosion heraussuchen, die ihnen gefällt, und auf den `Explosion Prefab`-Slot der Komponente `TracerCollisionHandler` des GameObjects `Tracer-00` in der *Hierarchy View* ziehen.

Mein Favorit ist wie gesagt `SimpleParticlePack / Resources / Explosions / ShockFlame`, aber die Explosionen funktionieren alle gleichermaßen gut. Probieren Sie ruhig verschiedene Prefabs aus. **Viel Spaß dabei!**

Und inzwischen wissen Sie ja: Speichern nicht vergessen!

Partikelsysteme: Shuriken lernen am Beispiel

Übung macht den Meister

Sie können die Prefabs SimpleParticlePack / Resources / Explosions natürlich wie jedes andere Prefab auch in die Szene ziehen, um sie dort zu begutachten und zu bearbeiten. Auf diese Weise können Sie sich mit den Partikelsystemen in Unity, auch bekannt unter Shuriken, vertraut machen.

In Abb. 6.69 sehen Sie beispielsweise meinen Favoriten ShockWave. Wenn Sie ein Partikelsystem im *Inspector* anzeigen, haben Sie dort einen Button Open Editor, der den *Particle Effect Editor* öffnet. Diesen können Sie wie jede View an einer beliebigen Stelle im Editor platzieren. Während ein Partikelsystem selektiert ist, sehen Sie in der *Scene View* auch eine Steuerung, mit der Sie das Partikelsystem jederzeit simulieren können, bei Bedarf auch mit unterschiedlichen Geschwindigkeiten (Playback Speed).

Über Playback Time haben Sie aber auch die Möglichkeit, jede beliebige Zeit direkt anzuspringen bzw. mit der Maus in der Zeit vor und zurück zu fahren: Wie wir es schon vom *Inspector* kennen, können wir hier auf die Beschriftung klicken und dann mit gedrückter linker Maustaste 🖱 nach links und rechts ziehen, um den Wert von Playback Time kontinuierlich zu verändern.

Viele Partikelsysteme – wie auch dieses – bestehen aus einem Hauptsystem und mehreren Subsystemen, die in der Hierarchie in einer Eltern-Kind-Beziehung stehen: Hier ist ShockFlash das Hauptsystem, also Elternobjekt, das Flame und Flash als Subsysteme (und Kinder) unter sich trägt.

Die jeweiligen Systeme bestehen aus einzeln aktivierbaren Modulen, die spezifische Aufgaben implementieren, wie beispielsweise das Erzeugen von Partikeln (Emission), Veränderungen der Farbe (Color over Lifetime) oder Veränderungen der Größe (Size over Lifetime). Besonders wichtig ist das Modul Renderer, das den einzelnen Partikeln letztlich die Basis für ihr Aussehen gibt. Hier kann auch ein Material zugewiesen werden – beispielsweise Shockwave, das mit einer größtenteils transparenten, kreisförmigen Textur die Basis für die Schockwelle liefert.

Abb. 6.69
Das Partikelsystem ShockFlash

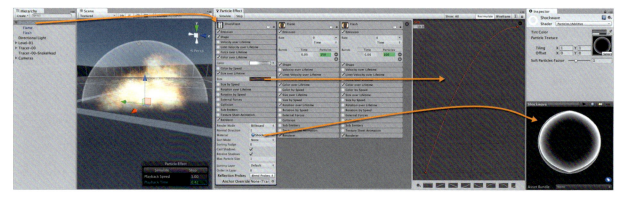

Während man bei Partikeln üblicherweise an viele kleine 2D-Billboards denkt, die wild im Raum umherschwirren, haben wir hier also einen Fall, in dem wir nur einen einzigen Partikel erzeugen, der dennoch einen sehr ansprechenden Effekt darstellt. Dies geschieht natürlich im Zusammenspiel mit den anderen Subsystemen, die eher typisch sind: `Flame` und `Flash` erzeugen gleich zu Beginn Bursts von 150 bzw. 100 Partikeln. Es gibt `Shockwave` aber auch einzeln als Prefab – da ist es dann tatsächlich nur der eine Partikel, dessen Größe über die Zeit durch eine entsprechende Kurve gesteuert wird und dessen Farbe über einen Gradienten von Weiß nach Transparent überblendet.

> Auf der Website zum Buch finden Sie den Screencast *Shuriken: Partikelsysteme in Unity verstehen*. Dort erkläre ich die wichtigsten Module und deren Eigenschaften am Beispiel.

Screencast auf unity-buch.de

> Die Vielzahl von Einstellungsmöglichkeiten aller Module in Shuriken-Partikelsystemen finden Sie im Unity Manual detailliert erklärt, verlinkt wie üblich von der Website zum Buch unter *Particle Systems*. Dort finden Sie auch How-tos, um typische Partikelsysteme von Grund auf selbst zu erstellen.

Link auf unity-buch.de

Mehr Auswahl – Standard Assets/ParticleSystems

Eine Sache stört jetzt aber wahrscheinlich noch: Eine Explosion ohne Sound wirkt irgendwie ... trocken, sehr trocken! Da ist dann das SimpleParticlePack vielleicht doch etwas einfacher, als wir uns das jetzt sicherlich wünschen. Die gute Nachricht: Unity hat in den Standard Assets etwas mit dabei. Ich hatte es weiter oben bereits erwähnt:

Rufen Sie das Menü *Assets/Import Package/ParticleSystems* auf. Beim Import könnten Sie auch direkt nur die Audiodatei selektieren und diese dann selbstständig einbinden. Damit können Sie aber auch warten, bis wir bei Abschnitt *8.4, Unity Audio: Stimmung! Soundeffekte! Musik!*, angekommen sind. Es geht nämlich auch einfacher.

Wählen Sie einfach als `Explosion Prefab` im `TracerColllisionHandler` von `Tracer-00` folgendes Prefab aus dem Project Browser: `Standard Assets / ParticleSystems / Prefabs / Explosion`. Da ist der Sound gleich mit dabei.

> In dem Paket finden Sie auch eine Vielzahl weiterer typischer Anwendungsbeispiele von Partikelsystemen, die nur darauf warten, von Ihnen genauestens inspiziert und kreativ modifiziert zu werden: Dampf (`Steam`), Rauch (`Smoke`), Feuer (`FireComplex`), Feuerwerk (`Fireworks`), ein Wasserstrahl (`Hose`) sowie ein Sandsturm (`DustStorm`) oder auch der Rauch von Reifen beim Burnout (`TyreBurnoutSmoke`) oder ein Düsenstrahl (`Afterburner`).

Übung macht den Meister

Download von unity-buch.de

> Den aktuellen Projektstand finden Sie wie üblich im Download-Bereich der Website zum Buch. Wird sind jetzt bei der Version `Traces_Prototype_100.zip`.

6.3.2 Äpfel verteilen und sammeln

Unser Prototyp ist jetzt fast komplett. Würden wir uns mit einem Lightcycle-Klon zufriedengeben, wäre er sogar schon jetzt vollständig. Aber wir möchten den Fokus bei unserem Spiel ja nicht auf das Einkreisen von Gegnern legen (die es in unserer Version auch gar nicht gibt), sondern auf das Einsammeln von Items, die Punkte geben. Und in Anlehnung an Snake nennen wir diese Äpfel, also ... *Apples*.

Das ist jetzt der klassische Anwendungsfall eines Prefabs: Wir werden uns zunächst einen einfachen Apfel in der Szene bauen – mit entsprechendem Script und auf eine Art und Weise, dass wir die visuelle Darstellung jederzeit ändern können, falls wir Äpfel in unserer futuristischen Welt dann doch irgendwann albern finden sollten. Daraus erstellen wir dann ein Prefab, das wir dann vielfach in der Szene verteilen.

Das leere Elternobjekt nennen wir `Apple` und setzen es auf `Position = (0, 0, 10)`, also ziemlich nah vor unseren Tracer. Darunter (in der Hierarchie) erzeugen wir eine `Sphere`, die wir `LookAndFeel` nennen, weil sie sowohl die visuelle Darstellung als auch den Collider bereitstellt. Diese positionieren wir – weil wir sie ja unter Apple gezogen haben, relativ dazu – auf `Position = (0, 0.7, 0)`. Ob Sie unseren ersten Apfel rot, gelb, grün oder lila einfärben, ist Ihnen überlassen. Erzeugen Sie dazu aber auf jeden Fall ein Material `Apple` im Projektverzeichnis *Materials*.

6.3.3 Von Collidern und Triggern

Wenn Sie das Spiel jetzt starten, fährt der Tracer gegen den Apfel und explodiert. Oh, so haben wir uns das aber nicht gedacht! Damit der Apfel eingesammelt werden kann, ohne dem Tracer den Weg zu versperren und ihn bei Kontakt zu sprengen, müssen wir den `SphereCollider` von `LookAndFeel` in einen *Trigger* umwandeln. Das geht einfach, indem wir die Checkbox bei *Is Trigger* an der Komponente `SphereCollider` von `LookAndFeel` setzen. Jetzt explodiert das Fahrzeug nicht mehr. Aber warum nicht?

In Unity gibt es mehrere Arten von Kollisionen: Kollisionen zwischen zwei Collidern, zwischen einem Collider und einem Trigger oder zwischen zwei Triggern. In jedem Fall muss an einem der beiden Objekte ein Rigidbody hängen, entweder direkt an dem Objekt selbst oder in einem in der Hierarchie darüber liegenden Objekt. Trigger sind wie gesagt beliebige Collider, bei denen das `Is Trigger`-Flag gesetzt ist. Es gibt nun zwei wesentliche Unterschiede zwischen den Kollisionen zweier Collider und den

Kollisionen eines Colliders mit einem Trigger bzw. eines Triggers mit einem anderen Trigger:

1. Nur Kollisionen zwischen zwei Collidern haben einen Einfluss auf die Bewegung des Rigidbody. Das heißt, wenn ein Collider mit einem Trigger kollidiert oder ein Trigger mit einem Trigger, dann werden die Objekte mit Rigidbody einfach weiterbewegt. Die Objekte ohne Rigidbody sind aus Perspektive der Physik-Engine sowieso statisch.

2. Kollisionen zwischen zwei Collidern führen zu Aufrufen der Methoden `OnCollisionEnter()`, `OnCollisionStay()` und `OnCollisionExit()`. Kollisionen zwischen Collider und Trigger bzw. Trigger und Trigger führen zu Aufrufen der Methoden `OnTriggerEnter()`, `OnTriggerStay()` und `OnTriggerExit()`. Die Varianten mit `Stay` im Namen werden in jedem Frame aufgerufen, in dem sich zwei aktive Objekte überschneiden; die Varianten mit `Exit` naheliegenderweise in dem ersten Frame, in dem die Objekte sich nach einer Kollision nicht mehr überschneiden.

Beide Effekte können wir bereits sehen: Der Tracer fährt jetzt einfach weiter, und es wird offenbar nicht mehr `OnCollisionEnter()` aufgerufen. Dass tatsächlich `OnTriggerEnter()` aufgerufen wird, werden wir gleich sehen, wenn wir in `TracerCollisionHandler` direkt hinter der Methode `OnCollisionEnter()` den Code aus Listing 6.35 hinzugefügt haben.

```
public void OnTriggerEnter() {
    Debug.Log("Trigger detected");
}
```

Listing 6.35
Neue Methode OnTriggerEnter() im TracerCollisionHandler

Achten Sie dabei darauf, dass Sie die Methode vor der abschließenden Klammer der Klasse einfügen. Am Ende müssen also zwei Klammern stehen.[50]

Wenn Sie jetzt das Spiel starten, sollte innerhalb kürzester Zeit in der Konsole der Text »Trigger detected« erscheinen. Die Konsole können Sie jederzeit über *Window/Console* öffnen. Da wir im Folgenden vermehrt mit der Konsole arbeiten, empfehle ich, das Konsolenfenster an das Unity-Hauptfenster anzudocken, z. B. als zusätzliches Tab neben der *Scene View*.[51]

Klasse Apple: die Apfel-Klasse implementieren

Mit der bisherigen Implementierung könnten wir schon einen Punkt pro Apfel hochzählen, was für viele Spiele auch ausreichen würde. Da wir die Äpfel aber später unterschiedlich leicht erreichbar positionieren wollen und je nach Schwierigkeitsgrad unterschiedliche Punktezahlen vergeben wollen, müssen wir irgendwie die Punktezahl pro Apfel einstellen können. Wie geht so etwas in Unity? Ganz einfach: mit einer neuen Komponente, in die man

---

50 Für den erfahrenen C-, C++-, Java-, JavaScript- oder C#-Programmierer ist das natürlich selbstverständlich. Alle anderen müssen die Erfahrung erst machen oder darüber lesen ;-)
51 In Abschnitt 2.2.10, *Layouts*, erkläre ich, wie Sie Tabs im Unity-Layout anordnen können.

die Punktezahl eintragen kann. Die vollständige Klasse Apple finden Sie in Listing 6.36. Vergessen Sie nicht, diese auf das GameObject Apple in der Hierarchie zu ziehen. Dann können wir das Apple Prefab anlegen, indem wir das GameObject Apple von der *Hierarchy View* in den *Project Browser* ziehen.

Listing 6.36
Die Klasse Apple

```
using UnityEngine;

public class Apple : MonoBehaviour {
    public int score = 1;
}
```

Die erzielte Punktezahl soll für jeden Tracer gespeichert werden. Eine Möglichkeit wäre, dazu TracerControllerV2 zu erweitern. Wir könnten stattdessen auch TracerController erweitern und TracerControllerV2 von TracerController erben lassen. Da Unity aber eine komponentenbasierte Architektur bietet, unser TracerController sich bisher nur um die Steuerung und Bewegung des Tracers kümmert und die Punktezahl mit der Steuerung praktisch gar nichts zu tun hat, ist die elegantere Lösung eine zusätzliche Komponente. Natürlich würde für das Speichern der Punkte auch TracerCollisionHandler in Betracht kommen. Der TracerCollisionHandler wird aber später noch andere Aufgaben übernehmen (z. B. würden Sie hier das Aufsammeln von PowerUps implementieren). Daher ist es günstiger, dort lediglich das Erkennen der Kollisionen umzusetzen und die konkreten aus den Kollisionen resultierenden Funktionalitäten in eigene Komponenten auszulagern.[52]

Also führen wir eine neue C#-Klasse TracerScore ein (siehe Listing 6.37). Diese muss natürlich zu Tracer-00 hinzugefügt werden.

Listing 6.37
Die Klasse TracerScore

```
using UnityEngine;

public class TracerScore : MonoBehaviour {

    private int currentScore = 0;

    public void AddScore(int scoreToAdd) {
        currentScore += scoreToAdd;
        Debug.Log(
          string.Format(
            "{0} has received score {1}, "
            +"current score is {2} ({3}s)",
            name, scoreToAdd, currentScore, Time.time)
        );
    }
}
```

---

[52] Eine sinnvolle Ausnahme sind die Explosionen, da diese eine direkte Folge bestimmter Kollisionen sind. Das heißt, jemand, der das Projekt nicht kennt, würde die Explosionsbehandlung in der Klasse TracerCollisionHandler suchen.

Was jetzt fehlt, ist, dass der `TracerCollisionHandler` diese Methode auch aufruft. Also erweitern wir dessen Methode `OnTriggerEntered()`. Beachten Sie, dass wir dieser Methode einen neuen Parameter `Collider other` hinzufügen.

```
public void OnTriggerEnter(Collider other) {
  if (other.transform.parent != null) {
    Transform appleTransform = other.transform.parent;
    Apple apple = appleTransform.GetComponent<Apple>();
    if (apple != null) {
      TracerScore tracerScore = this.GetComponent<TracerScore>();
      tracerScore.AddScore(apple.score);

      appleTransform.gameObject.SetActive (false);
    }
  }
}
```

Listing 6.38
Erweiterung der Methode
TracerCollisionHandler.OnTriggerEnter

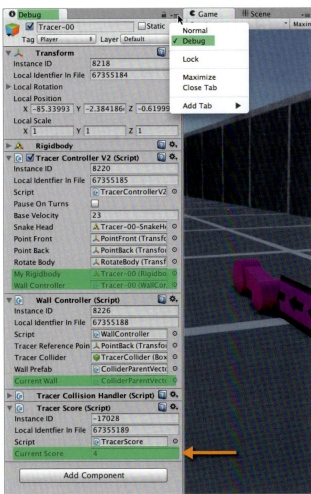

Abb. 6.70
Inspector im Debug-Modus

Damit das immer funktioniert, sollten Sie die Klasse `TracerCollisionHandler` mit dem Attribut `[RequireComponent(typeof(TracerScore))]` erweitern, wie wir das auch schon beim TracerController gemacht haben. Wir müssen hier auf `other.transform.parent` zugreifen, weil wir den Collider ja an `LookAndFeel` haben, die `Apple`-Komponente aber an dessen Vaterobjekt `Apple` hängt. Das heißt, wir haben hier in der Szenenhierarchie bzw. innerhalb des Prefab eine einfachere Lösung, dafür aber beim Scripting etwas mehr Arbeit. Der Vorteil für Sie ist, dass Sie jetzt auch wissen, wie man sich auf der Scripting-Seite in der Szenenhierarchie nach oben arbeitet.

6.3.4 Die Debug-Ansicht im Inspector nutzen

Sie können jetzt das Prefab `Apple` beliebig in der Szene verteilen, sodass Sie ein paar Äpfel zum Aufsammeln haben, und Sie können auch einigen dieser Äpfel mehr Punkte spendieren.

Wenn Sie dann beim Aufsammeln in die Konsole schauen, können Sie gut nachvollziehen, wann die Items aufgesammelt wurden, wie viele Punkte der Spieler dabei erhalten hat und wie die Gesamtpunktezahl des Spielers zu diesem Zeitpunkt war. Sie könnten den Äpfeln in der Szene auch individuelle Namen geben und die entsprechende `Debug.Log()`-

Methode so erweitern, dass zusätzlich die Namen der aufgesammelten Äpfel ausgegeben werden.

Aber was tun Sie, wenn Sie sich die Variable TracerScore.currentScore des GameObjects Tracer-00 ansehen wollen? Da die Variable privat deklariert ist, erscheint sie nicht im *Inspector*. Und wir wollen ja auch nicht einfach eine beliebige Punktezahl im *Inspector* eintragen können.

Um diese Variable trotzdem ansehen zu können, müssen Sie den *Inspector* in den *Debug-Modus* schalten, wie in Abb. 6.70 dargestellt. Damit sehen Sie alle nicht öffentlichen Variablen grau hinterlegt. Auch die Darstellung der Transform-Komponente ändert sich, außerdem steht als Titel des Tabs statt Inspector jetzt Debug.

Wir haben jetzt also einen voll funktionsfähigen ersten Prototyp von Traces of Illumination und können das Spiel im Editor ausprobieren, verschiedene Einstellungen (z. B. Geschwindigkeit) ändern und die Items zum Aufsammeln in unserem ersten, einfachen Level positionieren. **Da haben wir wirklich etwas geschafft!**

Download von unity-buch.de

> Das Projekt, wie es nach diesem Kapitel aussehen sollte, finden Sie auf der Website zum Buch. Das ist die Datei: Traces_Prototype_110.zip.

Bevor wir aus unserem Prototyp aber ein richtiges Spiel machen, nehmen wir uns noch etwas Zeit, um unser Projekt ein wenig aufzuräumen und zu optimieren. Damit schaffen wir für die kommenden Schritte eine gute Grundlage und stellen sicher, dass unser Projekt zu jedem Zeitpunkt schön übersichtlich bleibt.

7 Projekt-Polishing – Iteration 1

Grundsätzlich sind Prototypen nicht unbedingt dazu gedacht, weiterverwendet zu werden. Bei manchen Prototypen wäre das auch gar nicht umsetzbar: Tracy Fullerton empfiehlt in einem absolut lesenswerten Buch sogar die konsequente Verwendung von physischen Prototypen in frühen Phasen des Game-Designs.[1] Da stellt sich die Frage der weiteren Verwendung erst gar nicht. Das wesentliche Ziel bei der Arbeit mit einem Prototyp ist ja, mit möglichst geringem Aufwand und Risiko bestimmte Ideen ausprobieren zu können, diese Ideen ggf. zu überarbeiten oder ganz fallen zu lassen und dann mit einem anderen Prototyp neue Ideen bzw. mit einem überarbeiteten Prototyp die modifizierten Ideen auszuprobieren.

Ein Spielprojekt bzw. ein Software-Projekt sauber aufzusetzen kostet aber normalerweise mehr Zeit, daher wird man bei Prototypen oft eher den »Hacker-Stil« verfolgen: Hauptsache, es funktioniert, egal wie.

Wenn aber – wie in unserem Fall – ein Prototyp gezeigt hat, dass unsere Ideen grundsätzlich funktionieren, und wir darauf aufbauend ein richtiges Spiel entwickeln wollen, dann spricht nichts dagegen, den Prototyp iterativ zu einem sauber aufgesetzten Spiel zu erweitern.

Solche *Polishing-Phasen* lohnen sich auch immer dann, wenn wir im Eifer des Gefechts aus irgendwelchen Gründen »mal eben schnell« das Spiel um Features erweitert haben, ohne dabei Zeit für eine saubere Integration dieser Features in das bestehende Projekt aufgewendet zu haben. Ob der Grund also ein kurzfristiger Release-Termin für eine Demo oder Abgabe bei einem Spielentwicklungswettbewerb ist oder eine prototypartige Erweiterung eines bestehenden Spiels oder ein Prototyp an sich, ist da eher nebensächlich. Das Prinzip, um das es hier geht, ist, dass es gute Gründe gibt, im Verlauf der Entwicklung eines Spiels immer mal wieder einen Schritt zurück zu tun und sich zu fragen:

An welchen Stellen fühlt sich mein Projekt gerade »unsauber« an, und wie kann ich vorgehen, um diese Stellen aufzuräumen?

---

1 Vgl. Tracy Fullerton, Game Design Workshop – A Playcentric Approach to Creating Innovative Games, S. 175 ff.

Und dann sollten Sie auch aufräumen. Diesen Vorgang nennen wir *Polishing*[2], und er bezieht sich keineswegs nur auf die Implementierungsebene (also unseren Programmcode), sondern meistens auf Aspekte des Spiels, die der Spieler sieht (z. B. GUI, Handling der Steuerung, Animationen von Charakteren usw.).

7.1 Die Projektstruktur optimieren

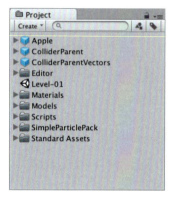

Abb. 7.1
Unsere organisch gewachsene Projektstruktur

Sehen wir uns unser Projekt also nun aus dieser Perspektive an: Da wir uns noch im Prototyp-Stadium befinden, lassen wir Usability-Aspekte sowie Aspekte der Optik außen vor und betrachten nur die Ebenen des Projekts innerhalb von Unity sowie die Implementierungsebene. Werfen wir also zunächst einen Blick auf die Projektstruktur (siehe Abb. 7.1).

Was fällt Ihnen hier auf? Nehmen Sie sich ruhig einen Moment Zeit, und machen Sie sich ein paar Notizen, was Sie hier verwirrend finden, wo potenziell Probleme auftreten könnten, wenn das Projekt weiterwächst, und wie Sie vorgehen würden, um die Struktur hier zu verbessern. Lesen Sie am besten erst danach weiter …

Mir fallen folgende Punkte auf:

- Unsere Prefabs liegen auf der Hauptebene. Zufällig werden sie aufgrund der alphabetischen Sortierung gerade zusammen aufgelistet. Später werden sie aber wahrscheinlich wirr über das Projekt verstreut. Außerdem wird das Projekt bei mehreren Prefabs wahrscheinlich schnell unübersichtlich, wenn wir so weitermachen.
- Die beiden Prefabs `ColliderParent` und `ColliderParentVectors` haben Namen, bei denen ich schon jetzt nachdenken muss, wozu die eigentlich gut sind.
- Es gibt zwei Verzeichnisse mit Assets, die von externer Quelle kommen (`Standard Assets` und `SimpleParticlePack`). Diese sind mit unseren eigenen Assets vermischt. Später wissen wir vielleicht nicht mehr, was wir selbst erstellt haben und was wir aus externen Quellen bezogen haben, und insbesondere werden wir uns nicht mehr erinnern, wie die externen Assets lizenziert sind. Daraus können uns im schlimmsten Falle Probleme mit anderer Leute Urheberrecht entstehen. Der Ordner `Standard Assets` ist hier allerdings speziell, da er von Unity vorgegeben ist.

Grundsätzlich gibt es unterschiedliche Herangehensweisen, wie man ein Projekt strukturieren kann, und die jeweils günstigste Struktur hängt oft auch vom jeweiligen Projekt ab: Während es manchmal günstig ist, alle Assets für einen Level zusammen zu organisieren, ist es in anderen Fällen

---

2 »Polishing« ist ein Begriff, den man zwar übersetzen könnte (mit »Polieren«), aber es ist unwahrscheinlich, dass das auch irgendjemand auf Deutsch so sagt.

vorteilhafter, die Assets grob nach Typen oder auch Arbeitsschritten zu organisieren (z. B. »Assets, die zum Level-Design benötigt werden an einen Platz; Assets, die mit Charakteren zu tun haben, an einen anderen«). Oder es gibt allgemeine und Level-spezifische Assets: Die allgemeinen werden dann in einem entsprechenden Ordner untergebracht, die spezifischen jeweils bei dem Level. Weiterhin haben wir gerade gesehen, dass manchmal auch die Herkunft von Assets eine sinnvolle Struktur ergibt (z. B. »Assets aus dem Asset Store«, »Assets von 3D-Freelancer Hans Mustermann«).

Angenehmerweise macht Unity es sehr einfach, die Projektstruktur jederzeit zu verändern, wenn man feststellt, dass die aktuelle Struktur nicht mehr passt. An sich könnten Sie das Projekt jetzt nach Ihrem Geschmack strukturieren. Außerdem haben Sie über Labels eine zusätzliche Möglichkeit, ihre Assets zu verschiedenen Gruppen zusammenzufassen.[3] Das hätte nur den erheblichen Nachteil, dass es deutlich schwieriger wäre, den späteren Abschnitten dieses Buches zu folgen. Daher empfehle, dass wir folgende Veränderungen gemeinsam durchführen:

1. Erzeugen Sie ein neues Verzeichnis Prefabs, und ziehen Sie die drei Prefabs Apple, ColliderParent und ColliderParentVectors in dieses Verzeichnis.

2. Benennen Sie ColliderParent in WallSegmentScaled um und ColliderParentVectors in WallSegmentMeshModified.

3. Erzeugen Sie ein neues Verzeichnis Xternal und in diesem Verzeichnis ein Unterverzeichnis Asset Store. Ziehen Sie nun SimpleParticlePack in das Verzeichnis Asset Store. Das Verzeichnis Standard Assets lassen wir, wo es ist, da es sich um einen speziellen Ordner handelt. Der Name Xternal hat den Vorteil, dass X meistens ans Ende sortiert wird und wir damit eine gute Trennung der externen Assets von unserem restlichen Projekt haben.

Abb. 7.2
Eine neue, aufgeräumte Projektstruktur

> Auf der Website zum Buch sind die beiden Einträge *Special Folder Names* und *Special Folders and Script Compilation Order* im Unity Manual verlinkt – dort können Sie alles über diese speziellen Ordner erfahren, was es zu wissen gibt.

Link auf unity-buch.de

Ihre Projektstruktur sollte nun aussehen wie in Abb. 7.2.

---

3 Labels hatten Sie am Anfang unserer Reise kennengelernt, in Abschnitt 2.2.8, *In Project, Hierarchy und Scene View suchen,* ab Seite 39. Wie Sie Labels hinzufügen, sehen Sie in Abb. 2.35 auf Seite 42.

7.2 Die Szenenhierarchie übersichtlicher gestalten

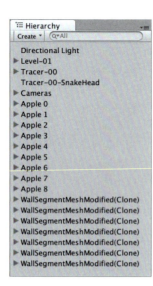

Abb. 7.3
Chaos in der Szenenhierarchie

Betrachten wir nun die Szenenhierarchie. Und zwar am besten, nachdem wir das Spiel gestartet und einige Drehungen durchgeführt haben. Je nachdem, wie viele Äpfel Sie in Ihrem Level platziert haben und wie viele Drehungen Sie in der aktuellen Session durchgeführt haben, sieht das dann in etwa so aus wie in Abb. 7.3.

Das ist das gleiche Spiel wie vorher: Was fällt Ihnen auf? Wie könnte man die Szenenhierarchie übersichtlicher gestalten? Vielleicht müssen wir zur Umsetzung der einen oder anderen Optimierungsidee auch den Code ändern – aber das sollte uns nicht davon abhalten, die Szene zu jedem Zeitpunkt möglichst übersichtlich zu halten! Vergessen Sie nicht: In Unity verbringen wir viel Zeit damit, das Spiel zu spielen, zu inspizieren und Veränderungen darin auszuprobieren. Manchmal »greifen« wir Objekte am einfachsten über die *Scene View* – aber oft ist es am schnellsten, wenn wir uns die Objekte in der *Hierarchy View* heraussuchen und dann über Doppelklick oder Selektieren und Druck auf F das Objekt in der Szene anfokussieren. Wenn unsere Szene aber ein chaotisches Durcheinander ist, funktioniert das natürlich nicht.

Haben Sie sich ein paar Gedanken gemacht? Tragen wir unsere Ideen nun zusammen. Hier ist meine Liste:

- Die Apple-Objekte gehören zum Level, sollten ein gemeinsames Elternobjekt haben und Namen, die ungefähr die Position im Level erkennen lassen.

- Directional Light gehört ebenfalls zum Level. Hier wäre ein Elternobjekt zwar nicht unbedingt notwendig, aber es schadet auch nicht – insbesondere, falls wir den Level später besser ausleuchten wollen und dazu mehrere Lichtquellen einsetzen.

- Die Kameras (Cameras und alles, was darunter liegt) folgt automatisch unserem Tracer, also gehört sie letztlich zum Spieler.

- Tracer-00 und Tracer-00-SnakeHead gehören unbedingt zusammen und gehören ebenfalls zum Spieler. Eigentlich hätten wir Tracer-00-SnakeHead gerne unter Tracer-00. Das geht aber technisch nicht, weil sie sich getrennt bewegen müssen. Wir können aber Tracer-00-SnakeHead dynamisch erzeugen, sobald das Spiel startet. Somit stört das Objekt nicht in der Szene, solange wir nicht spielen; und vor allem verhindern wir auf diese Weise, dass jemand z. B. versehentlich die Position ändert und das Spiel deswegen nicht mehr funktioniert.

- Die Liste der Wandsegmente gehört zum Spieler und sollte fortlaufend durchnummeriert sein, damit wir jederzeit leicht erkennen könnten, welches das Segment direkt hinter dem Spieler ist und welches das Segment ist, das der Spieler zuerst erzeugt hatte. Außerdem sollten sie unter einem Elternobjekt Walls zusammengefasst sein.

Vergessen Sie jetzt auf keinen Fall, das Spiel zu stoppen – sonst verlieren Sie später alle Änderungen! Wahrscheinlich gab es in Ihrer Szene seit dem letzten Speichern keine Veränderungen, aber sicher ist sicher: **Vor solchen Veränderungen ist Speichern angesagt!** Falls wir versehentlich die Szene kaputt machen, schließen wir dann einfach die Szene, ohne zu speichern, und beim erneuten Öffnen ist alles wieder gut.

> Sie können durch Doppelklick auf eine bereits geöffnete Szene in der Project View diese auch einfach erneut laden.

Pro-Tipp

Wenn Sie ganz sichergehen wollen, können Sie sogar eine Kopie der alten Szene anlegen. Wichtig ist dabei, dass Sie auch dabei nicht vergessen, vorher abzuspeichern, weil Sie sonst möglicherweise eine Kopie eines veralteten Stands der Szene hätten. Duplikate beliebiger Assets im Projekt – also auch von Szenen – erstellen Sie mit der Tastenkombination ⌘+D bzw. Strg+D. Am sichersten ist natürlich die Verwendung einer Versionsverwaltung.[4]

Aber nun zu unserer Aufräumaktion. Zunächst die einfachen Schritte:

1. Legen Sie zunächst drei leere GameObjects an, nennen Sie sie Apples, Geometry und Lights, und setzen Sie bei allen drei Objekten Position = (0, 0, 0). Dies geht am elegantesten, indem Sie alle drei Objekte gleichzeitig selektieren und dann für alle auf einmal über das Kontextmenü-Rädchen Reset durchführen.

2. Ziehen Sie als Nächstes alle Objekte unter Level-01 in das neue Objekt Geometry (also BottomPlate, WallEast usw.). Ziehen Sie dann Geometry unter Level-01.

3. Alle Äpfel gehören unter Apples, und Directional Light gehört unter Lights. Jetzt können Sie Apples und Lights ebenfalls unter Level-01 ziehen. Als Reihenfolge unter Level-01 würde ich vorschlagen: Geometry, Apples und dann Lights. Hintergrund dieser Wahl ist, dass die Positionierungen der Äpfel von der Geometrie abhängen und die Lichtquellen so gewählt werden können, dass Sie Levelgeometrie und Äpfel optimal ausleuchten, also von den beiden vorigen Elementen abhängig sind. Aber so genau muss man es nicht nehmen.

4. Bei der Benennung der Äpfel ist Kreativität gefragt: Falls Ihre Äpfel unterschiedliche Punktezahlen vergeben, ist die Punktzahl sicher ein sinnvoller Bestandteil des Namens. Wie bei den Seitenwänden können Sie auch die Himmelsrichtungen als Postfixe verwenden (North = Z+[5], South = Z-, East = X+, West = X-), ggf. auch nur die ersten Buchstaben

---

4 Siehe Kapitel 5.5, *Klassisches Teamwork oder Backup: Versionsverwaltung*.
5 Z+ bedeutet: »auf der Z-Achse in positiver Richtung«. Das ist natürlich beliebig, aber es ist durchaus hilfreich, um eine einheitliche Vorstellung davon zu haben, wie in unserer virtuellen 3D-Welt die Achsen und die uns bekannten Himmelsrichtungen zusammenhängen.

und diese auch in Kombination (z. B. NEE für Nord-Ost-Ost, also ein positiver Wert auf der Z-Achse und im Vergleich zu anderen Äpfeln ein höherer positiver Wert auf der X-Achse). Center bzw. C könnte hier auch sinnvoll sein. Ebenso könnten Äpfel, die in einer Ecke oder ganz nah an der Wand liegen, z. B. »Corner« oder »Wall« im Namen tragen. Für diese Operation ist auf jeden Fall die Top-Down-Ansicht in der *Scene View* hilfreich, die Sie leicht durch Klick auf die Y-Achse im Scene Gizmo erhalten.

5. Erzeugen Sie weiterhin auf der höchsten Ebene der Hierarchie (also neben Level-01, Cameras usw.) ein neues, leeres GameObject Player sowie ein neues Objekt Walls, beide mit Position = (0, 0, 0). Ziehen Sie Cameras, Tracer-00 und Tracer-00-SnakeHead sowie unser neues Objekt Walls unter Player.

Die neue Szenenhierarchie sollte in etwa so aussehen wie in Abb. 7.4, wobei Ihre Äpfel wahrscheinlich anders positioniert sind und daher auch andere Namen tragen (und ggf. haben Sie mehr oder weniger Äpfel in Ihrer Szene).

Abb. 7.4
Die Szenenhierarchie aufräumen, Teil 1

SnakeHead dynamisch erzeugen

Die wesentlichen Methoden zum dynamischen Erzeugen von SnakeHead haben Sie bereits gelernt: Tracer-00-SnakeHead muss ein Prefab sein, das ähnlich wie das Prefab für die Wandsegmente im WallController zur Verfügung steht und dort über Instantiate() erzeugt wird. Natürlich muss unser SnakeHead im TracerControllerV2 erzeugt werden, und zwar beim Initialisieren, also in der Methode Awake(). Die Position und Rotation des SnakeHead muss dem Transform pointFront entsprechen, auf das TracerControllerV2 bereits eine Referenz hat.

Wissen Sie noch, wie Sie Prefabs aus bestehenden Objekten aus der Hierarchie erzeugen? Ziehen Sie einfach Tracer-00-SnakeHead aus der *Hierarchy View* in unser neues Verzeichnis Prefabs im *Project Browser*. So liegt es gleich an der richtigen Stelle. Aus der Szene können Sie das Objekt dann direkt löschen. Ändern Sie dann bitte noch den Namen des Prefabs in SnakeHead.

Wir wollen außerdem, dass unser neu instanziiertes Objekt immer genau vor unserem Tracer-00 liegt, also unter dem Objekt Player an erster Position und mit dem Namen des Objektes (also Tracer-00) als Präfix, und dann feststehend als Postfix -SnakeHead. Das ist neu – Listing 7.1 zeigt alle notwendigen Erweiterungen in TracerControllerV2.

Listing 7.1
Erweiterungen in TracerControllerV2

```
public Transform pointBack;
public Transform pointFront;
public Transform rotateBody;

public Rigidbody snakeHeadPrefab;
```

```
private Rigidbody snakeHead;
private WallController wallController = null;
private Queue<Turn> turns = new Queue<Turn>();
void Awake() {
   wallController = GetComponent<WallController>();

   snakeHead = (Rigidbody) Instantiate(snakeHeadPrefab,
                 pointFront.position, pointFront.rotation);
   snakeHead.transform.parent = this.transform.parent;
   snakeHead.name = string.Format("{0}-SnakeHead", this.name);
   snakeHead.transform.SetAsFirstSibling();
}
```

Wenn Sie das Spiel jetzt starten und das Fahrzeug nicht mehr steuern können, sollten Sie einen Blick in die Konsole werfen!

Dort sehen Sie zuerst eine UnassignedReferenceException mit einer genauen Erklärung, was zu tun ist, und danach eine Reihe »Folgefehler«: NullReferenceExceptions, weil die Variable snakeHead nicht initialisiert wurde.

Die Ursache wäre also, dass Sie unser neues Prefab SnakeHead nicht auf den Slot der neuen Variable snakeHeadPrefab am Objekt Tracer-00 in der Komponente TracerControllerV2 gezogen haben. Das kann passieren, zumal ich solche naheliegenden Schritte nicht mehr immer dazuschreibe. Wichtig ist mir aber natürlich, dass Sie sich dann zu helfen wissen. Schließlich sollen Sie am Ende des Buches selbst Ihr Spiel entwickeln können![6]

Die Szenenhierarchie sieht nun deutlich übersichtlicher aus. Vor allem kann niemand mehr Tracer-00-SnakeHead an eine falsche Position verschieben. Das Objekt gibt es nämlich in unserer Szene nicht mehr, wie Abb. 7.5 zeigt.

Abb. 7.5
Die Szenenhierarchie aufräumen, Teil 2

Die Wandsegmente benennen und einordnen

> Soeben haben wir gelernt, wie wir neu instanziierte Objekte unter ein bestehendes Objekt hängen können sowie das Objekt zu benennen. Insofern sollte es Ihnen jetzt möglich sein, die neu erzeugten Wandsegmente unter das Objekt Walls zu hängen und sinnvoll zu benennen. Versuchen Sie das ruhig als Übung selbst! Verantwortlich für das Erzeugen der Wände ist ja unser WallController, d. h., die Erweiterung ist in jedem Fall dort vorzunehmen.

Übung macht den Meister

---

[6] Falls Sie tatsächlich mal an einer Stelle nicht mehr weiterkommen sollten: Sehen Sie bitte zuerst auf der Website zum Buch im Bereich Errata zu dem entsprechenden Kapitel nach. Vielleicht hat sich tatsächlich ein Fehler eingeschlichen. Falls Sie dort nicht die Lösung finden: Auf der Website gibt es genau dafür auch das Fragen-Forum.

Download von unity-buch.de

> Die Lösung finden Sie im fertigen Projekt `Traces_Prototype_120.zip`, das Sie wie üblich von der Website zum Buch herunterladen können.

Jetzt ist die Szenenhierarchie auch dann aufgeräumt, wenn wir das Spiel spielen, denn alles ist am rechten Fleck, wie Abb. 7.6 illustriert.

7.3 Den Code für Erweiterungen vorbereiten

Wir haben jetzt eine verbesserte Projektstruktur sowie eine übersichtlichere Szenenhierarchie. Im nächsten Schritt soll der Programmcode verbessert werden. Da wir unsere Scripts von Anfang an sehr modular aufgebaut und uns im Zweifelsfall für die »Softwareentwickler-Variante« entschieden haben statt für die »Hacker-Variante«, ist hier nicht viel zu tun.

Abb. 7.6
Ein aufgeräumter Spielplatz: unsere Szenenhierarchie

Wahrscheinlich fällt Ihnen aber zumindest ein Punkt auf, an dem es Handlungsbedarf gibt. Ein Implementierungsdetail, das nämlich offensichtlich unschön ist, sind die beiden Klassen `TracerController` und `TracerControllerV2`. Diese Scripts sollen ja jederzeit in unserem `Tracer-00` ausgetauscht werden können, die Implementierungen unterscheiden sich aber recht deutlich. Damit der Austausch der Scripts dennoch problemlos möglich ist, sollten zumindest die öffentlichen Membervariablen für den Editor jederzeit identisch sein. Dafür bietet sich klassisch aus der objektorientierten Programmierung die Einführung einer gemeinsamen Elternklasse an, um die öffentlichen Variablen einfach erben zu können.

Die zweite Änderung ist wahrscheinlich nicht so offensichtlich. Daher hierzu ein Szenario: Stellen Sie sich vor, Sie haben das Spiel praktisch fertig entwickelt und mit verschiedensten Tastaturkommandos (links, rechts, springen, schießen, Zeit verlangsamen usw.) versehen und stellen jetzt fest, dass die von Ihnen gewählten Tasten zwar auf einer deutschen Tastatur gut funktionieren, nicht aber auf einer englischen. Oder Sie möchten das Spiel als Nächstes auf mobile Geräte portieren. Mobile Geräte haben normalerweise gar keine Tastatur, d. h., Sie müssen die Steuerung von Tastaturkommandos auf das Tippen auf Flächen am Display umstellen. Im Moment haben wir die Tastaturkommandos im `TracerController` bzw. `TracerControllerV2` und die Kommandos für PowerUps hätten wir wahrscheinlich in einem `PowerUpHandler`.

Da wäre es doch angenehmer, wenn wir von vornherein die Steuerung in eine eigene Komponente `InputHandler` auslagern, in der die eigentlichen Befehle des Spiels (Drehung links, Drehung rechts) von den konkreten Steuerbefehlen (Taste links, Taste rechts) abstrahiert sind, sodass man später z. B. sehr einfach »Steuerfläche links«, »Steuerfläche rechts« implementieren kann. Das wird also unsere zweite Änderung auf der Ebene des Programmcodes.

Aber ein Schritt nach dem anderen – führen wir zunächst eine saubere Lösung für den bzw. die TracerController ein.

7.3.1 TracerController-Varianten über Vererbung umsetzen

Zunächst ist es etwas unglücklich, dass wir einen `TracerController` haben und einen `TracerControllerV2`. So etwas passiert während einer heißen Entwicklungsphase leicht und ist in Unity auch relativ einfach aufzulösen, sofern man nicht auf die Idee kommt, die Klasse in der Entwicklungsumgebung oder im Dateisystem umzubenennen. Das Problem dabei wäre, dass Unity die umbenannte Klasse als neues Script betrachten würde. Damit würden alle Referenzen verloren gehen. Da bedeutet, an jedem GameObject, an dem wir das umbenannte Script verwenden, würde im Script-Slot »Missing (Mono Script)« stehen. In der Konsole würden wir beim Start des Spiels die Fehlermeldung »*The referenced script on this Behaviour is missing!*« erhalten, und das Spiel würde wahrscheinlich nicht mehr funktionieren oder schlimmer: Bestimmte Features, die wir vielleicht bei den ersten Tests gar nicht bemerken, könnten nicht mehr funktionieren.

> **Pro-Tipp**
> Führen Sie Änderungen an Dateien im Projekt am besten niemals über den Finder bzw. den Windows Explorer durch, sondern immer über Unity. Dies gilt auch für Änderungen an Dateinamen von Scripts, die Sie nicht über die externe Entwicklungsumgebung (Visual Studio oder MonoDevelop) durchführen sollten, sondern ebenfalls direkt in Unity.

Also benennen wir `TracerController` direkt in Unity um, und zwar im *Project Browser*. Wir nennen ihn jetzt `TracerControllerV1`. Im nächsten Schritt ändern wir dann den Klassennamen in unserer Entwicklungsumgebung (Visual Studio oder Mono Develop). Dazu gibt es üblicherweise entsprechende Refactoring-Befehle, die dafür sorgen, dass alle Referenzen innerhalb des Programmcodes ebenfalls korrekt aktualisiert werden. Achten Sie aber bei Verwendung solcher Refactoring-Befehle aus oben genannten Gründen darauf, dass Sie nicht die Verzeichnisstruktur oder Dateinamen ändern!

Der nächste Schritt ist, eine neue Klasse `TracerControllerBase` im Unity Projekt einzuführen und die beiden Klassen `TracerControllerV1` und `TracerControllerV2` davon erben zu lassen. Listing 7.2 zeigt die neue Klassendeklaration von `TracerControllerV1`; `TracerControllerV2` funktioniert analog.

```
public class TracerControllerV1 : TracerControllerBase {
```

Listing 7.2
Von TracerControllerBase erben

Die Klassen erben jetzt also nicht mehr direkt von `MonoBehaviour`, sondern von `TracerControllerBase`. Dann können wir die öffentlichen Membervariablen `baseVelocity`, `pointBack`, `pointFront`, `rotateBody` und `snakeHeadPrefab` aus `TracerControllerV2` in `TracerControllerBase` verschieben und `baseVelocity`, `pointBack`, `pointFront` sowie `rotateBody` aus `TracerControllerV1` löschen. Weiterhin können wir auch `myRigidbody` und `wallController` in die Vaterklasse ziehen (also per Ausschneiden und Einfügen). Dabei dürfen wir aber nicht vergessen, dass diese Membervariablen jetzt nicht mehr `private` sein dürfen, sondern `protected` sein sollten.

Außerdem habe ich der Klasse `TracerControllerBase` die beiden Methoden `InitComponents()` und `StartMoving()` spendiert, die jeweils von `Awake()` bzw. `Start()` in den Kindklassen aufgerufen werden und den Code enthalten, der in beiden `Awake()`- bzw. `Start()`-Methoden identisch war.

7.3.2 Den InputHandler zur Behandlung von Tastaturabfragen erstellen

Unser `InputHandler` soll im Wesentlichen dafür sorgen, dass wir im `TracerController` auf Spielkommandos prüfen können statt wie bisher auf Tastaturkommandos. Bei der Gelegenheit können wir auch gleich die Tastaturbefehle konfigurierbar machen. Das hat nicht nur den Vorteil, dass wir die Steuerung leicht an verschiedene Tastaturlayouts oder Spielerpräferenzen anpassen können: Mit einer anpassbaren Steuerung können wir auch sehr leicht einen einfachen Mehrspieler-Modus umsetzen, bei dem beide Spieler eine Tastatur einsetzen, aber Spieler 1 einfach andere Tasten zur Steuerung benutzt als Spieler 2. Das machen wir auch, und zwar in Kapitel *14, Ein minimales Multiplayer-Spiel*.

Die komplette Klasse `InputHandler` finden Sie in Listing 7.3.

Listing 7.3
Die neue Klasse InputHandler.cs

```csharp
using UnityEngine;
using System.Collections;

public enum TurnCommand { None, Left, Right }

public class InputHandler : MonoBehaviour {

    public KeyCode keyCodeTurnLeft = KeyCode.LeftArrow;
    public KeyCode keyCodeTurnRight = KeyCode.RightArrow;

    private TurnCommand currentTurnCommand = TurnCommand.None;

    public bool HasTurnCommand(TurnCommand cmd) {
        return currentTurnCommand == cmd;
    }

    public void Update() {
        currentTurnCommand = TurnCommand.None;

        TestKey(keyCodeTurnLeft, TurnCommand.Left);
        TestKey(keyCodeTurnRight, TurnCommand.Right);
    }

    private void TestKey(KeyCode keyCode, TurnCommand command) {
        if (Input.GetKeyDown(keyCode)) {
            currentTurnCommand = command;
        }
    }
}
```

Unsere Spielkommandos setzen wir über den selbst definierten *Enumerationstyp*[7] TurnCommand um. Der Einsatz von *Enumerationstypen*, also selbst definierten Listen von Konstanten, bietet sich für diesen Einsatzzweck sehr an, da sie gut lesbar und leicht erweiterbar sind. Um den Zugriff auf TurnCommand von anderen Klassen aus möglichst einfach zu halten, haben wir den *Enumerationstyp* außerhalb der Klasse InputHandler deklariert; andernfalls müssten wir z. B. im TracerController InputHandler.TurnCommand.Left schreiben.

In der Update()-Methode setzen wir zuerst currentTurnCommand auf TurnCommand.None, d. h., jeder Spielbefehl steht jeweils nur im aktuellen Frame zur Verfügung, und zwar nach dem Aufruf der Update()-Methode durch die Engine. Er kann dann über unser öffentliches Property *CurrentTurnCommand* von überall aus abgefragt werden, wenn wir eine Referenz auf InputHandler haben.

Die brauchen wir also in jedem Fall noch im TracerController. Praktischerweise haben wir ja jetzt eine Basisklasse, d. h., wir müssen lediglich TracerControllerBase erweitern, wie in Listing 7.4 gezeigt.

```
public class TracerControllerBase : MonoBehaviour {

    public InputHandler inputHandler;
    public float baseVelocity = 5F;
    public Transform pointBack;
```

Listing 7.4
TracerControllerBase um inputHandler erweitern

In der Szenenhierarchie brauchen wir jetzt noch ein neues GameObject auf Position = (0, 0, 0), das den Namen InputHandler bekommt. Dieses setzen wir in der Hierarchie unter Player, wie Sie in Abb. 7.7 sehen.

Abb. 7.7
Der InputHandler als eigenes Objekt in der Szenenhierarchie

So können wir den InputHandler dem neuen Slot im TracerController zuweisen und dann in unseren beiden TracerControllern (V1 und V2) den Code zur Abfrage der Tastaturkommandos so ändern wie in Listing 7.5. Das ist die Variante für V1, ändern Sie an der entsprechenden Stelle V2 analog.

---

7 Link auf *unity-buch.de*: Für eine Erklärung von Enumerationstypen (Enums) verweise ich auf den Artikel *Enumerationstypen (C#-Programmierhandbuch),* der von der Website zum Buch aus verlinkt ist.

Listing 7.5
Für Drehungen unseren eigenen InputHandler abfrage

```
if (inputHandler.HasTurnCommand(TurnCommand.Left)) {
    rotation = -90F;
} else if (inputHandler.HasTurnCommand(TurnCommand.Right)) {
    rotation = 90F;
}
```

Das funktioniert jetzt schon – es stellt sich aber die Frage: Wann wird innerhalb eines Frame die Update()-Methode von InputHandler aufgerufen und wann die Update()-Methode des TracerControllers, die ja dann auf den Spielbefehl zugreift, der durch den letzten Aufruf der Update()-Methode in InputHandler gespeichert wurde.

Im Moment lautet die Antwort: Wir wissen es nicht. Entweder vorher oder nachher. Irgendwann. Bis Unity 3.5 war das übrigens die endgültige Antwort. Inzwischen können wir die Reihenfolge aber bestimmen.

7.4 Die Reihenfolge der Scriptaufrufe bestimmen

Normalerweise ist uns die Reihenfolge, in der Unity die Methoden in unterschiedlichen Scripts aufruft, egal – und sie sollte es auch sein. Falls Sie in Ihrem Script voraussetzen, dass z. B. die Update()-Methode eines bestimmten Scripts vor allen anderen oder nach allen anderen oder zu einem ganz bestimmten Zeitpunkt zwischen zwei anderen Scripts aufgerufen wird, dann sollten Sie sich zuerst fragen: Ist das wirklich notwendig? Gibt es nicht eine Lösung, die allgemeiner funktioniert?

Es gibt bestimmte Operationen (z. B. das Ausrichten einer Kamera auf ein bestimmtes Spielobjekt in Bewegung), die immer nach allen Update-Aufrufen durchgeführt werden sollen. Für diesen Fall empfiehlt sich die Implementierung von LateUpdate() statt Update(). Das heißt, für diesen Fall gibt es eine andere Lösung, die Sie bevorzugen sollten.

In unserem Fall funktioniert es so oder so: Wenn zuerst die Update()-Methode von TracerController aufgerufen wird und erst dann die Update()-Methode von InputHandler, dann wird das Kommando eben im nächsten Frame ausgewertet. Wirklich problematisch wäre nur, wenn sich die Reihenfolge in jedem Frame ändert. Aber das passiert nicht. Es funktioniert aber etwas besser bzw. schneller, wenn wir dafür sorgen, dass die Methoden von InputHandler vor allen anderen aufgerufen werden. So können wir sicherstellen, dass der Tastaturbefehl immer im gleichen Frame ausgewertet wird und nicht vielleicht erst einen Frame später.

Rufen Sie dazu über das Menü *Edit/Project Settings/Script Execution Order* den MonoManager im *Inspector* auf. Nun können Sie das Script InputHandler aus dem Project Browser direkt über Default Time ziehen, wie in Abb. 7.8 illustriert. Klicken Sie dann auf Apply.

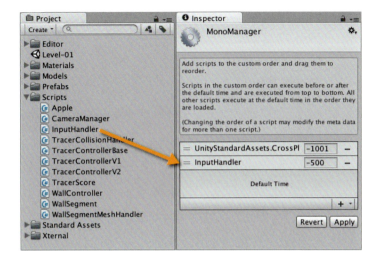

Abb. 7.8
Den InputHandler vor allen anderen Scripts ausführen

Sie können alle hier gelisteten Scripts unter Verwendung des *Sort-Icons* über oder unter die `Default Time`, also die Standardzeit ziehen, und natürlich auch die Reihenfolge von mehreren Scripts untereinander bestimmen. Alle Scripts, die nicht in der Liste stehen, werden in beliebiger Reihenfolge zur `Default Time` ausgeführt. Falls Sie aber irgendwann mehr Zeit mit dem Finden einer optimalen Ausführungsreihenfolge der Scripts verbringen als mit dem Entwickeln Ihrer Spielideen, dann denken Sie nochmals an die beiden Fragen:

1. Ist das wirklich notwendig?
2. Gibt es nicht eine Lösung, die allgemeiner funktioniert?

> Die komplett aufgeräumte Version des Projekts finden Sie auf der Website zum Buch. Das ist die Datei `0090_Prototyp_Polishing.zip`.

Download von unity-buch.de

Wir haben jetzt einen aufgeräumten Prototyp und können uns im nächsten Schritt darum kümmern, dass aus dem Prototyp ein richtiges Spiel wird, das wir im kleinen Kreis veröffentlichen können, um erstes Feedback von Spielern zu bekommen. Sind Sie bereit?

8 Veröffentlichung vorbereiten

Bisher ist das Spiel nur im Unity Editor sinnvoll lauffähig: Wenn der Tracer explodiert ist, muss man das Spiel im Editor stoppen und neu starten, um eine neue Runde starten zu können, und die gesammelten Punkte muss man über die Konsole ablesen. Für uns als Entwickler ist das natürlich kein Problem, und es hat uns bei der Implementierung des ersten Prototyps eine Menge Zeit gespart. Einem Spieler können wir das so aber natürlich nicht präsentieren. In diesem Kapitel werden wir uns also darum kümmern, das Spiel für eine erste Veröffentlichung vorzubereiten. Dazu schaffen wir in diesem Kapitel sowohl eine visuelle, interaktive Benutzerschnittstelle als auch die »auditive Benutzerschnittstelle«, also Effekte und Musik, die den Spieler das Spiel auch hören und (emotional) fühlen lassen.

8.1 Ein Startmenü hinzufügen

Zuerst brauchen wir ein Startmenü: Anstatt das Spiel über den Unity Editor zu starten und gleich mitten im Geschehen zu sein, soll man so wie bei jedem echten Computerspiel zuerst einen eigenen Screen sehen. Ein solches Startmenü dient neben der offensichtlichen Funktion, das Spiel zu starten, meistens auch dazu, Einstellungen vornehmen zu können (z. B. Schwierigkeitsgrad, eigener Name, Auswahl eines Levels) oder High-Scores zu betrachten.

Prinzipiell haben Sie mehrere Möglichkeiten, um Startmenüs in ein Unity-Spiel zu integrieren: Sie können den Code für unseren aktuellen Level so anpassen, dass der Tracer erst losfährt, wenn der Spieler einen Button *Starten* geklickt hat. Sie können auch den Tracer oder sogar den kompletten Level erst instanziieren, wenn der Start-Button gedrückt worden ist. Diese Vorgehensweise kann die eleganteste sein, wenn Sie ein Spiel mit prozedural erstellten Levels entwickeln. Das heißt, Sie erstellen die Level nicht mit dem Unity Editor, sondern erzeugen alle Objekte eines Levels mittels Scriptcode.

Da wir mehrere Level jeweils als Szenen mit dem Unity Editor entwickeln wollen, besteht für unsere Zwecke aber die beste Vorgehensweise darin, das Startmenü in einer eigenen Szene zu implementieren, von der aus wir dann den Spiel-Level dadurch starten, dass wir die Szene laden, die diesen Spiel-Level umsetzt.

Pro-Tipp
> Bei der Entwicklung Ihres Spiels sollten Sie eine Sache nie vergessen: Die Funktionalität, eine Szene zu öffnen und direkt im Editor auf »Play« drücken zu können und dann sofort im eigentlichen Spiel zu sein, ist für die Entwicklung natürlich weiterhin sehr nützlich. Vermeiden Sie es daher, die Spiel-Level vom Startmenü abhängig zu machen, sodass sie nur noch funktionieren, wenn sie vom Startmenü aus aufgerufen werden! Bei Spielen mit prozeduralen Leveln können Sie sich mit einem Modus behelfen, der sofort beim Start einen Level aufbaut und das Spiel startet. Oder Sie erstellen mittels Editor-Scripting fertige Test-Level, die dann im späteren Spiel gar nicht enthalten sein müssen.

8.1.1 Eine neue Szene anlegen

Eine neue Szene erstellen Sie in Unity über das Menü *File/New Scene*. Schneller ist das Tastaturkommando: ⌘+N bzw. Strg+N. Speichern Sie die Szene gleich ab (*File/Save Scene* oder ⌘+S bzw. Strg+S), und zwar unter dem Namen AStartmenu. Das A am Anfang ist ein kleiner Trick, mit dem Sie dafür sorgen können, dass diese Szene, die Sie sehr häufig aufrufen werden, in der Projektliste ganz oben steht. Solche Tricks sind natürlich Geschmacksfrage – Sie können die Szene auch Startmenu nennen, wenn Ihnen das lieber ist.

Bevor wir uns nun munter an die grafische Umsetzung der GUI machen und dann in einigen Monaten alles umschreiben müssen, weil wir unser Spiel auf dem internationalen Markt präsentieren wollen und es daher lokalisieren müssen, die Internationalisierung aber nicht bedacht haben ... bedenken wir jetzt die Internationalisierung und haben es dann später einfach.

8.1.2 Über Internationalisierung und Lokalisierung

> **Internationalisierung** bezeichnet die Vorbereitung einer Software darauf, dass sie für verschiedene Länder lokalisiert werden kann. Dies wird dadurch umgesetzt, dass sprachabhängige Textstrings nicht verstreut im Programmcode stehen, sondern in speziell dafür vorgesehene Ressourcendateien ausgelagert werden. Diese Ressourcendateien können dann einfach für verschiedene Sprachen übersetzt werden – ein Vorgehen, das als **Lokalisierung** bezeichnet wird: also die Erstellung aller für ein konkretes Land bzw. eine konkrete Sprache notwendigen Ressourcen.

Internationalisierung bedeutet außerdem, dass Formatierungen von Zahlen oder Datumsangaben so gestaltet werden, dass sie automatisch an die verschiedenen *Locales* angepasst werden können (z. B. 1.000,00 in Deutschland, 1,000.00 in den USA; oder 23.10.2012 in Deutschland, 10/23/2012 in den USA). Locale bezeichnet dabei einen »Einstellungssatz, der die Gebietsschemaparameter für Computerprogramme enthält«.[1]

Bei Spielen bedeutet Internationalisierung auch, dass Texturen oder Audiosprachdateien so in das Spiel integriert werden, dass sie leicht für verschiedene Locales ausgetauscht werden können.

Das hört sich kompliziert an – und das ist es auch. Warum dann der ganze Aufwand? Und warum gerade jetzt, wo wir doch darauf brennen, unser Startmenü zu implementieren?

Der Grund ist, dass Internationalisierung ein Thema ist, das gerade für Webspiele sowie für Spiele auf mobilen Geräten, die sehr leicht einem weltweiten Publikum angeboten werden, eine leicht zu unterschätzende Bedeutung hat. Gleichzeitig bedeutet Internationalisierung von Anfang an zwar durchaus etwas mehr Arbeit in der Entwicklungsphase – aber mit der Internationalisierung erst anzufangen, wenn das Projekt schon fast fertig ist, bedeutet nicht nur deutlich mehr Zeitaufwand, sondern es handelt sich dann auch um eine ausgesprochen langweilige und unerfreuliche Arbeit.

Internationalisierung bedeutet also, die Lokalisierung möglich zu machen. Da Internationalisierung ein langes und ungelenkes Wort ist, hat sich die Abkürzung I18n eingebürgert. Beim englischen Begriff, *Internationalization,* liegen genau 18 Buchstaben zwischen dem *I* und dem *n* – das ist der Hintergrund dieser Abkürzung.

Die Lokalisierung ist dann die Anpassung für ein konkretes *Locale,* also die Umsetzung aller gebietsspezifischen Eigenschaften. Auf die Sprache bezogen kann es einen Unterschied machen, ob wir für Deutschland lokalisieren oder für die Schweiz – wenn man es ganz genau nehmen möchte, könnte es sogar einen Unterschied machen, ob für Hamburg oder Bayern. So genau wollen wir es jetzt aber nicht nehmen. ;-)

Im Kontext der Spielentwicklung bedeutet Internationalisierung vor allem, es sich möglichst einfach zu machen: Je mehr Locale-abhängige Assets wir haben, desto aufwendiger bzw. teurer ist die Lokalisierung. Daher ist es meistens eine gute Idee, so weit wie möglich auf Texte und vor allem auf gesprochene Sprache und Texturen mit Texten zu verzichten. Es ist viel einfacher, einen Textstring auszutauschen als beispielsweise eine Audiodatei oder eine Textur. Noch besser ist, wenn man komplett auf Text verzichten kann. Icons auf Buttons sehen meistens nicht nur besser aus als Texte, sondern sind in gewissem Rahmen auch international verständlich. Ich sage »in gewissem Rahmen«, weil es durchaus kulturelle Unterschiede gibt, was die Verwendung von Symbolen oder auch von Farben angeht.

---

1 Link auf *unity-buch.de:* Deutsche Wikipedia, Artikel *Locale* – abgerufen am 15.02.2015.

Hier sollte man also möglichst früh Entscheidungen treffen, die dann ggf. auch in mehreren Jahren noch Bestand haben. Letztlich ist die Frage, wie flexibel man sein möchte: Brauchen wir die Möglichkeit, linksläufige Schriften zu unterstützen (z. B. bei Arabisch oder Hebräisch üblich)? Oder was ist mit Schriften, die von oben nach unten geschrieben werden (Chinesisch, Japanisch und Koreanisch)[2]?

Lokalisierung und Internationalisierung bei unserem Spiel

Bei Traces of Illumination habe ich entschieden, mich auf die lateinischen Schriften zu beschränken – einerseits, um den Aufwand in einem erträglichen Maß zu halten, andererseits aber auch deshalb, weil ich keinerlei Erfahrungswerte mit den anderen Schreibrichtungen habe.

Ich weiß beispielsweise – und auch das ist ein nicht unwesentlicher Aspekt der Internationalisierung – dass Deutsch im Vergleich zu Englisch eine recht wortgewaltige Sprache ist. Der gleiche Inhalt braucht häufig auf Deutsch formuliert mehr Platz, als wenn man ihn auf Englisch schreibt. Das ist insofern für die Internationalisierung relevant, weil es sehr unerfreulich ist, wenn man nun fast alles richtig gemacht hat, nur um im Zuge der Übersetzung der englischen Texte auf Deutsch festzustellen, dass das schön designte GUI-Layout nicht mehr funktioniert, weil der vorgesehene Platz nicht reicht.

Also macht es einerseits Sinn, bereits sehr früh mit einer deutschen Übersetzung anzufangen. Andererseits kann es nicht schaden, generell reichlich Platz zu lassen. Es ist relativ wahrscheinlich, dass die Problematik des für bestimmte Inhalte notwendigen Platzes bei Sprachen, die sogar einen anderen Zeichensatz verwenden, sich in der einen oder anderen Weise ebenfalls bemerkbar macht: Entweder man hat am Ende viel leeren Raum oder der Platz reicht nicht aus.

Bezüglich des Zeichensatzes gibt es noch eine weitere Problematik: Bei Spielen werden die genutzten Zeichen oft in Texturen gespeichert – und da macht es natürlich einen erheblichen Unterschied, ob wir nur lateinische Buchstaben unterstützen wollen oder den gesamten Unicode-Satz. Durch die Möglichkeit, *Dynamic Fonts* zu verwenden (das geht bei den Import-Einstellungen von Schriftarten), hat sich das etwas relativiert.

Daher treffen wir für die Internationalisierung von Traces of Illumination folgende Annahmen und Einschränkungen:

a) Wir unterstützen nur die lateinische Schrift sowie einige länderspezifische Buchstaben (Umlaute, Buchstaben mit Akzenten).

b) Sämtliche Texte werden in Textdateien ausgelagert, die leicht in verschiedene Sprachen übersetzt werden können. Bei diesen Textdateien ist auf das korrekte *Encoding* zu achten.

---

2   Vgl.: Wikipedia – *Schreibrichtung, Schreibrichtung in verschiedenen Schriftsystemen* (abgerufen am 15.02.2015), Link auf *unity-buch.de*

c) Zahlen und Datumswerte formatieren wir jeweils unter Verwendung des aktuellen Locale. Hierzu verwenden wir die Klasse `System.Globalization.CultureInfo` aus dem .NET-Framework.

d) Wir prüfen einerseits die auf dem jeweiligen Gerät voreingestellte Sprache und verwenden diese als Defaultwert, bieten dem Spieler aber zusätzlich auch eine Sprachauswahl, die über die `PlayerPrefs` persistent gespeichert wird, sodass der Spieler die Sprache nicht bei jedem Spielstart neu auswählen muss.

e) Wir vermeiden sprachabhängige Texturen und Audiodateien. Somit können wir die Internationalisierung sehr einfach halten.

Den Lokalizer für sprachabhängige Texte verwenden

Wir verwenden eine Komponente `Localizer`, die zum Spielstart alle Texte der aktuellen Sprache in ein `Dictionary` einliest. Die Konvention ist dann, dass alle Texte in Code oder von GameObjects verwendeten Komponenten über eindeutige Schlüssel aus dieser Sprachdatei gelesen werden.

Um einerseits sicherzustellen, dass es immer nur einen `Localizer` gibt, und andererseits leicht von überall aus auf diesen einen `Localizer` zugreifen zu können, verwenden wir das *Singleton-Pattern* in einer speziellen Variante für Unity. Den entsprechenden Code finden Sie in der Region `Unity Singleton Pattern` in `Localizer.cs` in Listing 8.1.

Eine Besonderheit ist hier das C#-Schlüsselwort `static`, das bei Variablen und Methoden anzeigt, dass diese klassenweit gelten und nicht nur für die jeweilige Instanz. So können wir, sofern in unserer Szene ein Objekt mit einer Localizer-Komponente existiert, von überall aus mit `Localizer.Instance` auf diese eine Instanz zugreifen.

Eine weitere Besonderheit ist die etwas ungewöhnliche Implementierung dieses Patterns innerhalb von Unity: Während bei Singletons häufig die Instanz innerhalb des Zugriffs-Propertys erzeugt wird (das wäre das Property `Instance`, das aber hier lediglich den Inhalt der Variable `instance` zurückgibt), weisen wir in der speziellen Unity-Version dieses Patterns der statischen Variable `instance` einfach in der `Awake()`-Methode den Wert `this` zu, also das Objekt selbst. Falls wir erkennen, dass es bereits eine Instanz gibt (in diesem Fall von `Localizer`), dann löscht sich das Objekt selbst (`Destroy(this.gameObject)`). Schließlich stellen wir mit `DontDestroyOnLoad(this.gameObject)` sicher, dass unser Localizer auch beim Laden einer neuen Szene nicht gelöscht wird, wie es sonst üblich ist.

```
#region Unity Singleton Pattern
private static Localizer instance = null;
public static Localizer Instance {
   get { return instance; }
}
```

Listing 8.1
Code zur Implementierung des Unity-Singleton-Pattern

```
void Awake() {
    if (instance != null && instance != this) {
        Destroy(this.gameObject);
        return;
    } else {
        instance = this;
    }

    DontDestroyOnLoad(this.gameObject);
}
#endregion Unity Singleton Pattern
```

> Als **Entwurfsmuster** bzw. **Design Patterns** werden in der Softwareentwicklung häufig verwendete, einheitliche Lösungsansätze für Probleme bezeichnet, die in verschiedenen Projekten wiederkehren. Dabei definiert das jeweilige Pattern üblicherweise eine oder mehrere Klassen und beschreibt, in welchem Verhältnis diese zueinander stehen bzw. welche Aufgaben sie übernehmen und durch welche Methoden und ggf. Eigenschaften sie diese Aufgaben implementieren. Einige Beispiele wären:
>
> - das *Observer Pattern,* das eine standardisierte Möglichkeit darstellt, wie verschiedene Beobachter über Zustandsänderungen in einer Instanz benachrichtigt werden können.
> - das *Iterator Pattern,* das es erlaubt, abstrakt auf eine Menge von Objekten (z. B. eine Liste) sequenziell zuzugreifen, und in einer Variante in C# speziell in foreach-Schleifen zum Einsatz kommt. Zu diesem Zweck definiert das .NET-Framework unter anderem das IEnumerator-Interface. Unity verwendet dieses Pattern auch zur Umsetzung von sogenannten *Coroutines,* die Sie ja in Abschnitt 6.2.3 schon kennengelernt haben.
> - Als weiteres Beispiel haben wir das *Singleton Pattern,* das wir für unseren Localizer verwenden.

Download von unity-buch.de

> Die komplette Klasse befindet sich – gemeinsam mit zwei Sprachdateien – im Paket Localizer_Package.zip auf der Website zum Buch. Sie können dieses Paket einfach in Ihr Projekt importieren, wie Sie es bereits gelernt haben.

Die wesentliche Methode, die wir aus dem Localizer an all jenen Stellen verwenden, die Textstrings benötigen, findet sich in Listing 8.2. Diese Methode kann aufgrund des Singleton-Patterns, das Localizer implementiert, an beliebigen Stellen im Programmcode über Localizer.Instance.GetText(…) aufgerufen werden.

Listing 8.2
Die Methode GetText(…) aus der Komponente Localizer

```
public string GetText(string key, params object[] args) {
    if (entries.Count == 0) {
        Initialize();
    }
    if (entries.ContainsKey(key)) {
```

```
        return string.Format(entries[key], args);
    } else {
        return string.Format("Key: '{0}' not found!", key);
    }
}
```

Bemerkenswert an dieser Methode ist einerseits der Parameter args: Mit dem Schlüsselwort params wird hier angegeben, dass man beim Aufruf der Methode eine beliebige Anzahl von Argumenten (des Typ object) durch Kommata getrennt angeben kann. Das daraus resultierende Array wird direkt an string.Format(...) übergeben. Somit lassen sich bei Bedarf komfortabel Platzhalter, z. B. für den Namen des Spielers, einfügen. Dies ermöglicht es auch dem Übersetzer, unproblematisch die Satzstellung zu verändern, wenn dies in der Zielsprache notwendig ist.[3]

Ein Beispiel für so einen String wäre: Hey {0}, heute ist {1} und wir können {2}! – Dabei würde {0} durch den Namen des Spielers ersetzt, {1} durch den Wochentag und {2} durch eine Aktivität, die in einem Spiel nur an bestimmten Wochentagen möglich ist. So könnte ein Übersetzer, wenn in einer anderen Sprache die folgende Satzstellung natürlicher ist, ohne Hilfe der Programmierer Folgendes schreiben: Wir können {2}, weil heute {1} ist, {0}!

Die Platzhalter können auch Formatierungsanweisungen enthalten. So kann als Argument für {1} einfach mit DateTime.Now die aktuelle Zeit angegeben werden, wenn man den String folgendermaßen umformuliert: Hey {0}, heute ist {1:dddd} und wir können {2}! Dabei ist dddd eine Formatierungsanweisung, die den Namen des Wochentags ausgibt.

Die andere Sache, auf die ich an dieser Stelle aufmerksam machen möchte, ist die Fehlerbehandlung, wenn ein Schlüssel in der jeweiligen Sprache nicht vorhanden ist: Dies wird direkt als Text ausgegeben. Man könnte hier zusätzlich auch einen Eintrag in ein Logfile machen, was den Vorteil hätte, dass man damit sehr leicht Logfiles sammeln und auf fehlende Texteinträge hin untersuchen kann. Zu diesem Zweck sollte dann allerdings zusätzlich der Name der aktuellen Sprache ausgegeben werden. Innerhalb des Spiels ergibt sich das ja direkt aus dem Kontext – aber im Logfile ist das meistens nicht so leicht nachvollziehbar.

Den Localizer in das Projekt einbauen

Die Verwendung unseres Localizer ist ganz einfach: In unserer Szene legen wir mit dem Menü *Game Object/Create Empty* (bzw. ⇧+⌘+N bzw. ⇧+Strg+N) ein neues, leeres GameObject an und nennen es der Aufgabe entsprechend Localizer. Nun fügen wir das Script Localizer dem Game-

---
[3] Der naive Ansatz einiger Entwickler, Textstrings aus mehreren Teilen »zusammenzubauen«, stößt sehr schnell an Grenzen, wenn beispielsweise in einer Sprache ein Satzteil am Anfang stehen muss, in einer anderen am Ende.

Object *Localizer* hinzu. Interessant an der Komponente Localizer unseres neuen GameObjects ist vor allem die Eigenschaft `Language Files`. Hier stellen wir `Size` auf 2 und geben dem ersten `Language Key` den Wert de und dem zweiten den Wert en. Schließlich ziehen wir aus dem Projektverzeichnis `LocalizedTexts` die beiden Sprachdateien `Texts-de` und `Texts-en` in die entsprechenden Slots `Translation File` (siehe Abb. 8.1).

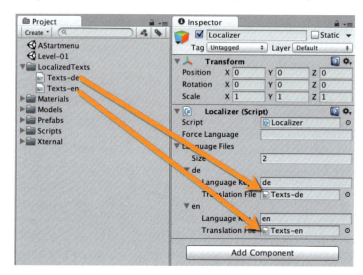

Abb. 8.1
Die Sprachdateien in die entsprechenden Slots ziehen

Diese Sprachdateien haben ein ganz einfaches Format:[4] In jeder Zeile steht links ein Schlüssel, über den dann vom Programmcode aus sprachunabhängig zugegriffen wird. Durch ein = getrennt steht dann auf der rechten Seite der jeweilige sprachabhängige Text, wie beispielsweise in Listing 8.3.

Listing 8.3
Beispielinhalt den Sprachdatei Texts-de.txt

```
AStartmenu.Play=Spielen
AStartmenu.Quit=Beenden
```

Mit der neuen Szene und unserem Localizer können wir uns jetzt an die Umsetzung des Startmenüs mit dem GUI-System in Unity machen.

8.2 Das Startmenü mit Unity UI umsetzen

Unser Startmenü soll in der ersten Version so einfach wie möglich sein. Es enthält den *Titel* des Spiels, eine kurze, einladende *Beschreibung,* zwei Buttons zum *Starten* und *Beenden* des Spiels und schließlich eine *Sprachumschaltung.* Mehr brauchen wir erst mal nicht. Dennoch macht es Sinn, sich zuerst in Ruhe und abstrakt ein paar Gedanken zum Screendesign zu machen: Wie sollen die Steuerelemente, Texte und Grafiken am Bildschirm oder Display angeordnet sein?

---

4 Fortgeschrittene Leser können sich hier natürlich ein XML-Format erstellen und über die üblichen .NET-APIs auslesen (z. B. über `System.Xml.Linq.XDocument`).

Die Anordnung der Bedienelemente gestaltet man am besten mit einem speziell dafür gedachten Werkzeug, z. B. *Balsamiq Mockups*. Auch Papier und Bleistift sind eine gute Möglichkeit. Die konkrete grafische Ausgestaltung (also die Auswahl konkreter Schriftarten, die Gestaltung von Logos, Buttons und Hintergründen) kommt dann erst in einem späteren Schritt und ist am besten in den Händen eines professionellen Designers aufgehoben. Damit sollten wir uns zu diesem Zeitpunkt erst mal nicht aufhalten. Als Basis für die Arbeit in Unity genügt uns zunächst eine GUI-Skizze wie in Abb. 8.2.

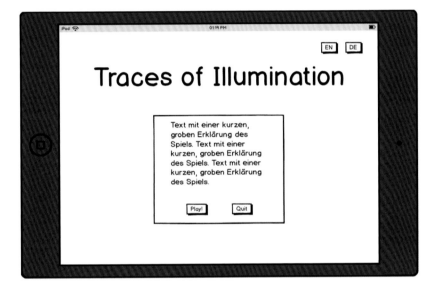

Abb. 8.2
GUI-Skizze für unser Startmenü

Diese Skizze setzen wir jetzt in Unity in unserer bisher noch fast ganz leeren Szene `AStartmenu` um, und zwar mit *Unity UI*:

Das Textelement für den Spiel-Titel anlegen

1. Zunächst richten wir uns in Unity ein Layout mit dem Namen `GUIDesign` ein, bei dem wir *Game View* und *Scene View* gleichzeitig sehen, und für die *Scene View* der 2D-Modus aktiv ist. Das kann so aussehen wie in Abb. 8.3.[5] An sich brauchen wir die *Game View* nicht unbedingt zum Erstellen unserer GUI, sondern könnten das komplett über die *Scene View* erledigen. Es ist aber durchaus vorteilhaft, während des Erstellens unserer GUI gleich zu sehen, wie sie dem Spieler am Ende tatsächlich dargestellt wird.

2. Nun fügen wir über das Menü *GameObject/UI/Text* den Titel des Spiels hinzu.

---

[5] Wissen Sie noch, wie man die Layouts in Unity einrichtet? Falls nicht, lesen Sie in Abschnitt 2.2.10 nach. Dort wird auch auf den entsprechenden Screencast verwiesen.

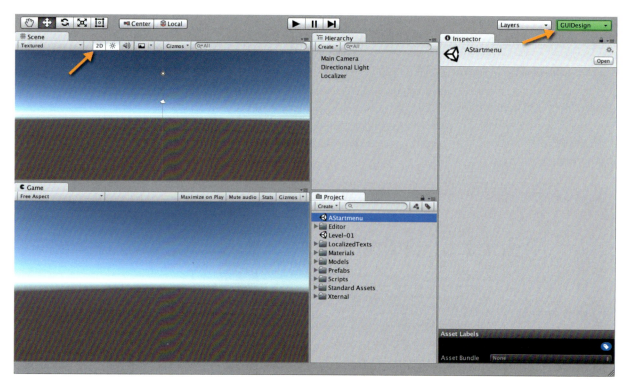

Abb. 8.3
Beispiellayout für das GUI-Design in Unity

> Dabei sollte Ihnen auffallen, dass Unity nicht nur das eigentliche Text-GameObject hinzufügt, sondern automatisch in der Hierarchie darüber liegend auch ein Objekt mit dem Namen Canvas sowie direkt daneben ein EventSystem. Mit den Details dieser Objekte beschäftigen wir uns später – merken Sie sich aber gleich jetzt, dass sämtliche GUI-Elemente in Unity immer unterhalb eines solchen Canvas liegen müssen. Andernfalls werden sie nicht angezeigt. Probieren Sie das ruhig mal aus: Ziehen Sie einfach das GameObject Text auf die darüberliegende Ebene in der Hierarchie, und der Text verschwindet; ziehen Sie es wieder zurück unter Canvas, und der Text erscheint wieder.

3. Wir selektieren in der *Hierarchy View* das GameObject Text und geben ihm erst mal einen neuen Namen: GameTitle. Dabei verwenden wir bewusst einen abstrakten Namen, der angibt, welche Aufgabe dieses GUI-Element hat, und nicht den konkreten Text.

4. Im *Inspector* tragen wir bei der Property Text den Titel unseres Spiels ein, beispielsweise Traces of Illumination.

5. Unter der Überschrift Character finden Sie die Property Font Size. Tragen Sie hier die Zahl 42 ein. Rich Text können wir abwählen.

6. Als Nächstes wählen wir bei Alignment unter der Überschrift *Paragraph* die horizontale Zentrierung aus.

7. Sofern Sie für Ihr Spiel keinen sehr kurzen Titel ausgewählt haben, sieht das am Bildschirm jetzt allerdings nicht so aus wie gewünscht. Bei mir steht z. B. nur `Traces` – aber nichts von Erleuchtung (»Illumination«), vielleicht sehen Sie sogar gar keinen Text. Wahrscheinlich sehen Sie schon in der *Scene View,* dass hier ganz einfach Abhilfe geschaffen werden kann. Vielleicht haben Sie das sogar schon getan. Nein! Machen Sie das bitte wieder rückgängig (⌘+Z bzw. Strg+Z)! Unity kann das nämlich selbst.

8. Klicken Sie zuerst unter `Paragraph` in die Checkbox `Best Fit`. Damit wird der Text automatisch so klein gemacht, dass er in das Feld passt. Mit `Min Size` und `Max Size` können Sie dann die minimale bzw. maximale Schriftgröße einstellen, die verwendet werden soll. Die Wirkung dieser Einstellung hängt auch von `Horizontal Overflow` und `Vertical Overflow` ab: Mit Overflow kann der Text über das Feld hinaus reichen. Bei `Horizontal` gibt es `Wrap`, was zu einem Umbruch führt, bei `Vertical` stattdessen `Truncate`, was dazu führt, dass der Text abgeschnitten wird, wenn er von der Höhe her nicht in das Feld passt.

9. Spielen Sie jetzt – um ein möglichst gutes Gefühl für die verschiedenen Textumbrucharten (»Wrap Modes«) zu bekommen – ruhig mit jeder Variante auch etwas mit der Größe des Textes. Wichtig ist dabei, dass das *Rect Tool* ausgewählt ist (siehe auch Abschnitt 2.2.3). So wird auf jeden Fall der Text passend gemacht. Es gibt noch eine andere Möglichkeit.

Abb. 8.4
Hierarchy View mit neuem Namen

10. Fügen Sie mit dem Button `Add Component` die Komponente `ContentSizeFitter` hinzu, und stellen Sie `Horizontal Fit` und `Vertical Fit` auf `Preferred Size`. Jetzt passt Unity die Größe des Feldes automatisch so an, dass der Text hineinpasst. Wenn Sie jetzt wieder versuchen, die Größe des Feldes zu ändern, stellen Sie fest, dass das nicht mehr geht. Das liegt daran, dass Breite und Höhe des `RectTransform` von `ContentSizeFitter` gesteuert werden – das steht auch ganz oben im `RectTransform`: *Some values driven by ContentSizeFitter.*

11. Als Farbe für den Text wählen wir erst mal Weiß.

12. Die Konfiguration unseres `GameTitle` und das Layout am Bildschirm sollten bei Ihnen jetzt etwa so aussehen wie in Abb. 8.5.

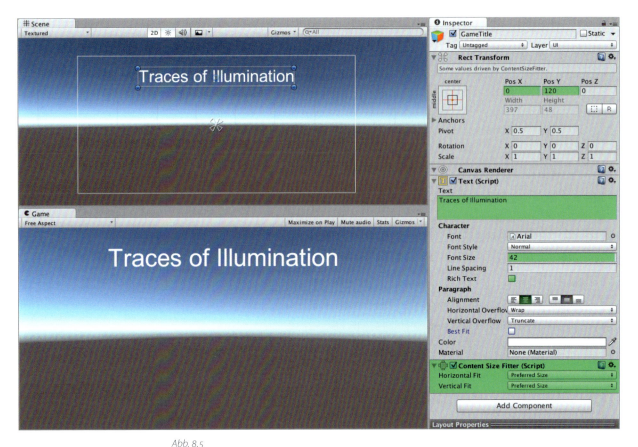

Abb. 8.5
Der fertig konfigurierte und layoutete Titel

Ein Panel, Text und vier Buttons hinzufügen

Im nächsten Schritt fügen wir die fehlenden GUI-Elemente zu unserem Startmenü hinzu, zunächst nur ungefähr positioniert – im nächsten Kapitel werden wir das gesamte Menü dann präzise layouten:

1. Zuerst erzeugen wir ein Panel, das den Text und die Buttons zum Starten und Beenden des Spiels enthält, über das Menü *GameObject/UI/Panel*. Wir nennen dieses Panel `PanelMainControls`, da es die für unser Spiel in diesem Menü wichtigsten Steuerelemente enthält.

2. Passen Sie die `RectTransform`-Komponente von `PanelMainControls` so an, dass wir mittig unter dem Titel möglichst viel Platz haben, z. B. durch die Angabe von `Left = 100`, `Right = 100`, `Top = 80`, `Bottom = 50`.

3. Erzeugen Sie als Nächstes wieder ein Textelement, das wir `GameDescription` nennen und in der Hierarchie unter `PanelMainControls` ziehen.

4. Die `GameDescription` sollte `PanelMainControls` weitgehend ausfüllen, unten aber Platz für die beiden Buttons lassen.

5. Sie sind natürlich frei, sich einen beliebigen Text einfallen zu lassen. Falls Ihnen gerade keine bessere Beschreibung einfällt, können Sie gern folgenden Text übernehmen: `Traces of Illumination is a 3D version of Snake where you pick up apples to gain scores while you must not run into any of the walls (including your own)`.

6. Jetzt können wir über *GameObject/UI/Button* die beiden Buttons zum Starten und Beenden des Spiels erzeugen. Wir nennen sie `ButtonPlay` und `ButtonQuit` und ziehen sie in der Hierarchy unter `PanelMainControls`, und zwar in der Reihenfolge nach `GameDecription`.

7. Die Texte der Buttons können Sie über das `Label` ändern, das in der Hierarchy unter dem jeweiligen Button-GameObject hängt. `Play` und `Quit` wären naheliegende Texte.

8. Schließlich erzeugen wir ein weiteres `Panel` mit dem Namen `PanelLanguages`, das wir rechts oben über dem Titel positionieren und mit den beiden Sprachauswahl-Buttons `ButtonEnglish` und `ButtonGerman` befüllen. Erinnern Sie sich daran, dass es – wenn man mehrere gleichartige Objekte erzeugen möchte – oft am schnellsten geht, wenn man zuerst ein Objekt erzeugt und wie gewünscht gestaltet und das Objekt dann einfach kopiert.

9. Als Texte wählen wir für die Buttons ganz kurz de und en. So können wir die Buttons schön klein machen.

10. Schließlich löschen wir die `Image`-Komponente von `PanelLanguages`, da wir diese nicht benötigen.

Unser Werk dürfte jetzt grob unserer ursprünglichen Skizze entsprechen – auch von der nüchternen Anmutung her, wie Abb. 8.6 deutlich veranschaulicht. Immerhin: Wenn Sie mit Play starten, sehen Sie schon die *MouseOver-* und *Klick-Effekte,* die Unity den Buttons automatisch hinzufügt. Wenn Sie allerdings die Größe der *GameView* bzw. des gesamten Unity-Fensters verändern, merken Sie, dass unser Layout noch auf tönernen Füßen steht – ebenso wie unser Wissen über die Layout-Fähigkeiten von Unity. Aber das werden wir gleich ändern.

Vorher nehmen wir noch eine kleine Korrektur an der Szene vor: Die standardmäßig von Unity in neuen Szenen eingerichtete Skybox ist nämlich für unsere GUI-Arbeit eher störend.

Wissen Sie noch, wo Sie die Skybox deaktivieren können?

Rufen Sie das Menü *Window/Lighting* auf, und wählen Sie dann unter `Scene` im Bereich `Environment Lighting` die Eigenschaft Skybox. Dann klicken Sie auf das kleine *Kreis-Icon* und wählen ganz oben links in dem Auswahlfenster None (ggf. müssen Sie nach oben scrollen). So ist es besser, nicht wahr?

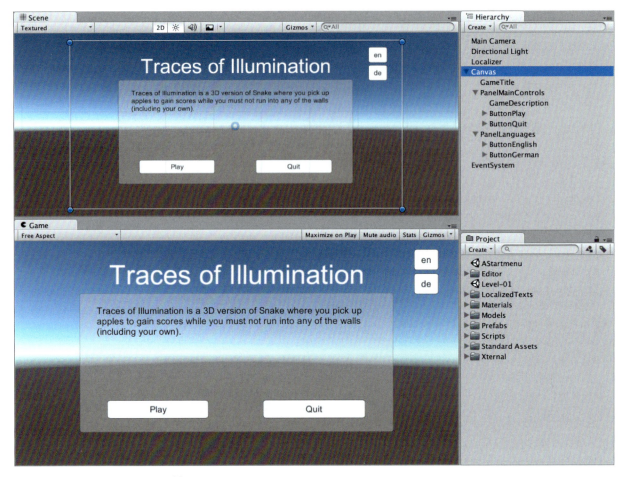

Abb. 8.6
Die GUI-Skizze in Unity

8.2.1 Das Unity-UI-Layout verstehen und anwenden

Das in Unity 4.6 eingeführte neue GUI-System *Unity UI* glänzt vor allem durch ein geniales Layout-Modell. Auf den ersten Blick mag es vielleicht etwas kompliziert erscheinen, aber es lassen sich mit diesem Modell sehr einfach sehr ausgeklügelte GUI-Layouts gestalten, einschließlich animierter Übergänge von einem Layout zu einem anderen.

Der Schlüssel zu diesen Möglichkeiten liegt, wie Sie sicher schon vermutet haben, in der RectTransform-Komponente, die jedes GUI-GameObject statt der für andere Objekte üblichen Transforms enthält. Damit lässt sich jedes RectTransform relativ zu seinem Eltern-RectTransform positionieren, und zwar sowohl prozentual als auch pixelbasiert sowie in beliebigen Mischformen davon.

Da wir bereits eine grobe Positionierung vorgegeben haben, gehen wir am besten von innen nach außen vor.

Layout der Buttons in PanelMainControls

Wenn Sie `ButtonPlay` selektieren, sehen Sie in der `SceneView`, genau in der Mitte von `PanelMainControls`, ein kleines Kreuz (siehe Abb. 8.7). Dies ist der *Anker* innerhalb von `PanelMainControls`, an dem sich die Positionierung von `ButtonPlay` orientiert. Derzeit wird der Button also relativ zur Mitte seines Eltern-`RectTransform` positioniert, wie Sie übrigens auch leicht links oben im *Property Inspector* erkennen können (siehe Abb. 8.8).

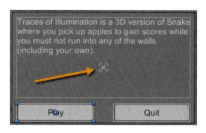

Abb. 8.7
Der Anker in der SceneView

Natürlich ist bei Buttons, die am unteren Rand eines Panels platziert sind, die Positionierung relativ zur Mitte des Panels völlig unsinnig, was man auch daran erkennen kann, dass sich das gesamte Layout völlig verzieht, wenn man die Größe der *Game View* verändert.

Was wäre wohl angemessener? Horizontal mittig stimmt schon, aber vertikal ist natürlich *am unteren Rand* deutlich sinnvoller. Sie können jetzt entweder den Anker im *Scene View* einfach an den unteren Rand von `PanelMainControls` ziehen. Achten Sie dabei auch darauf, wie sich die Werte in `Pos X` und `Pos Y` automatisch so ändern, dass die Position des Buttons erhalten bleibt. Wenn Sie jedoch beim Verschieben die ⇧-Taste gedrückt halten, wird die Position des Buttons automatisch mit verschoben.

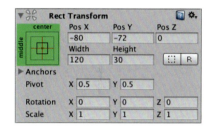

Abb. 8.8
Der Anker im PropertyInspector

Oder Sie klicken, was wahrscheinlich ein wenig schneller geht, auf das *Ankermenü* im *Inspector* und treffen dort die entsprechende Wahl. Dabei haben Sie wieder zwei Möglichkeiten: Entweder klicken Sie auf *bottom* am linken Rand und bestimmen damit lediglich die vertikale Position des Ankers, oder Sie klicken mittig im unteren Bereich auf die Spalte *center* und die Reihe *bottom*, um die horizontale und vertikale Position des Ankers zu setzen (siehe Abb. 8.9).

Ein weiterer Vorteil des Ankermenüs ist, dass wir hier auch beide Buttons gleichzeitig selektieren und ihre Ankerpunkte neu setzen können. Natürlich geht es auch nacheinander. Wichtig ist, dass am Ende sowohl `ButtonPlay` als auch `ButtonQuit` ihren Anker unten mittig in `PanelMainControls` haben.

Mit dem richtigen Ankerpunkt lässt sich jetzt auch sehr einfach eine präzise Positionierung vornehmen: `Pos Y` sollte bei beiden Buttons auf 25 stehen[6], also 25 Pixel nach oben vom unteren Rand von PanelMainControls. `Pos X` steht am besten auf 80, im Falle von `ButtonPlay` nach links, also negativ (-80), bei `ButtonQuit` nach rechts, also positiv (80). Die Breite und Höhe setzen wir auf 130 und 30.

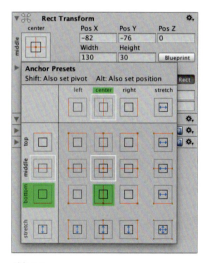

Abb. 8.9
Anker über das Ankermenü setzen

Während wir die Buttons pixelbasiert relativ zu einem Punkt positioniert haben, damit sie unabhängig von der Größe von `PanelMainControls` gleich groß bleiben, macht es bei der Beschriftung Sinn, das Textfeld an die Größe von `PanelMainControls` anzupassen. Wie das geht, erkläre ich im folgenden Abschnitt.

---

6 Denken Sie daran, dass Sie beide Buttons gleichzeitig selektieren und im Inspector editieren können!

Layout der Beschreibung in PanelMainControls

Wahrscheinlich ist Ihnen im Ankermenü bereits die Option *stretch* aufgefallen. Wählen Sie für das Objekt `GameDescription` diese Option in vertikaler und horizontaler Richtung (siehe Abb. 8.10), und achten Sie dabei in der *Scene View* darauf, was mit dem Ankerkreuz passiert, und schauen Sie im *Inspector*, was aus den Bezeichnungen `Pos X`, `Pos Y`, `Width` und `Height` wird.

Statt der absoluten Positionierung haben wir im *Inspector* jetzt *Offsets*, also Abstände von den jeweiligen Ankerrändern: `Left`, `Top`, `Right`, `Bottom`. Dies steht im direkten Zusammenhang mit der Veränderung in der *Scene View*, die Sie in Abb. 8.11 sehen können: Aus dem Ankerkreuz wurden durch das Umstellen auf *stretch* vier kleine Dreiecke, die jeweils den linken oberen, rechten oberen, linken unteren und rechten unteren Ankerrand repräsentieren.

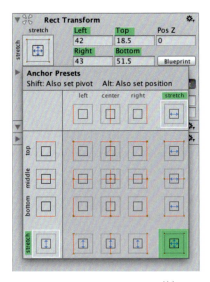

Abb. 8.10
Stretch-Layout

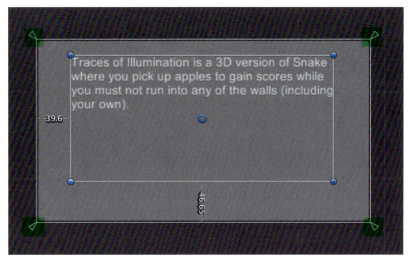

Abb. 8.11
Ankerränder statt Ankerkreuz

Im *Inspector* von `RectTransform` gibt es auch ein Feld `Anchors` (deutsch: »Anker«), das aber zunächst eingeklappt ist. Jetzt ist ein guter Zeitpunkt, dieses Feld aufzuklappen und sich anzusehen, was sich darin verbirgt. Sehen Sie sich dazu Abb. 8.12 an.

Wie Sie sehen, wird der Anker über vier numerische Werte definiert. Diese liegen immer zwischen 0 und 1 und spannen über `Min` (linke obere Ecke) und `Max` (rechte untere Ecke) ein Rechteck auf. In der Tatsache, dass diese Werte beliebig zwischen 0 und 1 liegen können, verbirgt sich die unglaubliche Flexibilität, die durch dieses Layout-System ermöglicht wird.

Im Moment haben wir einen genauen, pixelbasierten Abstand vom Außenrand des Vaterobjekts (`PanelMainControls`). Das bedeutet also, egal wie groß `PanelMainControls` ist, unsere `GameDescription` wird so mitwachsen oder schrumpfen, dass die Ränder immer den exakt gleichen Abstand in Pixeln behalten.

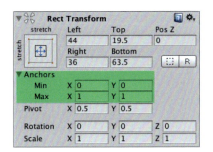

Abb. 8.12
Numerische Darstellung des Ankers

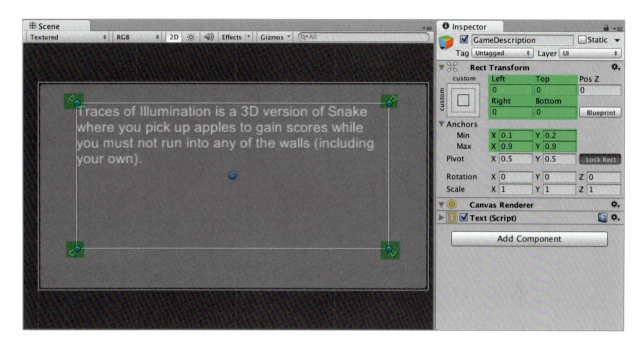

Abb. 8.13
Prozentuales Layout

Über den *Inspector* bzw. die *SceneView* lässt sich das aber leicht ändern: Ziehen Sie dazu einfach die kleinen Dreiecke auf die Eckpunkte des inneren Rechtecks, also auf die Eckpunkte von `GameDescription`, wie in Abb. 8.13 dargestellt.

Jetzt haben wir also statt des pixelgenauen, aber etwas unflexiblen Layouts ein Layout, das sich prozentual am Vaterobjekt orientiert. Das heißt, der linke und rechte Rand des inneren Rechtecks ist immer 10 % (0,1 bzw. 0,9) vom Rand des äußeren Rechtecks entfernt, der obere Rand ebenfalls 10 % (Max Y = 0,9), und der untere Rand 20 % (Min Y = 0,2).

Auf diesem Wege lassen sich auch beliebige Mischformen erstellen und sogar animieren: Sie können beispielsweise ein prozentuales Layout erstellen, das aber zusätzlich ein Pixel-Offset definiert, das dann natürlich auch immer eingehalten wird. So ein Offset darf sogar negativ sein. Das heißt, der tatsächliche Rand des Kindobjekts kann über den Anker oder sogar über das Elternobjekt hinausgehen. Und da es sich hier nicht um unterschiedliche Modi handelt, können all diese Werte auch beliebig animiert werden, was einen beeindruckenden Raum kreativer Möglichkeiten eröffnet.

Für unsere Beschreibung, `GameDescription`, gibt es noch eine kleine Änderung, die im Zusammenhang mit dem prozentual basierten Layout Sinn macht: Dadurch, dass wir bei der `Text`-Komponente `Best Fit` aktivieren, passt sich die Textgröße automatisch der Größe des Panels an. Damit haben wir auch ein Problem bei der Lokalisierung gelöst: Wenn wir jetzt nämlich in unterschiedlichen Sprachen eine unterschiedliche Länge haben, wird trotzdem immer die gleiche Fläche ausgefüllt.

Es ist dann natürlich eine Abwägung des Designers, ob präzise festgelegte Verhältnisse der Schriftgrößen wichtiger sind als das Risiko, dass aufgrund eines kürzeren Textes Löcher im Design entstehen (oder ein zu langer Text in einer anderen Sprache auf einmal gar nicht mehr in das Layout passt). Speziell bei langen Texten könnten wir alternativ kleinere Variationen in der Schriftgröße erlauben, sodass der genutzte Raum eher konstant bleibt und wir bei etwas längeren bzw. kürzeren Texten nicht das Gesamtlayout anpassen müssen. Für unser Spiel wählen wir in diesem Fall die automatische Anpassung der Schriftgröße, können aber mit `Min Size = 10, Max Size = 20` einen Rahmen für die Schriftgröße festlegen.

Ein anderer Aspekt, für den unabhängig von der Lokalisierung sowohl das prozentuale Layout als auch die automatische Größenanpassung der `Text`-Komponente interessant ist, sind die unterschiedlichen Seitenverhältnisse von Bildschirmen bzw. Displays bei mobilen Geräten. Zur Anpassung an unterschiedliche Auflösungen bzw. Pixeldichten ist besser die Komponente `CanvasScaler` geeignet, die Sie am `Canvas` finden.

Damit unser Menü sich hier automatisch an verschiedene Seitenverhältnisse anpasst, müssen wir noch `PanelMainControls` und `GameTitle` in Abhängigkeit des `Canvas` sauber layouten und schließlich ein Layout für die Sprachumschaltung erstellen, das sich auch bei zusätzlichen Sprachen automatisch anpasst.

Layout von GameTitle und PanelMainControls

Derzeit ist der Titel des Spiels (das Objekt `GameTitle`) noch relativ zur Mitte des Bildschirms positioniert. Je nach tatsächlicher Größe des GameView kann dies dazu führen, dass der Titel gar nicht sichtbar ist (bei einer sehr geringen Höhe des `GameView`) oder sich mit unserem `PanelMainControls` überschneidet (bei einem sehr hohen `GameView`). So geht das natürlich nicht! Aber welche Möglichkeiten haben wir, den Titel so zu layouten, dass es unabhängig von der Größe des GameView immer passt?

Eine Möglichkeit wäre, den Anker zentriert auf den oberen Rand der *Game View*[7] zu setzen, also `Anchors / Min = (0.5, 1)`, `Anchors / Max = (0.5, 1)`. Damit wäre der Titel also relativ zum oberen Bildschirmrand positioniert. Dadurch, dass `PanelMainControls` einen fest über Pixel definierten Abstand zum oberen Rand des Canvas (und damit des GameView) hat, wäre dies durchaus eine mögliche und saubere Lösung.

Das scheinbar gleiche Ergebnis würden wir erzielen, wenn wir `GameTitle` in der Hierarchie unter `PanelMainControls` ziehen und dann den Anker von `GameTitle` mittig auf den oberen Rand von `PanelMainControls` setzen

---

7 Der obere Rand der Game View entspricht im tatsächlichen Spiel dem oberen Rand des Fensters, in dem das Spiel gespielt wird, bzw. dem oberen Rand des Bildschirms oder Displays. In unserer Szenenhierarchie entspricht dies gleichzeitig dem oberen Rand des Canvas.

(wieder Anchors / Min = (0.5, 1), Anchors / Max = (0.5, 1), dieses Mal aber nicht bezogen auf Canvas, sondern auf PanelMainControls). Bei dieser Variante verhält sich GameTitle beim Verändern der Größe der *Game View* genauso wie bei der vorherigen Variante. Es ist aber nur scheinbar das gleiche Ergebnis, weil sich der Titel jetzt automatisch anpasst, wenn wir die Position von PanelMainControls anpassen.

Besser geeignet ist die erste Lösung, wenn wir bei Änderungen des Layouts sicherstellen wollen, dass der Titel relativ zum oberen Rand der *Game View* immer an der gleichen Position ist. Die zweite Lösung empfiehlt sich, wenn uns wichtig ist, dass der Abstand von PanelMainControls und Game-Title bei Layout-Änderungen konstant bleibt. Es kann durchaus sinnvoll sein, im Laufe der Entwicklung zwischen diesen Varianten zu wechseln, je nachdem, was man gerade konkret erreichen möchte.

Was diese beiden Lösungen nicht bieten, in diesem Fall aber durchaus sinnvoll ist, ist eine automatische Anpassung der Größe des Titels, je nachdem wie viel Platz in der *Game View* zur Verfügung steht. Dazu sind mehrere Anpassungen notwendig:

1. Zunächst wählen wir für GameTitle in beiden Richtungen die Ankervoreinstellung stretch aus, wie in Abb. 8.10 auf Seite 270 illustriert.

2. Da wir den Titel nicht über den ganzen Bildschirm ausdehnen wollen, reduzieren wir Anchors / Min / Y auf 0.75, sodass er in etwa auf der Höhe der Oberkante von PanelMainControls liegt.

3. Entsprechend müssen wir die Oberkante von PanelMainControls jetzt ebenfalls prozentual bestimmen. Hier setzen wir also Anchors / Max / Y ebenfalls auf 0.75.[8] Achten Sie darauf, dass hier Top den Wert 0 haben sollte, da wir ausschließlich die prozentuale Positionierung wünschen und daher kein Offset mehr brauchen.

4. Tragen Sie nun wiederum für GameTitle ein sinnvolles Padding ein, z. B. Left / Right = 60, Top / Bottom = 20. Dazu müssen wir natürlich den ContentSizeFitter abschalten, da er uns sonst gar nicht erlaubt, die Breite und Höhe zu ändern. Best Fit aktivieren wir wieder. Wenn Sie sehr unterschiedliche Bildschirmgrößen unterstützen möchten, könnten Sie alternativ den Anker in allen Richtungen etwas nach innen verschieben und entweder komplett auf ein pixelbasiertes Padding verzichten oder hier nur geringe Mindestwerte eintragen.

5. Schließlich korrigieren wir die Text-Komponente von GameTitle so, dass der Text auch vertikal zentriert wird und sich über Best Fit immer in der Größe anpasst. Beachten Sie dabei, dass hierzu Horizontal Overflow auf Wrap stehen muss und Vertical Overflow auf Truncate, wie auch in Abb. 8.14 illustriert ist.

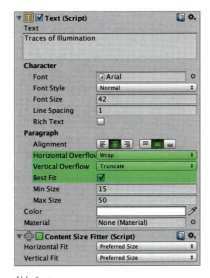

Abb. 8.14

Text zentriert und mit automatischer Größenanpassung

---

8 Beachten Sie, dass wir bei GameTitle »Min« setzen, und bei PanelMainControls »Max«, da es bei GameTitle um die Unterkante geht und bei PanelMainControls um die Oberkante.

Wenn Sie jetzt die *GameView* in der Größe anpassen, sehen Sie, dass sich alle Bildschirmelemente – mit Ausnahme der Buttons – automatisch an beliebige Bildschirm- bzw. Display-Größen anpassen. Ziehen Sie dazu ruhig auch mal die *GameView* aus dem Hauptfenster von Unity,[9] um die Größe des Fensters ganz frei bestimmen zu können.

Übung macht den Meister

> Die Änderungen zur automatischen Anpassung der Buttons überlasse ich Ihnen als Übung des bisher Gelernten.

Jetzt müssen wir uns noch um die Sprachbuttons kümmern, von denen es theoretisch ja beliebig viele geben könnte. Daher werden wir hier eine sogenannte `Layout Group` verwenden.

Layout der Sprachbuttons mit einer Layout Group

Vorläufig unterstützen wir in unseren Spiel nur die Sprachen Englisch und Deutsch. Es wäre aber durchaus möglich, weitere Sprachen hinzuzufügen, und dazu soll unser Layout sich mit möglichst wenig Arbeit automatisch anpassen können. Die Lösung für diese Anforderung wird in Unity mit *Layout Groups* bezeichnet, eine etwas allgemeinere Bezeichnung wäre *Layout-Manager*.

> Als **Layout-Manager** werden Komponenten bezeichnet, die dafür sorgen, dass die ihnen zugeordneten GUI-Elemente automatisch nach einer bestimmten Logik angeordnet werden. Dabei können verschiedene Layout-Manager unterschiedliche Logiken implementieren, beispielsweise die Anordnung in einer horizontalen oder vertikalen Reihe oder auf einem Raster.

In Unity finden sich alle Komponenten zum Layout-Management im Menü *Component/Layout,* wobei dort zusätzlich auch `Canvas` und `RectTransform` sowie `CanvasScaler` zu finden sind. Für das Layout-Management im engeren Sinne werden aber nur die folgenden Komponenten angewendet:

- `LayoutElement`: Diese Komponente kann GUI-Elementen zugewiesen werden, um Eigenschaften einzustellen, die vom für dieses GUI-Element verantwortlichen Layout-Manager zum Layouten genutzt werden können, z. B. die minimale und bevorzugte Breite und Höhe sowie ob das GUI-Element in der Breite und/oder Höhe vom Layout-Manager angepasst werden soll.

- `HorizontalLayoutGroup` bzw. `VerticalLayoutGroup`: Diese beiden Layout-Manager ordnen die GUI-Elemente in einer horizontalen bzw. vertikalen Reihe an.

---

9   Wie das geht, ist in Abschnitt 2.2.10 beschrieben. Dort finden Sie auch den Link zu einem Screencast, der die Vorgehensweise in Form eines Videos veranschaulicht.

- `GridLayoutGroup`: Dieser Layout-Manager dient dazu, GUI-Elemente in einem Raster anzuordnen. Ein typischer Anwendungsfall für `GridLayoutGroup` wäre eine Bildergalerie.
- `ContentSizeFitter`: Diese Komponente passt das GUI-Element, dem sie zugewiesen wurde, automatisch an die Größe des Inhalts (z. B. bei Texten oder Bildern) oder der Kinder (im Zusammenhang mit einem Layout-Manager) an. Den ContentSizeFitter haben Sie bereits kennengelernt.

Unsere Sprachbuttons sollen automatisch vertikal von oben nach unten angeordnet werden. Der Anker soll sich in der linken oberen Ecke der *Game View* befinden, und wir wollen einen über Pixel definierten Abstand zur rechten oberen Ecke haben. Dieses Mal gehen wir von außen nach innen. Zunächst überarbeiten wir `PanelLanguages`:

1. Wählen Sie für den Anker von `PanelLanuages` *top right,* also `Anchors / Min = (1, 1)` und `Anchors / Max = (1, 1)`.[10]
2. Verschieben Sie den Pivot-Punkt[11] von `PanelLanguages` in die rechte obere Ecke des Rechtecks. Sie können dies sowohl in der *Scene View* erledigen als auch im *Inspector,* indem Sie bei `Pivot` statt `(0.5, 0.5)` die Werte `(1, 1)` eintragen (siehe auch Abb. 8.15). Achtung: Das funktioniert nicht, wenn das *Gizmo Display Toggle* auf `Center` steht statt auf `Pivot` – der Pivot-Punkt ist in diesem Fall ausgegraut. Im Screenshot ist das der grün markierte Button oben zwischen dem *Rect Tool* und dem Button `Local`.

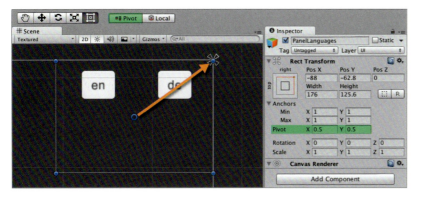

Abb. 8.15
Pivot-Punkt verschieben

---

10 Es spielt keine Rolle, ob Sie die numerischen Werte im Inspektor von Hand eingeben oder im Ankermenü *top right* auswählen, wobei Letzteres wahrscheinlich etwas schneller geht. Anders ist das, wenn Sie den Raw Edit Mode aktiviert haben – mit dem kleinen R-Button im Inspector bei RectTransform. Dann werden die Koordinaten bei Änderungen von Anchor und Pivot nicht automatisch umgerechnet. Das heißt, die Position ändert sich.
11 Auf Deutsch könnte man auch sagen »Angelpunkt« oder »Drehpunkt«, wobei dieser Punkt in Unity keineswegs nur für Rotationen genutzt wird.

3. Für den Abstand von der rechten oberen Ecke des GameView tragen Sie bei Pos X und Pos Y jeweils den Wert -10 ein.

4. Fügen Sie, während PanelLanguages immer noch selektiert ist, über das Menü *Component/Layout/Vertical Layout Group* den Layout-Manager für die vertikale Reihe hinzu.

5. Tragen Sie in der VerticalLayoutGroup-Komponente bei Spacing den Wert 10 ein, und wählen Sie für Child Alignment den Wert UpperRight. Deaktivieren Sie außerdem Child Force Expand für Width und Height.

Sie können jetzt schon sehen, wie die VerticalLayoutGroup-Komponente arbeitet: Unsere Buttons sind, in der Reihenfolge aus der Szenenhierarchie untereinander angeordnet. Dabei werden die Buttons automatisch an die Größe von PanelLanguages angepasst. Wir wollen aber, dass die Buttons eine feste Größe haben und PanelLanguages seine Größe automatisch entsprechend der Anzahl der Buttons anpasst. Dazu brauchen wir einerseits an den Buttons entsprechend konfigurierte LayoutElement-Komponenten, andererseits an PanelLanguages zusätzlich noch einen ContentSizeFitter. Ein Schritt nach dem Anderen:

1. Selektieren Sie sowohl ButtonGerman als auch ButtonEnglish (aber nicht die darunter liegenden Label-Objekte), und wählen Sie das Menü *Component/Layout/Layout Element,* um diese Komponente gleichzeitig beiden Objekten hinzuzufügen.

2. Tragen Sie bei Preferred Width den Wert 50 ein und bei Preferred Height den Wert 40. Vorher müssen Sie die entsprechenden Checkboxen aktivieren.

3. Wir könnten jetzt manuell die Größe von PanelLanguages so einstellen, dass unsere Buttons genau hineinpassen, oder auch Platz für weitere Buttons lassen. Wenn wir nur begrenzt Platz für unsere Sprachbuttons haben, könnte das auch sinnvoll sein, und wir würden dann wahrscheinlich noch Werte für Min Width und Min Height angeben (z. B. (30, 20)), um sicherzustellen, dass das Layout diese Buttons nicht zu klein schrumpft. Wenn Sie die Größe von PanelLanguages dann so klein machen, dass die Buttons nicht mehr hineinpassen, ragen sie einfach über den Rand hinaus. Stattdessen fügen wir PanelLanguages jedoch über das Menü *Component/Layout/Content Size Fitter* die entsprechende Komponente hinzu. Diese passt – wie der Name schon sagt – die Größe automatisch an den Inhalt an.

4. Tragen Sie sowohl bei Horizontal Fit als auch bei Vertical Fit den Wert PreferredSize ein, um den Container automatisch an die bevorzugte Größe seines Inhaltes anzupassen.

5. Fügen Sie jetzt testweise durch Selektieren von ButtonEnglish und Duplizieren dieses Buttons (⌘+D bzw. Strg+D) einige zusätzliche Buttons hinzu, und freuen Sie sich, wie einfach Sie auf diese Weise mehrere Sprachen hinzufügen könnten, ohne sich um die präzise Positionierung sorgen zu müssen. Dann löschen Sie die zusätzlichen Buttons und freuen sich, dass wir vorerst nur zwei Sprachen unterstützen müssen. ;-)

> Mit der gleichen Technik können wir auch eine scrollbare dynamische Selection List bauen. Dazu habe ich auch einen Screencast mit einem kleinen Beispielprojekt erstellt, den Sie auf der Website zum Buch unter *Unity UI: Dynamische Selection List erstellen* finden.

Screencast auf unity-buch.de

> Die aktuelle Version des Projekts ist Traces_Prototype_140.zip.

Download von unity-buch.de

Damit steht das grundsätzliche Layout unseres Startmenüs. Allerdings kann dieses Menü noch nichts außer einigen wenigen Mouseover-Effekten, die zudem äußerst dezent sind. Das werden wir jetzt ändern.

8.2.2 Unity Events: den MenuController implementieren

Unity bietet mit *UnityEvents* eine sehr elegante und machtvolle Methode, um Benutzeraktionen in der GUI (z. B. das Klicken eines Buttons) mit Funktionalitäten im Spiel zu verknüpfen: Für jedes GUI-Element, das auf Ereignisse reagiert (z. B. ein Button wurde geklickt, ein Slider verschoben), kann eine beliebig lange Liste von Methodenaufrufen auf frei wählbaren GameObjects (bzw. deren Komponenten) in der Szene angelegt werden. Dabei trägt die Liste als Überschrift das Ereignis, bei dem die in der Liste eingetragenen Methoden aufgerufen werden. Im Falle des Buttons ist das OnClick(), siehe auch Abb. 8.16, wobei die Liste hier noch leer ist.

Abb. 8.16
Methodenaufruf-Liste eines Buttons

Auf diese Weise lassen sich teilweise sogar ohne Programmieraufwand Funktionalitäten auf Buttons und andere GUI-Elemente legen. In unserem Fall brauchen wir aber eine neue Komponente, die zwei sehr einfache Methoden anbietet: eine zum Starten des Spiels, was durch das Laden der Szene Level-01 implementiert wird, sowie eine zum Beenden des Spiels.

Start und Ende des Spiels mit der Methodenaufruf-Liste implementieren

Legen Sie dazu im Projekt im Verzeichnis Scripts das neue C#-Script MenuController an. Löschen Sie die beiden Methoden Start() und Update(), da wir diese für diese Komponente nicht benötigen, und fügen Sie stattdessen die beiden Methoden StartPlaying() und QuitGame() hinzu, wie in Listing 8.4 angegeben.

Listing 8.4
Die Klasse MenuController

```
using UnityEngine;

public class MenuController : MonoBehaviour {
    public void StartPlaying() {
        Application.LoadLevel("Level-01");
    }

    public void QuitGame() {
        Application.Quit();
    }
}
```

Legen Sie nun in der Szene ein neues leeres GameObject mit dem Namen MenuController an, und ziehen Sie das Script MenuController auf dieses GameObject. Jetzt können wir wiederum das Objekt ButtonPlay selektieren, auf das kleine Plus in der Aufruf-Liste klicken und dann unser neues Objekt MenuController auf den entsprechenden Slot ziehen, wie in Abb. 8.17 illustriert.

Abb. 8.17
MenuController in die OnClick-Liste ziehen

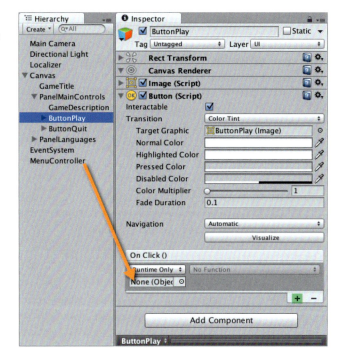

Nun können wir über das Dropdown, in dem zunächst No Function steht, die Methode StartPlaying() der MenuController-Komponente auswählen, die ja an dem GameObject MenuController hängt (siehe Abb. 8.18).

Wählen Sie dann auf gleiche Weise für ButtonQuit die Methode MenuController.QuitGame() aus, nachdem Sie auch hier das MenuController-Objekt als Empfänger der Methoden-Liste hinzugefügt haben.

Wenn wir jetzt allerdings das Spiel starten und unseren Play-Button testen, bekommen wir in der Konsole die Fehlermeldung: `Level ‚Level-01' (-1) couldn't be loaded because it has not been added to he build settings.`

Direkt darunter steht aber auch schon die Lösung des Problems: `To add a level to the build settings use the menu File->Build Settings…`

Also machen wir das: Wählen Sie das Menü *File/Build Settings,* und ziehen Sie die Szene `Level-01` in das Feld *Scenes to Build*. Wo wir schon dabei sind, können wir auch gleich `AStartmenu` rüberziehen, und zwar sinnvollerweise an die erste Position (siehe Abb. 8.19).

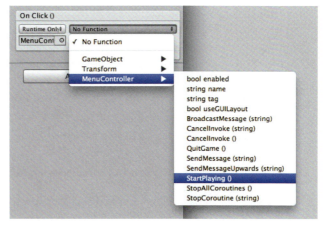

Abb. 8.18
Die Methode MenuController. StartPlaying() auswählen

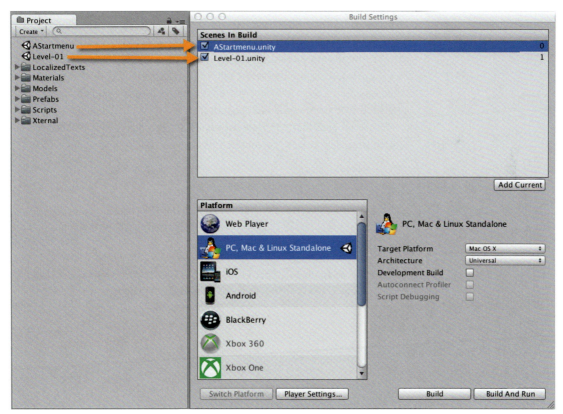

Abb. 8.19
Szenen zum Build hinzufügen

Jetzt können wir das Spiel im Playmode von Unity starten, indem wir den Play-Button in unserem Spiel betätigen. Was nicht funktioniert, ist das Beenden über den Quit-Button. Das ist aber logisch: Wir wollen ja

Abb. 8.20
Darstellung der abgefangenen Events im Inspector

nicht versehentlich den Editor schließen.[12] Der Test dieser Funktionalität muss also warten, bis wir den ersten Build gemacht haben und das Spiel als eigene Anwendung laufen lassen. Diesem Meilenstein nähern wir uns jetzt auch schon mit schnellen Schritten. Schließen wir aber zunächst die Implementierung der Funktionalitäten des Startmenüs ab: Es fehlen noch zwei Buttons, die es etwas in sich haben. Bei dieser Gelegenheit lernen Sie aber gleich noch eine andere Vorgehensweise zur Implementierung von GUI-Funktionalitäten kennen.

Die Internationalisierung mit Event-Handlern implementieren

Neben der eher editorzentrierten Möglichkeit, Funktionalitäten mit Ereignissen zu verknüpfen, indem man Objekte und die entsprechenden Aufrufe der Methodenaufruf-Liste hinzufügt, gibt es auch eine Möglichkeit, die eher codezentriert ist. Für unsere Sprach-Buttons ist sie sehr gut geeignet.[13]

Bei diesem Ansatz kann ein eigenes Script ein oder mehrere Interfaces aus dem Namespace `UnityEngine.EventSystems` implementieren, z. B. `IPointerClickHandler`, `IDragHandler` oder `ISelectHandler`. Diese Interfaces definieren jeweils eine Methode, in der dann die jeweilige Ereignisbehandlung stehen kann. Unity zeigt dann auch in der Vorschau des GameObjects im Inspector alle von Komponenten des GameObjects abgefangenen Ereignisse (Events) an, wenn man dort `Intercepted Events` auswählt, wie in Abb. 8.20 dargestellt ist.

Zunächst erstellen wir also ein neues Script `LocaleButtonHandler`, wie üblich in unserem Projekt Verzeichnis `Scripts` (siehe Listing 8.5).

Listing 8.5
Die Klasse LocaleButtonHandler

```
using UnityEngine;
using UnityEngine.EventSystems;

public class LocaleButtonHandler : MonoBehaviour,
                                  IPointerClickHandler {

    public string languageKey = "en";

    public void OnPointerClick(PointerEventData eventData) {
        Debug.Log(string.Format("Switching language to {0}",
                                languageKey));
    }
}
```

---

12 Theoretisch könnte Unity natürlich in diesem Fall einfach den Playmode verlassen. Im Moment passiert aber beim Aufruf von `Application.Quit()` im Unity Editor einfach gar nichts.

13 Man könnte die Sprachbuttons natürlich auch über die Methodenaufruf-Liste umsetzen und dabei die jeweilige Sprache als String-Parameter einer entsprechenden Methode übergeben. Die codezentrierte Variante ist in diesem Fall aber als eleganter anzusehen.

Da dieses Script das Interface `IPointerClickHandler` implementiert, muss es auch die Methode `OnPointerClick(PointerEventData eventData)` implementieren, die ja der Sinn dieser ganzen Komponente ist. Zusätzlich haben wir schon den Parameter `languageKey`, mit dem das Sprachkürzel für jene Sprache angegeben werden kann, die durch Klick auf den jeweiligen Button aktiviert werden soll. Die eigentliche Implementierung von `OnPointerClick()` fehlt allerdings noch. Hier geben wir zunächst nur ein Debug-Statement aus, um zu prüfen, ob die Ereignisbehandlung grundsätzlich funktioniert. Sobald Sie `LocalButtonHandler` den beiden Buttons `ButtonGerman` und `ButtonEnglish` hinzugefügt haben, können Sie das so weit testen.

Zur Komplettierung der Implementierung brauchen wir noch ein Script, das den Localizer nutzt, um bei einer Textkomponente einen Text aus einer Sprachdatei zu setzen. Dazu braucht dieses Script den Schlüssel, so wie er in den Sprachdateien (`LocalizedTexts/Texts-de` und `LocalizedTexts/Texts-en`) steht. Die Implementierung von `LocalizeText` finden Sie in Listing 8.6.

```
using UnityEngine;
using UnityEngine.UI;
public class LocalizeText : MonoBehaviour {
    public string textKey = "Area.TextKey";
    public void Start() {
        Text label = GetComponentInChildren<Text>();
        if (label != null) {
            label.text = Localizer.Instance.GetText(textKey);
        }
    }
}
```

Listing 8.6
Die Klasse LocalizeText

Fügen Sie das Script den GameObjects `GameDescription`, `ButtonPlay` und `ButtonQuit` hinzu. Das funktioniert im Falle von `ButtonPlay` und `ButtonQuit`, obwohl die Text-Komponenten dort ja an den Kindern hängen, weil wir statt `GetComponent<T>()` die Methode `GetComponentInChildren<T>()` verwenden.[14]

Natürlich müssen im Property Text Key noch die korrekten Schlüssel eingetragen werden. Für `GameDescription` ist das `AStartmenu.Description`, für `ButtonPlay` wie zu erwarten `AStartmenu.Play` und dementsprechend für `ButtonQuit` auch `AStartmenu.Quit`.

---

14 An sich ist der Name `GetComponentInChildren` irreführend: Man würde ja erwarten, dass man damit nur die Komponenten der Kinder bekommt und nicht diejenigen, die am Objekt selbst hängen. Eventuell wird das in einer späteren Version von Unity noch geändert – für uns ist es aber erst mal recht praktisch, und falls das in Unity geändert wird, wird es vermutlich eine Methode `GetComponentInChildrenOrSelf` oder so ähnlich geben.

Nun können wir die Implementierung unseres Event-Handlers On-PointerClick() in LocaleButtonHandler so korrigieren wie in Listing 8.7 beschrieben.

Listing 8.7
Die endgültige Methode OnPointerClick von LocaleButtonHandler

```
public void OnPointerClick(PointerEventData eventData) {
    Localizer.Instance.LoadLocalizationFile(languageKey);
    LocalizeText[] allLocalizedTexts
            = GameObject.FindObjectsOfType<LocalizeText>();
    foreach (LocalizeText localizeText in allLocalizedTexts) {
        localizeText.Start();
    }
}
```

Wenn Sie nun den Playmode starten und die Sprachen umschalten, funktioniert das wie erwartet. Und Sie können das Spiel starten und theoretisch auch beenden. Also sind wir jetzt fertig. Oder?

Mit dem Startmenü schon, insgesamt aber noch nicht ganz: Im Moment kann der Spieler zwar gegen eine Wand fahren und damit ans Ende des Spiels gelangen, er kommt von dort aus aber nicht mehr ins Startmenü. Außerdem wäre es ja schön, wenn der Spieler nicht nur verlieren, sondern auch gewinnen könnte, z. B., indem er alle Äpfel einsammelt. Das wird dann also der nächste Schritt.

Download von unity-buch.de

> Die Version mit dem funktionstüchtigen Startmenü heißt Traces_Prototype_150.zip.

8.3 Den Spieler gewinnen oder verlieren lassen

In der aktuellen Version unseres Spiels kann der Spieler alle Äpfel einsammeln und dann weiterspielen, bis er gegen eine Wand fährt. Oder auch nicht, dann würde das Spiel niemals enden. Da wir unserem Spieler nicht als einzigen Ausweg aus einer Spielrunde das absichtliche Fahren gegen eine Wand, also eine Art Suizid, lassen wollen, brauchen wir eine Möglichkeit, den Spieler die Runde *gewinnen* zu lassen. Damit hat jede Spielrunde zwei klar definierte und leicht zu erreichende Kriterien für das Spielende:

1. Der Spieler sammelt alle Äpfel ein und gewinnt damit die Runde.
2. Der Spieler macht einen Fehler, fährt gegen eine Wand und verliert damit die Runde.

8.3.1 Einen GameStateManager implementieren

Im Sinne der sauberen Aufteilung von Verantwortlichkeiten bietet es sich an, einen GameStateManager vorzusehen. Dieser wird benachrichtigt, wenn Ereignisse passieren, die einen Einfluss auf den Spielzustand haben. Da der

GameStateManager den Spielzustand kennt, kann er auch jederzeit nach dem aktuellen Zustand des Spiels gefragt werden. Schließlich kann er bei Änderungen des Spielzustands auch aktiv werden und Aktionen starten, wie beispielsweise das Einblenden einer GUI beim Ende einer Runde.

Wie schon beim Localizer verwenden wir das Singleton-Pattern (siehe auch Listing 8.1 auf Seite 259), um einerseits sicherzustellen, dass es pro Szene nur einen einzigen GameStateManager gibt, und andererseits eine leichte Zugriffsmöglichkeit auf die eine Instanz dieser Klasse aus allen anderen Komponenten anzubieten. Legen Sie also das Script GameState-Manager.cs an (zunächst nur mit dem Code für das Singleton-Pattern aus Listing 8.8), und weisen Sie dieses Script einem neuen leeren GameObject mit dem Namen GameStateManager in unserer Szene Level-01 zu. (Achtung: Wir sind jetzt nicht mehr in AStartmenü, sondern wieder in unserem Level!)

```
using UnityEngine;

public class GameStateManager : MonoBehaviour {
  #region Unity Singleton Pattern
  private static GameStateManager instance = null;
  public static GameStateManager Instance {
    get { return instance; }
  }

  void Awake() {
    if (instance != null && instance != this) {
      Destroy(this.gameObject);
      return;
    } else {
      instance = this;
    }

    DontDestroyOnLoad(this.gameObject);
  }
  #endregion Unity Singleton Pattern
}
```

Listing 8.8
Die Singleton-Basis für unseren GameStateManager

Bisher kennen wir drei Zustände:

1. Der Spieler spielt das Spiel: Playing
2. Der Spieler hat alle Äpfel aufgesammelt: AllApplesCollected
3. Der Spieler ist in eine Wand gefahren: PlayerCrashed

Diese drei Zustände implementieren wir wieder mit dem *Enumerationstyp* wie bei den TurnCommands in Abschnitt 7.3.2 und bieten auch gleich ein Property an, um auf den aktuellen Zustand zuzugreifen. Beachten Sie, dass es hier natürlich keinen *Setter* gibt, um den Zustand von außen zu setzen, da dies ja voll in der Verantwortung des GameStateManager liegen soll.

Den neuen Programmcode finden Sie in Listing 8.9. Beachten Sie, dass die Deklaration von `GameState` außerhalb der Klassendeklaration von `GameStateManager` geschieht!

Listing 8.9
Erweiterung des GameStateManager um GameState

```
using UnityEngine;

public enum GameState {
    Playing,
    AllApplesCollected,
    PlayerCrashed
}

public class GameStateManager : MonoBehaviour {
    // Unity Singleton Pattern

    private GameState currentGameState = GameState.Playing;
        public GameState CurrentGameState {
            get { return currentGameState; }
        }
    }
}
```

Nun braucht der `GameStateManager` Methoden, um über Ereignisse benachrichtigt werden zu können, die einen Einfluss auf den Zustand haben können. Welche Ereignisse könnten das sein?

Triviale Ereignisse

Zunächst muss das Spiel natürlich beginnen. Dazu implementieren wir eine Methode `StartPlaying()`, die zunächst vom `GameStateManager` selbst von der Methode `Start()` aus aufgerufen wird. Diese wird wiederum von Unity aufgerufen, nachdem die Szene vollständig geladen wurde und die `Awake()`-Methoden aller Komponenten aufgerufen wurden, die an aktiven GameObjects angehängt und auf enabled gesetzt sind.

Das zweite wichtige Ereignis ist, dass das Fahrzeug des Spielers explodiert, weil er gegen eine Wand fährt. Dazu führen wir die Methode `PlayerCrashed()` im `GameStateManager` ein. Diese muss dann von `TracerCollisionHandler.OnCollisionEnter()` aus aufgerufen werden.

Soweit ist die Umsetzung relativ einfach und klar. Die entsprechenden neuen Methoden für die Klasse `GameStateManager` finden Sie in Listing 8.10.

Listing 8.10
Neue Methoden für den GameStateManager

```
public void Start() {
    StartPlaying();
}

public void StartPlaying() {
    currentGameState = GameState.Playing;
}
```

```
public void PlayerCrashed() {
    currentGameState = GameState.PlayerCrashed;
}
```

Die erweiterte Methode `OnCollisionEnter()` in `TracerCollisionHandler` ist in Listing 8.11 abgedruckt. Fügen Sie hier also einfach am Anfang der die Anweisung `GameStateManager.Instance.PlayerCrashed()` hinzu.

```
public void OnCollisionEnter() {
    GameStateManager.Instance.PlayerCrashed();
    if (explosionPrefab != null) {
        /* wie gehabt */
    }
    gameObject.SetActive(false);
}
```

Listing 8.11
Erweiterung von OnCollisionEnter() in TracerCollisionHandler

Ein etwas komplexeres Ereignis

Etwas interessanter ist der nächste Spielzustand: `AllApplesCollected`. Wir könnten natürlich eine Methode mit gleichem Namen implementieren, analog zu `PlayerCrashed()`. Dann müsste aber irgendjemand (also irgendeine Komponente an irgendeinem GameObject) zu irgendeinem Zeitpunkt zählen, wie viele Äpfel denn jetzt gerade noch übrig sind, und dann, wenn keine Äpfel mehr übrig sind, diese Methode aufrufen. Aber genau für so etwas haben wir den `GameStateManager` eingeführt.

Also lassen wir das von dieser Komponente übernehmen. Man könnte jetzt auch den `GameStateManager` in der `Update()`-Methode, also in jedem Frame, prüfen lassen, ob schon alle Äpfel eingesammelt sind. Das würde zwar ein korrektes Ergebnis liefern, aber auch reichlich unnötige Arbeit verursachen und damit unser Spiel verlangsamen oder den Stromverbrauch[15] erhöhen.

Wichtig für Mobile

Eine elegante Vorgehensweise ist, im `GameStateManager` eine Methode `AppleCollected()` zu implementieren, die die Prüfung nur dann durchführt, wenn sich auch tatsächlich etwas geändert haben kann. Falls dann alle Äpfel eingesammelt sind, kann der `GameStateManager` seinen Zustand ändern und bei Bedarf auch weitere Operationen anstoßen.

Die nächste Frage ist, wie wir überhaupt herausfinden können, wie viele Äpfel schon eingesammelt sind bzw. ob noch Äpfel übrig sind. Da in unserer Szene alle Äpfel unter dem Objekt `Apples` hängen, das seinerseits ein Kind von `Level-01` ist, könnten wir das `Transform Apples` dem `GameStateManager` bekannt machen und dann über dessen Kinder iterieren. Dieser Ansatz ist durchaus vernünftig, hat aber zwei Nachteile:

---

15 Das hört sich vielleicht erstaunlich an, ist aber bei mobilen Geräten tatsächlich ein Thema: Wenn ein Spiel nämlich in kurzer Zeit den Akku leer saugt, schreiben die Spieler so etwas durchaus in ihre Rezensionen.

1. Wir müssen bei jeder Szene das Objekt `Apples` auf den entsprechenden Slot in der Komponente `GameStateManager` ziehen.
2. Falls ein Level-Designer sich nicht an unsere schön definierte Szenenhierarchie hält, zählen die Äpfel, die nicht unter `Apples` hängen, nicht für die Prüfung, ob alle Äpfel aufgesammelt sind. Somit wäre der Spieler früher fertig als geplant. So ein Fehler muss einem erst mal auffallen. Und wenn er auffällt, ist die Ursache möglicherweise erst nach längerer Prüfung so offensichtlich wie für uns jetzt.

Alle Objekte eines Typs in der Szene finden

Eine sicherere Methode besteht darin, alle Objekte vom Typ `Apple` in der Szene zu finden und auszuzählen. Dazu bietet Unity die Methode `T[] FindObjectsOfType<T>()`, wobei `T` der Typ ist, in unserem Fall also `Apple`. Da dies aus Perspektive der Performance eine eher teure Operation ist, führen wir sie nur ein einziges Mal aus – nämlich zu Beginn der Runde – und speichern das Ergebnis in einer Liste. Ganz nebenbei wissen wir so auch jederzeit, wie viele Äpfel es insgesamt gibt. Die Erweiterung in `GameStateManager.cs` ist jetzt etwas aufwendiger. Sie ist in Listing 8.12 abgedruckt. In diesem Listing ist bestehender Code, der für unsere Änderungen nicht relevant ist, durch entsprechende Kommentare dargestellt.

Listing 8.12
Erweiterung von GameStateManager zum Zählen von Äpfeln

```csharp
using UnityEngine;
using System.Collections.Generic;

public enum GameState { /* … */ }

public class GameStateManager : MonoBehaviour {
    // Unity Singleton Pattern und CurrentGameState

    private List<Apple> allApplesInScene = new List<Apple>();

    public int AllApplesCount {
        get { return allApplesInScene.Count; }
    }

    public int CollectedApplesCount {
        get {
            int result = 0;
            foreach (Apple apple in allApplesInScene) {
                if (!apple.gameObject.activeSelf) {
                    result++;
                }
            }
            return result;
        }
    }
```

```
public void Start() {
    FindApplesInScene();
    StartPlaying();
}

private void FindApplesInScene() {
    Apple[] apples = FindObjectsOfType<Apple>();
    allApplesInScene.AddRange(apples);
}

// StartPlaying()

public void AppleCollected() {
    if (AllApplesCount == CollectedApplesCount) {
        currentGameState = GameState.AllApplesCollected;
    }
}
// PlayerCrashed()
}
```

Schließlich müssen wir noch die Methode OnTriggerEnter(…) in der Klasse TracerCollisionHandler erweitern, wie in Listing 8.13 illustriert. Der Aufruf GameStateManager.Instance.AppleCollected() muss hier auf jeden Fall hinter appleTransform.gameObject.SetActive(false) stehen, da sonst zum Zeitpunkt des Auszählens der Apfel noch aktiv wäre und damit nicht als aufgesammelt zählen wurde. Wenn man das weiß, ist es offensichtlich, aber diese Art von Fehlern, bei der die Ausführungsreihenfolge durcheinander ist, kommt erstaunlich häufig vor und ist oft schwieriger zu erkennen, als man erwarten würde.

```
public void OnTriggerEnter(Collider other) {
 if (other.transform.parent != null) {
   Transform appleTransform = other.transform.parent;
   Apple apple = appleTransform.GetComponent<Apple>();
   if (apple != null) {
     TracerScore tracerScore = this.GetComponent<TracerScore>();
     tracerScore.AddScore(apple.score);

     appleTransform.gameObject.SetActive(false);

     GameStateManager.Instance.AppleCollected();
   }
 }
}
```

Listing 8.13
Erweiterung der Methode OnTriggerEnter() in TracerCollisionHandler

Damit haben wir jetzt also einen Spielzustandsverwalter (GameStateManager), der jederzeit über den Spielzustand Bescheid weiß. Der Spieler weiß davon aber noch nichts. Also brauchen wir noch eine Benutzerschnittstelle – fürs Erste eine ganz einfache.

8.3.2 Den Spielzustand sichtbar machen

In diesem Abschnitt werden wir zwei naheliegende Anforderungen an unser Spiel implementieren: Zum einen soll der Spieler natürlich wissen, wie viele Äpfel bereits eingesammelt wurden und wie viele noch einzusammeln sind. Außerdem soll er natürlich informiert werden, wenn er gewonnen oder verloren hat. Zum anderen muss der Spieler nach dem Ende einer Runde die Möglichkeit haben, wieder zum Startmenü zu gelangen, um dort eine neue Runde zu starten oder das Spiel zu beenden.

Fügen Sie am besten selbstständig einen kleinen Text links oben mit dem Namen CollectedApples hinzu. Exakt in der Mitte des Bildschirms positionieren Sie einen großen Text mit dem Namen SessionDoneMessage sowie mit etwas Abstand darunter einen Button mit dem Namen ButtonMainMenu. Die Texte für diese Bausteine spielen eine eher untergeordnete Rolle, da wir diese dann sowieso vom Programmcode aus setzen. Die Anordnung sollte in etwa so aussehen wie in der Skizze aus Abb. 8.21.

Abb. 8.21
Skizze In-Game-GUI

Der Text des Buttons soll automatisch über die Lokalisierung gesetzt werden. Wissen Sie noch, wie wir das im Hauptmenü gemacht haben?

Auf die gleiche Weise gehen wir auch jetzt vor: Ziehen Sie das Script LocalizeText auf ButtonMainMenu, tragen Sie bei Text Key den Wert InGameGUI.BackToMainMenu ein, und erweitern Sie die beiden Dateien Texts-en.txt und Texts-de.txt entsprechend, beispielsweise durch die in Listing 8.14 angegebenen Zeilen. Dabei speichern Sie die Zeile mit dem englischen Text natürlich in Texts-en.txt und die Zeile mit dem deutschen Text in Texts-de.txt.

Listing 8.14
Neue Zeilen für Texts-en.txt und Texts-de.txt

```
InGameGUI.BackToMainMenu=Back to Main Menu
InGameGUI.BackToMainMenu=Zurück zum Hauptmenü
```

Wenn Sie das Spiel jetzt über das Startmenü starten, also zuerst die Szene
`AStartmenu` öffnen, dann den *PlayMode* starten und schließlich auf den
Button *Play* bzw. *Spielen* klicken, funktioniert das automatische Setzen des
Texts korrekt. Wenn Sie jedoch das Spiel direkt von der Szene `Level-01` aus
starten, bekommen Sie eine Fehlermeldung in der Konsole.

Versuchen Sie ruhig zunächst, selbstständig zu verstehen, welches Problem diesen Fehler verursacht! Fehler passieren nämlich bei der Spielentwicklung regelmäßig. Und gerade bei Fehlern, die als solche in die Konsole geschrieben werden, bekommen wir von Unity meistens gute Unterstützung, um das Problem zu verstehen und dann zu beheben. So ist es auch in diesem Fall.

Eine Laufzeitausnahme mithilfe der Konsole verstehen und beheben

`NullReferenceException` ist eine Ausnahme (Exception), die immer dann ausgelöst (geworfen) wird, wenn versucht wird, auf eine Variable zuzugreifen, die nicht belegt ist. Durch Doppelklick auf die Meldung in der Konsole wird im Code-Editor direkt die Zeile angesprungen, die den Fehler verursacht. Das ist die in Listing 8.15 fett markierte Zeile.

```
public void Start() {
    Text label = GetComponentInChildren<Text>();
    label.text = Localizer.Instance.GetText(textKey);
}
```

Listing 8.15
Der Übeltäter in LocalizeText

In dieser Zeile gibt es nur zwei Variablen, die infrage kommen: `label`, auf die zugegriffen wird, um `text` zu setzen; und `Localizer.Instance`, auf die zugegriffen wird, um auf dem Objekt die Methode `GetText(…)` aufzurufen.

Die Variable `label` wäre nicht belegt, also `null`, wenn in der Zeile darüber die Methode `GetComponentInChildren<Text>()` keinen Wert (also `null`) zurückgeliefert hätte. Ob das möglich ist, können wir durch einen kurzen Blick auf die *Hierarchy View* klären: `ButtonMainMenu` hat zwar in der Tat keine Komponente vom Typ `Text`, was dieses Verhalten verursachen könnte. Aber unter `ButtonMainMenu` hängt ein GameObject mit dem Namen `Text`. Das allein hilft natürlich nicht weiter, weil wir dem Objekt ja beliebige Namen geben könnten. Wenn hier also der Name `Text` für das GameObject verwendet wird, bedeutet das noch lange nicht, dass dieses auch eine Komponente vom Typ `Text` hat. Eine Inspektion dieses GameObjects (natürlich im *Inspector*) zeigt aber, dass es hier sehr wohl eine Komponente vom Typ `Text` gibt, wie Abb. 8.22 illustriert.

Somit können wir fast sicher sein, dass `Localizer.Instance` nicht belegt ist. Dafür spricht auch, dass es funktioniert, wenn wir zuerst `AStartmenu` starten, weil wir hier ja auf jeden Fall einen `Localizer` in der Szene haben, der aufgrund unseres Unity Singleton Pattern auch beim Laden einer neuen Szene erhalten bleibt. Aber `Level-01` hat an sich noch keinen Localizer, und das verursacht genau den Fehler.

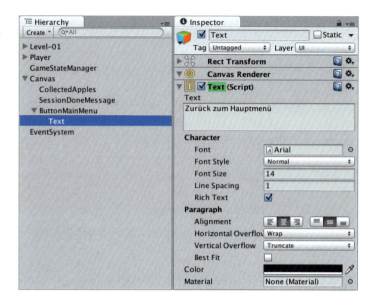

Abb. 8.22
Haben wir eine Text-Komponente?

Eine Möglichkeit, diesen Fehler zu beheben, wäre also, der Szene `Level-01` einen Localizer hinzuzufügen. Das ist aber langweilig: GameObject anlegen, Script draufziehen, dann die Sprachdateien in die Komponente ziehen. Außerdem könnte uns dabei leicht erneut ein Fehler passieren. Eleganter wäre da schon, den Localizer in `AStartmenu` zu kopieren, dann `Level-01` aufzurufen und ihn dort einzufügen. Unity kann das auch, und manchmal ist diese Vorgehensweise vielleicht tatsächlich die sinnvollste. Die Localizer in den verschiedenen Szenen sind dann aber nicht miteinander verknüpft. Das heißt, wenn wir beispielsweise eine neue Sprachdatei für eine weitere Sprache hinzufügen, wird es wieder langweilig, weil wir das in jeder Szene einzeln durchführen müssen. Da gab es doch noch etwas ... erinnern Sie sich?

Wir ziehen also den `Localizer` aus der Szene `AStartmenu` in den *Project Browser*. Auf diese Weise können wir nach wie vor aus einem beliebigen Szenenobjekt ein *Prefab* erzeugen. Für Prefabs hatten wir sogar ein eigenes Verzeichnis im Projekt angelegt. Legen wir unser Localizer-Prefab also am besten gleich dort ab. Dann können wir die Szene `Level-01` aufrufen und das Prefab aus dem *Project Browser* in die *Hierarchy View* ziehen. Damit ist dieses Problem gelöst.

Natürlich sollte der Text in `CollectedApples` sich automatisch dem aktuellen Spielstand anpassen, und der Button sowie der Text in `SessionDoneMessage` sollten während des Spiels unsichtbar sein. Außerdem muss der Text in `SessionDoneMessage` je nach tatsächlichem Ausgang der Runde den korrekten Inhalt haben. Darum kümmern wir uns im nächsten Schritt:

Einen InGameGUIController implementieren

Der `InGameGUIController` soll sich – analog dem `MenuController` aus Abschnitt 8.2.2 – um alle Belange der GUI innerhalb des eigentlichen Spiels kümmern. Während dies im Falle des `MenuControllers` aber nur das Behandeln von Benutzerereignissen ist (Klicks bzw. Taps auf Buttons), ist die primäre Aufgabe des `InGameGUIController`, für die korrekte Darstellung des aktuellen Spielzustands zu sorgen. Daher muss der `InGameGUIController` über Änderungen im `GameStateManager` benachrichtigt werden.

Abstrakt betrachtet bietet sich hierfür das *Observer Pattern* an, das bereits in Abschnitt 8.1.2 als Beispiel genannt wurde. Üblicherweise wird das *Observer Pattern* so umgesetzt, dass sich Beobachter (`Observer`) bei der Instanz einer Klasse registrieren, die in diesem Pattern als `Subject` bezeichnet wird. Diese Beobachter müssen ein *Interface* implementieren, das die Methode `Notify()` vorschreibt. Diese Methode wird dann vom `Subject` für alle Observer aufgerufen, sobald etwas passiert, das die Beobachter erfahren sollen.

Vielleicht erinnert Sie das ein wenig an Abschnitt 8.2.2, in dem der `MenuController` ja mitbekommen musste, wenn einer der Buttons geklickt wurde. Unity stellt tatsächlich eine Variante des *Observer Patterns* zur Verfügung, die nicht nur ohne die Notwendigkeit auskommt, ein spezifisches Interface zu implementieren, sondern auch sehr elegant in den Editor integriert ist. So können wir mit dieser Lösung die Beobachter nicht nur über Programmcode beim `Subject` registrieren, sondern auch direkt im *Inspector*.

Dazu fügen wir zunächst der Klasse `GameStateManager` zwei neue Properties vom Typ `UnityEvent` hinzu, wie in Listing 8.16 angegeben.

```
public class GameStateManager : MonoBehaviour {
    // Unity Singleton Pattern

    public UnityEvent onAppleCollected = new UnityEvent();
    public UnityEvent onGameStateChanged = new UnityEvent();

    private GameState currentGameState = GameState.Playing;
    // …
}
```

Listing 8.16
Den GameStateManager um UnityEvents erweitern

Diese beiden neuen Eigenschaften erscheinen auch gleich nach dem Kompilieren im Unity Editor, wie Sie in Abb. 8.23 sehen. Falls Unity einen Kompilierfehler meldet, liegt das daran, dass das `using UnityEngine.Events` fehlt. In Visual Studio können Sie das `using UnityEngine.Events` leicht hinzufügen, wenn Sie mit der Maus über ein rot unterringeltes UnityEvent fahren und dann `using UnityEngine.Events` auswählen. In MonoDevelop geht das sicher auch ... oder Sie tippen es einfach oben ein.

Um diese Listen zu füllen, müssen wir natürlich erst mal den `InGameGUIController` implementieren und ihn in die Szene ziehen. Diese neue Klasse braucht Zugriff auf unsere GUI-Elemente, um diese ausblenden bzw.

Abb. 8.23
Die neuen Eigenschaften des GameStateManager

einblenden zu können, sowie Methoden, um auf die Ereignisse des GameStateManager sowie des Buttons reagieren zu können. Die gesamte Klasse aus Listing 8.17 sollte für Sie inzwischen beim Lesen gut verständlich sein.

Das switch/case-Statement hatten wir bisher noch nicht verwendet, es sollte sich aber im Prinzip aus der Verwendung erklären: Zwischen den Klammern der switch-Anweisung steht eine Variable (in diesem Fall GameStateManager.Instance.CurrentGameState), und in dem darauf folgenden Block werden die verschiedenen Fälle behandelt, also die verschiedenen möglichen Werte, die die Variable annehmen kann. Dabei könnten wir GameState.Playing auch einfach ignorieren – das würde genauso funktionieren. Dadurch, dass wir es explizit ausgeschrieben und mit einem entsprechenden Kommentar versehen haben, wissen wir aber sofort, dass kein Fall vergessen wurde.

Listing 8.17
Die vollständige Klasse InGameGUIController

```
using UnityEngine;
using UnityEngine.UI;

public class InGameGUIController : MonoBehaviour {

    public Text collectedApples;
    public Text sessionDoneMessage;
    public Button buttonMainMenu;

    public void Start() {
        ToggleSessionOverVisibility(false);
    }

    public void ToggleSessionOverVisibility(bool visible) {
        sessionDoneMessage.gameObject.SetActive(visible);
        buttonMainMenu.gameObject.SetActive(visible);
    }

    public void OpenMainMenu() {
        Application.LoadLevel("AStartmenu");
    }

    public void AppleCollected() {
        string text
            = Localizer.Instance.GetText(
                "InGameGUI.CollectedApples",
                GameStateManager.Instance.CollectedApplesCount,
                GameStateManager.Instance.AllApplesCount);
        collectedApples.text = text;
    }

    public void GameStateChanged() {
        switch (GameStateManager.Instance.CurrentGameState) {
            case GameState.Playing:
                // hier passiert nichts
                break;
```

```
            case GameState.PlayerCrashed:
                sessionDoneMessage.text
                    = Localizer.Instance.GetText(
                            "InGameGUI.GameOver");
                ToggleSessionOverVisibility(true);
                break;
            case GameState.AllApplesCollected:
                sessionDoneMessage.text
                    = Localizer.Instance.GetText(
                            "InGameGUI.ApplesDone");
                ToggleSessionOverVisibility(true);
                break;
        }
    }
}
```

Erweitern Sie noch die beiden Dateien `Texts-en.txt` und `Texts-de.txt` entsprechend, beispielsweise durch die in Listing 8.18 angegebenen Zeilen. Dabei speichern Sie wieder die Zeilen mit dem englischen Text natürlich in `Texts-en.txt` und die Zeilen mit dem deutschen Text in `Texts-de.txt`.[16]

```
InGameGUI.CollectedApples=You have collected {0} of {1} apples!
InGameGUI.ApplesDone=You won!!!
InGameGUI.GameOver=Game Over

InGameGUI.CollectedApples=Du hast {0} von {1} Äpfeln gesammelt!
InGameGUI.ApplesDone=Gewonnen!!!
InGameGUI.GameOver=Game Over
```

Listing 8.18
Neue Zeilen für Texts-en.txt und Texts-de.txt

Wir könnten jetzt, wie beim `MenuController`, ein neues leeres GameObject mit dem Namen `InGameGUIManager` erzeugen und eine Komponente `InGameGUIManager` daran hängen. Das wäre eine korrekte und aufgrund der Konsistenz auch durchaus sinnvolle Lösung.[17] Da ich als Autor aber Ihnen als Leser verschiedene Möglichkeiten vorstellen möchte, gehen wir in diesem Fall einen etwas anderen Weg, der ebenso korrekt ist.

Zunächst benennen wir das GameObject `Canvas` um, damit es einen etwas spezifischeren Namen hat, der die Aufgabe dieses speziellen `Canvas` sofort erkennen lässt: `InGameGUICanvas`. Das Script `InGameGUIController` ziehen wir jetzt auf dieses Objekt. Dann ziehen wir die GUI-Elemente auf

---

16 Eine keine Anmerkung zur Anrede: Ob man in einem deutschen Buch über Computerspiele als Anrede »du« oder »Sie« verwendet, ist eine durchaus diskussionswürdige Frage. Diejenigen, denen »du« lieber gewesen wäre, mögen mir diese Entscheidung verzeihen. In einem Computerspiel wäre die Höflichkeitsform aber schon arg seltsam – sofern es nicht gerade ein Lernspiel für Mitarbeiter in einem großen Konzern oder Vergleichbares ist.
17 In der Spielentwicklung gibt es für viele Probleme unterschiedliche, letztlich mehr oder weniger gleichwertige Lösungen. Sofern es keinen guten Grund dafür gibt, unterschiedliche Lösungen einzusetzen, ist die Verwendung der jeweils gleichen Lösung allein deswegen sinnvoll, weil man den Ansatz dann leicht wiedererkennt und sich so insgesamt schneller in seinem Projekt zurechtfindet.

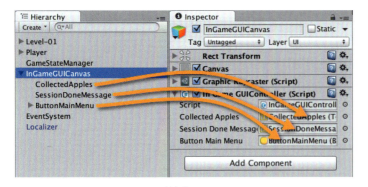

Abb. 8.24
GUI-Elemente in Slots ziehen

die dafür vorgesehenen Slots, wie in Abb. 8.24 illustriert.

Fügen Sie dann am GameStateManager sowohl dem UnityEvent On Apple Collected als auch dem UnityEvent On Game State Changed jeweils einen Listener hinzu (mit dem +). Ziehen Sie den InGameGUICanvas in die Slots für das Objekt, und wählen Sie als Funktion im ersten Fall InGameGUIController.AppleCollected und im zweiten Fall InGameGUIController.GameStateChanged aus.

Natürlich muss der InGameGUIController auch als Listener für ButtonMainMenu registriert werden. Gehen Sie hier auf die gleiche Art und Weise vor, wählen Sie aber als Funktion InGameGUIController.OpenMainMenu.

Jetzt müsste eigentlich alles funktionieren, oder? Probieren wir es aus: Wenn wir das Spiel starten, werden SessionDoneMessage und ButtonMainMenu korrekt ausgeblendet. So weit, so gut. Aber weder werden unsere eingesammelten Äpfel korrekt angezeigt (hier bleibt einfach der ursprüngliche Text stehen) noch bekommen wir unsere Gewonnen- oder Verloren-Meldung.

Einen Laufzeitfehler ohne Konsolenmeldung finden und beheben

Leider passiert auch so etwas in der Spielentwicklung öfter: Irgendetwas passiert nicht, obwohl es passieren sollte, und wir bekommen keinerlei Meldung, warum es nicht passiert. In diesen Fällen ist eine strukturierte Vorgehensweise zur Ermittlung der Fehlerursache mit etwas Übung zwar keine Garantie, aber zumindest eine gute Unterstützung, um frustrierende, langwierige Fehlersuchen zu vermeiden.

Grundsätzlich gibt es in Unity zwei Ebenen, auf denen etwas schieflaufen kann:

1. **Editor:** Die eine Möglichkeit ist, dass wir im Editor vergessen haben, eine Einstellung korrekt vorzunehmen oder eine Zuweisung durchzuführen. Dadurch kann es passieren, dass eine Bedingung nicht erfüllt wird, die für die jeweilige Aktion notwendig ist. Häufig bekommen wir in solchen Fällen Fehlermeldungen, und speziell bei Eigenschaften in eigenen Komponenten ist es eine gute Idee, beispielsweise in der Awake()-Methode die entsprechenden Zuweisungen zu prüfen und eine eigene, aussagekräftige Fehlermeldung über Debug.LogWarn(…) oder Debug.LogError(…) auszugeben, die uns selbst oder vielleicht auch jemand anderem möglichst genau erklärt, was das Problem ist.

2. **Programmcode:** Die andere Möglichkeit ist, dass wir irgendetwas in der Implementierung vergessen oder übersehen haben. In gewissem Rah-

men kann man teilweise auch hier vorbeugen, z. B. indem man bei der Reihenfolge der Implementierungsschritte darauf achtet, im jeweiligen Kontext alle Fälle zu bedenken und erst dann den Kontext zu wechseln: Beispielsweise sollten Sie zuerst die Änderungen in einer Klasse abschließen, dann die entsprechenden Änderungen in einer anderen Klasse vornehmen und erst danach in den Editor wechseln und alles miteinander verknüpfen.

Im Editor haben wir in diesem Fall so weit alles verknüpft. Wir können das sicherheitshalber auch nochmals nachprüfen: Sind die Events im `GameStateManager` mit den richtigen Funktionen im `InGameGUIController` verknüpft? Ist der `InGameGUIController` korrekt konfiguriert? Sind also alle Eigenschaften-Slots mit den richtigen GUI-Elementen gefüllt? Wenn auf dieser Ebene alles passt, können wir auf die Programmcode-Ebene gehen.

Stimmt die Implementierung der Methoden im `InGameGUIController`? Hier hilft Erfahrung und Sicherheit in der Programmierung natürlich sehr, Fehler schneller zu erkennen. Aber selbst erfahrene Programmierer übersehen manchmal eine Zuweisung, die eine andere Zuweisung überschreibt, oder eine umgekehrte Logik: Bei diesen besonders beliebten Fehlern verwechselt der Programmierer den Zustand `true` mit dem Zustand `false`, beispielsweise weil eine Variable einen ungünstigen Namen trägt, was wiederum an Änderungen im Eifer des Gefechts liegen kann oder an mangelnder Koordination in einem Programmierteam.

In diesem Fall liegt der Fehler aber an anderer Stelle. Es wurde einfach etwas vergessen, und zwar in der Klasse `GameStateManager`. Es wurden zwar die Eigenschaften `onGameStateChanged` und `onAppleCollected` hinzugefügt und dann im Editor alles korrekt zugewiesen. Wir hätten uns aber vorhin bei dieser Änderung etwas mehr Zeit lassen und gleich überlegen sollen, an welchen Stellen in welchen Methoden die `Invoke()`-Methode von UnityEvent aufgerufen werden soll. Dieser Aufruf ist es nämlich, der dafür sorgt, dass die registrierten Listener (bzw. Beobachter/Observer) auch tatsächlich benachrichtigt werden.

Die betroffenen Methoden sind `StartPlaying()`, `PlayerCrashed()` und `AppleCollected()`, und Listing 8.19 zeigt die naheliegende Erweiterung.

```
public void StartPlaying() {
   currentGameState = GameState.Playing;
   onGameStateChanged.Invoke();
}

public void PlayerCrashed() {
   currentGameState = GameState.PlayerCrashed;
   onGameStateChanged.Invoke();
}
```

Listing 8.19
Benachrichtigungen für Listener in
GameStateManager

```
public void AppleCollected() {
   onAppleCollected.Invoke();
   if (AllApplesCount == CollectedApplesCount) {
      currentGameState = GameState.AllApplesCollected;
      onGameStateChanged.Invoke();
   }
}
```

Wenn wir das Spiel jetzt ausprobieren, funktioniert es. Die Lösung ist also korrekt. Sie ist aber auch etwas fehleranfällig: Wenn wir beispielsweise später einen neuen Zustand hinzufügen, müssen wir daran denken, auch hier beim Setzen der currentGameState-Variable ebenfalls onGameStateChanged.Invoke() aufzurufen. Um diese (auch besonders beliebte) Klasse von Fehlern zu vermeiden und abgesehen davon auch Redundanzen in unserem Programmcode zu vermeiden, führen wir eine neue private, also nur von GameStateManager aus aufrufbare Methode ChangeGameState(GameState) ein und verbieten ab sofort den direkten schreibenden Zugriff auf currentGameState.[18] Die neue Version finden Sie in Listing 8.20.

Listing 8.20
Elegantere und sicherere Variante der Benachrichtigung

```
public void StartPlaying() {
   ChangeGameState(GameState.Playing);
}
public void PlayerCrashed() {
   ChangeGameState(GameState.PlayerCrashed);
}
public void AppleCollected() {
   onAppleCollected.Invoke();
   if (AllApplesCount == CollectedApplesCount) {
      ChangeGameState(GameState.AllApplesCollected);
   }
}
private void ChangeGameState(GameState newState) {
   currentGameState = newState;
   onGameStateChanged.Invoke();
}
```

Der Fehler, dass vor dem Aufsammeln des ersten Apfels der ursprüngliche Text stehen bleibt, ist damit noch nicht behoben. Das Problem an dieser Stelle ist, dass der Text erst dann mit den aktuellen Werten gesetzt wird, wenn tatsächlich ein Apfel aufgesammelt wird.

---

18 Leider gibt es bisher keine Möglichkeit, dieses Verbot auf einfache Weise direkt über Sprachkonstrukte durchzusetzen. Wir könnten aber den GameState in eine eigene Klasse kapseln, die ausschließlich den GameState hält und Listener benachrichtigt. Der GameStateManager könnte den Zustand dann nur über die neue Methode ändern – das könnten dann aber auch alle anderen. Auch dafür gibt es Lösungen, aber ob der Aufwand gerechtfertigt ist, ist fraglich. Und hier würde diese Richtung auf jeden Fall den Rahmen sprengen.

Hier gibt es unterschiedliche Möglichkeiten: Wir könnten den Text in der Start()-Methode setzen oder beim Wechseln des Spielzustandes auf Playing, was derzeit praktisch den gleichen Effekt hat, aber flexibler ist (z. B. wenn vor dem Zustand Playing noch etwas anderes passieren soll).

Im Sinne der Wiederverwendung ist es naheliegend, einfach AppleCollected() aufzurufen. Das führt zum erwünschten Ergebnis – aber was würde passieren, wenn wir dann AppleCollected() erweitern, beispielsweise um das Abspielen von Sounds oder Animationen, die nicht unbedingt gleich beim Spielstart losgehen sollen?

Daher nehmen wir ein Mini-Refactoring vor, führen eine neue, private Methode UpdateCollectedApples() mit dem bisherigen Inhalt von AppleCollected() ein und rufen diese von AppleCollected() und GameStateChanged() aus auf. Sie sehen das Ergebnis in Listing 8.21.

```
public void AppleCollected() {
  UpdateCollectedApples();
}

private void UpdateCollectedApples() {
  string text
    = Localizer.Instance.GetText("InGameGUI.CollectedApples",
        GameStateManager.Instance.CollectedApplesCount,
        GameStateManager.Instance.AllApplesCount);
  collectedApples.text = text;
}

public void GameStateChanged() {
  switch (GameStateManager.Instance.CurrentGameState) {
    case GameState.Playing:
      UpdateCollectedApples();
      break;
    case GameState.PlayerCrashed:
      // …
```

Listing 8.21
Korrekturen in InGameGUIController

Es gibt noch einen weiteren Fehler, den Sie erst entdecken, wenn Sie mehrere Runden in Folge spielen, was jetzt ja prinzipiell funktioniert. Das war ein echter Fehler, der mir tatsächlich passiert ist: Ab der zweiten Runde kommen beim Aufsammeln von Äpfeln immer MissingReferenceExceptions, und die Anzeige wird nicht mehr aktualisiert. Normalerweise ist die Fehlerbeschreibung hier sehr hilfreich:

```
MissingReferenceException: The object of type 'Apple' has been
destroyed but you are still trying to access it.
Your script should either check if it is null or you should not
destroy the object.
```

In diesem Fall erschließt sich aber erst mal nicht, welches Objekt da zerstört worden sein soll. Meine erste Fährte war, dass vielleicht die Äpfel tatsächlich aus der Szene genommen werden (mit `Destroy(…)`). Das wäre eine naheliegende Erklärung gewesen, der Fehler wäre dann aber schon bei der ersten Runde aufgetreten. Da es mit den Runden zusammenhängt, also offenbar irgendetwas mit dem Wechsel von Szenen zu tun hat, gibt es einen naheliegenden Kandidaten: unser *Singleton Pattern*. Dieses sorgt ja mit `DontDestroyOnLoad()` dafür, dass die entsprechenden Instanzen beim Szenenwechsel nicht gelöscht werden. Wenn man darauf achtet, sieht man dann auch, dass der GameStateManager aus Level-01 nach dem Wechsel zurück zu AStartmenu in dieser Szene bestehen bleibt. Für unseren Localizer ist dieses Verhalten korrekt, aber der GameStateManager ist so konzipiert, dass er nur für den aktuellen Level, also die aktuelle Szene, gelten darf.

Das verursacht, aus ähnlichen Gründen, noch ein anderes Problem: nämlich dass der Zustandswechsel zum Ende der Runde bei der zweiten Runde gar nicht mehr funktioniert und bei einem Crash der Tracer nicht mal mehr explodiert.

Und schuld ist nur eine einzige Zeile. Die kommentieren wir aus: `DontDestroyOnLoad(this.gameObject)` in der `Awake()`-Methode des GameStateManager. Die korrigierte `Awake()`-Methode finden Sie in Listing 8.22.

Listing 8.22
Korrigierte Awake()-Methode von GameStateManager

```
void Awake() {
    if (instance != null && instance != this) {
        Destroy(this.gameObject);
        return;
    } else {
        instance = this;
    }

    // Der GameStateManager gilt nur pro Szene => löschen!
    //DontDestroyOnLoad(this.gameObject);
}
```

Jetzt ist der Prototyp im Prinzip fertig. Spielen und testen Sie ihn ruhig ausführlich. Prüfen Sie, ob die Sprachumschaltung funktioniert, ob immer die korrekten Werte angezeigt werden und ob Ihnen das Aufsammeln der Äpfel Spaß macht. Gibt es Aspekte, die Sie als eher frustrierend empfinden (z. B. die Größe der Äpfel) – dann ändern Sie sie ruhig!

Download von unity-buch.de, Online-Game

> Die erste vollständig spielbare Version des Projekts finden Sie auf der Website zum Buch. Das ist die Datei `Traces_Prototype_0160.zip`. Diesen Stand können Sie übrigens auch direkt vom Download-Bereich aus spielen! Folgen Sie einfach dem Link *Erste richtig spielbare Version!*

8.4 Unity Audio: Stimmung! Soundeffekte! Musik!

Falls unsere Absicht noch wäre, einen möglichst einfachen Prototyp für die Spielmechanik von mehreren Spielern testen zu lassen, wäre der nächste Schritt, Builds von der aktuellen Version zu erzeugen und diese Freunden, Kollegen, Bekannten oder professionellen Testern zur Verfügung zu stellen. Der Grund ist, dass das Einbinden von Audio (also: »Soundeffekte und Musik«) einen starken Einfluss auf die Stimmung des Spielers hat und dadurch auch die Wahrnehmung der Qualität des Spiels beeinflusst.

Probieren Sie das ruhig in einem Selbstversuch aus: Schalten Sie bei Ihrem liebsten Action-PC-Spiel[19] Audio komplett aus, und vergleichen Sie die eigene Erfahrung auf diese Art damit, wie das Spiel sich anfühlt, wenn Sie z. B. über Kopfhörer voll in die Audiowelt eintauchen. Ein ähnliches Experiment können Sie auch mit Spielfilmen machen, wobei da natürlich dann die Sprache fehlt.

Wollen wir also möglichst nüchternes Feedback zum Spielspaß unserer Spielidee bekommen, lassen wir Musik und Soundeffekte besser weg. Wir wollen jetzt aber kein nüchternes Feedback, sondern Spaß – also her mit dem Sound!

Zunächst brauchen wir natürlich Audiodateien. Selbstverständlich können Sie im Folgenden auch Ihre eigenen Musikstücke und Effekte verwenden, so Sie passende haben oder selbst produzieren können.

> Andernfalls können Sie sich von der Website zum Buch das Package `Audio_Package.zip` herunterladen und in Ihr Projekt importieren. Dieses Paket enthält drei verschiedene Tracks als Hintergrundmusik für die Levels, zwei Geräuschkulissen für das Startmenü sowie Effekte für das Fahrzeug, das Aufsammeln von Äpfeln und für das Gewinnen bzw. Verlieren.

Download von unity-buch.de

Die Dateien sind in dem Paket schon sinnvoll vorkonfiguriert, wobei in der Konfiguration zwischen längeren Audiodateien für Musikstücke unterschieden wird, von denen jeweils nur eine einzige läuft, und Audioeffekten, die üblicherweise eher kurz sind, von denen aber gleichzeitig sehr viele laufen können.

Für Musikstücke wird bei `Load Type` die Einstellung `Compressed In Memory` verwendet. Auf diese Weise wird zur Laufzeit Speicher gespart, was gerade bei längeren Audiodateien wie diesen ins Gewicht fallen kann. Der Nachteil ist, dass die Dateien beim Abspielen dekomprimiert werden müssen, was natürlich etwas Performance kostet. Daher sind die Effekte auf `Decompress On Load` eingestellt. Somit werden diese Audiodateien beim

---

19 Bei Spielen für mobile Geräte wird oft eher darauf geachtet, dass sie auch ohne Audio funktionieren, weil solche Spiele häufig in der Öffentlichkeit gespielt werden, wo die Spieler auf Audio eher verzichten. Natürlich hängt es auch ein wenig vom Genre ab. Am stärksten dürfte der Effekt bei Horror-Spielen sein, von denen ich aber kein Fan bin.

Abb. 8.25
Eigenschaften des Audio-Importers

Laden entkomprimiert und liegen dann in dieser Form im Speicher. So können sie mit minimalem Einfluss auf die Performance abgespielt werden, was speziell dann eine Rolle spielen kann, wenn sehr viele dieser Dateien gleichzeitig abgespielt werden. Den höheren Speicherverbrauch nehmen wir dafür in Kauf.

Sämtliche Eigenschaften des Audio-Importers finden Sie in Abb. 8.25. Es gibt auch bei Load Type die Option Streaming, die ich aber nur bei sehr knappem Speicher bzw. außergewöhnlich langen Musikstücken verwenden würde.

Bei Format ist wahrscheinlich ADPCM etwas erklärungsbedürftig: Dabei handelt es sich um ein Kompressionsformat, das eine Kompressionsrate von 1:3,5 bietet (also auf weniger als ein Drittel der ursprünglichen Dateigröße komprimiert) und sehr schnell dekomprimiert werden kann. Es funktioniert am besten mit natürlichen Geräuschen, die von sich aus einen gewissen Rausch-Anteil beinhalten, z. B. Schritte, Kollisionen, Schüsse, und würde dann mit der Einstellung Compressed In Memory verwendet werden.

Die Dateien unter Audio / Effects / PickupSounds sind ein gutes Beispiel dafür, wann man dieses Format **nicht** verwenden sollte: Probieren Sie es ruhig mal mit ApplePickup-01Green_1 aus. Bei ADPCM hört man hier ein deutliches Rauschen, was so in dem Sound nicht enthalten ist. Schalten Sie auf Vorbis um, klingt es wieder so, wie es klingen soll. Dann haben Sie auch die Möglichkeit, die Qualität einzustellen.

Die Sample Rate ist die Anzahl der Samples pro Sekunde, gibt also an, wie fein aufgelöst die Audiodatei bezüglich des Frequenzspektrums aufgenommen wurde. Wenn Sie Override Sample Rate auswählen, können Sie hier manuell typische Werte auswählen. Um mit dem Effekt vertraut zu werden, sollten Sie bei Format dann PCM einstellen, da sich sonst Kompressionsartefakte und ggf. auch minimale Sampleraten der Kompressionsalgorithmen mit dem akkustischen Effekt einer niedrigeren oder höheren Samplerate überlagern.

Typische Werte sind 44.100 Hertz (Hz) für CDs und 48.000 Hz für professionelles Audio-Equipment. Für Sprache reichen prinzipiell auch schon 8000 Hz, wobei Zischlaute bei dieser Samplerate wahrnehmbar an Qualität verlieren. Mit Optimize Sample Rate können Sie nichts verkehrt machen – da kümmert sich Unity darum, dass die Rate sinnvoll ist.

Sie können die Datei, nachdem Sie Ihre Änderungen mit Apply gespeichert haben, über den Play-Button in der Vorschau jederzeit abspielen, auch mit Wiederholung (das ist der entsprechende Button links neben dem Play-Button, im Screenshoot ist das aktiv). Der Button mit dem Lautsprecher dient dazu, Audiodateien direkt abzuspielen, sobald man sie im Projekt auswählt. So können Sie sehr schnell eine große Anzahl von Audiodateien vorhören. Ist dieser Modus aktiv, erscheint ein sehr kleiner Play-Pfeil über dem Lautsprecher (siehe Abb. 8.26).

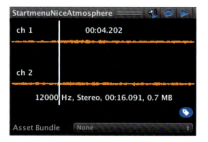

Abb. 8.26
Die Audio-Vorschau

Die weiteren Eigenschaften sind im Prinzip selbsterklärend, im Zweifelsfall sind die Tooltips zu den Eigenschaften auch hilfreich. Vorsichtig sollten Sie aber mit der Eigenschaft Preload Audio Datei sein. Ist diese nämlich ausgeschaltet, wird die Audiodatei nur geladen, wenn Sie von einem Script aus vorher die Methode LoadAudioData() aufgerufen haben und Unity auch einen Moment Zeit zum Laden gelassen haben (je nach den anderen Einstellungen).

8.4.1 Hintergrundmusik für Startmenü und Level auswählen

Öffnen Sie die Szene AStartmenu. Ziehen Sie die Datei Audio / Soundscapes / StartmenuWeirdAtmosphere von der *Project View* in die *Hierarchy*. Starten Sie das Spiel. So schnell kann's gehen. ;-)

Unity verwendet hier einfach sehr günstige Voreinstellungen, wenn wir eine Audiodatei direkt in die Szene ziehen. Zunächst wird automatisch ein GameObject erzeugt, das über eine AudioSource-Komponente verfügt. Wie der Name vermuten lässt, handelt es sich dabei um eine Quelle von Audio. Alle Eigenschaften dieser Komponente sehen Sie in Abb. 8.27. Der eigentliche AudioClip, also die Datei, die wir in die Szene gezogen haben, findet sich in der Eigenschaft Audio Clip. Unity aktiviert automatisch auch die Eigenschaft Play On Awake. Deswegen hören wir gleich beim Starten dies Spiels diese »Geräuschkulisse«. Allerdings wird die Datei nur einmal abgespielt, weil Loop standardmäßig deaktiviert ist. Aktivieren Sie diese Checkbox bitte, da wir natürlich permanent beschallt werden wollen. Schließlich stellt Unity Spatial Blend auf 0. Das bedeutet, dass Unity bei dieser AudioSource die räumliche Position in der Szene ignoriert, was für ein Hintergrundgeräusch auch sinnvoll ist.

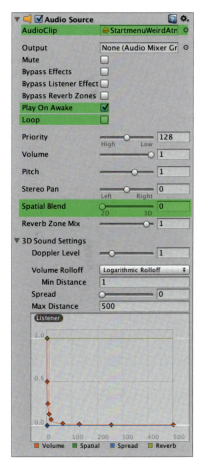

Abb. 8.27
Eigenschaften der Komponente Audio Source

Technisch ist das Hinzufügen eines Hintergrundgeräuschs also erst mal sehr einfach. Gefragt ist hier eher das künstlerische Feingefühl: Welche Art von Hintergrundgeräusch oder Hintergrundmusik passt für das Startmenü? Wir haben unter Audio / Soundscapes und Audio / Music insgesamt fünf Dateien zur Auswahl. Ideal ist natürlich, wenn Sie oder ein Mitglied Ihres Teams eine Audiodatei produzieren können, die genau die Stimmung erzeugt, die Sie zu Beginn des Spiels erzeugen möchten. Falls Sie nicht vorhaben, das Spiel zu veröffentlichen (oder bereit sind, erhebliche Lizenzierungskosten zu bezahlen), könnten Sie hier auch Ihr Lieblingslied aus Ihrer MP3-Sammlung verwenden. Ansonsten ist der Unity Asset Store eine gute Quelle für Spielentwickler ohne musikalische Fähigkeiten, Equipment oder solche, die einfach nicht die Zeit für eine Audioproduktion haben.

Die Hintergrundmusik für Level-01 setzen Sie auf die gleiche einfache Weise um. Vergessen Sie auch hier nicht, Loop zu aktivieren. In den Beispielprojekten verwende ich für AStartmenu die Datei Audio / Soundscapes / StartmenuNiceAtmosphere und für Level-01 die Datei Audio / Music / Level01-TheSquare. Die so erzeugten GameObjects nenne ich Background-

Atmosphere bzw. BackgroundMusik. Die von Unity automatisch erzeugten Namen würde ich nicht verwenden, weil wir ja jederzeit eine andere Audiodatei in die AudioClip-Eigenschaft ziehen können, und dann wäre der Name der anderen Audiodatei irreführend.

Mit dem Abstimmen der Effekte auf die Musik beschäftigen wir uns, sobald wir Level-01 mit den entsprechenden Effekten ausgestattet haben.

8.4.2 Soundeffekte für das Spiel hinzufügen

Zuerst müssen wir uns natürlich überlegen, welche Soundeffekte es in unserem Spiel geben soll. Dabei gibt es einige Soundeffekte, die im Moment relativ offensichtlich fehlen: Das *Aufsammeln von Äpfeln* wirkt ohne entsprechendes Geräusch etwas trocken. *Wenn wir gewinnen,* fehlt eine Fanfare oder Ähnliches, um den Erfolg zu feiern.

Das *Fahren gegen eine Wand* löst bereits ein Explosionsgeräusch aus. Zusätzlich könnten wir einen »Verloren-Sound« einführen, müssen dabei aber aufpassen, dass sich das nicht mit der Explosion überschneidet.

Je nach Spiel- und Hörgewohnheiten ist vielleicht weniger auffällig, dass das Fahrzeug derzeit kein *Motorengeräusch* erzeugt. Da der Tracer derzeit noch nicht beschleunigen bzw. bremsen kann, können wir dazu einen einfachen Ton mit Loop verwenden. Schließlich können wir durch ein *Geräusch beim Drehen* dem Spieler etwas stärkeres Feedback für seine eigene Aktion geben.

Eine weitere Maßnahme, um dem Spieler ein etwas stärkeres Gefühl von Action zu geben, wäre ein Warngeräusch, das beispielsweise ertönt, wenn der Spieler sich einer Wand nähert oder sehr nah an einer Wand entlang fährt. Das lassen wir der Einfachheit halber weg.[20] Stattdessen begnügen wir uns mit den Soundeffekten, die sich mit geringem Aufwand in die Szene einfügen lassen.

8.4.3 Dem Tracer ein Motorengeräusch geben

Das ist einfach: Ziehen Sie, während die Szene Level-01 geladen ist, einfach aus dem Projekt die Datei Audio / Effects / TracerSounds / TracerEngine auf das GameObject Player / Tracer-00 in der *Hierarchy*. Zwei Einstellungen sind hier unbedingt zu korrigieren: Loop muss natürlich aktiviert werden, sonst hört das Motorengeräusch nach kurzer Zeit auf.

---

20 Es gibt hier einfachere und komplexere Lösungsansätze: Trigger an Wänden, die deutlich über die Wände hinausragen, könnten einen entsprechenden Sound starten, sobald das Fahrzeug den Trigger berührt, und stoppen, wenn das Fahrzeug den Trigger wieder verlässt. Oder wir berechnen, wie weit das Fahrzeug in Fahrtrichtung bzw. seitlich von Wänden entfernt ist, und stellen direkt anhand dieser Entfernung die Lautstärke für den Sound ein. Dazu könnten wir die Methode Physics.Raycast() und die Eigenschaft RaycastHit.distance verwenden. Bei dieser Lösung könnten wir auch unterschiedliche Klänge für »in Fahrtrichtung« und »seitlich« einführen.

Außerdem sollte `Spatial Blend` auf 1 gesetzt werden. Damit wird das Motorengeräusch räumlich über die Lautsprecher ausgegeben, je nach Ausstattung und Voreinstellung sogar mit Surround-Sound. Hierzu gibt es auch eine Einstellung unter *Edit/Project Settings/Audio*: `Default Speaker Mode`.

Dabei muss Unity natürlich nicht nur den Ort der Audioquelle kennen, sondern auch wissen, von wo aus wir den Klang hören. Das ist der Grund, warum an der Kamera in Unity automatisch eine `AudioListener`-Komponente hängt. So hören wir räumliche Klänge aus der Perspektive der Kamera, was ja auch naheliegend ist. Derzeit darf es in Unity immer nur genau einen `AudioListener` geben, auch wenn mehrere gleichzeitig aktive Kameras erlaubt sind.[21] In diesem Fall darf entweder nur eine Kamera überhaupt einen `AudioListener` haben oder die anderen `AudioListener` müssen deaktiviert sein.

Eine weitere Einstellung, die zwar nicht unbedingt notwendig ist, aber einen schönen Effekt macht, ist der `Doppler Level` unter `3D Sound Settings` (ggf. müssen Sie das erst aufklappen). Der *Doppler-Effekt* ist ein physikalischer Effekt, der dazu führt, dass Geräusche von Objekten, die sich schnell auf uns zu bewegen, etwas höher klingen und dass Objekte, die sich schnell von uns entfernen, etwas tiefer klingen. Sie kennen diesen Effekt von vorbeifahrenden Autos, speziell von Krankenwagen oder Polizeifahrzeugen, bei deren Sirenen der Effekt besonders deutlich ist. Stellen Sie `Doppler Level` beispielsweise auf 2.

Ein recht herausforderndes Thema sind die Einstellungen für `Volume Rolloff`: Hier können Sie ganz genau kontrollieren, welchen Einfluss bei 3D-Sounds die Entfernung des Objekts zur Kamera auf die Lautstärke hat (3D-Audio). Wenn Sie wollen, können Sie hier sogar die Kurve ganz präzise einstellen.

Hier zahlen sich jetzt die verschiedenen Kamera-Prefabs aus, die wir am Anfang hinzugefügt haben: Kameras, die dem Spieler recht streng mit gleicher Entfernung folgen, sind gegenüber dem Doppler-Effekt und dem Volume Rolloff natürlich eher unempfindlich. Aber speziell die *Cctv-Kameras* machen diese Effekte recht deutlich hörbar, wenn das Fahrzeug an der Kamera vorbeifährt oder sich weit von ihr entfernt.

Der Doppler-Effekt ist eine schöne Erinnerung daran, wie viel Unity für uns macht, ohne dass wir viel dazu beitragen müssen. Stellen Sie sich vor, Sie müssten all diese Funktionalitäten selbst programmieren! Gleichzeitig werden wir dabei aber nicht in unserer Kreativität eingeschränkt.

---

21 Das mag auf den ersten Blick nicht sinnvoll erscheinen. Es gibt hierzu aber neben Split-Screen (z. B. eine Kamera oben im Bild, eine unten, um einen einfachen Mehrspieler-Modus umzusetzen) noch weitere, eher technische Anwendungsfälle (z. B. können auf diese Weise bestimmte Effekte umgesetzt werden).

8.4.4 Dramatischere Drehungen entwickeln

Wir bleiben noch etwas beim Tracer: Wenn wir eine Drehung nach links oder rechts machen, soll dies durch einen kurzen Sound unterstrichen werden. Dazu verwenden wir das in Unity integrierte Messaging: Die verschiedenen Versionen unseres `TracerController` wissen ja genau, wann eine Drehung stattfindet. Diese können dann über die Methoden `Component.SendMessage()(…)` an alle Komponenten des GameObjects, an dem der `TracerController` hängt, geschickt werden oder mit `Component.BroadcastMessage(…)` an alle Komponenten des GameObjects und dessen Kinder. `Component` ist die Vaterklasse von `Behaviour`, der Vaterklasse von `MonoBehaviour`, die wiederum die Vaterklasse all unserer Scripts ist. Somit stehen diese beiden Methoden unseren Scripts direkt zur Verfügung.

Verarbeitet wird diese Nachricht dann von einer neuen Komponente `TracerAudio`. Diese braucht eine Eigenschaft `AudioSource` und eine Methode, die den Sound abspielt. Pro GameObject ist immer nur eine `AudioSource` möglich, daher können wir den Sound nicht direkt an `Tracer-00` hängen (dort hängt schon das Motorgeräusch). Eine Möglichkeit wäre nun, ein neues GameObject unter `Tracer-00` zu hängen, das den Namen der Audiodatei trägt und als Komponente nur die entsprechende `AudioSource` hat. Da wir aber schon ein GameObject `RotateBody` haben, das offenbar mit den Drehungen zu tun hat, ist dies auch ein gut geeignetes Zuhause für den Sound.

Ziehen Sie also zunächst die Datei Audio / Effects / TracerSounds / TracerTurn aus dem Projekt auf das Objekt Player / Tracer-00 / RotateBody in der Szenenhierarchie. `Play On Awake` müssen wir auf jeden Fall abschalten und `Spatial Blend` wieder auf 1 setzen.

Nun implementieren wir die neue Klasse `TracerAudio` so, wie in Listing 8.23 angegeben. Den Parameter `TurnCommand direction` brauchen wir im Moment noch nicht, wir könnten damit aber beispielsweise für Drehungen nach links einen anderen Sound verwenden als für Drehungen nach rechts. Das wichtigere Argument für die Entscheidung, diesen Parameter vorzusehen, ist, dass dies ja eine Nachricht ist, die auch von anderen Komponenten ausgewertet werden könnte, und da kann die Richtung der Drehung eine wichtige Information sein. Wenn diese fehlt, müssten wir später möglicherweise einigen Code ändern und hätten auch ein erhebliches Potenzial für unentdeckte Fehler.

Listing 8.23
Die Klasse TracerAudio.cs

```
using UnityEngine;

public class TracerAudio : MonoBehaviour {

    public AudioSource tracerTurnSound;

    public void TracerTurned(TurnCommand direction) {
        tracerTurnSound.Play();
    }
}
```

Da wir zwei Versionen von TracerController haben, müssten wir die entsprechende Änderung doppelt ausführen:[22] Die Änderung ist aber in beiden Klassen identisch und wird am Anfang der Methode CheckForTurn() vorgenommen, wie Sie in Listing 8.24 sehen.

```
if (inputHandler.HasTurnCommand(TurnCommand.Left)) {
    testRotation = -90F;
    SendMessage("TracerTurned", TurnCommand.Left);
} else if (inputHandler.HasTurnCommand(TurnCommand.Right)) {
    testRotation = 90F;
    SendMessage("TracerTurned", TurnCommand.Right);
}
```

Listing 8.24
Erweiterung in der Methode CheckForTurn() in TracerControllerV1 und TracerControllerV2

Jetzt bleibt nur noch, dem GameObject Tracer-00 die Komponente TracerAudio hinzufügen und den Slot Tracer Turn Sound mit dem GameObject RotateBody befüllen. Wie üblich erkennt Unity automatisch, dass wir von RotateBody nur an der AudioSource interessiert sind.

Jetzt müsste, wenn Sie das Spiel starten, bei jeder Drehung ein kurzer Sound zu hören sein, der wie auch das Motorengeräusch im Raum geortet werden kann und vom Fahrzeug aus kommt. Falls die Hintergrundmusik des Levels dabei zu sehr ablenkt, können Sie diese einfach im Inspector deaktivieren, nachdem Sie das entsprechende GameObject in der Szenenhierarchie ausgewählt haben.

Bevor wir diesen Punkt abschließen, gibt es aber noch eine kleine, eher kosmetische Änderung: Am GameObject Tracer-00 hängt die Komponente TracerAudio jetzt hinter der AudioSource. Da AudioSource eine Fülle von Einstellungsmöglichkeiten bietet, schiebt sie die Komponente TracerAudio leicht aus dem sichtbaren Bereich. Natürlich könnte man die ganze Komponente AudioSource einklappen. Das gilt dann aber automatisch für alle AudioSource-Komponenten. Eine schönere Lösung ist, die Komponente TracerAudio nach oben zu verschieben, was über das Kontextmenü der Komponente geht, wie Sie in Abb. 8.28 sehen können.

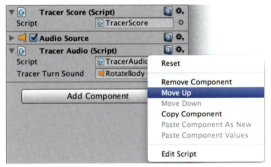

Abb. 8.28
Komponenten am GameObject verschieben

8.4.5 Das Einsammeln von Äpfeln und das Gewinnen akustisch untermalen

Für den Sound beim Einsammeln von Äpfeln und die Fanfare beim Gewinnen verwenden wir wieder die bewährten Unity-Events. Der GameStateManager bietet ja bereits die Events On Game State Changed und On Apple Collected, für die wir uns nur noch registrieren müssen. Was

---

22 Das ist jetzt schon das zweite Mal, dass wir etwas doppelt ändern müssen – damit ist dieser Codeblock auch ein Kandidat für das Refactoring: eine Methode in TracerControllerBase, die die Rotation mit ref übergeben bekommt und sie somit überschreiben kann.

noch fehlt, ist eine Komponente, die sich um solche Sounds kümmert und sich beim GameStateManager registrieren kann. Analog dem InGameGUI-Controller führen wir jetzt also einen InGameAudioController ein, wie er in Abb. 8.28 abgedruckt ist.

*Listing 8.25
Der komplette InGameAudioController*

```
using UnityEngine;

public class InGameAudioController : MonoBehaviour {

    public AudioSource appleCollectedSound;
    public AudioSource gameWonSound;

    public void AppleCollected() {
        appleCollectedSound.Play();
    }

    public void GameStateChanged() {
        if (GameStateManager.Instance.CurrentGameState
                == GameState.AllApplesCollected) {
            gameWonSound.Play();
        }
    }
}
```

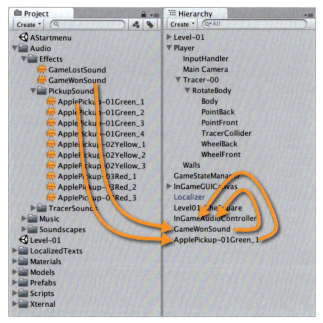

*Abb. 8.29
Audiodateien zuerst in die Szene, dann unter InGameAudioController ziehen*

Legen Sie wie in solchen Fällen üblich ein GameObject mit dem Namen InGameAudioController an, auf das Sie die Komponente InGameAudioController ziehen. Dieses Mal hängen wir die entsprechenden Audiodateien direkt als Kinder an das GameObject InGameAudioController. Da man die Audiodateien nicht direkt auf das GameObject InGameAudioController ziehen kann (da sie sonst ja als AudioSource-Komponente an diesem Objekt hängen würden anstatt als jeweils eigenes GameObject), ziehen wir sie zunächst einfach so in die Szenenhierarchie und erst von dort aus unter InGameAudioController. Abb. 8.29 veranschaulicht diesen Vorgang. GameWonSound hat schon einen sinnvollen Namen, für ApplePickup-01Green_1 ist das neutralere ApplePickupSound geeigneter, also benennen wir es um.

Vergessen Sie bei den Audiodateien nicht, Play on Awake zu deaktivieren. Ansonsten geht es beim Start des Spiels gleich mit einer Fanfare und Audiochaos los. Ansonsten passen die Audiodateien fürs Erste so, wie sie sind. In diesen beiden Fällen wollen wir ja normale Stereosounds und nicht, dass die Klänge im Raum zu orten sind.[23]

Nach dieser Operation sollte die Szenenhierarchie so aussehen wie in Abb. 8.30, die gleichzeitig auch zeigt, wie Sie die Audiodateien in die entsprechenden Slots im InGameAudioController ziehen.

Nun müssen wir noch im GameStateManager den InGameAudioController als Beobachter für die Ereignisse On Game State Changed und On Apple Collected registrieren, und zwar mit den gleichnamigen Methoden.

Im Falle von AppleCollected() wäre es durchaus eine Überlegung wert, die Methode umzubenennen, z. B. in PlayAppleCollectedSound(). Wir bleiben hier aber bei der etwas abstrakteren Benennung, unter anderen, weil wir bei GameStateChanged() eine solche Umbenennung gar nicht durchführen können: Dort muss ja zunächst der Status geprüft werden. Das heißt, es ist gar nicht gesagt, dass PlayPlayerWonSound(), wenn wir die Methode so nennen würden, tatsächlich einen Sound abspielt. Das könnten wir lösen, indem wir statt einem abstrakten Ereignis On Game State Changed für jede konkrete Zustandsänderung eine Liste von Beobachtern halten. Der InGameAudioController würde sich dann mit einer konkreten Methode (z. B. PlayPlayerWonSound()) für ein Ereignis On Player Has All Apples Collected registrieren.

Hier gibt es kein Richtig oder Falsch, sondern nur verschiedene Lösungen mit unterschiedlichen Vor- und Nachteilen: Die abstrakte Variante ist auf der Ebene des Editors etwas schwerer zu verstehen. Das heißt, wir machen mit dieser Variante dem Level-Designer das Leben schwerer, der nur in Unity arbeitet und sich für den Programmcode nicht interessiert. Dafür erfordert die konkrete Variante mehr Programmierung und in einigen Fällen mehr Einrichtungsarbeit im Editor: Beispielsweise müsste man dann den InGameGUIController für alle drei Ereignisse bezüglich des GameState gesondert registrieren.

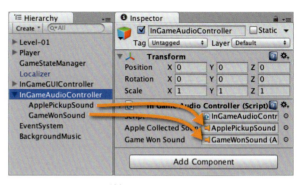

Abb. 8.30
Audiodateien in dafür vorgesehene Slots ziehen

> Den aktuellen Projektstand mit allen AudioSources können Sie sich auch als Basis für den folgenden Abschnitt unter Traces_Prototype_170.zip herunterladen.

Download auf unity-buch.de

---

23 Für die Äpfel könnte man das durchaus vorsehen. Speziell in einem Mehrspieler-Modus könnte das sinnvoll sein. Dann müsste man jedoch die Äpfel selbst die Sounds abspielen lassen, also einen ganz anderen Ansatz verfolgen, als hier vorgesehen ist.

8.4.6 Audio-Engineering: Musik und Effekte aufeinander abstimmen

Jetzt haben wir alle Sounds beisammen und können das Abmischen von Musik und Effekten angehen. Dazu bietet Unity seit Version 5.0 ein neues Asset mit dem Namen *Audio Mixer*, das wir über *Assets/Create/Audio Mixer* oder über das entsprechende Kontextmenü im Projekt erstellen können. Erzeugen Sie einen solchen *Audio Mixer* direkt im Verzeichnis `Audio` im Projekt; dort ist er bestens aufgehoben (siehe auch Abb. 8.31). Nennen wir ihn `MainMixer` – Unity unterstützt zwar auch sehr komplexe Setups mit mehreren Mixern, aber das macht für unser überschaubares Audio-Engineering keinen Sinn.

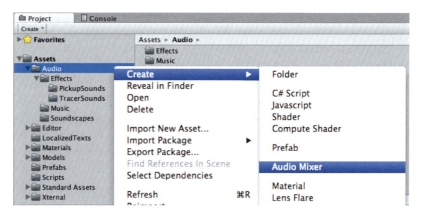

Abb. 8.31
Einen Audio Mixer erzeugen

Wenn Sie den Audio Mixer doppelt anklicken oder in seinem *Inspector* den Button `Open` klicken, erhalten Sie die *Audio Mixer-View*, die Sie auch in der Mitte von Abb. 8.32 sehen.

Abb. 8.32
Audio Mixer ohne Gruppen

Wenn Sie Master – das ist unsere Hauptgruppe – entweder im Projekt anklicken oder den Kanalzug `Master` im *Audio Mixer,* dann erscheinen die Einstellungen dazu wie üblich im *Inspector*. Wenn Sie zusätzlich den Play-Modus aktivieren, was natürlich zum Abmischen der Sounds notwendig ist, können Sie auch `Edit in Playmode` aktivieren, um Veränderungen am Mix vornehmen zu können. Die Änderungen werden – im Gegensatz zu Änderungen in der Szene – auch nach dem Beenden des Play-Modus gespeichert.

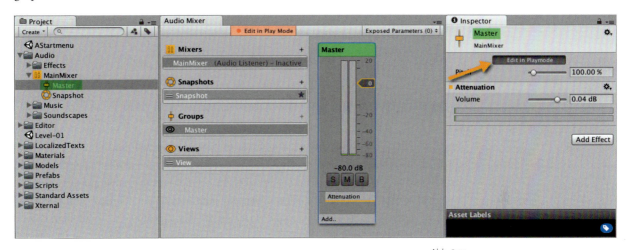

Abb. 8.33
Audio Mixer mit Edit in Playmode aktiviert

Hier passiert allerdings noch nicht viel: Selbst wenn wir den Master-Fader ganz nach unten auf −80 ziehen, hört man immer noch die Musik und alle Geräusche. Das liegt daran, dass wir noch keine Gruppen (Groups) erzeugt und dementsprechend unsere `AudioSources` auch keinen Gruppen zugewiesen haben. Sie sehen wahrscheinlich schon, wie das geht: Klicken Sie einfach auf das Plus-Symbol bei `Groups` – was allerdings nur möglich ist, wenn Sie nicht im Play-Modus sind! Alternativ können Sie auch mit Rechtsklick 🖱 auf eine Gruppe (z. B. `Master`) und dann durch Auswahl von `Add child group` eine neue Gruppe anlegen.

Erst mal alles verkabeln

Um die volle Kontrolle über unseren Mix zu haben, legen wir für jeden Sound eine eigene Gruppe an, also `BackgroundAtmosphere` (für das Startmenü), `BackgroundMusic`, `TracerEngine`, `TracerTurn`, `ApplePickup`, `Explosion` und `GameWon`. Langsam fängt unser Unity-Mixer an, wie ein echtes Mischpult auszusehen (siehe Abb. 8.34).

> In komplexeren Projekten können Sie dann alle zusammengehörigen Sounds in jeweils einen Mixer legen und diesen wiederum als Gruppe in einen anderen. Auf diese Weise können Sie zunächst die zusammengehörigen Sounds aufeinander abstimmen und dieses Ensemble dann mit einem einzigen Fader auf den Gesamtmix abstimmen.

Pro-Tipp

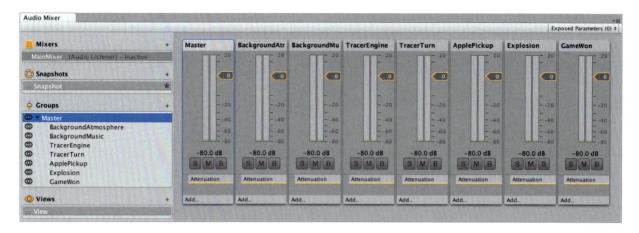

Abb. 8.34
Audio Mixer mit Gruppen

Im nächsten Schritt müssen wir jede AudioSource der korrekten Group zuweisen. Dazu dient die Eigenschaft Output ganz oben in der AudioSource-Komponente. Hier hilft wieder die Szenensuche: Schränken Sie die *Hierarchy* auf den Typ AudioSource ein. So können Sie jedes Objekt mit AudioSource selektieren und über das Kreis-Icon bei Output die korrekte Group wählen (siehe Abb. 8.35). Alternativ können Sie die Gruppen auch aus dem Mixer in den Slot ziehen, wie Sie es bereits aus der *Hierarchy* und dem *Project Browser* kennen.

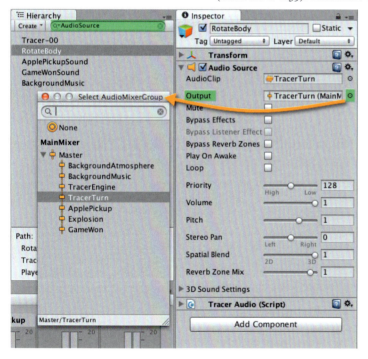

Vielleicht kommen Sie sich jetzt schon wie ein virtueller Sound-Engineer vor: Bevor wir irgendetwas machen können, müssen wir immer erst ordentlich verkabeln. Das mag zunächst mühsam erscheinen, bietet aber eine Flexibilität, die wir dann sehr zu schätzen wissen. Vergessen Sie nicht: Audio funktioniert in Unity auch ohne Audio-Mixer. Da ist es dann einfacher, aber auch nicht so flexibel.

Vergessen Sie auch nicht, Explosion zuzuweisen – diese AudioSource finden Sie nicht in der Szene, sondern im Projekt unter Standard Assets / ParticleSystems / Prefabs / Explosion. Und natürlich brauchen wir auch die BackgroundAtmosphere aus AStartupmenu. (Dazu müssen wir natürlich die Szene wechseln.)

Abb. 8.35
AudioSource den Gruppen zuweisen

Und abmischen …

Jetzt, wo wir alles vorbereitet haben, können wir uns an den eigentlichen Mix machen: Spielen Sie das Spiel, lassen Sie es pausieren, stellen Sie über die Fader die Lautstärken ein, spielen Sie weiter. Wie man das halt in Unity so macht. Und seien Sie nicht zu streng mit sich, wenn Ihre ersten eigenen Versuche sich erst mal nicht so toll anhören.

Audio-Engineering erfordert nämlich ein hohes Maß an Erfahrung: Sie müssen die richtige Hintergrundmusik auswählen oder gar selbst komponieren und Effekte für Ereignisse im Spiel erschaffen, die die gewünschte Stimmung des Spiels bestmöglich unterstützen … und all dies auch noch so produzieren und abmischen, dass es auf der High-End-Dolby-Surround-Anlage des Hardcore-Gamers die Technik bestmöglich ausnutzt, aber auch auf Handylautsprechern noch zumindest passabel klingt.

Wenn Sie nicht selbst »vom Fach« sind, holen Sie sich jemanden an Bord, der es ist. Ihre Spieler werden es Ihnen danken. Und wenn niemand Zeit und/oder Lust hat, Sie direkt bei Ihrem Spiel zu unterstützen – sprechen Sie zumindest mit Profis.

Immerhin: Sie finden im Unity Asset Store eine Vielzahl von fertigen Musikstücken für verschiedene Genres sowie Effekte für fast jedes erdenkliche Ereignis. Damit ist schon viel gewonnen!

Aber das saubere Abmischen all dieser Klangquellen erfordert immer noch Erfahrung und eigentlich auch spezielles technisches Equipment. Wenn Sie es ernst meinen, investieren Sie in Studiomonitore,[24] und schulen Sie Ihr Gehör, indem Sie diese zum Hören von Kinofilmen, Computerspielen und Ihrer MP3-Sammlung nutzen. Achten Sie dabei darauf, welche Audioelemente welche Lautstärke haben, auf welchen Frequenzbändern sie klingen und mit welchen Effekten sie versehen sind.

Unity wird Sie hier jedenfalls seit Version 5 praktisch nicht mehr einschränken: Dort können Sie auf jeden Kanal auch Effekte legen, darunter auch verschiedene Filter, Echo, Reverb, Chorus, Flanger und Compressor. Es geht sogar so weit, dass Sie eigene Effekte programmieren und in Unity einbinden können. Mit dem Thema allein könnte man ein ganzes Buch füllen.

Ein spannender Effekt, auf den ich Sie in diesem Zusammenhang aber zumindest kurz aufmerksam machen möchte, ist das sogenannte Ducking: Damit kann die Lautstärke auf einem Kanal einen anderen Kanal abdämpfen. Wenn Sie beispielsweise eine Explosion hören (was Ihnen hoffentlich niemals wirklich passieren wird), sind Sie einen Moment fast taub, haben

---

[24] Das Besondere an Studiomonitoren ist nicht, dass sie »gut klingen«, sondern einen linearen Frequenzgang haben, also den Klang möglichst wenig verändern. Ideal ist sogar, zusätzlich zu den Studiomonitoren ein paar richtig schlechte Billigboxen zu haben und gelegentlich auch darüber zu hören. Mehr dazu: Links auf *unity-buch.de* – dort habe ich einige Artikel zu dem Thema verlinkt, die Ihnen einen Einstieg bieten sollten.

vielleicht sogar ein Pfeifen im Ohr, und andere Geräusche kehren erst langsam wieder in Ihre Wahrnehmung zurück.

In Unity brauchen Sie für diesen Effekt auf dem Kanal, der abgedämpft werden soll, den Effekt `Duck Volume`. Bei uns ist das `BackgroundMusic`. Der Kanal, der die Abdämpfung verursacht, braucht einen Send, der in den Bus des `Duck Volume`-Effekts geroutet wird. `Send level` sollte dabei relativ hoch sein (ich habe `0.00 dB`). Wenn Sie dann den Effekt `Duck Volume` selektieren, sehen Sie im *Inspector* sehr schön, während die Explosion passiert, wie weit Sie `Threshold` runter und `Ratio` rauf drehen müssen, damit der Effekt deutlich hörbar wird.

Eine Möglichkeit für den Gesamtmix finden Sie in Abb. 8.36. Die beiden Inspector-Views zeigen auch die Einstellungen der Effekte, mit denen ich ganz passable Ergebnisse erzielt habe.

Abb. 8.36
Ein möglicher Gesamtmix mit Ducking

Wir feiern die Fertigstellung unseres Prototyps jetzt aber, indem wir Builds dieser Version für verschiedene Plattformen erzeugen und sie einer ersten kleinen Spielergemeinde zur Verfügung stellen.

Download von unity-buch.de

> Der fertige Prototyp mit komplett gemixtem Audio steht unter dem Namen `Traces_Prototype_180.zip`. Auch diese Version können Sie wieder online spielen.

9 Aus dem Editor zu den Spielern

Nun ist also der große Moment gekommen: Unser Prototyp ist spielbar, und wir wollen Freunde, Bekannte oder gleich die ganze Welt unser Spiel ausprobieren lassen. Aber im Moment läuft unser Spiel nur im Editor. Wir könnten natürlich nun alle zu uns nach Hause einladen. Das würde sicher auch Spaß machen! Aber lieber lernen wir, wie wir mit Unity Builds erzeugen, die jeder auf seinem eigenen Rechner oder Mobilgerät spielen kann.

9.1 Einen Webplayer veröffentlichen

Die *Build Settings* hatten wir ja bereits in Abschnitt 8.2.2, Unity Events: den MenuController implementieren, kurz gesehen, als wir die Szenen hinzufügen mussten, um sie über `Application.LoadLevel(szenenName)` laden zu können. Über dieses Fenster wählen wir auch die Zielplattform und erstellen unsere Builds. Dieses Fenster öffnen Sie über das Menü *File/Build Settings* oder über die Tastenkombination ⇧ + ⌘ + B bzw. ⇧ + Strg + B. Sie sehen sie auch in Abb. 9.1.

Wahrscheinlich ist bei Ihnen auch *PC, Mac & Linux Standalone* die aktive Plattform. Das ändert sich zunächst auch nicht, wenn Sie *Web Player* auswählen. Der Wechsel der aktiven Plattform passiert erst, wenn Sie den Button `Switch Platform` klicken oder tatsächlich einen Build durchführen. Je nach Größe der Assets im Projekt kann diese Operation zu einer längeren Wartezeit führen. Das liegt daran, dass andere Zielplattformen teilweise andere Dateiformate brauchen und Unity daher einen großen Teil der

Abb. 9.1
Das Fenster Build Settings

Assets neu importieren muss. Beim Wechsel zwischen Standalone und Web Player geht das sehr schnell. Wenn Sie jedoch in einem großen Projekt zu einer mobilen Plattform wechseln (z. B. *iOS* oder *Android*), kann es sein, dass Sie einen Kaffee trinken können, bevor Unity Sie weiterarbeiten lässt.

Eine Möglichkeit, diesen Prozess erheblich zu beschleunigen, ist der *Unity Cache Server*. Mit diesem Programm, das Sie mit der *Unity Team License* nutzen können, werden die Dateien für verschiedene Zielplattformen in einem Cache gehalten und müssen dann nur noch das erste Mal bzw. nach Änderungen neu importiert werden. So kann man dann auch zwischen Standalone und Mobil zügig wechseln. Den *Cache Server* können Sie auch auf Ihrem lokalen Entwicklerrechner installieren.

Schalten Sie jetzt auf jeden Fall auf die Plattform *Web Player* um, indem Sie zuerst auf *Web Player* und dann auf den Button Switch Platform klicken, da wir ja eine Version erzeugen wollen, die im Webbrowser läuft. Die Einstellungsmöglichkeiten sind hier überschaubar: Streamed bedeutet, dass der Web Player startet, sobald die erste Szene geladen ist. Im Hintergrund werden dann die restlichen Szenen geladen. So muss der Spieler auch bei einem größeren Spiel nicht erst warten, bis es komplett heruntergeladen ist. Bei der Verwendung dieser Option müssen Sie lediglich auf jeden Fall prüfen, ob eine Szene bereits heruntergeladen ist, bevor Sie sie mit Application.LoadLevel(…) öffnen. Dazu dient die Methode Application.CanStreamedLevelBeLoaded(…). Damit könnten Sie beispielsweise mit einer Coroutine einmal pro Sekunde prüfen, ob Level-01 schon geladen werden kann, und den Play-Button so lange deaktivieren, wie das nicht der Fall ist. Für unser kleines Spiel brauchen wir das noch nicht.

Auch die anderen Optionen können wir erst mal auf den Standardeinstellungen lassen: Offline Deployment sorgt dafür, dass keinerlei Online-Ressourcen in der HTML-Datei referenziert werden. So würde der Web Player auch funktionieren, wenn kein Internetzugang vorhanden ist. Development Build fügt dem Build Debug-Informationen hinzu. Damit kann man dann auch *Script Debugging* aktivieren und so direkt den Web Player debuggen. Autoconnect Profiler sorgt dafür, dass der Web Player sich direkt mit Unitys Profiler verbindet – zumindest in der Theorie: Derzeit ist das deaktiviert, weil es nicht funktioniert (bei Web Playern – andere Plattformen können das).

Deutlich mehr Einstellmöglichkeiten bieten die *Player Settings*. Diese erreichen Sie über einen Klick auf den gleichnamigen Button in den *Build Settings* oder auch direkt über das Menü *Edit/Project Settings/Player*. Die Einstellungen werden im *Inspector* angezeigt; Sie finden sie auch in Abb. 9.2.

Die Einstellungen im oberen Bereich gelten für alle Zielplattformen: Bei Company Name können Sie Ihren Namen oder Ihren Firmennamen oder einen beliebigen Fantasienamen eintragen. Dieser Wert ist für den Spieler zumindest bei dieser Zielplattform nicht offensichtlich, wird aber als Verzeichnisname verwendet, um die Voreinstellungsdateien im System zu sichern. `Product Name` sieht der Spieler an mehreren Stellen, z. B. in der Überschrift im Web Player, als Fenstertitel bei Standalone Playern und natürlich auch als Name des Spiels auf mobilen Geräten. `Default Icon` ist, wie der Name schon sagt, das Standard-Icon, das beim Web Player natürlich ignoriert wird und bei anderen Plattformen auch durch spezifische Icons mit höheren Auflösungen überschrieben werden kann.

Mit `Default Cursor` können Sie eine beliebige Grafik als Mauscursor verwenden. Wichtig ist dabei, dass Sie bei den Import-Settings der Grafik den `Texture Type` auf Cursor stellen.[1] `Cursor Hotspot` definiert dann, auf welche Position in der Grafik die Maus genau zeigt: (0, 0) wäre links oben, und (16, 16) wäre bei einer Grafik, die 32 mal 32 Bildpunkte groß ist, genau in der Mitte.

Im unteren Bereich von Abb. 9.2 finden Sie die Einstellungen, die spezifisch für den Web Player sind, wobei auch hier einige mit * markierte Einstellungen mit anderen Plattformen geteilt werden. Mit `Resolution` wird eingestellt, wie groß der Web Player auf der Webseite erscheint. `Run in Background` sollte vor allem bei Web Playern achtsam gewählt werden: Ist diese Einstellung aktiv, läuft der Web Player und damit die Hintergrundmusik auch dann weiter, wenn das Spiel – also in diesem Fall der Webbrowser bzw. das Browsing-Tab – nicht mehr im Vordergrund sind. Ist sie inaktiv, so stoppt das Spiel, sobald der Spieler eine andere Anwendung oder ein anderes Tab aktiviert.

Mit `WebPlayer Template` können Sie einige Vorlagen für die HTML-Datei auswählen, mit der der Web Player in die Webseite eingebettet wird. Vorsichtig wäre ich mit der Vorlage `No Context Menu`, da das Kontextmenü gerade während der Entwicklung sehr nützlich ist. Sie müssen es aber natürlich ausschalten, wenn Sie in Ihrem Spiel die rechte Maustaste nutzen wollen. Bei Bedarf können Sie sogar eigene Vorlagen definieren und in dem Projektverzeichnis `WebPlayerTemplates` ablegen.[2]

Abb. 9.2
Web Player Settings

Die Bereiche `Icon` und `Splash Image` werden beim Web Player nicht verwendet. Unter `Other Settings` gibt es noch mal eine Vielzahl von Einstellungen, die aber für uns im Moment nicht wichtig sind.

Wenn Sie bereit sind – klicken Sie in den Build Settings auf den Button `Build And Run`. Unity fragt Sie noch, wo und unter welchem Namen unser erster Web Player abgespeichert werden soll. Beim Namen ist natürlich wichtig, dass Sie keine Leerzeichen verwenden, da dies später, wenn Sie den Web Player auf einer richtigen Website hosten, zu einer unschönen URL

---

1 Die Import-Einstellungen sehen Sie im Inspector, wenn Sie in der Project View das entsprechende Asset auswählen.
2 Link auf *unity-buch.de:* Die Dokumentation dieser Funktionalität würde hier den Rahmen sprengen – sie ist aber von der Buch-Seite aus verlinkt: *Using web player templates* auf der Website zum Buch. Sie können ein Verzeichnis `WebPlayerTemplates` auch anlegen, um dort JavaScript-Dateien oder andere Dateien abzulegen, die Unity nicht importieren oder kompilieren soll. Das ist zwar ein Hack, kann aber trotzdem manchmal sehr praktisch sein.

führen würde. Beim Verzeichnis finde ich es sinnvoll, z. B. unter `Unity-Projekte` ein Unterverzeichnis `Builds` anzulegen, in dem alle Builds liegen, und ggf. sogar für jede Zielplattform ein eigenes Verzeichnis anzulegen. Aber das ist Geschmacksfrage.

Wenn Sie dann auf `Save` klicken, geht es nach einer kurzen Zeit los, und Sie können das Spiel zum ersten Mal »richtig« spielen. Falls Sie eine eigene Website haben, können Sie die `*.html`- und `*.unity3d`-Datei für Ihr Spiel hochladen und entsprechend verlinken. Dabei ist es wichtig, dass auf dem Webserver der MIME-Type `application/vnd.unity` für die Endung `.unity3d` eingerichtet ist.

Herzlichen Glückwunsch! Sie können Ihr Spiel nun Freunden, Bekannten oder gleich der ganzen Welt zeigen. Da es sich um einen sehr frühen Prototyp handelt, wäre ich mit der Auswahl der ersten Testspieler aber eher zurückhaltend.

Später, wenn das Spiel fertig ist, kann das *Facebook App Center* eine interessante Möglichkeit zur Veröffentlichung von Web Playern oder auch von WebGL-Playern sein, die ich im nächsten Abschnitt beschreibe. Dazu gibt es direkt von Facebook das *Facebook SDK for Unity*.[3]

9.2 Das Spiel mittels WebGL veröffentlichen

Seit der Version 5 von Unity ist es mit einem kostenpflichtigen Add-on auch möglich, Ihr Spiel als WebGL-Version zu veröffentlichen. Auf Browsern, die die entsprechenden Anforderungen an WebGL-Kompatibilität unterstützen, läuft Ihr Spiel dann, ohne weitere Plug-ins zu benötigen. Zum aktuellen Zeitpunkt sind dies *Mozilla Firefox, Google Chrome* sowie *Apple Safari*. Die Unterstützung für den *Internet Explorer* ist wahrscheinlich nur eine Frage der Zeit. Langfristig wird WebGL möglicherweise sogar den Unity Web Player ersetzen. Im Moment ist es aber im wahrsten Sinne des Wortes noch »Neuland«: In der Version 5.0 von Unity gilt dieses Feature dann auch noch als Preview, d. h., man muss noch mit technischen Schwierigkeiten rechnen, und es kann und wird in diesem Bereich noch Änderungen geben.

Ein Schicksal wie die Flash-Zielplattform, die in Unity in der Version 3.5 eingeführt, aber seit dem 23. April 2013 nicht mehr verkauft und ab Version 5 nicht mehr unterstützt wird, ist nicht wahrscheinlich, da WebGL im Gegensatz zu Flash als Technologie der Zukunft gilt.

Sie finden die WebGL-Zielplattform in den *Build Settings* etwas weiter unten in der Liste, wie in Abb. 9.3 zu sehen ist.

Derzeit gibt es an dieser Stelle lediglich die Einstellungen `Optimization Level`, `Development Build` und – sofern `Development Build` aktiviert wurde – `Autoconnect Profiler`. Während der Entwicklung empfiehlt sich

---

3   Link auf *unity-buch.de:* Entsprechende Links finden Sie auf der Website zum Buch.

beim Optimization Level die Einstellung Slow (fast builds). Diese führt zwar dazu, dass das Spiel weniger performant läuft, ist aber beim Build die schnellste Variante. Und selbst hier dauert der Build im Vergleich zu anderen Plattformen schon sehr lange. Bei der Einstellung Fast werden einige Optimierungen durchgeführt. Dafür müssen Sie beim Build noch länger warten. Mit der Einstellung Fastest (very slow builds) läuft Ihr Spiel zwar am schnellsten, die Warnung in Klammern kommt aber nicht von ungefähr! Die Empfehlung von Unity Technologies lautet, diese Einstellung nur für den Build einer Release-Version zu verwenden.

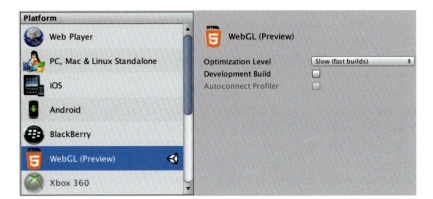

Abb. 9.3
WebGL als Zielplattform

Bei so einer Release-Version ist dann auch wichtig, die Option Development Build abzuschalten, die während der Entwicklung natürlich üblicherweise eingeschaltet ist. Der Grund ist, dass diese Option dazu führt, dass der JavaScript-Code nicht komprimiert wird. So ist einerseits das Spiel zum Download deutlich größer, andererseits sind Fehlermeldungen aber auch eher lesbar, da die Methodennamen erhalten bleiben, und nur in dieser Einstellung stehen Ihnen der Profiler und die Entwicklerkonsole zur Verfügung.

Mit dem Button Player Settings oder über das Menü *Edit/Project Settings/Player* kommen Sie auch hier wieder auf weitere Einstellungen im Inspector. Wichtig ist hier vor allem die Einstellung Stripping Level im Bereich *Other Settings*: Wenn diese Einstellung aktiviert ist, werden nicht genutzte Komponenten von Unity aus dem Build ausgeschlossen, beispielsweise die komplette Physik-Engine. Dies kann die Download-Größe Ihres Spiels erheblich reduzieren und auch die Build-Zeit beschleunigen.

Auch der Bereich Publishing Settings hält wichtige Einstellungen bereit: Bei WebGL muss vorab festgelegt werden, wie viel Speicher zur Verfügung stehen soll. Das können Sie mit WebGL Memory Size tun, wobei der Wert in Megabyte (MB) angegeben wird. Ist der Wert zu gering, bricht Ihr Spiel mit einer Fehlermeldung über mangelnden Speicher ab. Sie können den Wert aber auch nicht einfach beliebig hoch wählen, da es dann passieren kann, dass der Webbrowser den gewünschten Speicher nicht allozieren kann, was ebenfalls dazu führen wird, dass Ihr Spiel nicht gespielt werden kann. Hier ist man mit der kostenpflichten Pro-Version von Unity klar im Vorteil, da diese einen Speicher-Profiler beinhaltet, mit dem man den benötigten Speicher des eigenen Spiels sehr genau herausfinden und bei Bedarf auch optimieren kann. Achten Sie dabei allerdings darauf, das Spiel auch tatsächlich im Browser zu analysieren: In der aktuellen Version habe ich im Editor knapp 300 MB Speicherverbrauch beim Spielen des Spiels, von denen allein Unity rund 170 MB ausmacht. Im Webbrowser sind es nur knappe 25 MB.

Die Option `Enable Exceptions` hilft wieder beim Debuggen, weil Fehlermeldungen damit nicht mehr unbedingt sofort zu einem Absturz des Spiels führen, sondern sauber abgefangen und ggf. in die Konsole geschrieben werden. Auch diese Option ist jedoch mit Vorsicht zu genießen, da sie den Code des Spiels wieder erheblich aufbläst und damit einerseits zu einer höheren Download-Größe, andererseits zu einer langsameren Ausführung Ihres Spiels führt. Speziell die Einstellung `SoftNullReferenceExceptions` fällt hier sehr stark ins Gewicht, kann Ihnen aber bei der Suche nach Fehlern, bei denen auf nicht zugewiesene Variablen zugegriffen wird, sehr viel Zeit und Frustration ersparen.

Da manche Browser WebGL-Content nicht von lokalen Dateien abspielen, sondern nur, wenn sie von einem Webserver geliefert werden, ist in Unity praktischerweise ein Webserver integriert. Wundern Sie sich also nicht, wenn das Spiel unter WebGL dann z. B. von der Adresse `http://localhost:234232` aus abgespielt wird.

Wenn Sie WebGL-Builds von ihrem eigenen Webserver im Internet aus anbieten wollen, sollten Sie noch sicherstellen, dass er so konfiguriert ist, dass die vom HTTP-Protokoll unterstützte GZIP-Kompression aktiviert ist.

Wie Sie sehen, ist das Veröffentlichen Ihres Spiels mit WebGL deutlich komplizierter und erfordert wesentlich mehr Know-how als die Veröffentlichung eines einfachen Web Players. In gewissem Rahmen mag sich das mit späteren Unity-Versionen etwas vereinfachen, einige Punkte sind aber technisch bedingt und durch Unity kaum lösbar. Der Vorteil ist aber, dass Ihre Spieler kein Browser-Plug-in installieren müssen und das Spiel auf verschiedenen Browsern, unter anderem auch unter Linux, läuft.

Wenn Sie es etwas einfacher haben wollen und darauf verzichten können, Ihr Spiel direkt auf Ihrer Website integriert anzubieten, sollten Sie in Erwägung ziehen, lieber Standalone Builds anzubieten. Darüber erfahren Sie mehr im folgenden Abschnitt.

9.3 Standalones für Windows, Mac OS X und Linux

Ein Standalone Build ist eine ausführbare Datei bzw. eine ausführbare Datei und ein Datenverzeichnis, die Sie unter Windows, Mac OS X oder Linux starten können. Leider brauchen Sie für jedes Betriebssystem eine eigene solche Datei, und bei Windows müssen Sie zusätzlich auch noch entscheiden, ob diese für Umgebungen mit 32 Bit oder 64 Bit erzeugt werden soll. Bei Mac OS X und Linux gibt es sogenannte Universal-Builds, die Ihnen bzw. Ihren Spielern diese Entscheidung abnehmen.

Einen so erzeugten Build können Sie problemlos in eine ZIP-Datei packen und den Spielern zum Download anbieten. Eine Installation ist spielerseitig nicht notwendig; sie oder er kann einfach die ZIP-Datei entpacken, die ausführbare Datei doppelklicken und Ihr Spiel starten.

Die *Build Settings* für Standalone Player sollten ohne weitere Erklärung leicht verständlich sein. Eine erwähnenswerte Option ist `Headless Mode`. Diese Option gibt es nur bei der Zielplattform `Linux`, und sie ist nur wählbar, wenn es kein `Development Build` ist. Dieser Modus ist für Game-Server von Multiplayer-Spielen gedacht, die ohne jegliche grafische Darstellung auf entsprechenden Linux-Servern laufen. Unter Windows und Mac OS ist dies ebenfalls möglich, indem Sie das Spiel mit dem Kommandozeilenparameter `batchmode` aufrufen. Der Unterschied ist, dass mit dieser Option unter Linux auch Abhängigkeiten von Grafik-Libraries unterbunden werden, die dort auf Servern üblicherweise nicht zur Verfügung stehen.

Bei Standalone Builds werden auch die `Icons` und das `Splash Image` genutzt. Icons können Sie in Auflösungen von 16×16 bis 1024×1024 Pixel definieren, somit erhält Ihr Spiel statt des Standard-Unity-Icons eines, das Sie oder Ihr Designer speziell für Ihr Spiel entworfen hat.

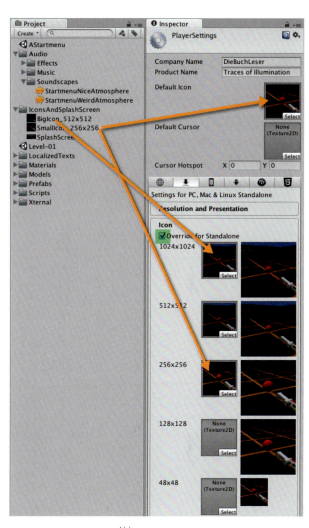

Abb. 9.4
Die Icon-Dateien in die Player Settings ziehen

Download von unity-buch.de

> Für unser Spiel habe ich Icons und Splashscreen-Grafiken (s. u.) vorbereitet. Sie finden sie wie üblich auf der Website zum Buch unter 0140_IconsAnd-SplashScreen. Importieren Sie dieses Paket in Ihr Projekt. Abb. 9.4 zeigt, wie Sie die Icons einbetten. Dabei verwenden wir als Standard (`Default Icon`) und ab der Größe 256x256 Pixel das Icon `SmallIcon_256x256` und für 1024x1024 das `BigIcon_512x512`. Für die kleineren Größen wird dann jeweils das nächstgrößere Icon verwendet.

Das `Splash Image` wird beim Start des Spiels in einem Konfigurationsdialog angezeigt, über den der Spieler wählen kann, ob das Spiel in einem Fenster oder auf dem gesamten Bildschirm dargestellt werden soll (siehe Abb. 9.5). Auch die Auflösung und Grafikqualität lässt sich hier vor dem Start des Spiels einstellen. Schließlich kann der Spieler dort die Belegung der Eingabetasten ändern.

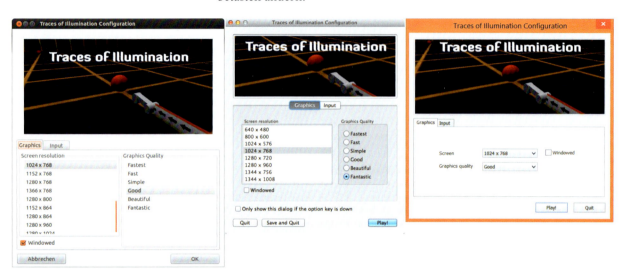

Abb. 9.5
Konfigurationsdialog unter Linux, Mac OS und Windows

Der Konfigurationsdialog lässt sich über die Option `Display Resolutions Dialog` im Bereich `Resolution and Presentation` unter `Standalone Player Options` auch abschalten. Eine Übersicht aller Einstellungen unter `Resolution and Presentation` finden Sie in Abb. 9.6. Viele der Einstellungen dürften selbsterklärend sein. Die Details zu jeder Einstellung finden Sie im *Manual* in der Editorreferenz sowie in der *Scripting API* zu der Klasse `PlayerSettings`.[4]

Veröffentlichen von Standalones

Natürlich ist es zur tatsächlichen Veröffentlichung noch deutlich zu früh, es ist aber dennoch sinnvoll, sich schon jetzt ein paar Gedanken über die hier zur Verfügung stehenden Möglichkeiten zu machen. Sämtliche Standalone Player können Sie natürlich einfach auf einer eigenen Website zum Download anbieten. Es gibt aber auch einige relevante Online-Stores, auf denen Ihre Spiele höchstwahrscheinlich von deutlich mehr potenziellen Kunden gesehen werden und die sich auch um die eher lästigen und langweiligen Details der Abrechnung für Sie kümmern.

Abb. 9.6
Standalone Player Settings: Resolution and Presentation

---

4 Siehe auch die Links *PlayerSettings im Unity Manual* und *PlayerSettings in der Unity Scripting API* auf *http://unity-buch.de*.

Veröffentlichen auf Steam

Alle drei Plattformen werden von *Steam* unterstützt. Dazu finden Sie auf der Website zum Buch einige Einstiegspunkte im Bereich *Standalone Versionen veröffentlichen (Windows, Mac OS, Linux)*. Um ein Spiel auf Steam veröffentlichen zu können, muss es zuerst durch einen Prozess laufen, der *Steam Greenlight* genannt wird. Dabei entscheidet letztlich die Steam-Spielergemeinde darüber, welche Spiele über Steam veröffentlicht werden. Beim ersten Spiel ist eine einmalige Gebühr von $100 fällig.

Veröffentlichen im Windows Store

Für Windows ist der *Windows Store* eine gute Wahl. Auch hierzu finden Sie auf der Website zum Buch an oben genannter Stelle einen ausführlicheren Einstieg. Veröffentlichungen im Windows Store funktionieren weitgehend analog zu Veröffentlichungen im *Windows Phone Store*, dazu finden Sie weiter unten bei den mobilen Zielplattformen noch mehr Details. Wichtig ist zu beachten, dass Sie im Windows Store nicht einfach Standalones veröffentlichen können, sondern die Anwendung mit der Zielplattform Windows Store App erzeugen müssen, was aufgrund der Abhängigkeit zu Visual Studio nur unter Windows möglich ist. Außerdem brauchen Sie ein *Microsoft-Konto*, um ein *Entwickler-Konto* zu eröffnen, was wiederum kostenpflichtig ist (je nach Kontotyp $19 bei einem Einzelkonto oder $99 bei einem Unternehmenskonto pro Jahr).

Veröffentlichen im Mac App Store

Analog gibt es für Mac OS den *Mac App Store*. Hier brauchen Sie – wie Sie wahrscheinlich schon erraten haben – eine *Apple-ID,* mit der Sie dann wiederum ein Entwickler-Konto anlegen können. Auch hier müssen Sie entscheiden, ob Sie sich als Privatperson oder Firma registrieren. Mit dem Entwickler-Konto können Sie dann dem *Mac Developer Program* beitreten, was $99 pro Jahr kostet. Im Unity Manual finden Sie dann auch einige Tipps, wie Sie mit Unity entwickelte Spiele in diesen Store bringen.

> Diese Seite ist unter *Unity Manual: How to deliver an application to the Apple Mac Store* von der Website zum Buch aus verlinkt.

Link auf unity-buch.de

Veröffentlichen im Ubuntu Software Center

Eine geeignete Möglichkeit, Anwendungen für Linux zu veröffentlichen, ist das *Ubuntu Software Center* bzw. der *Ubuntu Software Store*. Auch hier braucht man einen Account, der in diesem Fall *Ubuntu One Account* heißt. Hier entstehen keine weiteren Kosten, dafür kommt es durchaus mal vor, dass man sich die Links auf die entsprechenden Seiten unter vielen toten Links erst mühsam heraussuchen muss.[5]

Testumgebungen für verschiedene Standalone-Plattformen

Sehr empfehlenswert ist natürlich, für jede Zielplattform, die Sie unterstützen wollen, auch einen PC mit dem entsprechenden Betriebssystem zum Testen zu haben. Meistens funktioniert fast alles auf den Standalone-Zielplattformen auf die gleiche Art und Weise, aber wie so oft steckt der Teufel dann doch im Detail, und spätestens, wenn Sie die ersten Support-Anfragen zu einem Problem haben, das nur auf einem Betriebssystem auftritt, werden Sie ohne vernünftige Testmöglichkeit wenig Spaß haben. Linux lässt sich sowohl auf Windows- als auch auf Mac-OS-Rechnern recht leicht mit Dual-Boot installieren, sodass Sie sowohl Linux auch als das jeweils andere Betriebssystem nativ laufen lassen können. Macs bieten mit Bootcamp diese Möglichkeit auch für Windows. Komfortabler ist häufig die Verwendung von virtuellen Maschinen, da man dann nicht erst den Rechner neu booten muss, um das Spiel auf der anderen Plattform zu testen. Hier sind *VMware Workstation* bzw. *Fusion* und für Mac OS auch *Parallels Desktop* zu erwähnen, mit denen alle Betriebssysteme in einer Anwendung als virtuelle Maschine parallel laufen können. Ein gravierender Nachteil an virtuellen Maschinen ist natürlich, dass sie gerade in einem Bereich, der bei Spielen besonders relevant ist, immer etwas hinterherhinken: bei der Grafikunterstützung. Aber zumindest bekommen Sie so einen groben Eindruck davon, wie Ihr Spiel am eher unteren Ende der technischen Möglichkeiten aussieht.

Nicht umhin kommen Sie um echte Testgeräte, wenn Sie Ihr Spiel auch auf mobilen Geräten anbieten möchten.

9.4 Mobile Zielplattformen: Tablets und Handys

Die bisherigen Zielplattformen waren alle sehr ähnlich: Ein Computer mit recht großem Bildschirm, Maus und Tastatur. Ob auf ihm nun Windows, Mac OS oder Linux installiert ist oder ob das Spiel als eigene Anwendung oder innerhalb einer Webseite läuft, mag vielleicht ein Thema für hitzige Forumsdiskussionen sein – für unser Spiel macht es aber letztlich keinen signifikanten Unterschied.

Bei mobilen Geräten ist das ganz anders: Die Displays sind im Vergleich zu üblichen Bildschirmen eher klein, speziell bei Handys. Es gibt weder Tastatur noch Maus. Stattdessen haben praktisch alle modernen mobilen

---

5 Das ist übrigens der Hauptgrund, aus dem ich in diesem gesamten Kapitel recht häufig auf die Website zum Buch verweise: Hätte ich die ganzen Links hier im Buch gedruckt, könnte es leicht passieren, dass ein erheblicher Teil davon innerhalb weniger Monate nicht mehr funktioniert. Auf der Website zum Buch kann ich die Links immer aktuell halten.

Geräte einen Touchscreen und Sensoren, mit denen die Lage des Gerätes im Raum sowie häufig sogar GPS-Positionen und die Kompass-Ausrichtung registriert wird.

Daraus resultiert, dass sich keineswegs jedes »PC-Spiel« auch für die Umsetzung auf mobilen Geräten eignet. Ebenso gibt es eine Vielzahl von möglichen Spielideen, die sich auf die speziellen Eingabemöglichkeiten mobiler Geräte verlassen und damit nicht sinnvoll auf PCs umsetzbar sind.

Ein anderer Aspekt ist, dass mobile Geräte bis vor wenigen Jahren erheblich schwächere Performance und Grafikfähigkeiten hatten. Auch heute hat man natürlich auf einem Gamer-PC ganz andere technische Möglichkeiten als beispielsweise auf einem iPad. Tatsächlich spielt die schwächere Performance aber auf modernen mobilen Geräten nur noch dann eine Rolle, wenn man wirklich an die Grenzen des technisch Möglichen kommen möchte.[6]

Generell lohnt es sich, bei der Entwicklung darauf zu achten, dass wir sparsam mit den Ressourcen umgehen. Wenn wir das schon bei der Entwicklung der PC-Variante tun, sollte unser Spiel problemlos auch auf mobilen Geräten laufen.

9.4.1 Unity Remote

Apropos Sparsamkeit beim Einsatz der Ressourcen: Die teuerste Ressource ist am Ende unsere eigene Zeit. Dies bedeutet einerseits, dass man sich besser nicht mit Performanceoptimierungen verzettelt. Es bedeutet aber auch, dass man sich so wenig wie möglich mit der langwierigen Erzeugung von Builds aufhalten möchte, beispielsweise nur um mal eben kurz zu testen, ob unser Spiel mit Touch-Steuerung mindestens genau so viel Spaß macht wie mit Tastatursteuerung.

Wie Sie in den folgenden Abschnitten sehen werden, erfordert die Entwicklung mobiler Anwendungen am Anfang einiges an Vorbereitung und teilweise sogar finanzielle Investitionen, da man erst Mitglied in den entsprechenden Entwicklerprogrammen werden muss, was zumindest teilweise mit jährlichen Gebühren einhergeht.

Da stellt sich die Frage: Lohnt sich der Aufwand? Und diese Frage lässt sich am besten beantworten, wenn wir unser Spiel schon vorab auf einem mobilen Gerät testen können. Genau zu diesem Zweck hat Unity die Anwendung *Unity Remote* entwickelt. Diese Anwendung ist auf iOS-Geräten (also iPhone, iPad und iPod touch) sowie auf Android-Geräten lauffähig. *Unity Remote* ermöglicht es, auf dem mobilen Gerät den Inhalt der *Game View* darzustellen und gleichzeitig sowohl Berührungen des Bildschirms als auch die Neigung des Geräts an den Unity Editor zu übermitteln.

---

6 Eine schöne Übersicht über die technische Entwicklung bietet der iOS Hardware Guide im Unity Manual, der von *unity-buch.de* aus verlinkt ist.

Abb. 9.7
Editoreinstellungen: Edit/Project Settings/Editor

Abb. 9.8
Player-Settings für mobile Geräte

Damit können wir unser Spiel zumindest grob auf mobilen Geräten testen, ohne vorher die Zeit aufgewendet zu haben, sämtliche technischen Voraussetzungen dafür zu schaffen.

Unity Remote finden Sie im *App Store* bzw. *iTunes App Store* sowie im *Google Play Store*.[7] Sie können die Anwendung also ohne weitere Vorbereitungen direkt auf Ihrem iOS- oder Android-Handy oder -Tablet installieren. Achten Sie darauf, die aktuellste Version zu verwenden. Das ist derzeit (Stand: Frühjahr 2015) *Unity Remote 4*.

Sobald Sie Ihr Mobilgerät über USB mit Ihrem Entwickler-PC verbunden und Unity Remote gestartet haben, können Sie im Editor den *PlayMode* starten. Sollte das Bild aus der *Game View* nicht gleich auf dem Bildschirm des mobilen Gerätes erscheinen, müssen Sie noch über das Menü *Edit/ Project Settings/Editor* in dem Bereich Unity Remote unter Device Ihr Gerät auswählen. Hier können Sie auch weitere Einstellungen vornehmen, und zwar die Art der Kompression und ob die Auflösung für das Gerät heruntergerechnet werden soll. Sie sehen diese Einstellungen auch in Abb. 9.7.

Normalerweise sollte sich das Bild je nachdem, wie Sie IhrMobilgerät halten (hochkant oder quer), auch dem Bildschirm anpassen. Falls das bei Ihnen nicht der Fall sein sollte, müssen Sie in den Player Settings für Ihr Mobilgerät unter Resolution and Presentation bei Default Orientation noch Auto Rotation aktivieren und sicherstellen, dass alle Rotationen erlaubt sind. Die Einstellungsmöglichkeiten von *iOS, Android, Blackberry* und *Windows Phone 8* sind ähnlich, auch wenn es bei den meisten Plattformen noch weitere Einstellungen gibt. In Abb. 9.8 habe ich *Windows Phone 8* ausgewählt – dort gibt es die wenigsten Einstellungen, und zwar genau die, die für uns gerade auch tatsächlich relevant sind. Alle mobilen Zielplattformen sind in dem Screenshot grün hinterlegt. Beachten Sie, dass *Windows Store Apps* und *Windows Phone 8* (die beiden Icons ganz rechts) nur sichtbar sind, wenn Sie Unity unter Windows laufen lassen.

Wenn Sie jetzt versuchen, das Spiel auf einem mobilen Gerät zu spielen, werden Sie sehr schnell feststellen, dass Sie keinerlei Möglichkeit haben, Ihr Fahrzeug zu steuern. Je nach den aktuellen Bildschirmeinstellungen kann es auch sein, dass der Startbildschirm auf dem Display deutlich verzogen dargestellt wird. Lösen wir zuerst das zweite Problem.

Voreinstellungen für die Auflösung der Game View nutzen

Unity bietet – je nach aktiver Zielplattform – einige sehr nützliche Voreinstellungen für die Auflösung in der *Game View*. Wählen Sie dazu zunächst in den Build Settings die Plattform iOS aus, und aktivieren Sie diese Plattform auch durch einen Klick auf den Button Switch Platform. Links oben in der *Game View* können Sie jetzt iPhone Wide (480x320) auswählen,

---

7 Die direkten Links finden Sie wie üblich auf der Website zum Buch, auf http://unity-buch.de, unter dem Link »Unity Remote«.

wie in Abb. 9.9 dargestellt. Wenn Sie ein Mobilgerät mit Retina-Display haben, wäre es eigentlich naheliegend, die höheren Auflösungen auswählen. Das führt aber dazu, dass die Buttons sehr klein und damit praktisch nicht mehr bedienbar werden. Um dieses Problem kümmern wir uns später in Abschnitt 11.4, *Anpassungen für hochauflösende Displays,* richtig. Daher ist es jetzt günstiger, erst mal eine niedrige Auflösung in der *Game View* einzusetzen.

Abb. 9.9

Auflösungsvoreinstellungen in der Game View

9.4.2 Steuerungsmöglichkeit für mobile Geräte einführen

Das viel größere Problem ist aber natürlich, dass wir unser Fahrzeug im Moment nicht steuern können. Ein Spiel, bei dem man nur zuschaut, wie ein Fahrzeug in eine Wand donnert, macht keinen Spaß. Hier brauchen wir also dringend eine Lösung.

Es gibt verschiedene Ansätze, die wir hier ausprobieren könnten: Beispielsweise könnte man das Fahrzeug steuern, indem man das mobile Gerät nach links oder nach rechts neigt. Es wäre sogar denkbar, die Drehungen durch kurzes Rütteln umzusetzen. Mit diesem Ansatz gibt es aber zwei Probleme:

1. Beides ist relativ aufwendig in der Umsetzung.
2. Bei einem Action-Spiel ist anzunehmen, dass diese Steuerungsmethoden sehr schnell zu Frustration beim Spieler führen, da er schneller reagieren möchte und könnte, als es die Steuerung praktisch ermöglicht.

Daher wählen wir die Möglichkeit, die nicht nur für uns am einfachsten umzusetzen ist, sondern letztlich auch für den Spieler am einfachsten zu benutzen ist: einen Button links am Bildschirm, um Drehungen nach links auszuführen, und einen Button rechts am Bildschirm, um Drehungen nach rechts auszuführen.

Legen Sie zwei Buttons an, nennen Sie sie `ButtonTurnLeft` und `ButtonTurnRight`, und positionieren Sie diese über Anchor links unten bzw. rechts unten im `Canvas`, so wie in Abb. 9.10 dargestellt. Sie können die Positionierung auch direkt über den Inspector vornehmen. Der Button auf der linken Seite hat dann bei Anchors entsprechend `Min X = 0.0` und `Max X = 0.25`, ansonsten sind alle Einstellungen identisch. Als Texte können Sie für die Buttons `<==` bzw. `==>` verwenden. Später werden wir hier sowieso entsprechende Pfeil-Icons einführen.

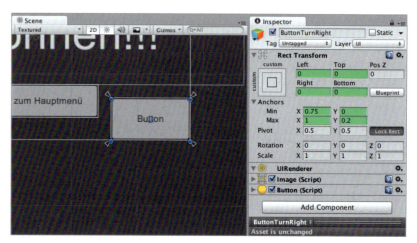

Abb. 9.10
Rechter Button über Anchors positioniert

Jetzt zahlt es sich aus, dass wir in *Abschnitt 7.3.2, Den InputHandler zur Behandlung von Tastaturabfragen erstellen,* auf Seite 250 bereits entsprechende Vorbereitungen getroffen haben. Fügen Sie dem InputHandler am Ende der Klasse die beiden in Listing 9.1 abgedruckten Methoden hinzu.

Listing 9.1
Neue Methoden für InputHandler

```
public void TurnLeft() {
  currentTurnCommand = TurnCommand.Left;
}

public void TurnRight() {
  currentTurnCommand = TurnCommand.Right;
}
```

Jetzt können Sie den `InputHandler` (in der Szenenhierarchie unter `Player`) auf den `OnClick`-Event von `ButtonTurnLeft` und `ButtonTurnRight` legen und als Methode `TurnLeft()` bzw. `TurnRight()` auswählen. Leider funktioniert das noch nicht, weil der Event vor der `Update()`-Methode von `TracerControllerV1` bzw. `TracerControllerV2` ausgeführt wird. Und unser `InputHandler` löscht ja in seiner `Update()`-Methode zuerst die zuletzt gespeicherte Richtung.

Auch hier können wir durch eine Änderung der *Script Execution Order* das Problem lösen, sollten diesen Bereich aber für eine Umstellung vormerken, um den Ansatz robuster zu machen (siehe Abschnitt *13.2, InputHandler auf Events umstellen* ab Seite 444). Wir können einfach sicherstellen, dass die Update()-Methoden von `TracerControllerV1` und `TracerControllerV2` immer direkt vor dem InputHandler aufgerufen werden. Somit ist sichergestellt, dass die Drehungen über unsere Buttons noch ausgelesen werden können, bevor sie durch das Unpdate im InputHandler geleert werden.

Wählen Sie also das Menü *Edit/Project Settings/Script Execution Order,* und ziehen Sie die Scripts `TracerControllerV1` und `TracerControllerV2` so in den *Inspector,* dass sie beide vor `InputHandler` ausgeführt werden, so wie Sie es in Abb. 9.11 sehen. Wir verlieren dadurch bei Tastatursteuerung einen Frame – das können wir aber für den Moment in Kauf nehmen.

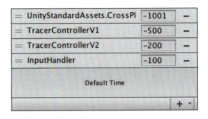

Abb. 9.11
Neue Script Execution Order

Download von unity-buch.de

> Eine Version des Prototyps mit Button-Steuerung finden Sie unter dem Namen `Traces_Prototype_190.zip`.

Jetzt können Sie das Spiel auf Ihrem Handy oder Tablet spielen. Es funktioniert, und hoffentlich macht es Ihnen genauso viel Spaß wie mir. Was Ihnen aber recht bald auffallen wird, ist, dass die Variante mit *Unity Remote* ein wenig träge reagiert. Jetzt ist es also an der Zeit, ernst zu machen und das Spiel richtig auf mobilen Geräten laufen zu lassen.

9.4.3 Builds für Android-Handys und -Tablets veröffentlichen

Sofern Ihnen bereits ein Android-Tablet oder -Mobiltelefon zum Testen zur Verfügung steht, ist das Erzeugen von Builds für diese Zielplattform relativ einfach und funktioniert problemlos sowohl unter Windows als auch unter Mac OS. Dennoch sind dazu einige Schritte erforderlich, die hier nur überblicksmäßig genannt werden sollen.

> Auf der Website zum Buch finden Sie im Bereich *Umgebung für Mobile einrichten* die entsprechenden Einstiegslinks.

Link auf unity-buch.de

Zunächst müssen Sie die Entwicklungsumgebung für Android, das *Android SDK,* herunterladen und installieren. Diese finden Sie auf der *Android Developer SDK-Website*. Eine detaillierte Beschreibung aller Schritte finden Sie unter *Installing the SDK*. Sofern Sie nicht auch Java-Plug-ins für Unity oder von Unity unabhängige Java-Anwendungen entwickeln möchten, brauchen Sie *Eclipse* und *Android Studio* nicht, sondern es reichen die *Standalone SDK Tools*. Wichtig ist, dass Sie den Pfad notieren, unter dem das SDK installiert wurde – diesen müssen Sie später bei Unity eintragen.

Über den *Android SDK Manager* müssen Sie dann noch die *Android SDK Tools*, die *Android SDK Platform-tools* und die *Android SDK Build-tools* in der jeweils aktuellsten Version herunterladen. Schließlich brauchen Sie aus dem Android-Verzeichnis mit der höchsten Versionsnummer (mindestens *Android 2.3*) die *SDK Platform*. Unter Windows brauchen Sie auf jeden Fall auch einen USB-Treiber. Diesen finden Sie im *Android SDK Manager* unter *Extras*. Möglicherweise liefert auch Ihr Gerätehersteller entsprechende Treiber. Bei Android gibt es da viele Möglichkeiten. Auf dem Mac sollten keine zusätzlichen Treiber notwendig sein.

Auf dem Gerät selbst sollten Sie noch die Option *USB Debugging* aktivieren, die Sie unter *Entwickleroptionen* in den Einstellungen finden. Ab Android 4.2 sind diese manchmal versteckt. Sie können sie dann unter *Systemeinstellungen/Über das Telefon/Build-Nummer* aktivieren, und zwar indem Sie wiederholt auf *Build-Nummer* tippen.

Jetzt können Sie in Unity im Menü *Unity/Preferences* bzw. *Edit/Preferences* im Bereich `External Tools` den Pfad `Android SDK Location` eintragen. Falls Sie das vergessen, werden Sie auch beim ersten Build für Android danach gefragt.

Build Settings der Android-Plattform

Bei den Build Settings fallen Ihnen vielleicht zwei neue Einstellungen auf (siehe auch Abb. 9.12): `Texture Compression` und `Google Android Project`.

Abb. 9.12
Build Settings unter Android

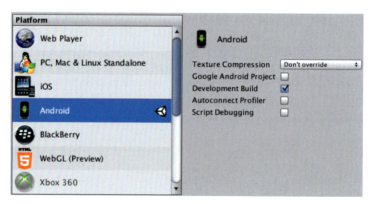

Hatte ich den Begriff *Fragmentierung* schon erwähnt? Es gibt eine unglaubliche Anzahl unterschiedlicher Geräte, auf denen Android läuft, mit unterschiedlichen Bildschirmauflösungen, verschiedenen Prozessoren und Grafikprozessoren, mehr oder weniger Speicher ... und nicht jede unterstützt jedes Texturformat. Hier verweise ich einmal mehr auf die Website zum Buch, die einen Einstieg zur tieferen Auseinandersetzung mit diesem Thema bietet, falls Sie sich dafür interessieren. Fürs Erste würde ich die Einstellung bei `Texture Compression` einfach auf `Don't Override` belassen.

Mit Google Android Project haben Sie die Möglichkeit, anstatt direkt aus Unity eine fertige *APK-Datei* zu erstellen, die direkt auf dem Mobilgerät ausgeführt werden kann, ein Projekt für Eclipse zu erstellen, das Sie dann noch in dieser Entwicklungsumgebung weiterbearbeiten können. Wir brauchen das nicht, aber es ist gut zu wissen, dass es die Möglichkeit gibt.

Auch für Android gibt es die üblichen *Player Settings*. Unsere Icons wurden automatisch übernommen, wir können unter Splash Image aber noch einen mobilen Splashscreen hinzufügen.[8] Dieser wird nicht automatisch von den Standalone-Player-Einstellungen übernommen, gilt dann aber zumindest für iOS und Android (nicht jedoch für Blackberry).

Bundle Identifier – eine eindeutige Identifizierung für Ihr Spiel

Besonders hervorzuheben ist der Bundle Identifier unter Other Settings / Identification (siehe Abb. 9.13). Dieser wird mit den iOS- und BlackBerry-Einstellungen geteilt und stellt einen global eindeutigen Identifizierungsstring für Ihr Spiel dar. Dieses können Sie beispielsweise bei Android auch nutzen, um die Konsole zu filtern. Üblicherweise wird die umgekehrte Domain als Präfix und dann der Name des Spiels ohne Leerzeichen verwendet, durch Punkte getrennt. Die Domain von *narayana games,* meiner Firma, ist narayana-games.net, der Name des Spiels lautet *Traces of Illumination,* dementsprechend wäre der Bundle Identifier dann net.narayana-games.TracesOfIllumination.

Abb. 9.13
Ausschnitt aus den Android Player Settings

Jetzt ist es aber so, dass Android Bundle Identifier keine Bindestriche enthalten dürfen. Mit diesem Bundle Identifier bekommen wir also eine Fehlermeldung beim Erzeugen des Builds. Naheliegend wäre dann, den Bindestrich einfach durch einen Unterstrich zu ersetzen (»_«). Dann funktioniert es unter Android, Unterstriche sind aber wiederum bei iOS nicht erlaubt. Also lassen wir Bindestriche und sonstige Sonderzeichen einfach weg und verwenden nur Buchstaben, Zahlen und Punkte. Dann klappt's auch auf allen betroffenen Plattformen. Auf die Bundle Identifier kommen wir im Abschnitt über iOS Builds nochmals zurück.

Android-Kompatibilitätseinstellungen

Eine weitere wichtige Einstellung finden Sie ebenfalls unter Identification: Minimum API Level. Hier können Sie bestimmen, welche Android-Version auf den Geräten von Benutzern, die Ihr Spiel installieren wollen, mindestens laufen muss. Neuere Versionen haben teilweise Bugfixes und neue Features, sind aber oft noch nicht so verbreitet. Somit reduzieren Sie also Ihre Ziel-

---

8 Dies ist nur mit der Unity Professional Edition möglich.

gruppe, wenn Sie hier immer nur blind die neuste Version wählen. Unter dem Link *Marktanteile verschiedener Android-Versionen und Bildschirmauflösungen* auf der Website zum Buch finden Sie die aktuellen Marktanteile. Auch für die Einstellung von `Graphics Level` finden Sie dort nützliche Informationen. Auch zur Verbreitung verschiedener Bildschirmgrößen und Pixeldichten finden Sie dort Details.

In Abschnitt 9.4.4 finden Sie unter *Player-Settings für iOS* auch eine Beschreibung der Option `Enable Internal Profiler`. Wir erstellen jetzt jedoch erst mal einen Build.

Einen Android-Build erstellen

Wenn Sie es bis hierher geschafft haben, müssen Sie jetzt (hoffentlich) nur noch in den `Build Settings` von Unity auf den Button `Build and Run` klicken, und wenn alles gut geht, können Sie Ihr Spiel kurze Zeit später auf Ihrem Android-Handy oder -Tablet spielen.

Falls etwas schiefläuft, finden Sie auf der Website zum Buch unter *Troubleshooting Android development* einige Tipps direkt aus dem Unity Manual.

Wenn Sie tiefer in die Entwicklung für Android einsteigen möchten, lohnt es sich auch sehr, sich mit den Tools aus dem Android SDK vertraut zu machen. So gibt es dort beispielsweise eine Anwendung `monitor`, mit der Sie nicht nur auf Debug-Logging-Ausgaben des Gerätes zugreifen können, sondern Sie finden auch eine Vielzahl weiterer Diagnose-Tools.

Das Spiel für Android auf Google Play veröffentlichen

Es wäre natürlich völlig verfrüht, das Spiel jetzt schon zu veröffentlichen. Bevor Sie das tun, sollten Sie einerseits natürlich das Spiel zuerst komplett fertigstellen, selbst ausführlich testen und auch einer Gruppe von Testern zur Verfügung stellen. Diese können Ihre APK-Datei einfach auf ihre Geräte laden und dann spielen – das ist bei Android recht einfach. Andererseits sollten Sie sich vor der Veröffentlichung Ihres ersten Spiels auch darüber klar werden, ob Sie dies über eine Firma mit eigenem Namen oder als Privatperson tun wollen. Teilweise ist es relativ aufwendig, das später zu ändern. Daher ist jetzt ein guter Zeitpunkt, dieses Thema zumindest mal in den Hinterkopf zu bringen und dort zu behalten. Dennoch soll hier ganz kurz skizziert werden, wie die Veröffentlichung auf *Google Play* funktioniert, wenn es dann mal so weit ist.

Zunächst brauchen Sie einen *Google Account*. Damit können Sie sich dann gegen eine Gebühr von $25 auf der *Google Play Developer Console* registrieren (siehe auch den Link auf der Website zum Buch). Dort können Sie dann unter *Financial Reports* einen *Google Wallet Merchant Account* anlegen. Zu diesem Zeitpunkt müssen Sie natürlich – sofern Sie einen Firmennamen verwenden wollen – diesen auch kennen, einschließlich des steuerrechtlichen Status. Wenn das alles durch ist, können Sie über *Publish an Android App on Google Play* eine APK-Datei in den Store hochladen. Die muss allerdings korrekt signiert sein – das passiert in Unity, und zwar folgendermaßen:

In den `Player Settings` der Android-Zielplattform gibt es den Bereich `Publishing Settings`, der hier zur Verwaltung sogenannter *Keystores* dient (siehe Abb. 9.14).

Aktivieren Sie dort `Create New Keystore`, wählen Sie mit `Browse Keystore` einen Namen und Speicherort aus, und tragen Sie bei `Keystore password` und `Confirm password` ein Passwort ein, das Sie sich gut merken können. Jetzt können Sie unter `Alias` die verschiedenen Schlüssel aus dem Keystore auswählen bzw. mit der Option `Create a new Key` einen neuen Schlüssel erzeugen. Hier werden Sie unter anderem nach Ihrem Organisationsnamen gefragt, also nach dem Firmennamen – auch hier ist es hilfreich, diesen bereits zu kennen.

Abb. 9.14
Android Player Settings/Publishing Settings – Verwaltung von Keystores

> Vergessen Sie auf keinen Fall, Ihren Keystore auf einem USB-Stick und am besten zusätzlich auch auf CD oder DVD zu sichern und auch das Passwort so zu »sichern«, dass es einerseits nicht von fremden Personen erraten oder eingesehen werden, andererseits aber auch nicht aus Ihrem Gedächtnis entschwinden kann. Wenn Sie den Zugang zu Ihrem Keystore verlieren, können Sie keine Updates Ihres Spiels ausliefern, und das wäre sehr ärgerlich!

Achtung!

Wenn Sie jetzt einen Build unter Verwendung des entsprechenden Schlüssels erstellen, haben Sie die zum Hochladen auf den *Google Play Store* notwendige APK-Datei. Sie brauchen dann nur noch Marketing-Materialien wie Screenshots, ansprechende Texte (idealerweise in mehreren Sprachen) und am besten auch einen Steuerberater, der sich mit den Details internationaler Umsätze in den entsprechenden Stores auskennt.

Praktischerweise ist unser Spiel noch nicht fertig, so haben wir noch reichlich Zeit, uns mit diesen Themen in Ruhe anzufreunden. Falls Sie einen Mac haben, können Sie sich jetzt mit dem Veröffentlichen von Builds für iOS-Geräte vertraut machen oder andernfalls nach der Lektüre des folgenden Abschnitts überlegen, ob sich die Investition in einen Mac zum Erstellen solcher Builds vielleicht lohnt.

9.4.4 Builds für iOS-Geräte veröffentlichen

Unity erzeugt nämlich bei iOS-Builds nicht direkt das installierbare Spiel, sondern zuerst ein *Xcode*-Projekt, so ähnlich wie das bei der Auswahl der Option `Google Android Project` auch bei Android-Builds der Fall wäre. Der Unterschied ist, dass Apple hier die Verwendung von *Xcode* unbedingt vorschreibt – wir haben hier also gar nicht die Wahl. Da es *Xcode* nur für

Macs gibt, brauchen wir zum Veröffentlichen unseres Spiels für iOS eben einen solchen. Um Builds für *Windows Phone 8* zu erzeugen, brauchen Sie übrigens *Visual Studio,* was wiederum nur auf Windows läuft. Die Welt ist also doch gerecht. Mehr oder weniger. Mit *Unity Cloud Builds* ändert sich das alles: Jetzt können Sie die Builds direkt von Unity erstellen lassen, müssen dazu aber Ihre Versionsverwaltung so einrichten, dass Unity Cloud Builds darauf zugreifen kann.

Voraussetzungen für die iOS-Entwicklung schaffen

Neben dem Mac brauchen Sie zur Erzeugung von iOS-Builds auch die entsprechenden SDKs auf Ihrem Rechner. Früher musste man dazu erst dem kostenpflichtigen *iOS Developer Program* beitreten, jetzt reicht es zumindest im ersten Schritt, über den *Mac App Store* die Anwendung *Xcode* herunterzuladen. Xcode ist kostenfrei und enthält die aktuellsten Mac-OS-X- und iOS-SDKs. Sie sollten auch sicherstellen, dass sowohl Ihr Betriebssystem als auch iOS auf dem aktuellsten Stand ist – falls Sie nicht sowieso automatisch aktualisieren, wäre jetzt ein guter Zeitpunkt dafür.

Spätestens, wenn Sie Ihr iOS-Gerät für die Entwicklung freischalten möchten, müssten Sie registrierter Entwickler im *iOS Developer Program* sein. Das kostet $99 im Jahr. Und ja, Sie lesen richtig: Hier steht *iOS Developer Program,* und weiter oben in Abschnitt 9.3 stand *Mac Developer Program*. Das sind zwei unterschiedliche Entwicklerprogramme bei Apple, und wenn Sie sowohl für Mac OS über den *Mac App Store* als auch für iOS über den *App Store* veröffentlichen bzw. im Falle von iOS auch nur entwickeln möchten, brauchen Sie tatsächlich beide Programme, müssen dafür also zweimal $99 pro Jahr rechnen. In diesem Abschnitt geht es nur um die iOS-Entwicklung (und nicht wie oben lediglich um die Veröffentlichung), daher werden im Folgenden die wesentlichen Schritte knapp skizziert.

Sie brauchen zunächst eine *Apple-ID*. Mit der Apple-ID können Sie sich als Apple-Entwickler registrieren. Wenn Sie als Apple-Entwickler registriert sind, können Sie sich zum *iOS Developer Program* anmelden (das kostet $99 pro Jahr). Es kann ein paar Tage dauern, bis diese Anmeldung auch von Apple akzeptiert wurde. Achten Sie darauf, dass bei Ihrer Anmeldung alle Angaben korrekt sind: Der eine mir bekannte Fall, bei dem eine solche Anmeldung zurückgewiesen wurde, hatte damit zu tun, dass Apple die Identität des Antragstellers nicht zweifelsfrei ermitteln konnte. Das passiert nach der Zahlung, d. h., Sorgfalt kann Ihnen hier durchaus Kosten ersparen.[9]

---

9 Um Vermutungen vorzubeugen: It wasn't me ;-) ... aber es gibt in den Weiten des Internets Beiträge von zumindest einem frustrierten Benutzer, dem das passiert ist; und auch wenn ich mir weitere Recherchen zur präziseren Ermittlung der Wahrscheinlichkeit gespart habe, möchte ich zumindest sicherstellen, dass so etwas niemandem passiert, der dieses Buch gelesen hat.

Mit der *Apple-ID,* die nun mit Ihrem *iOS Developer Program* verknüpft ist, können Sie sich nun im Xcode *Organizer* anmelden. Unter *Devices* sollte Ihr über USB angeschlossenes iOS-Gerät angezeigt werden. Unten in dem Organizer-Fenster sehen Sie einen Button mit einem + und der Unterschrift `Add to Member Center`. Wenn Sie den klicken, wird das Gerät automatisch als Entwicklergerät Ihrem Entwickler-Account hinzugefügt. Damit sollten die Voraussetzungen für den ersten Build für Ihr iOS-Gerät erfüllt sein.

Build Settings für iOS

Auch die iOS Build Settings bieten wieder eine neue Option, die wir noch nicht kennen: `Symlink Unity libraries` (siehe Abb. 9.15). Diese etwas spärlich dokumentierte Option sorgt dafür, dass die Unity Libraries lediglich symbolisch verlinkt werden, also nicht jedes Mal komplett auf das Gerät geschoben werden müssen. Das wiederum führt dazu, dass sich die Zeit vom Start des Builds in Unity bis zum tatsächlichen Spielen auf dem Gerät verkürzt. Es dauert auch so lange genug, aber wir können dankbar für jede Sekunde sein, die wir uns bei diesem Prozess sparen können. Daher würde ich diese Option während der Entwicklung immer eingeschaltet lassen, vor einem Build zur Veröffentlichung auf dem App Store aber abschalten.

Abb. 9.15
Build Settings für iOS

Player Settings für iOS

Auch für die iOS-Player-Einstellungen erspare ich uns seine ausführliche Erklärung der Vielzahl verschiedener Möglichkeiten und beschränke mich auf die meiner Ansicht nach wichtigsten Punkte. Bei Bedarf können Sie zu allen jeweils aktuellen Einstellungen, die sich teilweise mit neuen Unity-Versionen auch ändern, im Unity Manual nachschlagen (im Bereich *iOS Player Settings*).

Bei iOS-Builds können Sie für jede erdenkliche Auflösung und Ausrichtung (*Landscape* vs. *Portrait*) eigene `Splash Images` definieren[10], was Sie

---

10 Dies ist nur mit der Unity Professional Edition möglich.

auch tun sollten, da der Splashscreen beim Start Ihres Spiels sonst verzerrt wird, was gleich einen schlechten ersten Eindruck verschafft. Dies ist natürlich im Zusammenhang zu sehen mit `Orientation` im Bereich `Resolution and Presentation`: Wenn Sie beispielsweise nur `Landscape Right` und `Landscape Left` unterstützen, was für viele Spiele sowieso sinnvoll ist, brauchen Sie nicht extra entsprechende Splashimages für `Portrait` angeben.

Eine sehr interessante Option – vor allem, wenn Sie die kostenfreie Version von Unity verwenden, die ohne den recht genialen Profiler der Pro-Version kommt – ist `Enable Internal Profiler` im Bereich `Debugging and crash reporting`. Diese Option gibt es auch für Android. Dort finden Sie sie jedoch unter `Other Settings / Optimization`. Wenn Sie diese Option aktivieren, schreibt das fertige Spiel auf dem Gerät alle 30 Frames eine Vielzahl statistischer Performancedaten in die *Xcode-Konsole,* die Ihnen helfen herauszufinden, welche Komponenten in Ihrem Spiel zu einer niedrigen Framerate führen. Sollten Sie die Xcode-Konsole nicht sehen, können Sie sie über das Menü *View/Debug Area/Activate Console* in Xcode aktivieren. (Normalerweise wird sie automatisch eingeblendet, wenn Sie das Spiel über Xcode gestartet haben.) Eine ausführliche Dokumentation zur Benutzung dieses Features finden Sie auf der von der Buch-Website aus verlinkten Seite *Unity Manual: Measuring Performance with the Built-in Profiler.*

Unter `Other Settings` finden Sie auch hier den `Bundle Identifier`, auf den ich schon im Kontext der Android-Builds hingewiesen hatte. Dieser Identifizierungsschlüssel wird im iOS-Developer-Portal als »App ID« bezeichnet und dient hier zur eindeutigen Identifizierung Ihres Spiels, unter anderem für die Freischaltung verschiedener Features wie *Game Center*, `Push Notifications` oder *In-App Purchase,* und wird beispielsweise auch für Updates verwendet. Für die Entwicklung erzeugt Xcode inzwischen eine sogenannte *Wildcard AppID*, mit der dann beliebige `Bundle Identifier` in Unity funktionieren. Das sollte Sie aber nicht darüber hinwegtäuschen, dass Sie hier spätestens vor der Veröffentlichung eine eindeutige und korrekte ID brauchen, die Sie übrigens auch nicht zwischen iOS- und Mac-Anwendungen teilen dürfen.

Die Einstellung `Accelerometer Frequency` unter `Other Settings / Configuration` sollten Sie, sofern Sie die Accelerometer bzw. Gyroskope[11] für Ihr Spiel nicht brauchen, auf `Disabled` stellen. Ebenso wäre dies der erste Platz, an dem ich nachschauen würde, wenn bei meinem Spiel Accelerometer bzw. Gyroskop nicht funktionieren. Falls Sie sie verwenden, können Sie hier einstellen, wie häufig die Werte ausgelesen werden, wobei höhere Werte natürlich einen Einfluss auf die Performance haben. Wie so oft gilt hier: so viel wie nötig, aber so wenig wie möglich.

---

11 Accelerometer und Gyroskope dienen dazu, die Lage des Geräts im Raum zu ermitteln, und könnten beispielsweise zur Steuerung eines Charakters eingesetzt werden. Wir werden sie später zur Steuerung der Kamera verwenden.

Einen Build für iOS erstellen

Wenn Sie jetzt in den *Build Settings* wieder auf `Build and Run` klicken, werden Sie wie üblich nach dem Zielverzeichnis und Dateinamen gefragt. Was hier erzeugt wird, ist aber nicht ein fertiges, ausführbares Spiel, sondern ein Xcode-Projekt. Dieses wird dann auch sogleich in Xcode geöffnet und von dort aus kompiliert und auf Ihrem Gerät ausgeführt. Der gesamte Prozess erfordert ein wenig Geduld, aber ich finde es doch beeindruckend, welchen Grad an Automatisierung Unity hier schafft. Wenn man bedenkt, was man da alles selbst machen müsste, wenn es nicht automatisiert wäre, dann wartet man gerne ein paar Momente, während der Rechner die ganze Arbeit erledigt.

Falls Sie ein Gerät mit hochauflösendem Retina-Display haben, werden Sie feststellen, dass die Buttons arg klein geraten sind. Darum kümmern wir uns in Abschnitt *11.4, Anpassungen für hochauflösende Displays.*

Das Spiel für Testgeräte oder im Apple App Store veröffentlichen

Natürlich werden wir unser Spiel im aktuellen Zustand auch für iOS nicht gleich im App Store veröffentlichen. Da würde es sowieso nicht durch den Review-Prozess kommen. Die Schritte zur Veröffentlichung im App Store sind aber nur geringfügig verschieden von den Schritten, um unser Spiel beispielsweise Freunden oder Kollegen zum Testen zur Verfügung zu stellen. Man braucht das relativ oft, und es gibt einige Stolperfallen, an denen man leicht verzweifeln kann, daher skizziere ich die Schritte hier kurz und bündig. Apple bietet auch einen detaillierten *App Distribution Guide,* der von der Website zum Buch aus verlinkt ist.

Im *Member Center* des *Apple Developer Portals* finden Sie den Bereich *Certificates, Identifiers & Profiles*. Dort finden Sie gleich ganz oben den Bereich *Certificates*. Wir brauchen hier konkret eines für *Production*. Ein neues Zertifikat legen Sie mit dem +-Symbol an, siehe auch Abb. 9.16. Wir brauchen ein Zertifikat für *App Store and Ad Hoc*. Sie müssen dann mit dem Dienstprogramm *Schlüsselbund* auf Ihrem Mac einen *Certificate Signing Request (CSR)* erzeugen. Wie das genau funktioniert, ist direkt auf der Seite beschrieben – wenn Ihr Mac auf Deutsch eingestellt ist, heißt *Keychain Access* eben *Schlüsselbund*. Die so erzeugte Datei müssen Sie dann im nächsten Schritt hochladen. Das auf diese Art erzeugte Zertifikat brauchen wir später zum Erzeugen des *Provisioning Profile*. Da wir gerade vor allem Builds für Testgeräte erzeugen wollen, beispielsweise für Freunde oder (potenzielle) Auftraggeber, müssen wir diese Testgeräte aber zuerst registrieren.

Weiter unten im Bereich *Certificates, Identifiers and Profiles* finden Sie einen Bereich *Devices,* in dem Ihre über Xcode registrierten Testgeräte bereits erscheinen sollten. Hier können Sie wieder mit dem +-Symbol auch manuell zusätzliche Geräte hinzufügen, wenn Sie die *UDID* des Geräts kennen.

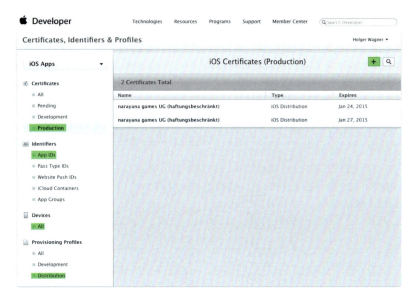

Abb. 9.16
Certificates, Identifiers & Profiles im Apple Developer Member Center

Jetzt wird's lustig: Diese UDID wird zwar in iTunes angezeigt, wenn das Gerät angeschlossen ist – aber nur, wenn Sie mit der Maus auf `Serial Number` (bzw. `Seriennummer`, wenn Ihr Mac auf Deutsch eingestellt ist) klicken. Dort sind nämlich UDID und noch einige andere, weniger wichtige Informationen für ordentlich Eingeweihte versteckt. Nun mag natürlich niemand einen solchen 38-stelligen alphanumerischen Code abtippen, man kann ihn in iTunes aber auch nicht zum Kopieren selektieren. Wenn Sie aber, während die UDID angezeigt wird, in das Edit-Menü (bzw. Bearbeiten-Menü) von iTunes schauen, werden Sie dort *Copy UDID* (bzw. *UDID Kopieren*) finden. Und das funktioniert auch. Jetzt verfügen Sie über fast schon als magisch zu bezeichnendes Geheimwissen, und Ihre Freunde bleiben Freunde, die potenziellen Auftraggeber werden höchstwahrscheinlich tatsächliche Auftraggeber, weil Sie 38-stellige UDIDs kopieren können, anstatt sie per Hand abzutippen (und dann mehrfach als Antwort bekommen, dass mit der UDID irgendetwas nicht stimmt). ;-)

Bei der Registrierung solcher Testgeräte empfiehlt sich wieder eine gewisse Sorgfalt: Tragen Sie beim Namen zumindest den Namen des Besitzers und ggf. auch die Firma ein, für die der Besitzer des Geräts arbeitet (falls es sich um eine Demo für einen Kunden handelt), und eine genaue Gerätebezeichnung, z. B. iPad 3 oder iPhone 5 S. Bei meinem iPhone könnte das beispielsweise sein: `narayana games - Jashan - iPhone 5S`. Warum so genau? Sie können maximal 100 Geräte registrieren und wollen vielleicht in einigen Jahren alte Geräte löschen. Da ist es gut zu wissen, welche Geräte man wirklich nicht mehr in dieser Liste braucht.

Der nächste Schritt ist sowohl für Testgeräte-Builds als auch für die Veröffentlichung im App Store notwendig: Wir brauchen ein *Provisioning Profile* für die Veröffentlichung. Das können Sie direkt unter *Devices,* unter

Provisioning Profiles/Distribution wieder mit dem +-Button erzeugen. Hier müssen Sie jetzt zur Veröffentlichung im *App Store* die gleichnamige Option wählen oder zur Veröffentlichung eines Builds für Testgeräte die Option *Ad Hoc*.

Jetzt müssen Sie die App ID wählen. Beim App Store brauchen Sie auf jeden Fall eine eindeutige App ID, die Sie ggf. vorher unter *Identifiers/App IDs* angelegt haben sollten. Bei der Ad-Hoc-Distribution geht, sofern Sie Features wie *Game Center* oder *In-App Purchase* nicht brauchen, auch eine Wildcard AppID. Damit reicht dann ein Ad Hoc Provisioning Profile für alle Ihre Spiele.

Jetzt geht es in Xcode weiter: Wenn Ihr von Unity erzeugtes Spielprojekt in Xcode noch offen ist, können Sie hier über das Menü *Product/Archive* eine archivierte Version erzeugen, die Sie sogleich im *Organizer* unter *Archives* finden (falls Sie den *Organizer* nicht mehr finden sollten: Sie können ihn über das Xcode Menü *Window/Organizer* jederzeit wieder öffnen bzw. in den Vordergrund holen).

Falls Sie schon bereit zur Veröffentlichung wären, müssten Sie dieses Archiv jetzt validieren. Dazu müssen Sie aber vorher einen Eintrag für Ihr Spiel in iTunes Connect erzeugen. Für die Ad-Hoc-Verteilung an Tester brauchen wir das nicht – hier können Sie also direkt den Button `Distribute` klicken und bitte *Save for Enterprise or Ad Hoc Deployment* (und auf keinen Fall *Submit to the iOS App Store*) auswählen. Jetzt können Sie das *Distribution Provisioning Profile* von vorhin auswählen und auf den `Export`-Button klicken. Schließlich wählen Sie Verzeichnis und Dateinamen, lassen *Save for Enterprise Distribution* deaktiviert und speichern.

Die so erzeugte `*.ipa`-Datei können Ihre Tester direkt über iTunes installieren. Dazu müssen sie *Library* (bzw. *Bibliothek*) auswählen, dort *Apps* anklicken und dann die `*.ipa`-Datei per Drag & Drop zu den bereits vorhandenen Apps ziehen.

Herzlichen Glückwunsch: Achievement »Deal with Complex Publishing Schemes« unlocked!

9.4.5 Builds für Windows Store/Phone veröffentlichen

Weitere Plattformen, die von Unity direkt unterstützt werden – zumindest wenn Unity auf mindestens Windows 8 läuft[12] –, sind *Windows Phone 8* sowie die bereits in Abschnitt 9.3 erwähnten *Windows Store Apps*. Seit Version 4.5.3 unterstützt Unity auch sogenannte *Windows Universal Applications*, bei denen quasi ein Projekt für alle neuen Windows-Zielplattformen erzeugt wird. Es ist nicht wirklich ein Projekt, und es kommen auch am Ende zwei ausführbare Dateien heraus. Aber zumindest ist es eine Visual Studio Solution. Falls Sie jetzt noch nicht verwirrt sind, setze ich gerne noch einen

---
12 Sie können hierzu allerdings auch VMware Fusion oder Parallels Desktop verwenden.

drauf: *Windows Phone 8.1* ist als Zielplattform näher an *Windows Store Apps* als an *Windows Phone 8*.

Meine Empfehlung: Falls Sie diesen Markt ansprechen wollen, beschränken Sie sich auf *Windows Universal Applications* und gehen Sie davon aus, dass Ihr Spiel dann sowohl auf PCs als auch auf Tablets als auch auf Handys gespielt wird. Die Anforderungen an Ihren Entwickler-PC sind damit mindestens: *Windows 8.1, Visual Studio 2013* und das *Windows SDK 8.1*. Wenn dann so weit alles läuft, können Sie immer noch die entsprechenden Anpassungen für *Windows Phone 8* vornehmen und auch diese Zielgruppe anvisieren. Insbesondere, wenn Sie Ihr Spiel sowieso darauf ausgerichtet haben, dass es auch auf Mobiltelefonen läuft, hält sich der Aufwand hierfür in Grenzen.

Eine nennenswerte Besonderheit dieser Windows-Zielplattform, im Gegensatz zu Windows-Standalones, ist die Unterstützung der *Live Tiles* (Kacheln). Damit können auf dem Windows-Startbildschirm aktuelle Informationen von Ihrem Spiel dargestellt werden, beispielsweise Updates des Spiels, neue High Scores oder Einladungen anderer Spieler. Es gibt dazu direkt von Microsoft auch einige Vorschläge, die in dem Artikel *Using live tiles with different app types (Windows Runtime apps)*[13] ausführlich erklärt werden. Für Sie erhöht dies die Sichtbarkeit Ihres Spiels, nachdem ein Spieler es auf seinem Gerät installiert hat, und Sie können davon ausgehen, dass Microsoft Spiele, die dieses Feature nicht unterstützen, zumindest niemals besonders hervorheben wird. Unity bietet im Namespace `UnityEngine.WSA` auch entsprechende APIs.

Weitere Voraussetzungen für Windows Store/Phone

Zunächst brauchen Sie, wie vorher erwähnt, *Windows 8, Visual Studio 2012, Windows SDK 8.0* oder besser *Windows 8.1, Visual Studio 2013* und *Windows SDK 8.1* (oder höhere Versionen, sobald diese verfügbar sind). Falls Sie die kostenfreie Express-Version von Visual Studio verwenden wollen, achten Sie darauf, dass Sie *Visual Studio 2013 Express for Windows* installieren und nicht *Visual Studio 2013 Express for Windows Desktop*. Letzterer (mit »Desktop«) fehlt nämlich die *Windows Store Apps*-Unterstützung.

Außerdem brauchen Sie auf jeden Fall einen *Microsoft Account*. Bei Microsoft hieß das bis vor nicht allzu langer Zeit *Windows Live ID,* vorher *Microsoft Passport Network,* und noch davor hatte dieses Single-Sign-on-Benutzerkonto noch einige andere Namen. Sofern Sie ein solches Benutzerkonto schon haben (was für Windows-8-User recht wahrscheinlich ist, da Sie sich möglicherweise sogar bereits mit dieser ID bei Ihrem Betriebssystem einloggen), bekommen Sie die *Windows 8/8.1-Developer-Lizenz* praktisch automatisch über Visual Studio, sobald Sie sie brauchen. Diese

---

13 Wie üblich finden Sie diesen Artikel direkt von der Website zum Buch aus verlinkt.

Entwicklerlizenz ist kostenfrei und wird auf jedem Testgerät benötigt, auf dem Sie Ihr Spiel ausführen möchten. Da Microsoft hier entsprechende Automatismen eingeführt hat (das heißt, Sie werden gefragt, wenn diese Lizenz benötigt wird, und die Lizenz wird dann automatisch für Sie erzeugt, heruntergeladen und installiert), müssen Sie in diesem Zusammenhang nur eine Sache beachten: Die Entwicklerlizenz ermöglicht die Ausführung von Anwendungen, die nicht auf offiziellem Wege vom *Windows App Store* heruntergeladen wurden und damit auch nicht die entsprechenden Qualitätssicherungsschritte durchlaufen haben. Falls Sie also entsprechende Anwendungen aus anderen Quellen als dem Windows App Store und Ihrer eigenen Entwicklungsumgebung installieren bzw. ausführen, gehen Sie möglicherweise ein höheres Sicherheitsrisiko ein (die App könnte ein Trojaner sein).

Build Settings für den Windows Store

Wählen Sie in den Build Settings die Zielplattform `Windows Store`, so sehen Sie die in Abb. 9.17 dargestellten Einstellungen. Unter `Type` können Sie zwischen `XAML C# Solution` und `XAML C++ Solution` wählen. Mit `XML C++ Solution` hätten Sie die Möglichkeit, statisch gelinkte Bibliotheken zu verwenden. Bei `XAML C# Solution` kann man die üblichen .NET-Assemblies verwenden. Außerdem wird die `Option Unity C# Projects` aktiv, die zum Debugging von Windows Store Apps mit Visual Studio notwendig ist. Daher ist `XAML C# Solution` unsere bevorzugte Wahl.

Abb. 9.17
Build Settings für Windows Store

Unter `SDK` gibt es die Optionen 8.0, 8.1, `Phone 8.1` und `Universal 8.1`. Falls Sie Builds für `Windows Phone 8` erstellen wollen, müssen Sie die entsprechende Zielplattform wählen (links in Abb. 9.17). Dort ist übrigens die einzige Einstellung das uns bereits bekannte `Development Build`.

Falls Sie keinen guten Grund haben, hier eine andere Einstellung als `Universal 8.1` zu wählen, ist `Universal 8.1` eine gute Wahl.

Schließlich können Sie unter `Build and Run on` auswählen, ob Sie Ihr Spiel direkt auf dem Entwickler-PC (`Local Machine`) oder auf einem

Windows-Phone-Gerät oder parallel auf beiden starten möchten. Logischerweise steht diese Option nur zur Verfügung, wenn Sie bei SDK auch Universal 8.1 ausgewählt haben.

Player Settings für Windows Store

Im Bereich Icon können eine Vielzahl von Einstellungen für die Kachel Ihres Spiels und für verschiedene Icons vorgenommen werden. Sie müssen dabei nicht unbedingt alle Icons in allen Skalierungen angeben. Die genauen Anforderungen und eine ausführliche Beschreibung finden Sie bei Microsoft in dem Artikel *Tile and toast image sizes (Windows Runtime apps)*.[14]

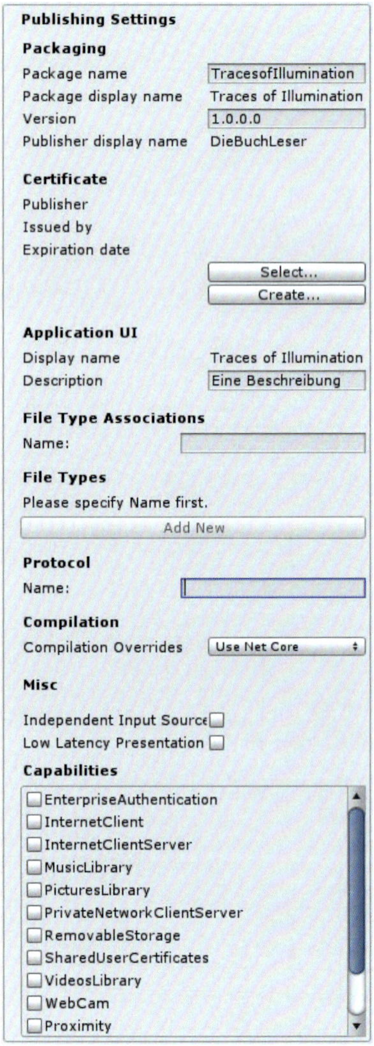

Sehr spannend ist bei der *Windows Store*-Zielplattform auch der Bereich Publishing Settings, den Sie komplett in Abb. 9.18 sehen. Ein Großteil dieser Daten wird in die Datei Package.appxmanifest übertragen, die übrigens nach dem ersten Build auch nicht mehr automatisch überschrieben wird. Somit müssen Sie nachträgliche Änderungen entweder manuell nachziehen oder die Datei im Zielprojekt löschen, damit sie neu generiert wird. Die Einstellungen in dieser Datei werden im Detail im Artikel *App package manifest* erklärt. Die Daten, die Sie hier nicht ändern können, wurden automatisch aus den allgemeinen Player Settings (ganz oben im *Inspector*) übernommen und können dort geändert werden.

Über Compilation Overrides können Sie festlegen, ob Ihre Scripts wie bei Unity üblich mit dem *Mono Compiler* kompiliert werden sollen (Einstellung None) oder in der Umgebung *.NET for Windows Store Apps* (.NET Core). So haben Sie direkten Zugriff auf die *Windows-API*, können aber von Unity-Scripts, die in *JavaScript* oder *Boo* geschrieben wurden, nicht auf Ihre C#-Scripts zugreifen. Mit Use .NET Core Partially können Sie schließlich dafür sorgen, dass die C#-Scripts in den speziellen Ordnern Plugins, Standard Assets und Pro Standard Assets mit dem *Mono Compiler* kompiliert werden und somit von *JavaScript* und *Boo* aus aufgerufen werden können.

Da Sie wahrscheinlich *JavaScript* und *Boo* sowieso nicht verwenden (außer Sie nutzen Asset Store Packages, die diese Sprachen einsetzen), dürfte Use .NET Core für Sie eine sinnvolle Einstellung sein. Beachten Sie aber, dass Sie auf die dadurch zusätzlich zur Verfügung stehenden APIs natürlich nicht innerhalb des Unity Editors zugreifen können. Anders formuliert: Wenn Sie in Ihren Scripts auf diese APIs zugreifen, bekommen Sie im Unity Editor entsprechende Compiler-Fehlermeldungen. Dies können Sie jedoch mit bedingter Kompilierung umgehen, wie folgendes Beispiel aus dem Unity Manual veranschaulicht:

Abb. 9.18
Windows Store Player Settings/Publishing Settings

---

14 Wie üblich von der Website zum Buch (*unity-buch.de*) aus verlinkt.

```
string GetTemporaryFolder() {
#if NETFX_CORE
    return Windows.Storage.ApplicationData
           .Current.TemporaryFolder.Path;
#else
    return "LocalFolder";
#endif
}
```

Listing 9.2
Beispiel zu bedingter Kompilierung aus dem Unity Manual

Das Symbol `NETFX_CORE` wird nur beim Kompilieren in Visual Studio gesetzt und damit dann auf dem tatsächlichen Gerät `ApplicationData.Current.TemporaryFolder.Path` zurückgegeben (`ApplicationData` kommt aus dem Namespace `Windows.Storage`). Innerhalb von Unity ist `NETFX_CORE` nicht gesetzt, und so wird einfach `LocalFolder` zurückgegeben. Die bedingte Kompilierung mit Verwendung von Symbolen wird in Unity auch an vielen anderen Stellen genutzt, es lohnt sich also, sich mit dieser Methode und den von Unity unter verschiedenen Umständen gesetzten Symbolen vertraut zu machen. Einen guten Einstieg hierzu finden Sie in *Platform Dependent Compilation* im Unity Manual.

Einen Universal Windows Store/Phone Build erstellen

Sofern Sie alle Voraussetzungen geschaffen haben und Ihnen ein entsprechendes Testgerät zur Verfügung steht, können Sie jetzt direkt die Option `Local Machine` and `Windows Phone` unter `Build and Run on` in den `Build Settings` ausprobieren. Falls Ihnen kein entsprechendes Testgerät zur Verfügung steht, versuchen Sie es einfach mit `Local Machine`.

Im Gegensatz zu iOS-Builds zeigt Unity Visual Studio nicht als Fenster an. Sie können aber trotzdem nach dem Build die erzeugte Solution mit Visual Studio öffnen, bearbeiten und auch direkt von dort aus starten und debuggen.

Das Spiel im Windows Store veröffentlichen

Um Spiele im Windows Store zu veröffentlichen, brauchen Sie, wie schon erwähnt, ein kostenpflichtiges Einzel- oder Unternehmenskonto für Entwickler ($19 bzw. $99). Damit können Sie sich dann zunächst einen Namen für Ihr Spiel reservieren. Wie üblich brauchen Sie eine Beschreibung und Screenshots, und Sie können auch geeignete Altersgruppen sowie weltweit die Zielmärkte bestimmen. All dies geschieht im sogenannten *Dashboard*, das übigens auch komplett in Deutsch verfügbar und sehr benutzerfreundlich gestaltet ist.

Was hier auch sehr schön gelöst ist, ist dass Microsoft ein sogenanntes *Windows App Certification Kit* zur Verfügung stellt, mit dem Sie Ihr Spiel im Vorfeld prüfen und potenziell auftretende Probleme finden und beheben können, bevor Sie Ihr Spiel dann letztlich zur Veröffentlichung freigeben. Dies kann Ihnen den Ärger ersparen, von dem man oft im Kontext des Apple App Store hört: Entwickler veröffentlichen Ihr Spiel, die Veröffentlichung geht aber aus manchmal sehr fadenscheinigen Gründen nicht durch, und man hat ein schönes Pingpong zwischen Entwickler und Reviewer.

9.5 Builds für Oculus Rift veröffentlichen

Link auf unity-buch.de

> Oculus Rift ist als richtige eigene Zielplattform bisher nur angekündigt – siehe *Expanded Oculus Rift Support in Unity* (Blog-Eintrag vom 20.09.2014 und verlinkt von der Website zum Buch). Schon lange gibt es ein Plug-in, das aber ursprünglich nur mit Unity Pro funktioniert hat. Seit 23.12.2014 können Sie jetzt auch mit Unity Personal Edition (ehemals Unity »free«) für die Oculus Rift entwickeln, siehe *Calling all VR enthuisiasts: target the Oculus Rift with Unity Free* (Blog-Eintrag vom 23.12.2014, ebenfalls verlinkt). Weitere Details sind bisher nur im Unity-Forum zu finden, und zwar im *Thread Oculus Rift without plugin details?* in einem Posting von thep3000 vom 20.11.2014.

Das offizielle, voll in Unity integrierte Add-on war zumindest zu dem Zeitpunkt, als ich diese Zeilen schrieb, leider noch nicht mal als Beta verfügbar. Sobald es Neuigkeiten dazu gibt, lesen Sie die ebenfalls auf der Website zum Buch (da gibt es auch ein Blog).

Bis dahin müssen Sie mit den bestehenden Möglichkeiten vorliebnehmen, was aber auch kein Problem ist: Sie installieren einfach ein Paket, wie wir das schon mehrfach getan haben, und passen Ihr Spiel mit den in diesem Paket mitgelieferten Prefabs an. Natürlich brauchen Sie dazu auch die entsprechende Hardware.

Mit *Oculus VR Share* gibt es auch einen eigenen Vertriebskanal, ähnlich wie bei den anderen Plattformen, den Sie nutzen sollten, wenn Sie ein Spiel für diese Plattform entwickeln.

Unsere aktuelle Spielversion ist für die Nutzung in einer Virtual-Reality-Umgebung recht heikel, wenn Sie den Spieler mit dem Fahrzeug fahren lassen wollen. Das Problem sind hier die hohe Geschwindigkeit und die relativ schlagartigen 90°-Drehungen, die für einen Spieler mit VR-Brille in hohem Maße desorientierend wirken können. In *Kapitel 18, Eine neue Dimension: Virtual Reality*, wage ich aber mit einem passend modifizierten Spielkonzept einen kleinen Sprung in diese ganz neue Welt und stelle auch Möglichkeiten vor, wie es selbst mit diesem Spiel durchaus funktionieren kann.

9.6 Builds für weitere Zielplattformen veröffentlichen

Unity bietet – selbst in der kostenfreien Version – noch eine Vielzahl weiterer Zielplattformen: Im mobilen Bereich wäre *Blackberry* zu nennen. Das läuft vergleichbar mit *Android*, *iOS* und *Windows Store*. Inzwischen gibt es über die jeweiligen Entwicklerprogramme verschiedener Konsolenhersteller (wie *Microsoft*, *Sony* und *Nintendo*) teilweise auch kostenlose Unity-Lizenzen. *Microsoft Xbox One* und *PlayStation Mobile* (für *Sony PlayStation Vita*) sind auf diesem Weg sehr einfach und vor allem kostenfrei zu erreichen, aber auch *Microsoft Xbox 360*, *Sony PlayStation 3* und *4* sowie *Nintendo Wii U* sind möglich. Teilweise sind die entsprechenden Unity-Versionen im Beta-Stadium oder veraltet, d. h., ganz so einfach, wie es auf den ersten Blick aussieht, ist es dann manchmal in der Praxis doch nicht.

Persönlich habe ich mit diesen Zielplattformen keine direkte Erfahrung, somit sind Sie auf sich allein gestellt. Die vorherigen Abschnitte sollten Ihnen aber eine gute Grundlage gegeben haben, um für die sogenannte Multiplattform-Entwicklung gerüstet zu sein – zumindest was das Erzeugen von Builds angeht.

Wenn Sie diese Route einschlagen möchten, sollten Sie bereits in frühen Phasen der Entwicklung alle Geräte einbeziehen, auf denen Ihr Spiel dann am Ende auch laufen sollte. Auf den ersten Blick erscheint es oft sehr einfach, und Unity bietet Ihnen für diesen Weg ausgezeichnete Unterstützung – aber wie so oft steckt der Teufel im Detail.

Ein konkretes Beispiel: In einer früheren Unity-Version haben die Accelerometer von Android und iOS bei gleicher Ausrichtung des Gerätes im Raum völlig unterschiedliche Werte geliefert, die sich zudem von den Werten unterschieden haben, die über Unity Remote geliefert wurden. Um mit diesen Daten arbeiten zu können, waren also mühseliges Ausprobieren und eine Reihe von Fallunterscheidungen im Code notwendig, bis es dann endlich überall korrekt funktioniert hat. Dieses konkrete Problem ist in Unity bereits gelöst, was allerdings dazu geführt hat, dass Sie wieder einen größeren Umbau durchführen müssen.[15] Aber die Entwicklung der Technologien, gerade im mobilen Bereich, geht so schnell, dass damit zu rechnen ist, dass immer wieder neue Herausforderungen entstehen werden.

Wenn man diese früh im Entwicklungsprozess entdeckt und gleich löst, ist das recht entspannt. Ganz anders sieht es aus, wenn man bereits einen Veröffentlichungstermin bekannt gegeben und mit hohem Aufwand be-

---

15 Die Versuchung, während eines Projekts immer die neueste Version von Unity zu verwenden, wäre an sich ein eigenes Kapitel wert. Nur kurz: Natürlich hat es Vorteile, immer den aktuellsten Stand von Unity zu haben. Aber unterschätzen Sie nicht, welchen Aufwand Sie manchmal betreiben müssen, wenn Sie Ihr Projekt auf eine neue Unity-Version hieven möchten, speziell wenn es sich um einen Major Release handelt (z. B. 4.x auf 5.0, wobei beispielsweise der Wechsel von 3.4 auf 3.5 auch erhebliche Probleme in einem meiner Projekte bereitet hat).

worben hat – und dann Folgendes feststellt: Eines der Geräte, das beim Zielpublikum besonders beliebt ist, für das man aber versäumt hat, ein eigenes Testgerät zu besorgen, funktioniert in einem Schlüsselbereich des Spiels doch anders als die anderen Geräte.

Jetzt wissen Sie, wie Sie unser Spiel auf die wichtigsten Zielgeräte bekommen, und auch, wie das Spiel dann an den Mann bzw. die Frau gebracht wird (zumindest aus technischer Sicht). Bei den Plattformen, von denen Sie es noch nicht genau wissen, haben Sie zumindest eine Ahnung und die Grundlage, es sich selbst beizubringen. So können wir uns wieder der Weiterentwicklung unseres noch recht rohen Prototyps in ein richtiges Spiel widmen und dabei noch einige neue Features und Bereiche von Unity kennenlernen.

10 Project Polishing – Iteration 2

Vielleicht haben Sie unser Spiel bereits ersten Freunden, Kollegen oder auch schon der ganzen Welt[1] gezeigt und erste Rückmeldungen erhalten. Vielleicht waren bei Ihren Testern sogar Leute dabei, die sich gern an der Entwicklung des Spiels beteiligen würden und komplementäre Talente mitbringen. In diesem Kapitel stellen wir uns vor, dass wir von außen einige nützliche Inputs bekommen und diese in einer zweiten Polishing-Runde in unser Spiel einarbeiten. ***Legen wir los!***

10.1 Die Level-Geometrie durch ein 3D-Modell ersetzen

Für unseren Prototyp hatten wir den Level in Unity aus Cube-Objekten zusammengebaut. Dabei war ein wesentlicher Nachteil, dass wir das Tiling des Materials verwenden mussten, was zu hässlichen Artefakten auf der Oberseite unserer Wände geführt hat.

In einem richtigen Spiel werden Levels oft aus kleineren Teilmodellen zusammengesetzt, die in einem externen Modelling-Tool erstellt wurden. Alternativ kommt oft auch die fertige Level-Geometrie aus einem Modelling-Tool. Diesen Fall haben wir auch hier.

> Auf der Website zum Buch finden Sie das Archiv mit der Datei `Level-01.fbx`: `SimpleLevelModel.zip`.

Download von unity-buch.de

Ziehen Sie diese Datei in unser Projekt in den Ordner `Models`. Deaktivieren Sie in den *Import Settings* die Option `Import BlendShapes`, und stellen Sie unter `Rig` den `Animation Type` auf `None`.

Ziehen Sie jetzt das gerade importierte Modell `Level-01` aus dem Projekt in die Szene `Level-01`, und zwar in der Hierarchie unter das Objekt `Level-01 / Geometry`. Wählen Sie dann in der Szenenhierarchie die Objekte

---

1 Bitte nicht!!! ;-)

0_Floor, 1_Walls und 2_FloorDownside (das sind alles Kinder des von uns gerade in die Szene gelegten Modells Level-01), und ziehen Sie aus dem Projekt im Verzeichnis Materials / Substances unter TheGrid-WithDirt-PBS die Substance NiceMetallicFloor auf Element 0 bei Materials im Mesh Renderer.

Das sieht jetzt noch nicht so dolle aus, weil bei NiceMetallicFloor noch Tiling 20 in X und Y eingetragen ist. Stellen Sie das auf 1 und Offset auf 0. Jetzt könnten wir das Material im alten Level nicht mehr verwenden, aber den brauchen wir sowieso nicht mehr. Der neue Level ist deutlich größer, so haben wir mehr Platz (siehe Abb. 10.1).

Abb. 10.1
Neuer und alter Level-01

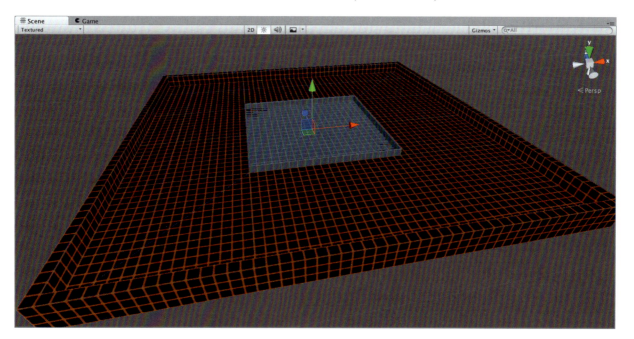

Übung macht den Meister

Was jetzt noch ansteht ist, die Collider der alten Geometrie so anzupassen, dass sie der neuen Geometrie entsprechen, und schließlich die Mesh Renderer der alten Geometrie abzuschalten. Da der Level jetzt deutlich größer ist, können Sie die Äpfel auch neu verteilen und weitere hinzufügen.

10.2 Neues Modell für das Fahrzeug mit verschiedenen LODs einbinden

Unser Fahrzeug ist wahrlich kein Kunstwerk. Aus zwei Zylindern und einem Quader gebaut, erfüllt es zwar seinen Zweck, aber sofern wir nicht bewusst auf Lo-Res-Optik setzen, wird es Zeit, sich auch von diesem Pseudo-Modell zu verabschieden. Da kommt es uns natürlich gerade recht, dass einer unserer Testspieler ein angehender 3D-Modeller ist, der uns ein neues 3D-Modell für das Fahrzeug zur Verfügung stellt.[2] Besonders freuen wir uns, dass er es uns gleich in fünf Detailstufen liefert, weil wir damit das *LOD*-Feature (Level of Detail) von Unity ausprobieren können.

> Die FBX-Dateien mit den Modellen in verschiedenen Detailstufen und dazugehörige Texturen finden Sie in der Datei `SimpleTracerModels.zip` auf der Website zum Buch.

Download von unity-buch.de

Fügen wir diese Modelle erst mal unserem Projekt hinzu:

1. Erzeugen Sie zunächst in unserem Projekt in dem Verzeichnis `Models` ein neues Unterverzeichnis `Tracer`.
2. In dieses Unterverzeichnis `Tracer` ziehen wir nun den gesamten Inhalt des entpackten ZIP-Archivs `SimpleTracerModels`.
3. Die Import-Settings korrigieren wir für alle fünf Modelle gleichzeitig, indem wir sie zuerst alle selektieren und dann im Bereich `Model` in den Import Settings die Option `Import BlendShapes` deaktivieren, wie in Abb. 10.2 illustriert. Da unser Model keine Animationen, geschweige denn BlendShapes liefert, brauchen wir das nicht.
4. Wir schalten dann auf Rig um – dabei bietet Unity uns automatisch an, die geänderten Einstellungen anzuwenden (`Apply`), was wir dankend bestätigen.
5. Unter Rig schalten wir einfach `Animation Type` auf `None` und gehen dann weiter zu `Animations`. Dieser Bereich ist deaktiviert, weil es ohne Rig keine Animationen gibt – auch wenn die Checkbox scheinbar aktiv ist.[3]

In Abb. 10.3 sehen Sie die fünf Modelle nebeneinander in der Scene View aufgereiht. Dabei fällt Ihnen wahrscheinlich auf, dass die beiden Modelle links aus mehreren Objekten bestehen (das sehen Sie in der *Hierarchy View*) und bereits eine Bemalung tragen und dass die Detailstufe des mittleren Modells ungefähr der Detailstufe des linken Modells entspricht. Eine ähnliche Entsprechung gibt es zwischen den Modellen `T0I-Cycle_01_HiRes`

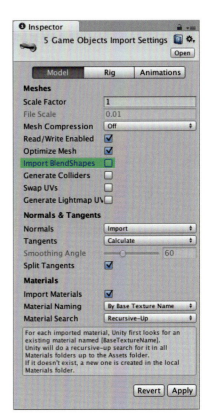

Abb. 10.2
Korrigierte Import-Einstellungen

---

2 Falls sich diese Geschichte weit hergeholt anhört: So ähnlich hat es sich Anfang 2008 tatsächlich zugetragen! Und wenn dieser nette Mensch sich damals nicht an den für Disney urheberrechtsgeschützten ursprünglichen Tron-Fahrzeugen von 1983 orientiert hätte, die ich natürlich für dieses Buch nicht verwenden kann (und auch in meinem Spiel nicht verwenden konnte), dann hätte ich Ihnen nach Rücksprache mit Scott jetzt das Original aus diesem damals sehr inspirierenden Austausch zum Download angeboten.

3 Dieses Verhalten ist Ihnen möglicherweise auch schon bei den Build Settings aufgefallen: Wenn man hier `Development Build` abschaltet, aber vorher `Script Debugging` und/oder `Autoconnect Profiler` aktiviert hat, bleibt es aktiviert und kann nicht mehr abgeschaltet werden, wird aber tatsächlich nicht ausgeführt. Der Vorteil dieses Verhaltens ist natürlich, dass Unity sich den Zustand merkt, d. h., wenn Sie die Einstellung von Rig wieder auf einen anderen Wert als `None` setzen, müssten Sie nicht erst in `Animations` wieder `Import Animations` aktivieren.

und `TOI-Cycle_03_LoRes`, also in der *Scene View* links im Bild das zweite und vierte Modell.

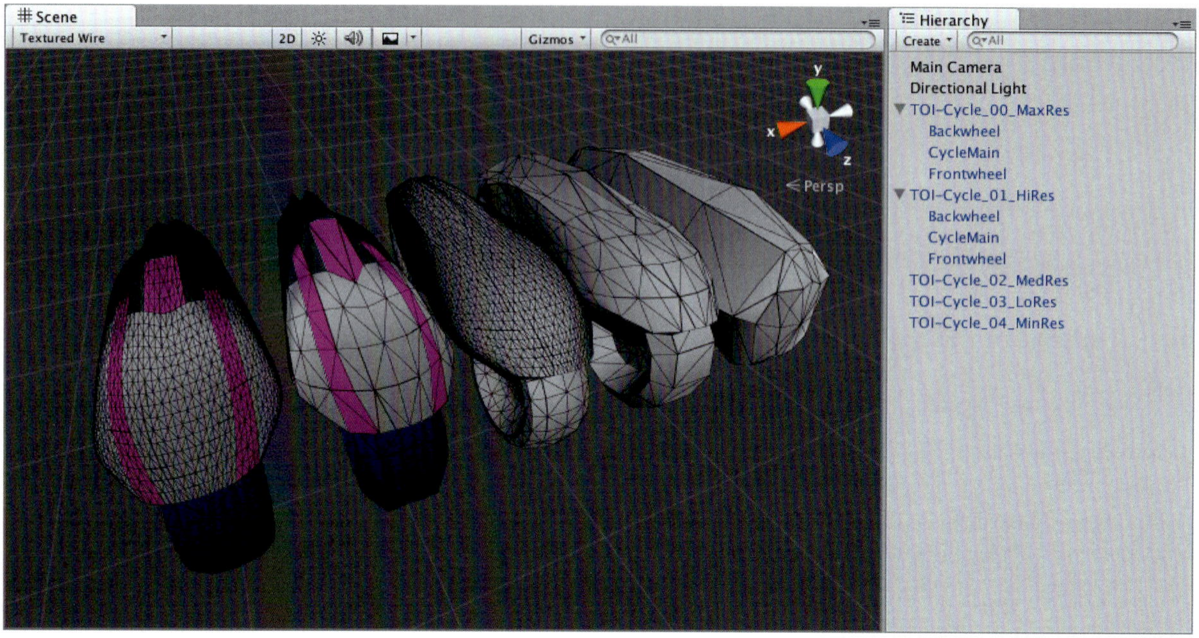

Abb. 10.3
Verschiedene Detailstufen eines Tracers

Die Erklärung liegt in der Formulierung *angehender 3D-Modeller* von weiter oben: Die beiden Modelle links entsprechen zwar von der Detailstufe her in Wirklichkeit dem dritten und vierten Modell, erzeugen aber deutlich mehr *Batches* bzw. *Drawcalls,* sind also für die Performance deutlich ungünstiger. Die höhere Anzahl an *Batches* liegt einerseits daran, dass es hier für Rumpf und Räder jeweils eigene Meshes gibt, andererseits daran, dass diese Meshes auch noch mehrere Materialien für die verschiedenen Farben brauchen.

Modelle von Profis sehen etwas anders aus, aber hier arbeiten wir so gut wir können mit dem, was wir haben. Für unsere Zwecke (Sie lesen gerade ein Buch über Unity) sind diese Modelle sogar praktisch, da man an diesen Beispielen einiges sehen kann.

10.2.1 Materialien und Texturen einstellen

Bevor wir im nächsten Abschnitt die Performance analysieren, stellen wir sicher, dass die Tracer optisch äquivalent sind, dass also unsere drei weniger detaillierten Tracer trotzdem den beiden Varianten mit höchster Detailstufe so ähnlich wie möglich sehen.

1. Ändern Sie zuerst das Material `Window` im Projektverzeichnis `Models/Tracer/Materials`. Hier ist die Farbe bei `Diffuse` derzeit Weiß, wir haben aber abgedunkelte Fenster, also machen Sie das Material schwarz.

2. Legen Sie in diesem Verzeichnis zuerst das Material für `TOI-Cycle_02_MedRes` an, und nennen Sie es `TOI-Cycle_02_MedRes-Default`. Dabei ist `Default` der Name des Materials aus der FBX-Datei, und `TOI-Cycle_02_MedRes` der Dateiname – diese Namenskonvention brauchen wir für den nächsten Schritt.

3. Selektieren Sie nun das Modell `TOI-Cycle_02_MedRes`. In den `Import Settings`, die im *Inspector* angezeigt werden, stellen Sie jetzt im Bereich `Model/Materials` den Wert von `Material Naming` auf `Model Name + Model's Material` um. Etwas weiter unten im *Inspector*, unter `Imported Object` und dort in der Komponente `Mesh Render` unter `Materials` in `Element 0`, sollten Sie jetzt unser neu erzeugtes Material `TOI-Cycle_02_MedRes-Default` finden.

4. Prüfen Sie, ob das korrekt funktioniert hat, indem Sie auf den Slot `Element 0` klicken, in dem `TOI-Cycle_02_MedRes-Default` steht. Dabei sollte in der *Project View* das neu angelegte Material kurz gelb aufblinken. Ist das nicht der Fall und finden Sie dort jetzt zwei Materialien mit ähnlichen Namen, dann haben Sie sich vertippt. Löschen Sie das Material, das den falschen Namen hat.

> Das war zwar etwas umständlich, es ist aber nützlich zu wissen, dass Unity die Materialien beim Import-Vorgang automatisch erkennt, wenn die Benennung der Materialien korrekt ist. Somit könnten Sie beispielsweise eine Menge von Materialien vorbereiten und dann die Namen der Modelle und deren Materialien einer passenden Namenskonvention unterwerfen, sodass Unity bereits beim Import alles automatisch korrekt verknüpft.

Gehen Sie bei `TOI-Cycle_03_LoRes` und `TOI-Cycle_04_MinRes` anders vor, weil wir ja keine Materialien und entsprechenden Namenskonventionen vorgegeben haben.

5. Stellen Sie hier einfach für beide Modelle gleichzeitig im *Inspector* `Material Naming` auf `Model Name + Model's Material` um, und genießen Sie, dass Unity die Materialien automatisch für Sie erzeugt.

Jetzt sind alle notwendigen Materialien erstellt und direkt mit den Modellen verknüpft. Jetzt müssen wir sie noch entsprechend konfigurieren.

1. Zuerst ein kleiner, aber feiner Trick: Das Material `UserColor` hat eine Farbe, die wir später brauchen. Diese können Sie als *ColorPicker-Preset* im *Unity-ColorPicker* abspeichern, indem Sie, wie in Abb. 10.4 illustriert, auf den kleinen Farbbutton unter `Presets` klicken. Falls `Presets` zugeklappt sein sollte, können Sie es einfach mit dem Pfeil aufklappen. Mit dem kleinen Kontextmenü rechts können Sie hier sogar ganze Farbbibliotheken speichern und laden. Mehr darüber finden Sie in Abschnitt 11.2.3, *Bilder und Farben aus der Designer-Vorlage übernehmen,* ab Seite 397.

Pro-Tipp: Farb-Presets verwenden

2. Konfigurieren Sie jetzt zunächst das Material TOI-Cycle_02_MedRed-Default indem Sie die Textur TOI-Cycle_02_MedRed_Color auf den Slot Diffuse ziehen, und die Textur TOI-Cycle_02_MedRed_Emission auf den Slot Emission. Wählen Sie dann als Farbe für Emission die soeben im *Unity Color Picker* abgespeicherte Farbe. Wählen Sie schließlich bei Lightmapper den Wert Dynamic Lightmaps aus, da unsere Tracer im Spiel herumfahren, sich also dynamisch bewegen und nicht statisch irgendwo herumstehen.

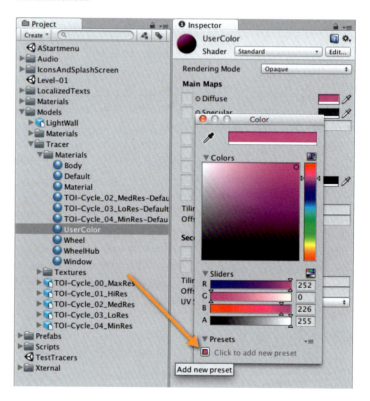

Abb. 10.4
Presets im Unity Color Picker

3. Wählen Sie für alle Texturen unter Models/Tracer/Textures bei Wrap Mode den Wert Clamp aus.

4. Bei den beiden Normal-Maps (TOI-Cycle_03_LoRes_Normal und TOI-Cycle_04_MinRes_Normal) wählen wir als Texture Type den Wert Normal map aus, und da es sich hier bereits um echte Normal-Maps handelt, deaktivieren wir Create from Grayscale.

5. Verfahren Sie jetzt bei den Materialien TOI-Cycle_03_LoRes-Default und TOI-Cycle_04_MinRes-Default so wie vorher bei TOI-Cycle_02_MedRed-Default, wählen Sie dabei aber natürlich die passenden Texturen.

6. Weisen Sie außerdem den beiden Materialien noch die dazugehörigen Normal Maps zu, also TOI-Cycle_03_LoRes_Normal bzw. TOI-Cycle_03_MinRes_Normal. Tragen Sie außerdem bei dem Feld für numerische Werte

rechts von Normal Map bei beiden Materialien den Wert 0.7 ein. Dieser Wert bestimmt die Intensität der Normal Map.

7. Löschen Sie schließlich das Material Default im Projektverzeichnis Models/Tracer/Materials. Dieses Material wurde automatisch vom Importer erzeugt. Wir brauchen es jetzt nicht mehr.

Wenn Sie die fünf Modelle jetzt in einer Szene schön aufreihen und beleuchten, sollte das in etwa so aussehen wie in Abb. 10.5.

Abb. 10.5
Die fünf Modelle nach der Zuweisung der Materialien

10.2.2 Performance über Game View Stats analysieren

Sehen wir uns das in der Statistik in der Game View an.[4] Abb. 10.6 zeigt TOI-Cycle_00_MaxRes, Abb. 10.7 zum Vergleich dazu TOI-Cycle_02_MedRes. Beachten Sie, dass der *PlayMode* für diesen Vergleich aktiv war. Die Statistics zeigen zwar auch ansonsten Werte an – da die *Game View* außerhalb des *PlayMode* aber nur neu gerendert wird, wenn sich irgendetwas ändert oder Sie mit der Maus in die *Game View* klicken, sind die daraus resultierenden Werte äußerst unzuverlässig. Tatsächlich sollten Sie bei solchen Experimenten die Werte jeweils eine Weile beobachten und damit ausschließen, dass Sie sich an Ausreißern orientieren.

---

4 Die Szene TestTracers, die ich auch für die Screenshots verwendet habe, finden Sie in der vollständigen Projektversion Traces_TheGame_010. Damit können Sie die folgenden Ausführungen auch auf Ihrem Entwicklerrechner testen.

*Abb. 10.6
Statistics für TOI-Cycle_oo_MaxRes*

*Abb. 10.7
Statistics für TOI-Cycle_03_MedRes*

Drawcalls und Batches verstehen

Wichtig für Mobile

Die wesentliche Kennzahl für den Vergleich dieser beiden Modelle sind die *Batches*. In früheren Unity-Versionen sowie in der gesamten Realtime-3D-auf-Mobile-Welt standen hier allerdings *Drawcalls* im Rampenlicht – schauen wir uns erst mal diese an.

> Ein **Drawcall** ist ein Aufruf in die GPU (also den Grafikprozessor), um Objekte am Bildschirm zu rendern. Dabei müssen normalerweise, um den Renderkontext herzustellen, Daten zwischen CPU und GPU übertragen werden (Geometrie, Texturen, Materialien), es muss ein Kontext hergestellt werden, und schließlich muss das Rendering durchgeführt werden. Dabei erfolgt das Rendering ziemlich schnell im Vergleich zu der Zeit, die für das Übertragen der Daten gebraucht wird. Daher kann eine hohe Zahl an Drawcalls dazu führen, dass die GPU sich langweilt, während die CPU überlastet ist, die wir ja auch für die restliche Spiel-Logik benötigen. Als grobe Faustregel kann gelten, dass für jedes neue Material (also auch für jede andere Textur) ein Drawcall erzeugt wird.

Allerdings sind an sich nicht die Drawcalls das Problem, sondern die Kontextwechsel. In Unity 5 werden statt teuren Drawcalls mit Kontextwechseln viele kleine Drawcalls auf verschiedenen Bereichen der gleichen Daten durchgeführt, die zuerst in einem Rutsch auf die Karte geladen werden. Entscheidend sind dann also die Batches.

> Ein **Batch** ist die Schaffung eines Kontextes auf der Grafikkarte zum Rendern mehrerer sichtbarer Teil-Meshes und die Durchführung dieser Render-Operationen mittels kleiner Drawcalls ohne weiteren Kontextwechsel. Für einen Batch werden zwar mehrere Drawcalls durchgeführt, aber nur ein teurer Kontextwechsel. Damit sind nicht die einzelnen Drawcalls teuer, sondern der Kontextwechsel für den gesamten Batch. Dadurch sind *Batches* eine für die Performance viel aussagekräftigere Kennzahl als *Drawcalls*.

Falls Sie von früheren Unity-Versionen oder anderen Game-Engines also gewohnt sind, Drawcalls zu zählen – streichen Sie das, denn in Unity 5 sind die Batches relevant.

Hier haben wir im einen Fall sieben Batches, im anderen nur einen. Auf alten iPhones galt die Regel, unter 30, besser unter 20 *Drawcalls* zu bleiben (seinerzeit waren es auch noch Drawcalls). Die Zeiten haben sich geändert, und inzwischen kann man sich deutlich mehr erlauben. (Hunderte *Drawcalls* bzw. *Batches* sind auf modernen mobilen Geräten normalerweise kein Problem mehr – reine Drawcalls auf richtigen Grafikkarten sind sogar in Größenordnungen von Hunderttausenden machbar.) Aber für das praktisch gleiche Modell die siebenfache Anzahl an *Batches* zu benötigen ist trotzdem ein guter Grund, etwas vorsichtig zu sein:

Stellen Sie sich in einer Multiplayer-Variante beispielsweise 24 Spieler vor, also 24 Tracer. Dann »verbraten«, wenn alle gleichzeitig sichtbar sind, allein die Fahrzeuge schon 168 Batches. Und da sind noch keine Schatten aktiviert. Aktivieren wir bei `Directional Light` die Schatten (setzen Sie `Shadow Type` im *Inspector* der Komponente `Light` auf `Hard Shadows`), dann haben wir bei `TOI-Cycle_00_MaxRes` schon 24 Batches pro Tracer. Bei 24 Tracern wären das also satte 576 Batches. Mit `TOI-Cycle_02_MedRes` würden wir in diesem Fall für die Tracer auf 96 Batches kommen.

Der konkrete Zeitunterschied ist hier auf einem modernen Desktop-PC kaum messbar: 0,2 ms gegenüber 0,2 ms sagt nichts, denn wir sind hier an der Grenze der Messgenauigkeit angekommen. Wenn wir testweise von jeder Variante 30 Tracer erzeugen und diese so im Raum verteilen, dass alle sichtbar sind, zeigt sich, dass der Unterschied in der Praxis bei mehreren Tracern doch durchaus höher liegt: Die MaxRes-Variante kommt hier auf 1,1 ms, die MedRes-Variante auf 0,2 ms. Hier haben wir also fast 80 % Zeitersparnis. Auch wenn die absoluten Werte hier kaum beeindrucken (was sind schon 0,9 Millisekunden?), können wir davon ausgehen, dass sich die Optimierung auf schwächeren Zielplattformen durchaus bezahlt macht – und wenn auch nur in einem geringfügig niedrigeren Stromverbrauch, also etwas längerer Akkulaufzeit.

Weitere Erkenntnisse aus der Statistik

Beim direkten Vergleich der beiden Modelle fällt außerdem auf, dass beide Modelle zwar in etwa die gleiche Anzahl Tris[5] haben: Jeweils rund 12 k, also 12.000. Das eine Modell kommt aber mit 6.500 Verts[6] aus, während das andere mit 17.300 ungefähr den zweieinhalbfachen Wert benötigt. Da beide Modelle an sich identisch sind, liegt die Vermutung nahe, dass der Künstler bei der ersten Version etwas geschlampt hat. Würde ich so ein Modell von einem Fremden bekommen, würde ich noch mal nachfragen, was da los ist. Da dieses Modell von mir selbst stammt, muss ich mich mit »Hoffentlich ist das didaktisch wertvoll« herausreden.

10.2.3 Einen optimierten Tracer mit LODs erstellen

> **LOD** bzw. **Level of Detail** bezeichnet eine Optimierungstechnik, bei der je nach Entfernung zur Kamera unterschiedliche Versionen ein und desselben Objekts mit unterschiedlichen Detailstufen dargestellt werden. Somit können Objekte, die am Bildschirm nur sehr klein sind, mit minimalem Aufwand dargestellt werden. Statt der Entfernung zur Kamera kann auch die Größe des Objekts am Bildschirm verwendet werden (das ist bei Unity der Fall). Dies hat den Vorteil, dass die Entfernungsstufen zwischen Objekten mit unterschiedlichen Größen deutlich leichter vergleichbar sind.

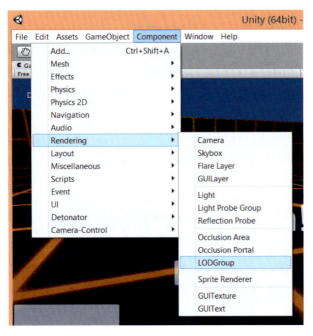

Abb. 10.8
Eine LODGroup über das Menü hinzufügen

In Unity wird dieses Feature über die Komponente LODGroup umgesetzt, die einem beliebigen GameObject hinzugefügt werden kann. Sie finden diese Komponente im Unity-Menü *Component/Rendering/LODGroup* (siehe Abb. 10.8).

Sie können dann dieser Komponente sehr einfach beliebige GameObjects für die verschiedenen Detailstufen hinzufügen und verschiedene Einstellungen vornehmen. Sehr praktisch ist dabei, dass Unity automatisch alle Mesh Renderer-Komponenten an den Objekten und ihren Kindern findet und für die jeweilige LOD-Stufe verwendet. Somit lassen sich auch leicht Detailstufen erzeugen, die aus mehreren Objekten bzw. Meshes bestehen – wie das bei uns mit den beiden höchsten Detailstufen ja auch der Fall ist.

Ein weiteres praktisches Feature ist, dass LODs bei importierten Objekten automatisch erkannt werden, wenn die Meshes einer einfachen Namenskonvention folgen: Name_LOD0, Name_LOD1 usw. Wichtig ist dabei,

---
5 Triangles: Das sind die Dreiecke, aus denen die Oberflächen der Modelle bestehen.
6 Vertices: Das sind die Vektoren, also Punkte, aus denen die Dreiecke aufgezogen werden.

dass jede Stufe nur aus einem Mesh bestehen kann und auf jeden Fall mit LOD0 begonnen werden muss: Fängt man z. B. mit LOD1 an, wird die Namenskonvention nicht erkannt. Außerdem sollten in diesem Fall die Materialien der Meshes eindeutige Namen haben, da sonst für jedes Mesh in Unity das gleiche Material verwendet wird.[7] Ein Beispiel, das diesen Ansatz illustriert, finden Sie im Verzeichnis SimpleLODExample in SimpleTracerModels.zip.

Erzeugen wir nun also in unserem Projekt einen neuen Tracer unter Verwendung aller fünf Detailstufen, die uns zur Verfügung stehen:

1. Öffnen Sie in Unity die Szene Level-01.
2. Lassen wir zunächst die GUI aus der *Scene View* verschwinden, da wir derzeit nicht an der GUI arbeiten. Dazu wählen Sie rechts oben im Unity-Bildschirm bei Layers den Layer UI ab, indem Sie auf das Auge klicken (siehe auch Abb. 10.9). Somit ist der Layer UI, auf dem alle unsere GUI-Objekte liegen, jetzt in der *Scene View* unsichtbar.

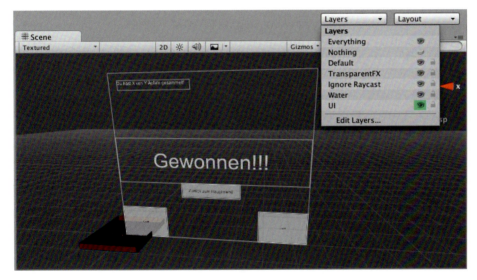

Abb. 10.9
Den Layer UI für die Scene View abschalten

3. Fokussieren Sie jetzt RotateBody (unter Player/Tracer-00) in der *Scene View*. Wissen Sie noch, wie das geht?[8]
4. Dann legen wir mit *GameObject/Create Empty Child* oder der Tastenkombination ⌥+⇧+N bzw. Alt+⇧+N ein neues leeres GameObject direkt unter RotateBody an und nennen es TracerLOD.

---

7 Dies kann man zwar ändern, indem man für jedes Modell noch ein eigenes Prefab erstellt, bei dem die Materialien per Hand zugewiesen werden. Aber das ist recht umständlich und in der Praxis durchaus auch fehleranfällig (wenn z. B. im Verlauf des Projekts das Modell zusätzliche Objekte erhält, diese aber deswegen nicht automatisch im Prefab erkannt werden).

8 Es gibt zwei Möglichkeiten: Doppelklicken Sie auf RotateBody, oder selektieren Sie zuerst RotateBody und drücken Sie dann, während sich der Mauszeiger über der Scene View befindet, die Taste F für das Fokussieren.

5. Klicken Sie, während TracerLOD selektiert ist, im Inspector auf Add Component, und geben Sie LOD ein. Schon erscheint LODGroup. Die fügen wir mit ⏎[9] TracerLOD hinzu.

6. Als Nächstes wählen wir alle fünf Modelle in der *Project View* aus, also TOI-Cycle_00_MaxRes bis TOI_Cycle_04_MinRes. Ziehen Sie alle fünf auf TracerLOD in der *Hierarchy View*.

7. Verwenden Sie Drag & Drop, um die Reihenfolge der Objekte zu korrigieren. Beachten Sie dabei, dass es bei aufgeklappten Objekten nicht möglich ist, ein anderes Objekt in der Reihenfolge hinter das offene Objekt zu ziehen: Das Objekt landet dann immer in der Hierarchie unter dem geöffneten Objekt.

Screencast auf unity-buch.de

> Siehe hierzu auch den Screencast *Hierarchie ordnen, LODs zuweisen* auf der Website zum Buch.

8. Fügen Sie zwei LOD-Stufen hinzu, indem Sie jeweils mit der Maus im Bereich Culled die rechte Maustaste drücken und Insert Before auswählen, siehe Abb. 10.10.

Abb. 10.10
Neue LOD-Stufen hinzufügen

9. Ziehen Sie nun ein Objekt nach dem anderen in die entsprechenden LOD-Slots, wie in Abb. 10.11 illustriert.

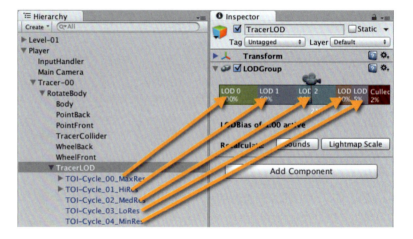

Abb. 10.11
LOD-Objekte für verschiedene Stufen in die entsprechenden Slots ziehen

> Sie können die einzelnen LODs auch selektieren und sehen dann alle für das jeweilige LOD aktiven Renderer. Dabei fällt Ihnen sicher auch der Fade Mode auf. Damit steht je nach Einstellung im Shader der Parameter unity_LODFade vom Typ float2 zur Verfügung, den Sie dann allerdings in einem eigenen Shader auch selbst auswerten müssen.

---

[9] Eingabetaste bzw. Enter oder Return.

10. Im Moment ist unser neuer Tracer gegenüber dem alten Tracer noch etwas nach hinten verschoben. Stellen Sie bei TracerLOD bei Transform die Position auf Z = 1.5. (Die anderen Werte von Position und Rotation sollten auf jeden Fall alle auf 0 stehen, Scale natürlich komplett auf 1!)

11. Den alten Tracer brauchen wir nicht mehr. Wir räumen ihn auf, indem wir wieder unter RotateBody ein leeres GameObject erstellen, ihm den Namen TracerOld geben und die Objekte Body, WheelBack und Wheel-Front darunter ziehen. Schließlich deaktivieren wir TracerOld. (Das ist die Checkbox ganz oben links im Inspector, direkt neben dem Namen.)

12. Mit dem Kamerasymbol über der LOD-Leiste können Sie die LODs jetzt ausprobieren, indem Sie die Kamera von links nach rechts verschieben. Achten Sie dabei aber auf den Wert, der bei LODBias of N.NN active steht. Falls hier nicht 1.00 steht, ist bei der aktuellen Qualitätseinstellung ein *LOD-Bias* eingetragen, also ein Faktor, der die LODs früher (Werte kleiner als 1.0) oder später (Werte größer als 1.0) wechseln lässt.

Das ist spannend und braucht einen eigenen Abschnitt.

10.2.4 Qualitätseinstellungen verstehen und LODs optimieren

Über das Menü *Edit/Project Settings/Quality* können Sie im *Inspector* die Qualitätseinstellungen von Unity anzeigen und bearbeiten. Alle Einstellungen finden Sie in Abb. 10.12 abgebildet und im Unity Manual unter *Quality Settings*[10] detailliert dokumentiert. Hier wollen wir nur ein Grundverständnis schaffen und uns dann auf die Qualitätseinstellungen bezüglich unserer LODs konzentrieren – und dabei noch einen ziemlich nützlichen Trick kennenlernen. Die für LODs relevanten Einstellungen sind im Screenshot grün markiert und werden weiter unten erklärt.

Sie können in Unity eine beliebige Anzahl an Qualitätseinstellungen nutzen und frei benennen. Dabei definiert jede Qualitätseinstellung eine Menge von konkreten Einstellungen und kann für verschiedene Plattformen als Default verwendet werden (das sind die grünen Häkchen) oder sogar komplett deaktiviert werden (das sind die leeren Häkchen). Das komplette Deaktivieren von Qualitätseinstellungen ist speziell im Zusammenhang mit LODs relevant; dazu folgt gleich mehr.

Sie aktivieren eine Qualitätseinstellung einfach durch Klick auf ihren Namen. Damit werden die Details zu dieser Qualitätseinstellung unten im Inspector angezeigt, und sie wird auch gleich im Editor aktiv. So können Sie leicht verschiedene Qualitätseinstellungen im Editor testen.

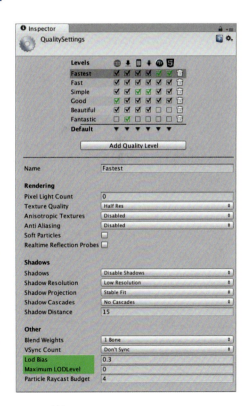

Abb. 10.12
Quality Settings

---
10 Siehe den Link auf der Website zum Buch.

Qualitätseinstellungen löschen können Sie naheliegenderweise mit dem kleinen Papierkorb-Icon. Den `Default` für eine Plattform wählen Sie, indem Sie auf das kleine nach unten gerichtete Dreieck klicken und die gewünschte Einstellung auswählen. Über den Button `Add Quality Level` können Sie naheliegenderweise beliebig viele Qualitätsstufen hinzufügen. Die Frage ist aber: Wozu? Es ist schon bei den sechs vorgegebenen, leicht verständlich benannten Einstellungen nicht ganz einfach, den Überblick zu behalten.

Es könnte aber beispielsweise sein, dass Sie für ein ganz bestimmtes Gerät eine ganz spezifische Einstellung vornehmen wollen – und genau diese Flexibilität stellt Unity Ihnen hier zur Verfügung.

Sie können von Ihrem Programmcode aus mit den statischen Methoden `GetQualityLevel()` und `SetQualityLevel()` der Klasse `QualitySettings` die aktuelle Einstellung auslesen und setzen. Zusätzlich können Sie über `IncreaseLevel()` und `DecreaseLevel()` die nächsthöhere bzw. nächstniedrigere Stufe aktivieren. Somit ist es möglich, beispielsweise eine adaptive Qualitätseinstellung zu implementieren, die bei niedriger Framerate über einen gewissen Zeitraum automatisch in eine niedrigere Qualitätsstufe schaltet, bei sehr hoher Framerate entsprechend auf eine höhere Qualitätsstufe. Oder Sie lassen den Spieler über ein Einstellungsmenü direkt selbst wählen. Oder Sie schalten, wie oben angedeutet, auf eine spezifische Qualitätsstufe, wenn Sie ein bestimmtes Gerät oder eine Kategorie von Geräten erkannt haben.[11]

Da all diese Methoden über Indizes arbeiten, ist das statische Property `QualitySettings.names` sehr hilfreich, das die Namen als Array zurückliefert. Somit können Sie relativ einfach prüfen, ob z. B. gerade die Qualitätseinstellung `Beautiful` aktiv ist. In der Praxis möchte man aber normalerweise eher wissen, ob mindestens `Beautiful` aktiv ist. Da Unitys API das direkt nicht wirklich unterstützt, können wir uns mit einem `Dictionary-<string,int> namesToIndexes` behelfen, das beispielsweise in `Awake()` zunächst über `QualitySettings.names` die Namen der möglichen Stufen ausliest und dann jedem Namen den entsprechenden Index zuweist. Damit ist dann auch eine Abfrage im Stile von Listing 10.1 möglich.

Listing 10.1
Prüfung auf »mindestens Beautiful« mit dem Lookup-Dictionary

```
Int currentLevel = QualitySettings.GetQualityLevel();
Int minLevel = namesToIndexes["Beautiful"];
if (currentLevel >= minLevel) {
    // do something really expensive
}
```

Speziell beim dynamischen Wechsel der Qualitätseinstellung während des Spiels kann es beispielsweise beim Umschalten des Anti-Aliasing zu Verzögerungen kommen. Daher haben die Methoden zum Umschalten jeweils

---

11 Auch dazu gibt es entsprechende APIs, auf die ich hier nicht näher eingehe. Sie finden eine ausführliche Dokumentation darüber in der Unity Scripting API bei der Klasse `SystemInfo` (siehe auch den Link von der Website zum Buch).

einen Parameter `applyExpensiveChanges`, für den während des Spiels üblicherweise `false` übergeben werden sollte. Lediglich bei einem Einstellungsdialog, bei dem der Benutzer eine Qualitätsstufe wählt oder beispielsweise beim Wechsel in eine andere Szene, bei dem der Spieler sowieso kurz warten muss, sollten Sie hier `true` übergeben.

Die Klasse `QualitySettings` bietet noch einige feingranularere Einstellungsmöglichkeiten, falls Ihnen die über den Editor voreingestellten Qualitätseinstellungen nicht ausreichen sollten.

Qualitätseinstellungen für LODs: LOD-Bias

Die Einstellung `LOD-Bias` haben Sie ja bereits kennengelernt. Dabei handelt es sich um einen Faktor, mit dem Sie beispielsweise dafür sorgen können, dass schwächere Geräte schneller auf die jeweils einfacheren Detailstufen umschalten. Eine andere, nicht minder relevante Perspektive ist die Bildschirmgröße: Auf einem kleinen Handy-Display sind natürlich 10 % der Displaygröße viel weniger Fläche, und daher fallen Details hier deutlich weniger auf, als wenn das Spiel hochauflösend über einen Beamer auf eine riesige Leinwand projiziert wird. `LOD-Bias` fällt vor allem unangenehm auf, wenn der Wert sich von `1.0` unterscheidet und man sich dann wundert, warum die Vorschau über das Kamerasymbol nicht zu dem Zeitpunkt umschaltet, den man erwarten würde. Daher ist es praktisch, dass der aktuelle `LOD-Bias` aus den `QualitySettings` direkt im `LODGroup` Inspector angezeigt wird.

Wenn wir jetzt die Qualitätseinstellungen und unsere LODs optimal anpassen wollen, haben wir ein Problem: Der *Inspector* zeigt entweder die `QualitySettings` an oder die `LODGroup` von `TracerLOD`. Gleichzeitig geht nicht. Oder doch?

Der Schlüssel ist, das Schloss zu schließen: Inspector-Lock! Wenn wir also ein zweites *Inspector Tab* hinzufügen, dann die `QualitySettings` aktivieren, das untere *Inspector Tab* auf *Inspector-Lock* setzen und dann `TracerLOD` in der Hierarchie selektieren, dann haben wir genau das, was wir brauchen: Wir können

Abb. 10.13
Inspector-Lock auf Quality Settings

jederzeit die Qualitätseinstellungen ändern bzw. eine andere Qualitätsstufe auswählen und parallel dazu unsere `LODGroup` testen. Sie sehen das Ergebnis auch in Abb. 10.13.

Mit diesem Setup können wir jetzt mit verschiedenen Einstellungen experimentieren und alles genau so einstellen, wie wir es brauchen. Das wird natürlich vor allem dann interessant, wenn wir die nächste Einstellung kennenlernen.

Qualitätseinstellungen für LODs: Maximum LODLevel

Mit `Maximum LODLevel` können Sie pro Qualitätsstufe einstellen, ab welcher Detailstufe überhaupt angefangen werden soll. Sie erinnern sich, dass unsere fünf LOD-Modelle sich in zwei Gruppen aufteilen lassen: Die beiden mit dem höchsten Detailgrad bestehen aus mehreren Objekten und erzeugen viele Batches. Die anderen drei Modelle sind da deutlich sparsamer.

Stellen Sie also bei den Qualitätsstufen `Fastest`, `Fast`, `Simple` und `Good` den Wert für `Maximum LODLevel` auf 2 und bei `Beautiful` auf 1. Somit steht die höchste Detailstufe nur noch bei `Fantastic` zur Verfügung. Beim Build prüft Unity, ob die Meshes auch tatsächlich verwendet werden, daher werden unser am höchsten aufgelöstes Modell und weitere Assets, von denen es abhängig ist,[12] nur noch mit Standalone Playern ausgeliefert. Dies spart einerseits Download-Größe, hat aber vor allem beim Laden der Szenen Auswirkungen, da natürlich auch hier nur noch die verfügbaren Assets geladen werden. Gerade auf mobilen Geräten kann das einen erheblichen Unterschied machen. *Blackberry* und *WebGL* halten wir für besonders schwach, daher werden hier die hübschen, aber technisch eher unsauberen Modelle gar nicht mitgeliefert.

10.2.5 Texturgröße bei LODs anpassen

Es gibt noch eine »Kleinigkeit« mit großer Auswirkung: Unsere niedriger aufgelösten Modelle brauchen mehrere Texturen. Speziell, wenn diese Modelle nur sehr klein dargestellt werden, wird bei der Original-Texturgröße von 1024×1024 extrem viel Speicherplatz verschwendet, da diese Details am Bildschirm nur bei extrem hohen Auflösungen überhaupt sichtbar werden können.

Übung macht den Meister

> Passen Sie also als Übung die Texturgrößen für die drei optimierten Tracer an. Dabei sollten Sie sich einen dritten Inspector mit *Inspector-Lock* öffnen, in dem Sie die LOD-Vorschau von `TracerLOD` nutzen können. Achten Sie darauf, dass `*_Color` und `*_Emission` bzw. `*_Color`, `*_Emission` und `*_Normal` immer die gleiche Auflösung haben, um Artefakte zu vermeiden. In den `Import Settings` der Texturen können Sie für jede Zielplattform anhand der anderen

---
12 Beispielsweise Texturen.

> Parameter für die jeweiligen `Quality Settings` (`Maximum LODLevel`, `LOD-Bias` und `Texture Quality`[13]) die »genau richtige« Auflösung wählen. Sie können das dann sogar auf den Ihnen zur Verfügung stehenden Zielplattformen testen, wobei hier etwas im Wege steht, dass der `CameraManager` (wenn Sie einen implementiert haben oder den aus den Beispielprojekten übernommen haben) bisher das Umschalten der Kameras nur über die Zahlentasten ermöglicht. Die stehen auf mobilen Geräten natürlich nicht zur Verfügung. Aber das können wir analog zu Abschnitt 9.4.2, *Steuerungsmöglichkeit für mobile Geräte einführen,* (ab Seite 325) lösen.

> Die aktuelle Version des Projekts mit dem neuen Tracer und überarbeiteten Qualitätseinstellungen finden Sie auf der Website zum Buch (*http://unity-buch.de*). Das ist die Datei `Traces_TheGame_010.zip`.

Download von unity-buch.de

Vielleicht sind Sie vorhin beim Einstellen der Materialien hellhörig geworden: Bei `Emission` konnten wir eine beliebige Farbe für die Bemalung unseres Fahrzeugs wählen – wollen wir diese Macht auch dem Spieler in die Hand geben? **Definitiv.**

10.3 Benutzerfarben für Tracer und Wand

Spieler lieben es, ihre Charaktere bzw. Fahrzeuge den eigenen Vorstellungen anzupassen, und bei der Auswahl der Farbe haben wir hier relativ leichtes Spiel.

10.3.1 Den Tracer einfärben

Dazu brauchen wir zunächst eine Komponente am Tracer, die eine Farbe speichert und diese an der richtigen Stelle in die entsprechenden Materialien schreibt. Wir schreiben also mal wieder ein Script in C#, und zwar mit dem Namen `TracerColor`.

Dabei stehen wir vor einer nicht unerheblichen Herausforderung. Und zwar geht es um diesen Satzteil: »und diese [Farbe] an der richtigen Stelle in die entsprechenden Materialien schreibt.« Welche Materialien, und was ist die *richtige Stelle?*

Bei unseren beiden komplexen LODs ist jeweils nur ein Material von fünf relevant, und zwar `UserColor` (das zweite Material von `CycleMain`). Hier muss die diffuse Farbe gesetzt werden (`Diffuse`). Bei den anderen drei LODs gibt es jeweils nur ein Material. Dieser Teil ist also einfach – aber

---
[13] Mit Texture Quality kann bei niedrigen Qualitätsstufen die Texturauflösung nochmals halbiert, geviertelt oder sogar geachtelt werden, was natürlich einen dramatischen Einfluss auf die Qualität hat, wenn Sie bereits bei den Import-Einstellungen eine kleine Auflösung verwenden.

hier muss statt bei `Diffuse` die Farbe bei `Emission` geändert werden. Ein Dilemma – hätten wir das mit den LODs mal besser gelassen, dann müssten wir uns jetzt nur um ein Material kümmern.[14] ;-)

Das Problem ist allerdings einfacher zu lösen, als man denken mag: Wir brauchen einfach nur zwei Listen von Materialien, in die wir die Materialien dann im Editor ziehen. Dazu brauchen wir wieder den *Inspector-Lock*: Das Objekt mit `TracerColor` wird in einem Inspector gelockt, und in einem anderen, freien Inspector wählen wir die Objekte mit den Materialien, um sie von dort aus in den *TracerColor-Inspector* zu ziehen.

Aber ein Schritt nach dem anderen. Erst mal brauchen wir `TracerColor`; Sie finden es in Listing 10.2.

Listing 10.2
Die neue Klasse TracerColor

```
using UnityEngine;
using System.Collections.Generic;

public class TracerColor : MonoBehaviour {

  public Color playerColor = new Color(1, 1, 0);

  public List<Material> diffuseUserColor = new List<Material>();
  public List<Material> emissionUserColor = new List<Material>();

  public void Start() {
    OnColorChanged();
  }

  public void OnColorChanged() {
    foreach (Material diffuseMaterial in diffuseUserColor) {
      diffuseMaterial.SetColor("_Color", playerColor);
    }
    foreach (Material emissionMaterial in emissionUserColor) {
      if (emissionMaterial.HasProperty("_EmissionColor")) {
        emissionMaterial.SetColor("_EmissionColor", playerColor);
      }
    }
  }

}
```

Den Programmcode sollten Sie inzwischen fast ohne weitere Erklärung verstehen, lediglich die Property-Namen bei `SetColor(…)` muss man erst mal kennen (`_Color` und `_EmissionColor`). Diese stehen jeweils ganz oben im Quellcode der Shader, die in den Materialien verwendet werden. In diesem Fall (also beim `Standard`-Shader) in `CGIncludes/UnityUniversal-Core.cginc`. Alle in Unity eingebauten Shader-Quellcodes für alle aktuellen Unity-Versionen können Sie unter dem Link *Alle Unity Versionen ab 3.4 sowie Download der Built-In Shaders* herunterladen.

---

14 Das ist natürlich humorvoll gemeint, aber wie so oft steckt im Scherz auch Wahrheit: Es passiert nämlich in der Spielentwicklung oft, dass ein an sich einfach zu implementierendes Feature dann durch Abhängigkeiten später den Aufwand erheblich erhöht.

Die weiteren Schritte:

1. Ziehen Sie diese Komponente auf das Objekt `Tracer-00`, an dem auch schon die anderen Komponenten zur Steuerung des Tracers hängen.
2. Selektieren Sie, wie oben beschrieben, zunächst `Tracer-00`, und klicken Sie dann auf das Schloss-Symbol, um den *Inspector* in den *Inspector-Lock*-Modus zu versetzen.
3. Falls Sie keinen zweiten Inspector offen haben, öffnen Sie einen mit dem kleinen Kontextmenüsymbol rechts neben dem Schloss, wählen dort *Add Tab/Inspector* und ziehen den Inspector dann an eine geeignete Stelle.
4. Tragen Sie im gesperrten Inspector unter `Tracer-00 / Tracer Color / Diffuse User Color / Size` den Wert 2 ein, an gleicher Stelle unter `Emission Use Color / Size` den Wert 3.
5. Selektieren Sie dann `TOI-Cycle_00_MaxRes / CycleMain`, und ziehen Sie das Material `UserColor` aus dem freien Inspector in den Slot `Element 0` von `Diffuse User Color` im gesperrten Inspector. Abb. 10.14 veranschaulicht diesen Schritt visuell.

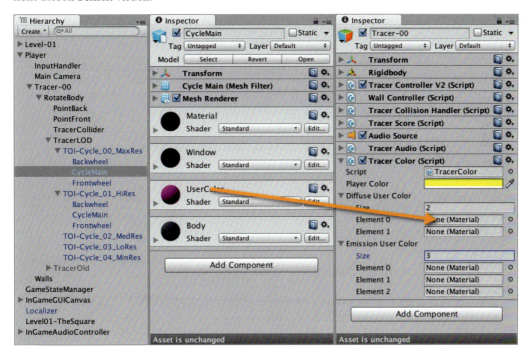

6. Verfahren Sie auf die gleiche Weise mit `TOI-Cycle_01_HiRes / CycleMain`, ziehen Sie das Material `UserColor` hier aber in `Element 1`.
7. Bei den anderen drei LODs (`TOI-Cycle_02_MedRed` usw.) ziehen Sie das eine Material jeweils in die entsprechenden Slots unter `Emission User Color`.

Abb. 10.14
Ein Material in einen Slot ziehen

Wenn Sie das Spiel jetzt starten, nimmt der Tracer sofort die Farbe an, die Sie in der Komponente `TracerColor` am Objekt `Tracer-00` eingetragen haben. Das ist gut. Wenn Sie sich jedoch an Abschnitt *6.1.1, Material anlegen und einem GameObject zuweisen,* erinnern oder einfach mal auf die Materialien-Slots in `TracerColor` klicken und beobachten, was in diesen Slots tatsächlich steckt, oder sich nach einer Spielrunde mal das Material `UserColor` (im Projekt) ganz genau ansehen, dann stellen Sie fest, dass wir die Projektmaterialien ändern. Das ist schlecht.

Übung macht den Meister

> Im Moment braucht uns das nicht zu stören. Aber behalten Sie im Hinterkopf, dass es mit der aktuellen Implementierung nicht möglich ist, mehrere Tracer mit verschiedenen Farben im Spiel zu haben. Falls Sie sich durch diese Herausforderung inspiriert fühlen, können Sie das direkt als Übung lösen. Etwas unangenehm ist hier allerdings, dass unser Tracer nicht nur mehrere LODs hat, sondern diese teilweise auch noch aus mehreren Einzelobjekten bestehen, die wiederum mehrere Materialien haben. Versuchen Sie es daher vielleicht im ersten Schritt erstmal mit einem vereinfachten Tracer-Modell mit nur einem einzigen Material.

10.3.2 Die Wände einfärben

Das Einfärben der Wände ist einfach: Wir müssen lediglich im `WallController` nach dem Instanziieren des neuen Wandsegments die Farbe aus `TracerColor` holen und im Material des neuen Wandsegments setzen. Als Optimierung halten wir ein Material in `WallController` vor, das wir für jede Wand verwenden. So stellen wir sicher, dass für die Wände nicht jedes Mal ein neues Material erzeugt wird, was zu einem zusätzlichen *Draw Call* pro Wand führen würde und nicht wirklich notwendig ist. Da es hier recht einfach ist, sehen wir gleich ein Material pro Tracer vor, indem wir zu Beginn eine neue Instanz des Materials aus dem Projekt erzeugen. So müssen wir das später nicht mehr bedenken.

10.3.3 Die Wände dynamisch einfärben

Hier brauchen wir ein paar kleine Codeänderungen und müssen auch im Editor Zuweisungen vornehmen – das ist aber auch nicht so wild:

1. Fügen Sie der Klasse `WallSegment` ein neues Property `wallRenderer` für den Renderer der Wand hinzu, wie in Listing 10.3 angegeben.

Listing 10.3
Erweiterung der Klasse WallSegment

```
public class WallSegment : MonoBehaviour {
  public Collider wallCollider;
  public Renderer wallRenderer;
  public Transform colliderScale;
```

```
    public float lifetimeSeconds = 10F;

    // …
}
```

2. Selektieren Sie jetzt im Projekt das Prefab `WallSegmentMeshModified` (unter Prefabs), und ziehen Sie das darunterliegende Objekt `TraceWall` auf den neuen Slot Wall Renderer der Komponente `WallSegment`.
3. Verfahren Sie sicherheitshalber genau so mit unserem alten Prefab für Wände, `WallSegmentScaled`. Hier müssen Sie `WallCollider` in den Slot Wall Renderer ziehen.
4. Schließlich erweitern wir den `WallController` so, wie in Listing 10.4 angegeben.

```
public class WallController : MonoBehaviour {

    // …
    public Transform wallsParent;

    private Material wallsMaterial;
    private TracerColor tracerColor;

    private WallSegment currentWall = null;

    private int wallCounter = 0;

    public void Awake() {
        Material sharedMat =
            wallPrefab.wallRenderer.sharedMaterial;
        wallsMaterial = new Material(sharedMat);

        tracerColor = GetComponent<TracerColor>();
    }

    public void TracerTurned() {
        // … ganz am Ende der Methode hinzufügen:

        wallsMaterial.SetColor("_Color", tracerColor.playerColor);
        wallsMaterial.SetColor("_EmissionColor",
                               tracerColor.playerColor);
        currentWall.wallRenderer.material = wallsMaterial;
    }
}
```

Listing 10.4
Erweiterungen in WallController

Wenn Sie das Spiel jetzt starten, werden die Wände automatisch eingefärbt, so wie gewünscht. Jetzt fehlt nur noch, dass der Spieler auch selbst eine Farbe wählen kann. Auch das ist mit dem, was wir bisher gelernt haben, nicht schwer.

10.3.4 Den Startscreen um eine Farbauswahl erweitern

Die Herausforderung besteht hier eher in der Gestaltung: Wie soll der Spieler die Farbe auswählen, und wo wollen wir das visuell unterbringen?

Für die Auswahl der Farbe gibt es einige Möglichkeiten: Der Spieler könnte aus einer vorgegebenen Palette eine Farbe auswählen oder sich die Farbe selbst mischen – und für das Mischen von Farben gibt es wiederum eine Vielzahl möglicher Ansätze. Wir wählen hier den für uns am einfachsten zu implementierenden Ansatz: drei Regler mit den Werten für Rot, Grün und Blau. Bei der Gelegenheit lernen wir gleich ein neues *Widget*[15] kennen, den Slider.

Wichtig für Multiplayer

An dieser Stelle ein Wort der Warnung: Solange der Spieler allein spielt, kann er natürlich gern jede beliebige Farbe für sein Fahrzeug und seine Wände wählen, die ihm gefällt. In Mehrspieler-Umgebungen muss man leider mit etwas Unerfreulichem rechnen: mit *Griefern!*[16]

Griefer sind Spieler, die ihren Spielspaß vor allem daraus ziehen, anderen den Spaß zu vermiesen. Solche Leute wählen ihre Farbe dann weniger danach aus, dass sie ihnen gefällt oder zu dem T-Shirt passt, das sie gerade tragen. Stattdessen werden sie ihre gesamte kreative Intelligenz dazu einsetzen, die Farbe zu finden, die vor dem Hintergrund am schlechtesten sichtbar ist. Wenn man dann gegen so eine Wand kracht, erkennt man erst bei genauerem Hinschauen, dass da überhaupt eine Wand war. So ein Verhalten mag schwer nachvollziehbar sein, aber freier Wille und unbegrenzte Möglichkeiten bedeuten eben auch, dass sich jeder frei dafür entscheiden kann, eine Plage für seine Mitmenschen zu sein.

Betrachten Sie also, wenn Sie netzwerkbasierte Multiplayer-Spiele entwickeln, jedes Feature auch unter dem Gesichtspunkt, wie ein solcher *Griefer* es einsetzen könnte, um andere Spieler zu ärgern. Und schieben Sie dem einen Riegel vor. Ihre Spieler werden es Ihnen danken!

Um unser neues Feature auszuprobieren, positionieren wir die Regler zunächst am linken Bildschirmrand. Später können wir dann immer noch einen separaten Konfigurations-Screen einführen. Da unsere GUI sowieso nach einer größeren Überarbeitung schreit, halten wir uns damit jetzt nicht auf.

---

15 Widget ist eine recht verbreitete Bezeichnung für GUI-Elemente, die aber auch andere Bedeutungen hat: Mit »Widget« werden auch komplexere, in Fenstersysteme eingebundene Komponenten bezeichnet. Im Prinzip wären nach dieser Terminologie die Kacheln von Windows 8 »simple Widgets«. Ein weiterer gängiger Begriff ist »Steuerelemente«. Dieser Begriff trägt aber den interaktiven Aspekt schon im Namen (»Steuer–«), daher verwende ich weitgehend den neutralen Begriff »GUI-Elemente«.

16 Eine deutsche Übersetzung wäre »Miesmacher«. Der englische Begriff hat sich aber speziell im Multiplayer-Kontext so eingebürgert, dass man ihn zumindest kennen sollte. Das Wort »Griefer« hat es sogar mit seiner für Spiele relevanten Bedeutung in die englischsprachige Wikipedia geschafft, was natürlich bei »Miesmacher« keineswegs der Fall ist.

Die Farbregler in die GUI integrieren

Zunächst brauchen wir für unsere Farbauswahl ein gut positioniertes Panel:

1. Legen Sie in der Szene AStartmenu unter Canvas mit dem Menü *GameObject/UI/Panel* ein neues Panel an, und nennen Sie es PanelColorPicker.
2. Setzen Sie den Anker zunächst nach links unten (bottom / left), setzen Sie dann aber manuell im *Inspector* Anchors / Max auf 0.75. Zum Vergleich: Alle anderen Werte unter Anchors sollten jetzt auf 0 stehen!
3. Den Pivot setzen wir auf (0, 0), damit sich die Positionierung an der linken unteren Ecke orientiert.
4. Jetzt setzen wir Pos X und Top auf den Wert 0, Width auf 100 und Bottom auf 50.
5. Deaktivieren Sie schließlich die Image-Komponente an PanelColorPicker, da wir den Hintergrund nicht brauchen.

Das Ergebnis sollte so aussehen wie in Abb. 10.15. Wir haben PanelColorPicker also unabhängig von Bildschirmauflösung und Seitenverhältnissen immer direkt links neben PanelMainControls.

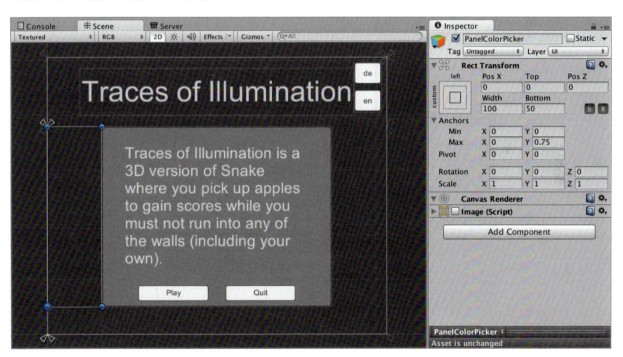

Abb. 10.15
Das neue Panel PanelColorPicker

Als Nächstes brauchen wir zur Anzeige der ausgewählten Farbe ein Image sowie zur Einstellung drei Slider. Damit erzeugen wir uns quasi ein eigenes *ColorPicker Steuerelement:*

1. Erzeugen Sie das Image über das Menü *GameObject/UI/Image,* ziehen Sie es unter PanelColorPicker, und nennen Sie es ImageColorPreview.
2. Wählen Sie für Anchor top / stretch, und tragen Sie bei Pivot den Wert (0.5, 1) ein.
3. Schließlich positionieren Sie unsere Farbvorschau auf Left = 10, Right = 10, Pos Y = -10 und Height = 30.
4. Legen Sie nun den ersten Slider an, über *GameObject/UI/Slider,* und zwar wieder als Kind von PanelColorPicker und mit dem Namen: SliderR.
5. Der Slider ist standardmäßig horizontal ausgerichtet und mit Direction auf LeftToRight eingestellt. Dieses Property finden Sie in der Komponente Slider. Stellen Sie das auf BottomToTop um, da wir unsere Farben von unten nach oben »aufziehen«. Min Value und Max Value sind für unsere Zwecke passend voreingestellt.
6. Vertauschen Sie jetzt Width und Height, sodass der Slider auch visuell vertikal ausgerichtet ist und nicht nur von der Logik her. Setzen Sie Width also auf 20, Height auf 130.
7. Wählen Sie für Anchor left / stretch, setzen Sie Pivot auf (0, 0.5), und setzen Sie Pos X = 10, Top = 50, Width = 20, Bottom = 10.
8. Jetzt duplizieren Sie SliderR zweimal (selektieren Sie SliderR, und drücken Sie zweimal hintereinander ⌘+D bzw. Strg+D) und nennen das erste Duplikat SliderG, das zweite SliderB.
9. Setzen Sie jetzt bei SliderR die Farbe auf Rot.[17]
10. Bei SliderB wählen Sie für Anchor stretch / right, Pivot = (1, 0.5) und korrigieren dann Pos X auf -10. Damit ist dieser Slider jetzt rechts positioniert. Setzen Sie die Farbe auf Grün.
11. Bei SliderG wählen Sie für Anchor stretch / center, Pivot = (0.5, 0.5) und korrigieren dann Pos X auf 0. Damit ist dieser Slider jetzt mittig positioniert, und wir sind mit der GUI für die Farbregler fertig, sobald Sie die Farbe auf Blau gesetzt haben.

Abb. 10.16
Unser PanelColorPicker

Unser neuer PanelColorPicker sollte jetzt so aussehen wie in Abb. 10.16. Wenn Sie das Spiel starten, können Sie die Slider schon verschieben – nur passiert da noch nichts. Das ändern wir im nächsten Schritt.

---

17 Am naheliegendsten ist, als Farbe für Rot einfach (255, 0, 0) und analog für Grün (0, 255, 0) und Blau (0, 0, 255) zu verwenden.

Dem ColorPicker Leben einhauchen

Diesen ColorPicker können wir als eigene GUI-Komponente verstehen. Wir erzeugen also ein allgemeines Script ColorPicker (siehe Listing 10.5), das die notwendige Steuerlogik implementiert und auch die Möglichkeit bietet, sich als *Observer* bzw. *Listener* für den Event OnColorChanged zu registrieren. Eine Sache erfordert dabei besondere Beachtung: Sie können nicht einfach UnityEvent<Color> als Typ einer öffentlichen Variable für den Inspector verwenden, sondern müssen stattdessen eine eigene Klasse definieren, die von UnityEvent<Color> erbt. Diese muss serialisierbar sein, daher das Serializable-Attribut aus dem Namespace System (den wir hier nicht mit using allgemein für die Klasse zur Verfügung stellen, sondern nur als Präfix für Serializable). Schwer ist das nicht, aber trotzdem etwas lästig.

Listing 10.5
Die Komponente ColorPicker

```
using UnityEngine;
using UnityEngine.UI;
using UnityEngine.Events;

[System.Serializable()]
public class UnityEventColor : UnityEvent<Color> { }

public class ColorPicker : MonoBehaviour {

    public Image colorPreview;
    public Slider sliderR;
    public Slider sliderG;
    public Slider sliderB;

    public UnityEventColor onColorChanged;

    private Color color = Color.white;
    public Color Color {
        get { return color; }
        set {
            color = value;
            sliderR.value = color.r;
            sliderG.value = color.g;
            sliderB.value = color.b;
        }
    }

    public void SetR(float r) {
        color.r = r;
        ColorChanged();
    }

    public void SetG(float g) {
        color.g = g;
        ColorChanged();
    }
```

```
    public void SetB(float b) {
        color.b = b;
        ColorChanged();
    }

    private void ColorChanged() {
        colorPreview.color = color;
        if (onColorChanged != null) {
            onColorChanged.Invoke(color);
        }
    }
}
```

Diese Komponente können wir jetzt an `PanelColorPicker` hängen und im Editor die entsprechenden Zuweisungen durchführen. Die Slots `Color Preview`, `Slider R`, `Slider G` und `Slider B` sind offensichtlich; ziehen Sie dort einfach die entsprechenden Kinder von `PanelColorPicker` hinein. Vergessen Sie aber auch nicht, an `SliderR`, `SliderG` und `SliderB` das Objekt `PanelColorPicker` als *Listener* für `OnValueChanged` beim Slider zu registrieren und dabei jeweils die Methoden `SetR`, `SetG` bzw. `SetB` aufrufen zu lassen.

Damit ist unser `ColorPicker` fertig. Benennen Sie das Objekt `PanelColorPicker` in `ColorPicker` um, und erzeugen Sie ein Prefab daraus, indem Sie es in das Projekt ziehen – der Ordnung halber am besten in das Verzeichnis `Prefabs`, in dem wir schon die anderen Prefabs gesammelt haben.

Download von unity-buch.de

> Den ColorPicker können Sie auch einzeln als Package `ColorPicker_Package.zip` von der Website zum Buch herunterladen und Ihrem Projekt hinzufügen.

Testen Sie, ob die Einstellungen in Ihrem Projekt funktionieren – Sie erkennen es leicht daran, dass die Farbvorschau ihre Farbe ändert, wenn Sie an den Reglern spielen. Allerdings wird die Farbe noch nicht für das Fahrzeug übernommen. Das ist der nächste Schritt.

10.3.5 Die Spielerfarbe über Szenenwechsel hinweg speichern

Zunächst brauchen wir natürlich eine Möglichkeit, die Farbe überhaupt zu speichern. Im Moment wird sie zwar in unserem generischen *Control*[18] `ColorPicker` gespeichert, aber irgendjemand muss sich ja darum kümmern, dass auch `TracerColor` in `Level-01` von der Farbwahl des Benutzers erfährt. Dazu führen wir die Klasse `PlayerConfiguration` ein, die dazu dient, für den Spieler verschiedene Konfigurationen zu speichern – fürs Erste nur die Farbe. Dazu registriert sich `PlayerConfiguration` in der Szene `AStartmenu` beim `ColorPicker` als *Listener*. Als Delegate-Methode wird `SetColor` angegeben, die bei `PlayerConfiguration` die Farbe setzt.

---
18 »Control« ist ein weiteres Synonym für »GUI-Element, Widget, Steuerelement«.

Die Methode `OnLevelWasLoaded()` wird normalerweise von Unity beim Laden des Levels aufgerufen. Wir rufen sie explizit selbst bei `Awake()` auf, weil beim aktuellen Level zumindest im Editor `OnLevelWasLoaded()` nicht aufgerufen wird. Außerdem sorgen wir in `Awake()` mit `DontDestroyOnLoad(this.gameObject)` so wie bei unseren Singletons dafür, dass das Objekt nicht wie alle anderen Objekte beim Laden einer neuen Szene gelöscht wird.

Wenn unser Spiel-Level geladen wird (der Name der Szene beginnt mit `Level`), dann schreiben wir die Farbe aktiv in `TracerColor`. Die komplette Klasse finden Sie in Listing 10.6.

Listing 10.6
Die Klasse PlayerConfiguration

```
using UnityEngine;
using UnityEngine.Events;

public class PlayerConfiguration : MonoBehaviour {
  public Color playerColor = Color.white;

  public void Awake() {
    DontDestroyOnLoad(this.gameObject);
    OnLevelWasLoaded();
  }

  public void SetColor(Color newPlayerColor) {
    this.playerColor = newPlayerColor;
  }

  public void OnLevelWasLoaded() {
    if (Application.loadedLevelName.Equals("AStartmenu")) {
      RegisterForColorChanges();
    } else if (Application.loadedLevelName.StartsWith("Level")) {
      WriteColor();
    }
  }

  private void RegisterForColorChanges() {
    GameObject colorPickerObj = GameObject.Find("ColorPicker");
    if (colorPickerObj == null) {
      Debug.LogWarning("Cannot find ColorPicker in scene!", this);
      return;
    }
    ColorPicker colorPicker
        = colorPickerObj.GetComponent<ColorPicker>();
    colorPicker.Color = playerColor;
    UnityAction<Color> setColor
        = new UnityAction<Color>(SetColor);
    colorPicker.onColorChanged.AddListener(setColor);
  }
```

```
  private void WriteColor() {
    GameObject tracerObj = GameObject.Find("Tracer-00");
    if (tracerObj == null) {
      Debug.LogWarning("Cannot find Tracer-00 in scene!", this);
      return;
    }
    TracerColor tracerColor
        = tracerObj.GetComponent<TracerColor>();
    tracerColor.playerColor = this.playerColor;
  }

}
```

Jetzt können Sie im Startbildschirm die Farbe einstellen und sehen diese dann auch während des Spiels. Coole Sache, das!

Download von unity-buch.de

> Das Projekt, wie es nach diesem Kapitel aussehen sollte, finden Sie auf der Website zum Buch als Datei `Traces_TheGame_020.zip`.

10.4 Mehr Action: Spielen auf Zeit mit Punkte-Bonus

Während wir uns noch mit dem Polieren unserer ersten Version beschäftigen, kommen bereits täglich begeisterte Mails von unseren Testspielern rein. Offenbar hat jemand in dem Forum für Snake-Fans schlechthin unser Spiel erwähnt und bei der Gelegenheit auch gleich einen Link auf unsere Website zum Buch gepostet. Und schon rennen uns die Massen die Bude ein. Jetzt müssen wir also etwas Gas geben!

Bisher haben wir es ja eher ruhig angehen lassen. Jetzt dringt langsam die Erkenntnis in unser Bewusstsein, dass es manchmal doch eine ganz gute Idee ist, gleich etwas auf die Tube zu drücken und einen klaren Fokus zu halten. Und diese Erkenntnis teilen wir durch eine kleine Änderung der Spielmechanik auch gleich unserer inzwischen schon etwas gewachsenen Spielergemeinschaft mit.

Bisher kann man in *Traces of Illumination* einfach herumfahren: Mal schauen, wo wir einen Apfel finden, und wenn wir einen beim ersten Mal nicht erwischen, ja mei, dann drehen wir halt noch eine Runde. Alles ganz geruhsam – was natürlich auch seinen Wert hat.

In der neuen Version geht es darum, die uns zur Verfügung stehende Zeit optimal zu nutzen: Zunächst bekommt jeder Level eine angemessene Maximalzeit zugewiesen. Ist diese Zeit abgelaufen, ist das Spiel zu Ende – egal, ob alle Äpfel aufgesammelt sind oder nicht. Weiterhin führen wir die Punkte-Kategorien ein, also Äpfel in den Farben Grün, Gelb und Rot mit jeweils höheren Punktezahlen, die man pro eingesammeltem Apfel erhält. Zum Beenden eines Levels reicht es ab sofort weiterhin, wenn man nur die grünen Äpfel einsammelt. Dieser Teil ist Pflicht, die gelben und roten Äpfel sind die Kür. Und schließlich werden die Punkte pro Apfel mit der noch verbleibenden Zeit im Level in Sekunden multipliziert.

Diese an sich relativ kleinen Änderungen in der Spielmechanik geben unserem Snake-Klon eine ganz neue Spieltiefe, bei der man verschiedene Strategien verfolgen und für jeden Level optimale Routen finden kann, um die Zeit bestmöglich zu nutzen. Außerdem endet auf diese Weise jede Runde mit einer anderen Gesamtpunktezahl, was beispielsweise eine Highscore-Liste deutlich interessanter macht, als wenn wir pro Level einfach die Summe aller Äpfel haben.

Es ist auch sehr günstig, dass wir diese Änderung jetzt durchführen und nicht erst, nachdem wir alle Level fertig designt haben, weil diese geänderte Spielmechanik natürlich einen erheblichen Einfluss auf das Level-Design hat. Beispielsweise muss sichergestellt werden, dass alle grünen Äpfel immer erreichbar sind, wohingegen die anderen Farben auch so positioniert werden können, dass sie beispielsweise nur mit einem Sprung-PowerUp erreicht werden können – wenn Sie denn ein solches PowerUp implementieren.

10.4.1 Einen Timer einführen

Da die Zeit ab sofort einen wesentlichen Einfluss auf unseren Spielzustand hat, erweitern wir zunächst den `GameStateManager` um entsprechende Funktionalitäten.[19] Zunächst brauchen wir einen neuen Zustand `TimedOut`, also erweitern wir `GameState` so wie in Listing 10.7.

```
public enum GameState {
    Playing,
    AllApplesCollected,
    PlayerCrashed,
    TimedOut
}
```

Listing 10.7
Erweiterung von GameState in GameStateManager.cs

Der Zustand `TimedOut` entspricht von der Wirkung her weitgehend dem Zustand `PlayerCrashed`, daher bietet sich eine Volltextsuche nach dem Begriff `PlayerCrashed` an.[20] Damit finden wir schnell heraus, an welchen Stellen wir Änderungen einführen bzw. die Logik erweitern müssen.

Das Ergebnis ist überschaubar: Die einzige Stelle, an der der neue Zustand zusätzlich ausgewertet werden muss, ist die Fallunterscheidung in der Methode `GameStateChanged()` der Klasse `InGameGUIController`. Um es einfach zu halten,[21] verwenden wir hier die gleiche Behandlung wie bei

Übung macht den Meister

---

[19] Wenn Sie es feingranularer mögen, können Sie natürlich auch einen TimeManager einführen, der dann mit dem GameStateManager kommuniziert.
[20] Sowohl MonoDevelop als auch Visual Studio bieten entsprechende Funktionen an.
[21] ... und um denen, die es noch nicht kennen, zu zeigen, dass man in `switch/case`-Statements auch mehrere `case`-Statements vor einen Block setzen kann.

PlayerCrashed – falls Sie in diesem Fall statt dem Text Game Over lieber einen anderen anzeigen möchten, wäre das auch einfach umzusetzen und ist Ihnen als Übung überlassen. Listing 10.8 zeigt die unbedingt notwendige Erweiterung in InGameGUIController.

Listing 10.8
Erweiterung der Methode
GameStateChanged()
in InGameGUIController

```
public void GameStateChanged() {
  switch (GameStateManager.Instance.CurrentGameState) {
    case GameState.Playing:
      UpdateCollectedApples();
      break;
    case GameState.PlayerCrashed:
    case GameState.TimedOut:
      sessionDoneMessage.text
          = Localizer.Instance.GetText("InGameGUI.GameOver");
      ToggleSessionOverVisibility(true);
      break;
    case GameState.AllApplesCollected:
      sessionDoneMessage.text
          = Localizer.Instance.GetText("InGameGUI.ApplesDone");
      ToggleSessionOverVisibility(true);
      break;
  }
}
```

Für die Anzeige der verbleibenden Zeit im Format mm:ss brauchen wir noch eine Umrechnungsmethode. In Unity werden Zeiten in Sekunden mit dem Datentyp float repräsentiert. Da wäre es doch praktisch, wenn float eine Methode ToTimeStringHHMM() hätte, die uns die Zeit in genau diesem Format liefert. Über sogenannte *Erweiterungsmethoden (Extension Methods)*[22] ist das auch möglich.

Erzeugen Sie also eine neue C#-Datei im Verzeichnis Scripts mit dem Namen ExtensionsForFloat.cs, und füllen Sie die Datei mit dem Inhalt aus Listing 10.9.

Listing 10.9
Erweiterung von float über
Erweiterungsmethode

```
public static class ExtensionsForFloat {
  public static string ToTimeStringMMSS(this float timeSeconds) {
    int minutes = (int) (timeSeconds / 60);
    int seconds = (int) (timeSeconds - minutes * 60);
    return string.Format("{0:00}:{1:00}", minutes, seconds);
  }
}
```

---

22 Details dazu finden Sie, wie üblich von *unity-buch.de* aus verlinkt, unter dem Artikel *Erweiterungsmethoden (C# Programmierhandbuch)*.

Hier fällt Ihnen möglicherweise eine Namenskonvention auf, die ich Ihnen sehr ans Herz legen möchte:

> Variablen, in denen anhand des Typs nicht erkennbar ist, welche Einheit der Wert der Variable repräsentiert, sollten diese Einheit im Namen tragen.

Pro-Tipp

Natürlich könnte der Parameter auch einfach time heißen. Dann wäre aber die Frage: Sind das jetzt Monate? Oder Wochen? Oder Tage? Stunden, Minuten, Sekunden oder Millisekunden? Wenn Sie einen Zeitraum in der .NET-Klasse TimeSpan speichern, ist so ein *Postfix*[23] (wie in diesem Fall seconds) natürlich nicht notwendig. Da kümmert sich dann der Typ um die verschiedenen Einheiten. Aber bei int oder float für Zeiten spart das externalisierte Dokumentation.

Eine kleine, aber durchaus interessante Übung wäre, die Methode unter Verwendung von TimeSpan umzuschreiben. Achten Sie bei solchen Experimenten immer darauf, aus welcher *Assembly* die jeweilige .NET-Klasse stammt.[24] Im Falle von TimeSpan ist das mscorlib.dll, da gibt es keinerlei Bedenken, da mscorlib.dll bei Unity sowieso immer dabei ist. Andere Assemblies, wie z. B. System.dll oder System.Xml.Linq.dll, sind problematischer, falls Sie Ihr Projekt möglichst einfach und klein halten möchten.[25]

Übung macht den Meister

Den GameStateManager erweitern

Jetzt sind wir bereit, den GameStateManager aufzubohren. Da es sich um eine größere Klasse handelt, machen wir das in kleinen Schritten.

Ganz oben in der Klasse, direkt nach der Region für das Singleton Pattern und vor der Deklaration von onAppleCollected, fügen wir den Inhalt von Listing 10.10 ein. Damit haben wir Einstellungsmöglichkeiten für die Zeit (levelTimeSeconds), die ja in jedem Level anders sein kann, sowie für die Frequenz der Benachrichtigungen über den UnityEvent onTimeTick. Sollten Sie für die Frequenz ein Intervall von unter einer Sekunde wünschen, müssten Sie ToTimeStringMMSS() so anpassen, dass auch Zehntel- oder Hundertstelsekunden angezeigt werden. Höhere Intervalle, z. B. alle 5 Sekunden, sind mit der aktuellen Implementierung aber problemlos möglich.

```
public int levelTimeSeconds = 90;
public float timeTickSeconds = 1;

public UnityEvent onTimeTick = new UnityEvent();
```

Listing 10.10
GameStateManager:
Neue Properties für den Editor

---

23 Ein Postfix wird an das Ende eines Namens angehängt. Ein Präfix wird vor den Namen gesetzt.
24 Diese Informationen finden Sie zu jeder Klasse in der .NET Framework Class Library, in der natürlich auch die Klasse TimeSpan ausführlich dokumentiert ist.
25 Mehr darüber lesen Sie im Unity Manual unter *Reducing the File Size of the Build*.

Im nächsten Schritt fügen wir zwischen dem Property `CurrentGameState` und der Variable `allApplesInScene` den Block in Listing 10.11 ein, der private Zustandsvariablen hinzufügt und mit öffentlichen Properties auch einfachen Zugriff auf Werte bietet, die mit Hilfe dieser Zustandsvariablen berechnet werden können.

Listing 10.11
GameStateManager:
Private Helfer, öffentliche Informanten

```
private float lastTckTime = 0;
private float startTime = 0;

public float PassedSeconds {
    get {
        return Time.time - startTime;
    }
}

public float RemainingSeconds {
    get {
        return levelTimeSeconds - PassedSeconds;
    }
}

public string RemainingTimeString {
    get {
        return RemainingSeconds.ToTimeStringMMSS();
    }
}
```

Für die Zeitsteuerung braucht unser GameStateManager eine eigene Update()-Methode. Diese sollte nach FindApplesInScene() und vor StartPlaying() stehen – zumindest wenn Ihnen daran liegt, private Hilfsmethoden jeweils direkt hinter denjenigen Methoden zu setzen, die diese Hilfsmethoden nutzen. Es gibt auch andere Ordnungsmöglichkeiten. Jede hat ihre Vor- und Nachteile, und in gewissem Rahmen ist das auch Geschmackssache. Durch die Verwendung relativ feingranularer Hilfsmethoden ist der Code so »sprechend«, dass Sie ohne weitere Erklärung leicht verstehen sollten, was in Listing 10.12 passiert.

Listing 10.12
GameStateManager:
Update und Hilfsmethoden für Update

```
public void Update() {
    if (currentGameState == GameState.Playing) {
        CheckTimeTick();
        CheckForTimeOut();
    }
}

private void CheckTimeTick() {
    if (Time.time - lastTickTime > timeTickSeconds) {
        onTimeTick.Invoke();
        lastTickTime = Time.time;
    }
}
```

```
private void CheckForTimeOut() {
    if (RemainingSeconds < 0) {
        TimedOut();
    }
}
```

Die Methode `StartPlaying()` muss minimal erweitert werden. Diese Methode verwenden wir, um die beiden privaten Zustandsvariablen zu initialisieren. Dadurch, dass wir das in `StartPlaying()` machen, haben wir keine Annahme darüber getroffen, ob das direkt passiert, wenn das Laden des Levels beginnt, oder vielleicht erst nach einer kleinen Startsequenz. Derzeit wird `StartPlaying()` zwar noch von `Start()` aufgerufen, aber das ließe sich bei Bedarf leicht ändern.

Die Variable `lastTickTime` initialisieren wir mit 0, nicht mit `Time.time`, wie man vielleicht erwarten würde. Dadurch erhalten wir sofort im nächsten Frame, wenn wieder `Update()` aufgerufen wird, die erste Benachrichtigung. Da wir das vielleicht in einem halben Jahr nicht mehr wissen und es dann vielleicht für eine Schludrigkeit halten, wird dieses Verhalten mit einem knapp formulierten Kommentar erklärt, siehe Listing 10.13:

```
public void StartPlaying() {
    startTime = Time.time;
    lastTickTime = 0; // results in immediate tick
    ChangeGameState(GameState.Playing);
}
```

Listing 10.13
GameStateManager:
Erweiterung von StartPlaying

Schließlich fehlt uns noch die Methode `TimedOut()`, die einfach nur den entsprechenden Zustand setzt. Wir platzieren sie hinter `PlayerCrashed()`, da dieser Zustandswechsel nur dann passiert, wenn nicht vorher `PlayerCrashed()` aufgerufen wurde. Die Methode ist privat, da sie nur vom `GameStateManager` selbst aufgerufen werden darf. Da es aber eine der »Zustandswechselmethoden« ist, gruppieren wir sie mit den anderen Zustandswechselmethoden. Wenn Sie Listing 10.14 noch in `GameStateManager` einfügen, haben wir diese Änderung abgeschlossen.

```
private void TimedOut() {
    ChangeGameState(GameState.TimedOut);
}
```

Listing 10.14
GameStateManager – neuer Zustandswechsel:
TimedOut()

Die verbleibende Zeit in der GUI anzeigen

Gehen Sie so vor wie mit `CollectedApples` in Abschnitt 8.3.2, *Den Spielzustand sichtbar machen*: Die Klasse `InGameGUIController` muss um ein Property `remainingTime` vom Typ `Text` erweitert werden sowie um eine Methode `UpdateTime()`, die das entsprechende Textfeld aktualisiert. Dazu brauchen wir auch entsprechende Einträge in unseren Lokalisierungs-

Übung macht den Meister

dateien. Verwenden Sie der Einheitlichkeit halber bitte den Schlüssel In-GameGUI.RemainingTime.

Im Editor müssen Sie InGameGUIController als *Listener* von Game-StateManager für OnTimeTick() registrieren, natürlich mit der Methode UpdateTime(). Die Komponente InGameGUIController hängt am GameObject InGameGUICanvas.

Schließlich brauchen wir natürlich ein neues Text-Widget in der GUI, das wir RemainingTime nennen und über CollectedApples positionieren, wobei wir tatsächlich RemainingTime an die alte Position von CollectedApples setzen und CollectedApples ein wenig nach unten schieben. Dabei dürfen wir nicht vergessen, das neue Widget RemainingTime auch in den dafür vorgesehenen Slot Remaining Time in der Komponente InGameGUIController zu ziehen.

Sind Sie noch da?
Alles klar!

Wenn Sie alles richtig gemacht haben, können Sie jetzt das Spiel spielen, sehen oben links am Bildschirm, wie die Zeit abläuft, und wenn Sie die Zeit ablaufen lassen, ist das Spiel zu Ende.

Falls Sie Fehlermeldungen erhalten oder etwas nicht funktioniert, wissen Sie bereits aus besagtem Abschnitt 8.3.2, wie Sie vorgehen können, um den Fehler zu finden und das Problem zu lösen. Genießen Sie die Herausforderung!

Download to the Rescue!   Und wenn alles fehlschlägt, finden Sie das fertige Projekt nach diesem Abschnitt unter dem Namen Traces_TheGame_030.zip. Sie können dann das Referenzprojekt mit Ihrem Projekt vergleichen, um herauszufinden, was schief liegt.

Glauben Sie mir: Auch wenn die Fehlersuche manchmal lästig und frustrierend ist, lernen wir bei jedem Fehler, den wir suchen und beheben, den nächsten Fehler schneller zu finden und zu lösen. Betrachten Sie jedes Problem in der Spielentwicklung als kleine Quest, und vergessen Sie niemals: Wirklich verlieren werden Sie nur, wenn Sie aufgeben!

Natürlich gilt das nicht nur in der Spielentwicklung. Aber hier besonders. Ganz im Ernst!

10.4.2 Punktekategorien erstellen und im Level verteilen

In der Klasse Apple hatten wir bisher nur ein Property score vorgesehen, in das man für jeden Apfel einzeln eine beliebige Punktezahl eintragen kann. Zusätzlich brauchen wir jetzt eine Kategorisierung der Äpfel nach Farben oder Funktion. Ideal wäre natürlich eine Benennung nach der Funktion, was in diesem Fall aber recht schwierig ist. Die grünen Äpfel sind verpflichtend. Da wäre Mandatory ein gut geeigneter Name. Eine saubere Unterscheidung mit zwei kurzen, prägnanten Namen zwischen »ist nicht verpflichtend, gibt aber etwas mehr Punkte und ist etwas schwerer aufzusammeln« und »ist nicht verpflichtend, gibt die höchste Punktezahl und ist sehr schwer aufzusammeln« ist eher schwierig. Daher bleiben wir bei Green, Yellow und Red.

Welches Programmierkonstrukt zur Erzeugung eines neuen Typs verwenden wir dazu? Wenn es Ihnen nicht sofort einfällt, nehmen Sie sich einen Moment Zeit – es ist nicht schwer. Wir nehmen das gleiche wie bei GameState und TurnCommand!

Diese Aufzählung nennen wir AppleCategory. Erweitern Sie die Klasse Apple entsprechend, und fügen Sie auch ein öffentliches Property category vom Typ AppleCategory hinzu.

Das Prefab Apple verdreifachen wir jetzt (wir erstellen zwei Duplikate), und nennen sie Apple1Green, Apple2Yellow und Apple3Red. Die Nummern dienen der sinnvollen Sortierung im *Project Browser*. Auf die gleiche Weise gehen wir mit dem Material Apple vor (wieder verdreifachen und entsprechend den Prefabs umbenennen). In den Materialien ändern wir die Farbe, sodass Apple1Green grün ist, Apple2Yellow gelb und Apple3Red rot. Bei der Gelegenheit sollten Sie auch zumindest die grünen und gelben Äpfel etwas größer machen – das Einsammeln ist ansonsten doch etwas schwer, und in dem großen Level findet man die kleinen Items auch kaum.

Weisen wir jetzt den LookAndFeel-Kindern der drei Prefabs (dazu müssen wir die Prefabs selbst aufklappen) die passenden Materialien zu. Schließlich wählen wir bei jedem Prefab in der Apple-Komponente die passende Category aus und tragen bei Score beispielsweise 10, 30 und 50 ein.

Jetzt können wir in der Szene Level-01 unter Level-01 / Apples die verschiedenen Äpfel-Typen neu verteilen, indem wir die passenden Prefabs in die Szene ziehen und positionieren. Achten Sie dabei darauf, dass die grünen Äpfel relativ großen Abstand von den Wänden haben (damit sind sie sehr leicht aufzusammeln), die gelben Äpfel relativ nah an einer Wand sind und die roten Äpfel schwer zugänglich in den Ecken liegen. Alte Äpfel könnten Sie zunächst als Referenz für die Positionierung verwenden und dann löschen.

Hier sind die beiden Kontextmenüs *Copy Component* und *Paste Component Values* sehr hilfreich, die Sie an jeder Komponente durch Klick auf das kleine Kontextmenü-Rädchen neben dem Hilfe-Icon erreichen (siehe auch Abb. 10.17). Damit können Sie sämtliche Werte einer Komponente,

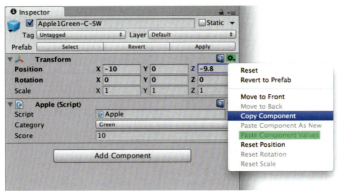

Abb. 10.17
Komponenteneinstellungen kopieren

beispielsweise die Position im Falle von `Transform`, von der Komponente an einem GameObject auf dieselbe Komponente an einem anderen GameObject kopieren.

Im GameStateManager nur noch Mandatory fordern

Die verschiedenen Punktekategorien sind jetzt verteilt – und ebenso entsprechende Äpfel zum Aufsammeln in unserem Level. Was jetzt noch fehlt, ist, dass der `GameStateManager` nur noch die Äpfel der Kategorie `Green` für das Beenden des Levels zählt. Dazu sind einige Änderungen erforderlich: Statt einer einfachen Liste als Datenstruktur, in der wir alle Äpfel halten, brauchen wir ein `Dictionary` mit einer Liste von `Apple` pro `AppleCategory`. Wir könnten die Gesamtsumme aller Äpfel mitziehen. Da wir sie aber nicht mehr brauchen, halten wir lieber unseren Programmcode etwas übersichtlicher und ersetzen die alte Logik komplett durch die neue.

Visual Studio bietet für solche Operationen sehr nützliche Refactoring-Methoden, die aber nicht Gegenstand dieses Buches sein sollen. Die Technik »global im Projekt nach Schlüsselwörtern suchen« haben Sie ja bereits kennengelernt – damit können wir auch hier sicherstellen, dass wir nichts übersehen. Eine weitere Möglichkeit ist übrigens durchaus, einzelne Änderungen vorzunehmen und dann die aus dieser Änderung resultierenden Compiler-Fehler zu korrigieren, bis das Projekt wieder ohne Fehler kompiliert. Falls Ihnen das Sorge bereitet: Ich bin bei Ihnen und gehe die Änderungen Schritt für Schritt mit Ihnen durch.

Zuerst müssen wir die Datenstruktur zum Speichern der Äpfel im `GameStateManager` ändern. Der Code in Listing 10.15 ersetzt den kompletten Block zwischen dem alten `allApplesInScene`, das wir jetzt nicht mehr brauchen, und der `Start()`-Methode.

Listing 10.15
Neue Datenstrukturen für kategorisierte Äpfel im GameStateManager

```
//private List<Apple> allApplesInScene = new List<Apple>();
private Dictionary<AppleCategory, List<Apple>> applesByCategory
   = new Dictionary<AppleCategory, List<Apple>>();

public int ApplesCount(AppleCategory category) {
   return applesByCategory[category].Count;
}
public int CollectedApplesCount(AppleCategory category) {
   int result = 0;
   foreach (Apple apple in applesByCategory[category]) {
      if (!apple.gameObject.activeSelf) {
         result++;
      }
   }
   return result;
}
```

```
public void Start() {
   FindApplesInScene();
   StartPlaying();
}
```

Wie Sie sehen, wurden die Properties durch Methoden mit dem Parameter category vom Typ AppleCategory ersetzt. Der Datentyp von applesByCategories schaut möglicherweise etwas gruselig aus, ist aber leicht zu verstehen. Wenn Sie mal eine Weile mit generischen Datentypen gearbeitet und ihre Vorzüge zu schätzen gelernt haben (Typsicherheit und daraus resultierend Kompilierfehler statt Laufzeitfehler), dann lesen Sie sicher auch bald Dictionary<AppleCategory, List<Apple>> einfach als »ein Dictionary, das es mir ermöglicht, zu jeder AppleCategory eine Liste zu bekommen, in der nur Objekte vom Typ Apple gespeichert sind«.

Natürlich müssen wir auch die Methode FindApplesInScene() so korrigieren, wie es in Listing 10.16 geschieht.

```
private void FindApplesInScene() {
   Apple[] apples = FindObjectsOfType<Apple>();
   foreach (Apple apple in apples) {
      if (!applesByCategory.ContainsKey(apple.category)) {
         applesByCategory[apple.category] = new List<Apple>();
      }
      applesByCategory[apple.category].Add(apple);
   }
}
```

Listing 10.16
Die neue Methode FindApplesInScene() im GameStateManager

Bei solchen Änderungen vergisst man oft, dass in dem Dictionary natürlich erst mal keine Listen gespeichert sind. Wenn man dann zu prüfen vergisst, ob ein bestimmter Schlüssel schon vorhanden ist (ContainsKey()), und andernfalls die neue Liste erzeugt und zuweist, hagelt es beim Start des Spiels KeyNotFoundExceptions.

Im GameStateManager müssen wir schließlich noch die Prüfung ändern, ob alle Äpfel eingesammelt wurden. Das ist an sich die entscheidende Änderung – alles andere war an sich nur Vorbereitung, um diesen Schritt zu ermöglichen. Um den Code leicht verständlich zu halten, wurde die Prüfung wieder in eine eigene Methode ausgelagert (siehe Listing 10.17).

```
public void AppleCollected() {
   onAppleCollected.Invoke();
   CheckApplesCollected();
}

private void CheckApplesCollected() {
   int greenApplesCount = ApplesCount(AppleCategory.Green);

   int greenApplesCollectedCount
      = CollectedApplesCount(AppleCategory.Green);
```

Listing 10.17
AllApplesCollected ist nur noch von grünen Äpfeln abhängig.

```
        if (greenApplesCount == greenApplesCollectedCount) {
            ChangeGameState(GameState.AllApplesCollected);
        }
    }
```

Die Logik für die GUI erweitern

Wenn Sie jetzt versuchen, das Spiel zu starten, wird das nicht funktionieren, weil der Code noch gar nicht kompiliert. Das liegt daran, dass wir in der Klasse InGameGUIController noch auf GameStateManager.AllApplesCount zugreifen. Dieses Property gibt es aber nicht mehr.

Anstatt die Gesamtzahl anzuzeigen, ist es aber sowieso viel interessanter, pro Kategorie die Gesamtzahl und bereits eingesammelte Zahl anzuzeigen. Dazu braucht InGameGUIController die Referenzen auf entsprechende Text-Objekte in der GUI.

Ändern Sie den Block mit den Properties ganz oben in der Klasse wie folgt:

Listing 10.18
InGameGUIController:
Slots für neue Text-Objekte schaffen

```
public Text remainingTime;
public Text collectedApplesGreen;
public Text collectedApplesYellow;
public Text collectedApplesRed;
public Text sessionDoneMessage;
public Button buttonMainMenu;
```

Sie sehen hier, dass collectedApples durch drei Felder für die jeweiligen Kategorien ersetzt wurde. Damit können wir jetzt die Methode UpdateCollectedApples() neu schreiben:

Listing 10.19
Update für UpdateCollectedApples in InGameGUIController

```
private void UpdateCollectedApples() {
    UpdateApples(AppleCategory.Green, collectedApplesGreen);
    UpdateApples(AppleCategory.Yellow, collectedApplesYellow);
    UpdateApples(AppleCategory.Red, collectedApplesRed);
}

private void UpdateApples(AppleCategory category, Text field) {
    GameStateManager gsm = GameStateManager.Instance;

    string key = string.Format(
        "InGameGUI.CollectedApples.{0}",
        category.ToString());

    string text = Localizer.Instance.GetText(key,
        gsm.CollectedApplesCount(category),
        gsm.ApplesCount(category));

    field.text = text;
}
```

Wie Sie sehen, verwenden wir hier für unseren Localizer einen zusammengesetzten Schlüssel. Je nach Wert von category steht in key dann InGameGUI.CollectedApples.Green, InGameGUI.Collected.Apples.Yellow oder InGameGUI.CollectedApples.Red. Ein Nachteil dieses Ansatzes ist, dass man diese Schlüssel von den Textdateien aus kommend über Volltextsuche nicht mehr im Code findet. Andererseits spart uns das eine Menge Schreibarbeit, also leben wir mit diesem Nachteil.

Die drei Einträge müssen wir in Texts-en und Texts-de natürlich noch hinzufügen und können dabei den alten Eintrag InGameGUI.CollectedApples ersetzen, z. B. so:

```
InGameGUI.CollectedApples.Green=Green apples collected: {0}/{1}
InGameGUI.CollectedApples.Yellow=Yellow apples collected: {0}/{1}
InGameGUI.CollectedApples.Red=Red apples collected: {0}/{1}
```

Listing 10.20
Ersatz für InGameGUI.CollectedApples in Texts-en

Natürlich brauchen Sie auch die entsprechenden Übersetzungen in Texts-de. Jetzt kompiliert unser Spiel wieder, und wir haben die Texte übersetzt – der letzte Schritt ist die Erweiterung der Darstellung in der GUI.

Die Darstellung in der GUI erweitern

Beim Text-Objekt CollectedApples gehen wir wieder so vor, wie Sie es bereits kennengelernt haben: Duplizieren, umbenennen, den entsprechenden neuen Slots in InGameGUIController (am Objekt InGameGUICanvas) zuweisen.

Die Positionierung wird bei so vielen Objekten aber langsam lästig. Erinnern Sie sich noch, wie man das elegant lösen kann? Es gab da doch eine Komponente, die das für uns erledigt. Wir hatten sie für die Sprach-Buttons verwendet.

Auf jeden Fall brauchen Sie ein neues leeres Objekt unter InGameGUICanvas mit einem RectTransform. Das erhalten Sie, wenn Sie InGameGUICanvas selektieren und dann im Menü *GameObject/Create Empty Child* (⇧+⌘+N bzw. ⇧+Alt+N) wählen. Nennen Sie das neue Objekt InGameHUD, und ziehen Sie es in der *Hierarchy* ganz oben in die Liste unter InGameGUICanvas.

Wenn Sie sich jetzt an das Schlüsselwort Layout erinnern, können Sie InGameHUD selektieren und dann im *Inspector* auf Add Component klicken. In der Textbox tippen Sie Layout ein – und siehe da: Vertical Layout Group ist, wonach wir gesucht haben. Child Force Expand wollen wir nicht, dafür einen ContentSizeFitter mit PreferredSize (in beiden Richtungen). Die restlichen Schritte kennen Sie schon: RemainingTime, CollectedApplesGreen, CollectedApplesYellow und CollectedApplesRed müssen Kinder von InGameHUD werden, und InGameHUD muss links oben, mit einem Abstand von 20 Pixel von der linken oberen Ecke des Bildschirms positioniert sein. Dazu ist auch wichtig, dass der Pivot-Punkt links oben ist.

Wenn so weit alles geklappt hat und Sie das Spiel jetzt testen, sollte es schon deutlich mehr Spaß machen als vorher. Manchmal ist es vorteilhaft, dem Spieler gewisse Informationen über den internen Spielzustand zu verheimlichen, manchmal schafft aber höhere Transparenz mehr Freude. Entscheiden müssen wir das als Game-Designer von Fall zu Fall, im Zweifelsfall durch gut organisiertes Ausprobieren.

Übung macht den Meister

> Derzeit gehen wir von der Annahme aus, dass es in unserem Level Äpfel in allen Farben gibt. Ist das nicht der Fall, gibt es Fehlermeldungen in der Konsole, und die Punkteanzeigen für die Äpfel werden nicht oder nur teilweise aktualisiert. Implementieren Sie eine Lösung, mit der die Labels (`CollectedApplesGreen`, `CollectedApplesYellow`, `CollectedApplesRed`) ausgeblendet werden, wenn es zu einer bestimmten Kategorie keine Einträge gibt. Außerdem sollten die Methoden `ApplesCount(AppleCategory)` und `CollectedApplesCount(AppleCategory)` in diesem Fall einfach 0 zurückliefern, statt eine Exception zu werfen.

Download von unity-buch.de

> Den aktuellen Projektstand finden Sie unter `Traces_TheGame_040.zip`.

10.4.3 Zeitmultiplikator und Punktedarstellung hinzufügen

Vom Game-Design zurück zum Software-Design: Eine entscheidende Frage ist, wer dafür verantwortlich ist, die Punkte pro gesammeltem Apfel mit der noch verbleibenden Zeit zu multiplizieren. Eine naheliegende Variante wäre `TracerScore`. Diese Klasse ist ja grundsätzlich dafür verantwortlich, über unsere Punkte Buch zu führen. Auch der `TracerCollisionHandler` kommt infrage, da er die Punkte derzeit vergibt. Eine weitere Möglichkeit wäre der `GameStateManager`, der sich ja mit der Zeit bestens auskennt. Schließlich könnte sich die `Apple`-Komponente darum kümmern, da sie ja auch die ursprünglichen Punkte kennt.

Jede dieser Möglichkeiten hat Vor- und Nachteile, und wirklich falsch machen können wir es nicht. Es hängt letztlich von der Perspektive ab, aus der man das System betrachtet. Da `Apple` im Moment noch extrem simpel ist und wir diese Komponente als verantwortlich für die Punktzahl pro gesammeltem Apfel sehen, nehmen wir diese Variante. Das hat auch den Vorteil, dass ich Ihnen noch ein nützliches Programmierfeature zeigen kann: Unity kann nämlich durchaus auch private Membervariablen im Editor editierbar machen, und genau das brauchen wir hier für eine möglichst saubere Lösung.

Wir wollen nämlich nicht mehr, dass jede beliebige Komponente auf die Einstellung `score` von `Apple` zugreifen kann, wie das bisher der Fall ist. Stattdessen führen wir ein Property `Score` ein, das gleich den Wert zurückliefert, der mit der verbleibenden Zeit multipliziert wurde. Ändern lässt sich `score` also ab sofort nur noch im Editor. Wie das geht, zeigt Listing 10.21.

```
public class Apple : MonoBehaviour {

    public AppleCategory category = AppleCategory.Green;

    [SerializeField()]
    private int score = 1;

    public int Score {
        get {
            GameStateManager gsm = GameStateManager.Instance;
            int roundedRemainingTime
                = Mathf.RoundToInt(gsm.RemainingSeconds);
            int timedScore = score * roundedRemainingTime;
            return timedScore;
        }
    }

}
```

Listing 10.21
Apple mit öffentlichem Property Score und privater Editor-Variable score

Das Attribut [SerializeField] sorgt dafür, dass die Variable score immer serialisiert und auch zum Editieren im Editor angezeigt wird, unabhängig von der Sichtbarkeit. So können wir score als private deklarieren und damit erzwingen, dass Apple nur noch über das öffentliche Property Score nach den Punkten gefragt wird.

Prompt führt diese Änderung auch zu einem Kompilierfehler: ‚Apple.score' is inaccessible due to its protection level.', der uns genau an die Stelle geleitet, an der wir noch eine Änderung durchführen müssen: TracerCollisionHandler, Zeile 32. Die Änderung ist trivial – statt tracerScore.AddScore(apple.score) muss es jetzt natürlich tracerScore.AddScore(apple.Score) heißen: einmal score, dann Score.

Jetzt stimmen die Punkte – nur bekommt das leider keiner mit. Jetzt darf TracerScore punkten: Immer, wenn der Spieler Punkte bekommt, wird hier AddScore(int scoreToAdd) aufgerufen. Damit ist diese Komponente dafür prädestiniert, von Spionen der NSA, äh, GUI belauscht zu werden, die sich für die Punkte des Spielers interessieren. TracerScore braucht also einen UnityEvent mit dem Namen onScoreReceived. Außerdem wäre es schön, wenn man nach der aktuellen Punktezahl fragen könnte. Die komplett überarbeitete Klasse sieht dann so aus wie Listing 10.22.

```
using UnityEngine;
using UnityEngine.Events;

[System.Serializable()]
public class UnityEventScore : UnityEvent<int> { }

public class TracerScore : MonoBehaviour {

    public UnityEventScore onScoreUpdated
        = new UnityEventScore();
```

Listing 10.22
Die neue Version von TracerScore

```
    private int currentScore = 0;
    public int CurrentScore {
        get { return currentScore; }
    }
    public void Start() {
        // immediately notify listeners with initial score
        onScoreUpdated.Invoke(currentScore);
    }
    public void AddScore(int scoreToAdd) {
        currentScore += scoreToAdd;
        onScoreUpdated.Invoke(currentScore);
    }
}
```

Unser Spion für Angelegenheiten der Transparenz über den Spielzustand ist natürlich wie üblich Kollege `InGameGUIController`. Er braucht also eine Möglichkeit, dem Spieler die aktuellen Punkte anzuzeigen, und muss sich dann als Listener bei `TracerScore` registrieren, und zwar mit einer Methode `UpdateScore(int score)`.

Das Property `public Text currentScore;` stellen wir ganz an den Anfang der Klasse, weil die Punkte so wichtig sind. Die Methode `UpdateScore()` sollte entsprechend vor `UpdateTime()` stehen. Sie ist in Listing 10.23 abgedruckt.

Listing 10.23
Die Methode UpdateScore() in InGameGUIController

```
public void UpdateScore(int score) {
    string text
        = Localizer.Instance.GetText(
                    "InGameGUI.CurrentScore", score);
    currentScore.text = text;
}
```

Duplizieren Sie `RemainingTime` unter `InGameHUD`, nennen Sie das neue Text-Objekt `CurrentScore`, und setzen Sie es ganz an den Anfang der Liste. Um das Layout kümmert sich dann schon die `VerticalLayoutGroup`.

Wir müssen nur noch das Objekt `CurrentScore` in den dafür vorgesehenen Slot in `InGameGUIController` ziehen und bei `Tracer-00` an der Komponente `TracerScore` das Objekt `InGameGUICanvas` als Listener hinzufügen. Das tun wir mit der dafür vorgesehenen Methode `UpdateScore(int)`, die direkt als `Dynamic Int` erkannt wird (siehe Abb. 10.18).

Achtung! **Vorsicht!** Wenn Sie hier die im Screenshot mit einem roten X markierte Variante nehmen, können Sie den `int`-Wert direkt im Inspector eintragen. Damit würde aber immer nur der von uns eingetragene Wert an die Listener geschickt werden – statt der aktuellen Punktezahl.

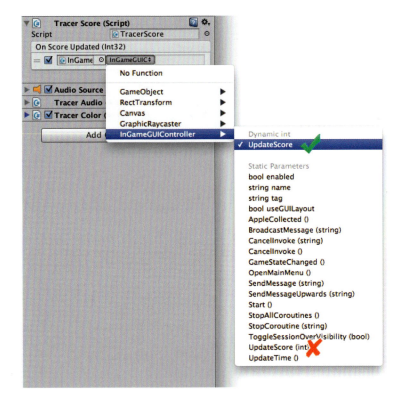

Abb. 10.18
Dynamic Int vs. Static Parameters

Jetzt müssen wir nur noch die Lokalisierung entsprechend erweitern (In-GameGUI.CurrentScore=Punkte: {0:00000}), und wir können bei den nächsten Testrunden mal schauen, wie viele Punkte wir in unserem Spiel erreichen können.

Den aktuellen Projektstand finden Sie unter Traces_TheGame_050.zip.

Download von unity-buch.de

Damit haben wir jetzt die Prototyp-Phase endgültig hinter uns, in der wir vor allem herausfinden wollten, ob es sich überhaupt lohnt, das Spiel weiterzuentwickeln, oder ob wir an der Spielmechanik noch grundlegende Änderungen durchführen müssen. So können wir uns nun daranmachen, die GUI aufzuhübschen.

11 Unsere GUI aufhübschen

Bisher haben wir uns beim GUI-Design lediglich auf das grobe Layout beschränkt, also auf die Anordnung der Elemente auf dem Bildschirm. Dabei haben Sie vor allem das Layout-System des neuen *Unity UI* kennengelernt. Unsere Benutzerschnittstelle erfüllt bisher nur den Zweck, es dem Spieler zur ermöglichen, das Spiel zu starten bzw. zu beenden, die Sprache umzuschalten und während des Spiels Informationen über den aktuellen Spielstatus zu erhalten.

Was unserer GUI bisher komplett fehlt, ist ein ansprechendes Aussehen. Darum kümmern wir uns also jetzt, nachdem wir wissen, dass unsere Spielidee prinzipiell funktioniert und Spaß macht und wir aus dem Prototyp ein richtiges Spiel bauen wollen. Schauen wir uns zuerst an, welche Möglichkeiten die Unity UI uns bietet.

11.1 Die wesentlichen Darstellungselemente von Unity UI

Zur visuellen Darstellung der Benutzerschnittstelle gibt es in Unity UI nur zwei wesentliche Komponenten: Text und Image. Zusätzlich soll hier Raw-Image nicht unerwähnt bleiben. Die Komponente Mask dient zwar nicht direkt zur Darstellung, sondern zum Maskieren von anderen visuellen Elementen, gehört thematisch aber auch hierher. Mit Shadow und Outline gibt es auch zwei einfache visuelle Effekte, die Bildern oder Texten als Komponente hinzugefügt werden können. Komplexere GUI-Elemente bzw. Widgets werden aus diesen einfachen Elementen zusammengesetzt.

Die Text-Komponente zur Darstellung von Text

Die Text-Komponente hatten wir bereits in *Abschnitt 8.2, Das Startmenü mit Unity UI umsetzen,* ausführlich behandelt. Wie der Name schon vermuten lässt, dient sie zur Darstellung von Text. Wahrscheinlich wird *Unity*

Technologies die Möglichkeiten hier in den nächsten Unity-Versionen noch erweitern.

Wenn Sie nicht so lange warten wollen, sollten Sie es mal mit *TextMesh Pro* aus dem Unity Asset Store versuchen. Diese Komponente kann Unitys Text-Komponente komplett ersetzen und lässt selbst für ausgefallenere Text-Effekte kaum Wünsche offen.

Link auf unity-buch.de

Image zur Darstellung von Bildern

Auch in unserer bisherigen GUI verwenden wir – ohne uns darum bisher weiter gekümmert zu haben – bereits an einigen Stellen die Image-Komponente. Alle Panels, Buttons und die Slider unseres ColorPicker verwenden automatisch eine oder mehrere Image-Komponenten mit sinnvollen Standardwerten. Die wichtigste Eigenschaft dieser Komponente ist natürlich Source Image. Damit wird das von dieser Komponente darzustellende Sprite ausgewählt.

Mit Color kann das Sprite eingefärbt werden. Praktisch ist hierbei, dass die Farbe über *Vertex-Colors* in das von Unity automatisch erzeugte Mesh geschrieben wird, das zur Darstellung des Bildes verwendet wird.

> **Vertex-Colors** sind Farben, die jedem Punkt in einem 3D-Objekt zugewiesen werden, zusätzlich zu der Position im Raum. Diese können dann von einem Shader ausgewertet werden, um beispielsweise das Objekt oder Bereiche des Objekts einzufärben, ohne dafür zusätzliche Materialien zu brauchen.

Die Farbe ist also keine Eigenschaft des Materials – was dazu führen würde, dass ein teurer *Batch* pro anders eingefärbtem GUI-Element notwendig wäre –, sondern sie ist eine Eigenschaft der Meshes. Beachten Sie, dass Sie über den Alpha-Wert der Farbe natürlich auch die Transparenz einstellen können. Häufig verwendet man für GUI-Elemente Bilder in Grautönen, die man dann über Color einfärbt. Auf diese Weise hat man eine sehr hohe Flexibilität beim Gestalten der Benutzerschnittstelle. Das funktioniert aber natürlich nur, wenn man nicht unterschiedliche Farben in einem Element braucht.[1]

Die Eigenschaft Material kann man bei Image guten Gewissens leer lassen, da automatisch ein für GUI-Elemente gut geeignetes Material verwendet wird. Sie könnten aber auch beispielsweise eine beleuchtete Benutzerschnittstelle realisieren, indem Sie hier Materialien mit Shadern verwenden, die auf Licht reagieren.

---

[1] Die Grenze ist letztlich aber immer nur die eigene Kreativität: Es ist beispielsweise durchaus möglich, den Ansatz mit Grautönen durch Verwendung mehrerer Image-Objekte pro GUI-Element so zu erweitern, dass man auch sehr farbenfrohe Benutzerschnittstellen mit einem flexiblen Ansatz umsetzen kann.

Die mächtigste Eigenschaft von Image ist aber Image Type: Damit können Sie verschiedene Möglichkeiten auswählen, wie das in Source Image ausgewählte Sprite dargestellt werden soll. Diese Eigenschaft bezieht sich vor allem darauf, wie das Ursprungsbild an die über das RectTransform eingestellte Größe angepasst wird:

- Mit Simple wird das Bild einfach skaliert, wobei über die Option Preserve Aspect ausgewählt werden kann, ob dabei die Seitenverhältnisse erhalten bleiben sollen.

- Sliced ist die Voreinstellung und nutzt die im *Sprite Editor* eingestellten neun Abschnitte (siehe Abschnitt 11.2.3, *Bilder und Farben aus der Designer-Vorlage übernehmen,* ab Seite 397). Der innere Bereich wird bei dieser Option skaliert. Mit der Option Fill Center können Sie hier bestimmen, ob der innere Bereich angezeigt werden soll oder nur der Rahmen.

- Bei Tiled wird der innere Bereich nicht skaliert, sondern so oft wiederholt, dass die gesamte Fläche ausgefüllt ist. Ansonsten verhält diese Option sich wie Sliced.

- Die Option Filled ermöglicht schließlich eine Vielzahl verschiedener Animationsmöglichkeiten, verhält sich ansonsten aber wie Simple: Mit Fill Method können Sie hier zwischen Horizontal, Vertical, Radial90, Radial180 und Radial360 auswählen. Über Fill Amount können Sie dann einstellen, zu welchem Anteil das Bild eingeblendet werden soll. Das ist der Parameter, den Sie üblicherweise animieren werden. Je nach Fill Method gibt es auch verschiedene Möglichkeiten für Fill Origin, also von wo aus das Ausfüllen geschieht. Und bei den radialen Fill Methods können Sie natürlich auch auswählen, ob mit oder gegen den Uhrzeigersinn gefüllt wird.

Wenn Sie unsere bisherige GUI prüfen, werden Sie feststellen, dass der Slot Source Image mit einem von Unity vordefinierten Bild Background gefüllt ist. Sie finden dieses vordefinierte Bild nicht im Projekt, können es aber jederzeit mit dem Kreis-Icon rechts neben dem Bild auswählen. (Das Kreis-Icon wurde in Abschnitt 6.1.1 auf Seite 131 im Text zu Abb. 6.2 beschrieben.)

Diese vordefinierten Bilder sind sehr praktisch, da wir auf diese Weise sehr schnell einen GUI-Prototyp erstellen können, ohne uns um die Erstellung der entsprechenden Sprites kümmern zu müssen. Im nächsten Abschnitt werden wir diese Standardbilder durch selbst erstellte Grafiken ersetzen, um unserem Spiel eine persönliche Note zu geben.

RawImage – eine Alternative zur Bilddarstellung

Der Vollständigkeit halber möchte ich eine weitere Komponente zur Darstellung von Bildern erwähnen, die Unity anbietet: RawImage. Diese Komponente können Sie verwenden, um direkt beliebige Texturen in die Benutzerschnittstelle zu integrieren – hier brauchen Sie also keine Sprites. Dies ist beispielsweise sinnvoll, wenn Sie Bilder aus dem Web nachladen und diese direkt in Ihrer GUI anzeigen wollen.

Maskieren mit Mask

> In der Bildbearbeitung ist eine **Maske** ein Bild, das nicht selbst dargestellt wird, sondern über ein anderes Bild gelegt wird, um festzulegen, welche Bereiche dieses anderen Bildes angezeigt werden sollen.

In Unity gibt es dazu eine eigene Komponente Mask, die jedem GameObject hinzugefügt werden kann, an dem bereits ein Text, ein Image oder ein RawImage hängt. Dadurch wird die jeweilige darstellende Komponente (Text, Image oder RawImage) zu einer Maske, die dafür sorgt, dass von den Kindern dieses GameObjects in der Hierarchie nur die Bereiche angezeigt werden, die in dem Text oder Bild enthalten sind. Mit solchen Masken lassen sich sehr ausgefallene Effekte erzielen, z. B. wenn man einen Text als Maske verwendet und das dahinterliegende maskierte Bild animiert. Der klassische Anwendungsfall für Masken in Benutzerschnittstellen sind aber Scrollbereiche. Und genau dazu werden wir sie auch im nächsten Abschnitt verwenden. Die Mask-Komponente hat nur ein Attribut: Show Mask Graphic. Der Name ist an sich selbsterklärend: Wenn diese Checkbox aktiv ist, sieht man zusätzlich zum Maskieren auch das jeweilige Bild bzw. den jeweiligen Text an sich.

11.2 Das Startmenü aufhübschen

Praktischerweise ist eine unserer Testspielerinnen eine Designerin, die uns den in Abb. 11.1 abgebildeten Vorschlag für einen neuen Startscreen hat zukommen lassen.

Bei den Buttons haben wir in dieser Vorlage zwei Varianten: eine, die weiterhin mit Text arbeitet, und alternativ eine mit Icons, was aufgrund der Sprachneutralität zu bevorzugen ist. Die Hintergründe für die Text-Buttons sind aber natürlich weiterhin für solche Buttons hilfreich, für die uns noch keine passenden Icons zur Verfügung stehen.

Die Beschreibung des Spiels, in der wir auch eine komplette Anleitung platzieren könnten, ist als scrollbarer Text gedacht – an der Stelle werden wir uns also ausführlicher mit dem Thema *Masking* in *Unity UI* beschäftigen können.

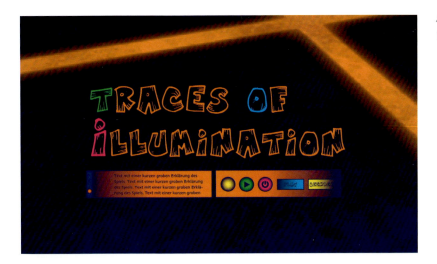

Abb. 11.1
Vorschlag eines Designers für das Startmenü

11.2.1 Echte 3D-Objekte als Pseudo-Hintergrundgrafik einsetzen

Den Hintergrund könnten wir als große Grafik umsetzen. Da es sich aber tatsächlich um einen Ausschnitt aus unserem Level handelt, ist es hier eleganter, tatsächlich die entsprechende Geometrie aus unserem ersten Level in die bestehende Szene zu kopieren und dann die Kamera so zu positionieren, dass das Ergebnis dem Vorschlag bestmöglich entspricht. Damit fangen wir auch gleich an.

Objekte von einer Szene in eine andere kopieren

In einer zukünftigen Version von Unity wird man höchstwahrscheinlich mehrere Szenen gleichzeitig bearbeiten können. Das geht in Unity 5.0 noch nicht. Die naheliegendste Möglichkeit, die notwendigen Objekte aus unserer Szene Level-01 in AStartmenu zu bekommen, wäre dann, ein Prefab anzulegen und dieses einfach in AStartmenu zu ziehen.

Es geht aber auch ohne das gleichzeitige Bearbeiten mehrerer Szenen und Prefabs – nämlich über Kopieren: Dazu öffnen wir einfach die erste Szene (Level-01). Dort selektieren wir das Objekt Geometry (das liegt unter dem Objekt Level-01) und wählen aus dem Menü *Edit/Copy* (oder nutzen die übliche Tastenkombination ⌘+C bzw. Strg+C). Dann öffnen wir die Szene AStartmenu und fügen das Objekt mit *Edit/Paste* (oder ⌘+V bzw. Strg+V) ein. Wichtig ist dabei, dass die *Hierarchy View* aktiv ist, da Unity sonst versucht, das Objekt in das Projekt zu kopieren, was nicht geht. Sie können die *Hierarchy View* aktivieren, indem Sie dort in einen leeren Bereich klicken. Alles, was wir nicht brauchen, löschen wir: BottomPlate, WallNorth, WallEast, WallSouth und WallWest.

Zum Positionieren der Kamera ist es hilfreich, die GUI auszublenden, was am einfachsten geht, indem wir einfach Canvas deaktivieren.

Damit die Szene weiterhin aufgeräumt bleibt, packen wir Main Camera, Geometry und Directional Light in ein neues, leeres GameObject mit dem Namen LevelBackground. Versuchen Sie die Ausrichtung von Kamera und Licht ruhig selbst – das ist eine gute Übung. Am Ende sollte das bei Ihnen in etwa so aussehen wie in Abb. 11.2. Falls es gar nicht klappen will, probieren Sie die Werte aus dieser Fußnote[2].

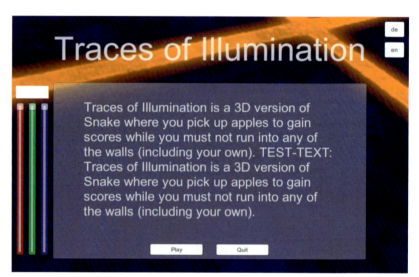

Abb. 11.2
Das Startmenü mit neuem 3D-Hintergrund

11.2.2 Masking verwenden, um einen scrollbaren Text umzusetzen

Im nächsten Schritt setzen wir unsere Spielbeschreibung in einen scrollbaren Bereich. Für diesen Umbau ist es sinnvoll, GameTitle, PanelLanguages und ColorPicker zu deaktivieren, damit sie uns nicht im Weg stehen. Außerdem sollen die beiden Buttons zum Starten und Beenden des Spiels ja später in einem eigenen Panel liegen – also legen wir ein neues Panel mit dem Namen PanelMainButtons neben dem bestehenden Panel PanelMainControls an, und ziehen die Buttons in der Hierarchie in dieses neue Panel. Über das Layout von PanelMainButtons machen wir uns jetzt erst mal keine Sorgen, sondern deaktivieren es ebenfalls. Zu guter Letzt deaktivieren wir Panel-MainControls. Alles weg! Jetzt haben wir Platz für die neuen Elemente:

1. Stellen Sie in der Game View als Auflösung iPhone Wide (480×320) ein. Dazu muss natürlich iOS als Zielplattform aktiviert sein. Falls das bei Ihnen nicht möglich ist, können Sie auch mit dem Plus-Button in der Liste der Auflösungen eine eigene Auflösung mit 480x320 definieren.

---

[2] Für die Kamera funktioniert Position (5.4, 2.5, -3.8) und Rotation (54, 31, 6) recht gut. Beim Directional Light habe ich jetzt Rotation (60, 0, 0). Die Position ist hier egal, ich habe sie einfach auf den Nullpunkt gesetzt.

2. Legen Sie ein neues Panel `PanelScrollText` an.
3. Setzen Sie den Pivot-Punkt nach rechts oben (`1, 1`).
4. Wählen Sie für den `Anchor` bitte `middle center`.
5. Setzen Sie die Position auf (`-10, -35`) und `Width` auf 200, `Height` auf 65.
6. Am linken Rand dieses Panels brauchen wir einen `Scrollbar` – legen Sie also mit dem Menü *GameObject/UI/Scrollbar* einen an, ziehen Sie ihn unter `PanelScrollText`, und setzen Sie das Attribut `Direction` auf `BottomToTop`.
7. Setzen Sie den Pivot-Punkt des `Scrollbar` auf links oben (`0, 1`).
8. Den Anchor setzen Sie auf `stretch` in vertikaler Richtung und `left` in horizontaler Richtung (`Min = (0, 0)`, `Max = (0, 1)`).
9. Schließlich setzen Sie die Position auf `Pos X = 0`, `Top = 0`, `Width = 22`, `Bottom = 0`.

Der `Scrollbar` wäre nicht unbedingt notwendig, da die `ScrollRect`-Komponente, die wir gleich verwenden werden, auch direkt »angefasst« und verschoben werden kann – so, wie man es vor allem bei Touchscreens gewohnt ist.

> Eine interessante Übung für Sie wäre, den Scrollbar zunächst zu verstecken und nur dann einzublenden, wenn der Benutzer entweder mit der Maus über den Scrollbereich fährt oder ihn auf einem Touchscreen berührt.

Übung macht den Meister

Für die Umsetzung des konkreten Scrollbereichs verwenden wir eine `Mask`-Komponente, um sicherzustellen, dass nur ein Ausschnitt des Textes sichtbar ist. Weiterhin verwenden wir die gerade erwähnte `ScrollRect`-Komponente, die für uns die Scrolling-Funktionalität umsetzt. Falls wir ein spezielles Scrolling-Verhalten umsetzen wollen, können wir davon natürlich auch eine eigene Version implementieren. Da *Unity UI* unter der *MIT License* quelloffen ist, könnten wir dabei sogar `ScrollRect` als Grundlage unserer eigenen Implementierung verwenden.

Unter `PanelScrollText`, neben `Scrollbar`, legen wir jetzt das Objekt mit `ScrollRect` und `Mask` an. Sie können dieses Objekt mittels Rechtsklick auf `PanelScrollText` mit *UI/Panel* erzeugen – oder mit *UI/Image* (und dann `Image Source` auf `Background` und den Alpha-Wert der Farbe auf 100 setzen). Nennen Sie es auf jeden Fall `MaskForScrollArea`, setzen Sie den Anchor auf `stretch` in beiden Richtungen, und definieren Sie einen Rand von 10 Pixeln für `Top`, `Right` und `Bottom`. Bei `Left` brauchen wir auf jeden Fall genügend Platz für den Scrollbar, in der Vorlage ist es sogar etwas mehr, z. B. 50.

Mit dem Button `Add Component` fügen wir jetzt eine `Mask`-Komponente und eine `ScrollRect`-Komponente hinzu. Ebenso könnten wir natürlich die entsprechenden Einträge im Menü Component / UI verwenden. Bei Mask deaktivieren wir Show Mask Graphic. Dazu dient bei uns ja das darüberliegende Objekt ImageBackgroundText.

Bei ScrollRect deaktivieren wir Horizontal und ziehen das Objekt Scrollbar aus der *Hierarchy* in den Slot Vertical Scrollbar. Jetzt fehlt nur noch der Inhalt – der Slot Content bleibt im Moment noch leer.

Ziehen Sie zunächst GameDescription (ein Kind von PanelMainControls) in der *Hierarchy* unter MaskForScrollArea. Dessen Vater PanelMainControls brauchen wir nicht mehr. Deswegen löschen wir dieses Objekt (⌘+⌫ bzw. ⇧ +Del).

Den Anchor von GameDescription setzen wir jetzt auf top stretch, Pivot auf links oben. Left, Right und Pos Y sollten auf 0 stehen, Height ist egal – Sie sehen gleich warum. Vorher ist noch wichtig, dass wir Best Fit in der Text-Komponente abschalten. Jetzt fügen wir mit *Component/Layout/Content Size Fitter* diese Komponente hinzu, die dafür sorgt, dass die Höhe sich automatisch der Textlänge anpasst. Dazu muss natürlich Vertical Fit noch auf PreferredSize eingestellt werden.

Schließlich ziehen wir GameDescription auf den Content-Slot der Komponente ScrollRect des Objekts MaskForScrollArea. **Fertig!**

Wenn Sie jetzt in den *PlayMode* wechseln, können Sie den Text entweder über den Scrollbar nach oben und unten scrollen oder direkt auf dem Text nach oben bzw. unten ziehen – zumindest, wenn der Text lang genug ist. Sollte das bei Ihnen nicht der Fall sein, können Sie entweder die Schriftgröße von GameDescription erhöhen (was aber wahrscheinlich nicht gut aussieht – 10 ist hier auch besser als 14), oder Sie tragen eine längere Beschreibung für AStartmenu.Description in die Dateien Texts-en und Texts-de ein (im Projektverzeichnis LocalizedTexts).

Abb. 11.3
Der neue scrollbare Beschreibungstext

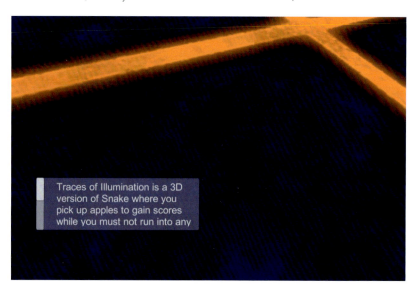

> Den aktuellen Projektstand finden Sie unter `Traces_TheGame_060.zip`. *Download von unity-buch.de*

Unser Startmenü sollte jetzt in etwa so aussehen wie Abb. 11.3.

11.2.3 Bilder und Farben aus der Designer-Vorlage übernehmen

Die Funktionalität unserer Benutzerschnittstelle entspricht jetzt – zumindest was die Spielbeschreibung angeht – schon den Vorstellungen des Designers. Visuell sieht es aber noch gar nicht so aus, wie es soll. Dazu müssen wir aus der InDesign-Datei Bitmap-Dateien erstellen, diese in Unity mit dem korrekten `Texture Type (Sprite (2D / UI))` importieren, die entsprechenden Sprites mit dem *Sprite Editor* korrekt konfigurieren und dann das Attribut `Source Image` der entsprechenden `Image`-Komponenten entsprechend neu befüllen. So weit die im Prinzip relativ einfache Theorie.

In der Praxis müssen wir noch einige wesentliche Entscheidungen treffen: In der Vorlage sind sämtliche GUI-Elemente mehrfarbig, und zwar immer mit einem dunkelblauen Rahmen bzw. Hintergrund, auf dem im Falle der Panels und des Scroll-Thumbs ein oranger Farbverlauf liegt. Im Falle der Buttons handelt es sich um gelbe, grüne, pinkfarbene und blaue Farbverläufe. Jetzt könnten wir für jede Farbe eigene Bilder anlegen oder den weiter oben vorgeschlagenen Ansatz mit Grauwerten verfolgen, die erst in Unity entsprechend unseren Bedürfnissen eingefärbt werden. Letzteres bedeutet aber, dass wir pro Element zwei Hintergründe brauchen: einen für den blauen Rahmen bzw. Hintergrund und einen weiteren für die jeweiligen Farbverläufe. Diese Variante erfordert zwar, dass wir zusätzliche Objekte in der Hierarchie hinzufügen, bietet uns am Ende aber eine deutlich höhere Flexibilität. Außerdem können Sie sich bei dieser Variante ausführlich mit der Reihenfolge der visuellen Elemente in der Hierarchie und dem daraus resultierenden Zeichenverhalten in *Scene View* bzw. *Game View* vertraut machen.

> **Zeichenreihenfolge für Unity-UI-Elemente:** Wenn ein *Objekt A* in der Hierarchy unter *Objekt B* steht, wird *Objekt A* in Game View bzw. Scene View vor bzw. über *Objekt B* gezeichnet. Anders formuliert: *Objekt A* verdeckt in diesem Fall *Objekt B*. Sofern *Objekt A* transparent ist, scheint *Objekt B* entsprechend durch. Die gilt auch, wenn *Objekt A* ein Kind von *Objekt B* ist.

In der Praxis müssen wir eine Vielzahl von Elementen bearbeiten, was aber dann letztlich nur eine Wiederholung der immer wieder gleichen Schritte ist. Daher erkläre ich nur die Überarbeitung der Scrollbar ausführlich und überlasse Ihnen die weiteren Schritte als Übung.

Falls Sie fit in *InDesign* und *Photoshop* sind, können Sie den gesamten Prozess bis zu den Bitmap-Dateien selbst durchführen. In dem Fall können

Sie wahrscheinlich sogar Ihr komplett eigenes GUI-Design entwerfen.[3] In dem Archiv zum Download habe ich den Prozess in vier Schritte unterteilt:

- **Schritt 1** enthält die Ausgangsdatei im InDesign-Format sowie eine daraus erstellte PNG-Datei (falls Ihnen InDesign nicht zur Verfügung steht).
- **Schritt 2** enthält PDF-Dateien, in denen die verschiedenen relevanten Ebenen aus InDesign jeweils als eigene Datei exportiert wurden.
- **Schritt 3** enthält pro GUI-Element drei Photoshop-Dateien: In `*-Base.psd` wurden jeweils alle für ein Element notwendigen Ebenen wieder in einer Datei zusammengefasst. Außerdem wurde hier jede Ebene bereits mit einem *Color Overlay* versehen (weiß), der dafür sorgt, dass nur die Transparenz ausgewertet wird und wir die Elemente in Unity beliebig einfärben können. Zusätzlich gibt es hier eine Ebene, die die Sättigung der Farben entfernt, was eine allgemeinere nutzbare Alternative zum *Color Overlay* darstellt, um aus einer farbigen Vorlage lediglich die Grauwerte herauszuziehen. Die beiden `*-Sprite.psd`-Dateien sind so zusammengeschnitten, wie wir sie für Unity brauchen, und auch von der Größe her angepasst. Die Datei mit @2 im Namen hat dabei die doppelte Auflösung, die wir später für höher aufgelöste Displays verwenden könnten (z. B. Retina-Displays bei iOS-Geräten).
- **Schritt 4** enthält schließlich die fertigen Dateien für Unity. Hier sind jetzt auch die beiden Hintergründe pro Element jeweils in eigenen Dateien gespeichert, wobei diese Dateien pro Element identisch sind, außer dass verschiedene Ebenen aktiviert bzw. deaktiviert sind.

Download von unity-buch.de | Das gesamte Archiv finden Sie unter `UnityUIAssets.zip`.

Farben als Presets im Unity-ColorPicker speichern

In Abschnitt *10.2.1, Materialien und Texturen einstellen,* hatte ich diesen Trick schon kurz erwähnt. Hier zeige ich Ihnen noch mal ausführlicher einen praktischen Workflow, um in Unity mit Farben zu arbeiten.

Der *Unity Color Picker* bietet sogenannte *Color Picker Presets*, mit denen Sie Farben in einer Palette abspeichern und dann jederzeit einfach nur durch einen einzigen Klick setzen können. Unter Mac OS X funktioniert das mit dem *Mac OS X Color Picker* sogar systemweit.[4] Sie können ihn unter Mac OS X in den *Preferences* im Bereich *General* aktivieren (die Option heißt `OS X Color Picker`). Für die folgenden Schritte ist es am günstigsten,

---

[3] Alternativ zu InDesign geht natürlich auch *Illustrator* oder ein beliebiges anderes Vektor-Zeichenprogramm. Wahlweise können Sie auch bitmaporientiert direkt in Photoshop starten.

[4] Falls Sie Photoshop verwenden, sollten Sie diese Option natürlich auch in Photoshop aktivieren – dort geht das ebenfalls in den *Einstellungen* (*Preferences*) unter *General* und ist dort gleich die erste Option: `Color Picker`. Wählen Sie hier `Apple`.

diese Option in Unity am Mac auszuschalten, da die Screenshots sonst nicht zu dem passen, was Sie am Bildschirm sehen.[5]

Zunächst legen wir eine neue *Preset Library* für das Projekt an und holen uns die Farben Orange und Blau aus der Substance `TheGrid-WithDirt-PBS` / `NiceMetallicFloor`. (Sie finden diese im Projekt unter `Materials` / `Substances`.)

Klicken Sie zunächst auf das Blau von `PlaneColor`, um den *Unity-ColorPicker* zu öffnen. Rechts unten bei `Presets` finden Sie das kleine Kontextmenü-Icon (siehe Abb. 11.4). Klicken Sie es an, und wählen Sie *Create New Library*. Jetzt können Sie einen Namen wählen (z. B. `GUIColors`) und unter `Location` festlegen, ob diese Bibliothek allgemein in Unity zur Verfügung stehen soll (`Preferences Folder`) oder nur für dieses Projekt (`Project Folder`). Für uns ist Letzteres die geeignete Wahl.

Das gewählte Blau ist die Farbe (2, 11, 110, 255). Sie speichern das Preset einfach, indem Sie den kleinen blauen Button unter `Presets` anklicken (1. Pfeil in Abb. 11.5).

Bei dieser Gelegenheit möchte ich noch darauf hinweisen, dass Sie über die beiden kleinen Buttons, die in Abb. 11.5 mit dem 2. und 3. Pfeil markiert sind, verschiedene Methoden zur Farbwahl aufrufen können. Wir verwenden hier durchgängig die RGBA[6]-Slider, aber manchmal ist auch HSVA[7] sinnvoll, z. B. dann, wenn Sie eine andere Farbe mit gleicher Sättigung und Helligkeit suchen oder die gleiche Farbe in heller oder dunkler bzw. stärker oder weniger stark gesättigt.

Schließlich können Sie durch einen Klick auf die kleine Pipette (4. Pfeil in Abb. 11.5) mit der Maus die Farbe jedes am Bildschirm sichtbaren Pixels übernehmen.

So können wir jetzt auch direkt das Orange von `GridColor` übernehmen (255, 155, 0, 255), abspeichern und für `PlaneColor` wieder das zuvor gespeicherte Blau verwenden.

Um an die anderen Farben aus der Vorlage zu kommen, können Sie die Vorlage einfach in einem entsprechenden Anzeigeprogramm für Bilder öffnen, sie so auf dem Bildschirm anordnen, dass Sie gleichzeitig den Unity-ColorPicker und das Bild sehen, und die Farben mit der Pipette in dem Bild abgreifen.

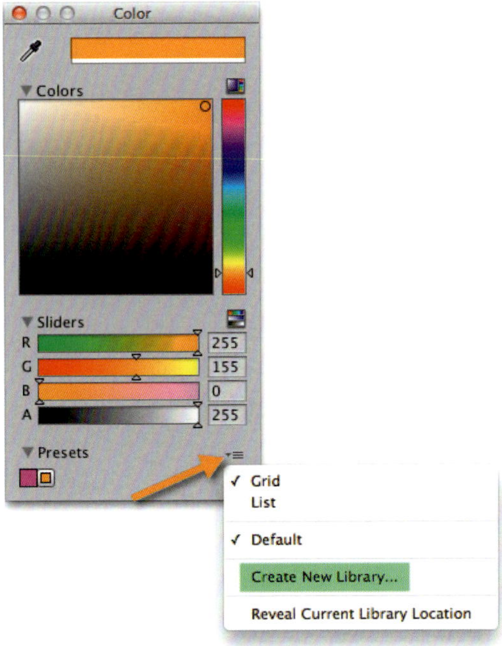

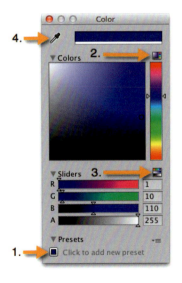

Abb. 11.4
Im Unity-ColorPicker eine Preset Library erstellen

Abb. 11.5
Der Unity-ColorPicker

---

5   Falls Sie dennoch den OS X Color Picker verwenden, müssen Sie die Farben aus dem Farbvorschaufeld einfach in die Palette unten ziehen. Allerdings haben Sie dann nicht die Möglichkeit, eine Preset Library für das Projekt anzulegen.
6   Rot, Grün, Blau und Alpha als Transparenz.
7   Hue, Saturation, Value, Alpha bzw. Farbwert, Sättigung und Helligkeit.

Screencast auf unity-buch.de

> Diesen ganzen Prozess finden Sie auch im Screencast *Eine Preset Library für Farben einrichten* veranschaulicht, den Sie auf der Website zum Buch finden.

Falls Sie lieber numerische Werte per Hand eintragen, geht das natürlich auch. Über das Kontextmenü können Sie von der Grid-Ansicht der Library auch auf eine Liste wechseln und den Farben dann auch Namen geben (siehe Abb. 11.6). Folgende Farbwerte verwenden wir im folgenden Abschnitt, wobei der Alpha-Wert immer auf 255 steht: Dunkelblau (1, 10, 110), Blau-SlidingArea (52, 59, 117), Hellblau (2, 161, 227), Orange (255, 155, 0), Grün (69, 162, 41), Pink (226, 2, 123) und Gelb (255, 238, 3).

Abb. 11.6
Die Farbpalette für unsere GUI

Übung macht den Meister
Link auf unity-buch.de

> Eine interessante – wenn auch etwas herausfordernde – Übung besteht übrigens darin, ein *Farbschema-System* zu implementieren, das die Farben für verschiedene Elemente zentral in einem Objekt speichert und es so ermöglicht, dass sich die verschiedenen Image- und Text-Komponenten sowie auch unsere Substance diese Farben anhand der Kategorien automatisch holen. Mit so einem System wären Änderungen im Farbschema dann ganz einfach an einer zentralen Stelle umsetzbar, anstatt immer manuell eine Vielzahl von Einzelkomponenten ändern zu müssen.
>
> Am einfachsten ist die Umsetzung eines solchen Farbschema-Systems, wenn Sie die verschiedenen Farbkategorien als *Enumerationstypen* fest vorgeben. Aufwendiger zu implementieren, aber dafür deutlich flexibler und allgemeiner nutzbar ist ein System, bei dem Sie die Farbkategorien zentral an einer Stelle im Editor editieren und sich die Komponenten, die die Farben in Image- und Text-Komponenten schreiben (und in die Substance), die Kategorien dynamisch aus dieser zentralen Stelle holen. Dazu ist *Editor-Scripting* notwendig. Das habe ich schön öfter erwähnt, ohne es zu vertiefen. Aber es stellt eine enorm nützliche Möglichkeit dar, den Unity Editor fast beliebig um eigene Features zu erweitern. Auf der Website zum Buch finden Sie die entsprechenden Einstiegspunkte (unter dem Link *Extending the Editor*).
>
> Im Unity Asset Store finden Sie auch *STUUI – Skinning and Templating for Unity UI*, eine sehr flexible Editor Extension die ich zur Lösung dieses Problems implementiert habe.

Den Hintergrund für den Scrollbar im Sprite Editor konfigurieren

Der Scrollbar-Hintergrund besteht aus einem einfarbigen dunkelblauen Rechteck und einer etwas helleren »Schiene«. Das sind die beiden Dateien `Scrollbar-Sprite-BG.psd` und `Scrollbar-Sprite-FG.psd`, die Sie bitte in ein neues Projektverzeichnis `UnityUITextures` ziehen. Wählen Sie bei beiden für die Eigenschaft `Texture Type` den Wert `Sprite (2D / UI)` aus und bei `Format` den Wert `Truecolor`. Die Datei `Scrollbar-Sprite-BG.psd` ist damit schon fertig.

Bei der Datei `Scrollbar-Sprite-FG.psd` klicken Sie zusätzlich auf den Button `Sprite Editor`, um den *Sprite Editor* zu starten. Hier wählen wir bei Border für alle Werte (L, R, T, B – was für *Left, Right, Top, Bottom* steht) jeweils 8 Pixel, wie in Abb. 11.7 illustriert. Mit diesen Einstellungen können wir die Grafik sowohl für horizontale als auch für vertikale Scrollbars verwenden, und auch unterschiedliche Breiten bzw. Höhen funktionieren sauber, da jeweils nur die Pixel in der Mitte in die verschiedenen Richtungen gestreckt werden. Vergessen Sie nicht, nach Ihren Änderungen auf den `Apply` Button im *Sprite Editor* zu klicken!

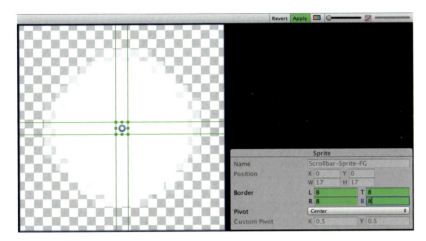

Abb. 11.7
Den Rand mit dem Sprite Editor einstellen

In der Szene können Sie jetzt `Scrollbar` selektieren (unter `Canvas / Panel-ScrollText`) und aus dem Projekt `Panel-Sprite-BG` in den Slot `Source Image` ziehen. Wählen Sie als Farbe `Dunkelblau` aus unserer *Preset Library* `GUIColors`.

Für den helleren Schiebebereich, `Scrollbar-Sprite-FG`, brauchen wir ein weiteres Image, direkt als erstes Kind unter dem Objekt `Scrollbar`. Nennen Sie das Objekt `ImageSlidingArea`, und setzen Sie die Farbe auf `Blau-SlidingArea`. Der Anchor sollte hier auf `stretch stretch` stehen und `Left, Top, Right` und `Bottom` jeweils auf 0. Passen Sie schließlich die Breite des Scrollbars an – 18 ist mit den neuen Bildern passender. Damit ist der Hintergrund fertig. Widmen wir uns als Nächstes dem `Handle`.

Das Handle umsetzen

Für das `Handle`, also den Bereich, den man verschiebt, haben wir wieder zwei Grafiken: `Scrollbar-Sprite-Handle-BG` und `Scrollbar-Sprite-Handle-FG`. Wieder brauchen wir die korrekten Import-Einstellungen (`Texture Type = Sprite (2D / UI)`, `Filter Mode = Point`, `Format = Truecolor`). In diesem Fall müssen wir beide Grafiken im *Sprite Editor* bearbeiten. Dabei stellen wir bei beiden für L, R und T den Wert 6 ein, für B dieses Mal 5.

Die Datei Scrollbar-Sprite-Handle-BG wird das neue Source Image des Objekts Handle, mit der Farbe Dunkelblau. Direkt darunter brauchen wir wieder ein neues Image mit stretch stretch und keinem Abstand am Rand (Left, Top, Right, Bottom ist also 0). Hier ziehen wir die Datei Scrollbar-Sprite-Handle-FG hinein und setzen als Farbe Orange. Bei Sliding Area ist als Rand in allen Richtungen jetzt 4 günstiger, bei Handle sollten Pos X, Pos Y, W Delta und H Delta auf 0 stehen.

Die weiteren Schritte für den scrollbaren Textbereich

Die Dateien Panel-Sprite-BG und Panel-Sprite-FG können Sie nun schon selbst vorbereiten. Hier brauchen wir bei keinem Sprite einen Border. Panel-Sprite-BG gehört zu PanelScrollText, mit der Farbe Dunkelblau. Die Datei Panel-Sprite-FG braucht wieder ein neues Image (direkt als erstes Kind unter PanelScrollText) und bekommt als Farbe Orange. Um den Rand zu erzeugen, verwenden wir hier die Randabstände des RectTransform (Left, Right, Top, Bottom). Setzen Sie diese jeweils auf 2.

Schließlich passt der weiße Text nicht mehr zum Hintergrund – geben Sie GameDescription also wieder Dunkelblau. Jetzt sollte unsere GUI in etwa so aussehen wie in Abb. 11.8. So langsam wird es!

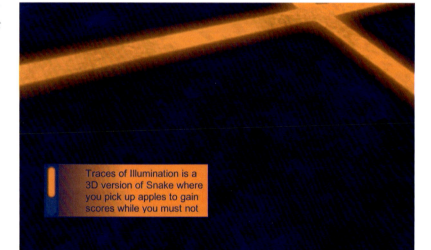

Abb. 11.8
Der neue scrollbare Beschreibungstext

Die Schritte für PanelMainButtons

Die Positionierung funktioniert hier analog zu PanelScrollText, aber gespiegelt – und zwar im wahrsten Sinne des Wortes. Hier verwenden wir nämlich einen kleinen, aber feinen Trick.

Bei dem Image, das direkt unter PanelMainButtons hängt, um den Verlauf mit der Grafik Panel-Sprite-FG darzustellen, setzen wir bei Scale den

X-Wert auf -1. Damit erreichen wir, dass der Verlauf von links nach rechts immer durchscheinender wird, statt wie im Originalbild von rechts nach links.

Für die Buttons verwenden wir `CircleButton-Sprite-BG` und `CircleButton-Sprite-FG` (verwenden Sie als Namen am besten `ImageGradient`), außerdem werden die `Label`s durch `Image`-Objekte ersetzt, auf die wir `CircleButton-Sprite-IconPlay` bzw. `CircleButton-Sprite-IconQuit` legen (als Namen würde ich hier jeweils `ImageIcon` empfehlen). Die Icons verwenden als Farbe wieder `Dunkelblau`. Für den Play-Button hat die Designerin `Grün` vorgeschlagen und für den Quit-Button `Pink`.

Den aktuellen Stand der Szenenhierarchie finden Sie in Abb. 11.9. Die Benutzerschnittstelle sollte dann in etwa so aussehen wie Abb. 11.10.

Abb. 11.9
Die aktuelle Szenenhierarchie (Ausschnitt)

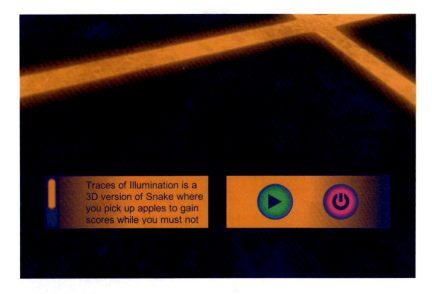

Abb. 11.10
Der neue Bereich für die Buttons

11.2.4 Den Titel mit mehreren Farben formatieren

Was uns jetzt noch fehlt, ist der Titel. Die Schriftart finden Sie im Verzeichnis `Font-mister_vampire` im Archiv `UnityUIAssets`. Das ist die Datei `MisterVampire.TTF`, die Sie in ein neues Verzeichnis `Fonts` im Projekt ziehen sollten. Die Standard-Importeinstellungen sind hier gut geeignet. Wichtig ist vor allem, dass für `Character` der Wert `Dynamic` ausgewählt ist. Somit spielt dann die eingestellte Schriftgröße (`Font Size`) auch keine weitere Rolle. Die können wir bei dynamischen Schriftarten nämlich direkt an der `Text`-Komponente setzen.

Ziehen Sie `MisterVampire` aus dem Projekt in den Slot `Font` der Komponente `Text` von `GameTitle`. Der `Pivot`-Punkt sollte unten mittig sein (`0.5, 0`). Den `Anchor` stellen wir auf `middle center`, `Pos X` auf 0, `Pos Y` auf -25 und

Width auf 400. Die Höhe lassen wir wieder über einen `ContentSizeFitter` automatisch anpassen, der `Vertical Fit` auf `PreferredSize` eingestellt hat.

Stellen Sie `Font Size` auf 50 und `Alignment` auf linksbündig. `Best Fit` sollte auf keinen Fall aktiv sein. Die Farbe ist wieder `Orange`.

Haben Sie sich schon gefragt, wozu die Option `Rich Text` gedacht ist? Aktivieren Sie sie. Nichts passiert. Aber wir können bei `Text` jetzt folgenden String eintragen, natürlich ohne Zeilenumbrüche oder Trennzeichen:

Listing 11.1
Text mit Rich-Text-Markup

```
<color=#45a12b>T</color>races <color=#009ee0>o</color>f <color=#e2007a>I</color>llumination
```

Und dann sollte unser Startmenü aussehen wie in Abb. 11.11! `Rich Text` bietet Ihnen noch einige weitere Möglichkeiten, die Sie auch im Unity Manual dokumentiert finden. Einen direkten Link auf die entsprechende Seite finden Sie auf der Website zum Buch (der Titel lautet *Rich Text*).

Download von unity-buch.de

> Den aktuellen Projektstand finden Sie unter `Traces_TheGame_070.zip`.

Abb. 11.11
Der Startscreen mit neuem Titel

Wahrscheinlich sind Ihnen an der neuen Benutzerschnittstelle zwei Dinge aufgefallen: Der *Mouseover* der Buttons sieht von den Farben her etwas seltsam aus. Hier haben wir noch die Standardeinstellung, die bei `Highlighted Color` ein helles Beige vorgibt, was nicht wirklich zu den neuen Button-Farben passt. Eine Möglichkeit wäre, bessere Farben zu wählen – viel cooler ist aber natürlich, hier eine Animation zu erstellen, die den Button pulsieren lässt. Die andere Sache ist, dass wir die Einstellungen für die Sprachen und Farbe verloren haben. Das lösen wir über einen *Einstellungsscreen*. Aber zuerst befassen wir uns mit der Button-Animation.

11.2.5 Button-Animationen mit Mecanim umsetzen

Mecanim haben Sie ja bereits kurz in Abschnitt 2.3.2, *Den Sprite Renderer zur Darstellung von Sprites verwenden,* kennengelernt. Zur Animation der verschiedenen Zustände von Buttons (»normal«, gehighlightet [z. B. bei Mouseover], gedrückt und deaktiviert) eignen sich die von Mecanim angebotenen Zustandsgraphen perfekt, und es ist erstaunlich einfach, auf diese Weise auch ausgefallene Effekte zu realisieren.

Wenn Sie in der *Hierarchy* das Objekt ButtonPlay selektieren, können Sie in der Komponente Button das Attribut Transition von ColorTint, der Standardeinstellung, auf Animation umstellen. Die beiden Varianten Color-Tint und SpriteSwap sollten selbsterklärend sein – nehmen Sie sich ruhig Zeit, sich auch mit diesen Einstellungen vertraut zu machen.

Die Option Animation lässt von der Flexibilität her keine Wünsche offen, ist dafür aber natürlich auch etwas komplexer: Bei den vier Trigger-Textfeldern könnten Sie bei Bedarf auch eigene Namen vergeben – normalerweise sind die Standardeinstellungen aber bestens geeignet. Sehr nützlich ist der Button Auto Generate Animation: Mit dem erzeugt Unity nämlich automatisch alles, was Sie für die Animation der verschiedenen Button-Zustände brauchen.

Wenn Sie diesen Button anklicken, werden Sie zuerst nach einem Namen und Pfad zum Abspeichern der Animation gefragt. Erzeugen Sie einen neuen Ordner UnityUIAnimations, und speichern Sie den neuen Animator Controller unter dem Namen ButtonStates.

Wie Sie sehen, erzeugt Unity automatisch eine Animator-Komponente, die als Controller auch schon unseren neuen Animator Controller mit dem Namen ButtonStates voreingestellt hat. Avatar brauchen wir natürlich für UI-Animationen nicht. Wichtig ist auch, dass Apply Root Motion deaktiviert ist. Die Standardeinstellungen passen also, wobei bei Update Mode die Option Unscaled Time für Pause-Menüs sinnvoll ist, die darüber umgesetzt sind, dass die Zeit durch das Setzen von Time.timeScale = 0 angehalten wurde (andernfalls funktionieren in diesem Zustand natürlich die Animationen nicht). Und bei Culling Mode können Sie mit Based On Renderers ggf. die Performance etwas optimieren, wenn Ihre Benutzerschnittstelle viele animierte Elemente hat, die die meiste Zeit über gar nicht sichtbar sind (was bei uns gerade noch gar nicht passiert, ab dem nächsten Abschnitt dann aber in vernachlässigbar kleinem Ausmaß schon).

Sobald Sie das Projekt gespeichert haben (*File/Save Project*), sehen Sie in der *Project View* unter ButtonStates auch die vier Animationen Disabled, Highlighted, Normal und Pressed. Sobald Sie auf ButtonStates im Projekt doppelklicken, öffnet sich die *Animator View* mit dem in Abb. 11.12 dargestellten Zustandsgraphen.

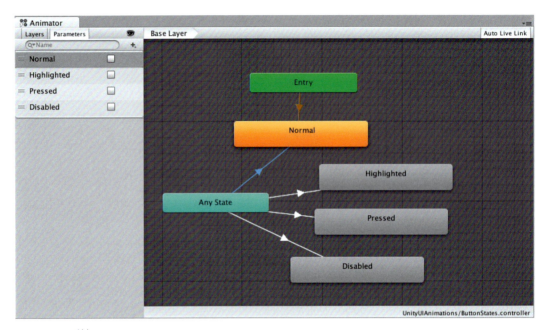

Abb. 11.12
Der Standard-Zustandsgraph für Buttons

Auch hier ist alles schon bestens voreingestellt: Es gibt die vier in der Button-Komponente eingestellten Parameter (Normal, Highlighted, Pressed und Disabled) und gleichnamige *Zustände* (States), wobei der Zustand Normal bereits als Standardzustand und Einstiegspunkt (Entry) definiert ist. Da es zu allen Zuständen *Zustandsübergänge* (Transitions[8]) vom speziellen Zustand Any State gibt, können sie alle immer von jedem Zustand aus erreicht werden.[9]

Den Zustandsübergängen wurde als Bedingung (Conditions) jeweils der entsprechende Parameter zugewiesen, und die Animationen (wieder mit den gleichen Namen) sind auch schon korrekt den Zuständen zugewiesen (Attribut Motion der Zustände). Mit anderen Worten: Die ganze komplizierte und langweilige Vorarbeit hat Unity für uns erledigt. Wir können uns auf die kreative Gestaltung der Animationen für die verschiedenen Zustände konzentrieren.

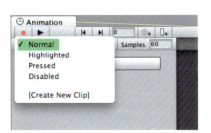

Abb. 11.13
Animation Clips von ButtonPlay in der Animation View

Dazu öffnen wir die *Animation View* (Menü Window / Animation), und wählen in der *Hierarchy View* das Objekt ButtonPlay. Die Animation View erkennt automatisch die vier dem Button zugewiesenen Animation Clips. Wir bleiben erst mal bei Normal, wie in Abb. 11.13 illustriert. In diesem Zustand soll der Button langsam und eher dezent pulsieren.

---

8 Das sind die Pfeile von einem Zustand zu einem anderen, die Sie auch selektieren können.
9 Das hört sich wahrscheinlich banal an – aber würde es den speziellen Zustand Any State in Mecanim nicht geben, müssten Sie in dieser speziellen Zustandsmaschine Zustandsübergänge von jedem Zustand zu jedem anderen Zustand manuell erstellen und konfigurieren, was ziemlich langweilig, lästig und zeitverschwenderisch wäre.

Klicken Sie dazu in der Timeline zuerst auf 1:00, wie in Abb. 11.14 mit dem Pfeil gekennzeichnet. Dabei sehen Sie, dass die Position mit einer roten Linie gekennzeichnet und der Aufnahme-Button aktiviert wird. Setzen Sie dann Scale im `RectTransform` von `ButtonPlay` auf (1.02, 1.02, 1). Dann setzen wir auf Position 2:00 wieder (1, 1, 1).

Abb. 11.14
Den ersten Keyframe an Position 1:00 erstellen

Wenn Sie in der *Animation View* sicherstellen, dass Curves aktiviert ist, sehen Sie jetzt auch schon eine recht schöne Kurve, die automatisch aus unseren Keyframes erstellt wurde (siehe Abb. 11.15). Beachten Sie übrigens, dass Sie bei den Scrollbars auch nur das obere bzw. untere Ende verschieben können, um stufenlos ein- bzw. auszuzoomen (siehe die Pfeile).

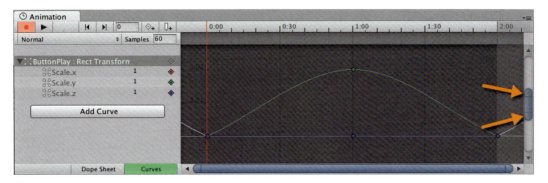

Lediglich am Anfangs- und Endpunkt wäre ein weicherer Übergang wünschenswert. Wählen Sie dazu links zuerst Scale.x, und klicken Sie mit der rechten Maustaste auf den ersten Punkt der Kurve, an Position 0:00. In dem auf diese Weise erscheinenden Kontextmenü wählen wir Free Smooth. Jetzt können wir die Tangente in die Waagrechte ziehen, wie in Abb. 11.16 veranschaulicht wird.

Abb. 11.15
Die Kurve aus unseren drei Keyframes

Verfahren Sie auf gleiche Weise mit dem Endpunkt auf 2:00 sowie mit dem Anfangs- und Endpunkt von Scale.y.

Wenn Sie die Animation jetzt abspielen, werden Sie merken, dass sie nicht sanft pulsiert, sondern dass es mehrere kleine Sprünge gibt. Der Grund ist, dass wir im Canvas noch die Einstellung Pixel Perfect aktiv haben. Wenn Sie diese deaktivieren, läuft die Animation rund.

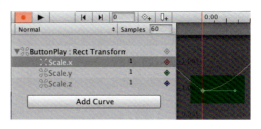

Abb. 11.16
Sanftes Einschwingen über Free Smooth

Diese Animation ist übrigens auch eine gute Möglichkeit, sich die Wirkung von Filter Mode bei den Import-Einstellungen der Texturen bewusst zu machen: Stellen Sie diese für CircleButton-Sprite-BG und CircleButton-Sprite-FG testweise ruhig mal auf Point, und betrachten Sie das Ergebnis während der Animation. Diese Erfahrung wird Ihnen helfen, Fehler deutlich schneller zu finden, wenn Sie mal versehentlich bei einem Asset die falsche Einstellung vorgenommen haben oder Assets von Drittherstellern verwenden, die mit solchen Fehlern behaftet sind oder für andere Einsatzzwecke gedacht waren.

Pro-Tipp

> Die Aktivierung von `Pixel Perfect` kann zumindest in der aktuellen Version von Unity auch einen negativen Einfluss auf die Performance haben. Schalten Sie diese Eigenschaft daher generell ab, falls Sie sie nicht unbedingt brauchen. Falls Sie sie doch brauchen und deshalb aktiviert haben, messen Sie den Einfluss auf die Framerate mit einem einfachen Vergleich: *Framerate bei Pixel Perfect eingeschaltet* gegenüber *Framerate bei Pixel Perfect abgeschaltet.*

Die Animationen für Highlighted, Pressed und Disabled erstellen

Die Animation für `Highlighted` erstellen wir analog zur Animation für `Normal`, erhöhen aber die Frequenz und Amplitude des Pulsierens. Als Startwert bei 0:00 und Endwert bei 1:00 wäre hier beispielsweise eine Skalierung von (0.9, 0.9, 1) passend, und in der Mitte bei 0:30 dann (1.1, 1.1, 1).

Für `Pressed` verwenden wir eine »konstante Animation«: Hier reicht ein Keyframe auf 0:00 mit `Scale = (1.15, 1.15, 1)`. Sie können diese Animation gut mit dem Quit-Button testen, da dieser im Editor keine Funktion hat. Animationen, die einfach nur einen bestimmten Zustand in einem Keyframe speichern (z. B. eine etwas erhöhte Skalierung oder eine andere Position oder Farbe) sind mit Mecanim sehr nützlich, da Mecanim automatisch zwischen solchen Zuständen interpoliert. Sie können über die Eigenschaft `Transition Duration` der Transitions in der *Animator View* auch einstellen, wie lange der Übergang von einem solchen Zustand in einen anderen dauern soll. Beachten Sie dabei, dass dieser Wert sich auf die Länge der Animation bezieht – wenn die Animation also 5 Sekunden dauert, bedeutet ein Wert von 0.2 hier 1 Sekunde. Dauert die Animation nur 1/60 Sekunde, bedeutet ein Wert von 60 hier eine Sekunde.

Diese Technik verwenden wir schließlich auch für `Disabled` (`Interactable = false`), um die Farbe von `ImageGradient` auf Grau zu setzen (100, 100, 100, 255).

Animationen von einem Objekt auf ein anderes übertragen

Das ist ganz einfach: Wählen Sie einfach bei `ButtonPlay` über das Kontextmenü-Rädchen der Komponente `Animator` im entsprechenden Kontextmenü den Eintrag `Copy Component` (siehe Abb. 11.17). Selektieren Sie dann `ButtonQuit`, öffnen Sie bei einer beliebigen Komponente wieder auf die gleiche Weise das Kontextmenü, und wählen Sie nun `Paste Component as New`. Sie müssen natürlich bei der Button-Komponente von `ButtonQuit` noch `Animation` bei `Transition` aktivieren, damit die verschiedenen Zustände auch an den `Animator Controller` übermittelt werden. Das ist übrigens auch ein guter Grund, die Standardnamen bei den Triggern in der `Button`-Komponente (`Normal Trigger`, `Highlighted Trigger` usw.) beizubehalten. Andernfalls müssten Sie diese nämlich mühsam für jede Komponente anpassen.

Abb. 11.17

Komponente kopieren

11.2.6 Einen Einstellungsscreen erstellen

Die meisten Spiele haben neben dem Hauptmenü weitere Bildschirmseiten (*Screens*) für verschiedene technische Einstellungen (z. B. Bildschirmauflösung, Hintergrundmusik ein-/ausschalten, Lautstärke festlegen) oder spezielle Einstellungen für das jeweilige Spiel (z. B. Schwierigkeitsgrad, Spielernamen und -farben usw.). Weiterhin gibt es oft eigene Screens für Highscore-Listen oder Achievements.

Normalerweise ist weniger hier mehr: Sie wollen ja, dass der Spieler Ihr Spiel spielt, anstatt sich in komplexen, tief verschachtelten Einstellungsdschungeln zu verlaufen, zu deren Verständnis das Studium langweiliger Dokumentationen erforderlich ist. Es hängt aber natürlich auch ein wenig vom Zielpublikum ab: Versuchen Sie, Hardcore-Gamer zu erreichen, die sich darüber definieren, auch noch den letzten Frame pro Sekunde aus übertakteter Hardware herauszukitzeln, so mögen kryptische, tief verschachtelte Einstellungsdialoge durchaus angemessen sein.

Sobald Sie aber mindestens zwei Screens haben, stellt sich die Frage: Wie wollen Sie diese technisch und visuell umsetzen? Und da gibt es durchaus eine Vielzahl von Möglichkeiten. Ihrer Kreativität sind hier keinerlei Grenzen gesetzt – außer Sie veröffentlichen über einen der App Stores. Dort machen die Anbieter teilweise durchaus Vorgaben bezüglich der visuellen Umsetzung, um ihren Kunden (die gleichzeitig auch Ihre Kunden sind), möglichst einheitliche und einfache Benutzerschnittstellen anzubieten. Dabei hat man allerdings bei Spielen normalerweise deutlich mehr kreativen Spielraum als bei anderen Anwendungskategorien. Machen Sie sich dennoch mit den Gepflogenheiten auf den verschiedenen Zielplattformen vertraut, um unerfreuliche Überraschungen zu vermeiden.

Bei der technischen Umsetzung gibt es zunächst vor allem unterschiedliche Granularitäten: Sie könnten für jeden Screen eine eigene `Scene` erstellen und zwischen diesen Szenen wechseln oder für jeden Screen einen eigenen `Canvas` und die gesamten `Canvases` aktivieren bzw. deaktivieren. Oder Sie verwenden mehrere `Panels` bzw. auch einfach nur `RectTransforms`, die Sie ein- und ausblenden oder mit Animationen oder codegesteuert in den Bildschirm hinein- und wieder aus ihm herausfliegen lassen.

Das sind einige Möglichkeiten, und auch wenn Sie prinzipiell jede Variante in jede andere Variante umbauen können,[10] sparen Sie sich Arbeit, wenn Sie sich für eine Möglichkeit entscheiden, bevor Sie mit der Umsetzung anfangen. Probieren Sie aber in Ihrer Lernphase ruhig die verschiedenen Varianten aus, um ein gutes intuitives Gefühl für die jeweiligen Vor- und Nachteile zu entwickeln.

Wir werden pro *Screen* einen Canvas verwenden. Im nächsten Abschnitt werden wir den Render Mode der beiden Canvases dann auf World Space umstellen und wieder Spaß mit Animationen haben, um zwischen den beiden Einstellungsscreens zu wechseln. Aber erst mal brauchen wir natürlich einen zweiten Canvas, zu dem wir wechseln können. Außerdem brauchen wir unsere Farb- und Spracheinstellungsbuttons zurück. Und wo wir schon dabei sind, können wir den Spieler auch gleich nach seinem Namen fragen.

Da der bisherige Canvas jetzt nicht mehr der einzige Canvas in der Szene ist, sondern eine spezielle Funktion erfüllt, ändern wir den Namen in CanvasMain. Dann legen wir einen zweiten Canvas an, den wir CanvasSettings nennen. Hier lassen wir erst mal die Standard-Einstellungen, also insbesondere den Render Mode auf Screen Space - Overlay, stehen. Zum Design der Benutzerschnittstelle ist das üblicherweise der am besten geeignete Modus.

Jetzt ziehen wir die beiden derzeit noch deaktivierten Komponenten PanelLanguages und ColorPicker von CanvasMain zu CanvasSettings. Dann aktivieren wir sie wieder und sind fertig.

Na ja, nicht ganz, sorry. Wir müssen noch CanvasMain deaktivieren. Sind wir schon da? Nein, leider immer noch nicht. Aber die konkrete Gestaltung dieser Seite überlasse ich Ihnen als Übung und das konkrete Aussehen Ihrem Geschmack. Hier haben Sie jetzt die Möglichkeit, alles einzusetzen, was Sie bisher über das neue *Unity UI* gelernt haben.

In dem Archiv UnityUIAssets sollten Sie alles finden, was Sie dazu benötigen – einschließlich der Flaggen für die verschiedenen Sprachen. Zu diesen Flaggen gibt es übrigens noch eine kleine Anekdote zu berichten.

Die Idee war, dass die Flaggen so wie Panels und Buttons einen Transparenzverlauf bekommen. Dazu kann man in Photoshop zusätzlich zu den RGB-Kanälen einen Alpha-Kanal anlegen, auf diesen einen Gradient von Weiß zu Schwarz legen, und fertig. Allerdings wertet Unity den Alpha-Kanal in Photoshop-Dateien nur dann aus, wenn auf den RGB-Kanälen keine Transparenz definiert ist – und genau das war beim Skalieren der Flaggen passiert, weil die deutsche Flagge ein etwas anderes Seitenverhältnis hat als die britische, ich ursprünglich alle Flaggen auf verschiedenen Ebenen in einer Photoshop-Datei haben wollte und somit ein transparenter Rand in der Datei vorhanden war. Eine einfache Lösung wäre, die Photoshop-Dateien einfach im Format *Targa* (Endung: *.tga) zu speichern. Das hat aber den

---

10 Das haben wir ja gerade auch mit unserem Startmenü schon gemacht. ;-)

Nachteil, dass man die Ursprungsdateien nicht einfach per Doppelklick im Projekt in Photoshop öffnen und dort weiterbearbeiten kann. In diesem konkreten Fall (Flaggen) wäre das akzeptabel, im Allgemeinen würde das aber zu einem unnötig umständlichen Workflow führen. Also habe ich die Flaggen direkt in den jeweils benötigten Größen aus den PDF-Dateien importiert. (So ist kein Skalieren innerhalb von Photoshop mehr notwendig.) Auf diese Weise gibt es keine Transparenz in den RGB-Kanälen, so funktioniert der Trick mit dem Gradienten auf dem Alpha-Kanal, und alles ist gut.[11]

Dass Sie zur Eingabe des Spielernamens ein `InputField` brauchen, hätten Sie wahrscheinlich auch leicht herausgefunden, wenn ich es Ihnen nicht verraten hätte.

Eine Möglichkeit, wie dieser Screen dann nach der Überarbeitung aussehen könnte, sehen Sie in Abb. 11.18. Diese Variante können Sie natürlich wie üblich auch von der Website zum Buch herunterladen und dann in Ruhe inspizieren.

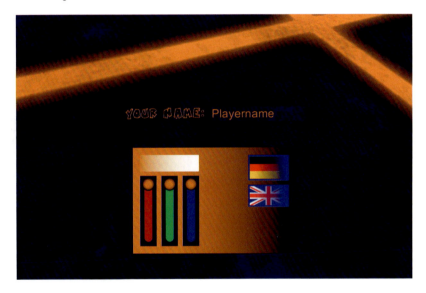

Abb. 11.18
Mögliches Layout bzw. Design für den Einstellungsscreen

Namen und Farbe in den PlayerPrefs speichern

Damit mir jetzt die Programmierer unter Ihnen nicht abspringen, braucht's dringend mal wieder ein wenig Programmcode. Vielleicht nervt es Sie auch schon ein wenig, dass Sie die Farbe für Ihren Tracer jedes Mal neu einstellen müssen, wenn Sie das Spiel im Editor testen – und jetzt müssen Sie auch noch den Namen jedes Mal neu eingeben. Eine derartige Vergesslichkeit würden Ihre Spieler garantiert auch in entsprechenden negativen Reviews bemängeln. Das geht natürlich gar nicht. Die eingestellte Sprache merken

---

11 Links dazu auf der Website zum Buch: *Texture Alpha Channel not Importing* und *Transparency to unpremultiplied RGB + Alpha*.

wir uns ja auch schon. Der `Localizer` kann das nämlich. Dazu verwendet er die Unity-Klasse `PlayerPrefs`. Das bringen wir der `PlayerConfiguration` jetzt auch bei.

Leider versteht `PlayerPrefs` nichts von Farben. Daher führen wir zunächst zwei nützliche Hilfsmethoden ein, die die RGB-Komponenten separat mit drei Schlüsseln jeweils mit dem Postfix R, G und B speichern.[12] Fügen Sie den Code aus Listing 11.2: in `PlayerConfiguration` ganz am Ende der Klasse nach `WriteColor()` ein.

Listing 11.2
Der PlayerConfiguration beibringen, Farben in PlayerPrefs zu speichern

```
private Color LoadColorFromPrefs(string key) {
    float r = PlayerPrefs.GetFloat(PostfixKey(key, "R"));
    float g = PlayerPrefs.GetFloat(PostfixKey(key, "G"));
    float b = PlayerPrefs.GetFloat(PostfixKey(key, "B"));
    return new Color(r, g, b);
}

private void SaveColorToPrefs(string key, Color color) {
    PlayerPrefs.SetFloat(PostfixKey(key, "R"), color.r);
    PlayerPrefs.SetFloat(PostfixKey(key, "G"), color.g);
    PlayerPrefs.SetFloat(PostfixKey(key, "B"), color.b);
}

private string PostfixKey(string key, string postfix) {
    return string.Format("{0}.{1}", key, postfix);
}
```

Jetzt erweitern wir `PlayerConfiguration` um den Namen des Spielers sowie um das Laden und Speichern aus bzw. in `PlayerPrefs`. Die fett gedruckten Zeilen in Listing 11.3 sind neu.

Listing 11.3
PlayerConfiguration mit Name und Persistenz für Name und Farbe

```
using UnityEngine;
using UnityEngine.UI;
using UnityEngine.Events;

public class PlayerConfiguration : MonoBehaviour {

    public string playerName = "Narune";
    public Color playerColor = Color.white;

    public void Awake() {
        DontDestroyOnLoad(this.gameObject);
        LoadConfigurationFromPrefs();
        OnLevelWasLoaded();
    }
```

---

[12] Eleganter wäre natürlich, `PlayerPrefs` mit einer Erweiterungsmethode (Extension Method) zu erweitern. Da `PlayerPrefs` aber über statische Methoden funktioniert, geht das leider nicht. Hätten die Jungs mal sauber das Singleton Pattern implementiert, dann hätten wir jetzt nicht diesen Ärger.

```
    private void LoadConfigurationFromPrefs() {
        playerName = PlayerPrefs.GetString("Player.1.Name");
        playerColor = LoadColorFromPrefs("Player.1.Color");
    }
    private void SaveConfigurationToPrefs() {
        PlayerPrefs.SetString("Player.1.Name", playerName);
        SaveColorToPrefs("Player.1.Color", playerColor);
    }
    public void SetName(string name) {
        playerName = name;
        SaveConfigurationToPrefs();
    }
    public void SetColor(Color newPlayerColor) {
        this.playerColor = newPlayerColor;
        SaveConfigurationToPrefs();
    }

    // OnLevelWasLoaded() usw.
}
```

Schließlich müssen wir dafür sorgen, dass Änderungen in dem InputField für den Namen auch von unserer PlayerConfiguration registriert werden. Das passiert mit den Erweiterungen in Listing 11.4. Beachten Sie hier, dass dieser Code davon ausgeht, dass das InputField für den Namen des Spielers in der *Hierarchy* den Namen InputFieldPlayerName trägt. Falls Sie hier einen anderen Namen verwendet haben, müssten Sie entweder den Code anpassen oder den Namen in Ihrem Projekt.

```
public void OnLevelWasLoaded() {
    if (Application.loadedLevelName.Equals("AStartmenu")) {
        RegisterForNameChanges();
        RegisterForColorChanges();
    } else if (Application.loadedLevelName.StartsWith("Level")) {
        WriteColor();
    }
}
private void RegisterForNameChanges() {
    GameObject inputFieldPlayerNameObj
        = GameObject.Find("InputFieldPlayerName");

    if (inputFieldPlayerNameObj == null) {
        Debug.LogWarning(
            "Cannot find InputFieldPlayerName in scene!",
            this);
        return;
    }
```

Listing 11.4
Namensänderungen in PlayerConfiguration mitbekommen

```
            InputField inputFieldPlayerName
                = inputFieldPlayerNameObj.GetComponent<InputField>();

            inputFieldPlayerName.text = playerName;

            UnityAction<string> setName
                = new UnityAction<string>(SetName);

            inputFieldPlayerName.onValueChange.AddListener(setName);
        }
```

Download von unity-buch.de

> Das Projekt mit meiner Variante des Einstellungsscreens finden Sie unter `Traces_TheGame_080.zip`.

Damit haben wir jetzt einen Screen für die Einstellungen – aber bisher noch keine Möglichkeit, auch in diesen zu wechseln. Diese Möglichkeit schaffen wir im nächsten Abschnitt.

11.2.7 Zwischen Hauptmenü und Einstellungsscreen wechseln

Zunächst brauchen wir natürlich einen zusätzlichen Button, den wir zwischen `ButtonPlay` und `ButtonQuit` einfügen (am einfachsten erst mal als Duplikat von `ButtonPlay`) und naheliegenderweise `ButtonSettings` nennen. Der neue Button erhält Pos X = 0, `ButtonPlay` dann -60 und `ButtonQuit` schließlich 60. Als Farbe für `ImageGradient` verwenden wir `Hellblau`, und das `Sprite` für das `Icon` ist natürlich `CircleButton-Sprite-IconSettings`.

Den `MenuController` erweitern wir um eine Methode `ShowCanvasSettings()` und – wo wir schon mal dabei sind – auch gleich um `ShowCanvasMain()`, um wieder zurückzukommen. Zunächst implementieren wir hier eine Minimalversion, die die beiden Canvas-Komponenten jeweils aktiviert bzw. deaktiviert. Setzen Sie den Code von Listing 11.5 an den Anfang der Klasse `MenuController`. Achten Sie darauf, dass die beiden *GameObjects* `CanvasMain` und `CanvasSettings` jetzt aktiv sind, und deaktivieren Sie ab sofort zum Anzeigen der verschiedenen Screens lediglich die *Canvas-Komponente* an den jeweiligen `GameObjects`!

Listing 11.5
Erweiterung von MenuController um Bildschirmwechsel

```
public Canvas canvasMain;
public Canvas canvasSettings;

public void Awake() {
    ShowCanvasMain();
}

public void ShowCanvasSettings() {
    canvasMain.enabled = false;
    canvasSettings.enabled = true;
}
```

```
public void ShowCanvasMain() {
    canvasMain.enabled = true;
    canvasSettings.enabled = false;
}
```

Die beiden Properties `canvasMain` und `canvasSettings` brauchen wir nur vorübergehend – weisen Sie diese dennoch im Editor korrekt zu, da die einfachste Version des Umschaltens sonst nicht funktioniert.

Vergessen Sie auch nicht, für den `OnClick`-Event von `ButtonSettings` statt `MenuController.StartPlaying` natürlich die neue Methode `MenuController.ShowCanvasSettings` zuzuweisen.

Wenn das erledigt ist, können wir schon von `CanvasMain` auf `CanvasSettings` wechseln – aber noch nicht zurück. Dazu brauchen wir einen weiteren Button, den wir beispielsweise links unten am Bildschirm positionieren. Am einfachsten ist ein Pfeil nach links, den wir leicht aus unserem Play-Icon zaubern können.[13] Den neuen Button nennen wir `ButtonBack`, setzen `OnClick` auf `MenuController.ShowCanvasMain` und positionieren ihn mit `Anchor` auf `left bottom` und `Pivot` auf (0.5, 0.5) auf `Pos X/Y` = (40, 40).

Damit funktioniert der Wechsel, und wir könnten es dabei belassen. Einfach nur zwischen den Screens umschalten sieht aber echt langweilig aus. Falls Sie sich damit zufriedengeben, wäre es durchaus eine Überlegung, die Entwicklung von Buchhaltungssoftware der Spielentwicklung vorzuziehen. Hier läuft es anders – es muss cool aussehen. Versuchen wir es mit einer Animation:

11.2.8 Die GUI auf 3D umstellen

Die Idee für unsere Animation ist, die GUI auf die Spielfläche fallen zu lassen, dann die Kamera auf das nächste Quadrat zu bewegen, auf dem auch schon der nächste Screen liegt (unser Einstellungsscreen), und diesen dann analog zu dem Auf-die-Spielfläche-Fallen beim Ausblenden wieder direkt vor die Kamera zu ziehen.

Dazu müssen wir zunächst unsere beiden `Canvases` auf einen anderen `Render Mode` umstellen, und zwar auf `World Space`. Bei dieser Umstellung sollte Ihnen als Erstes auffallen, dass Sie jetzt alle Einstellungen des `RectTransform` ändern können. Vorher waren sie alle deaktiviert, und oben erschien die Meldung `Some values driven by Canvas` (tatsächlich sind es alle gewesen).

Außerdem ist die GUI weg. Ooops!

Das ist aber durchaus genau das, was wir wollen, weil die Benutzerschnittstelle ja jetzt von der Kamera gerendert wird, aber im 3D-Raum an einer Stelle liegt, die die Kamera gar nicht sieht. Vergessen Sie nicht, den *2D-Modus* in der *Scene View* zu deaktivieren. Dann sieht unsere Szene gerade ungefähr so aus wie in Abb. 11.19.

---
[13] Sie erinnern sich sicher: Setzen Sie `Scale.x` auf -1.

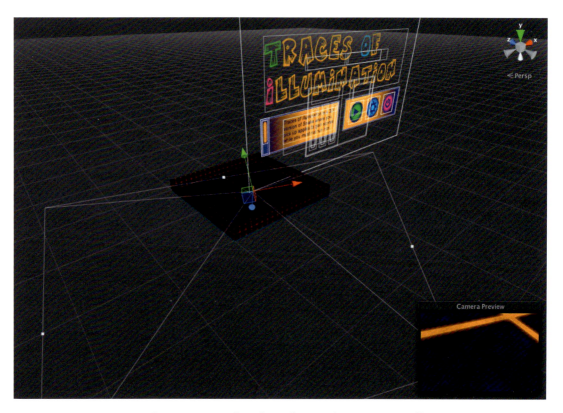

Abb. 11.19
Die GUI in der Szene,
außerhalb der Kamera

Jetzt wäre es relativ kompliziert, die GUI manuell so umzupositionieren, dass sie direkt vor der Linse der Kamera liegt. Es gibt da aber einen eleganten Trick: Ziehen Sie `CanvasMain` und `CanvasScreen` einfach in der Hierarchie unter die Kamera, und setzen Sie `Rotation` und `Position` auf (0, 0, 0). Schon besser: Die Richtung stimmt, aber die Skalierung ist noch viel zu groß. Außerdem muss die GUI natürlich etwas vor der Kamera liegen, nicht direkt auf der Kamera.

Setzen Sie also Pos Z bei `CanvasMain` und `CanvasScreen` auf `1.5` und Scale auf (`0.0055, 0.0055, 0.0055`). Jetzt sieht es in der *Game View* fast exakt so aus wie vorher. In der *Scene View* liegt die GUI jetzt wie gewünscht im Raum vor der Linse der Kamera. Das erkennt man auch gut in Abb. 11.20.

So weit, so gut. Abgesehen davon, dass unsere GUI jetzt vielleicht etwas unscharf geworden ist, sich dafür aber automatisch an verschiedene Bildschirmformate anpasst, hat sich nichts geändert. Moment! Die GUI passt sich automatisch an verschiedene Bildschirmformate an? **Das ist ja cool!**

Nehmen Sie sich ruhig ein wenig Zeit, um die *Game View* auf `Free Aspect` zu stellen und ganz groß oder ganz klein, ganz breit oder eher schmal zu ziehen. Bis zu einem Seitenverhältnis von `4:3` funktioniert unser Layout jetzt immer. Bei `5:4` werden die Ränder abgeschnitten. Solche fast quadratischen Displays muss man heutzutage aber erst mal finden. Mit diesem Makel können wir also leben. Dass die GUI bei höheren Auflösungen jetzt ziemlich verwaschen aussieht, ist ein Problem. Wie man das lösen könnte, sehen wir aber sowieso in *11.4, Anpassungen für hochauflösende Displays*. Für eine so kurze Zeit können wir auch damit leben.

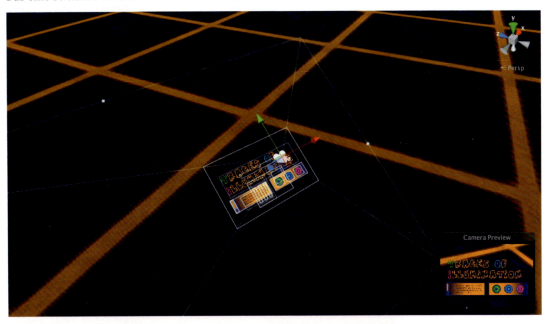

Abb. 11.20
Die GUI in der Szene, vor der Linse der Kamera

Eine Projektversion, bei der `CanvasMain` und `CanvasScreen` mit dem Render Mode `World Space` eingerichtet sind, finden Sie unter `Traces_TheGame_090.zip`.

Download von unity-buch.de

Jetzt ist es an der Zeit, mal eine größere GUI-Animation in Unity unter Verwendung von Mecanim zu erstellen.

11.2.9 Wechsel zwischen den Screens animieren

Für diese Animation, bei der wir zwischen zwei Screens wechseln, ist es wichtig, dass wir die Kamera (`Main Camera`), `CanvasMain` und `CanvasScreen` unabhängig voneinander bewegen können. Gleichzeitig wollen wir aber nur einen `Animator Controller` verwenden, der auf alle drei Objekte Zugriff hat.

1. Legen Sie daher ein neues, leeres Objekt `UITransitionAnimator` in der Szenenhierarchie an. Achten Sie darauf, dass dieses Objekt auf dem Nullpunkt[14] liegt (wie immer bei solchen Objekten, die lediglich dazu dienen, eine übersichtliche Szenenhierarchie zu erhalten).

---

14 »Auf dem Nullpunkt liegt« bedeutet, dass die Position (0, 0, 0) ist; natürlich sollte das Objekt auch keine Rotation oder Skalierung haben, was aber normalerweise bei frisch angelegten Objekten nicht passiert. Sie können dies übrigens auch einfach mit dem Menüpunkt *Reset* aus dem Kontextmenü der Komponente `Transform` sicherstellen.

2. Ziehen Sie unter dieses Objekt zuerst CanvasMain und CanvasSettings und in einem zweiten Schritt dann Main Camera, wobei Main Camera in der Reihenfolge unter UITransitionAnimator an erster Stelle stehen sollte.

3. Nun fügen wir dem Objekt UITransitionAnimator eine Animator-Komponente hinzu.

4. Im Projekt fügen wir jetzt im Verzeichnis UnityUIAnimations einen Animator Controller hinzu und geben ihm den Namen UITransition-Controller.

5. Den UITransitionController ziehen wir auf den Slot Controller der Komponente Animator des Objekts UITransitionAnimator in der *Hierarchy*.

Hierarchy, Inspector und Project View sollten dann in etwa so aussehen, wie in Abb. 11.21 illustriert. Der Pfeil stellt verdeutlicht das Ziehen von UITransitionController in den dafür vorgesehenen Slot.

Abb. 11.21
Den UITransitionController auf UITransitionAnimator ziehen

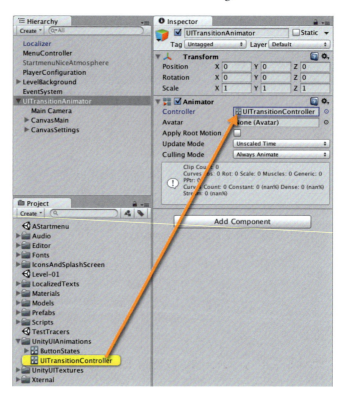

6. In der *Animation View* fügen wir zunächst erst mal nur die beiden Animationsclips CanvasMainActive und CanvasSettingsActive hinzu. Dabei muss das Objekt UITransitionAnimator in der *Hierarchy* selektiert sein. Klicken Sie zum Hinzufügen auf den derzeit noch leeren Bereich

zur Auswahl der aktuell bearbeiteten Animation, und wählen Sie in dem Popup-Menü dann *Create New Clip*, wie in Abb. 11.22 dargestellt. Ein Verzeichnis wählen wir in diesem Schritt noch nicht aus, sondern wir lassen die Animationen erst mal einfach im Wurzelverzeichnis des Projekts landen.

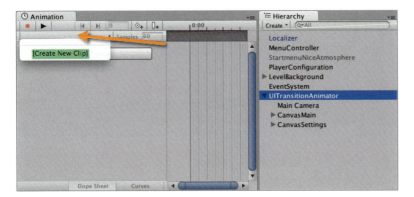

Abb. 11.22
Einen neuen Animation Clip erzeugen

7. Für die Animationen von `UITransitionController` legen wir im Projekt ein Verzeichnis `UITransitionAnimations` an und ziehen unsere beiden neuen Animationen in dieses Verzeichnis.

> Sie fragen sich jetzt vielleicht, warum Sie die Animationen erst im Projekt speichern und dann in ein anderes Verzeichnis ziehen sollen. Der Grund ist, dass sich Unity im Moment das zuletzt gewählte Verzeichnis beim Erzeugen einer neuen Animation noch nicht merkt, und sich jedes Mal beim Erstellen einer neuen Animation durch den Verzeichnisbaum zu klicken ist langweiliger, als die Animationen danach in einem Rutsch an die korrekte Stelle zu ziehen. Versuchen Sie es aber ruhig auch auf die andere Weise – ich habe dazu einen Bug eingetragen, und vielleicht merkt sich Unity das zu dem Zeitpunkt, wenn Sie diese Zeilen lesen, ja sogar schon.

Pro-Tipp

Wenn Sie jetzt im Projekt auf `UITransitionController` doppelklicken (oder die *Animator View* öffnen und `UITransitionController` selektieren), sehen Sie, dass Unity automatisch zwei Zustände für unsere neuen Animationen angelegt hat und dass `CanvasMainActive` auch schon als Endpunkt der *Default Transition* für den Zustand `Entry` eingetragen ist (siehe Abb. 11.23). Somit startet unsere Zustandsmaschine also automatisch mit `CanvasMainActive`, was genau das ist, was wir wollen. Falls Sie mit einem anderen Zustand starten wollten, so könnten Sie durch Rechtsklick auf `Entry` mit dem Menüpunkt `Make Default Transition` eine neue `Default Transition` auf einen anderen Zustand erstellen oder alternativ durch Rechtsklick auf `CanvasMainActive` und Auswahl des Menüpunkts *Set As Default* das gleiche Ergebnis erzielen.

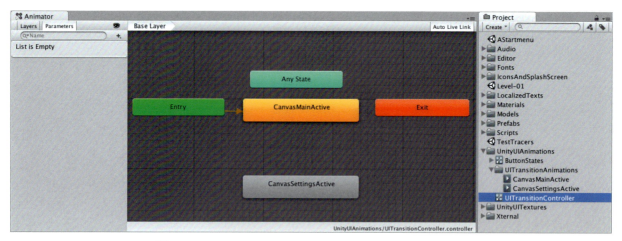

Abb. 11.23
UITransitionController nach dem Anlegen der ersten beiden Animationen

Pro-Tipp

> Die beiden speziellen Zustände Entry und Exit sind neu in Unity 5 und ermöglichen auch komplexe verschachtelte Zustandsmaschinen in Mecanim. Sie haben so die Möglichkeit, eine Zustandsmaschine zu bauen, in der Zustände ganze *Sub-State Machines* sind. Solche *Sub-State Machines* erzeugen Sie genau wie normale Zustände in der Animator View, indem Sie mit der rechten Maustaste in einen freien Bereich klicken und den Kontextmenüpunkt *Create Sub-State Machine auswählen*. Dazu gibt es am Ende dieses Kapitels auch eine Übung. Vom Zustand Entry aus kann es übrigens auch mehrere Zustandsübergänge mit verschiedenen Bedingungen geben, aber immer nur eine Default Transition.

8. Erstellen Sie mit dem Eintrag *Make Transition* des Kontextmenüs von CanvasMainActive einen Zustandsübergang zu CanvasSettingsActive. Nach der Auswahl des Menüpunkts ziehen Sie mit der Maus einen Pfeil. Wenn Sie dann auf CanvasSettingsActive klicken, haben Sie den Zustandsübergang erstellt.

9. Erstellen Sie auch einen Zustandsübergang in die andere Richtung, also von CanvasSettingsActive zu CanvasMainActive.

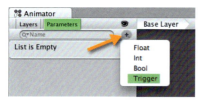

Abb. 11.24
Parameter vom Typ Trigger zum Animator hinzufügen

Um den Wechsel von einem Zustand in einen anderen zu starten, gibt es bei Mecanim eine Vielzahl von Möglichkeiten, Bedingungen einzustellen. Bei unserer Animation reichen aber einfach zwei Parameter vom Typ Trigger: einer, um vom Startmenü in die Einstellungen zu wechseln, und ein weiterer, um wieder von den Einstellungen in das Startmenü zu wechseln.

Links oben in der *Animator View* gibt es einen Bereich Parameters. Ist dieser aktiv, können Sie über den Plus-Button neue Parameter hinzufügen und dabei aus mehreren Parametertypen auswählen (siehe Abb. 11.24).

10. Fügen Sie zwei Parameter vom Typ Trigger hinzu: SwitchToCanvasSettings und SwitchToCanvasMain.

11. Klicken Sie auf den Zustandsübergang von CanvasMainActive zu CanvasSettingsActive. Damit sehen Sie im *Inspector* die Eigenschaften dieses Zustandsübergangs. Fügen Sie dort unter Conditions wieder mit dem Plus-Symbol den Parameter SwitchToCanvasSettings hinzu.

12. Fügen Sie auf die gleiche Weise dem Zustandsübergang von CanvasSettingsActive zu CanvasMainActive die Bedingung SwitchToCanvasMain hinzu.

Jetzt können wir den MenuController so umschreiben, dass er eine Referenz auf die Animator-Komponente von UITransitionAnimator erhält und bei diesem bei den entsprechenden Button-Clicks die Parameter als Trigger setzt. Fügen Sie der Klasse MenuController an Anfang den Code aus Listing 11.6 hinzu, bzw. ändern Sie die Implementierungen von ShowCanvasSettings() und ShowCanvasMain(). Die Properties canvasMain und canvasSettings brauchen wir nicht mehr – löschen Sie diese bitte!

```
public Animator animator;
public string mainTrigger = "SwitchToCanvasMain";
public string settingsTrigger = "SwitchToCanvasSettings";
public void ShowCanvasSettings() {
 animator.SetTrigger(settingsTrigger);
}
public void ShowCanvasMain() {
 animator.SetTrigger(mainTrigger);
}
```

Listing 11.6
Den MenuController auf Mecanim-Trigger umstellen

Pro-Tipp

Dass SwitchToCanvasMain und SwitchToCanvasSettings über mainTrigger und settingsTrigger im Editor geändert werden können, ist natürlich nicht unbedingt notwendig, entspricht aber der Herangehensweise, die Unity Technologies z. B. auch für die Animationen von Buttons gewählt hat. Ein Vorteil ist, dass keine Code-Änderungen notwendig sind, wenn jemand die Namen in UITransitionController ändert oder ein anderer Animator Controller mit anderen Namen verwendet werden soll. Außerdem sind die Namen auf diese Weise explizit im Editor sichtbar – wenn Sie also Arbeitsteilung zwischen GUI-Designer und Programmierer haben, müssen sich die GUI-Designer nicht erst im Programmcode diese Namen zusammensuchen. Sie werden es Ihnen danken!

13. Vergessen Sie nicht, UITransitionAnimator aus der Szene in den Slot Animator des MenuControllers zu ziehen.
14. Vergessen Sie auch nicht, sicherzustellen, dass die Canvas-Komponenten von CanvasMain und CanvasSettings beide aktiv sind.

Jetzt liegen CanvasMain und CanvasSettings natürlich übereinander, was weder gut ausschaut noch bedienbar ist. Erinnern wir uns kurz daran, wie unsere Animation aussehen soll: Die Idee ist, dass auf verschiedenen Quadraten aus dem Level verschiedene Screens vorhanden sind. Im Moment haben wir natürlich nur zwei. Aber mit diesem Ansatz können wir die Anzahl fast beliebig erweitern. Das Startmenü, also CanvasMain, kann bleiben, wo es ist. Der Einstellungsbildschirm, CanvasSettings, muss auf ein anderes Quadrat. Wir haben acht Quadrate zu Auswahl, die direkt an das Quadrat von CanvasMain angrenzen. Als Übung können Sie gern alle Varianten durchprobieren – wir nehmen das Quadrat rechts vom CanvasMain.

15. Addieren Sie also einfach 10 zum aktuellen Wert von Pos X von CanvasSettings. Bei mir war der Wert vorher 5.854098 und betrug nachher 15.854098.
16. Jetzt können wir auch die Animation CanvasMainActive erstellen: Diese Animation soll nichts weiter tun, als die Kameraposition festzulegen. Dafür verwenden wir den Button Add Curve und fügen mit dem Plus-Button Main Camera / Transform / Position hinzu, wie in Abb. 11.25 illustriert.

Abb. 11.25
Eine Kurve für die Kameraposition hinzufügen

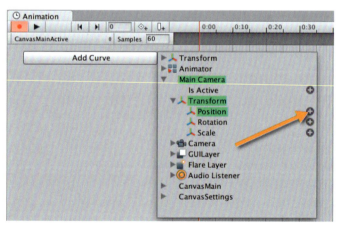

Unity erstellt dabei automatisch Keyframes bei 0:00 und 1:00. Unsere Animation soll aber nicht eine Sekunde dauern, sondern eigentlich nur einen Frame. Verschieben Sie daher in der Ansicht Dope Sheet die Keyframes auf 1:00 auf 0:01. Sie können alle Keyframes auf einmal mit der üblichen Lasso-Selektion anwählen (ziehen Sie dazu bei gedrückter Maustaste das

Rechteck auf, wie in Abb. 11.26 dargestellt). Mit dem Scrollrad können Sie hier auch leicht beliebig in den Zeitstrahl ein- und auszoomen.

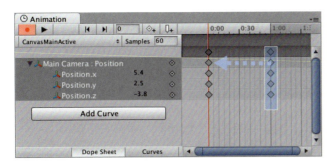

Abb. 11.26
Keyframes in der Dope-Sheet-Ansicht selektieren

Bei CanvasSettingsActive gehen wir genauso vor – tragen aber am Ende auf 0:00 und 0:01 bei Position.x den Wert 15.4 ein (siehe Abb. 11.27).

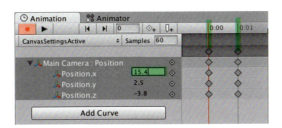

Abb. 11.27
Im Animation View einen Keyframe-Wert manuell ändern

17. Die Animationen von CanvasMainActive und CanvasSettingsActive sollen nur die Parameter animieren, die in den Animationen tatsächlich enthalten sind. Deaktivieren Sie also im *Animator View* auf beiden Zuständen die Option Write Defaults. Andernfalls kann es Ihnen passieren, dass Objekte beispielsweise auf ihre Ursprungsposition springen, wenn ihre Position in einer der Animationen nicht animiert wurde.

18. Stellen Sie vorübergehend für einen ersten Test bei den beiden Zustandsübergängen von CanvasMainActive zu CanvasSettingsActive und zurück die Transition Duration auf 30.

Wenn Sie jetzt in den Play-Mode wechseln und auf den Einstellungs-Button bzw. den Zurück-Button klicken, gibt es zwischen den beiden Screens schon eine nette Übergangsanimation. Dabei könnten wir es belassen. Aber die Idee war ja, dass die Screens zuerst auf die Spielfläche fallen. Dazu brauchen wir noch weitere Animationen. Außerdem soll die Bewegung der Kamera etwas sanfter erfolgen. Auch dazu brauchen wir eine richtige Animation, anstatt nur das Crossfading der Zustände zu nutzen.

Die Canvas-Animationen erstellen

1. Erzeugen Sie zunächst einen neuen `Animation Clip` mit dem Namen `CanvasMainMoveOut`.
2. Setzen Sie in diesem neuen Clip auf Position 0:30 einen Keyframe für `RectTransform` von `CanvasMain` mit folgenden Werten: Pos = (6.016811, 1.57108, -3.1047) und Rotation = (90, 0, 0), wie Sie es auch in Abb. 11.28 sehen.

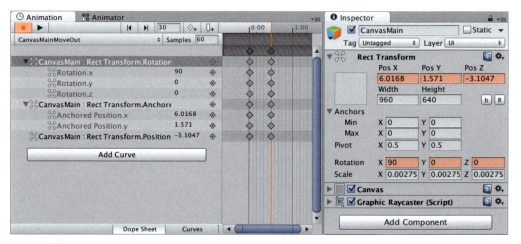

Abb. 11.28
Keyframe auf 0:30 für CanvasMain

In der Game View sieht das dann so aus wie in Abb. 11.29.

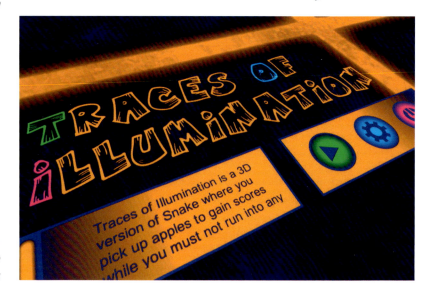

Abb. 11.29
CanvasMain am Ende von CanvasMainMoveOut

Normalerweise sollte, wenn ein Keyframe später in die Timeline gesetzt wird, automatisch ein Keyframe auf `0:00` gesetzt werden, der den ursprünglichen Zustand für alle in dem neuen Keyframe geänderten Werte sichert. Manchmal funktioniert das aber nicht. Prüfen Sie daher auch den Keyframe auf `0:00`, und vergleichen Sie ihn mit Abb. 11.30.

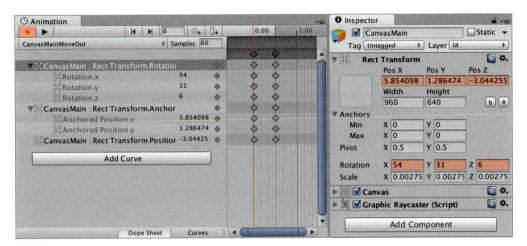

Abb. 11.30
CanvasMain am Anfang von
CanvasMainMoveOut

Wenn Sie in der *Animation View* von Dope Sheet auf Curves wechseln, stellen Sie fest, dass die Keyframes mit direkten, geraden Linien verbunden sind. Die Bewegung startet also schlagartig mit einer Geschwindigkeit, die sie von Anfang bis Ende beibehält, um am Ende wieder schlagartig zu stoppen. Solche Animationen sehen schrecklich aus. Nicht mal Roboter bewegen sich so.

Das zu ändern ist leider etwas mühsam: Klicken Sie links im *Animation View* auf jede animierte Eigenschaft, und dann mit der rechten Maustaste auf den Anfangspunkt der Kurve, und wählen Sie aus dem Kontextmenü Flat, klicken Sie dann auf den Endpunkt der Kurve und wieder auf Flat. Vorher sieht es so aus wie in Abb. 11.31, nachher so wie in Abb. 11.32 – und das für alle fünf Eigenschaften.

Da diese Animation nur einmal abläuft und es dann mit einer anderen Animation weitergeht, sollte die Option Loop Time von CanvasMainMoveOut abgeschaltet sein. Sie sehen diese Option im *Inspector,* wenn Sie CanvasMainMoveOut im Projekt selektieren. Die Animation für die entgegengesetzte Richtung geht schnell:

1. Duplizieren Sie im Projekt CanvasMainMoveOut, und nennen Sie die neue Version CanvasMainMoveIn.

2. Ziehen Sie den neuen Animation Clip namens CanvasMainMoveIn vom Projekt in die *Animator View*. Unity legt automatisch einen neuen Zustand mit dem Namen des Animation Clips an. Sobald ein Animation Clip einem Zustand im Animator Controller zugewiesen ist, können wir ihn auch in der *Animation View* bearbeiten.

3. Vertauschen Sie jetzt Anfangs- und End-Keyframes in der Dope Sheet-Ansicht des *Animation View* im Animation Clip CanvasMainMoveIn. Ziehen Sie dazu beispielsweise zuerst alle Keyframes von 0:00 auf 0:35, dann die Keyframes von 0:30 auf 0:00 und schließlich die Keyframes von 0:35 auf 0:30.

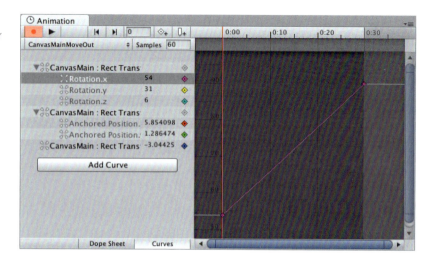

Abb. 11.31
Rotation.x im Animation View vorher

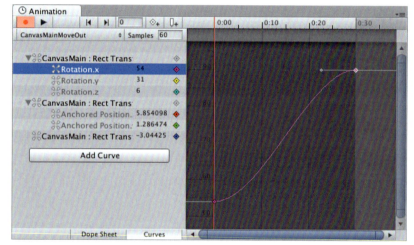

Abb. 11.32
Rotation.x im Animation View nachher

Die Animationen `CanvasSettingsMoveOut` und `CanvasSettingsMoveIn` erstellen Sie auf die exakt die gleiche Art und Weise. Achten Sie lediglich darauf, dass Pos X hier um 10 Einheiten nach rechts verschoben ist.

Schließlich brauchen wir noch zwei Animationen `CanvasMainToSettings` und `CanvasSettingsToMain`. Diese animieren in erster Linie die Kamera, stellen aber gleichzeitig auch sicher, dass die `Canvases` im Zustand »Out« sind.

Wir beginnen mit `CanvasMainToSettings`: Hier animieren wir einfach die X-Position der Kamera von 5.4 auf 15.4 (wieder mit abgerundeten Kurven). Außerdem kopieren wir mit *Copy Component* die Werte der Rect-Transform-Komponente von `CanvasMain` und `CanvasSettings` am Ende der jeweiligen `MoveOut`-Animation mit *Paste Component Values* an den Anfang der Animation `CanvasMainToSettings` und die entsprechenden Keyframes dann im Dope Sheet auch ans Ende der Animation.

Die Animation `CanvasSettingsToMain` ist wieder eine Kopie von `CanvasMainToSettings`, bei der lediglich die Anfangs- und End-Keyframes von `Position.x` der Kamera vertauscht werden müssen.

Jetzt können wir im *Animator Controller* die Zustandsmaschine so aufbauen, wie es in Abb. 11.33 abgebildet ist. In der Abbildung sieht man allerdings nicht, dass bei allen Zuständen `Write Defaults` abgeschaltet ist. Beim Zustandswechsel von `CanvasMainActive` zu `CanvasMainMoveOut` haben wir wieder die Bedingung `SwitchToCanvasSettings` und entsprechend bei `CanvasSettingsActive` zu `CanvasSettingsMoveOut` die Bedingung `SwitchToCanvasMain`.

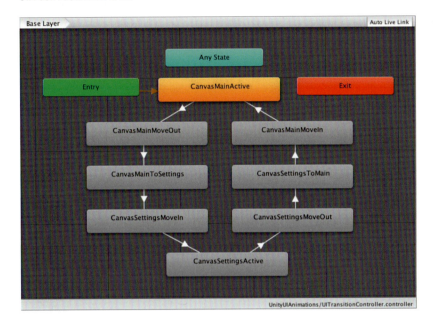

Abb. 11.33
Die fertige Zustandsmaschine UITransitionController

Damit steht die Animation im Groben. Ein Feintuning, damit sie richtig rundläuft und elegant aussieht, ist vor allem bei der Dauer der `Animation Clips` möglich. Diese lässt sich im `Dope Sheet` sehr einfach durch Verschieben der Keyframes am Ende der Animation ändern sowie durch Optimieren der `Exit Time` und `Transition Duration` bei den verschiedenen Zustandsübergängen. Unser Ziel sollte eine möglichst weiche und fließende Animation sein.

Siehe hierzu auch den Screencast *Einen Screenwechsel für Unity UI mit Mecanim animieren* auf der Website zum Buch.

Screencast auf unity-buch.de

Den aktuellen Projektstand mit der vollständigen Animation und Zustandsmaschine finden Sie unter `Traces_TheGame_100.zip`.

Download von unity-buch.de

Übung macht den Meister (einfach)

> Weiter oben in diesem Abschnitt hatte ich ja die Möglichkeit von `Sub-State Machines` erwähnt. Eine kleine Übung, um sich mit diesem neuen Unity-Feature vertraut zu machen, besteht darin, die drei Zustände `CanvasMain-MoveOut`, `CanvasMainToSettings` und `CanvasSettingsMoveIn` (und die drei Zustände für die andere Richtung) in jeweils eigene Sub-State Machines auszulagern. Versuchen Sie dabei auch, den einfachsten und elegantesten Workflow zu finden.

Übung macht den Meister (sehr fortgeschritten)

> Bei der hier vorgestellten Lösung nervt es jedoch wirklich, dass wir für jeden Screenwechsel eigene Animationen erstellen müssen. Das ist mühsam und langweilig, und wir wissen ja bereits, dass wir Animationen in Unity sehr leicht wiederverwenden können. Im Moment gibt es leider noch keine Möglichkeit, in einer Zustandsmaschine in verschiedenen Zuständen die gleiche Animation für verschiedene `Objonimation Clips` erhalten. Das geht, aber ich sag's Ihnen gleich: Das wird nicht einfach. Werden Sie sich dieser Herausforderung stellen?
>
> Ein Tipp: `StateMachineBehaviours` (siehe Unity API) und/oder Animation Events werden bei der Lösung sehr nützlich sein.

11.3 Die InGameGUI aufhübschen

An der GUI, die Sie während des Spiels sehen, gibt es auch einiges zu verschönern: Die Nachricht »Gewonnen« oder »Verloren« sollte die gleiche Schriftart verwenden wie unser Titel (`Fonts / MisterVampire`) und auch farblich zum Spiel passen. Gleiches brauchen wir für die Anzeige von Zeit

*Abb. 11.34
Die neue InGameGUI*

und Punkten, die wir jetzt auch aus der InGameHUD *Layout Group* nehmen, um sie oben links bzw. oben rechts am Bildschirm anzuheften. Für die beiden Buttons zum Steuern verwenden wir die runden Buttons mit Pfeil nach links bzw. rechts. Außerdem sollten diese ausgeblendet werden, wenn wir nicht auf einem mobilen Gerät spielen. Der Button, um zum Hauptmenü zu kommen, wird identisch mit dem Zurück-Button von den Einstellungen umgesetzt, und die Anzeige der Äpfel ist textuell echt langweilig. Für sie erzeugen wir so eine Art Fortschrittsbalken.

Da der größte Teil der Änderungen an der InGameGUI nichts Neues bringt, gehe ich nur auf die interessanteren Punkte ein.

11.3.1 Runde Buttons als Prefabs verwenden

Das Erstellen des Prefabs ist hier der einfache Teil. Dadurch, dass wir das nicht gleich gemacht haben, müssen wir aber jetzt, wenn alle runden Buttons das Prefab als Basis haben sollen, die Werte der alten Buttons übernehmen.

Praktischerweise gibt es `Copy Component` und `Paste Component Values`: Wenn Sie die alten Buttons nicht löschen, sondern deaktiviert neben die neuen aus Prefabs erstellten Buttons legen, geht das recht flott – selbst die Zuweisungen der `OnClick()`-Methodenaufrufe können wir auf diese Weise recht einfach übernehmen. Es sind aber pro Button drei Objekte und mehrere relevante Komponenten, daher ist es doch etwas mühsam, und wir merken uns: Besser ist es, gleich Prefabs zu erstellen!

Für den Zurück-Button verwenden wir ein eigenes Prefab, weil dieser an mehreren Stellen verwendet wird.

11.3.2 Steuerungsbuttons nur bei Touch-Devices einblenden

An sich ist das fast eine triviale Erweiterung: Die Klasse `Input` bietet nämlich ein statisches Property `touchSupported`. Damit reduziert sich die Umsetzung hier darauf, dem `InGameGUIController` die beiden Buttons bekannt zu machen und sie in `Awake()` zu deaktivieren:

Wichtig für Mobile

```
public bool overrideNonTouch = false;
public Button buttonTurnLeft;
public Button buttonTurnRight;

void Awake() {
   ActivateForTouchOnly(buttonTurnLeft.gameObject);
   ActivateForTouchOnly(buttonTurnRight.gameObject);
}
private void ActivateForTouchOnly(GameObject obj) {
   obj.SetActive(overrideNonTouch || Input.touchSupported);
}
```

Listing 11.7
Buttons nur für Touch aktivieren in InGameGUIController

Meistens ist es sehr nützlich, auch im Editor leicht die GUI für Mobile aktivieren zu können – daher haben wir hier `overrideNonTouch`. Wenn Sie das im Editor aktivieren, bleiben die Buttons am Bildschirm erhalten.

11.3.3 Eine Fortschrittsanzeige für die Äpfel implementieren

Wir wollen pro Apfel-Kategorie eine Zeile anzeigen lassen, in der die noch nicht eingesammelten Äpfel grau dargestellt werden und die eingesammelten Äpfel in der Farbe des Apfels. Als Basis für die Apfel-Icons verwenden wir unser Button-Prefab:

1. `InGameHUD` funktionieren wir in eine `AppleProgressGroup` um (also benennen wir dieses Objekt auch entsprechend um). Den `Anchor` setzen wir auf `top center`, den `Pivot` auf `(0.5, 1)` und die `Pos X/Y` auf `(0, -10)`. Außerdem schalten wir bei `Child Alignment` auf `Middle Center` um.

2. Darunter brauchen wir `AppleCategoryProgress`: Ein leeres Objekt mit nur einer `Horizontal Layout Group`, bei der ebenfalls `Child Alignment` auf `Middle Center` steht und `Child Force Expand` wie üblich `Width` und `Height` deaktiviert hat. Damit werden die Zeilen von Apfel-Icons erzeugt, unsere Progressbars.

3. Hier ziehen wir jetzt unser `ButtonRound`-Prefab mit dem runden Button aus dem Startmenü hinein und nennen es `AppleIcon`, denn das wird es gleich sein. Das soll nicht wirklich eine Prefab-Instanz sein, daher lösen wir diese Verbindung mit *GameObject/Break Prefab Instance* direkt auf und entfernen dann alle Objekte und Komponenten, die wir nicht brauchen. Übrig bleiben die Komponente `Image` und das Kind `ImageGradient`.

4. Dem Elternobjekt `AppleIcon` geben wir noch eine `LayoutElement`-Komponente. Hier stellen wir `Preferred Width` und `Height` auf `20`, da diese Icons eher klein sein sollen.

Jetzt können wir die `AppleIcons` testweise mehrfach duplizieren und damit simulieren, was gleich unser Script tun wird: Für jede Kategorie erzeugen wir eine Liste (im Script geschieht das durch das Instanziieren eines entsprechenden Prefabs). Diese Liste befüllen wir mit der Anzahl der Äpfel pro Kategorie (Instanziieren eines weiteren Prefabs). Dann setzen wir jedes Mal, wenn ein Apfel eingesammelt wurde, die Anzahl der eingesammelten Äpfel auf die Farbe der Kategorie. Dazu haben wir drei neue Klassen, die sich die Arbeit teilen und jeweils den entsprechenden GameObjects zugewiesen werden.

> Die folgenden Listings verzichten der Übersichtlichkeit halber wieder auf Null-Prüfungen, sind also nicht sehr robust gegenüber Fehlkonfigurationen. Überlegen Sie, wo Sie zusätzliche Prüfungen einbauen würden, um den Code robuster zu machen! Was könnte schiefgehen? Wie ist es an den entsprechenden Stellen am sinnvollsten, damit umzugehen?

Übung macht den Meister

- `AppleIcon`: Ein Apfel-Icon, das anzeigen kann, ob ein Apfel eingesammelt wurde oder noch nicht. Es wird dem `AppleIcon`-Prefab zugewiesen.

```
using UnityEngine;
using UnityEngine.UI;

public class AppleIcon : MonoBehaviour {

    public Graphic image;

    private Color inactiveColor;
    void Awake() {
        inactiveColor = image.color;
    }

    private Color activeColor;
    public Color ActiveColor {
        set { activeColor = value; }
    }

    public bool IsPickedUp {
        set {
            image.color = value ? activeColor : inactiveColor;
        }
    }
}
```

Listing 11.8
AppleIcon.cs

- `AppleCategoryProgress`: Kennt das `AppleIcon`-Prefab und kann damit den Fortschrittsbalken für eine Kategorie initialisieren und mit der aktuellen Anzahl Äpfel aktualisieren. Wird dem `AppleCategoryProgress`-Prefab zugewiesen.

```
using UnityEngine;
using System.Collections.Generic;

public class AppleCategoryProgress : MonoBehaviour {

    public AppleIcon iconPrefab;

    private Color activeColor;
    public Color ActiveColor {
        set { activeColor = value; }
    }
```

Listing 11.9
AppleCategoryProgress.cs

```
        public void SetupApples(int count) {
            AppleIcon icon;
            for (int i = 0; i < count; i++) {
                icon = Instantiate<AppleIcon>(iconPrefab);
                icon.ActiveColor = activeColor;
                icon.transform.SetParent(this.transform, false);
            }
        }
        public void MarkPickedupApples(int count) {
            int currentId = 0;
            foreach (Transform child in this.transform) {
                AppleIcon icon = child.GetComponent<AppleIcon>();
                if (icon != null) {
                    icon.IsPickedUp = currentId < count;
                    currentId++;
                }
            }
        }
    }
```

- AppleProgressGroup: Kennt das AppleCategoryProgress-Prefab und die Materialien pro Kategorie, um die entsprechenden Farben zuzuweisen. Wird der AppleProgressGroup in der Szene zugewiesen und als Property dem InGameGUIController bekannt gemacht. Die Zuweisungsliste von Kategorie zu Material muss natürlich wie die anderen Properties auch im Editor entsprechend konfiguriert werden. Sie können hier die Materialien verwenden, die auch die Apfel-Prefabs für den Level nutzen.)

Listing 11.10
AppleProgressGroup.cs

```
using UnityEngine;
using System.Collections.Generic;

[System.Serializable()]
public struct AppleCategoryToMaterial {
  public AppleCategory category;
  public Material material;
}

public class AppleProgressGroup : MonoBehaviour {

  public AppleCategoryProgress progressPrefab;
  public List<AppleCategoryToMaterial> categories;

  private Dictionary<AppleCategory, AppleCategoryProgress>
          progressPerCategory;

  void Awake() {
    progressPerCategory
      = new Dictionary<AppleCategory, AppleCategoryProgress>();
```

```csharp
        AppleCategoryProgress progress;
        foreach (AppleCategoryToMaterial catMat in categories) {
            progress
                = Instantiate<AppleCategoryProgress>(progressPrefab);

            progress.transform.SetParent(this.transform);
            progress.ActiveColor = catMat.material.color;
            progressPerCategory[catMat.category] = progress;
        }
    }
    public void InitCategoryProgress(AppleCategory category,
                                     int count) {
        progressPerCategory[category].SetupApples(count);
    }
    public void MarkProgress(AppleCategory category, int count) {
        progressPerCategory[category].MarkPickedupApples(count);
    }
}
```

Der InGameGUIController braucht jetzt natürlich die Textfelder collected-ApplesGreen usw. nicht mehr (die können wir auch in der Szene löschen), stattdessen aber public AppleProgressGroup progressGroup. Außerdem muss die entsprechende Initialisierung durchgeführt werden:

```csharp
public void GameStateChanged() {
    switch (GameStateManager.Instance.CurrentGameState) {
        case GameState.Playing:
            InitAppleProgress();
            UpdateCollectedApples();
            break;
        case GameState.PlayerCrashed:
        // usw.
    }
}
private void InitAppleProgress() {
    GameStateManager gsm = GameStateManager.Instance;
    foreach (AppleCategory cat
                in Enum.GetValues(typeof(AppleCategory))) {

        int count = gsm.ApplesCount(cat);
        progressGroup.InitCategoryProgress(cat, count);
    }
}
```

Listing 11.11
Erweiterung InGameGUIController: Fortschrittsinitialisierung

Und für `UpdateCollectedApples()` haben wir jetzt eine viel schönere Variante:

Listing 11.12
InGameGUIController – neue Version von UpdateCollectedApples

```
private void UpdateCollectedApples() {
    GameStateManager gsm = GameStateManager.Instance;
    foreach (AppleCategory cat
                in Enum.GetValues(typeof(AppleCategory))) {
        int collectedCount = gsm.CollectedApplesCount(cat);
        progressGroup.MarkProgress(cat, collectedCount);
    }
}
```

Wenn dann im Editor die entsprechenden Prefabs angelegt sind und alles korrekt zugewiesen ist, haben wir eine schöne grafische Fortschrittsanzeige. Damit ist die Arbeit an der GUI bis auf Feinheiten abgeschlossen. Unser Spiel ist jetzt praktisch fertig! Unsere Reise geht bald zu Ende.

Download auf unity-buch.de

> Den aktuellen Projektstand finden Sie auf der Website zum Buch unter `Traces_TheGame_110.zip`.

Übung macht den Meister

> Erinnern Sie sich an unser 2D-Snake aus Kapitel 2, *Ein erstes einfaches 2D-Mini-Spiel*, und an die armselige mit UnityGUI umgesetzte Benutzerschnittstelle dieses Demospiels? Sie verfügen jetzt über alles, was Sie brauchen, um diesem Spiel eine würdige Benutzerschnittstelle zu geben, und können auf diese Weise das wiederholen und vertiefen, was Sie in diesem und in Abschnitt 8.2, *Das Startmenü mit Unity UI umsetzen,* gelernt haben.

11.4 Anpassungen für hochauflösende Displays

Spätestens seitdem Apple für iOS-Geräte sogenannte Retina-Displays mit sehr hoher Pixeldichte eingeführt hat, müssen wir Spielentwickler uns überlegen, wie wir diese hohen Auflösungen möglichst gut ausnutzen. Der Begriff »Pixeldichte« besagt, wie viele Pixel beispielsweise pro Inch auf einen Bildschirm passen (PPI – Pixels per Inch). Eine bekannte Größe aus der Druck- und Druckerwelt wäre DPI (Dots per Inch), was zwar eigentlich für Bildschirme und Displays nicht ganz die korrekte Bezeichnung ist (hier haben wir eben Pixel) – sich aber trotzdem eingebürgert hat.

Für den 3D-Bereich haben wir dieses Problem nicht – hier wird einfach für die Zielauflösung gerendert, und bei hochauflösenden Displays haben wir allenfalls Probleme mit der Fillrate: Diese bezeichnet, wie viele Pixel pro Sekunde eine Grafikkarte berechnen und in den Videospeicher schreiben kann. Daher führen beispielsweise Image-Effekte auf hochauflösenden Displays schnell zu Performanceproblemen.

Da es das Problem im 3D-Bereich nicht gibt, ist unser Startmenü auch schon für hochauflösende Displays vorbereitet, wenn auch die Schärfe etwas zu wünschen lässt: Hier reichte einfach die Einstellung `World Space` für den `Render Mode` am `Canvas` aus, um dafür zu sorgen, dass das Menü für beliebige Auflösungen bzw. Pixeldichten skaliert. Das funktioniert für ein Seitenverhältnis (Aspect Ratio) bis 4:3 einwandfrei, mit 5:4 wird's arg knapp, aber bei 16:9 ist es optimal. Aber das Querformat (Landscape) funktioniert praktisch immer. Hochformate (Portrait) funktionieren damit jedoch auch nicht.

Wie Sie sehen, ist es meistens keineswegs nur die Anpassung an die höhere Pixeldichte oder Auflösung bzw. größere oder kleinere Bildschirme. Da spielt deutlich mehr mit rein.

Daher gibt es auch nicht die eine Lösung, die immer und für jedes Spiel perfekt funktioniert. Aber die einfachste Lösung ist auf jeden Fall immer, zu skalieren und ein wenig Unschärfe in Kauf zu nehmen. 3D-Canvases (World Space) machen das automatisch, und bei `Screen Space` hilft die Komponente `CanvasScaler`, die automatisch an jedem Canvas hängt.

Hier haben Sie über `Ui Scale Mode` mehrere Möglichkeiten: `Constant Pixel Size` erlaubt zwar einen fixen `Scale Factor` ungleich 1, ist aber eigentlich dazu gedacht, pixel-perfect GUIs zu bauen, bei denen die Sprites genau den Pixeln auf den Geräten entsprechen. Sie haben hier die Möglichkeit, jede Bitmap in zwei Auflösungen abzulegen und dann entsprechend der über `Screen.dpi` ermittelten Pixeldichte entweder die hochaufgelöste Version zu nehmen oder die normale. Dazu müssen Sie dann aber auch noch entsprechende Layout-Anpassungen durchführen. Das ist gut machbar und sieht am Ende am besten aus (da ist dann nichts mehr unscharf), aber es ist durchaus aufwendig – allein schon deswegen, weil Sie die ganzen Bitmaps erst mal erzeugen müssen.

Die Einstellung `Scale With Screen Size` hat einen ähnlichen Effekt wie die Verwendung einer normalen Kamera: Hier wird das gesamte Layout entsprechend der Bildschirmauflösung skaliert. Dabei können Sie eine Referenzauflösung angeben – das ist die Auflösung, für die Ihr GUI-Layout konzipiert ist. Interessant ist vor allem die Einstellung `Match Width Or Height` bei `Screen Match Mode`. Hier können Sie nämlich stufenlos einstellen, ob die Anpassung eher anhand der Breite geschehen soll oder eher anhand der Höhe. Damit sind Sie sogar flexibler als mit einer Kamera.

Schließlich gibt es noch `Constant Physical Size`. Damit können Sie – zumindest auf Geräten, die das unterstützen – die tatsächliche physische Größe konstant halten und Ihre Einheiten beim GUI-Design beispielsweise auch auf Zentimeter einstellen. Dieser Ansatz ist insofern sehr interessant, als dass beispielsweise ein Button auf einem Touchscreen immer so groß sein sollte, dass man ihn mit dem Daumen gut tappen kann. Unter diesem Gesichtspunkt kann es uns egal sein, ob das jetzt 50 Pixel sind oder 300 – Hauptsache, die tatsächliche physische Fläche stimmt. Inzwischen unterstützt Unity `Screen.dpi` auch auf Mac- und Windows-Systemen (das ist neu seit Unity 5.0), aber spätestens, wenn ein Beamer oder eine Virtual-Reality-Brille eingesetzt werden, verlieren diese Maße natürlich ihre Gültigkeit.

Wenn Sie sowohl Landscape als auch Portrait unterstützen möchten, werden Sie – sofern Sie nicht lediglich ein Quadrat in der Mitte des Displays für GUI-Elemente einsetzen oder die GUI an die äußeren Ecken kleben, was durchaus auch ein zweckmäßiger und sogar kombinierfähiger Ansatz ist – nicht darum herum kommen, das Layout zumindest für diese beiden sehr verschiedenen Seitenverhältnisse individuell anzupassen.

Wir wählen für unser Spiel für den `InGameGUICanvas` einfach `Scale With Screen Size` mit einer Referenzauflösung von 1280 auf 720 und `Match Width or Height` mit `Match = 0.5`.

Wichtig für Konsolen und Virtual Reality

Damit ist das Thema *Unity UI* in diesem Buch abgeschlossen, auch wenn es noch so viel darüber zu lernen gibt. Beispielsweise können Sie äußerst elegant festlegen, wie verschiedene Elemente mit Tastatur bzw. Joypad angesteuert werden können. Das geht bei allen interagierbaren GUI-Elementen (`Button`, `Scrollbar`, `Scroll Rect` und `Input Field` kennen wir schon – `Toggle`, `Toggle Group` und `Slider` wären weitere) über `Navigation` und lässt sich mit `Visualize` sogar hübsch in der *Scene View* visualisieren.

12 Beleuchtung mit Erleuchtung: Enlighten

»*Und Gott sprach: Es werde Licht! Und es ward Licht.*« Bei uns läuft das alles etwas anders, aber dennoch das ist ein guter Moment, um sich daran zu erinnern, warum wir eigentlich Spiele entwickeln: Weil es kaum eine Möglichkeit gibt, bei der wir unsere göttliche Kreativität auf vielfältigere Art und Weise zum Ausdruck bringen können. Amen. ;-)

Apropos erinnern: Haben Sie es sich bereits zur Gewohnheit gemacht, regelmäßig sowohl die Szene als auch das Projekt zu sichern? Falls nicht, sind die Experimente, die Sie, inspiriert von diesem Kapitel, hoffentlich gleich machen werden, wieder eine gute Gelegenheit, damit anzufangen. Und Sie können auch Kopien der Szene anlegen, auf denen Sie arbeiten – auch um jederzeit einen Vorher-nachher-Vergleich anstellen zu können.

Aber erst mal stimmen wir uns auf das Thema ein.

Die Ausleuchtung von Szenen ist ein erstaunlich komplexes und herausforderndes Gebiet. Es erfordert einiges an Erfahrung, eine Szene so zu beleuchten, dass genau die gewünschte Stimmung erzeugt wird. Sprechen Sie daher – falls Sie nicht selbst einer sind – mit Profis, also Fotografen, Kamerafrauen und -männern und 3D-Profis. Und beobachten Sie die Welt aus deren Augen: Woher kommt das Licht? Welche Farbe hat es genau? Wie werden Schatten geworfen, und wie stark verdunkeln diese Schatten tatsächlich? Welche Lichtreflexionen sorgen dafür, dass Schatten nicht so dunkel oder klar abgegrenzt sind, wie man es naiv erwarten würde? Wie verhält sich das Licht an Ecken und Kanten von Objekten?

Diese Erfahrung kann Ihnen ein Buch nicht geben – aber wir können ein wenig über die Möglichkeiten zur technischen Umsetzung der Beleuchtung in Unity sprechen.

Abb. 12.1
Environment Lighting

12.1 Umgebungslicht einstellen

Umgebungslicht (Ambient Light), ist gleichmäßiges ungerichtetes Licht aus der Umgebung, das die Szene eher diffus ausleuchtet und kaum Kontraste schafft. Dennoch kann es die Grundstimmung einer Szene deutlich beeinflussen.

Mit *Window/Lighting* öffnen Sie die Lighting-Einstellungen, die wir ja bereits zum Einrichten von Skyboxes für die Szene kennengelernt haben. Hier gibt es einen relativ großen Bereich namens Environment Lighting (siehe Abb. 12.1), in dem Sie alle für das Umgebungslicht relevanten Einstellungen vornehmen können.

Als Quelle für das Umgebungslicht (Ambient Source) können Sie neben einer Skybox auch einen Gradienten und eine einzelne Farbe wählen, was auch schnelle Änderungen ermöglicht, um ein Gefühl für diese Art von Licht zu bekommen.

Speziell für Szenen im Außenbereich, also nicht in geschlossenen Räumen, können Sie durch die Wahl einer geeigneten Skybox schon eine sehr gute Basis für die Ausleuchtung schaffen, wie wir mit den verschiedenen durch Skyboxes erzeugten Stimmungen in Abschnitt 6.1.6, *Physikbasiertes Shading mit den Standard-Shadern,* gesehen haben.

12.2 Lichtquellen setzen

Natürlich wollen wir unsere Szenen auch stimmungsvoll durch das Setzen von Lichtquellen ausleuchten. Dazu haben wir in Unity mehrere Arten von Lichtquellen, die verschiedenen Zwecken dienen und auch unterschiedliche Auswirkungen auf die Performance haben – Sie finden diese Lichtquellen im Menü *GameObject/Lights*. Dabei ist es wichtig zu wissen, dass es tatsächlich nur eine Light-Komponente gibt und die Art der Lichtquelle darin über das Property Type jederzeit geändert werden kann. Zur Auswahl stehen hier Directional, Point, Spot und Area. Die wichtigsten Eigenschaften einer Lichtquelle sind natürlich Farbe und Intensität. Bläuliches Licht schafft eine eher kühlere Stimmung, wohingegen gelbes oder rötliches Licht eine angenehme Atmosphäre schafft. Dabei werden Sie bei eigenen Experimenten schnell merken, dass die Farben am besten sehr sanft eingesetzt werden – meistens in Form unterschiedlicher Töne von Weiß. (Reines Weiß wird nur äußerst selten eingesetzt – außer man möchte ein Fotostudio visualisieren oder einen Operationssaal.)

Je nach Typ verhält sich das Licht sehr unterschiedlich, wie Sie in den folgenden kurzen Abschnitten erfahren.

12.2.1 Licht ausrichten mit Directional Light

Directional Lights haben nur eine Richtung und keinen Ursprung, daher spielt es keine Rolle, wo im Raum sie positioniert sind – nur die Richtung zählt. Meistens repräsentieren sie weit entfernte Lichtquellen wie die Sonne.

12.2.2 Strahlende Lichtpunkte setzen

Point Lights haben ein Zentrum (die Position im Raum), von dem aus sie in alle Richtungen gleichermaßen strahlen. Die Intensität nimmt mit zunehmender Entfernung ab. Dabei bestimmt die Eigenschaft Range (Reichweite), ab wann das Licht keinen Einfluss mehr hat. Point Lights verwendet man für typische Lichtquellen wie Lampen oder auch Kerzen, und sie verleihen der Szene mehr Tiefe.

12.2.3 Mit einem Spot anstrahlen

Spot Lights haben zusätzlich zur Reichweite auch einen Abstrahlwinkel (Range), der bestimmt, wie stark das Licht auf einen Punkt fokussiert ist. Sie entsprechen Scheinwerfern oder auch Taschenlampen und können einer Szene mehr Dynamik verleihen. Vor allem, wenn sie animiert sind. Disco! Party! ;-)

12.2.4 Virtuelle Lichtschirme: Area Lights

Unity unterstützt auch eine Lichtquelle, die nicht von einem Punkt aus strahlt, sondern von einer Fläche: Area Lights. Damit lassen sich Szenen etwas sanfter ausleuchten als mit den anderen Typen. Das hat allerdings einen Preis: Area Lights gibt es nicht zur Laufzeit, sondern nur beim Lightbaking, also für statische Lichtquellen.

12.3 Still halten oder sich bewegen

Da realistische Lichtberechnungen extrem komplex sind, die einfachen Realtime-Berechnungen aber auch dementsprechend ausschauen, wird die Beleuchtung vor allem für statische Objekte in modernen Spielen größtenteils vorberechnet. Da wir hier Zeit haben, kann richtiges Raytracing zum Einsatz kommen.

12.3.1 Lightbaking für statische Objekte aktivieren

Dabei erstellt *Enlighten*, die in Unity integrierte Beleuchtungskomponente, sogenannte Lightmaps, also Texturen, die lediglich die Beleuchtungsinformationen beinhalten. Dies geschieht je nach Einstellung entweder kontinuierlich nach jeder relevanten Veränderung oder auf Befehl – auf jeden Fall aber vor einem Build. Dazu muss Unity natürlich wissen, welche Lichtquellen und welche beleuchteten Objekte statisch sind, also sich niemals bewegen, und welche Lichtquellen und Objekte dynamisch sind. Hier kommen zur Beleuchtung nämlich völlig unterschiedliche Ansätze zum Einsatz, die teilweise auch ineinander überblendet werden.

Um es einfach zu machen: Bei jeder Lichtquelle, von der Sie wissen, dass sie sich nie ändert, und bei jedem Objekt, das fest an einem Ort steht und nicht plötzlich verschwindet, aktivieren Sie die Static-Checkbox rechts oben im Inspector. Sie können hier auch präzise einstellen, für welche Systeme von Unity das Objekt als statisch gelten soll, aber normalerweise reicht eine Einstellung pro Objekt für alles.

12.3.2 Lightprobes für bewegliche Objekte einrichten

Da wir natürlich auch bei beweglichen Objekten eine möglichst realistische Beleuchtung wünschen, klassische Lightmaps dafür aber nicht funktionieren, bietet Unity auch sogenannte Lightprobes. Damit können Sie Punkte im Raum festlegen, zu denen Unity die Beleuchtung räumlich vorausberechnet, sodass ein Objekt, das sich durch den Raum bewegt, durch entsprechende Interpolationen auf ähnliche Weise ausgeleuchtet werden kann, wie das beim statischen Lightmapping der Fall wäre. Ein wesentlicher Vorteil ist, dass auf diese Weise die Gesamtausleuchtung harmonischer wirkt und bewegliche und statische Objekte nicht aufgrund ihrer Beleuchtung sehr unterschiedlich wirken. Der größte Nachteil ist, dass man sich sehr genau überlegen muss, wie man die Lightprobes im Raum verteilt.

Entscheidend ist letztlich, dass man Lightprobes vor allem dort braucht, wo das Licht sich stark ändert. Es macht also keinen Sinn, in einen gleichmäßig hellen Raum eine Vielzahl von Lightprobes hineinzupacken, ebenso wenig wie man das in einem langen dunklen Gang bräuchte. Haben wir aber einen Gang mit einzelnen Lichtquellen, zwischen denen es dunkel ist, sind diese Übergänge gute Kandidaten, um mehrere Lightprobes auf engerem Raum zu setzen.

Eine Light Probe Group erzeugen Sie über das Menü *GameObject/Light/Light Probe Group*. Sie können diese Light Probe Group dann wie üblich in der *Scene View* und über den *Inspector* bearbeiten.

12.4 Renderpfade: Forward oder Deferred wählen

Vor allem dann, wenn Sie viele dynamische Lichtquellen einsetzen möchten, empfiehlt sich die Verwendung von *Deferred Shading*. Dabei handelt es sich um ein Feature, das an die Hardware erhöhte Anforderungen stellt und insbesondere auf mobilen Geräten nur eingeschränkt funktioniert. Bei Deferred Shading spielt die Komplexität der Szene für die Beleuchtung keine Rolle, sondern es kommt nur darauf an, wie viele Pixel von jeder Lichtquelle angeleuchtet werden. Wenn Sie also sehr viele sehr kleine Lichtquellen haben, kommen Sie an Deferred Shading nicht vorbei.

Einschränkungen bei Mobile

Bei *Forward Rendering* werden nur die hellsten Lichtquellen für pixelbasierte Lichtberechnungen herangezogen und dann maximal vier weitere Lichtquellen für die Beleuchtung pro Vektor (Vertex-Lighting), was leicht zu sichtbaren Artefakten führen kann und auch keine Normal-Maps unterstützt. Weitere Lichtquellen werden nur sehr grob angenähert (über Spherical Harmonics).

Den Renderpfad (Rendering Path) können Sie als Voreinstellung in den *Player Settings* konfigurieren (*Edit/Project Settings/Player*). Zusätzlich können Sie diese Einstellung aber auch pro Kamera überschreiben.

12.5 Licht mit Layern einschränken

Das Layer-Konzept in Unity hatten Sie ja bereits in Abschnitt 2.2.7, Mit Layern und der Culling Mask arbeiten, ab Seite 38 kennengelernt. Sie können außerdem auch pro Lichtquelle festlegen, welchen Layern Objekte angehören müssen, die von dieser Lichtquelle beleuchtet werden sollen. Auf diese Weise haben Sie die Möglichkeit, einerseits durch Einschränkung der zu beleuchtenden Objekte beim Forward Rendering die Performance zu schonen und haben andererseits gleichzeitig auch die maximale Kontrolle über die Beleuchtung. Die entsprechende Eigenschaft heißt auch bei Lichtquellen `Culling Mask` und ist ganz unten an der Komponente zu finden.

> Machen Sie sich mit dem Beleuchtungssystem in Unity vertraut, indem Sie Level-01 verschiedene Lichtquellen hinzufügen und dadurch verschiedene Stimmungen erzeugen. Auch ein Scheinwerfer für den Tracer oder Leuchtpunkte um die Äpfel könnten interessante Effekte sein. Probieren Sie auch die Auswirkung verschiedener Skyboxes aus, und testen Sie, wie die Beleuchtung mit einer anderen Skybox angepasst werden muss, damit ein stimmiges Gesamtgefühl entsteht. Lernen Sie schließlich, die Szene auch mit statischem Lightmapping auszustatten und Lightprobes so zu setzen, dass damit auch der Tracer sauber beleuchtet wird und beispielsweise auf statische Lichtquellen mit der Einstellung `Baking = Baked` reagiert (oder auch auf Area Lights).

Übung macht den Meister

13 Project Polishing – Iteration 3

Unser Spiel ist jetzt zwar praktisch vollständig, und an der GUI haben wir schon erheblich poliert. Allerdings reagiert der Tracer etwas verzögert auf unsere Tastaturkommandos, weil die Implementierung des `InputHandler` über Polling nicht wirklich so funktioniert, wie wir uns das ursprünglich gedacht hatten. Da steht eine Umstellung auf UnityEvent aus.

Außerdem ist es in der letzten Entwicklungsphase wieder etwas unübersichtlicher geworden. Man merkt aber durchaus, dass wir schon mehrfach aufgeräumt haben: Die Szenenhierarchie hat von der eingeführten Struktur sehr profitiert – da ist alles am rechten Platz. Wir haben im Projekt eine sinnvolle Ordnerstruktur und finden uns gut zurecht.

Eine mögliche Verbesserung für die Projektstruktur wäre, alle Assets, die mit dem Benutzerinterface zusammenhängen, in einem Ordner zusammenzufassen, z. B. `UIResources` mit `Fonts`, `IconsAndSplashScreen`, `LocalizedTexts` und den beiden Verzeichnissen `UnityUIAnimations` und `UnityUITextures`. Was auch auf jeden Fall helfen könnte, wären Labels, so wie wir das bei unserem Snake-Projekt hatten. Es gibt aber einen Bereich, der langsam etwas unübersichtlich wird und um den wir uns relativ dringend gemeinsam kümmern müssen.

13.1 Scripts ordnen

Das Verzeichnis `Scripts` beherbergt inzwischen eine Vielzahl von Komponenten, die zwar alle mit unserem Spiel zu tun haben, aber doch ganz unterschiedliche Aufgaben erfüllen: Da gibt es inzwischen einige Scripts, die mit der Benutzerschnittstelle zu tun haben sowie mit der Lokalisierung. Es gibt eine Vielzahl von Scripts speziell für unser Fahrzeug sowie einige Scripts für Äpfel und solche für den allgemeinen Spielzustand. Und es gibt Scripts, die auch in anderen Projekten nützlich sein könnten, und solche, die nur für dieses Spiel relevant sind.

Hier gibt es zwei Ebenen, auf denen wir aufräumen können: zum einen in der Verzeichnisstruktur und zum anderen bei den Namespaces, die Sie ja schon von der Scripting API und dem .NET-Framework kennen, da wir in unseren Scripts mit using verschiedene Namespaces eingebunden haben. Es gibt natürlich auch die Möglichkeit, die eigenen Klassen in eigenen Namespaces zusammenzufassen, und die werden wir gleich nutzen. Fangen wir aber mit der Verzeichnisstruktur an, weil sie sehr viel leichter zu ändern ist und letztlich auch eine gute Vorlage für Namespaces ist.

13.1.1 Verzeichnisstruktur verbessern

Am wichtigsten ist die Unterscheidung zwischen solchen Klassen, die wir nur für dieses Spiel brauchen, und solchen, die wir vielleicht auch in anderen Projekten wiederverwenden wollen. Dazu gibt es einige Kandidaten, die wir in das neue Verzeichnis Common unter Scripts ziehen: CameraManager, ColorPicker, ExtensionsForFloat sowie in einem Verzeichnis Localization unter Common noch LocaleButtonHandler, Localizer und LocalizeText.

Alles, was mit dem Tracer zu tun hat, also alle Klassen, deren Name mit Tracer oder Wall beginnt, sowie die Klasse InputManager, die vom TracerController genutzt wird, verschieben wir in das Verzeichnis Tracer. Die Klassen für die Benutzerschnittstelle kommen in UserInterface. Das sind AppleCategoryProgress, AppleIcon, AppleProgressGroup, InGameGUIController, MenuController und PlayerConfiguration. Schließlich haben wir einige Klassen, die mit dem Spielen eines Levels zu tun haben: Apple, GameStateManager und InGameAudioController kommen in das neue Verzeichnis Level.

Die vollständige neue Struktur der Scripts sehen Sie in Abb. 13.1. Natürlich gibt es manchmal Klassen, deren Zuordnung nicht so einfach ist – aber auf der Grundlage von Systemen in unserem Spiel sowie der wichtigen Frage der Wiederverwendbarkeit in anderen Projekten haben wir zumindest eine sinnvolle Richtlinie.

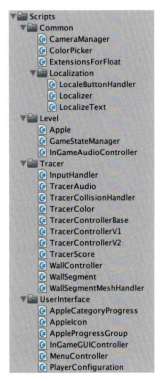

Abb. 13.1
Neue Verzeichnisstruktur für Scripts

13.1.2 Eigene Klassen in Namespaces zusammenfassen

Wenn wir mit der Verzeichnisstruktur zufrieden sind, können wir für die verschiedenen Verzeichnisse auch entsprechende Namespaces einführen. Das passiert in den Scripts durch das Schlüsselwort namespace. Das sieht dann beispielsweise so aus wie in Listing 13.1 oder Listing 13.2.

```
using System;
using UnityEngine;
using UnityEngine.UI;
```

Listing 13.1
InGameGUIController in Namespace

```
using NarayanaGames.Common.Localization;
using TracesOfIllumination.Level;

namespace TracesOfIllumination.UI {

    public class InGameGUIController : MonoBehaviour {

        // die alte Klassendefinition (kennen wir ja schon)

    }
}
```

Bei `InGameGUIController` sehen Sie auch sehr schön, dass wir jetzt unsere eigenen Namespaces mit entsprechenden using-Statements der Klasse bekannt machen müssen. Erfreulicherweise ist das nur in relativ wenigen Fällen notwendig und auch logisch erklärbar: Natürlich braucht beispielsweise eine UserInterface-Klasse, die den Spielzustand in einem Level darstellt, auch Zugriff auf Klassen, die eben jenen Level repräsentieren.

Listing 13.2
Localizer in Namespace

```
using UnityEngine;
using System.Collections;
using System.Collections.Generic;

namespace NarayanaGames.Common.Localization {

    public class Localizer : MonoBehaviour {
        // kennen wir ja schon
    }

    [System.Serializable]
    public class LanguageFile {
        public string languageKey = "en";
        public TextAsset translationFile = null;
    }
}
```

Download von unity-buch.de

Das aufgeräumte Projekt finden Sie unter `Traces_TheGame_120.zip`.

13.2 InputHandler auf Events umstellen

Wir mussten schon mehrfach die Script Execution Order umstellen, damit die Drehungen unseres Tracers funktionieren – und in Abschnitt 7.4, *Die Reihenfolge der Scriptaufrufe bestimmen,* wurde ja schon darauf aufmerksam gemacht, dass Sie die Script Execution Order nur dann ändern sollten, wenn es gar nicht anders geht. Das tut es aber!

Vom Polling-Ansatz, der nur funktioniert, wenn die Aufruf-Reihenfolge der Scripts genau passt, können wir auf den viel eleganteren Ansatz über `UnityEvent` umstellen. Dazu brauchen wir zunächst eine kleine Erweiterung des `InputHandler`, sodass sich andere Komponenten bei ihm für Drehungskommandos registrieren können:

```
using UnityEngine;
using UnityEngine.Events;
using System.Collections;

namespace TracesOfIllumination.Tracer {
  [System.Serializable()]
  public enum TurnCommand { None, Left, Right }

  [System.Serializable()]
  public class UnityEventTurnCommand : UnityEvent<TurnCommand> { }

  public class InputHandler : MonoBehaviour {
    public KeyCode keyCodeTurnLeft = KeyCode.LeftArrow;
    public KeyCode keyCodeTurnRight = KeyCode.RightArrow;

    public UnityEventTurnCommand onTurnCommand
        = new UnityEventTurnCommand();

    private TurnCommand currentTurnCommand = TurnCommand.None;

    public void TurnLeft() {
      currentTurnCommand = TurnCommand.Left;
      onTurnCommand.Invoke(currentTurnCommand);
    }

    public void TurnRight() {
      currentTurnCommand = TurnCommand.Right;
      onTurnCommand.Invoke(currentTurnCommand);
    }
    // ...
    private void TestKey(KeyCode keyCode, TurnCommand command) {
      if (Input.GetKeyDown(keyCode)) {
        currentTurnCommand = command;
        onTurnCommand.Invoke(currentTurnCommand);
      }
    }
  }
}
```

Listing 13.3
InputHandler auf UnityEvent umstellen

Den `TracerControllerV2` stellen wir jetzt so um, dass er auf diese Events reagieren kann und nicht mehr den Polling-Ansatz verfolgt. Zunächst entfernen wir den Aufruf von `CheckForTurn()` aus der `Update()`-Methode:

```
void Update() {
  //CheckForTurn(); // auskommentiert
  if (turns.Count > 0) {
```

Listing 13.4
Dem TracerControllerV2 das Fragen abgewöhnen

```
            HandleTurn();
        }
    }
```

Die Methode CheckForTurn() brauchen wir nicht mehr. Wir haben uns aber den Rumpf für die Implementierung von DoTurn() geschnappt:

Listing 13.5
Den TracerControllerV2 auf das Hören vorbereiten

```
//private void CheckForTurn() {
//     float? testRotation = null;
//     base.CheckForTurn(ref testRotation);

//     if (testRotation != null) {
//         DoTurn(testRotation.Value);
//     }
//}

public void DoTurn(TurnCommand cmd) {
    switch (cmd) {
        case TurnCommand.Left: DoTurn(-90F); break;
        case TurnCommand.Right: DoTurn(90F); break;
    }
    SendMessage("TracerTurned", cmd);
}

public void DoTurn(float rotation) {
    Turn nextTurn = new Turn();
    nextTurn.rotation = rotation;
    nextTurn.turnStartPositionFront
        = snakeHead.transform.position;

    if (turns.Count == 0) {
        nextTurn.turnStartPositionBack
            = pointBack.transform.position;
    } else {
        Turn[] turnsArray = turns.ToArray();
        Turn previousTurn = turnsArray[turns.Count - 1];
        nextTurn.turnStartPositionBack
            = previousTurn.turnStartPositionFront;
    }

    nextTurn.distanceForTurn = Vector3.Distance(
        nextTurn.turnStartPositionBack,
        nextTurn.turnStartPositionFront);

    turns.Enqueue(nextTurn);

    snakeHead.transform.Rotate(0F, nextTurn.rotation, 0F);
    snakeHead.velocity
        = snakeHead.transform.forward * baseVelocity;
}
```

Jetzt müssen wir nur noch Tracer-00 beim InputHandler für OnTurn-Command() eintragen und als Methode zum Aufruf DoTurn auswählen (natürlich bei Dynamic TurnCommand). Die Klassen TracerControllerV1, TracerControllerV2 und InputHandler können wir jetzt auch aus der Script Execution Order wieder herausnehmen. TracerControllerV1 habe ich übersprungen – den verwenden wir vorerst nicht mehr.

Ansonsten ist das jetzt auch endlich sauber gelöst, und auch dieser Schuh drückt uns nicht mehr bei unserer weiteren Reise!

> Das aufgeräumte Projekt finden Sie unter Traces_TheGame_130.zip. Hier ist der Player jetzt auch als Prefab gespeichert, da wir sonst die Umstellung für jede Variante von Level-01 erneut hätten durchführen müssen.

Download von unity-buch.de

14 Ein minimales Multiplayer-Spiel

Bevor es Computerspiele gab, war Spielen meistens eine soziale Aktivität mit mehreren Teilnehmern. Spiele, die man ohne andere Teilnehmer spielen konnte, waren so besonders, dass dies teilweise sogar im Namen ausgedrückt wurde (»Solitaire« heißt auf Deutsch »Einsiedler«). Insofern ist es verständlich, dass viele Leute lieber Multiplayer-Spiele entwickeln wollen als Spiele für eine einzelne Person. Gleichzeitig handelt man sich aber speziell bei netzwerkbasierten Multiplayer-Spielen eine Vielzahl neuer technischer Herausforderungen ein, die den Rahmen dieses Buches völlig sprengen würden.[1]

Dennoch kann ich es nicht mit meinem Gewissen vereinbaren, nicht zumindest eine kleine Multiplayer-Variante einzuführen. Dabei kommen wir ohne die Komplexität verteilter Echtzeitsysteme[2] aus. Stattdessen arbeiten wir mit einer altbekannten und bewährten Technik für Multiplayer, bei der Sie gleich noch eine neue Möglichkeit der Unity-Kameras kennenlernen: *Splitscreen*.

Dabei werden auf einem Bildschirm oder einem Display gleichzeitig verschiedene Kameraperspektiven dargestellt. Auf diese Weise können mehrere Spieler gleichzeitig an einem Gerät teilnehmen.

In der Zweispieler-Variante unseres Spiels versuchen die beiden Spieler gemeinsam, möglichst schnell alle Äpfel einzusammeln, um möglichst viele Punkte zu erhalten. Es gibt also keinen Gewinner oder Verlierer. Warum nicht? Die Welt braucht keine Verlierer. Also ist es an der Zeit, aufzuhören, durch künstlichen Wettbewerb Verlierer zu produzieren.

---

[1] Wenn ich genügend Anfragen dazu bekomme, schreibe ich aber gern ein ganzes Buch über das Thema, da ich es selbst äußerst faszinierend finde und das echte Traces of Illumination ja sogar fast ein reines Multiplayer-Spiel ist.

[2] Genau das ist nämlich ein netzwerkbasiertes Multiplayer-Spiel, zumindest wenn es nicht rundenbasiert ist, und deswegen ist das so eine große Herausforderung.

Zugegeben: In diesem Spielkonzept schwingt durchaus noch etwas von schnellstmöglicher Ausbeutung natürlicher Ressourcen mit. Auch das ist nicht unbedingt etwas, wozu wir mit unseren Spielen inspirieren wollen. Wenn wir aus den Äpfeln Plastikflaschen machen oder eine sonstige Art von Müll, haben wir aber auch dieses Problem elegant gelöst: Dann ist es ein Spiel, bei dem man gemeinsam die Welt von Müll befreit. Paradiesisch!

14.1 Die Spieler vervielfältigen

Zunächst brauchen wir eine neue Szene – erstellen Sie dazu ein Duplikat der Szene Level-01 im Project Browser, und nennen Sie sie Level-02-Multiplayer.

Dadurch, dass ich am Ende des letzten Kapitels en passant noch ein Prefab vom Spieler erzeugt habe (das Player-Objekt in der Szene Level-01), ist das Vervielfältigen des Spielers jetzt trivial: Ziehen Sie einfach das Prefab noch mal in die Szene, und falls Sie noch kein Player-Prefab haben, ziehen Sie einfach zuerst das Player-Objekt ins Projekt (unter Prefabs) und von dortaus zurück in die Szene. Beachten Sie, dass zu OnScoreUpdate() bei der Komponente TracerScore von Tracer-00 wieder die Methode UpdateScore(int) von InGameGUICanvas hinzugefügt werden muss. Sonst funktioniert die Punkteanzeige nicht mehr. Das weiß ich aus Erfahrung.

Fertig!

Na ja ... noch nicht ganz. ;-)

Nennen Sie einen Spieler Player Left, den anderen Player Right, und schieben Sie Player Left auf X = -10, Player Right auf X = 10.

14.2 Kameras aufräumen und Splitscreen einführen

Wenn Sie einen CameraManager und mehrere Kameras haben, so wie in den Beispielprojekten, dann ist es jetzt am einfachsten, dieses Feature erst mal zu streichen. Wenn Sie möchten, können Sie aber durchaus später als Übung die Möglichkeit implementieren, dass beide Spieler über entsprechende Tasten auch ihre Kameras auswählen können.

Übung macht den Meister

Wir löschen jetzt alle Kameras, die wir nicht brauchen. Am Ende brauchen wir zwei: genau eine für Player Left und eine für Player Right. Beim Löschen der Kameras geht wahrscheinlich die Prefab-Verbindung verloren – aber die brauchen wir jetzt sowieso nicht.

Wichtig ist, dass bei beiden Kameras Auto Target Player abgeschaltet und Target korrekt zugewiesen ist, und zwar jeweils auf Tracer-00 des darüberliegenden Player-Objekts. Falls Sie das vergessen, werden später beide Kameras den gleichen Spieler anvisieren. Das wäre nicht fair.

Nun brauchen wir die beiden `MainCamera`-Objekte, um den Splitscreen einzurichten. Wir beginnen bei `Player Left` / `Cameras` / `MultipurposeCamera-Rig-Far` / `Pivot` / `MainCamera`. (Eventuell haben Sie eine andere Kamera stehen gelassen – das macht nichts, sofern es ein `MultipurposeCameraRig` ist.) Setzen Sie bei `Viewport Rect` bitte W = 0.5 (siehe auch Abb. 14.1).

Als Nächstes setzen Sie bei `Player Right` die Werte X = 0.5 und W = 0.5. Deaktivieren Sie hier den `Audio Listener`, denn Sie können nicht zwei Listener gleichzeitig nutzen. Jetzt sind wir auch schon fast fertig – probieren Sie es ruhig mal aus. Das einzige Problem in dieser Version ist, dass Sie mit den Cursortasten beide Tracer steuern. Das gibt Streit. Den wollen wir nicht.

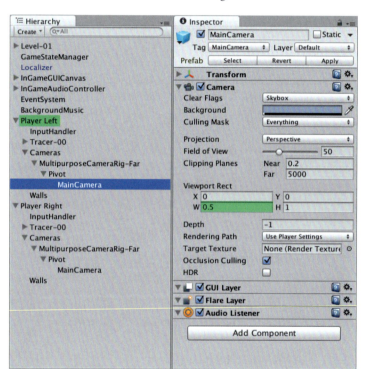

Abb. 14.1
Splitscreen einrichten für Player Left

14.3 Die Tastatur gerecht aufteilen

Dadurch, dass wir in der ersten Polishing-Runde den praktischen `Input-Handler` eingeführt haben, der Jahre später nun auch `UnityEvent` unterstützt, ist es heute ganz einfach: Beim `InputHandler` von `Player Left` ändern wir einfach die Tasten: beispielsweise auf A für links, D für rechts (siehe Abb. 14.2).

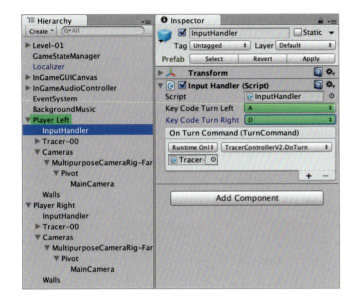

Abb. 14.2
Tasten für Player Left ändern

14.4 Das Punktekonto zusammenführen

Bis jetzt hat jeder Spieler noch sein eigenes Punktekonto (TracerScore). Um den kollaborativen Aspekt des Spiels deutlich herauszustellen, müssen wir die beiden TracerScore-Komponenten zu einer zusammenführen. Dazu sind zunächst kleine Änderungen am TracerCollisionHandler notwendig. Das [RequireComponent(TracerScore)] muss natürlich weg. Stattdessen gibt es eine öffentliche Variable public TracerScore tracerScore;, die in der Awake()-Methode initialisiert wird, falls sie nicht im Inspector zugewiesen wurde. So funktioniert unsere alte Logik weiterhin, ohne dass wir etwas in der Szene ändern müssen – aber wir können auch eine andere Zuweisung vornehmen.

Schließlich müssen wir die Variablendeklaration und Zuweisung von tracerScore in OnTriggerEnter() entfernen. Damit man das besser sieht, ist das in Listing 14.1 auskommentiert.

```
using UnityEngine;
using System.Collections;

using TracesOfIllumination.Level;

namespace TracesOfIllumination.Tracer {

    public class TracerCollisionHandler : MonoBehaviour {

        public TracerScore tracerScore;
        public Object explosionPrefab;
```

Listing 14.1
Änderungen an TracerCollider

```
        public void Awake() {
            if (explosionPrefab == null) {
                // ...
            }
            if (tracerScore == null) {
                tracerScore = this.GetComponent<TracerScore>();
            }
        }

        // OnCollisionEnter wie gehabt

        public void OnTriggerEnter(Collider other) {
            if (other.transform.parent != null) {
                Transform appleTransform = other.transform.parent;
                Apple apple = appleTransform.GetComponent<Apple>();
                if (apple != null) {
                    // Diese Zuweisung brauchen wir nicht mehr:
                    //TracerScore tracerScore
                    //   = this.GetComponent<TracerScore>();

                    tracerScore.AddScore(apple.Score);

                    appleTransform.gameObject.SetActive(false);

                    GameStateManager.Instance.AppleCollected();
                }
            }
        }
    }
}
```

Jetzt können wir dem GameStateManager die Komponente TracerScore von einem unserer Tracer-00 Objekte hinzufügen. Wählen Sie *Copy Component* bei Tracer-00 / TracerScore und dann *Paste Component as New* beim GameStateManager. Diese TracerScore-Komponente (also das Objekt GameStateManager) weisen Sie den beiden TracerCollisionHandler-Komponenten von Player Left / Tracer-00 und Player Right / Tracer-00 zu, und abschließend entfernen Sie die beiden TracerScore-Komponenten von Player Left / Tracer-00 und Player Right / Tracer-00.

Jetzt haben wir ein gemeinsames Punktekonto! Egal welcher Spieler einen Apfel einsammelt, die Punkte werden beiden Spielern gutgeschrieben!

14.5 Spaß haben!

Jetzt können Sie sich eine Spielpartnerin oder einen Spielpartner suchen und gemeinsam Strategien entwickeln, um zusammen möglichst viele Punkte in möglichst kurzer Zeit zu bekommen.

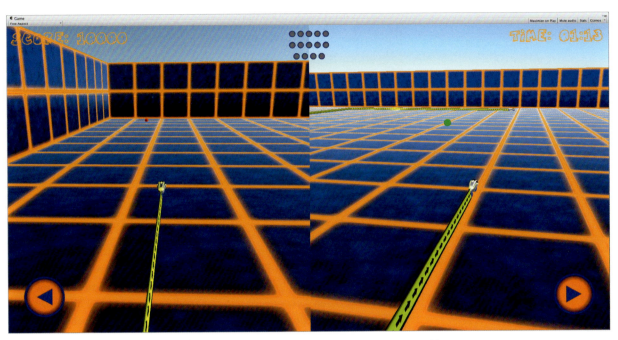

Abb. 14.3
Zu zweit spielen

Die `CameraManager`-Komponente sollten Sie noch von den beiden Cameras-Objekten entfernen. Sonst erhalten Sie `NullReferenceExceptions` in der Konsole. Auch das individuelle Einfärben von Fahrzeugen pro Spieler wäre eine kleine, aber lohnenswerte Herausforderung, weil wir relativ viele Materialien pro Tracer haben. Und wenn Sie diese kleineren Problemchen gelöst haben, gibt es auch noch eine richtig spannende Aufgabe.

> Implementieren Sie eine funktionstüchtige Lösung für Tablets. Hier sollen die Spieler sich gegenüber sitzen, und jeder Spieler soll natürlich eigene Steuerungsmöglichkeiten haben.
>
> Eine weitere interessante Variante wäre ein 4-Spieler-Modus, sowohl für Desktop-PCs als auch für mobile Geräte.

Übung macht den Meister

> Als Basis können Sie `Traces_TheGame_0140.zip` verwenden.

Download von unity-buch.de

14.6 Übung: PowerUps hinzufügen

> Sie haben jetzt genug über Unity gelernt, dass Ihnen die selbstständige Implementierung der PowerUps keine Probleme mehr bereiten sollte. Schauen Sie sich dazu noch mal Abschnitt *3.2, Spielmechanik und Begriffswelt,* ab Seite 70 an. Dort sind die verschiedenen PowerUps beschrieben. Es gibt hier eine Vielzahl von Möglichkeiten.

Übung macht den Meister

> Sie könnten spezifische PowerUps an festen Stellen im Level haben – müssen dann aber auch dafür sorgen, dass der Spieler erkennt, welches PowerUp er da einsammelt, am besten auch aus der Ferne. Oder Sie haben ein PowerUp-Objekt und entscheiden beim Aufsammeln zufällig, was der Spieler bekommt. Da könnten Sie für verschiedene PowerUps auch verschiedene Wahrscheinlichkeiten festlegen. Eine weitere Möglichkeit ist, dass PowerUps an verschiedenen Stellen im Level zufällig erscheinen und – beispielsweise nach einer Farbänderung, um die Spieler vorzuwarnen – auch wieder verschwinden, wenn sie nicht rechtzeitig aufgesammelt werden. Ein ganz anderer Ansatz wäre, die PowerUps bei bestimmten Punktezahlen zu vergeben oder nach dem Einsammeln von Äpfeln verschiedener Kategorien in einer bestimmten Reihenfolge (z. B. Rot, Gelb, Rot, Grün). Das sind nur einige Möglichkeiten; vielleicht erfinden Sie noch weitere.
>
> Die konkrete Umsetzung ist dann – bei Aufsammel-PowerUps – vergleichbar mit den Äpfeln. Das PowerUp könnte sofort aktiviert werden (was von der Implementierung her deutlich einfacher ist), oder der Spieler könnte es später aktivieren. Letzteres ist von der Spielmechanik her viel interessanter, wirft aber viele Design-Fragen auf, die geklärt und dann entsprechend implementiert werden müssen. Falls Sie mobile Geräte unterstützen und der Spieler die PowerUps zu beliebigen Zeitpunkten aktivieren können soll, brauchen Sie dazu eine entsprechende Benutzerschnittstelle (Buttons). Ansonsten könnten Sie die Aktivierung der PowerUps auch auf Tasten legen.

Damit endet die Reise durch die naheliegendsten Varianten des Snake- bzw. Lightcycles-Spielprinzips. Aber auch wenn wir schon einen weiten Weg zurückgelegt haben, hat die Reise durch die Spielentwicklung mit Unity gerade erst begonnen. In den folgenden Kapiteln stelle ich Ihnen kurz einige Möglichkeiten vor, aus der Kernmechanik dieses Spielprinzips noch ganz andere Spiele zu entwickeln. Mit *Kernmechanik* ist hier Folgendes gemeint:

> Ein Spielerobjekt bewegt sich durch einen Level, um Items einzusammeln, und hinterlässt dabei eine Spur, die es normalerweise selbst nicht überwinden kann (Ausnahme: Jump-PowerUp), die aber normalerweise nach einer gewissen Zeit auch wieder verschwindet und somit den Weg freigibt.

Wir haben bereits gesehen, dass das wunderbar in 2D und 3D funktioniert. Gleich verlassen wir den Pfad des rechtwinklig Gewohnten und sehen deswegen auch gleich, dass unser Spiel auch in ganz anderen Umgebungen funktioniert.

15 Terrain Engine: Eine Landschaft bauen

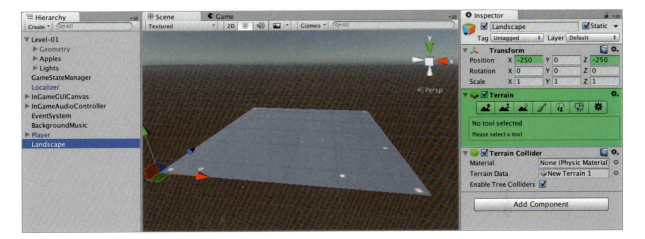

Abb. 15.1
Eine (noch) flache Landschaft

Für die nächsten drei Kapitel brauchen wir einen grundsätzlich anderen Level: Statt der flachen quadratischen Rasterform wollen wir jetzt eine schöne hügelige Landschaft verwenden. Fangen wir trotzdem mit einem Duplikat der Szene Level-01 an. Nehmen Sie nicht die Multiplayer-Variante, sondern den ganz normalen Level für einen Spieler. Falls Sie später eine Multiplayer-Variante dieser neuen Spielversionen erstellen wollen, ist das natürlich möglich. Nennen Sie die neue, duplizierte Szene Level-03-Third-Person.

In dieser neuen Szene deaktivieren wir erst mal das Objekt Level-01 / Geometry und erstellen mit *GameObject/3D Object/Terrain* eine neue Landschaft. Benennen Sie das Objekt Terrain in Landscape um, und das gleichzeitig erzeugte Asset New Terrain im Projekt nennen Sie ebenfalls Landscape. Die Position setzen wir auf (-250, 0, -250), sodass unser Tracer genau in der Mitte der Landschaft steht. Dass das Standard-Terrain genau so groß ist, wie unser Level-01 es war, ist Zufall, aber sehr nützlich.

Dann deaktivieren wir den Tracer, denn wir brauchen ihn hier nicht mehr. Löschen Sie ihn aber nicht, da wir das Setup noch brauchen.

Wenn Sie Landscape selektieren, sehen Sie auf der Komponente Terrain die sogenannten *Terrain-Tools*, mit denen Sie die Landschaft bearbeiten können (siehe Abb. 15.1). Damit können wir gleich die Landschaft formen. Aber womit arbeiten wir eigentlich genau?

15.1 Was ist eigentlich ein Terrain in Unity?

Ein Terrain in Unity ist im Prinzip nichts weiter als eine große *Height-Map*, mit der Sie sehr einfach in der *Scene View* hügelige Landschaften erstellen können. Den Vorgang könnte man mit *Sculpting* (Bildhauerei) bezeichnen: In der *Scene View* können Sie mit verschiedenen Werkzeugen verschiedene Grautöne in die Height-Map malen und damit Erhöhungen und Senken in der Landschaft erzeugen.

Im Terrain mischen Sie auch verschiedene Texturen, die Sie gewissermaßen übereinandermalen können, um die verschiedenen Materialeigenschaften des Bodens zu bestimmen, beispielsweise Stellen, an denen es eher sandig ist oder eher felsig ist oder an denen Moos oder Gras wächst. Die dazu eingesetzte Technik nennt sich *Texture Blending*, also »Mischen verschiedener Texturen«. Die daraus resultierenden Texturen sind *Detail Map* und *Splat Map*.

Schließlich können Sie auch Gras und Bäume auf die Landschaft malen oder auch Felsformationen und die Gegend somit richtig lebendig und vielfältig gestalten. Die so erzeugten Objekte können sich durch sogenannte *Wind Zones* auch sanft im Wind wiegen, sodass die Vegetation in den Landschaften in Unity meistens in Bewegung ist. Hier ist anzumerken, dass ab Unity 5.0 auch SpeedTree-Modelle mit all ihren Features direkt von Unity unterstützt werden. SpeedTree ist ein spezielles Tool zum Erzeugen von Vegetation (Bäumen, Pflanzen), das nicht nur für einige bekannte Spieltitel, sondern unter anderem auch für den Film Avatar eingesetzt wurde.

Unity sorgt dabei dafür, dass möglichst wenig Zeit für das Rendern der Landschaft verbraucht wird. So werden beispielsweise nur diejenigen Gräser und Bäume, die man aus der Nähe sieht, als echte Modelle dargestellt – für Pflanzen in der Ferne verwendet Unity sogenannte Billboards, also Flächen mit einer Textur, die immer auf die Kamera ausgerichtet sind und somit aus größerer Entfernung ohne komplexe Geometrie dennoch ein reichhaltiges Bild liefern.

Da dem Ganzen letztlich nur eine Height-Map zugrunde liegt, können Sie in Unity keine Höhlen in die Landschaft formen – nicht einmal Überhänge. Brauchen Sie so etwas, müssen Sie tricksen: Überhänge und Höhlen werden dann als normale Modelle eingebaut, und die Übergänge müssen Sie geschickt verstecken, beispielsweise mit Felsen oder Vegetation.

15.2 Vorbereitungen treffen

15.2.1 Die Grundeinstellungen konfigurieren

Bevor Sie anfangen, die Landschaft zu formen, sollten Sie unbedingt einen Blick auf die Settings der neuen Landschaft werfen! Das ist das Zahnrad-Symbol ganz rechts in der Terrain-Werkzeugleiste. Einige dieser Eigenschaften können Sie jederzeit ändern – aber ganz unten, unter Resolution stehen einige, deren Änderung zum Zurücksetzen der Maps führt. Sie wollen nicht stundenlang an einer wundervollen Landschaft bauen und dann feststellen, dass die Auflösung nicht ausreicht, und vor der Wahl stehen, die falsche Auflösung zu behalten, von vorne anzufangen oder sich einen Trick zu überlegen. (Auf jeden Fall können Sie die Height-Map auch exportieren und wieder importieren, was in solchen Fällen zumindest die Möglichkeit externer Überarbeitung bietet.)

Für uns passen die Standardeinstellungen. Es macht aber zum Erstellen der Landschaft Sinn, die Distanzen etwas hochzufahren (z. B. Tree & Detail Objects / Detail Distance), da man sonst oft aus der Vogelperspektive gar nicht sieht, wie viel Gras man in dem ganzen Terrain schon verteilt hat (nachdem man sich erst geärgert hat, warum das denn schon wieder nicht funktioniert).

15.2.2 Terrain Assets importieren und registrieren

Geeignete Bäume, Büsche und Texturen finden Sie im Asset Store, kostenfrei und direkt von Unity Technologies unter dem Namen *Terrain Assets*. Alternativ können Sie auch das Paket *Environment* aus den Standard Assets importieren (*Assets/Import Package/Environment*). Dieses enthält neben einigen Texturen für die Oberflächen auch auf SpeedTree basierende Pflanzen, sowie verschiedene Varianten von Wasser, das Sie zur Gestaltung Ihrer Landschaft einsetzen können.

Diese oder auch eine größere Kollektion eines anderen Herstellers sollten Sie sich für die Arbeit an Landschaften in Unity auf jeden Fall in Ihr Projekt holen. Natürlich können Sie entsprechenden Assets auch selbst erstellen, aber für einen schnellen Prototyp geht es auf diese Weise besser.

Öffnen Sie also den Asset Store (*Window/Asset Store*), suchen Sie nach den Stichworten Terrain Assets, und importieren Sie das gleichnamige Paket in unser Projekt. Jetzt haben Sie ein Verzeichnis Terrain Assets im Projekt, das Sie am besten gleich nach Xternal / Asset Store aufräumen. Die letzte Polishing-Runde in diesem Buch liegt schon hinter uns!

In der Terrain-Komponente im *Inspector* unter *Paint Texture, Place Trees* und *Paint Details* können Sie jetzt jeweils im Bereich Textures, Trees bzw. Details die vom Terrain verwendeten Assets konfigurieren.

Link auf unity-buch.de

Abb. 15.2
Terrain Assets registrieren

Unter Details können Sie sowohl Texturen für Gras hinzufügen als auch beliebige Meshes, beispielsweise für Felsen.

Beachten Sie, dass Sie die Texturen und Objekte später austauschen können: Haben Sie beispielsweise in einem Bereich Gras gemalt und finden später eine bessere Textur dafür, ändern Sie einfach die Gras-Textur. Gleiches gilt für Bäume und Details: Haben Sie beispielsweise in einem Bereich *Willows* (dt. »Weidenbäume«) verteilt und möchten stattdessen in diesem Bereich jetzt Palmen pflanzen, reicht es, den Slot zu selektieren, *Edit Trees/ Edit Tree* zu wählen und das andere Modell auszuwählen.

15.3 Die Landschaft formen

Die verschiedenen Werkzeuge sind an sich selbsterklärend. Außerdem stehen die entsprechenden Tastatur-Modifizierer direkt unter dem Werkzeug, wenn Sie eines ausgewählt haben. Beispielsweise dient die gedrückte -Taste (also ⇧+🖱) bei Raise / Lower Terrain dazu, das Terrain abzusenken, während einfach nur 🖱 zum Anheben dient.

Abb. 15.3
Ein Apfel im Sonnenuntergang

Von der Vorgehensweise her würde ich zuerst aus der Überblicksperspektive die wesentlichsten Eigenschaften der Landschaft formen, also Gebirgszüge, Hügel und ebene Flächen. Oft ist es auch sinnvoll, zuerst eine Standardhöhe festzulegen, um auch kleine Täler formen zu können. Denken Sie daran, dass es eine minimale und eine maximale Höhe gibt. Darüber hinaus kommt die Terrain-Engine nicht. Daher ist es so wichtig, solche Dinge festzulegen, bevor man mit dem Formen der Landschaft beginnt.

Dann formen Sie mit den Texturen verschiedene Bereiche (Sand, Gras, Felsen, Schnee), die schließlich in einer näheren Ansicht dem jeweiligen Bereich entsprechend mit Bäumen und weiteren Details verfeinert werden.

Verwenden Sie dazu F, um immer wieder die von Ihnen gewünschte Stelle zu fokussieren. Ganz am Ende können Sie dann auch Wege oder Straßen einzeichnen und schließlich im Flugmodus (First Person Control)[1] noch mal das gesamte Terrain bereisen. Wichtig ist dabei, dass Sie das Terrain nicht selektiert haben – sonst funktioniert der Flugmodus zur Navigation nämlich nicht.

Schließlich gibt es in so einer Landschaft eine Vielzahl von Geräuschquellen – auch diese dürfen nicht fehlen: Vogelgezwitscher, vielleicht das Rauschen des Windes. Wenn Sie die Landschaft als Insel im Wasser umgesetzt haben, müssen Sie sich auch um Meeresrauschen kümmern. Geben Sie Ihren Spielern etwas zu entdecken und zu bestaunen!	*Übung macht den Meister*
Den gesamten Prozess, wie man ein Terrain erstellt, habe ich auch mit dem Screencast *Unity Terrain Engine: Eine Landschaft gestalten* illustriert.	*Screencast auf unity-buch.de*
Eine Projektversion mit einem vorbereiteten Terrain für die folgenden Kapitel finden Sie unter dem Namen `Traces_TheGame_150.zip`.	*Download von unity-buch.de*

---

[1] Erinnern Sie sich ganz an den Anfang, als Sie Unity kennengelernt haben? Der Flugmodus wurde in Abschnitt 2.2.3, *Objekte der Szene im Raum: Scene View*, erklärt.

16 Durch die Landschaft laufen

Abb. 16.1
Ethan meets Tracer in Paradise

Jetzt, wo wir so eine schöne Landschaft erschaffen haben – die wir mit unserem Tracer leider nicht mehr bereisen können, weil er auf plane Ebenen ausgelegt ist –, ist es natürlich sehr naheliegend, einen Charakter in die Szene zu setzen und mit diesem Charakter herumzulaufen.

Praktischerweise ist so ein Charakter bei Unity gleich dabei. Sein Name ist *Ethan*. Sie finden ihn über das Menü *Assets/Import Package/Characters*. Nachdem Sie das Paket importiert haben, können Sie aus dem Projekt im Verzeichnis Standard Assets / Characters / ThirdPersonCharacter das Prefab ThirdPersonController in unsere Landschaft ziehen – am besten neben den Tracer, der dort ja noch steht.

Aktivieren Sie `Player` (falls Sie es vorher deaktiviert haben), stellen Sie aber sicher, dass `InputHandler` und `TracerControllerV2` deaktiviert sind (und am besten auch die `Audio Source` an `Tracer-00`). Sonst fährt das Fahrzeug gleich los und explodiert wahrscheinlich am nächsten Berg. Den Schock wollen wir Ethan ja nicht zumuten.

Außerdem sollten Sie jetzt in dieser Szene das Tag `Player` von `Tracer-00` entfernen, indem Sie beispielsweise `Untagged` als neues Tag auswählen. Außerdem müssen wir bei `ThirdPersonController` das Tag `Player` setzen. Das bewirkt, dass unsere Kameras jetzt automatisch Ethan folgen und nicht mehr dem Tracer. Wenn Sie den `CameraManager` aus dem Beispielprojekt mit insgesamt zehn Kameras haben, können Sie jetzt schon ganz gut die Landschaft erkunden und dem Spieler auf verschieden Arten folgen (mit den verschiedenen Kameras). ***Schon können wir in der Landschaft herumlaufen – versuchen Sie es!***

16.1 Third Person Controller studieren

Die Standard Assets werden in Unity vor allem auch deswegen mitgeliefert, damit man sich schnell mit bestimmten Arbeitsweisen in Unity vertraut machen kann. Hier möchte ich Sie nun einladen, sich das Thema Character-Animation am Beispiel von Ethan anzusehen.

Unter `Standard Assets / Characters / ThirdPersonCharacter / Models` finden Sie `Ethan`. Schauen Sie sich dort mal die Import-Einstellungen an, und zwar im Bereich `Rig`. Wenn Sie dort auf `Configure` klicken, können Sie sich das Rig (also das Skelett, um den Character animieren zu können) des Characters ansehen und bei Bedarf das Mapping anpassen. Das ist notwendig, damit das Retargeting funktioniert, also das Verwenden von Animationen für andere Charaktere als diejenigen, die zur Erstellung der Animation verwendet wurden. Unter `Muscles` können Sie auch die Beweglichkeit des Charakters kontrollieren. In der Hierarchy sehen Sie jetzt nur die Skelett-Struktur des Charakters und können diese auch zur Navigation bzw. Zuweisung verwenden. Wenn Sie mit dem Studieren oder Einrichten fertig sind, klicken Sie auf den kleinen `Done`-Button rechts unten im Inspector, um wieder in den normalen Szenenbearbeitungsmodus von Unity zu wechseln.

In der Szene bzw. am Prefab an `ThirdPersonController` finden Sie auch den uns bereits bekannten `Animator`. Hier können Sie mit einem Doppelklick auf den `Controller` (`ThirdPersonAnimatorController`) die Mecanim-Zustandsmaschine für diesen Charakter einsehen, an Ihre Bedürfnisse anpassen oder als Referenz für eigene Projekte verwenden. Diese funktioniert natürlich im Zusammenspiel mit den anderen Scripts an `ThirdPersonController`. Daher lohnt es sich, auch diese Scripts zu studieren.

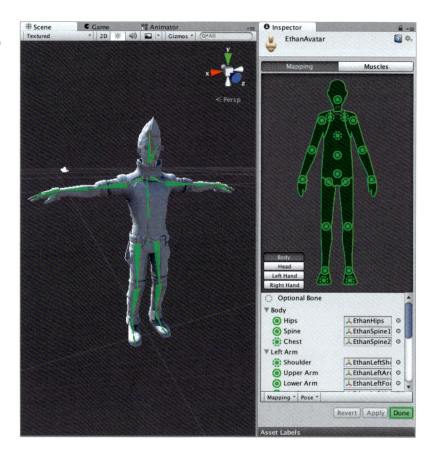

Abb. 16.2
Ethan wird importiert – Rigging-Einstellungen

16.2 Den Charakter an unser Spiel anpassen

Jetzt wollen wir Ethan natürlich auch zum Äpfelsammeln schicken. Dazu braucht er die `TracerCollisionHandler`-Komponente, die wir direkt vom `Tracer-00` kopieren können. Ebenso übernehmen wir `TracerScore` (wieder mit *Copy Component* und *Paste Component As New*). Das war mit ein Grund, warum wir den `Tracer-00` nicht einfach aus der Szene gelöscht haben.

Was jetzt natürlich unschön ist: Wenn wir das Spiel starten, explodiert erst mal alles. Das entbehrt nicht einer gewissen Ironie, ist aber nicht Sinn und Zweck dieser Übung.

An dieser Stelle müssen wir die Kollisionserkennung etwas toleranter machen – zumindest für den Spieler. Dazu führen wir eine öffentliche `bool`-Variable `tolerantCollisions` in `TracerCollisionHandler` ein, die standardmäßig auf `false` steht. So ändert sich für das restliche Spiel nichts. Dann ändern wir die Kollisionsbehandlung:

```
public void OnCollisionEnter(Collision collision) {
    if (tolerantCollisions) {
        // only allow collisions with player
        if (collision.gameObject.tag != "Player") {
            return;
        }
    }
    GameStateManager.Instance.PlayerCrashed();
    if (explosionPrefab != null) {
        Instantiate(explosionPrefab,
                    transform.position,
                    transform.rotation);
    }
    gameObject.SetActive(false);
}
```

Listing 16.1
TracerCollisionHandler:
tolerant gegenüber Kollisionen

Wenn Sie das Spiel jetzt spielen, explodiert nur noch der Tracer, wenn Sie geradewegs in ihn hineinlaufen. Das Ding ist empfindlich und darf es auch bleiben. Und Sie können Äpfel einsammeln! Wenn Sie darauf geachtet haben, dass Ihre Äpfel nicht von der Lanschaft überdeckt werden (was leicht passieren kann, aber ebenso leicht durch Anheben, also Anpassen, des Y-Wertes zu korrigieren ist), ist das Spiel in seiner neuen Variation jetzt schon so weit lauffähig: Sie können durch den Level laufen, und wenn Sie rechtzeitig alle grünen Äpfel eingesammelt haben, gewinnen Sie.

Jetzt fehlt nur noch eine Sache, die für unsere Kernmechanik doch wesentlich ist: Der Spieler muss eine Wand aufziehen![1]

Einen generischen WallController implementieren

Um es einfach zu machen, implementieren wir hier die Lösung A aus Abschnitt 6.2.1, *Lösungsmöglichkeiten zum Erzeugen der TraceWalls*. Dieser Ansatz hat zwar immer noch die genannten Nachteile, aber die nehmen wir jetzt für die Einfachheit der Implementierung in Kauf, zumal sich der Charakter ja anders als der Tracer beliebig bewegen kann und daher die anderen Lösungen deutlich komplizierter wären.

```
using UnityEngine;
using System.Collections;

namespace TracesOfIllumination.Tracer {

    public class WallControllerGeneric : MonoBehaviour {

        public Transform wallSegmentPrefab;
        public float distanceToBuildWall = 1;
```

Listing 16.2
Ein generischer WallController:
WallControllerGeneric

---

[1] Eigentlich soll die Wand auch irgendwann wieder verschwinden, was leicht zu implementieren wäre, aber auch nicht besonders interessant ist: Coroutine, `Destroy`, fertig.

```
            private Vector3 lastPosition;

            void Awake() {
                lastPosition = transform.position;
            }

            void Update() {
                float dist = Vector3.Distance(lastPosition,
                                              transform.position);

                if (dist > distanceToBuildWall) {
                    Instantiate(wallSegmentPrefab,
                                lastPosition,
                                transform.rotation);

                    lastPosition = transform.position;
                }
            }
        }
    }
```

Wenn Sie den jetzt auch noch an den `ThirdPersonController` hängen, sich ein möglichst einfaches für die Wand geeignetes Prefab mit Collider und Tag `Player` bauen und das zuweisen, ist diese Version des Spiels dann auch komplett.

Download von unity-buch.de — Die 3rd-Person-Version finden Sie unter `Traces_TheGame_160.zip`.

17 Durch die Landschaft fahren

Für den nächsten Level brauchen wir wieder eine neue Szene. Dieses Mal duplizieren wir Level-03-3rdPerson und nennen die neue Szene Level-04-Car. Raten Sie, was als Nächstes kommt! Es ist fast zu erwarten: Wir importieren wieder ein Standardpaket. Dieses Mal heißt es *Vehicles* (*Assets/Import Package/Vehicles*).

Schalten Sie beim ThirdPersonController die Komponente ThirdPersonUserControl ab, und weisen Sie ihm das Tag Untagged zu. Dann stellen Sie Ethan ein wenig beseite um Platz zu machen für …

Abb. 17.1

Autofahren mit dem Skycar

… das Prefab: `Standard Assets / Vehicles / Car / Prefabs / Car`.

Sobald Sie das Auto in der Szene positioniert haben, geben Sie ihm wieder das Tag `Player` und weisen wie vorher dem `ThirdPersonController` die entsprechenden Komponenten zu: `TracerCollisionHandler`, `TracerScore` und jetzt auch gleich den `WallColliderGeneric`. Sie können direkt die Komponenten vom `ThirdPersonController` nehmen.

Wenn Sie jetzt zu spielen versuchen … **Mist! Explosion! Warum nur?** Das Problem ist aber glücklicherweise leicht zu korrigieren, da wir unseren `WallControllerGeneric` ja mit einem Property `Distance To Wall Build` ausgestattet haben. Und das Auto ist so schnell und schwer zu steuern, dass Wände alle drei Meter völlig ausreichen, um unser Spielprinzip aufrechtzuerhalten. Tragen Sie also bei `Distance To Build Wall` den Wert 3 ein, und dann viel Spaß beim Äpfelsammeln mit diesem coolen Schlitten!

Die Physik von Autos bändigen

Natürlich gibt es hier auch wieder etwas über Unity zu lernen: Die Physik-Engine unterstützt nämlich, wie Ihnen sicher beim Spielen aufgefallen ist, eine recht realistische Physik für Fahrzeuge wie Autos. Und speziell dieser Bereich wurde in Unity 5 komplett überarbeitet.

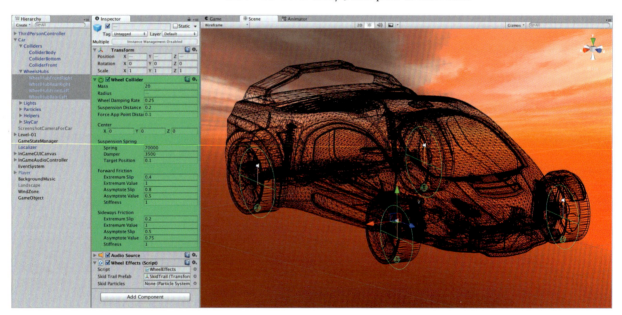

Abb. 17.2
Wheelcollider in Unity 5.0

Der Schlüssel dazu ist die Komponente `WheelCollider`, die im Vergleich zu den Collidern, die Sie bisher kennengelernt haben, erheblich mehr Einstellungen hat. Hier können Sie auch die *Federung* (*Suspension*), die *Reibung bei Drehungen nach vorne* (*Forward Friction*) und die *Reibung beim Sliden* (also beim seitlichen Rutschen, *Sideways Friction*) genau kontrollieren. Achten

Sie dabei nur darauf, immer alle Räder gleichzeitig zu bearbeiten oder zumindest beide Vorderräder bzw. beide Hinterräder!

Schauen Sie sich hier auch an, wie die Physik-Engine vom Scripting aus angesprochen wird. Die Standard Assets in Unity sind wirklich eine wertvolle Ressource, die Sie nutzen sollten!

> Wie üblich – auch wenn ich nicht jedes Mal explizit darauf hinweise – gibt es auch zu diesem Abschnitt einige interessante Artikel und weiterführende Ressourcen, die von der Website zum Buch aus verlinkt sind. Hatten Sie sich das schon immer angeschaut? Wenn nicht: Versuchen Sie's mal!

Link auf unity-buch.de

> Die Version mit Tracer, Ethan und Auto in jeweils eigenen Levels finden Sie auf der Website zum Buch unter `Traces_Prototype_170.zip`.

Download auf unity-buch.de

Bestimmt erwarten Sie jetzt ein Kapitel »Durch die Landschaft fliegen«. Das können Sie gerne als Übung implementieren. Dann jedoch werden wir gemeinsam eine neue Dimension betreten.

18 Eine neue Dimension: Virtual Reality

»Some human beings believe in the fifth dimension
Others try to understand the sixth
We'll show you the way to the seventh dimension«
   Blue Alphabet – Cybertrance, 1994

Falls Sie über ein *Oculus Rift Developer Kit 1* (DK1) oder *Oculus Rift Developer Kit 2* (DK2) oder eine andere von Unity unterstützte Virtual-Reality-Brille, wie *Sony Project Morpheus,* oder sogar über eine noch moderne Version dieser Technologien verfügen, können Sie jetzt gemeinsam mit mir in eine ganze neue Dimension eintauchen und unser Spiel für Virtual Reality aufbereiten.

Link auf unity-buch.de

> Da sich in diesem Bereich voraussichtlich noch im ersten Quartal 2015 einiges tun wird, sollten Sie unbedingt nach der Lektüre dieses Kapitels einen Blick auf die Website zum Buch werfen. Im Links-Bereich zu diesem Kapitel werde ich den jeweils aktuellsten Stand für Sie aufbereiten, sodass Sie einen möglichst einfachen Einstieg haben. Hier im Kapitel gehe ich dafür kaum auf technische Details ein, die sich voraussichtlich in den kommenden Monaten sowieso ändern werden.

Die entscheidende Veränderung, wenn wir Spiele oder auch andere Anwendungen für Virtual Reality erschaffen, besteht darin, dass der Spieler nicht mehr durch ein Display in die Spielwelt hinein schaut, sondern sich zumindest visuell tatsächlich in der Spielwelt befindet und ein echter Teil von ihr wird. Das mag sich banal und offensichtlich anhören – genau das wollen wir mit Virtual Reality ja erreichen –, aber praktisch alle Herausforderungen, die Ihnen bei der Entwicklung von VR-Anwendungen begegnen werden, haben genau damit zu tun.

Wenn Ihnen etwas bei einem Film oder in einem herkömmlichen Spiel unangenehm ist, reicht es, die Augen solange vom Monitor abzuwenden. Bei mobilen Spielen ist dieser Effekt aufgrund der kleinen Displays sogar noch deutlich stärker – es fehlt hier ganz stark an Immersion, also dem Gefühl, Teil der Spielwelt zu sein. Hat der Spieler eine Virtual-Reality-Brille auf, ist die Situation eine vollkommen andere: Er muss erst mit den Händen die Brille abnehmen und sich dann wieder einen Moment in der physischen Realität orientieren. Das ist ein großer Kontextwechsel für die Psyche.

18.1 Die VR-Brillen-Seh-Krankheit: Motion Sickness

Das wohl bekannteste Thema, das direkt aus dieser neuen Situation resultiert, ist die sogenannte **Motion Sickness**, die auch als *Virtual Reality Sickness*, *Simulator Sickness* oder *Cybersickness* bezeichnet wird. Motion Sickness bedeutet an sich einfach »Reisekrankheit« oder »Bewegungskrankheit«. *Kinetose* wäre ein medizinischer Fachbegriff dazu. Die Seekrankheit hat ähnliche Symptome, aus ähnlichen Gründen: Man bewegt sich passiv, also ohne direkten Einfluss auf die Bewegung zu haben, und die Sinnesreize, die wir über die Augen aufnehmen, unterscheiden sich von dem, was wir mit dem Gleichgewichtsorgan empfinden. Bei Motion Sickness im Kontext von Virtual Reality ist es natürlich normalerweise so, dass wir uns real eher weniger bewegen, aber mit den Augen eine deutlichere Bewegung sehen. Das ist aber nicht immer der Fall.

Ich habe ja bereits erwähnt, dass für Virtual-Reality-Anwendungen hohe Framerates extrem wichtig sind. Das liegt daran, dass Virtual-Reality-Brillen (HMDs, Head-Mounted Displays) mit unseren Kopfbewegungen die Kamera im Spiel steuern. Es muss also zuerst die Lage des HMD im Raum ermittelt werden, diese Information muss an das Spiel übergeben werden, und das Spiel muss dann entsprechende Bilder berechnen, die von der Grafikkarte dargestellt und auf dem im HMD eingebauten Display angezeigt und schließlich mit unseren Augen wahrgenommen werden. Das ist eine lange Kette mit vielen Schritten! Die Zeit, die hier vergeht, wird auch als *Latenz* bezeichnet. Und als Spielentwickler gibt es nur ein Glied, das wir darin beeinflussen können: die Zeit, die vom Signal der Kamerabewegung bis zum nächsten fertig gerenderten Bild vergeht – also die Framerate.

Ein Grund, warum sich Virtual Reality erst jetzt langsam durchzusetzen scheint, besteht darin, dass die anderen Glieder dieser Kette eben erst jetzt, mit modernen und bezahlbaren Geräten wie dem Oculus Rift oder Sony Project Morpheus, kurz genug (bzw. schnell genug) sind, dass das Problem Motion Sickness zumindest bei sehr hohen Framerates und entsprechendem Game-Design bei deutlich weniger Menschen auftritt.

Es gibt noch einige weitere Faktoren, beispielsweise die korrekten Einstellungen der Brille (Kalibrierung), die Dauer der Session sowie individuelle Empfindlichkeiten: Es gibt durchaus Menschen, die selbst bei für VR eher gewagten Game-Designs und ungünstigen anderen Faktoren kaum mit Übelkeit, Schwindel oder ähnlichen Symptomen auf die Nutzung von Virtual Reality reagieren. Sind Sie in dieser Lage, haben Sie einen großen Vorteil, weil Sie Ihr Spiel sorgenlos ausführlich testen können. Gleichzeitig haben Sie aber auch ein Handicap, weil Ihnen Dinge, die bei anderen Spielern zu den besagten Symptomen führen, einfach weniger auffallen. Dann ist es hilfreich, empfindliche Tester zu kennen.

18.2 Eine entspannte VR-Erfahrung gestalten

Das Hochhalten der Framerate ist die wichtigste technische Maßnahme. Es gibt aber noch einige andere Dinge, auf die wir im Spiel achten können, um die negativen Effekte von VR möglichst gering zu halten. Die drei wichtigsten möchte ich hier kurz beschreiben:

- **Dem Spieler Kontrolle geben:** Geben Sie dem Spieler in der virtuellen Welt so viel Kontrolle wie möglich: Achterbahnfahrten sind zwar durchaus eine beliebte VR-Demo, aber das genaue Gegenteil von dem, was hier empfohlen wird. Wenn Sie dann noch die Kamera so einrichten, dass sie nicht auf Kopfbewegungen des Spielers reagiert, haben Sie keine VR-Anwendung, sondern einen Motion-Sickness-Test geschaffen: Wer das aushält, ohne dass ihm übel wird, dürfte gegen dieses Thema vollständig immun sein. Fahrzeuge wie der Tracer bei Traces of Illumination sind fast so heikel wie die besagte Achterbahn: Immerhin kann der Spieler hier die Richtung kontrollieren. Dafür sind die schlagartigen 90°-Drehungen eine harte Probe. Die im vorigen Kapitel entwickelte Autofahrt ist da schon deutlich angenehmer. Noch entspannter ist die First-Person-Perspektive, bei der der Spieler die volle Kontrolle über jede Bewegung hat und jederzeit stehen bleiben kann. Die sicherste Variante ist, dass der Spieler im Spiel genau so sitzt wie in der physischen Realität und lediglich durch Kopfdrehungen und Körperbewegungen die Perspektive ändern kann. Ziehen Sie diese Möglichkeit durchaus in Erwägung. Wem hier trotz niedriger Latenz immer schwindelig oder übel wird, der wird wahrscheinlich Virtual Reality gar nicht nutzen können.
- **Optische Referenz:** Falls Sie den Spieler bewegen, beispielsweise in einem Fahrzeug, geben Sie ihm Sicherheit durch eine optische Referenz, die seiner tatsächlichen Position im physischen Raum entspricht. In einem Auto könnten das die Decke, die A-Säule sowie Lenkrad und Armaturen sein.
- **Grafische Benutzeroberflächen vermeiden:** Niemand möchte sich mit der meistens eher geringen Auflösung des HMD kleine Texte durchlesen müssen oder gar mit der Maus fitzelige Buttons anklicken müssen. Wenn

Sie dem Benutzer etwas mitteilen möchten, verwenden Sie nach Möglichkeit Elemente in der Spielwelt: Bei einem Auto zeigt der Tachometer in der Konsole die Geschwindigkeit an – da brauchen Sie kein im Raum schwebendes Label, das eher die Immersion bricht, als dem Spielfluss nützt. Wenn Sie dennoch etwas »im Raum« anzeigen möchten, halten Sie diese Anzeige so gut wie möglich im virtuellen Raum statisch. Bewegen Sie die Benutzerschnittstelle also nicht unbedingt mit jeder Kopfbewegung mit. In Unity-Speak: Vermeiden Sie Screen Space GUIs und bei World Space GUIs das Parenting der GUI unter der Kamera, und hängen Sie den Canvas lieber an die oben genannten Referenzobjekte. Es gibt eine Ausnahme: Cursor. Dazu gleich mehr.

18.3 Interaktion mit Objekten im virtuellen Raum

Dieses Thema ist noch nicht annähernd gelöst, dennoch ein paar Worte dazu: Der Spieler soll meistens mit der virtuellen Welt interagieren (Achterbahn-Demos sind die offensichtliche Ausnahme). Beispielsweise braucht er die Möglichkeit, einen Gegenstand aufzuheben. Dazu muss er dem Spiel irgendwie mitteilen, dass er genau diesen Gegenstand meint, und dann, was er mit dem gewählten Gegenstand tun möchte.

Da es nicht besonders komfortabel ist, mit aufgesetzter VR-Brille eine Maus zu bedienen, ist eine gängige Methode, einen Cursor in der Mitte des Bildes anzuzeigen, mit dem der Spieler Objekte anpeilen kann. Das entspricht dem natürlichen Verhalten: Wenn ich etwas aufheben möchte, schaue ich es zuerst an. Das ist die Ausnahme, bei der der Cursor ein Kind der Kamera sein darf.

Ein gängiges Eingabegerät für Spiele sind natürlich Joypads – und die sind auch für VR relativ gut geeignet, weil man sie leicht bedienen kann, ohne hinschauen zu müssen. In diesem Zusammenhang möchte ich Sie noch mal an die Möglichkeiten in Unity UI erinnern, die Navigation zwischen GUI-Elementen elegant einzustellen.

Die neuere Generation von Eingabegeräten, wie die *Wii Remote*, die ihre Lage im Raum an das Spiel mitteilen, sind hier natürlich besonders geeignet. Naheliegend ist auch, dass der gesamte Körper des Spielers zum Eingabegerät wird, indem die gesamte Körperhaltung dem Spiel zur Verfügung steht. Eine interessante Lösung hierfür könnte PrioVR sein, das sich gerade in der Entwicklung befindet und auch für Motion Capturing geeignet sein wird.

18.4 VR-Anpassungen für unser Spiel umsetzen

Sie wissen jetzt, worauf wir bei der Umsetzung einer VR-Anwendung achten müssen, und so ergibt sich eine natürliche Reihenfolge für erste VR-Experimente mit unserem Beispielprojekt: Zunächst können wir vom ThirdPerson-Projekt zu einer FirstPerson-Variante wechseln. Auch wenn ich gar kein Fan von Shootern bin, ist FPS, also First-Person-Shooters, ein äußerst populäres Genre, und man sollte zumindest wissen, wie man so ein Spiel erstellt. Und die Perspektive ist natürlich nicht nur zum Ballern geeignet, sondern auch zum Aufsammeln unserer Äpfel. First-Person ist für VR die naheliegendste Perspektive, also fangen wir damit an.

18.4.1 First-Person-Variante unseres Landschaftsspiels

Als Basis nehmen wir hier die Szene `Level-03-3rdPerson`. Mit der aktuellen Oculus-Rift-Unity-Integration erhalten wir ein Prefab `OVRPlayerController`, das wir einfach in die Szene ziehen und wie in den vorigen Beispielen integrieren und mit den entsprechenden Komponenten ausstatten. Wichtig ist hier noch, dass wir die anderen Kameras natürlich auf jeden Fall deaktivieren müssen.

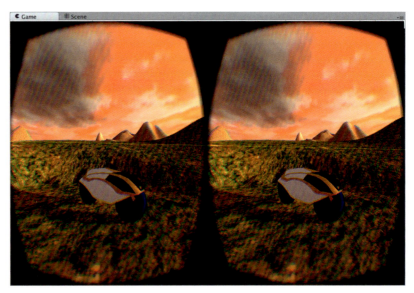

Abb. 18.1 VR-Version 1: Aber ein Buch ersetzt keine VR-Brille.

Etwas aufpassen müssen wir hier lediglich, weil die Kamera jetzt direkt am Spieler hängt und damit bei einer Kollision deaktiviert wird. Das möchten wir natürlich nicht. Stattdessen wäre eine Möglichkeit, einfach nur die Bewegung einzuschränken. Der Spieler kann dann noch in alle Richtungen schauen, sitzt aber an der letzten Position fest.

Unseren `InGameGUICanvas` deaktivieren wir erst mal. Falls wir aus dieser Version mehr als einen Prototyp machen, würden wir die vorher genannte Empfehlung wahrscheinlich ignorieren und eine 3D-GUI direkt in das `OVRCameraRig` hängen, also dafür sorgen, dass der Spieler die Anzeige von Punkten, gesammelten Äpfeln und Zeit immer in angenehmem Abstand links, mittig und rechts oben im Bild sieht, egal wie er den Kopf dreht.

18.4.2 VR-Racing Apple Collection Games

Wenn dieser kurze Abschnitt Sie inspiriert, gibt es vielleicht bald ein neues Genre. Vielleicht auch nicht. Diese Integration ist deutlich interessanter als die vorherige, weil wir hier dem Spieler das Gefühl geben möchten, wirklich im Auto zu sitzen. Das Auto-Modell, das wir verwenden, ist dazu nicht wirklich geeignet, weil es nicht für Innenansichten modelliert ist. Wir behelfen uns, indem wir eine grobe Autogeometrie nachbauen. Sie ist wirklich sehr grob, aber für einen Prototyp reicht das – wir wollen hier ja vor allem ausprobieren, ob diese Geometrie als optische Referenz den gewünschen Effekt hat, Motion Sickness trotz passiver Bewegung in einem Auto zu vermeiden.

An dieser Version ist auch interessant, dass wir den `InGameGUICanvas` als 3D-GUI (World Space) in unser VR-Setup hängen. Außerdem verwenden wir eine lesbarere Schriftart. Als Schriftfarbe wählen wir Schwarz. Wir nutzen auch einen weißen Outline-Effekt und machen die Fonts deutlich größer. All dies tun wir, um die Lesbarkeit auf dem verhältnismäßig niedrig aufgelösten Display zu erhöhen.

Abb. 18.2
VR-Version 2: Auto mit GUI

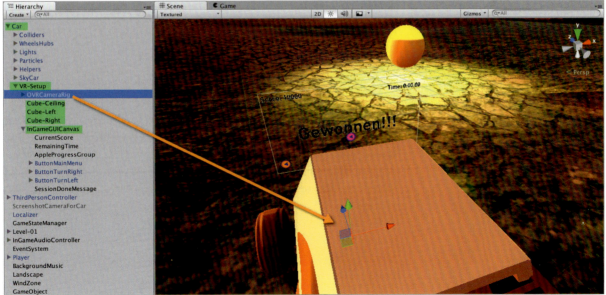

Damit die GUI dann korrekt vor dem Auto erscheint, skalieren wir den Canvas mit einer Distanz von rund 2,4 Metern (Z-Achse) auf 0.0017 in X und Y. Das Ergebnis in der *Scene View* einschließlich der hier eingesetzten Parenting-Struktur in der *Hierarchy* sehen Sie in Abb. 18.2.

Ein kleines Detail ist, dass der Fahrer natürlich wirklich auf der Fahrerseite sitzt. Selbstverständlich sind Screenshots in einem Buch in keinster Weise ein Ersatz für die Erfahrung mit der VR-Brille. Dennoch möchte ich Ihnen diesen sehr prototypartigen Screenshot aus Abb. 18.3 nicht vorenthalten, der zumindest grob erahnen lässt, wie es dann im Spiel aussieht.

Abb. 18.3
VR-Version 2: Aus der Fahrerperspektive

18.4.3 Back to the roots: Im Tracer sitzen!

Das ist irgendwie abgefahren: Ich hatte schon das DK1 und seit einer Weile das DK2 – aber erst heute Nachmittag, bevor ich diese Zeilen schrieb, habe ich dieses Spiel zum ersten Mal mit dem Oculus Rift ausprobiert ... und musste dann tatsächlich eine Textstelle auf Seite 342 (Abschnitt 9.5, *Builds für Oculus Rift veröffentlichen*) ändern, in der ich geschrieben hatte, dass das sicher gar nicht funktioniert. Ideal ist es nicht, das stimmt schon – aber mir macht's Spaß und ich hoffe, Ihnen wird, wenn Sie diese Projektversion bei sich ausprobieren, genau so wenig übel wie mir. Das könnte auch schon das Fazit dieses Buches sein: »*Probieren geht über Studieren!*« Nein – das Fazit wird ein anderes sein, auch wenn das Probieren speziell im Bereich Virtual Reality sicher eine gute Herangehensweise ist und auch für die allgemeine Spielentwicklung durchaus Sinn macht – wobei ich den Satz so interpretiere, dass Studieren die Basis schafft und man dann mit Probieren darüber hinauswächst.

Die Vorgehensweise für dieses Experiment also kurz erklärt: Das VR-Setup (das einfach ein Elternobjekt mit allen relevanten Kindern ist) habe ich einfach aus der Szene mit dem Auto kopiert und dann an die richtige Stelle im Tracer eingefügt. Danach habe ich die GUI noch etwas angepasst, und schon konnte ich es ausprobieren. Und das nach zwei Tagen mit jeweils nur drei Stunden Schlaf. Das Fazit von Versuch Nummer 2 ist also: »*Unity ist so ein geniales Tool, weil wir damit mal eben schnell etwas ausprobieren können, und meistens funktioniert es. So einfach! Einfach so!*« **Yes!**

Nein. Auch das ist nicht unser Fazit. Auch wenn es stimmt. Trotz der lästigen Bugs und gelegentlichen Abstürze, speziell in Beta- und Alpha-Versionen.

Die Szenenhierarchie sehen Sie in Abb. 18.4 – mehr ist es nicht gewesen! Das war wirklich sehr einfach. Übrigens werde ich von Unity nicht bezahlt – die Begeisterung ist echt!

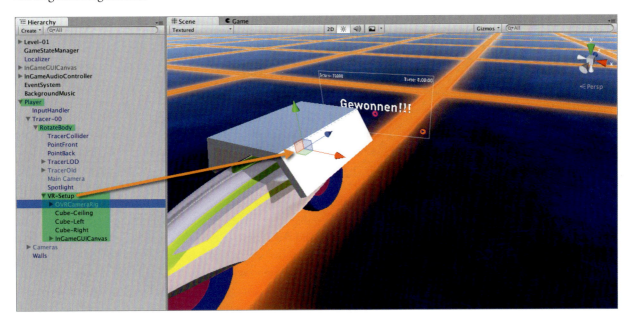

Und wie das dann in der VR-Brille aussieht, überlasse ich nun Ihrer Fantasie. Die werden Sie brauchen, denn Sie wissen jetzt, wie man Spiele in Unity entwickelt. Der Rest ist Üben und immer weiter Vertiefen. Studieren und Probieren. Das ist alles.

Abb. 18.4
VR-Version 3: Back to the roots

Auch diese letzte Projektversion enthalte ich Ihnen natürlich nicht vor: `Traces_TheGame_VR.zip`.

Download auf unity-buch.de

19 Enter the Endgame

Ich möchte mich von Herzen bei Ihnen dafür bedanken, dass ich Sie – wenn auch virtuell – auf dieser Reise durch die Welt der Spielentwicklung mit Unity begleiten durfte, und ich hoffe, dass Sie beim Lesen, Probieren und Studieren genau so viel Freude hatten wie ich beim Schreiben. Gemeinsam haben wir wesentliche Bereiche der Spielentwicklung kennengelernt und uns damit vertraut gemacht, wie man grundlegende Aspekte eines Spiels in Unity umsetzen und das fertige Produkt zum Spieler bringen kann. Ich hoffe, es ist mir dabei gelungen, Sie auch zu eigenen Abenteuern bei der Erforschung von Unity und anderen Werkzeugen zu inspirieren, sodass Sie sich furchtlos den Herausforderungen stellen können, die bei der Entwicklung eines jeden Spiels unausweichlich auf Sie warten. Vielleicht spielen Sie das Spiel der Spielentwicklung ja gemeinsam mit einer Gruppe von Gefährten, deren Talente die Ihrigen komplementieren.

Vergessen Sie dabei aber nicht, dass jedes von Ihnen entwickelte Spiel für jede Spielerin und jeden Spieler eine Erfahrung sein wird, die sie oder ihn auf die eine oder andere Weise auch beeinflussen wird. Wie stark oder schwach dieser Einfluss bei einem konkreten Spiel und einem konkreten Spieler sein mag, ist schwer abzusehen – aber es liegt in unserer Freiheit, Verantwortung und Macht, wie wir die Erfahrung und damit auch den daraus resultierenden Einfluss färben.

Erschaffen wir Erfahrungen von Kampf und Dominanz, von Konkurrenz und Zerstörung, die in einem fragwürdigen Werterahmen zum »Erfolg« führen? Oder erschaffen wir Erfahrungen von freundschaftlicher Zusammenarbeit, Gemeinschaft, Respekt, Achtsamkeit und Freude? Lassen wir uns von der Angst um unsere eigene Existenz leiten oder von der Gier nach Ruhm und Reichtum? Oder stehen wir für den kreativen Funken ein, für unsere göttliche Inspiration und die Freude daran, etwas Neues hervorzubringen, das es so noch nie zuvor gegeben hat? Wenn auch unsere Motivationen und Möglichkeiten sich nicht auf Schwarz und Weiß reduzieren lassen und daher immer auf einem bunten, vieldimensionalen Spektrum liegen, so liegt es doch an uns, zumindest darüber zu reflektieren und zu fühlen, und immer wieder zu überprüfen, ob wir gerade auf einem Weg sind, mit dem unser Herz immer schwerer und verschlossener wird – oder auf einem Weg, der unser Herz in immer größerer Freude und Leichtigkeit tanzen lässt. In jedem Moment haben wir die Wahl. *Freier Wille eben!*

Reality Check

Wir Menschen sind auf diesem Planeten eine außergewöhnliche Spezies: Wir haben alles, was wir brauchen, um diesen Planeten in ein Paradies zu verwandeln, in dem alle Wesen in einer natürlichen Harmonie gemeinsam durch die Zeit reisen – in Richtung einer immer tieferen, vielfältigen, friedlichen und doch kreativen Ordnung. Doch ebenso können wir unsere Erde zu etwas machen, das nüchtern betrachtet am ehesten mit dem Begriff Hölle assoziiert werden könnte:

Diese Zeilen schreibe ich in einer Zeit, in der die Bürger der Welt erst vor Kurzem erfahren haben, dass sie in einem globalen Überwachungsstaat leben, der selbst George Orwell Alpträume bereitet hätte. Wir leben auch in einer Zeit, in der eine kleine Elite hinter verschlossenen Türen über Freihandelsabkommen verhandelt, die wesentliche Errungenschaften unserer westlichen Kultur – eine Demokratie, in der jede Stimme gleiches Gewicht hat – durch eine verdeckte und doch wirkungsvolle Diktatur von Großkonzernen ersetzen. In dieser Zeit schwimmen in unseren Ozeanen ländergroße Massen aus Plastikmüll, an dem Fische und Seevögel in großer Zahl mit vollem Magen elendig verhungern, während gleichzeitig völlig aus der Kontrolle geratene Unfälle in Atomreaktoren auch noch zu einer erheblichen radioaktiven Belastung dieser Ozeane führen und ganz nebenbei ganze Landstriche unbewohnbar machen. Unsere Finanz- und Wirtschaftssysteme sind so fragil, dass sie jederzeit zusammenbrechen und ganze Länder in den Konkurs führen können. Und die Ressourcen, die unsere ungleich verteilte Wohlstandsgesellschaft erst ermöglicht haben, gehen langsam, aber sicher immer mehr zur Neige.[1] Gleichzeitig ist das kollektive Bewusstsein unserer Spezies dem Anschein nach auf einem Niveau, das den Ausbruch eines dritten Weltkrieges für manche Menschen nur noch als eine Frage der Zeit erscheinen lässt.

Welcome to the real world!

Gleichzeitig erinnern sich mehr und mehr Menschen daran, dass wir als kontinuierliche Schöpfer der Welt, in der wir leben, individuell die Verantwortung für den Zustand dieser Welt mittragen – und gleichzeitig die Freiheit und Macht haben, alles jederzeit zu verändern. Jetzt ist die Zeit, sich zu entscheiden, ob wir unseren Kindern die Hölle hinterlassen wollen oder als Vorbild für unsere Nachfahren endlich die ersten Schritte in Richtung Paradies machen.

---

[1] Peak Oil ist kein neues Thema – aber es gewinnt von Jahr zu Jahr an Brisanz.

Wenn wir unsere individuellen Talente bewusst nutzen, gibt es jeden Grund zur Zuversicht:

Gute Reise!

Durch die unbegrenzten gestalterischen Möglichkeiten auf einer Vielzahl verschiedener kreativer Kanäle – vom Geschichtenerzählen über Sounddesign bis Modelling und Animation – und durch das einzigartige Merkmal der Interaktivität handelt es sich bei Computerspielen nicht nur um gute Unterhaltung, sondern auch um ein außergewöhnlich starkes Kommunikationsmedium.

Dieses Medium liegt nun in Ihren Händen.

Und jetzt, liebe Leserin, lieber Leser: Entwickeln Sie ein Spiel, das die Welt braucht! Und dann noch eins! Und noch eins! Und wenn Sie möchten, lassen Sie ruhig mal hören, wohin Ihre Spielentwicklungs-Reise Sie führt (lieber per »Du« ;-))! Ich werde noch eine ganze Weile hierbleiben und hören.

Jashan Chittesh <jashan@narayana-games.net>

20 Glossar

20.1 Begriffe

Alpha-Kanal

Mit dem Begriff *Alpha-Kanal* wird in Bitmapdateien eine zusätzliche Ebene bezeichnet, die bestimmt, wie transparent der jeweilige Pixel sein soll. Eine Bitmapdatei mit Alpha-Kanal hat also nicht nur die Kanäle *Rot, Grün* und *Blau,* mit denen additiv die Farben gemischt werden, sondern zusätzlich noch den Kanal *Alpha*. Üblicherweise sind höhere Alpha-Werte transparenter als niedrigere. Alpha 0, 0% oder Schwarz bedeutet also, die Farbe bzw. das Bild an diesem Pixel ist opak, also gar nicht durchscheinend. Alpha 1, 100%, 255 oder Weiß bedeutet, dass die Farbe bzw. das Bild an diesem Pixel komplett durchscheinend ist. Shader in Unity verwenden den Alpha-Kanal auch für andere Effekte, beispielsweise beim physikbasierten Shading für Smoothness.

API (Application Programming Interface, Programmierschnittstelle)

Als API bezeichnet man im Kontext der objektorientierten Programmierung (also auch im Kontext von Unity) eine Menge von *Paketen* (in unserem Kontext *Namespaces*), die jeweils für das Paket relevante *Klassen* zur Verfügung stellen. Diese Klassen wiederum haben *Eigenschaften* und stellen *Methoden* zur Verfügung. Üblicherweise sind öffentliche APIs dokumentiert, und in Unity haben wir diese Dokumentation als *Scripting API*. Wesentliche Pakete (Namespaces) in Unity sind UnityEngine, UnityEngine.Events, UnityEngine.UI und UnityEditor. Die wahrscheinlich wichtigste Klasse ist UnityEngine.MonoBehaviour, da jedes Script, das wir entwickeln, von dieser Klasse erbt. Wir haben aber in Unity auch Zugriff auf einen Großteil der .NET- bzw. Mono-API und damit auch auf Pakete wie beispielsweise System, System.Xml oder System.Linq und beispielsweise die Klasse System.String, mit der Zeichenketten repräsentiert werden.

Assets

Assets (auf Deutsch »Bestand« oder »Besitz«) sind alle Dateien, die in einem Spiel oder einer interaktiven 3D-Anwendung verwendet werden: 3D-Modelle, Texturen, Audiodateien und Scripts. In Unity findet man alle Assets eines Spiels im *Project Browser*. Der *Asset Server* ist eine Versionsverwaltung von Unity Technologies, die direkt in Unity integriert ist. Mit dem *Unity Asset Store* bietet Unity Technologies auch eine Plattform zum Handel mit Assets verschiedenster für Spiele relevanter Kategorien.

Baking

»To bake« (auf Deutsch »backen«) bezeichnet den vor allem in Realtime-3D häufig verwendeten Vorgang, das Ergebnis einer zeitaufwendigen Berechnung zu speichern, sodass es zur Laufzeit effizient abgerufen werden kann. Im Falle von Lightmapping bedeutet das konkret, dass die Beleuchtungsinformationen in einer Textur gespeichert werden. (Welche Bereiche sind hell ausgeleuchtet, welche eher dunkel?) Somit kann nicht nur auf die unter Performancegesichtspunkten sehr teuren Berechnungen der Beleuchtung verzichtet werden, sondern es können sogar komplexe Beleuchtungsmodelle verwendet werden, die in Realtime-3D gar nicht machbar wären (z. B. aufwendige Lichtreflexionen), was gleichzeitig die Qualität erhöht. Man nimmt dabei in Kauf, dass die Beleuchtung nicht mehr dynamisch geändert werden kann (und natürlich kann dieser Vorgang nur für statische Objekte verwendet werden, also Objekte, die sich nicht bewegen).

Boo

Boo ist eine von Unity unterstützte Programmiersprache, die sich an Python anlehnt.

C#

C# ist eine von Microsoft entwickelte und standardisierte Programmiersprache, die von Unity unterstützt wird. C# ähnelt von der Syntax her vor allem der Programmiersprache Java, die C++ ähnelt, die wiederum C ähnelt. Sowohl Java als auch C# ähneln der Programmiersprache JavaScript bzw. UnityScript nicht so sehr (auch wenn man in Foren immer wieder sieht, dass Leute JavaScript bzw. UnityScript als Java bezeichnen).

Casting/Typecasting

In der objektorientierten Programmierung können Objekte von vererbten Klassen auch den Typ ihrer Elternklassen annehmen. So ist es innerhalb von Unity beispielsweise möglich, jedes benutzerdefinierte Script auch als `MonoBehaviour` zu betrachten oder als `Component`. Ebenso könnte sich in einer Variable vom Typ `Component` tatsächlich ein Objekt einer benutzerdefinierten Klasse (also eines Scripts) verbergen. *Casting* bzw. *Typecasting* bezeichnet den Vorgang, den Typ einer Variable zu ändern. Versucht man, ein Objekt auf einen Typ zu casten, bei dem dies aufgrund der Vererbungshierarchie grundsätzlich nicht möglich ist, erhält man einen entsprechenden Compilerfehler. Enthält eine Variable, die man auf einen anderen Typ casten möchte, eine Instanz eines Objekts, das mit dem Zieltyp nicht kompatibel ist, erhält man zur Laufzeit eine `InvalidCastException`.

Component
In Unity werden die Eigenschaften von Objekten im Spiel durch die an GameObjects gehängten *Components* (Komponenten) definiert. Beispiele für solche Komponenten wären `Transform`, `BoxCollider`, `Camera`, `AudioSource`. Eigene Scripte erben von `MonoBehaviour` und damit letztlich auch von `Component` und können daher genau so wie die von Unity vordefinierten Komponenten an GameObjects gehängt werden und sie um Eigenschaften und Funktionalitäten erweitern. Siehe auch *GameObject*. Siehe auch Abschnitt 2.2.4, *Eigenschaften von Objekten: Inspector* auf Seite 27.

Console
Console ist eine *View* im Unity Editor, die verwendet wird, um Log-Ausgaben sichtbar zu machen. Sie können auf Nachrichten, Fehler und Warnungen in dieser Konsole klicken, um die Objekte bzw. sogar die Zeile im Programmcode anzuspringen, die die Meldung verursacht hat.

Coroutine
Coroutines (gibt es auch eingedeutscht als »Koroutinen«) sind Methoden, die im Kontext von Unity und C# über das Schlüsselwort `yield return` die Ausführung bis zu einem späteren Zeitpunkt pausieren lassen können. So können wir beispielsweise mit `yield return new WaitForSeconds(3);` drei Sekunden lang warten, bevor der nächste Befehl in der Methode ausgeführt wird. Die übliche Basisklasse von Objekten, die in Unity in einer Coroutine mit `yield return` zurückgegeben werden, ist `YieldInstruction`. Allerdings können auch Instanzen der Klasse `WWW` verwendet werden. In diesem Fall wartet Unity dann darauf, dass das Ergebnis einer Webanfrage erhalten wurde. Siehe auch Abschnitt 6.2.3, *Coroutines für zeitgesteuerte Ereignisse verwenden* ab Seite 194.

Design-Dokument
Das *Design-Dokument* enthält alle zur Entwicklung eines Spiels relevanten Informationen. Da Game-Design-Dokumente (GDD) meistens von verschiedenen Personen bearbeitet werden und sich im Verlauf der Entwicklung eines Spiels häufig ändern, empfiehlt sich die Verwendung von Werkzeugen, die diese schnellen kollaborativen Änderungen gut unterstützen, beispielsweise *Wikis* oder *Google Documents*. Es gibt verschiedene Arten, wie Design-Dokumente strukturiert werden können. Üblicherweise enthalten sie eine kurze Zusammenfassung, die Rahmenhandlung (sofern

vorhanden), präzise Beschreibungen aller Spielmechaniken und Features des Spiels, technische Rahmenbedingungen (beispielsweise die Zielplattformen), Charaktere (sofern vorhanden), den visuellen und akustischen Stil sowie oft auch konkrete Concept-Art sowie genaue Beschreibungen aller Level.

Editor-Scripting

Editor-Scripting bezeichnet die Erweiterung des Unity Editors durch eigene Scripts. Da Unity auf diese Weise extrem erweiterbar ist, können wir hier ganz eigene Workflows definieren und auch spielspezifische Erweiterungen schaffen, um die Arbeit an einem konkreten Spiel möglichst effizient zu gestalten. Im Unity Asset Store gibt es einen eigenen Bereich *Editor Extensions*, in dem Sie allgemein nutzbare Erweiterungen für den Unity Editor finden.

Frame

Mit *Frame* wird in der Spielentwicklung ein Bild bezeichnet, das berechnet und dem Spieler angezeigt wird. Die *Frames-per-Second* (*FPS*, deutsch: *Bilder pro Sekunde,* auch *Framerate*) sind im Spielkontext ein Maß der Performance eines Spiels. Sie sollten nicht unter 30 FPS fallen, da der Spieler sonst ein Ruckeln wahrnimmt. In VR-Anwendungen sollte die Framerate sogar über 60 FPS liegen, um Motion Sickness zu vermeiden. Pro *Frame* wird in Unity auf jeder Komponente die Methode `Update()` aufgerufen und etwas später, aber noch vor dem eigentlichen Rendering, die Methode `LateUpdate()`. Für Physikberechnungen oder auch allgemeinere Berechnungen für die Spielmechanik, die von der aktuellen Performance möglichst unabhängig sein sollten, gibt es die Methode `FixedUpdate()`, die – sofern möglich – zu festgelegten Intervallen aufgerufen wird, die von der Framerate unabhängig sind.

GameObject

Jedes Objekt in einer Szene in Unity ist ein sogenanntes *GameObject* (deutsch: Spielobjekt). Dabei verwendet Unity eine Komponentenarchitektur, die auch als *Entity Component System* (*ECS*) oder als *Component-Based Entity System* bezeichnet wird. Das GameObject ist also nichts weiter als ein *Container* (Behälter), der mehrere *Components* (Komponenten) zusammenfasst. Die eigentlichen Eigenschaften und Funktionalitäten eines Objekts im Spiel werden also durch die an das GameObject gehängten Komponenten bestimmt. Eigene Scripts erben immer von der Klasse `MonoBehaviour`, die wiederum von `Component` erbt (über den Zwischenschritt `Behaviour`) und können somit GameObjects auch eigene Eigenschaften und Funktionalitäten geben. Siehe auch *Component*. Siehe auch Abschnitt *2.2.4, Eigenschaften von Objekten: Inspector* auf Seite 27.

Head-Mounted Display

Als Head-Mounted Display bezeichnet man visuelle Ausgabegeräte, die direkt am Kopf getragen werden. Speziell im Virtual-Reality-Kontext dienen solche Geräte aber auch durch Bewegungs- und Positionserfassung des Kopfes als Eingabegerät, da sichergestellt werden muss, dass das auf dem Display angezeigte Bild der tatsächlichen Perspektive des Spielers entspricht: Dreht der Spieler also beispielsweise seinen Kopf nach links, muss im Spiel die Kamera ebenfalls nach links gedreht werden.

Head-Mounted Displays können das gesamte Gesichtsfeld des Spielers abdecken. Dies ist beispielsweise bei Oculus Rift, Sony Project Morpheus und HTC Vive der Fall und für Virtual Reality typisch. Bei Augmented Reality (AR) können auch die Umgebung und gerenderte Bilder gemischt werden – ein sehr vielversprechendes Beispiel hierfür ist Microsoft HoloLens.

Immersion

Immersion bezeichnet im Kontext von Computerspielen und speziell von Virtual Reality das Eintauchen in das Spiel bzw. die virtuelle Realität. Je höher also das Maß an Immersion in einer Spielwelt ist, desto mehr haben wir den Eindruck, tatsächlich Teil dieser Spielwelt zu sein. Dies lässt sich beispielsweise daran ablesen, ob ein Spieler eher abstrakt über ein Spiel spricht, sich in der dritten oder ersten Person auf seine Spielfigur bezieht oder zwischen sich selbst und der Spielfigur gar keinen Unterschied mehr macht.

Es gibt eine Vielzahl von Faktoren, die das Maß an Immersion beeinflussen – nicht zuletzt auch in der Persönlichkeit der jeweiligen Spieler.

Ein Beispiel aus dem Bereich des Game-Designs wäre, ob bzw. wie der Spieler im Spiel repräsentiert wird: als abstraktes Wesen, das Entscheidungen trifft, aber im Spiel nicht konkret in Erscheinung tritt (beispielsweise bei Strategiespielen), als Figur, die direkt vom Spieler gesteuert wird (Third Person) oder als Zentrum des Spiels (Ego-Perspektive/First Person).

Ein technisches Beispiel wäre die Art des Ausgabegeräts: Ein kleines Handy-Display ermöglicht weniger Immersion als ein großer Bildschirm, der wiederum weniger Immersion ermöglicht als ein Head-Mounted Display.

Instanz

Eine *Instanz* oder *Objekt* ist im Kontext der objektorientierten Programmierung ein konkretes Exemplar einer Klasse. Alle Objekte in einer Szene in Unity sind Instanzen der Klasse GameObject, und ebenso sind die an die GameObjects gehängten Komponenten Instanzen der jeweiligen Component-Kindklassen, also z. B. Camera, BoxCollider oder Transform. Der konkrete Zustand dieser Klassen, also die Werte der Eigenschaften, werden in Unity beim Speichern von Szenen und Prefabs serialisiert und beim Laden von Szenen bzw. Instanziieren von Prefabs wieder deserialisiert. So ist es möglich, dass die Werte beim Wechseln von Szenen in Unity oder beim Schließen und erneuten Öffnen von Unity erhalten bleiben.

JavaScript
JavaScript ist eine Programmiersprache, die vor allem zur Webentwicklung verwendet wird. *UnityScript* wird teilweise auch als *JavaScript* bezeichnet, obwohl es sich tatsächlich um eine andere Sprache handelt, auch wenn zumindest die Syntax von *UnityScript* und *JavaScript* sehr ähnlich sind. Siehe *UnityScript*.

Klasse
Eine *Klasse* ist in der objektorientierten Programmierung die Beschreibung von Eigenschaften und Verhalten von Objekten eines bestimmten *Typs*. Wenn Sie in Unity ein Script schreiben, implementieren Sie eine Kindklasse von `MonoBehaviour`. Wenn Sie diese Klasse im Editor auf ein `GameObject` ziehen, erzeugen Sie eine Instanz der von Ihnen implementierten Klasse.

Komponente
Siehe *Component*.

Konsole
Siehe *Console*.

Label
Label werden in Unity verwendet, um die Assets im Projekt zusätzlich zur Verzeichnisstruktur organisieren zu können. Jedem Asset können beliebig viele Label zugewiesen werden.

Layer
Jedes GameObject kann in Unity einem *Layer* zugewiesen werden. Pro Spiel können wir insgesamt bis zu 32 Layer verwenden, wobei 8 von Unity vorgegeben sind. Layer können in Unity für verschiedene Zwecke eingesetzt werden: *Scene View* und Kameras bzw. Lichtquellen können so eingestellt werden, dass sie nur Objekte auf bestimmten Layern rendern bzw. beleuchten, und die Physik-Engine kann Operationen auf Objekte auf bestimmten Layern sowie zwischen Objekten bestimmter Layer einschränken. Siehe auch Abschnitt *2.2.7, Mit Layern und der Culling Mask arbeiten* ab Seite 38, Abschnitt *2.2.4, Eigenschaften von Objekten: Inspector* ab Seite 27 sowie für ein Anwendungsbeispiel im Kontext der Scene View auch Abschnitt *10.2.3, Einen optimierten Tracer mit LODs erstellen,* dort insbesondere Abb. 10.9 auf Seite 355.

Level-Design
Level-Design bezeichnet die Tätigkeit, einen Level für ein Spiel so zu gestalten, dass er für den Spieler interessant und herausfordernd ist. Das Thema Level-Design überschneidet sich auch mit dem allgemeineren Thema Game-Design und ist so groß und komplex, dass es sich lohnt, diese Themen mit entsprechender Literatur zu vertiefen.

Maske
In Unity ist eine *Maske* ein Sprite oder eine Textur, die nicht unbedingt selbst dargestellt wird, sondern über ein anderes Objekt gelegt wird, um festzulegen, welche Bereiche dieses anderen Objekts angezeigt werden sollen.

Material
Materialien geben in Unity den Objekten ihr visuelles Aussehen. Dabei bestimmt der für das Material verwendete *Shader* die möglichen Eigenschaften des Materials. Siehe Abschnitt *6.1, Eigene Materialien erstellen und verwenden* ab Seite 129.

Membervariable
Membervariablen sind in der objektorientierten Programmierung Variablen, die am Objekt gespeichert sind und für konkrete Instanzen verschiedene Werte annehmen können. Somit beschreiben die Membervariablen einer Klasse die Eigenschaften der Objekte dieser Klasse und damit auch den Zustand dieser Objekte.

Im *.NET Framework* werden die Namen von Membervariablen ***üblicherweise*** in camelCase geschrieben, d. h., der erste Buchstabe wird kleingeschrieben und jedes neue Wort beginnt mit einem Großbuchstaben. Sogenannte *Properties,* die sich von Variablen dadurch unterscheiden, dass tatsächlich Methoden zum Abrufen bzw. Schreiben der entsprechenden Werte aufgerufen werden, verwenden demgegenüber genau wie Methoden PascalCase: Hier wird auch der erste Buchstabe großgeschrieben, und neue Wörter beginnen wieder mit Großbuchstaben.

Leider hält sich die Scripting API von Unity nicht an diese Konvention: Tatsächlich sind alle hier als »Variables« bezeichneten Properties in Wirklichkeit eben Properties und nicht, wie Überschrift und Name vermuten lassen würden, Variablen!

Messaging
Unity bietet zur lose gekoppelten Kommunikation von Komponenten neben den in den Abschnitten *8.2.2, Unity Events: den MenuController implementieren* (S. 277) und *8.3.2, Den Spielzustand sichtbar machen* (S. 288) ausführlich beschriebenen UnityEvents auch ein einfaches Messaging für die Kommunikation zwischen Komponenten: Mit der Methode GameObject.

SendMessage(string methodName, object value, SendMessageOptions options) können Sie Methoden mit maximal einem Parameter auf allen Komponenten aufrufen, die an dem GameObject hängen, bei dem Send-Message(…) aufgerufen wurde. Analog sorgt Component.SendMessage(…) dafür, dass bei allen Komponenten am gleichen GameObject wie die Komponente, auf der SendMessage(…) aufgerufen wurde, die Methode methodName aufgerufen wird. Mit BroadcastMessage(…) kann die Nachricht auch an alle Kinder des GameObjects gesendet werden, mit SendMessageUpwards(…) auch an deren Vorfahren (also Eltern, Großeltern usw.).

Ein Vorteil dieses Ansatzes ist, dass der Aufrufer nicht wissen muss, welche Komponente eine bestimmte Methode implementiert und das System so sehr leicht erweitert werden kann. Diesen Vorteil erkauft man sich aber mit deutlich langsamerer Ausführungszeit im Vergleich zum direkten Aufruf von Methoden: Der Aufruf über SendMessage(…) dauert sogar fast 100-mal länger als ein direkter Methodenaufruf oder die Verwendung von UnityEvent (die minimal langsamer ist als direkte Methodenaufrufe).

Das bedeutet natürlich nicht, dass man diesen Ansatz gar nicht verwenden sollte – aber man muss hier Vorteile und Kosten weise abwägen.

Ein Beispiel zum Einsatz von Messaging über SendMessage(…) finden Sie in Abschnitt *8.4.4, Dramatischere Drehungen entwickeln* ab Seite 304.

Methode
Methoden, abstrakter auch als *Operationen* und fälschlicherweise oft als *Funktionen* bezeichnet, sind in der objektorientierten Programmierung in der jeweiligen Klasse implementierte Prozeduren oder Funktionen (also *Unterprogramme*), die das mögliche Verhalten der Objekte beschreiben. Dabei geben *Funktionen* einen Wert zurück, während *Prozeduren* nicht unbedingt einen Rückgabewert liefern.

Im *.NET Framework* werden die Namen von Methoden üblicherweise in PascalCase geschrieben, d. h., der erste Buchstabe wird großgeschrieben und jedes neue Wort beginnt wieder mit einem Großbuchstaben.

Objekt
Siehe *Instanz*.

Parenting
In der *Hierarchy* können wir durch *Drag & Drop* Objekte zu Kindern von anderen Objekten machen. Diese Aktion, bei der wir ein Objekt einem anderen als Kind hinzufügen, bezeichnen wir auch als *Parenting*. Kindobjekte werden automatisch mit ihren Elternobjekten bewegt, was man auch für Tricks verwenden kann, beispielsweise um eine Gruppe von Objekten elegant zu positionieren. Siehe auch Abschnitt *2.2.2, Die Hierarchie einer Szene: Hierarchy* ab Seite 16.

Prefab

Prefabs (auf Deutsch »Fertighäuser«) sind GameObjects im Projekt, die im Editor mehrfach in jede Szene gezogen werden können und dabei immer eine Referenz auf das Prefab im Projekt behalten. Damit entsprechen sie gewissermaßen Klassen, da sie eine Menge gleichartiger Objekte zusammenfassen. Da sie aber auch Werte für die Eigenschaften vorgeben, entsprechen sie noch eher den Prototypen in prototypbasierter Programmierung. (JavaScript ist eine Sprache, die diesem Ansatz folgt, was übrigens ein deutlicher Unterschied zu UnityScript ist.) Mit der Methode `Instantiate(…)` können Prefabs zur Laufzeit in eine Szene hinein instanziiert werden. Siehe auch Abschnitt 6.2.2, *Implementierung von Lösung B: Skalierung* Seite 186.

Shader

Shader sind kleine Programme, die auf der Grafikkarte ablaufen und dafür verantwortlich sind, dass die 3D-Modelle so auf dem Bildschirm erscheinen, wie der Spieler sie zu sehen bekommt. In Unity ist der Shader das wesentlichste Merkmal jeden Materials, da er die konkreten Eigenschaften des Materials definiert. Shader werden aber beispielsweise auch für Image-Effekte verwendet.

Szene

Eine *Szene* ist in Unity eine Menge von Objekten, die im Editor in ihrer Gesamtheit geladen, bearbeitet und gespeichert werden können. Man kann sie als einzelne Levels verstehen, und üblicherweise werden Levels tatsächlich als Szenen implementiert. Aber es könnte durchaus auch ein Level aus mehreren Szenen bestehen, ebenso wie eine Szene mehrere Levels beinhalten kann. Die hierarchische Struktur einer Szene können Sie in Unity mit der *Hierarchy View* betrachten und die Anordnung der Objekte im Raum über die *Scene View*.

Tags

Jedes GameObject in Unity kann einem *Tag* zugewiesen werden. Diese Tags können dann in eigenen Scripts zur Umsetzung von Spielmechaniken genutzt werden oder beispielsweise auch, um Objekte mit einem bestimmten Tag zu finden. Pro Spiel können beliebig viele eigene Tags definiert werden. Siehe auch Abschnitt 2.2.4, *Eigenschaften von Objekten: Inspector*, ab Seite 27.

Tracker-Dateien

Tracker-Dateien sind komplette Musikstücke, bei denen nicht wie beispielsweise bei MP3 oder WAV das komplette Stück in einer Audiodatei gespeichert wird, sondern stattdessen die jeweiligen Noten. Somit können auch lange Stücke über sehr kleine Dateien realisiert werden, was gerade auf mobilen Geräten oder bei Webspielen ein sehr großer Vorteil ist.

Transform-Komponente

Die *Transform*-Komponente ist die einzige Komponente in Unity, über die ausnahmslos jedes GameObject verfügt. Sie speichert neben der Position im Raum auch Eltern und Kinder, also die hierarchische Anordnung der GameObjects in der Szene. Über die Kinder können Sie mit foreach (Transform child in transform) {...} iterieren, wobei transform ein beliebiges Objekt vom Typ Transform sein könnte. Elemente von *Unity UI* nutzen statt Transform die Komponente RectTransform, die Transform um nützliche Eigenschaften und Verhalten für GUI-Systeme erweitert.

UnityScript

UnityScript ist eine von Unity unterstützte Programmiersprache, die sich grob an JavaScript anlehnt.

Vertex-Colors

Vertex-Colors sind Farben, die jedem Punkt in einem 3D-Objekt zugewiesen werden, zusätzlich zu der Position im Raum. Diese Farbinformationen können dann von einem Shader ausgewertet werden, um beispielsweise das Objekt oder Bereiche des Objekts einzufärben, ohne dafür zusätzliche Materialien zu brauchen.

20.2 Icons und Buttons

Auge-Icon

Mit dem *Auge-Icon* in der *Layers*-Dropdown-Liste rechts oben im Editor können Sie in der *Scene View* Layer sichtbar und unsichtbar machen.

Etiketten-Icon

Mit dem *blauen Etiketten-Icon* im Inspector (wenn ein Asset aus dem Projekt ausgewählt ist) können Sie Labels vergeben. Diese Labels können Sie dann mit dem *grauen Etiketten-Icon* im Project Browser für die Suche auswählen.

Favoriten-Icon

Mit dem *Favoriten-Icon* im Project Browser können Sie, sofern gerade eine Suche aktiv ist (also etwas im Suchfeld eingetragen ist), die aktuelle Suche als Favorit abspeichern.

Hilfe-Icon

Das *Hilfe-Icon* im Inspector, das auch als *Buch-Symbol* bezeichnet werden könnte, öffnet bei einem Klick – sofern verfügbar – die Dokumentation zu der jeweiligen Komponente. Von dort aus können Sie mit *Switch to Scripting* auch schnell in die Scripting-API wechseln.

Kontextmenü-Icon

Das *Kontextmenü-Icon*, das bei jeder View ganz oben, ganz rechts erscheint, bietet neben den allgemeinen Menüpunkten *Maximize, Close Tab* und *Add Tab* für einige Views auch spezifische Menüpunkte, beispielsweise beim *Inspector* (*Normal, Debug, Lock*), der *Console* (*Open Player Log, Open Editor Log*) oder *Project Browser* (*One Column Layout, Two Column Layout*).

Kontextmenü-Rädchen

Mit dem *Kontextmenü-Rädchen* im Inspector können Sie auf einige nützliche Befehle für Komponenten zugreifen, unter anderem auch, um Komponenten zu entfernen (*Remove Component*), innerhalb des GameObject zu verschieben (*Move Up, Move Down*) oder die Einstellungen von einer Komponente auf eine andere Komponente zu übertragen (*Copy Component, Paste Component Values* bzw. *Paste Component as New*). Je nach Komponente werden hier unterschiedliche Befehle unterstützt.

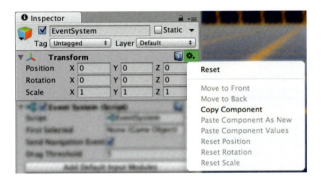

Kreis-Icon

Durch einen Klick auf das *Kreis-Icon* im Inspector an entsprechenden Slots von Komponenten öffnen Sie ein Auswahlfenster, das direkt passende Objekte aus der Szene (Scene) oder dem Projekt (Assets) anbietet und auch über eine Suche verfügt.

Objekttyp-Icon

Mit dem *Objekttyp-Icon* im Project Browser können Sie sehr schnell eine Suche über alle Assets eines bestimmten Asset-Typs starten und sie dann bei Bedarf noch mit Stichwörtern oder Labels verfeinern. Insofern schadet eine Verzeichnisstruktur, die die Asset-Typen als Verzeichnisse einsetzt, zwar nicht, sie bietet aber auch keinen wesentlichen Vorteil bei der Navigation durch das Projekt.

Plus-Button

Es gibt in Unity eine ganze Reihe von Plus-Buttons, die natürlich immer die Funktion haben, etwas hinzuzufügen. Ob dies nun zusätzliche *Tags* oder *Sorting Layers* sind, weitere Listener bei `UnityEvent`, zusätzliche *Auflösungsvoreinstellungen in der Game View,* neue *Properties für eine Animation* oder ein extra *Layer in einem Animator.* Sobald Sie irgendwo ein Plus sehen, können Sie etwas hinzufügen.

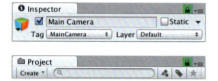

Schloss-Icon

Das Schloss-Icon dient immer dazu, etwas zu sperren:

- Bei Layern wird die Bearbeitung des jeweiligen Layers gesperrt.
- Beim Inspector wird das aktuell selektierte Objekt festgehalten (Inspector-Lock).
- Beim Project Browser wird das aktuell ausgewählte Verzeichnis festgehalten. Der Project Browser reagiert dann nicht mehr auf Ereignisse, die ein Asset im Project Browser auswählen.

Sort-Icon

An einigen Stellen in Unity, beispielsweise bei *Sorting Layers* und der *Script Execution Order,* können Sie über das *Sort-Icon* die Reihenfolge ändern.

Stichwortverzeichnis

Zahlen
2D-Physik 3
2D-Spiele 3, 9, 68
3D-Audio 6, 303
3D-Kreuz. *Siehe Scene-Gizmo*
3D-Modelle. *Siehe Assets*
3D-Spiele 3
3rd-Person-Kamera-Controller 110

A
Accelerometer 343
ADPCM 300
Albedo 165
Alphabetische Sortierung. *Siehe Enable Alphanumeric Sorting*
Alpha-Kanal 142, 147, 152, 155, 164, 410, 479
Alpha-Kanal hinzufügen 147
Alpha-Wert 390
Ambient Light 438
Ambient Occlusion 167
Anchor. *Siehe Anker*
Andere Anwendungen. *Siehe Genres*
Android. *Siehe Zielplattformen*
Animation View. *Siehe Views*
Animator 405, 461
Anker 269, 270
Ankermenü 269
API 6, 479
AppStore 5
Array 220
Aspect Ratio 435
Asset Pipeline 3, 169
Assets 3, 480
– 3D-Modelle 3, 16, 35, 42, 70, 77, 80, 120, 129, 144, 148, 216, 226, 345
– Animationen 44
– Audiodateien 3, 44, 67, 122, 125, 259, 299, 306
– Quelldateien 44
– Scripts 3
– Sprites 44
– Texturen 18, 42, 50, 120, 129, 133, 144, 226, 328, 360, 392, 407, 440
– Tracker-Dateien 6
Asset Store 105, 149, 230, 457
Atlas. *Siehe Sprite-Atlas*
AudioClip 301
Audiodateien. *Siehe Assets*
Audioeffekte 6, 124, 125, 299
– Chorus 311
– Compressor 311
– Ducking 311
– Echo 6, 311
– eigene Effekte 311
– Filter 6, 311
– Flanger 311
– Looping 124
– Meeresrauschen 124
– Reverb 6, 311
– Schuss 124
– Verzerrungen 6
Audio-Engineering 311
AudioListener 303
Audio Mixer 308
AudioSource 301
Auge-Icon. *Siehe Icons*
Awake() 65

B
Baking 480
Base (RGB) Gloss (A) 147
Base (RGB) Trans (A) 147
Batches 182, 348, 353, 360, 390
Bewegungskrankheit. *Siehe Motion Sickness*
Bibliothek. *Siehe API*
Bilder pro Sekunde. *Siehe Framerate*
Bildhauerei. *Siehe Sculpting*
Bildschirmkoordinaten 23
Bitmap2material (Substance) 122
Blackberry 10. *Siehe Zielplattformen*
Blender 3
Bloom. *Siehe Image-Effekte*
Boo. *Siehe Programmiersprachen*
Box 2D. *Siehe Technologien*
BroadcastMessage() 486
Buch-Symbol. *Siehe Icons/Hilfe-Icon*
Builds erzeugen 313
Build Settings 313
Bundle Identifier 329, 334
by-reference 197, 220
by-value 197, 220

C
C#. *Siehe Programmiersprachen*
Cache Server 314
camelCase 485
Camera 36
Camera Preview 37
Camera Tricks 36
CanvasScaler 435
Casting 480
Character-Animation 461

Close Tab 489
Collision Matrix 38
Color Picker
- Mac OS X Color Picker 142, 398
- Photoshop Color Picker 398
- Presets 398
- Unity Color Picker 142, 398
Component-Based Entity System. *Siehe Entity-component-system*; *Siehe Entity Component System*
Components. *Siehe Komponenten*
Console. *Siehe Views*
Constant Physical Size 435
Controller 461
Copy Component 31, 408, 429, 452, 462, 489
Coroutines 194, 481
Cubemap 169
Culling Mode 405
Cursortasten 22
Cybersickness. *Siehe Motion Sickness*

D

Debug-Modus 30, 240
Deferred Shading 441
Depth of Field. *Siehe Image-Effekte*
Design-Dokument 481
Design Patterns 260
Detail Map 456
Diffuse Color 160
Diffuse Shader 130
Dokumentation ix
Dope Sheet 56
Doppler-Effekt 303
Dots per Inch. *Siehe Pixeldichte*
DPI. *Siehe Pixeldichte*
Draufsicht 24
Drawcalls. *Siehe Batches*
Ducking. *Siehe Audioeffekte*
Dynamic Fonts 258

E

Echo. *Siehe Audioeffekte*
ECS. *Siehe Entity-component-system*; *Siehe Entity Component System*
Editor-Scripting 482
Enable Alphanumeric Sorting 17

Energieerhaltung 157, 160
Enlighten. *Siehe Erleuchtung ... nein: Technologien*
Entity Component Ssystem 482
Entwicklerprogramme 5, 323, 332, 343
Entwicklungsumgebungen
- MonoDevelop 97, 116
- Visual Studio 5, 97, 117
Entwicklungswerkzeuge 1
Entwurfsmuster. *Siehe Design Patterns*
Enumerationstypen 251
Erdanziehungskraft 49
Errata viii
Ethan 460
Etiketten-Icon. *Siehe Icons*
Eulerwinkel 32
Explorer 14
Explosion 311

F

Favoriten 44
Favoriten-Icon. *Siehe Icons*
Feature Creep 215
Federung 466
Field of View 37
Filled. *Siehe Image Type*
Fillrate 434
Finder 14
First Person Control 22, 459
Fixed Timestep 200, 207
FixedUpdate() 200, 482
Flugmodus. *Siehe First Person Control*
Flugsimulation. *Siehe Genres*
FMOD. *Siehe Technologien*
Fortschrittsanzeige 430
Forward Rendering 441
FPS. *Siehe Framerate*
Fragen-Forum viii, ix
Fragmentierung 328
Frame 482
Framerate 65, 158, 178, 200, 205, 334, 358, 408, 469, 482
Frames-per-Second. *Siehe Framerate*
Free Aspect 416

Fresnel-Effekt 159, 164

G

Game Center 334
Game-Design-Dokument. *Siehe Design-Dokument*
Game-Engine 1
GameObject 27, 482
- aktivieren 29
- deaktivieren 29
GameStateManager 282
Game View. *Siehe Views*
Gammakorrektur 174
GDD. *Siehe Design-Dokument*
Genres 4
- Architektur 8
- First-Person-Shooter 3, 472
- Flugsimulation 3
- Knobel-Puzzle 3
- Kunstinstallationen 8
- Lernsoftware 8
- Rennspiel 3
- Rollenspiel 3
- Simulationen 8
- Visualisierungen 8
GetComponent<Rigidbody>() 100
GetComponent<T>() 29
Gimbal Lock 32
Gizmos 35
Glanz. *Siehe Glossiness*
Glattheit. *Siehe Smoothness*
Global Illumination. *Siehe Technologien*
Glossiness 161
Google Play 330
Gravitation 6
Grid Snapping 26
Griefer 366
GUI-Elemente 389
GUI-System. *Siehe Technologien/Unity UI*

H

Hacker-Stil 233, 241, 248
Hall. *Siehe Audioeffekte/Reverb*
Hand-Werkzeug 24
HDR. *Siehe High Dynamic Range*

Head-Mounted Display 4, 483
Height-Map 143, 456
Hierarchy. *Siehe Views*
High Dynamic Range 173
High-Poly-Modell 144
Hilfe-Icon. *Siehe Icons*
Hintergrundmusik 301
Hochformat. *Siehe Portrait*
HTC Vive 483

I
Icons
- Auge-Icon 38, 488
- Etiketten-Icon 42, 488
- Favoriten-Icon 44, 488
- Hilfe-Icon 31, 36, 216, 488
- Kontextmenü-Icon 14, 30, 45, 399, 489
- Kontextmenü-Rädchen 30, 60, 78, 87, 107, 245, 379, 408, 489
- Kreis-Icon 80, 131, 267, 310, 391, 489
- Objekttyp-Icon 42, 489
- Plus-Button 34, 151, 394, 420, 422, 489
- Schloss-Icon 14, 30, 38, 141, 490
- Sort-Icon 54, 253, 490
Image-Effekte 167, 176
- Bloom 177
- Depth of Field 177
- Screen Space Ambient Occlusion 167
- Screen Space Reflections 172
- Tonemapping 176
Image Type 391
Image (Unity UI) 390
Immersion 4, 469, 483
Import-Einstellungen 216, 461
In-App Purchase 334
Inspector. *Siehe Views*
Inspector-Lock 30, 141, 359, 362
Instanz 483
Internationalisierung 256
iOS. *Siehe Zielplattformen*
iOS Developer Program 332
Isolatoren. *Siehe Materialien/Nichtleiter*

Isometrische Darstellung. *Siehe Orthografische Darstellung*

J
JavaScript. *Siehe Programmiersprachen/UnityScript*

K
Kamera. *Siehe Camera*
Kamera-Vorschau. *Siehe Camera-Preview*
Kardanische Blockade. *Siehe Gimbal Lock*
Keyframe-Animation 55
Keyframes setzen 424
Kinetose. *Siehe Motion Sickness*
Klasse 484
Kollisionen 6
Komponenten 27, 99, 481
Kontextmenü-Icon. *Siehe Icons*
Kontextmenü-Rädchen. *Siehe Icons*
Koordinatensystem 23
Koroutinen. *Siehe Coroutines*
Kreis-Icon. *Siehe Icons*

L
Labels 42, 43, 243, 484
Landscape 435
Latenz 178, 469
LateUpdate() 220, 252, 482
Layer 29, 38, 441, 484
Layer-Based Collision Detection 38
Layout Groups. *Siehe Layout-Manager*
Layout-Manager 274
Layout-Modell 268
Layouts 45
LDR. *Siehe Low Dynamic Range*
Legacy Shader 143
Level-Design 38, 243, 373, 485
Level of Detail 354
Lichtquellen 2, 38, 167, 244, 438
Lightmaps 440
Lightprobes 440
Linearer Farbraum 174
Linux. *Siehe Zielplattformen*
Live Tiles 338
Lock View Modus 19, 23, 108, 214

LOD. *Siehe Level of Detail*
Log-Ausgaben 481
Lokalisierung 256, 271
Looping. *Siehe Audioeffekte*
Low Dynamic Range 173
Low-Poly-Modell 144

M
Mac App Store 321
Mac Developer Program 321
Mac OS X. *Siehe Zielplattformen*
Maske 150, 392, 485
Maskieren 392
Mask (Unity UI) 392
Master (Audio) 308
Material 2, 485
Materialien
- Edelsteine 163
- glänzendes Plastik 146
- Gold 166
- Holz 2, 166
- Kupfer 166
- Leder 166
- Lehm 166
- Matte Oberfläche 161
- Metall 2, 160, 163
- Nichtleiter 120, 160, 163
- Plastik 2
- Seide 166
- Stoff 2
Materialvorschau 141
Maximize 489
Maximize on Play 35
Maximum Allowed Timestep 200
Membervariable 63, 190, 203, 221, 226, 248, 384, 485
MeshCollider 216
Messaging 304, 485
Metall. *Siehe Materialien*
Metallic-Workflow 157, 160
Methode 29, 47, 64, 193, 486
Microsoft HoloLens 483
MIME-Type für Web Player 316
MIT License (für Unity UI) 395
Mobile. *Siehe Zielplattformen*
Mono-Framework. *Siehe Technologien*

MonoManager 252
Motion Capturing 122, 471
Motion Sickness 109, 469, 482
Move Down 31, 489
Move Up 31, 489
Multiplayer 72, 366, 448
Mute Audio 35

N
NAT Punchthrough 7
Navigation (Unity UI) 471
NET-Framework 6
Netzwerkbibliothek 6
Netzwerkspiele. *Siehe Multiplayer*
Nichtleiter. *Siehe Materialien*
Normale 144
Normal-Map 144, 441
Normal-Map erzeugen 144
Numerische Werte ändern 28

O
Oberflächenstruktur 144
Objekt 483
Objekttyp-Icon. *Siehe Icons*
Observer Pattern 291
Occlusion Culling. *Siehe Technologien*
Occlusion-Map 167
Oculus Rift. *Siehe Zielplattformen*
One Column Layout. *Siehe Project Browser*
Open Editor Log 489
Open Player Log 489
Orthografische Darstellung 24
Orthografische Kamera 37
Orthographic 36

P
Parallax Shader 143
params 261
Parenting 16, 486
Partikelsysteme. *Siehe Technologien/Shuriken*
PascalCase 485
Paste Component 489
Paste Component as New 31, 452, 462
Paste Component Values 31, 429

Pause-Modus aktivieren 198
PBR. *Siehe Physikbasierte Shader*
PBS. *Siehe Physikbasierte Shader*
Perspective 36
Perspektivische Darstellung 24
Physically-based Rendering. *Siehe Physikbasierte Shader*
Physikbasierte Shader. *Siehe Technologien*
Physik-Engine 6
PhysX3. *Siehe Technologien*
Pivot-Punkt 182
Pixeldichte 434
pixel-lighting 441
pixel-perfect 435
Pixels per Inch. *Siehe Pixeldichte*
PlayerPrefs 412
Player Settings 314
Play-Modus 309
Plug-in 4
Plus-Button. *Siehe Icons*
Polishing 241, 345
Polling 442, 444
Portrait 435
Positionieren 26
PPI. *Siehe Pixeldichte*
Prefabs 15, 187, 218, 236, 246, 487
PrioVR 471
Programmcode. *Siehe Assets/Scripts*
Programmierschnittstelle. *Siehe API*
Programmiersprachen 6
– Boo 6, 114, 480
– C# 6, 115, 480
– Java 98, 116, 327, 480
– JavaScript 484
– UnityScript 6, 115, 488
Progressbars 430
Project Browser. *Siehe Views*
– One Column Layout 15, 151
– Two Column Layout 15, 151
Projection 36
Project Morpheus. *Siehe Zielplattformen*
Projekt strukturieren 242
Prototyp 81, 86, 178, 225, 230, 241
Prototyp (für Spielmechanik) 75, 178
Prototyp (technischer) 75, 178

Prozedurale Materialien 149
Python 6, 114, 480. *Siehe Programmiersprachen*

Q
Quaternion 32
Quellcode 2
Querformat. *Siehe Landscape*
Queue 209

R
Rauheit. *Siehe Roughness*
RawImage (Unity UI) 392
Raytracing 439
Rechtwinkliges Dreieck 206
Rect Tool 19
Referenzauflösung 435
Reflection Map 169
Reflection Probes. *Siehe Technologien*
Reisekrankheit. *Siehe Motion Sickness*
Remove Component 489
Rendering Path. *Siehe Renderpfade*
Render Mode 415, 435
Renderpfade 2, 441
Rennspiel. *Siehe Genres*
Reset 30
Retargeting 55, 461
Retina-Displays 434
Rich Text 404
Rig 461
Rigidbody 96
rigidbody (Property) 100
Rollenspiel. *Siehe Genres*
Rotieren 22, 26
Roughness 161
Ruckeln 207
Run in Background 315

S
Sample Rate 300
Scene Gizmo 23
Scene View. *Siehe Views*
Schloss-Icon. *Siehe Icons*
Schlüsselbilder. *Siehe Keyframe-Animation*
Screen Space 435

Screen Space Ambient Occlusion. *Siehe Image-Effekte*
Screens wechseln 417
Script 99
Script Execution Order 444
Scripting 6
Scripts. *Siehe Assets*
Scrollbar 395
Scrollbereiche 392
ScrollRect 395
Sculpting 456
Seekrankheit. *Siehe Motion Sickness*
Seitenansicht 24
Seitenverhältnis. *Siehe Aspect Ratio*
Selektieren von Objekten 24
SendMessage() 304, 486
SendMessageUpwards() 486
Shader 2, 141, 487
Shader Calibration Scene 164
Shader-Programmierung 141
Shuriken. *Siehe Technologien*
Simple. *Siehe Image Type*
Simulator Sickness. *Siehe Motion Sickness*
Skybox 121, 169, 267, 438, 441
Sliced. *Siehe Image Type*
Smartphones. *Siehe Zielplattformen*
Smoothness 161
Snapping-Tools 26
Software-Design 384
Sony Project Morpheus 469
Sort-Icon. *Siehe Icons*
Specular 146
Specular Color 160
Specular Map 147
Specular-Workflow 157, 160
SpeedTree 456, 457
Spherical Harmonics 441
Spielende 282
Spielentwicklung ix, 6
Spielgenres. *Siehe Genres*
Spielmechanik 114, 178
Spielobjekt. *Siehe GameObject*
Splat Map 456
Splitscreen 450
Splitscreen (Multiplayer) 448
Sprite-Atlas 50

Sprite Editor. *Siehe Views*
Sprites 3, 19
SSAO. *Siehe Image-Effekte/Screen Space Ambient Occlusion*
SSR. *Siehe Image-Effekte/Screen Space Reflections*
Standard Assets 110, 115, 231, 242, 340, 461, 467
– Cameras 110
– Characters 460
– Effects 176
– Environment 457
– ParticleSystems 229
– Vehicles 466
Start() 65, 102
Static 29
Stats 35
Steam 321
Streamed 314
Struct 197
Substance-Archiv 150
Substance Designer. *Siehe Tools*
Substances. *Siehe Technologien*
Sub-State Machines 420
Subsurface Scattering 160
suchen 39
Surface-Shader 2
Surround-Sound 303
Szene 1, 15, 66, 77, 80, 84, 102, 187, 218, 244, 256, 314, 393, 487

T

Tags 29, 461, 487
Team License 314
Technologien
– Beast 7
– Box 2D 6
– Enlighten 7, 440
– FMOD 6
– Global Illumination 7
– Mecanim 55, 405, 461
– Mono-Framework 6
– NET-Framework 6
– Occlusion Culling 7
– Physikbasiertes Shading 2, 81, 120, 123, 157, 479
– Physik für Fahrzeuge 466

– PhysX3 6
– RAKNET 6
– Reflection Probe 171
– Shuriken 234
– Substances 149
– Unity Networking 6
– Unity UI 17, 18, 19, 40, 46, 51, 55, 263, 268, 389, 395, 427, 471
Terrain Assets 457
Terrain-Tools 456
Testumgebungen 322
Text (Unity UI) 263, 389
Texture Baking 144
Texture Blending 456
Texturen. *Siehe Assets*
Tiefenunschärfe. *Siehe Image-Effekte/Depth of Field*
Tiled. *Siehe Image Type*
Time Scale 200, 207
Tonemapping. *Siehe Image-Effekte*
Tools
– Genetica 145
– Substance Designer 122, 149
Tracker-Dateien 487
Transform-Komponente 31, 488
Transparente Shader 142
Transparenz 390
Two Column Layout. *Siehe Project Browser*
Typecasting. *Siehe Casting*

U

Ubuntu Software Store 321
uGUI. *Siehe Technologien/Unity UI*
Umgebungslicht. *Siehe Ambient Light*
UNET. *Siehe Technologien/Unity Networking*
Unity Answers viii
Unity Cloud Build 5, 332
Unity Editor 1
Unity-Editor-API 17
UnityEvent 277, 291, 442, 444
Unity Insider ix
Unity Manual vi
Unity Pro 7
Unity Remote 323

Unity UI. *Siehe Technologien/ Unity UI*
Unity-Versionen
- Version 2.5 5
- Version 2.6 7
- Version 3.0 2, 7
- Version 3.5 149, 252
- Version 4.3 3
- Version 4.5.3 337
- Version 4.6 17, 268
- Version 5.0 2, 7, 157, 169, 171, 193, 216, 308, 316, 436, 456, 466

Update() 65, 103, 193, 200, 252, 482
UV-Map 168, 226
UV-Mapping 148

V

Vector3 197, 220
Vertex-Colors 53, 390, 488
Vertex-Lighting 441
Vertex Snapping 26
View Frustum Culling 225
Views 13, 308
- Animation View 45, 55, 406, 418, 425
- Animator View 405, 420
- Audio Mixer 308
- Console 45, 481
- Game View 33
- Hierarchy View 16
- Inspector 28
- Inspector (mehrere) 141
- Particle Effect Editor 234
- Preview View 131
- Project Browser 13
- Scene View 18
- Sprite Editor 51

Virtual Reality 1. *Siehe Zielplattformen*
Virtual Reality Sickness. *Siehe Motion Sickness*
Visual Studio. *Siehe Entwicklungsumgebungen*
Vorderansicht 24
VST-Effekte 125
VST-Instrumente 125

W

Webbrowser 4
WebGL. *Siehe Zielplattformen*
Web Player. *Siehe Zielplattformen*
WebPlayerTemplates 315
Werkzeugauswahl 113
Wheel Collider 466
Widgets. *Siehe GUI-Elemente*
Wii Remote 471
Wildcard AppID 334
Windows. *Siehe Zielplattformen*
Windows Phone 8. *Siehe Zielplattformen*
Windows Store 321
Windows Store Apps. *Siehe Zielplattformen*
Wind Zones 456
World Space 415, 435
Würfel-Icon 29

X

Xcode 5, 332

Z

Zielplattformen 4
- Android 4, 327
- Blackberry 343
- Blackberry 10 4
- Flash 316
- iOS 4, 5, 331
- Konsolen 5, 7, 156
- Linux 4, 319
- Mac OS X 4, 319
- Microsoft Xbox360 5
- Microsoft Xbox One 5, 343
- Mobile 158
- Nintendo Wii 5
- Nintendo Wii U 5, 343
- Oculus Rift 4, 109, 342, 468
- Project Morpheus 5, 109
- Sony PlayStation 3 5, 343
- Sony PlayStation 4 5, 343
- Sony PlayStation Vita 5, 343
- Standalone 319
- Virtual Reality 4, 109, 158
- WebGL 4, 7, 156, 316
- Web Player 4, 313, 314
- Windows 4, 319
- Windows Phone 8 4, 5, 156
- Windows Store Apps 4, 5, 156
- Windows Universal Applications 337
- Xbox 360 343

Zoomen 22
Zustandsmaschine 461